제1판 | 5급·7급 국가직 / 민간경력자 / PSAT 및 NCS 대비

브랜드만족
1위
박문각
근거자료
후면표기

7급

기초부터 완성까지,
차근차근 단계별 맞춤 문제집

박민제
PSAT

Basic 6.5

박민제 편저

PSAT 기초를 단단히!

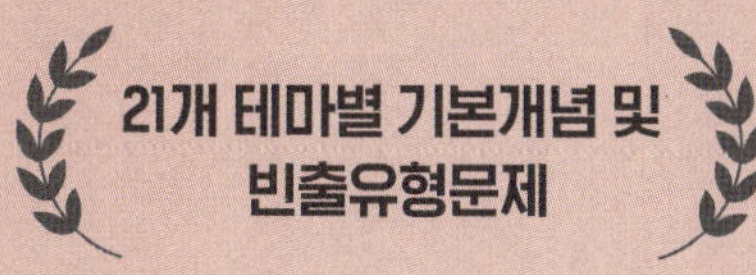

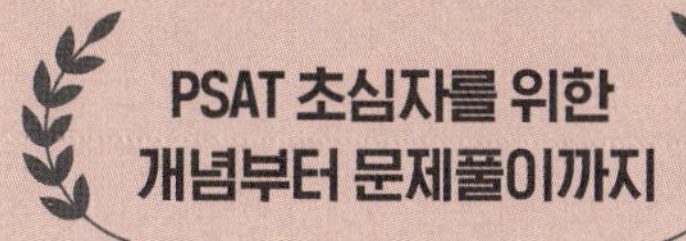

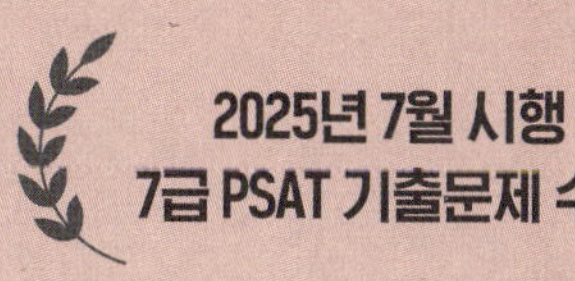

PREFACE

이 책의
머리말

공직 선발 시험의 방식은 지금도 빠르게 변화하고 있습니다. 최근에는 PSAT((Problem Solving Aptitude Test, 공직적격성평가)의 비중이 더욱 커지고 있으며, 2027년부터는 지방직 7급에서도 PSAT 체제가 본격적으로 도입됩니다. 이는 공무원 채용 시스템이 단순한 기존 지식 암기 중심의 평가에서 벗어나, 정보를 해석하고 판단하며 논리적으로 사고하는 능력을 갖춘 인재를 선발하겠다는 흐름으로 진화하고 있음을 의미합니다.

그러나 PSAT을 처음 접하는 수험생에게 이 평가 시스템은 결코 익숙치 않습니다. 학창 시절에 경험한 공부 방식과는 접근법이 전혀 다르고, 문제의 구성 방식 또한 기존 암기형 시험과 큰 차이가 있기 때문입니다. 특히 언어논리·상황판단·자료해석 세 영역은 각각 요구하는 사고 방식이 상이하며, 문제를 읽고 이해하는 속도와 정확성이 시험 성패를 좌우하는데 이에 대한 대비도 쉽지 않습니다. 그럼에도 불구하고 지금까지의 PSAT 학습서는 PSAT 기출문제에 대한 본질적인 해석 없이 문항에 대한 해설에만 집착한 교재가 대부분입니다. 이로 인해 '처음부터 차근차근' PSAT을 배우고자 하는 수험생에게는 실질적으로 도움이 되는 출발점이 부족하다는 아쉬움이 있었습니다.

이러한 문제의식을 바탕으로, 본 바른적성연구소는 이 책을 "PSAT을 처음 시작하는 수험생이 반드시 알아야 할 언어논리, 상황판단, 자료해석 세 과목 모두 기초와 필수 문제를 한 번에 익힐 수 있는 첫 번째 책"이라는 목표로 집필하였습니다.

박민제 PSAT 시리즈 4권 중 첫 번째인 Basic 6.5 교재는 다음과 같이 구성했습니다.

첫째, 언어논리·상황판단·자료해석 세 영역의 기본 구조와 사고 흐름을 자연스럽게 익힐 수 있도록 영역별이 아닌 주제별 총 21개의 테마(Theme)로 구성했습니다. 기존 세 영역을 각각 서술하지 않고 같은 주제끼리 분류하여 학습의 효율성을 기해 학습 시간 단축이 가능하도록 했습니다.

둘째, 실제 시험에서 빈출되는 핵심 개념을 초심자도 이해할 수 있도록 기본 예제 및 PSAT 핵심 기출 문항을 선별하여 수록했습니다. 기본 개념 숙지 → 기본 예제 학습 → PSAT 핵심 기출 문항 풀이 순서로 꼼꼼하게 학습하시면 최단 기간에 PSAT 성적 향상을 이룰 수 있을 것입니다.

셋째, 2025년 7월 시행된 최신 기출문제를 상세한 해설과 함께 수록하여 기초 학습 이후 실제 기출이 어떻게 출제되는지 유기적으로 연결될 수 있도록 설계했습니다. 단순히 정답을 제시하는 데 그치지 않고, 가장 빠르고 정확하게 정답에 도달하는 사고 과정은 무엇인지, 지문에서 어떤 정보가 근거가 되는지, 오답은 어떤 점에서 조건을 충족하지 못하는지를 명확하게 설명하여, 수험생 스스로 사고 흐름을 점검할 수 있도록 자세한 해설을 수록했습니다.

PSAT는 분명 쉽지 않은 시험입니다. 그러나 그 난도를 결정짓는 코어(Core)는 '학습량'보다 '사고 방식의 방향성'입니다. 언어논리의 핵심은 문장을 정확히 읽어내는 힘과 논리 문항의 효율적 풀이이며, 자료해석의 본질은 정확한 비교와 계산의 경제성에 있고, 상황판단은 규칙과 조건을 구조화하여 적용하는 능력에 있습니다. 이 원리를 정확하게 이해하고 학습하면, 처음에는 막막하게 느껴졌던 문제도 점차 선명히 보이기 시작할 것입니다. 본 연구소는 이를 기준으로 Basic 6.5를 출간하여, 이 교재가 수험생들의 PSAT 학습의 첫 단추가 되어 PSAT 실력을 쌓아 갈 수 있도록 하였습니다.

박민제 PSAT 시리즈는 향후 기초-유형숙달-훈련-실전으로 이어지는 유기적·통합적 학습 체계를 통해, PSAT을 처음 시작하는 수험생도 한 권의 책으로도 세 영역 모두 충분히 완주할 수 있는 학습 로드맵을 제공하고자 합니다. 시험 제도 변화 속에서 수험생들이 불필요한 혼란을 겪지 않도록, 최신 자료와 출제 경향을 지속적으로 반영하며 더 정확한 분석과 안내를 드릴 것입니다.

이 책을 펼친 모든 수험생 여러분께 진심으로 응원의 마음을 전합니다. 처음의 막막함을 지나 PSAT의 사고 체계를 자신의 것으로 만들 때, 여러분의 공부는 한층 더 단단해질 것입니다. 이 교재가 여러분의 첫걸음을 안정적으로 이끄는 든든한 길잡이가 되기를 바랍니다.

2026년 1월

박민제 드림

1

언어논리 · 상황판단 · 자료해석 3개 영역을 세분화한 21개 테마별 구성

PSAT은 기본적으로 언어논리와 상황판단, 자료해석의 3개 영역으로 구분되어 출제되지만, 언어논리에서 '논리와 계산 문제', 상황판단에서 '논리와 계산을 요하는 문제', 자료해석에서 독해와 계산을 요하는 문제' 등 점점 정확한 영역 구분이 없이 사고력과 문제해결능력을 통합적으로 요구하는 문제들이 늘어나고 있다.

이에 따라 영역별 구분 없이 계산력, 독해력, 논리력 등 같은 주제를 가진 문제들을 21개 테마별로 세분화하여 단시간에 효율적으로 학습할 수 있도록 구성하였다.

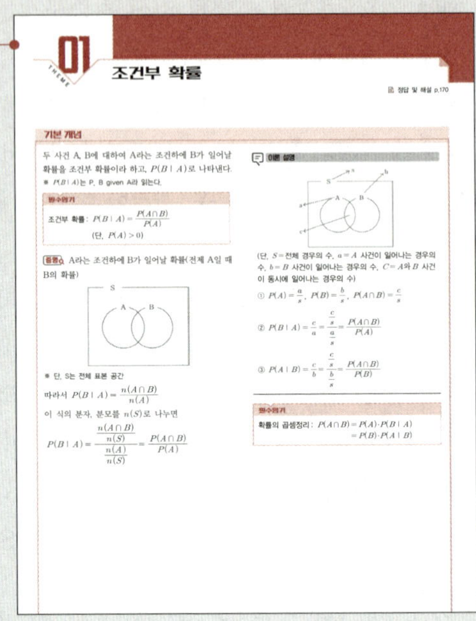

2

PSAT 초심자를 위한
개념부터 문제풀이까지 'One-Shot' 구성

각 테마에 수록되어 있는 기본개념을 학습한 뒤, 예제문제를 풀면서 이론과 접목시킨다. 그리고 PSAT 기출문제로 학습하는 단계별 학습을 진행한다. '기본개념→ 예제문제→ PSAT 기출문제'의 루틴으로 PSAT의 기초를 다질 수 있다.

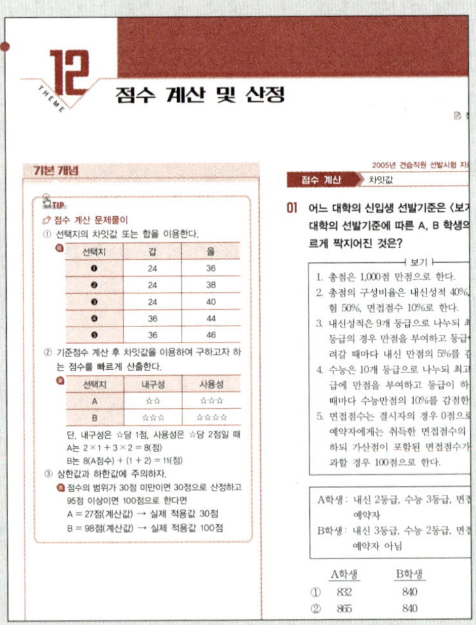

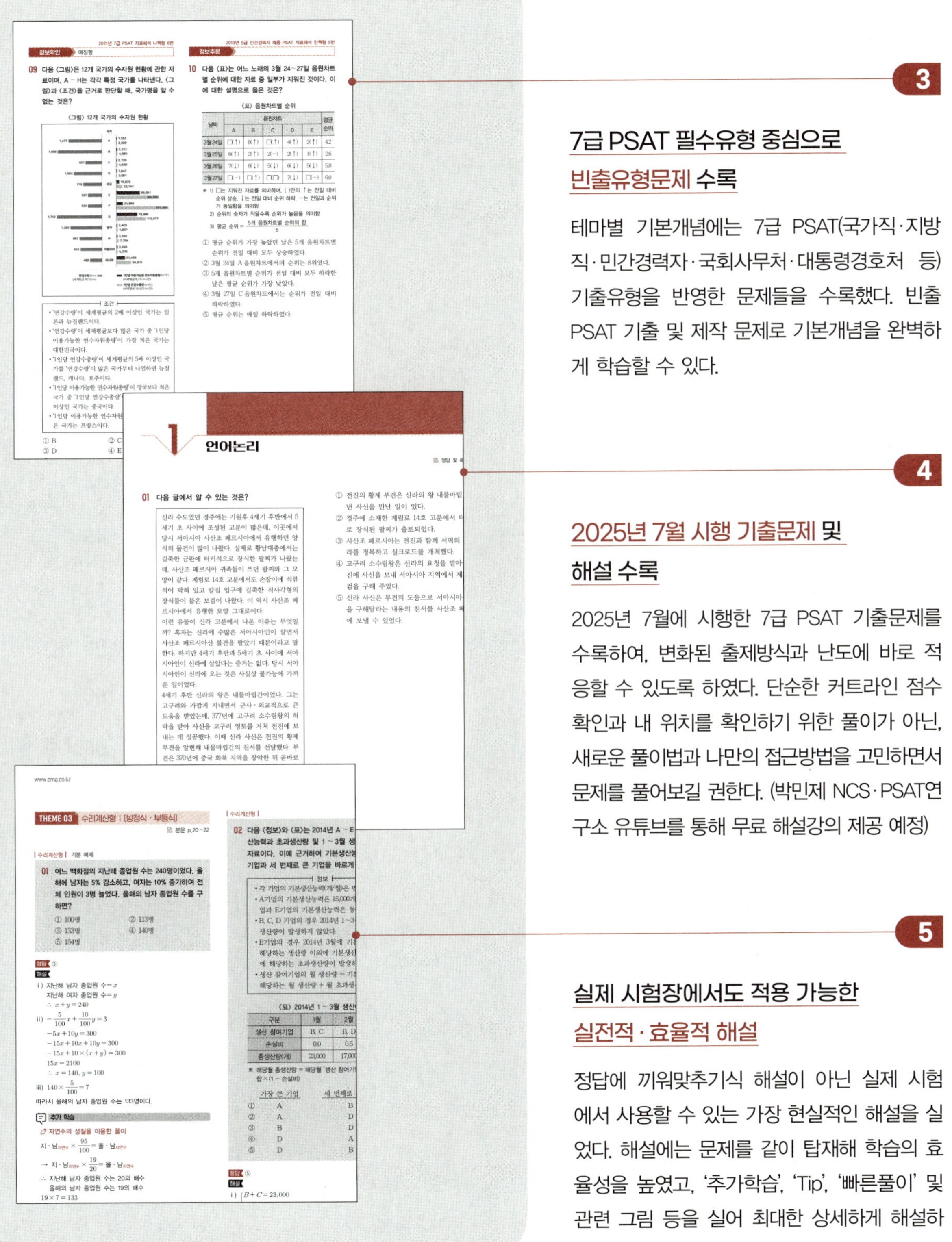

7급 PSAT 필수유형 중심으로
빈출유형문제 수록

테마별 기본개념에는 7급 PSAT(국가직·지방직·민간경력자·국회사무처·대통령경호처 등) 기출유형을 반영한 문제들을 수록했다. 빈출 PSAT 기출 및 제작 문제로 기본개념을 완벽하게 학습할 수 있다.

2025년 7월 시행 기출문제 및
해설 수록

2025년 7월에 시행한 7급 PSAT 기출문제를 수록하여, 변화된 출제방식과 난도에 바로 적응할 수 있도록 하였다. 단순한 커트라인 점수 확인과 내 위치를 확인하기 위한 풀이가 아닌, 새로운 풀이법과 나만의 접근방법을 고민하면서 문제를 풀어보길 권한다. (박민제 NCS·PSAT연구소 유튜브를 통해 무료 해설강의 제공 예정)

실제 시험장에서도 적용 가능한
실전적·효율적 해설

정답에 끼워맞추기식 해설이 아닌 실제 시험에서 사용할 수 있는 가장 현실적인 해설을 실었다. 해설에는 문제를 같이 탑재해 학습의 효율성을 높였고, '추가학습', 'Tip', '빠른풀이' 및 관련 그림 등을 실어 최대한 상세하게 해설하였다.

Part 01　테마별 기본개념

Part 02   2025 국가직 7급 PSAT 기출문제

＋   정답 및 해설

* Essential 7.5에는 2024 국가직 7급 PSAT 기출문제가, Classic 8.5에는 2025년 근로감독 및 산업안전 분야 7급 PSAT 기출문제가 수록되어 있으니 학습에 참고하시기 바랍니다.

박민제 PSAT

Basic 6.5

PART

01

테마별
기본개념

조건부 확률

정답 및 해설 p.170

기본 개념

두 사건 A, B에 대하여 A라는 조건하에 B가 일어날 확률을 조건부 확률이라 하고, $P(B \mid A)$로 나타낸다.

※ $P(B \mid A)$는 P, B given A라 읽는다.

필수암기

조건부 확률 : $P(B \mid A) = \dfrac{P(A \cap B)}{P(A)}$

(단, $P(A) > 0$)

증명 A라는 조건하에 B가 일어날 확률(전제 A일 때 B의 확률)

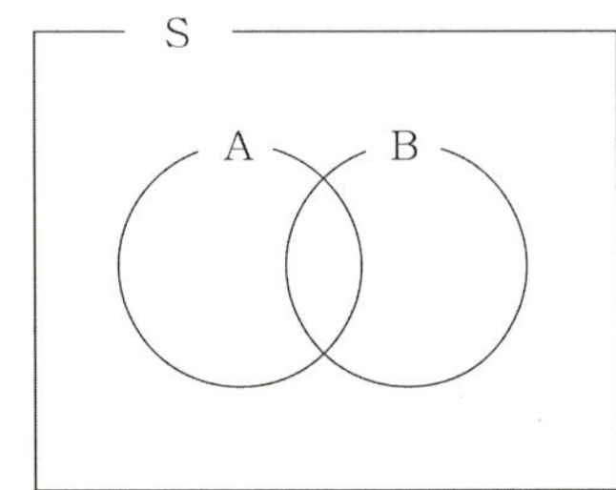

※ 단, S는 전체 표본 공간

따라서 $P(B \mid A) = \dfrac{n(A \cap B)}{n(A)}$

이 식의 분자, 분모를 $n(S)$로 나누면

$$P(B \mid A) = \dfrac{\dfrac{n(A \cap B)}{n(S)}}{\dfrac{n(A)}{n(S)}} = \dfrac{P(A \cap B)}{P(A)}$$

이론 설명

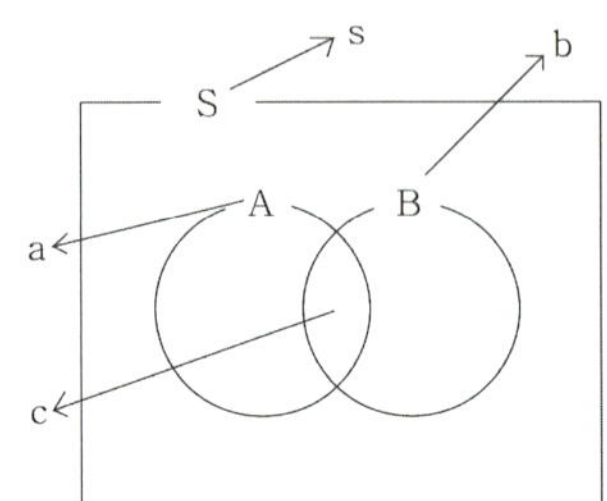

(단, S=전체 경우의 수, $a = A$ 사건이 일어나는 경우의 수, $b = B$ 사건이 일어나는 경우의 수, $C = A$와 B 사건이 동시에 일어나는 경우의 수)

① $P(A) = \dfrac{a}{s}$, $P(B) = \dfrac{b}{s}$, $P(A \cap B) = \dfrac{c}{s}$

② $P(B \mid A) = \dfrac{c}{a} = \dfrac{\dfrac{c}{s}}{\dfrac{a}{s}} = \dfrac{P(A \cap B)}{P(A)}$

③ $P(A \mid B) = \dfrac{c}{b} = \dfrac{\dfrac{c}{s}}{\dfrac{b}{s}} = \dfrac{P(A \cap B)}{P(B)}$

필수암기

확률의 곱셈정리 : $P(A \cap B) = P(A) \cdot P(B \mid A)$
$$= P(B) \cdot P(A \mid B)$$

조건부 확률 기본 예제

01 두 사건 A, B에 대하여 $P(A)=\dfrac{3}{5}$, $P(B)=\dfrac{4}{5}$, $P(A\,|\,B)=\dfrac{1}{4}$일 때, $P(B\,|\,A)$의 값은?

① $\dfrac{1}{2}$ ② $\dfrac{1}{3}$

③ $\dfrac{1}{4}$ ④ $\dfrac{1}{4}$

⑤ $\dfrac{1}{6}$

조건부 확률 기본 예제

03 A인터넷 쇼핑몰의 등록 고객 중 여성이 75%, 남성이 25%라고 한다. 여성 등록 고객 중 우수 고객의 비율은 40%, 일반 고객의 비율은 60%이다. 그리고 남성 등록 고객의 경우 우수 고객이 30%, 일반 고객이 70%이다. 등록 고객 중 한 명을 임의로 뽑았더니 우수 고객이었다. 이 고객이 여성일 확률은?

① 75% ② 80%

③ 85% ④ 90%

⑤ 95%

조건부 확률 기본 예제

02 어떤 공장에서 생산된 제품에 대하여 불량품 검사를 하였다. 이 검사에서 불량품을 불량품이라고 판정할 확률이 0.9이고, 정상 제품을 불량품으로 잘못 판정할 확률이 0.01이다. 90개의 정상 제품과 10개의 불량품이 섞여 있는 100개의 제품들 중에서 임의로 하나를 택하여 검사하였다. 이 제품을 불량품이라고 판정했을 때, 실제로는 정상 제품일 확률은?

① $\dfrac{1}{9}$ ② $\dfrac{1}{10}$

③ $\dfrac{1}{11}$ ④ $\dfrac{1}{12}$

⑤ $\dfrac{1}{14}$

조건부 확률 기본 예제

04 A고등학교 학생과 B고등학교 학생으로 이루어진 연합동아리가 있다. 전체 학생 30명 중에서 A고등학교 학생과 남학생의 수는 각각 22명, 20명이고 B고등학교 남학생의 수는 연합동아리 전체 학생의 20%를 차지했다. 이 연합동아리 학생 중에서 임의로 선택한 한 학생이 여학생일 때, 그 학생이 A고등학교 학생일 확률은?

① $\dfrac{1}{5}$ ② $\dfrac{2}{5}$

③ $\dfrac{3}{5}$ ④ $\dfrac{4}{5}$

⑤ 1

조건부 확률 ▶ 기본 예제

조건부 확률 ▶

05 비가 온 다음날에 비가 올 확률이 $\frac{1}{3}$ 이고, 비가 오지 않은 날의 다음날에 비가 올 확률이 $\frac{1}{4}$ 이라고 한다. 월요일에 비가 왔을 때, 같은 주 수요일에 비가 올 확률은?

① $\frac{1}{2}$ ② $\frac{2}{5}$

③ $\frac{5}{18}$ ④ $\frac{25}{72}$

⑤ $\frac{7}{18}$

06 시험 중 부정행위를 한 사람들의 비율을 추정하기 위하여 〈설문조사〉를 실시하였다. 〈정보〉와 같은 조사결과를 얻었을 때, 옳은 것을 〈보기〉에서 모두 고르면? (단, 거짓응답은 없다고 가정한다.)

┤ 설문조사 ├

1) 주사위를 던져 4 이하가 나오면 다음 질문에 답하시오.
[질문] 시험 중 부정행위를 한 적이 있는가?
[답] ① 그렇다   ② 아니다

2) 주사위를 던져 5 이상이 나오면 다음 질문에 답하시오.
[질문] 시험 중 부정행위를 한 적이 없는가?
[답] ① 그렇다   ② 아니다

┤ 정보 ├

• 총 5,000명을 대상으로 설문조사를 한 결과
– 2,000명이 ① 그렇다
– 3,000명이 ② 아니다
라고 응답하였다.

┤ 보기 ├

ㄱ. 부정행위를 한 사람의 비율을 p라 할 때 총 응답자 중 '① 그렇다'라고 답한 사람의 비율은 2p/3+1/3로 추정할 수 있다.
ㄴ. 위 조사결과 전체 조사대상자 중 실제 부정행위를 한 사람의 비율은 20%로 추정할 수 있다.
ㄷ. 위 조사에서 '① 그렇다'고 답한 사람들 중 실제 부정행위를 한 사람의 비율은 2/5로 추정할 수 있다.
ㄹ. 위 조사에서 '② 아니다'라고 답한 사람들 중 실제 부정행위를 한 사람의 비율은 1/9로 추정할 수 있다.

① ㄱ, ㄴ   ② ㄱ, ㄷ
③ ㄴ, ㄷ   ④ ㄴ, ㄹ
⑤ ㄷ, ㄹ

조건부 확률

07 다음 글과 〈상황〉을 근거로 판단할 때, 날씨 예보 앱을 설치한 잠재 사용자의 총수는?

내일 비가 오는지를 예측하는 날씨 예보시스템을 개발한 A청은 다음과 같은 날씨 예보 앱의 '사전테스트전략'을 수립하였다.

- 같은 날씨 변화를 경험하는 잠재 사용자의 전화번호를 개인의 동의를 얻어 확보한다.
- 첫째 날에는 잠재 사용자를 같은 수의 두 그룹으로 나누어, 한쪽은 "비가 온다"로 다른 한쪽에는 "비가 오지 않는다"로 메시지를 보낸다.
- 둘째 날에는 직전일에 보낸 메시지와 날씨가 일치한 그룹을 다시 같은 수의 두 그룹으로 나누어, 한쪽은 "비가 온다"로 다른 한쪽에는 "비가 오지 않는다"로 메시지를 보낸다.
- 이후 날에도 같은 작업을 계속 반복한다.
- 보낸 메시지와 날씨가 일치하지 않은 잠재 사용자를 대상으로도 같은 작업을 반복한다. 즉, 직전일에 보낸 메시지와 날씨가 일치하지 않은 잠재 사용자를 같은 수의 두 그룹으로 나누어, 한쪽은 "비가 온다"로 다른 한쪽에는 "비가 오지 않는다"로 메시지를 보낸다.

─┤ 상황 ├─

A청은 사전테스트전략대로 200,000명의 잠재 사용자에게 월요일부터 금요일까지 5일간 메시지를 보냈다. 받은 메시지와 날씨가 3일 연속 일치한 경우, 해당 잠재 사용자는 날씨 예보 앱을 그날 설치한 후 제거하지 않았다.

① 12,500명   ② 25,000명
③ 37,500명   ④ 43,750명
⑤ 50,000명

경우의 수

정답 및 해설 p.175

기본 개념

1. 경우의 수

① 경우의 수를 구할 경우 모든 가짓수를 빠짐없이, 중복되지 않도록 헤아린다.

>> (트리구조를 이용한) 사전식 배열법 사용

② **합의 법칙** : 동시에 일어나지 않는 두 사건 A, B에 대하여 사건 A, B가 일어나는 경우의 수를 각각 m, n이라 할 때

㉠ 사건 A 또는 사건 B가 일어나는 경우의 수는 $m+n$이다.

㉡ 두 사건 A, B가 동시에 일어나는 경우가 있을 때는 합의 법칙이 성립하지 않는다.

만약 두 사건 A, B가 동시에 일어나는 경우의 수를 1이라고 하면, 사건 A 또는 사건 B가 일어나는 경우의 수는 $m+n-1$이다.

예 주사위를 던져 2의 배수 또는 3의 배수가 나오는 경우의 수는?
① 2의 배수 : 2, 4, 6 ∴ 3가지
② 3의 배수 : 3, 6 ∴ 2가지
∴ 3+2−1=5(가지)

③ **곱의 법칙** : 두 사건 A, B에 대하여 사건 A, B가 일어나는 경우의 수가 각각 m, n이라 할 때, m가지 사건 각각에 대하여 n가지 사건이 일어나는 경우, 즉, 두 사건 A, B가 동시에(잇달아/연이어) 일어나는 경우의 수는 $m \times n$이다.

💬 이론 설명

① (트리구조를 이용한) 사전식 배열법

예 a, b, c를 배열하는 방법의 수

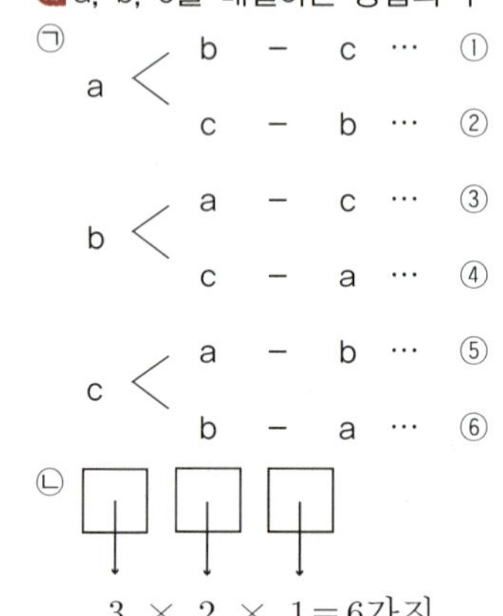

㉠
$$3 \times 2 \times 1 = 6가지$$

② 합의 법칙 & 곱의 법칙

예 A지역에서 C지역으로 가는 방법의 수는?

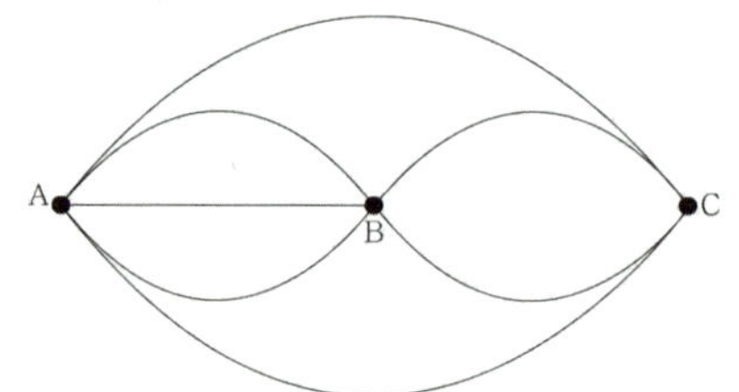

㉠ $A \rightarrow B \rightarrow C$
$$3 \times 2 \quad \therefore 6가지$$

㉡ $A \rightarrow C$
$$2 \quad \therefore 2가지$$

㉢ $6+2=8 \quad \therefore 8가지$

㉠과 ㉡은 동시에 일어날 수 없다.

---

2. 조합

서로 다른 n개에서 순서를 생각하지 않고 r개를 택하는 것을 조합이라 하며, $_n C_r$로 표기한다.

① $_n C_r = \dfrac{_n P_r}{r!} = \dfrac{n!}{r!(n-r)!}$ (단, $0 \leq r \leq n$)

② $_n C_r = {_n C_{n-r}}$

③ $_n C_0 = {_n C_n} = 1$

예 10명의 학생 중에서

① 대표 2명을 뽑는 경우 → $_{10} C_2$
　　(조합의 개념)

② 반장 1명, 부반장 1명을 뽑는 경우 → $_{10} P_2$
　　(순열의 개념)

추가 설명

학생들에게 1번부터 10번까지 번호를
①, ②, ③, ④, ⑤, ⑥, ⑦, ⑧, ⑨, ⑩

조합($_nC_r$)		순열($_nP_r$)	
대표	대표	vs	반장	부반장
⑦	⑨		⑦	⑨
‖			╫	
⑨	⑦		⑨	⑦
$_{10}C_2$(조합(뽑기))			$_{10}P_2$(조합+배열)	

① 대표 2명을 뽑는 경우 7번, 9번을 뽑든 9번, 7번을 뽑든 직위의 차가 없기 때문에 순서를 고려하지 않은 조합이다.

② 반장 1명, 부반장 1명을 뽑는 경우는 직위의 차가 있어 순서를 고려해야 하므로 순열이다.

③ 반장 1명과 부반장 1명을 뽑을 때 반장이 될 수 있는 학생은 10명이고 부반장이 될 수 있는 학생은 반장으로 뽑힌 학생을 제외한 9명이므로

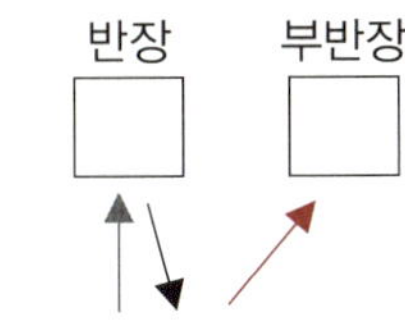

$$_{10}P_2 = 10 \times 9 = 90\text{(가지)}$$

④ 대표 2명을 뽑을 때는 순서를 고려하지 않기 때문에 전체 경우의 수 $_{10}P_2$를 반장, 부반장 자리를 바꾸는 경우의 수 2!로 나눠야 한다.

$$\therefore\ _{10}C_2 = \frac{_{10}P_2}{2!} = 45\text{(가지)}$$

TIP

☞ $_nC_r$ & $_nP_r$

① $_nC_r$ 식 유도

㉠ $n!\,(Factorial) = n \times (n-1) \times (n-2) \cdots \times 1$

계산연습

① $5! = 5 \times 4 \times 3 \times 2 \times 1 = 120$

② $4! = 4 \times 3 \times 2 \times 1 = 24$

㉡ $_nP_r = n \times (n-1) \times (n-2) \cdots (n-(r-1))$

$$\times \frac{(n-r) \times (n-(r+1)) \cdots \times 1}{(n-r) \times (n-(r+1)) \cdots \times 1} = \frac{n!}{(n-r)!}$$

$$\therefore\ _nC_r = \frac{_nP_r}{r!} = \frac{n!}{r!(n-r)!}$$

② $_nC_r = {_nC_{n-r}}$

∴ 서로 다른 n개 중에 r개를 뽑는 경우와 서로 다른 n개 중에 $n-r$개를 뽑는 경우는 같다.

계산연습

① $_3C_1 = \frac{3}{1} = 3$

② $_3C_2 = \frac{3 \times 2}{2 \times 1} = 3$

③ $_5C_3 = \frac{5 \times 4 \times 3}{3 \times 2 \times 1} = 10$

④ $_5C_2 = \frac{5 \times 4}{2 \times 1} = 10$

③ $_nC_0 = {_nC_n} = 1$

∴ 서로 다른 n개에서 n개를 뽑는 경우의 수는 1가지

계산연습

$$_3C_3 = \frac{3 \times 2 \times 1}{3 \times 2 \times 1} = 1$$

계산연습

① $_7C_4 = {_7C_3} = \frac{_7P_3}{3!} = \frac{7 \times 6 \times 5}{3 \times 2 \times 1} = 35$

② $_5P_2 = 5 \times 4$

③ $_8C_6 = {_8C_2} = \frac{8 \times 7}{2 \times 1} = 28$

3. 순열

서로 다른 n개에서 r개를 택하여 일렬로 배열하는 것을 순열이라 하며, $_nP_r$로 표기한다.

① $_nP_r = n(n-1)(n-2) \cdots (n-(r-1))$

$$= \frac{n!}{(n-r)!} \ \ (\text{단},\ 0 \le r \le n)$$

② $n! = {_nP_n} = n(n-1)(n-2) \cdots 1$

③ $_nP_0 = 1$

④ $0! = 1$

이론 설명

☞ 순열($_nP_r$) → 조합+배열

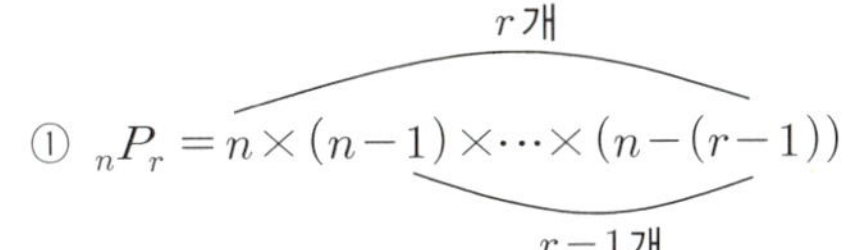

① $_nP_r = n \times (n-1) \times \cdots \times (n-(r-1))$

② $n! = {_nP_n} = n \times n(n-1) \times (n-2) \times \cdots \times 1$

4. 원순열

서로 다른 n개를 원형으로 배열하는 것을 원순열이라 하며, $(n-1)!$로 표기한다.

$$\frac{_nP_n}{n} = \frac{n!}{n} = (n-1)!$$

이론 설명

🔖 **A, B, C 일렬로 배열 →** $_3P_3 = 3! = 6$

① 사전식 배열로 나타내보면

A B C
A C B
B A C
B C A
C A B
C B A

② 일렬로 배열하면 3!

하지만 3개씩 같은 경우이기 때문에 $\dfrac{3!}{3}$

∴ 2가지

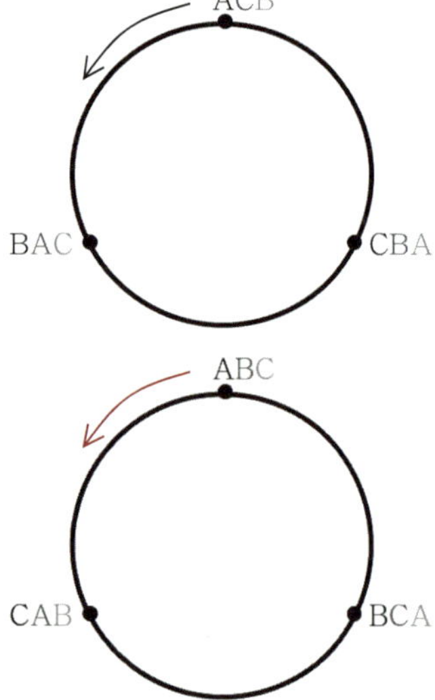

5. 승·무·패

① 리그전 경기 수 : $_nC_2$

② 1인당 경기 수 : $n-1$ (n은 경기자)

③ 승수 총합 = 패수 총합

④ 무승부의 합은 반드시 2의 배수(짝수)

⑤ 득점 총합 = 실점 총합

⑥ 전적의 총합 = $2 \times {_nC_2}$

이론 설명

팀＼결과	Win	Draw	Lose	경기 수
A	1	1	0	2경기
B	1	1	0	2경기
C	0	0	2	2경기

① A팀과 B팀이 경기하는 것과 B팀과 A팀이 경기하는 것은 같은 경기(A팀과 C팀, B팀과 C팀도 마찬가지)

∴ 리그전 경기 수 : $_3C_2 = \dfrac{3 \times 2}{2} = 3$

② 1팀당 경기 수 : $3-1 = 2$

③ 승수 총합 = 패수 총합

④ 무승부의 합은 반드시 2의 배수(짝수)

⑤ 득점 총합 = 실점 총합

例 A vs B

2 : 1일 경우

① A팀의 득점은 2점, 실점은 1점이고, B팀의 득점은 1점, 실점은 2점이다.

② 나의 득점은 상대방의 실점이고 상대방의 득점은 나의 실점이므로 득점의 총합과 실점의 총합은 같다.

⑥ 전적의 총합 = $2 \times {_nC_2}$

$$2 \times {_3C_2} = 2 \times \frac{3 \times 2}{2 \times 1} = 6$$

경우의 수 · 기본 예제

01 다음 그림과 같이 A, B, C 지역을 인접하여 흐르는 강 위에 네 개의 다리가 있다. 각 지역에서 출발하여 네 개의 다리를 모두 한 번씩만 지나는 방법의 수는?

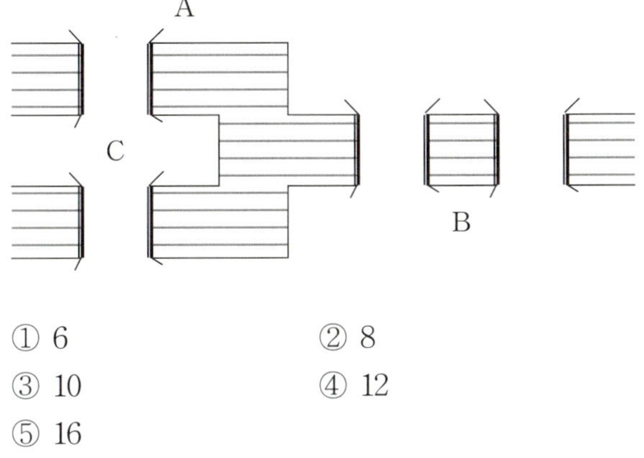

① 6

② 8

③ 10

④ 12

⑤ 16

독해 · 내용 추론

02 다음 글에서 추론할 수 있는 것만을 〈보기〉에서 모두 고르면?

두 입자만으로 이루어지고 이들이 세 가지의 양자 상태 1, 2, 3 중 하나에만 있을 수 있는 계(system)가 있다고 하자. 여기서 양자 상태란 입자가 있을 수 있는 구별 가능한 어떤 상태를 지시하며, 입자는 세 가지 양자 상태 중 하나에 반드시 있어야 한다. 이때 그 계에서 입자들이 어떻게 분포할 수 있는지 경우의 수를 세는 문제는, 각 양자 상태에 대응하는 세 개의 상자 ⃞1⃞ ⃞2⃞ ⃞3⃞ 에 두 입자가 있는 경우의 수를 세는 것과 같다. 경우의 수는 입자들끼리 서로 구별 가능한지와 여러 개의 입자가 하나의 양자 상태에 동시에 있을 수 있는지에 따라 달라진다.

두 입자가 구별 가능하고, 하나의 양자 상태에 여러 개의 입자가 있을 수 있다고 가정하자. 이것을 'MB 방식'이라고 부르며, 두 입자는 각각 a, b로 표시할 수 있다. a가 1의 양자 상태에 있는 경우는 ⃞ab⃞ ⃞ ⃞ , ⃞a⃞ b⃞ ⃞ , ⃞a⃞ ⃞ b⃞ 의 세 가지이고, a가 2의 양자 상태에 있는 경우와 a가 3의 양자 상태에 있는 경우도 각각 세 가지이다. 그러므로 MB 방식에서 경우의 수는 9이다.

두 입자가 구별되지 않고, 하나의 양자 상태에 여러 개의 입자가 있을 수 있다고 가정하자. 이것을 'BE 방식'이라고 부른다. 이때에는 두 입자 모두 a로 표시하게 되므로 ⃞aa⃞ ⃞ ⃞ , ⃞ ⃞aa⃞ ⃞ , ⃞ ⃞ ⃞aa⃞ , ⃞a⃞ a⃞ ⃞ , ⃞a⃞ ⃞ a⃞ , ⃞ ⃞ a⃞ a⃞ 가 가능하다. 그러므로 BE 방식에서 경우의 수는 6이다.

두 입자가 구별되지 않고, 하나의 양자 상태에 하나의 입자만 있을 수 있다고 가정하자. 이것을 'FD 방식'이라고 부른다. 여기에서는 BE 방식과 달리 하나의 양자 상태에 두 개의 입자가 동시에 있는 경우는 허용되지 않으므로 ⃞a⃞ a⃞ ⃞ , ⃞a⃞ ⃞ a⃞ , ⃞ ⃞ a⃞ a⃞ 만 가능하다. 그러므로 FD 방식에서 경우의 수는 3이다.

양자 상태의 가짓수가 다를 때에도 MB, BE, FD 방식 모두 위에서 설명한 대로 입자들이 놓이게 되고, 이때 경우의 수는 달라질 수 있다.

┤ 보기 ├

ㄱ. 두 개의 입자에 대해, 양자 상태가 두 가지이면 BE 방식에서 경우의 수는 2이다.

ㄴ. 두 개의 입자에 대해, 양자 상태의 가짓수가 많아지면 FD 방식에서 두 입자가 서로 다른 양자 상태에 각각 있는 경우의 수는 커진다.

ㄷ. 두 개의 입자에 대해, 양자 상태가 두 가지 이상이면 경우의 수는 BE 방식에서보다 MB 방식에서 언제나 크다.

① ㄱ　　　　　　　　　　② ㄷ

③ ㄱ, ㄴ　　　　　　　　④ ㄴ, ㄷ

⑤ ㄱ, ㄴ, ㄷ

순열 ｜ 기본 예제

03 ○○공기업 직원 5명 중 세 명을 택하여 서울, 대전, 부산으로 한 명씩 파견 보내는 경우의 수는?

① 40가지　　　　　　　② 50가지

③ 60가지　　　　　　　④ 70가지

⑤ 80가지

2021년 7급 PSAT 상황판단 나책형 7번

조건제시형 ｜ 순서 · 위치 · 배열

04 다음 글을 근거로 판단할 때, 마지막에 송편을 먹었다면 그 직전에 먹은 떡은?

> 원 쟁반의 둘레를 따라 쑥떡, 인절미, 송편, 무지개떡, 팥떡, 호박떡이 순서대로 한 개씩 시계방향으로 놓여 있다. 이 떡을 먹는 순서는 다음과 같은 규칙에 따른다. 특정한 떡을 시작점(첫 번째)으로 하여 시계방향으로 떡을 세다가 여섯 번째에 해당하는 떡을 먹는다. 떡을 먹고 나면 시계방향으로 이어지는 바로 다음 떡이 새로운 시작점이 된다. 이 과정을 반복하여 떡이 한 개 남게 되면 마지막으로 그 떡을 먹는다.

① 무지개떡　　　　　　② 쑥떡

③ 인절미　　　　　　　④ 팥떡

⑤ 호박떡

승·무·패

05 다음 〈표〉는 어느 축구대회 1조에 속한 4개국(A∼D)의 최종 성적을 정리한 자료이다. 이에 대한 설명 중 옳지 않은 것은?

〈표〉 1조의 최종 성적

구분	승	무	패	득점	실점	승점
A국	0	( )	2	1	4	1
B국	( )	1	( )	3	5	( )
C국	1	( )	1	3	( )	( )
D국	( )	1	0	4	0	( )

※ 1) 각 국가는 나머지 세 국가와 한 경기씩 총 세 경기를 하였음
　 2) 국가별 승점 = 3 × 승리한 경기 수 + 1 × 무승부 경기 수 + 0 × 패배한 경기 수

① B국의 성적은 1승 1무 1패이다.
② 모든 국가는 각각 1무씩 거두었다.
③ D국은 2승을 거두었다.
④ C국의 실점은 2이다.
⑤ B국이 C국보다 승점이 더 높다.

승·무·패 기본 예제

06 갑 국가는 8개의 프로야구팀이 리그전과 토너먼트 방식으로 경기를 치르고 최종 우승팀을 결정한다. 예선전인 리그전은 자신의 팀을 제외한 다른 팀(7개 프로야구팀)과 각각 2경기씩 경기를 치르고 결과를 반영하여 상위 4개 팀을 선정한다. 이 상위 4개 팀은 우승팀 결정을 위한 최종 결정전을 토너먼트 방식으로 경기를 치른다. 이때 갑 국가의 예선전과 최종 결정전의 총 경기 수를 구하면? (토너먼트 방식 : 경기를 거듭할 때마다 진 팀은 제외 시키면서 이긴 팀끼리 겨루어 최후에 남은 두 팀으로 우승을 가리는 방식)

① 59경기　　　　② 60경기
③ 61경기　　　　④ 62경기
⑤ 63경기

조건제시형 승·무·패

07 다음 〈규칙〉을 근거로 판단할 때, 〈보기〉에서 옳은 것만을 모두 고르면?

┤ 규칙 ├

• △△배 씨름대회는 아래와 같은 대진표에 따라 진행되며, 11명의 참가자는 추첨을 통해 동일한 확률로 A부터 K까지의 자리 중에서 하나를 배정받아 대회에 참가한다.

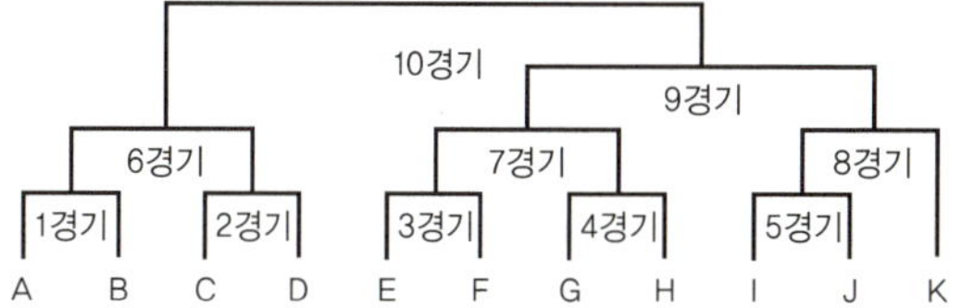

• 대회는 첫째 날에 1경기부터 시작되어 10경기까지 순서대로 매일 하루에 한 경기씩 쉬는 날 없이 진행되며, 매 경기에서는 무승부 없이 승자와 패자가 가려진다.
• 각 경기를 거듭할 때마다 패자는 제외시키면서 승자끼리 겨루어 최후에 남은 두 참가자 간에 우승을 가리는 승자 진출전 방식으로 대회를 진행한다.

┤ 보기 ├

ㄱ. 이틀 연속 경기를 하지 않으면서 최소한의 경기로 우승할 수 있는 자리는 총 5개이다.
ㄴ. 첫 번째 경기에 승리한 경우 두 번째 경기 전까지 3일 이상을 경기 없이 쉴 수 있는 자리에 배정될 확률은 50 % 미만이다.
ㄷ. 총 4번의 경기를 치러야 우승할 수 있는 자리에 배정될 확률이 총 3번의 경기를 치르고 우승할 수 있는 자리에 배정될 확률보다 높다.

① ㄱ　　　　　　② ㄴ
③ ㄷ　　　　　　④ ㄱ, ㄷ
⑤ ㄴ, ㄷ

수리계산형 Ⅰ (방정식 · 부등식)

📖 정답 및 해설 p.180

기본 개념

① $\begin{cases} x + y = 200 \\ 2x + 4y = 560 \end{cases}$

$\therefore\ x = 120,\ y = 80$

② $a \le x \le b \leftrightarrow a \le x \cap x \le b$

③ $b \le ax \le c \leftrightarrow \dfrac{b}{a} \le x \le \dfrac{c}{a}\,(a : 양수)$

$\leftrightarrow \dfrac{c}{a} \le x \le \dfrac{b}{a}\,(a : 음수)$

💬 이론 설명

① 정석 풀이

$(2x + 4y) \times \dfrac{1}{2} = (560) \times \dfrac{1}{2}$

$\begin{cases} x + 2y = 280 \\ x + y = 200 \end{cases}$

$\therefore\ x = 120,\ y = 80$

② 추가 풀이

$2x + 2y + 2y = 560$

$2(x + y) + 2y = 560$

$2(200) + 2y = 560$

$2y = 160$

$\therefore\ x = 120,\ y = 80$

수리계산형 　기본 예제

01 어느 백화점의 지난해 종업원 수는 240명이었다. 올해에 남자는 5% 감소하고, 여자는 10% 증가하여 전체 인원이 3명 늘었다. 올해의 남자 종업원 수를 구하면?

① 100명　　　　② 113명

③ 133명　　　　④ 140명

⑤ 154명

수리계산형

02 다음 〈정보〉와 〈표〉는 2014년 A~E 기업의 기본생산능력과 초과생산량 및 1 ~ 3월 생산이력에 관한 자료이다. 이에 근거하여 기본생산능력이 가장 큰 기업과 세 번째로 큰 기업을 바르게 나열한 것은?

─┤ 정보 ├─

- 각 기업의 기본생산능력(개/월)은 변하지 않는다.
- A기업의 기본생산능력은 15,000개/월이고 C기업과 E기업의 기본생산능력은 동일하다.
- B, C, D 기업의 경우 2014년 1~3월 동안 초과생산량이 발생하지 않았다.
- E기업의 경우 2014년 3월에 기본생산능력에 해당하는 생산량 이외에 기본생산능력의 20%에 해당하는 초과생산량이 발생하였다.
- 생산 참여기업의 월 생산량 = 기본생산능력에 해당하는 월 생산량 + 월 초과생산량

〈표〉 2014년 1 ~ 3월 생산이력

구분	1월	2월	3월
생산 참여기업	B, C	B, D	C, E
손실비	0.0	0.5	0.0
총생산량(개)	23,000	17,000	22,000

※ 해당월 총생산량 = 해당월 '생산 참여기업의 월 생산량'의 합×(1 − 손실비)

	가장 큰 기업	세 번째로 큰 기업
①	A	B
②	A	D
③	B	D
④	D	A
⑤	D	B

조건제시형 수리계산형

03 다음 글을 근거로 판단할 때, 현재 시점에서 두 번째로 많은 양의 일을 한 사람은?

A부서 주무관 5명(甲 ~ 戊)은 오늘 해야 하는 일의 양이 같다. 오늘 업무 개시 후 현재까지 한 일을 비교해 보면 다음과 같다.

甲은 丙이 아직 하지 못한 일의 절반에 해당하는 양의 일을 했다. 乙은 丁이 남겨 놓고 있는 일의 2배에 해당하는 양의 일을 했다. 丙은 자신이 현재까지 했던 일의 절반에 해당하는 일을 남겨 놓고 있다. 丁은 甲이 남겨 놓고 있는 일과 동일한 양의 일을 했다. 戊는 乙이 남겨 놓은 일의 절반에 해당하는 양의 일을 했다.

① 甲 ② 乙
③ 丙 ④ 丁
⑤ 戊

조건제시형 방정식

04 다음 글을 근거로 판단할 때, 甲이 구매하려는 두 상품의 무게로 옳은 것은?

○○마트에서는 쌀 상품 A ~ D를 판매하고 있다. 상품 무게는 A가 가장 무겁고, B, C, D 순서대로 무게가 가볍다. 무게 측정을 위해 서로 다른 두 상품을 저울에 올린 결과, 각각 35kg, 39kg, 44kg, 45kg, 50kg, 54kg으로 측정되었다. 甲은 가장 무거운 상품과 가장 가벼운 상품을 제외하고 두 상품을 구매하기로 하였다.

※ 상품 무게(kg)의 값은 정수이다.

① 19kg, 25kg ② 19kg, 26kg
③ 20kg, 24kg ④ 21kg, 25kg
⑤ 22kg, 26kg

2016년 민간경력자 채용 PSAT 자료해석 (5)책형 2번

수리계산형

05 다음 〈표〉는 과목 등급 산정기준과 과목별 이수단위 및 민수의 과목별 석차에 대한 자료이다. 〈표〉와 〈평균등급 산출 공식〉에 따라 산정한 민수의 4개 과목 평균등급을 M이라 할 때, M의 범위로 옳은 것은?

〈표 1〉 과목 등급 산정기준

등급	과목석차 백분율
1	0% 초과 4% 이하
2	4% 초과 11% 이하
3	11% 초과 23% 이하
4	23% 초과 40% 이하
5	40% 초과 60% 이하
6	60% 초과 77% 이하
7	77% 초과 89% 이하
8	89% 초과 96% 이하
9	96% 초과 100% 이하

※ 과목석차 백분율(%) $= \dfrac{과목석차}{과목이수인원} \times 100$

〈표 2〉 과목별 이수단위 및 민수의 과목별 석차

구분 과목	이수단위(단위)	석차(등)	이수인원(명)
국어	3	270	300
영어	3	44	300
수학	2	27	300
과학	3	165	300

┤평균등급 산출 공식├

$$평균등급 = \dfrac{(과목별\ 등급 \times 과목별\ 이수단위)의\ 합}{과목별\ 이수단위의\ 합}$$

① $3 \leq M < 4$
② $4 \leq M < 5$
③ $5 \leq M < 6$
④ $6 \leq M < 7$
⑤ $7 \leq M < 8$

2007년 5급 PSAT 자료해석 (인)책형 19번

수리계산형

06 다음 〈표〉는 A, B, C, D 사의 연간 매출액에 관한 자료이다. 각 회사의 연간 이익률이 매년 일정하며, B, C, D 사의 연간 이익률은 각각 3%, 3%, 2%이다. A ~ D 사의 연간 순이익 총합이 전년에 비해 감소되지 않게 하는 A사의 최소 연간 이익률은?

〈표〉 A ~ D 사의 연간 매출액

(단위: 백억 원)

연도 회사	2000년	2001년	2002년	2003년	2004년	2005년
A	300	350	400	450	500	550
B	200	250	300	250	200	150
C	300	250	200	150	200	250
D	350	300	250	200	150	100

※ 순이익 = 매출액 × 이익률

① 6%
② 7%
③ 8%
④ 9%
⑤ 10%

기본연산

정답 및 해설 p.183

기본 개념

1. 평균

$$\frac{\text{자료 전체의 합}}{\text{자료의 개수}} = \frac{1}{n} \times (x_1 + x_2 + \cdots + x_n)$$

$$= \frac{1}{n} \times \sum_{k=1}^{n} x_k$$

① 가평균

   ㉠ 가편차의 합 > 0 → 가평균 $<$ 평균

   ㉡ 가편차의 합 $= 0$ → 가평균 $=$ 평균

   ㉢ 가편차의 합 < 0 → 가평균 $>$ 평균

② 중앙값 : 자료를 크기 순서대로 배열했을 때, 중앙에 위치하게 되는 값

이론 설명

$$\frac{\text{자료 전체의 합}}{\text{자료의 개수}} = \frac{1}{n} \times (x_1 + x_2 + \cdots + x_n)$$

$$= \frac{1}{n} \times \sum_{k=1}^{n} x_k$$

① $\displaystyle\sum_{k=1}^{n} x_k = (x_1 + x_2 + \cdots + x_n)$

② $(x_1 + x_2 + \cdots + x_n)$ → 변량의 합

③ n → 변량의 개수

평균 예제

예제 86, 87 88의 평균은?

① 일반적인 풀이

$$\frac{86+87+88}{3} = \frac{(87-1)+87+(87+1)}{3} = 87$$

② 가평균을 이용

  ⅰ) 가평균 $= 86$ → $86 + \dfrac{\boxed{0+(+1)+(+2)}^{\,>0}}{3} = 87$

  ⅱ) 가평균 $= 87$ → $87 + \dfrac{\boxed{(-1)+(0)+(+1)}^{\,=0}}{3} = 87$

  ※ 변량$-$평균$=$편차

    $\sum$편차$=0$

  ⅲ) 가평균 $= 88$ → $88 + \dfrac{\boxed{(-2)+(-1)+0}^{\,<0}}{3} = 87$

중앙값 예제

예제 1 변량의 개수가 홀수일 때

① 3, 4, 8의 중앙값을 구하면?

$$\frac{3}{2} = 1.5 \xrightarrow{\text{올림}} 2th \ \therefore \ \text{중앙값은 } 4$$

② 3, 4, 8, 9, 13의 중앙값을 구하면?

$$\frac{5}{2} = 2.5 \xrightarrow{\text{올림}} 3th \ \therefore \ \text{중앙값은 } 8$$

예제 2 변량의 개수가 짝수일 때 3, 4, 8, 14의 중앙값을 구하면?

$$\frac{4}{2} = 2 \rightarrow \frac{2th + 3th}{2}$$

$$\therefore \ \text{중앙값은 } \frac{4+8}{2} = 6$$

2. 덧셈 · 뺄셈

① 덧셈

   ㉠ 큰 것부터 더하기

   ㉡ 일의 자리를 0 또는 5로 맞추기

② 보수

   ㉠ 10의 보수

1	2	3	4	5	6	7	8	9
9	8	7	6	5	4	3	2	1

   ㉡ 10,000의 보수 이용

   ㉢ 보수 활용

덧셈 · 보수 예제

① 덧셈 예제

예제 $36+21+14+9$ ○ $15+23+17+25$

일의 자리를 0으로 맞추기

$(36+14)+(21+9)=(15+25)+(23+17)$

$50+30=40+40$

② 보수 예제

예제 1 $24.16\%+\square\%=100.00\%$

$$
\begin{array}{r}
100.00\% \\
-\ 24.16\% \\
\hline
75.84\%
\end{array}
$$

예제 2 $1,442-363$

$1442-1,000=442$

$1,000-363=637$

$637+442=1,079$

3. 변화율

① 증가율($t_1 \to t_2$)

   ㉠ $\dfrac{t_2-t_1}{t_1}\times100=\left(\dfrac{t_2}{t_1}-1\right)\times100(\%)$

           배율

   ㉡ (배율 -1)$\times100=$ 증가율

   ㉢ $\dfrac{\text{증가율}}{100}+1=$ 배율

② 변화율 공식

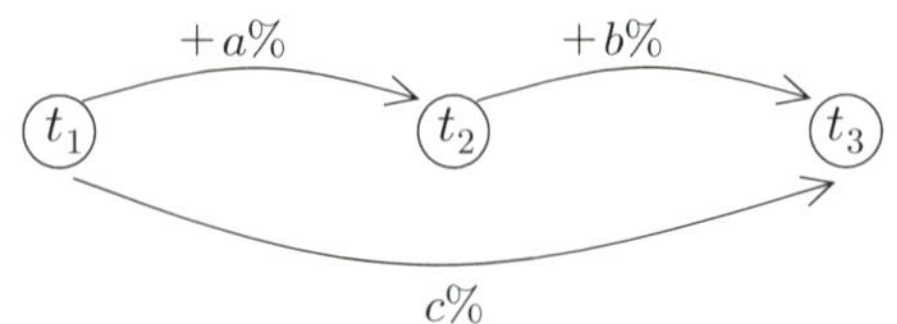

$$c\%=a\%+b\%+\dfrac{ab}{100}(\%) \ (\text{단, } a\text{와 } b\text{가 } 10\% \text{ 이내}$$

이면 $\dfrac{ab}{100}≒0$)

이론 설명

A당 $B=\dfrac{B}{A}$

① B가 일정할 때

$$\dfrac{B}{A\downarrow\uparrow}=C\downarrow\uparrow$$

② A가 일정할 때

$$\dfrac{B\uparrow\downarrow}{A}=C\uparrow\downarrow$$

③ A가 작아지고 B가 커질 때

$$\dfrac{B\uparrow}{A\downarrow}=C\uparrow$$

④ B가 작아지고 A가 커질 때

$$\dfrac{B\downarrow}{A\uparrow}=C\downarrow$$

변화율 예제 1

예제 1 $\overset{+39}{130 \to 169}$

130의 10% = 13, 30% = 39

∴ 증가율 30%, 배율 1.3

예제 2 $\overset{+92.5}{37 \to 129.5}$

37의 100% = 37, 200% = 74, 50% = 18.5,

250% = 92.5

∴ 증가율 250%, 배율 3.5

변화율 공식 증명

$$t_2 = t_1 \times \left(1 + \frac{a}{100}\right)$$

$$t_3 = t_2 \times \left(1 + \frac{b}{100}\right) = t_1 \times \left(1 + \frac{a}{100}\right) \times \left(1 + \frac{b}{100}\right)$$

$$t_3 = t_1 \times \left(1 + \frac{c}{100}\right)$$

$$1 + \frac{c}{100} = 1 + \frac{a}{100} + \frac{b}{100} + \frac{ab}{10,000}$$

$$\therefore \ c = a + b + \frac{ab}{100}$$

변화율 예제 2

예제 1 $\ \overset{+30\% \quad -30\%}{t_1 \to t_2 \to t_3}$

$$30\% + (-30\%) + \frac{-900}{100}\% = -9\,(\%)$$

예제 2 $\ \overset{-20\% \quad -30\%}{t_1 \to t_2 \to t_3}$

$$-20\% + (-30\%) + \frac{600}{100}\% = -44\,(\%)$$

4. 곱셈 비교

① $a \times 1.1b \ \bigcirc \ 1.1a \times b$

② $a \times 1.2b \ \bigcirc \ 1.1a \times b$

③ $a \times 1.1b \ \bigcirc \ 1.2a \times b$

이론 설명

① $a \times 1.1b = 1.1a \times b$

② $a \times 1.2b = 1.1a \times b$

③ $a \times 1.1b = 1.2a \times b$

곱셈 비교 예제

예제 $\ 32.7 \times 11.4 \ \bigcirc \ 31.8 \times 12.2$

11.4의 10% = 1.14

5% = 0.57 → 0.8은 5% ↑

31.8의 10% = 3.18

5% = 1.59 → 0.9는 5% ↓

$\therefore \ 32.7 \times 11.4 \ < \ 31.8 \times 12.2$

5. 분수 비교

① $\dfrac{b}{a} \ \bigcirc \ \dfrac{1.1 \times b}{1.1 \times a}$

② $\dfrac{b}{a} \ \bigcirc \ \dfrac{1.2 \times b}{1.1 \times a}$

③ $\dfrac{b}{a} \ \bigcirc \ \dfrac{1.1 \times b}{1.2 \times a}$

이론 설명

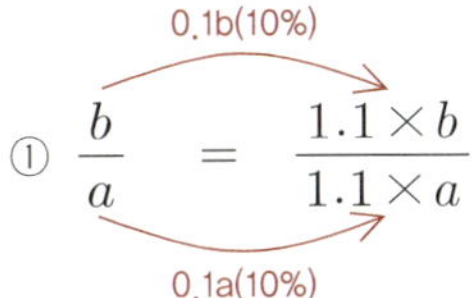

① $\dfrac{b}{a} \ = \ \dfrac{1.1 \times b}{1.1 \times a}$

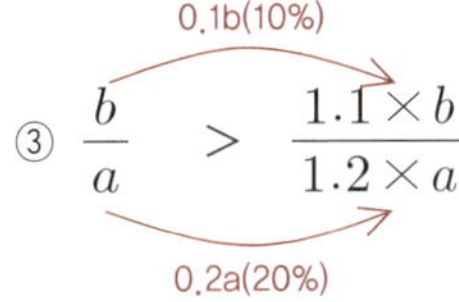

② $\dfrac{b}{a} \ < \ \dfrac{1.2 \times b}{1.1 \times a}$

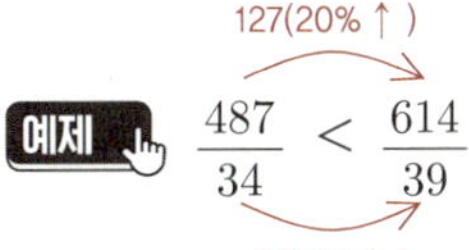

③ $\dfrac{b}{a} \ > \ \dfrac{1.1 \times b}{1.2 \times a}$

선수학습

① $\dfrac{b}{a} \ > \ \dfrac{0.8 \times b}{1.2 \times a} \ \to \ $ 분모가 커지고 분자가 작아짐

② $\dfrac{b}{a} \ < \ \dfrac{1.3 \times b}{0.8 \times a} \ \to \ $ 분자가 커지고 분모가 작아짐

분수 비교 예제

예제 $\ \overset{127(20\% \uparrow)}{\dfrac{487}{34}} < \underset{5(20\% \downarrow)}{\dfrac{614}{39}}$

34의 10% = 3.4

20% = 6.8

500 + 100 = 600

500의 20% = 100

6. %기준 비교

① $\dfrac{191}{323}$ ◯ 60%

② $\dfrac{473}{527}$ ◯ 90%

③ $\dfrac{31}{213}$ ◯ 15%

이론 설명

① $\dfrac{180}{200} = \dfrac{90+90}{100+100} \rightarrow 90\%$

② $\dfrac{178}{200} = \dfrac{90+88}{100+100} \rightarrow 90\% \downarrow$

③ $\dfrac{183}{200} = \dfrac{90+93}{100+100} \rightarrow 90\% \uparrow$

%기준 비교 예제

예제 1 $\dfrac{191}{323} = \dfrac{180+11}{300+23}$

$\dfrac{180}{300} \rightarrow 60\%$, $\dfrac{11}{23} \rightarrow 60\% \downarrow$

$\therefore \dfrac{191}{323} < 60\%$

예제 2 ① $\dfrac{473}{527} = \dfrac{450+23}{500+27}$

$\dfrac{450}{500} \rightarrow 90\%$, $\dfrac{23}{27} \rightarrow 90\% \downarrow$

$\therefore \dfrac{473}{527} < 90\%$

② 527의 10% = 52.7

473 + 52.7 = 525.7

$\dfrac{525.7}{527} < 100\%$

$\therefore \dfrac{473}{527} < 90\%$

예제 3 213의 10% = 21.3, 5% = 10.65

15% = 31.95

$\therefore \dfrac{31}{213} < 15\%$

7. $\dfrac{a}{a+b}$형

① $\dfrac{a}{a+b} = \dfrac{1}{a + \dfrac{b}{a}}$

② $\dfrac{b}{a} \downarrow \rightarrow \dfrac{a}{a+b} \uparrow$

③ $\dfrac{b}{a} \uparrow \rightarrow \dfrac{a}{a+b} \uparrow$

이론 설명

기본연산의 $\dfrac{a}{a+b}$형은 주로 대소 비교를 할 때 쓰이며 이러한 형태의 식이 자주 출제되므로 많이 보아야 한다.

① 분자와 분모를 각각 a로 나누면 $\dfrac{1}{1 + \dfrac{b}{a}}$ 이 되며

② $\dfrac{b}{a}$ 가 작아진다면 $\dfrac{a}{a+b}$ 는 커진다.

예 시험장에 가서 보게 되는 경우 $u = a + (b + c + d)$

평균

01 다음 〈표〉는 학생 '갑' ~ '무'의 중간고사 3개 과목 점수에 관한 자료이다. 이에 대한 〈보기〉의 설명 중 옳은 것만을 모두 고르면?

〈표〉 '갑' ~ '무'의 중간고사 3개 과목 점수

(단위: 점)

과목＼성별＼학생	갑	을	병	정	무
성별	남	여	( )	여	남
국어	90	85	60	95	75
영어	90	85	100	65	100
수학	75	70	85	100	100

┤ 보기 ├

ㄱ. 국어 평균 점수는 80점 이상이다.

ㄴ. 3개 과목 평균 점수가 가장 높은 학생과 가장 낮은 학생의 평균 점수 차이는 10점 이하이다.

ㄷ. 국어, 영어, 수학 점수에 각각 0.4, 0.2, 0.4의 가중치를 곱한 점수의 합이 가장 큰 학생은 '정'이다.

ㄹ. '갑' ~ '무'의 성별 수학 평균 점수는 남학생이 여학생보다 높다.

① ㄱ, ㄷ
② ㄱ, ㄹ
③ ㄴ, ㄷ
④ ㄱ, ㄷ, ㄹ
⑤ ㄴ, ㄷ, ㄹ

평균

02 다음 〈표〉는 직원 '갑' ~ '무'에 대한 평가자 A ~ E의 직무평가 점수이다. 이에 대한 〈보기〉의 설명 중 옳은 것만을 모두 고르면?

〈표〉 직원 '갑' ~ '무'에 대한 평가자
A ~ E의 직무평가 점수

(단위: 점)

직원＼평가자	A	B	C	D	E	종합점수
갑	91	87	( )	89	95	89.0
을	89	86	90	88	( )	89.0
병	68	76	( )	74	78	( )
정	71	72	85	74	( )	77.0
무	71	72	79	85	( )	78.0

※ 1) 직원별 종합점수는 해당 직원이 평가자 A ~ E로부터 부여받은 점수 중 최댓값과 최솟값을 제외한 점수의 평균임
2) 각 직원은 평가자 A ~ E로부터 각각 다른 점수를 부여받았음
3) 모든 평가자는 1 ~ 100점 중 1점 단위로 점수를 부여하였음

┤ 보기 ├

ㄱ. '을'에 대한 직무평가 점수는 평가자 E가 가장 높다.

ㄴ. '병'의 종합점수로 가능한 최댓값과 최솟값의 차이는 5점 이상이다.

ㄷ. 평가자 C의 '갑'에 대한 직무평가 점수는 '갑'의 종합점수보다 높다.

ㄹ. '갑' ~ '무'의 종합점수 산출 시, 부여한 직무평가 점수가 한 번도 제외되지 않은 평가자는 없다.

① ㄱ
② ㄱ, ㄹ
③ ㄴ, ㄷ
④ ㄱ, ㄴ, ㄹ
⑤ ㄴ, ㄷ, ㄹ

2021년 7급 PSAT 자료해석 나책형 16번

03 다음 〈그림〉은 2020년 '갑'시의 교통사고에 관한 자료이다. 이에 대한 〈보기〉의 설명 중 옳은 것만을 모두 고르면?

〈그림 1〉 2020년 월별 교통사고 사상자

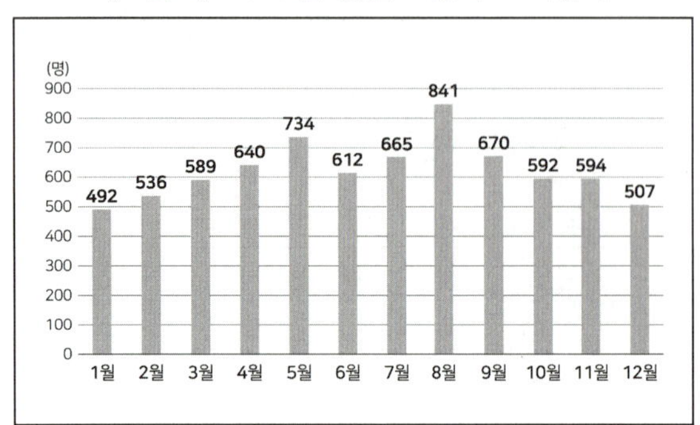

〈그림 2〉 2020년 월별 교통사고 건수

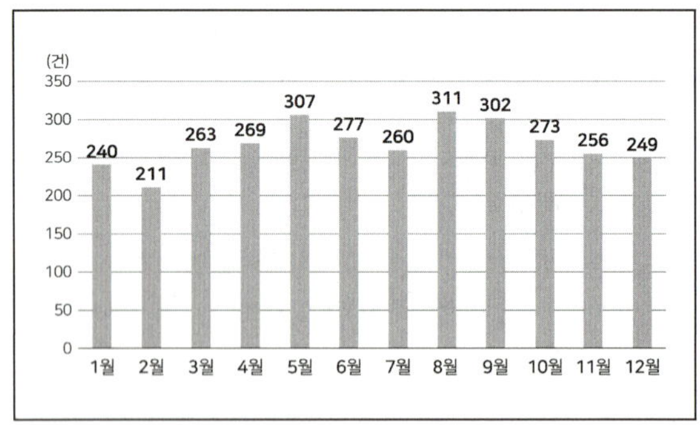

〈그림 3〉 2020년 교통사고 건수의 사고원인별 구성비

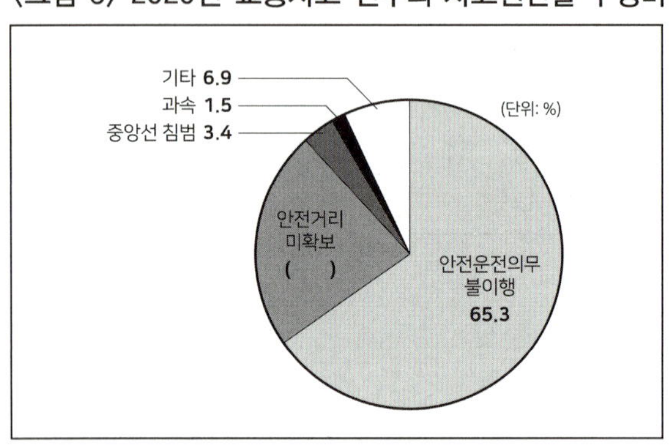

┤ 보기 ├

ㄱ. 월별 교통사고 사상자는 가장 적은 달이 가장 많은 달의 60% 이하이다.

ㄴ. 2020년 교통사고 건당 사상자는 1.9명 이상 이다.

ㄷ. '안전거리 미확보'가 사고원인인 교통사고 건 수는 '중앙선 침범'이 사고원인인 교통사고 건 수의 7배 이상이다.

ㄹ. 사고원인이 '안전운전의무 불이행'인 교통사고 건수는 2,000건 이하이다.

① ㄱ, ㄴ   ② ㄱ, ㄷ
③ ㄴ, ㄷ   ④ ㄷ, ㄹ
⑤ ㄱ, ㄴ, ㄹ

정보확인 ▶ 덧셈 · 뺄셈

04 다음 〈표〉는 아프리카연합이 주도한 임무단의 평화유지활동에 관한 자료이다. 이를 바탕으로 작성한 〈보고서〉의 설명 중 옳지 않은 것은?

〈표〉 임무단의 평화유지활동(2021년 5월 기준)

(단위: 명)

임무단	파견지	활동기간	주요 임무	파견 규모
부룬디 임무단	부룬디	2003. 4. ~ 2004. 6.	평화협정 이행 지원	3,128
수단 임무단	수단	2004. 10. ~ 2007. 12.	다르푸르 지역 정전 감시	300
코모로 선거감시 지원 임무단	코모로	2006. 3. ~ 2006. 6.	코모로 대통령 선거 감시	462
소말리아 임무단	소말리아	2007. 1. ~ 현재	구호 활동 지원	6,000
코모로 치안 지원 임무단	코모로	2007. 5. ~ 2008. 10.	앙주앙 섬 치안 지원	350
다르푸르 지역 임무단	수단	2007. 7. ~ 현재	민간인 보호	6,000
우간다 임무단	우간다	2012. 3. ~ 현재	반군 소탕작전	3,350
말리 임무단	말리	2012. 12. ~ 2013. 7.	정부 지원	1,450
중앙아프리카 공화국 임무단	중앙 아프리카 공화국	2013. 12. ~ 2014. 9.	안정 유지	5,961

┤ 보고서 ├

아프리카연합은 아프리카 지역 분쟁 해결 및 평화 구축을 위하여 2021년 5월 현재까지 9개의 임무단을 구성하고 평화유지활동을 주도하였다. ㉠ 평화유지활동 중 가장 오랜 기간 동안 활동한 임무단은 '소말리아 임무단'이다. 이 임무는 소말리아 과도 연방정부가 아프리카연합에 평화유지군을 요청한 것을 계기로 시작되어 현재에 이르고 있다. 한편, ㉡ '코모로 선거감시 지원 임무단'은 가장 짧은 기간 동안 활동하였다. 2006년 코모로는 대통령 선거를 앞두고 아프리카연합에 지원을 요청하였고 같은 해 3월 시작된 평화유지활동은 선거가 끝난 6월에 임무가 종료되었다.

㉢ 아프리카연합이 현재까지 평화유지활동을 위해 파견한 임무단의 총규모는 25,000명 이상이며, 현재 활동 중인 임무단의 규모는 소말리아 6,000명, 수단 6,000명, 우간다 3,350명으로 총 15,000여 명이다.

아프리카연합은 아프리카 내의 문제를 자체적으로 해결하기 위해 다양한 임무단 활동을 활발히 수행하였다. 특히 ㉣ 수단과 코모로에서는 각각 2개의 임무단이 활동하였다.

현재 평화유지활동을 수행 중인 임무단은 3개이지만 ㉤ 2007년 10월 기준 평화유지활동을 수행 중이었던 임무단은 5개였다.

① ㄱ   ② ㄴ

③ ㄷ   ④ ㄹ

⑤ ㅁ

기본연산 대칭표

2021년 7급 PSAT 자료해석 나책형 4번

05 다음 〈표〉는 최근 이사한 100가구의 이사 전후 주택규모에 관한 조사 결과이다. 이에 대한 〈보기〉의 설명 중 옳은 것만을 모두 고르면?

〈표〉 이사 전후 주택규모 조사 결과

(단위: 가구)

이사 후 \ 이사 전	소형	중형	대형	합
소형	15	10	( )	30
중형	( )	30	10	( )
대형	5	10	15	( )
계	( )	( )	( )	100

※ 주택규모는 '소형', '중형', '대형'으로만 구분하며, 동일한 주택규모는 크기도 같음

┤ 보기 ├

ㄱ. 주택규모가 이사 전 '소형'에서 이사 후 '중형'으로 달라진 가구는 없다.

ㄴ. 이사 전후 주택규모가 달라진 가구 수는 전체 가구 수의 50% 이하이다.

ㄷ. 주택규모가 '대형'인 가구 수는 이사 전이 이사 후보다 적다.

ㄹ. 이사 후 주택규모가 커진 가구 수는 이사 후 주택규모가 작아진 가구 수보다 많다.

① ㄱ, ㄴ   ② ㄱ, ㄷ
③ ㄴ, ㄹ   ④ ㄷ, ㄹ
⑤ ㄱ, ㄴ, ㄷ

독해 내용추론

2021년 7급 PSAT 언어논리 나책형 2번

06 다음 대화의 빈칸에 들어갈 내용으로 가장 적절한 것은?

갑: 국회에서 법률들을 제정하거나 개정할 때, 법률에서 조례를 제정하여 시행하도록 위임하는 경우가 있습니다. 그리고 이런 위임에 따라 지방자치단체에서는 조례를 새로 제정하게 됩니다. 각 지방자치단체가 법률의 위임에 따라 몇 개의 조례를 제정했는지 집계하여 '조례 제정 비율'을 계산하는데, 이 지표는 작년에 이어 올해도 지방자치단체의 업무 평가 기준에 포함되었습니다.

을: 그렇군요. 그 평가 방식이 구체적으로 어떻게 되고, A시의 작년 평가 결과는 어땠는지 말씀해 주세요.

갑: 먼저 그해 1월 1일부터 12월 31일까지 법률에서 조례를 제정하도록 위임한 사항이 몇 건인지 확인한 뒤, 그중 12월 31일까지 몇 건이나 조례로 제정되었는지로 평가합니다. 작년에는 법률에서 조례를 제정하도록 위임한 사항이 15건이었는데, 그중 A시에서 제정한 조례는 9건으로 그 비율은 60%였습니다.

을: 그러면 올해는 조례 제정 상황이 어떻습니까?

갑: 1월 1일부터 7월 10일 현재까지 법률에서 조례를 제정하도록 위임한 사항은 10건인데, A시는 이 중 7건을 조례로 제정하였으며 조례로 제정하기 위하여 입법 예고 중인 것은 2건입니다. 현재 시의회에서 조례로 제정되기를 기다리며 계류 중인 것은 없습니다.

을: 모든 조례는 입법 예고를 거친 뒤 시의회에서 제정되므로, 현재 입법 예고 중인 2건은 입법 예고 기간이 끝나야만 제정될 수 있겠네요. 이 2건의 제정 가능성은 예상할 수 있나요?

갑: 어떤 조례는 신속히 제정되기도 합니다. 그러나 때로는 시의회가 계속 파행하기도 하고 의원들의 입장에 차이가 커 공전될 수도 있기 때문에 현재 시점에서 조례 제정 가능성을 단정하기는 어렵습니다.

을: 그러면 A시의 조례 제정 비율과 관련하여 알 수 있는 것은 무엇이 있을까요?

갑: A시는 [   ]

① 현재 조례로 제정하기 위하여 입법 예고가 필요한 것이 1건입니다.

② 올 한 해의 조례 제정 비율이 작년보다 높아집니다.

③ 올 한 해 총 9건의 조례를 제정하게 됩니다.

④ 현재 시점을 기준으로 평가를 받으면 조례 제정 비율이 90%입니다.

⑤ 올 한 해 법률에서 조례를 제정하도록 위임받은 사항이 작년보다 줄어듭니다.

변화율

07 다음 〈표〉는 2021 ~ 2027년 시스템반도체 중 인공지능반도체의 세계 시장규모 전망이다. 이에 대한 〈보기〉의 설명 중 옳은 것만을 모두 고르면?

〈표〉 시스템반도체 중 인공지능반도체의
세계 시장규모 전망

(단위 : 억 달러, %)

구분＼연도	2021	2022	2023	2024	2025	2026	2027
시스템반도체	2,500	2,310	2,686	2,832	( )	3,525	( )
인공지능반도체	70	185	325	439	657	927	1,179
비중	2.8	8.0	( )	15.5	19.9	26.3	31.3

┤ 보기 ├

ㄱ. 인공지능반도체 비중은 매년 증가한다.

ㄴ. 2027년 시스템반도체 시장규모는 2021년보다 1,000억 달러 이상 증가한다.

ㄷ. 2022년 대비 2025년의 시장규모 증가율은 인공지능반도체가 시스템반도체의 5배 이상이다.

① ㄷ
② ㄱ, ㄴ
③ ㄱ, ㄷ
④ ㄴ, ㄷ
⑤ ㄱ, ㄴ, ㄷ

변화율 공식

08 다음 〈그림〉은 2014 ~ 2020년 연말 기준 '갑'국의 국가채무 및 GDP에 관한 자료이다. 이에 대한 〈보기〉의 설명 중 옳은 것만을 모두 고르면?

〈그림 1〉 GDP 대비 국가채무 및 적자성채무 비율 추이

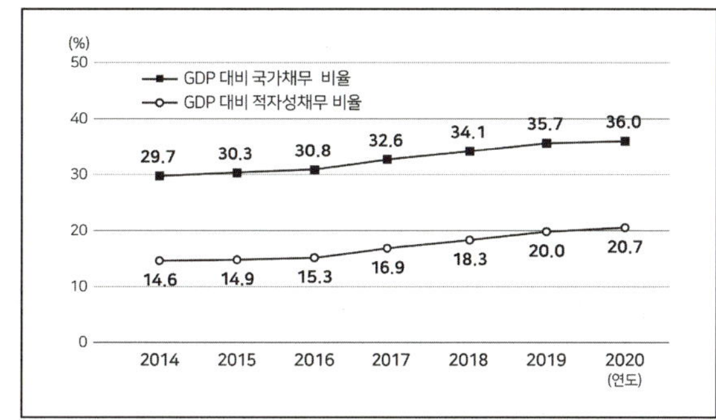

※ 국가채무 = 적자성채무 + 금융성채무

〈그림 2〉 GDP 추이

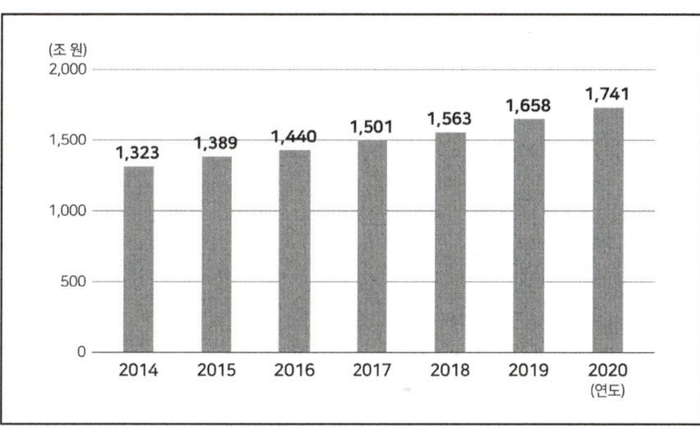

┤ 보기 ├

ㄱ. 2020년 국가채무는 2014년의 1.5배 이상이다.

ㄴ. GDP 대비 금융성채무 비율은 매년 증가한다.

ㄷ. 적자성채무는 2019년부터 300조 원 이상이다.

ㄹ. 금융성채무는 매년 국가채무의 50% 이상이다.

① ㄱ, ㄴ
② ㄱ, ㄷ
③ ㄴ, ㄹ
④ ㄱ, ㄷ, ㄹ
⑤ ㄴ, ㄷ, ㄹ

변화율 공식

09 다음 〈표〉는 '갑'국의 2020년 농업 생산액 현황 및 2021 ~ 2023년의 전년 대비 생산액 변화율 전망치에 관한 자료이다. 이에 대한 〈보기〉의 설명 중 옳은 것만을 모두 고르면?

〈표〉 농업 생산액 현황 및 변화율 전망치

(단위: 십억 원, %)

구분		2020년 생산액	전년 대비 생산액 변화율 전망치		
			2021년	2022년	2023년
농업		50,052	0.77	0.02	1.38
재배업		30,270	1.50	−0.42	0.60
축산업		19,782	−0.34	0.70	2.57
	소	5,668	3.11	0.53	3.51
	돼지	7,119	−3.91	0.20	1.79
	닭	2,259	1.20	−2.10	2.82
	달걀	1,278	5.48	3.78	3.93
	우유	2,131	0.52	1.12	0.88
	오리	1,327	−5.58	5.27	3.34

※ 축산업은 소, 돼지, 닭, 달걀, 우유, 오리의 6개 세부항목으로만 구성됨

┤ 보기 ├

ㄱ. 2021년 '오리' 생산액 전망치는 1.2조 원 이상이다.

ㄴ. 2021년 '돼지' 생산액 전망치는 같은 해 '농업' 생산액 전망치의 15% 이상이다.

ㄷ. '축산업' 중 전년 대비 생산액 변화율 전망치가 2022년보다 2023년이 낮은 세부항목은 2개이다.

ㄹ. 2020년 생산액 대비 2022년 생산액 전망치의 증감폭은 '재배업'이 '축산업'보다 크다.

① ㄱ, ㄴ
② ㄱ, ㄷ
③ ㄴ, ㄹ
④ ㄱ, ㄷ, ㄹ
⑤ ㄴ, ㄷ, ㄹ

곱셈 비교

10 다음 〈그림〉과 〈조건〉은 직장인 '갑' ~ '병'이 마일리지 혜택이 있는 알뜰교통카드를 사용하여 출근하는 방법 및 교통비에 관한 자료이다. 이에 근거하여 월간 출근 교통비를 많이 지출하는 직장인부터 순서대로 나열하면?

〈그림〉 직장인 '갑'~'병'의 출근 방법 및 교통비 관련 정보

직장인	이동거리 A [m]	출근 1회당 대중교통요금 [원]	이동거리 B [m]	월간 출근 횟수 [회]	저소득층 여부
갑	600	3,200	200	15	○
을	500	2,300	500	22	×
병	400	1,800	200	22	○

┤ 조건 ├

• 월간 출근 교통비 = {출근 1회당 대중교통요금 − (기본 마일리지 + 추가 마일리지) × $\left(\dfrac{\text{마일리지 적용거리}}{800} \right)$} × 월간 출근 횟수

• 기본 마일리지는 출근 1회당 대중교통요금에 따라 다음과 같이 지급함

출근 1회당 대중교통요금	2천 원 이하	2천 원 초과 3천 원 이하	3천 원 초과
기본 마일리지 (원)	250	350	450

• 추가 마일리지는 저소득층에만 다음과 같이 지급함

출근 1회당 대중교통요금	2천 원 이하	2천 원 초과 3천 원 이하	3천 원 초과
추가 마일리지 (원)	100	150	200

• 마일리지 적용거리(m)는 출근 1회당 도보·자전거로 이동한 거리의 합이며 최대 800 m까지만 인정함

① 갑, 을, 병
② 갑, 병, 을
③ 을, 갑, 병
④ 을, 병, 갑
⑤ 병, 을, 갑

분수 비교

11 다음 〈표〉는 2011 ~ 2020년 산불 건수 및 산불 가해자 검거 현황과 2020년 산불 원인별 가해자 검거 현황에 관한 자료이다. 이에 대한 〈보기〉의 설명 중 옳은 것만을 모두 고르면?

〈표 1〉 2011 ~ 2020년 산불 건수 및
산불 가해자 검거 현황

(단위 : 건, %)

구분 연도	산불 건수	가해자 검거 건수	검거율
2011	277	131	47.3
2012	197	73	( )
2013	296	137	46.3
2014	492	167	33.9
2015	623	240	38.5
2016	391	( )	( )
2017	692	305	( )
2018	496	231	46.6
2019	653	239	36.6
2020	620	246	39.7
계	( )	1,973	( )

〈표 2〉 2020년 산불 원인별 산불 건수 및
가해자 검거 현황

(단위 : 건, %)

구분 산불 원인	산불 건수	가해자 검거 건수	검거율
입산자 실화	( )	32	( )
논밭두렁 소각	49	45	( )
쓰레기 소각	65	( )	( )
담뱃불 실화	75	17	22.7
성묘객 실화	9	6	( )
어린이 불장난	1	1	100.0
건축물 실화	54	33	61.1
기타	150	52	34.7
전체	( )	246	39.7

※ 1) 산불 1건은 1개의 산불 원인으로만 분류함
  2) 가해자 검거 건수는 해당 산불 발생 연도를 기준으로 집계함
  3) 검거율(%) = $\dfrac{가해자\ 검거\ 건수}{산불\ 건수} \times 100$

┤ 보기 ├

ㄱ. 2011 ~ 2020년 연평균 산불 건수는 500건 이하이다.

ㄴ. 산불 건수가 가장 많은 연도의 검거율은 산불 건수가 가장 적은 연도의 검거율보다 높다.

ㄷ. 2020년에는 기타를 제외하고 산불 건수가 적은 산불 원인일수록 검거율이 높다.

ㄹ. 2020년 전체 산불 건수 중 입산자 실화가 원인인 산불 건수의 비율은 35%이다.

① ㄱ, ㄴ 　　　② ㄴ, ㄹ
③ ㄷ, ㄹ 　　　④ ㄱ, ㄴ, ㄷ
⑤ ㄱ, ㄴ, ㄹ

대칭표 ▶ 분수 비교

12 다음 〈표〉는 A ~ H 지역의 화물 이동 현황에 관한 자료이다. 이에 대한 〈보기〉의 설명 중 옳은 것만을 모두 고르면?

〈표〉 화물의 지역 내, 지역 간 이동 현황

(단위 : 개)

도착 지역 출발 지역	A	B	C	D	E	F	G	H	합
A	65	121	54	52	172	198	226	89	977
B	56	152	61	55	172	164	214	70	944
C	29	47	30	22	62	61	85	30	366
D	24	61	30	37	82	80	113	45	472
E	61	112	54	47	187	150	202	72	885
F	50	87	38	41	120	188	150	55	729
G	78	151	83	73	227	208	359	115	1,294
H	27	66	31	28	94	81	116	46	489
계	390	797	381	355	1,116	1,130	1,465	522	6,156

※ 출발 지역과 도착 지역이 동일한 경우는 해당 지역 내에서 화물이 이동한 것임

┤ 보기 ├

ㄱ. 도착 화물보다 출발 화물이 많은 지역은 3개이다.

ㄴ. 지역 내 이동 화물이 가장 적은 지역은 도착 화물도 가장 적다.

ㄷ. 지역 내 이동 화물을 제외할 때, 출발 화물과 도착 화물의 합이 가장 작은 지역은 출발 화물과 도착 화물의 차이도 가장 작다.

ㄹ. 도착 화물이 가장 많은 지역은 출발 화물 중 지역 내 이동 화물의 비중도 가장 크다.

① ㄱ, ㄴ   ② ㄱ, ㄷ
③ ㄴ, ㄷ   ④ ㄴ, ㄹ
⑤ ㄱ, ㄷ, ㄹ

곱셈 비교 ▶

13 다음 〈그림〉은 2020년 기준 A 공제회 현황에 관한 자료이다. 이에 대한 설명으로 옳지 않은 것은?

〈그림〉 2020년 기준 A 공제회 현황

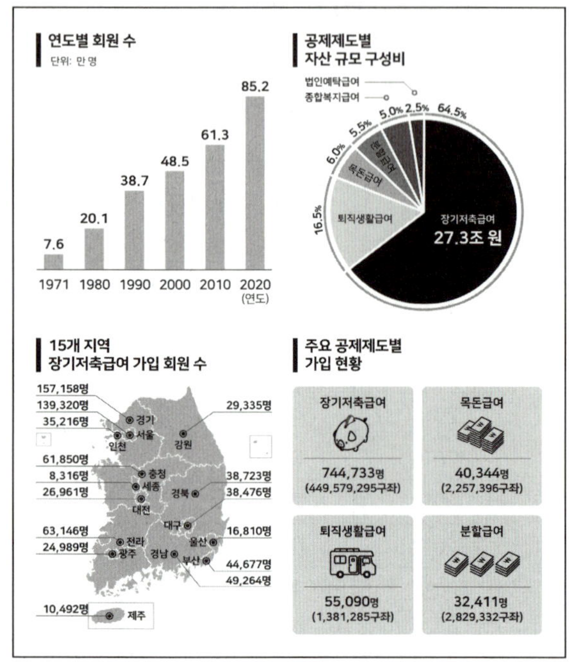

※ 1) 공제제도는 장기저축급여, 퇴직생활급여, 목돈급여, 분할급여, 종합복지급여, 법인예탁급여로만 구성됨
2) 모든 회원은 1개 또는 2개의 공제제도에 가입함

① 장기저축급여 가입 회원 수는 전체 회원의 85% 이하이다.

② 공제제도의 총자산 규모는 40조 원 이상이다.

③ 자산 규모 상위 4개 공제제도 중 2개의 공제제도에 가입한 회원은 2만 명 이상이다.

④ 충청의 장기저축급여 가입 회원 수는 15개 지역 평균 장기저축 급여 가입 회원 수보다 많다.

⑤ 공제제도별 1인당 구좌 수는 장기저축급여가 분할급여의 5배 이상이다.

매칭형 $\dfrac{a}{a+b}$형

14 다음 〈표〉와 〈대화〉는 4월 4일 기준 지자체별 자가격리자 및 모니터링 요원에 관한 자료이다. 〈표〉와 〈대화〉를 근거로 C와 D에 해당하는 지자체를 바르게 나열한 것은?

〈표〉 지자체별 자가격리자 및 모니터링 요원 현황
(4월 4일 기준)

(단위 : 명)

구분 \ 지자체		A	B	C	D
내국인	자가격리자	9,778	1,287	1,147	9,263
	신규 인원	900	70	20	839
	해제 인원	560	195	7	704
외국인	자가격리자	7,796	508	141	7,626
	신규 인원	646	52	15	741
	해제 인원	600	33	5	666
모니터링 요원		10,142	710	196	8,898

※ 해당일 기준 자가격리자= 전일 기준 자가격리자 + 신규 인원 − 해제 인원

┤ 대화 ├

갑 : 감염병 확산에 대응하기 위한 회의를 시작합시다. 오늘은 대전, 세종, 충북, 충남의 4월 4일 기준 자가격리자 및 모니터링 요원 현황을 보기로 했는데, 각 지자체의 상황이 어떤가요?

을 : 4개 지자체 중 세종을 제외한 3개 지자체에서 4월 4일 기준 자가격리자가 전일 기준 자가격리자보다 늘어났습니다.

갑 : 모니터링 요원의 업무 부담과 관련된 통계 자료도 있나요?

을 : 4월 4일 기준으로 대전, 세종, 충북은 모니터링 요원 대비 자가격리자의 비율이 1.8 이상입니다.

갑 : 지자체에 모니터링 요원을 추가로 배치해야 할 것 같습니다. 자가격리자 중 외국인이 차지하는 비중이 4개 지자체 가운데 대전이 가장 높으니, 외국어 구사가 가능한 모니터링 요원을 대전에 우선 배치하는 방향으로 검토해 봅시다.

	C	D
①	충북	충남
②	충북	대전
③	충남	충북
④	세종	대전
⑤	대전	충북

THEME 05

수리계산형 Ⅱ (금액 산정)

기본 개념

👆 TIP

🚀 금액 산정 해결법

① 단위 환산에 유의한다.
   예 213,000원 = 2,130백 원 = 21.3만 원
② 만 원 단위로 계산하는 경우가 많음을 인지하고 이를 활용한다.
   예 3,560,000원 = 356만 원, 15,000원 = 1.5만 원
③ 금액 산정 시 차잇값이나 합을 이용하는 경우는 적극적으로 활용한다.
   예 선택지에서 제시된 금액의 차이
   ① A : 213,000원, B : 432,000원
      → A와 B의 차잇값 : 219,000원
   ② A : 213,000원, B : 438,000원
      → A와 B의 차잇값 : 225,000원
   ③ A : 215,000원, B : 438,000원
      → A와 B의 차잇값 : 223,000원
   ④ A : 215,000원, B : 432,000원
      → A와 B의 차잇값 : 217,000원
   ⑤ A : 213,000원, B : 426,000원
      → A와 B의 차잇값 : 213,000원
   A와 B의 차잇값만으로도 선택지 소거 및 정답 도출
   이 빠르게 되는 경우가 있다.
④ 금액 산정 시 상한값과 하한값에 유의하자.

조건제시형   금액 산정

01 다음 글과 〈지원대상 후보 현황〉을 근거로 판단할 때, 기업 F가 받는 지원금은?

> □□부는 2021년도 중소기업 광고비 지원사업 예산 6억 원을 기업에 지원하려 하며, 지원대상 선정 및 지원금 산정 방법은 다음과 같다.
> • 2020년도 총매출이 500억 원 미만인 기업만 지원하며, 우선 지원대상 사업분야는 백신, 비대면, 인공지능이다.
> • 우선 지원대상 사업분야 내 또는 우선 지원대상이 아닌 사업분야 내에서는 '소요 광고비 × 2020년도 총매출'이 작은 기업부터 먼저 선정한다.
> • 지원금 상한액은 1억 2,000만 원이나, 해당 기업의 2020년도 총매출이 100억 원 이하인 경우 상한액의 2배까지 지원할 수 있다. 단, 지원금은 소요 광고비의 2분의 1을 초과할 수 없다.
> • 위의 지원금 산정 방법에 따라 예산 범위 내에서 지급 가능한 최대 금액을 예산이 소진될 때까지 지원대상 기업에 순차로 배정한다.

— 지원대상 후보 현황 —

기업	2020년도 총매출(억 원)	소요 광고비 (억 원)	사업분야
A	600	1	백신
B	500	2	비대면
C	400	3	농산물
D	300	4	인공지능
E	200	5	비대면
F	100	6	의류
G	30	4	백신

① 없음
② 8,000만 원
③ 1억 2,000만 원
④ 1억 6,000만 원
⑤ 2억 4,000만 원

조건제시형　금액 산정

02 다음 〈A기관 특허대리인 보수 지급 기준〉과 〈상황〉을 근거로 판단할 때, 甲과 乙이 지급받는 보수의 차이는?

┤ A기관 특허대리인 보수 지급 기준 ├

- A기관은 특허출원을 특허대리인(이하 '대리인')에게 의뢰하고, 이에 따라 특허출원 건을 수임한 대리인에게 보수를 지급한다.
- 보수는 착수금과 사례금의 합이다.
- 착수금은 대리인이 작성한 출원서의 내용에 따라 〈착수금 산정 기준〉의 세부항목을 합산하여 산정한다. 단, 세부항목을 합산한 금액이 140만 원을 초과할 경우 착수금은 140만 원으로 한다.

착수금 산정 기준

세부항목	금액(원)
기본료	1,200,000
독립항 1개 초과분(1개당)	100,000
종속항(1개당)	35,000
명세서 20면 초과분(1면당)	9,000
도면(1도당)	15,000

※ 독립항 1개 또는 명세서 20면 이하는 해당 항목에 대한 착수금을 산정하지 않는다.

- 사례금은 출원한 특허가 '등록결정'된 경우 착수금과 동일한 금액으로 지급하고, '거절결정'된 경우 0원으로 한다.

┤ 상황 ├

- 특허대리인 甲과 乙은 A기관이 의뢰한 특허출원을 각각 1건씩 수임하였다.
- 甲은 독립항 1개, 종속항 2개, 명세서 14면, 도면 3도로 출원서를 작성하여 특허를 출원하였고, '등록결정'되었다.
- 乙은 독립항 5개, 종속항 16개, 명세서 50면, 도면 12도로 출원서를 작성하여 특허를 출원하였고, '거절결정'되었다.

① 2만 원　　　　② 8만 5천 원
③ 123만 원　　　④ 129만 5천 원
⑤ 259만 원

상황제시형　경우의 수

03 다음 〈조건〉과 〈표〉는 2018 ～ 2020년 '가'부서 전체 직원 성과급에 관한 자료이다. 이를 근거로 판단할 때, '가'부서 전체 직원의 2020년 기본 연봉의 합은?

┤ 조건 ├

- 매년 각 직원의 기본 연봉은 변동 없음
- 성과급은 전체 직원에게 각 직원의 성과등급에 따라 매년 1회 지급함
- 성과급 = 기본 연봉 × 지급비율
- 성과등급별 지급비율 및 인원 수

구분 ＼ 성과등급	S	A	B
지급비율	20%	10%	5%
인원 수	1명	2명	3명

〈표〉 2018 ～ 2020년 '가'부서 전체 직원 성과급

(단위: 백만 원)

직원 ＼ 연도	2018	2019	2020
갑	12.0	6.0	3.0
을	5.0	20.0	5.0
병	6.0	3.0	6.0
정	6.0	6.0	12.0
무	4.5	4.5	4.5
기	6.0	6.0	12.0

① 430백만 원　　　② 460백만 원
③ 490백만 원　　　④ 520백만 원
⑤ 550백만 원

최대 · 최소

정답 및 해설 p.199

기본 개념

1. 최댓값 · 최솟값을 구하는 경우
① ~ 이상 : 최솟값
② ~ 이하 : 최댓값
2. 자연수 분할 : 주어진 자연수를 몇 개의 자연수 합으로 나타내는 것

이론 설명

최댓값 · 최솟값을 구하는 경우
① ~ 이상 : 최솟값 ~20건 이상이다. (min)
② ~ 이하 : 최댓값 ~60건 이하이다. (Max)

예제 자연수 5를 자연수의 합으로 나타내는 모든 경우는?

① 5 = 5 → 1가지, P(5, 1) = 1
② 5 = 4 + 1 = 3 + 2 → 1가지, P(5, 2) = 2
    1 + 4   2 + 3 (교환법칙으로 경우의 수 X)
③ 5 = 3 + 1 + 1 = 2 + 2 + 1 → 2가지, P(5, 3) = 2
④ 5 = 2 + 1 + 1 + 1 → 1가지, P(5, 4) = 1
⑤ 5 = 1 + 1 + 1 + 1 + 1 → 1가지, P(5, 5) = 1
∴ 7가지

2021년 7급 PSAT 상황판단 나책형 5번

조건제시형 | 최대 · 최소

01 다음 글의 ㉠과 ㉡에 해당하는 수를 옳게 짝지은 것은?

> 甲담당관 : 우리 부서 전 직원 57명으로 구성되는 혁신조직을 출범시켰으면 합니다.
> 乙주무관 : 조직은 어떻게 구성할까요?
> 甲담당관 : 5 ~ 7명으로 구성된 10개의 소조직을 만들되, 5명, 6명, 7명 소조직이 각각 하나 이상 있었으면 합니다. 단, 각 직원은 하나의 소조직에만 소속되어야 합니다.
> 乙주무관 : 그렇게 할 경우 5명으로 구성되는 소조직은 최소 (㉠)개, 최대 (㉡)개가 가능합니다.

	㉠	㉡
①	1	5
②	3	5
③	3	6
④	4	6
⑤	4	7

조건제시형 　최대 · 최소

02 다음 글을 근거로 판단할 때, 甲이 통합력에 투입해야 하는 노력의 최솟값은?

- 업무역량은 기획력, 창의력, 추진력, 통합력의 4가지 부문으로 나뉜다.
- 부문별 업무역량 값을 수식으로 나타내면 다음과 같다.

> 부문별 업무역량 값 = (해당 업무역량 재능 ×4) + (해당 업무역량 노력×3)
> ※ 재능과 노력의 값은 음이 아닌 정수이다.

- 甲의 부문별 업무역량의 재능은 다음과 같다.

기획력	창의력	추진력	통합력
90	100	110	60

- 甲은 통합력의 업무역량 값을 다른 어떤 부문의 값보다 크게 만들고자 한다. 단, 甲이 투입 가능한 노력은 총 100이며 甲은 가능한 노력을 남김없이 투입한다.

① 67　　　　② 68
③ 69　　　　④ 70
⑤ 71

조건 · 상황제시형 　최대 · 최소

03 다음 글과 〈대화〉를 근거로 판단할 때, 丙이 받을 수 있는 최대 성과점수는?

- A과는 과장 1명과 주무관 4명(甲 ~ 丁)으로 구성되어 있으며, 주무관의 직급은 甲이 가장 높고, 乙, 丙, 丁 순으로 낮아진다.
- A과는 프로젝트를 성공적으로 마친 보상으로 성과점수 30점을 부여받았다. 과장은 A과에 부여된 30점을 자신을 제외한 주무관들에게 분배할 계획을 세우고 있다.
- 과장은 주무관들의 요구를 모두 반영하여 성과점수를 분배하려 한다.
- 주무관들이 받는 성과점수는 모두 다른 자연수이다.

── 대화 ──

甲 : 과장님이 주시는 대로 받아야죠. 아! 그렇지만 丁보다는 제가 높아야 합니다.

乙 : 이번 프로젝트 성공에는 제가 가장 큰 기여를 했으니, 제가 가장 높은 성과점수를 받아야 합니다.

丙 : 기여도를 고려했을 때, 제 경우에는 상급자보다는 낮게 받고 하급자보다는 높게 받아야 합니다.

丁 : 저는 내년 승진에 필요한 최소 성과점수인 4점만 받겠습니다.

① 6　　　　② 7
③ 8　　　　④ 9
⑤ 10

조건 · 상황제시형 ▶ 최대 · 최소

2018년 입법고시 상황판단 가책형 30번

04 국회 ○○특별위원회는 의안심사를 위하여 ○○특별위원회소속 위원들로 구성된 2개의 소위원회를 구성하기로 하였다. 다음 〈조건〉을 근거로 판단할 때 2개 소위원회 각각의 정원을 합한 값의 최솟값은?

┤ 조건 ├

〈 ○○특별위원회 위원 구성현황 〉

여/야	당명	위원 수
여당	甲당	9인(위원장 1인, 간사 1인 포함)
야당	乙당	5인(간사 1인 포함)
	丙당	2인(간사 1인 포함)
	丁당	1인(간사 1인 포함)
	무소속	1인
합계		18인

〈 소위원회 구성원칙 〉

ㄱ. 위원장과 각 당 간사는 2개 소위원회에 모두 소속된다.
ㄴ. 각 위원은 적어도 1개 이상의 소위원회에 소속된다.
ㄷ. 각 소위원회는 여야 동수로 구성한다.

① 22 ② 24
③ 26 ④ 28
⑤ 30

사례적용

📄 정답 및 해설 p.202

기본 개념

1. 출제 유형: 사례가 텍스트, 규정·규칙, 그림으로 제시되어 주어진 상황에 적용했을 때에 대한 해결방안을 도출
2. 주의 사항
① 이상, 이하, 이전, 이후: 경계값 포함
② 초과, 미만, 상회, 하회: 경계값 미포함
③ $A \cap B$ 만족 → $A(T)$이고 $B(T)$
④ $A \cup B$ 만족 → $A(T)$ 또는 $B(T)$

💬 이론 설명

① 이상, 이하, 이전, 이후: 경계값 포함
  ㉠ 이상, 이하 **예** $3 \leq x \leq 5$ ∴ $x = 3, 4, 5$
  ㉡ 이전, 이후 **예** 11월 3일 이후 → 11월 3일, 11월 4일
    11월 5일…
② 초과, 미만, 상회, 하회: 경계값 미포함
  ㉠ 초과, 미만 **예** $3 < x < 5$ ∴ $x = 4$
  ㉡ 상회＝초과, 하회＝미만
③ $A \cap B$ 만족 → $A(T)$이고 $B(T)$

$$A \cap B$$

T	T	→ O
T	F	→ X
F	T	→ X
F	F	→ X

④ $A \cup B$ 만족 → $A(T)$ 또는 $B(T)$

$$A \cup B$$

T	T	→ O
T	F	→ O
F	T	→ O
F	F	→ X

조건제시형 ▶ 사례적용

01 다음 글을 근거로 판단할 때, 〈보기〉에서 옳은 것만을 모두 고르면?

소아기 예방접종 프로그램에 포함된 백신(A ~ C)은 지속적인 항체 반응을 위해서 2회 이상 접종이 필요하다.

최소 접종연령(첫 접종의 최소연령) 및 최소 접종간격을 지켰을 때 적절한 예방력이 생기며, 이러한 예방접종을 유효하다고 한다. 다만 최소 접종연령 및 최소 접종간격에서 4일 이내로 앞당겨서 일찍 접종을 한 경우에도 유효한 것으로 본다. 그러나 만약 5일 이상 앞당겨서 일찍 접종했다면 무효로 간주하고 최소 접종연령 및 최소 접종간격에 맞춰 다시 접종하여야 한다.

다음은 각 백신의 최소 접종연령 및 최소 접종간격을 나타낸 표이다.

종류	최소 접종연령	최소 접종간격			
		1, 2차 사이	2, 3차 사이	3, 4차 사이	4, 5차 사이
백신 A	12개월	12개월	–	–	–
백신 B	6주	4주	4주	6개월	–
백신 C	6주	4주	4주	6개월	6개월

다만 백신 B의 경우 만 4세 이후에 3차 접종을 유효하게 했다면, 4차 접종은 생략한다.

┤ 보기 ├

ㄱ. 만 2세가 되기 전에 백신 A의 예방접종을 2회 모두 유효하게 실시할 수 있다.
ㄴ. 생후 45개월에 백신 B를 1차 접종했다면, 4차 접종은 반드시 생략한다.
ㄷ. 생후 40일에 백신 C를 1차 접종했다면, 생후 60일에 한 2차 접종은 유효하다.

① ㄱ 　　　　② ㄴ
③ ㄷ 　　　　④ ㄱ, ㄴ
⑤ ㄱ, ㄷ

규정 · 규칙형 ▶ 사례적용

2021년 7급 PSAT 상황판단 나책형 1번

02 다음 글과 〈상황〉을 근거로 판단할 때 옳은 것은?

제00조 ① 다음 각 호의 어느 하나에 해당하는 사람은 주민등록지의 시장(특별시장·광역시장은 제외하고 특별자치도지사는 포함한다. 이하 같다)·군수 또는 구청장에게 주민등록번호(이하 '번호'라 한다)의 변경을 신청할 수 있다.

 1. 유출된 번호로 인하여 생명·신체에 위해를 입거나 입을 우려가 있다고 인정되는 사람
 2. 유출된 번호로 인하여 재산에 피해를 입거나 입을 우려가 있다고 인정되는 사람
 3. 성폭력피해자, 성매매피해자, 가정폭력피해자로서 유출된 번호로 인하여 피해를 입거나 입을 우려가 있다고 인정되는 사람

② 제1항의 신청 또는 제5항의 이의신청을 받은 주민등록지의 시장·군수·구청장(이하 '시장 등'이라 한다)은 ○○부의 주민등록번호변경위원회(이하 '변경위원회'라 한다)에 번호변경 여부에 관한 결정을 청구해야 한다.

③ 주민등록지의 시장 등은 변경위원회로부터 번호변경 인용결정을 통보받은 경우에는 신청인의 번호를 다음 각 호의 기준에 따라 지체 없이 변경하고 이를 신청인에게 통지해야 한다.

 1. 번호의 앞 6자리(생년월일) 및 뒤 7자리 중 첫째 자리는 변경할 수 없음
 2. 제1호 이외의 나머지 6자리는 임의의 숫자로 변경함

④ 제3항의 번호변경 통지를 받은 신청인은 주민등록증, 운전면허증, 여권, 장애인등록증 등에 기재된 번호의 변경을 위해서는 그 번호의 변경을 신청해야 한다.

⑤ 주민등록지의 시장 등은 변경위원회로부터 번호변경 기각결정을 통보받은 경우에는 그 사실을 신청인에게 통지해야 하며, 신청인은 통지를 받은 날부터 30일 이내에 그 시장 등에게 이의신청을 할 수 있다.

─┤ 상황 ├─

甲은 주민등록번호 유출로 인해 재산상 피해를 입게 되자 주민등록번호 변경신청을 하였다. 甲의 주민등록지는 A광역시 B구이고, 주민등록번호는 980101-23456□□이다.

① A광역시장이 주민등록번호변경위원회에 甲의 주민등록번호 변경 여부에 관한 결정을 청구해야 한다.
② 주민등록번호변경위원회는 번호변경 인용결정을 하면서 甲의 주민등록번호를 다른 번호로 변경할 수 있다.
③ 주민등록번호변경위원회의 번호변경 인용결정이 있는 경우, 甲의 주민등록번호는 980101-45678□□으로 변경될 수 있다.
④ 甲의 주민등록번호가 변경된 경우, 甲이 운전면허증에 기재된 주민등록번호를 변경하기 위해서는 변경신청을 해야 한다.
⑤ 甲은 번호변경 기각결정을 통지받은 날부터 30일 이내에 주민등록번호변경위원회에 이의신청을 할 수 있다.

독해 | 사례적용

03 다음 글을 근거로 판단할 때, 〈보기〉에서 옳은 것만을 모두 고르면?

○○프로그램에서 하나의 명령문은 cards, input 등의 '중심어'로 시작하고 반드시 세미콜론(;)으로 끝난다. 중심어에는 명령문의 지시 내용이 담겨있는데, cards는 그 다음 줄부터 input 명령문에서 이용할 일종의 자료집합인 레코드(record)가 한 줄씩 나타남을 의미한다. 〈프로그램 1〉에서 레코드는 '701102'와 '720508'이다.

input은 레코드를 이용하여 변수에 수를 저장하는 것을 의미한다. 첫 번째 input은 첫 번째 레코드를 이용하여 명령을 수행하고, 그 다음부터의 input은 차례대로 그 다음 레코드를 이용한다. 예를 들어 〈프로그램 1〉에서 첫 번째 input 명령문의 변수 a에는 첫 번째 레코드 '701102'의 1 ~ 3번째 위치에 있는 수인 '701'을 저장하고, 변수 b에는 같은 레코드의 5 ~ 6번째 위치에 있는 수인 '02'에서 앞의 '0'을 빼고 '2'를 저장한다. 두 번째 input 명령문의 변수 c에는 두 번째 레코드 '720508'의 1 ~ 2번째 위치에 있는 수인 '72'를 저장한다. 〈프로그램 2〉와 같이 만약 input 명령문이 하나이고 여러 개의 레코드가 있을 경우 모든 레코드를 차례대로 이용한다. 한편 input 명령문이 다수인 경우, 어느 한 input 명령문에 @가 있으면 바로 다음 input 명령문은 @가 있는 input 명령문과 같은 레코드를 이용한다. 이후 input 명령문부터는 차례대로 그 다음 레코드를 이용한다.

print는 input 명령문에서 변수에 저장한 수를 결과로 출력하라는 의미이다. 다음은 각 프로그램에서 변수 a, b, c에 저장한 수를 출력한 〈결과〉이다.

┤ 프로그램 1 ├

```
cards
701102
720508
;
input a 1−3 b 5−6;
input c 1−2;
print;
```

〈결과〉

a	b	c
701	2	72

┤ 프로그램 2 ├

```
cards
701102
720508
;
input a 1−6 b 1−2 c 2−4;
print;
```

〈결과〉

a	b	c
701102	70	11
720508	72	205

┤ 보기 ├

ㄱ. input 명령문은 레코드에서 위치를 지정하여 변수에 수를 저장할 수 있다.

ㄴ. 두 개의 input 명령문은 같은 레코드를 이용하여 변수에 수를 저장할 수 없다.

ㄷ. 하나의 input 명령문이 다수의 레코드를 이용하여 변수에 수를 저장할 수 있다.

① ㄴ
② ㄷ
③ ㄱ, ㄴ
④ ㄱ, ㄷ
⑤ ㄱ, ㄴ, ㄷ

📑 정답 및 해설 p.204

기본 개념

👆 **TIP**

🖉 **최적안 선정 문제풀이**

① 자격조건 검토

② 연산 → 계산의 단순화

	A	B	C

예 대안 1 : $3 \times 50 + 2 \times 40 + 5 \times 40$

　　대안 2 : $3 \times 40 + 2 \times 35 + 5 \times 29$

　　대안 3 : $3 \times 50 + 2 \times 50 + 5 \times 30$

③ 동점 검토 : B가 C보다 우선

④ 최종안 선정

2013년 5급 PSAT 상황판단 인책형 35번

규정 · 규칙형 ▶ 최적안 선정

01 다음 글과 〈상황〉을 근거로 할 때, 각 기업들이 납부해야 할 과징금이 큰 순서대로 나열한 것은?

A국은 기업들이 부당한 공동행위를 하는 경우 매출액의 10 %에 해당하는 과징금을 부과한다. 그러나 기업들이 자신의 위법행위에 대해 자진신고를 하는 경우, 아래 법조항에 따라 과징금을 면제 또는 감경해 준다. 한편 기업들 사이의 가격에 관한 담합행위는 법에서 정한 '부당한 공동행위'에 해당한다.

제00조 ① 자진신고한 자에 대한 과징금의 면제 또는 감경에 대한 기준은 다음 각 호와 같다.

　1. 경쟁규제 당국이 조사를 시작하기 전에 자진신고한 자로서 다음 각 목의 모두에 해당하는 경우에는 과징금을 면제한다.

　　가. 부당한 공동행위임을 입증하는데 필요한 증거를 단독으로 제공한 최초의 자일 것

　　나. 경쟁규제 당국이 부당한 공동행위에 대한 정보를 입수하지 못하였거나 부당한 공동행위임을 입증하는데 필요한 증거를 충분히 확보하지 못한 상태에서 자진신고하였을 것

　　다. 그 부당한 공동행위를 중단하였을 것

　2. 경쟁규제 당국이 조사를 시작하기 전에 자진신고한 자로서 다음 각 목의 모두에 해당하는 경우에는 과징금의 100분의 50을 감경한다.

　　가. 부당한 공동행위임을 입증하는데 필요한 증거를 단독으로 제공한 두 번째의 자일 것

　　나. 제1호 다목에 해당할 것

　3. 제1호 내지 제2호에 해당하는 자라도 다른 사업자에게 그 의사에 반하여 해당 부당한 공동행위에 참여하도록 강요하거나 이를 중단하지 못하도록 강요한 사실이 있는 경우에는 과징금을 면제 또는 감경하지 아니한다.

② 제1항의 "부당한 공동행위를 입증하는데 필요한 증거를 단독으로 제공한 최초의 자(또는 두 번째의 자)"인지 여부를 판단함에 있어 증거제공의 순서는 자진신고한 시점에 의해 판단한다.

③ 자진신고한 자가 2인 이상인 경우 그 중 일부의 자가 제1항의 규정에 의하여 면제 또는 감경이 인정되지 않을 경우 그 다음 신고자가 이전 신고자의 신고 순서를 승계한다.

┤ 상황 ├

A국에서 甲, 乙, 丙, 丁, 戊 5개 기업은 X제품의 가격을 인상하기로 담합하였다. 甲은 경쟁규제 당국이 이에 대한 조사를 실시할 수도 있다는 소식을 듣고 2013년 1월 3일에 경쟁규제 당국에 자진신고를 했다. 乙 역시 경쟁규제 당국의 동태가 심상치 않아서 2013년 1월 4일에 자진신고를 했고, 丙은 2013년 1월 7일에 자진신고하였다. 丁은 뒤늦게 경쟁기업들의 자진신고 사실을 알고 2013년 1월 9일에 자진신고를 하였다. 한편 甲으로부터 담합행위에 참여할 것을 강요당한 戊는 자신이 면책될 것으로 믿고 자진신고를 하지 않았다. 甲 ~ 丁은 경쟁규제 당국이 담합행위 적발에 필요한 증거를 확보하지 못한 상태에서 각각 자진신고 및 담합을 입증하는데 필요한 증거를 제출하였다. 丙과 戊를 제외하고는 담합행위를 중단하였다.

각 기업 매출액 현황

(단위 : 억 원)

기업	甲	乙	丙	丁	戊
매출액	2,000	3,000	700	1,500	900

① 甲 > 戊 > 丙 > 丁 > 乙

② 甲 > 戊 > 丁 > 丙 > 乙

③ 甲 > 丁 > 戊 > 丙 > 乙

④ 丁 > 乙 > 戊 > 丙 > 甲

⑤ 丁 > 戊 > 丙 > 乙 > 甲

조건 · 상황제시형　최적안 선정

02 다음 글을 근거로 판단할 때 옳은 것은?

○○국 의회의 의원 정수는 40명이다. 현재는 4개의 선거구(A ~ D)로 이루어져 있고 각 선거구에서 10명씩 의원을 선출한다. 정당은 각 선거구별로 정당별 득표율에 따라 의석을 배분받는다. 각 선거구에서 정당별 의석수는 정당별 득표율에 그 선거구의 총 의석수를 곱한 수에서 소수점 이하를 제외한 정수만큼 의석을 각 정당에 배분하고, 잔여 의석은 소수점 이하가 큰 순서대로 1석씩 차례로 배분한다. 그런데 유권자 1표의 가치 차이를 조정하기 위해 선거 제도를 개편할 필요성이 제기되었고, X안이 논의 중이다.

X안은 현재의 4개 선거구를 2개의 선거구로 통합하되, 이 경우 두 선거구 유권자수가 1 : 1이 되도록 A, C선거구와 B, D선거구를 각각 통합한다. 이때 통합된 A · C선거구와 B · D선거구의 의석수는 각각 20석이다. 선거구별 정당 의석 배분 방식은 현행제도와 동일하다. 다음은 ○○국에서 최근 실시된 의원 선거의 각 선거구별 유권자수와 정당 득표수이다.

선거구별 유권자수

(단위: 천 명)

선거구	A	B	C	D	합계
유권자수	200	400	300	100	1,000

선거구별 정당 득표수

(단위: 천 표)

정당 \ 선거구	A	B	C	D
甲	80	120	150	40
乙	60	160	60	40
丙	40	40	90	10
丁	20	80	0	10
합계	200	400	300	100

※ 특정 선거구 '유권자 1표의 가치'는 해당 선거구 의원 의석수를 해당 선거구 유권자수로 나눈 값임

① 최근 실시된 의원 선거에서 유권자 1표의 가치가 가장 큰 곳은 B선거구이다.

② 최근 실시된 의원 선거의 결과에 X안을 적용할 경우, 丁정당의 의석수는 현행제도보다 늘어난다.

③ 최근 실시된 의원 선거의 결과에 X안을 적용할 경우, 甲정당의 의석수는 현행제도와 차이가 없다.

④ 최근 실시된 의원 선거의 결과에 X안을 적용할 경우, A선거구 유권자 1표의 가치가 현행제도보다 커진다.

⑤ 최근 실시된 의원 선거의 결과에 X안을 적용할 경우, 乙정당과 丙정당은 의석수에 있어서 현행제도가 X안보다 유리하다.

표 · 그래프

정답 및 해설 p.206

기본 개념

1. 표 · 그래프 풀이법

① 단위 숙지

　㉠ 24만 명 = 240천 명 = 2,400백 명 = 2.4십만 명

　㉡ 10^3의 단위: 일 − 천(千) − 백만(百萬) − 십억
　　(十億) − 조(兆) − 천조(千兆)

　㉢ 10^4의 단위: 일 − 만(萬) − 억(億) − 조(兆) −
　　경(京)

② 선택지 단순 확인 vs 선택지 계산

　※ 단순 확인 선택지 검토 시 단위, 절대 · 상대수치 등 주의

③ 단순 확인 선택지 검토 시 구할 수 있는지 없는지
　여부 검토

　※ 특히, 항목 간의 관계 주의

④ 계산 검토 시 오답은 크다는 것을 인지

2. 공정표

① 간트차트(Gantt Chart): 작업명과 시간을 막대(Bar)
　형태로 나타낸 그래프

▶ 〈T 공정〉 최소 작업 기간

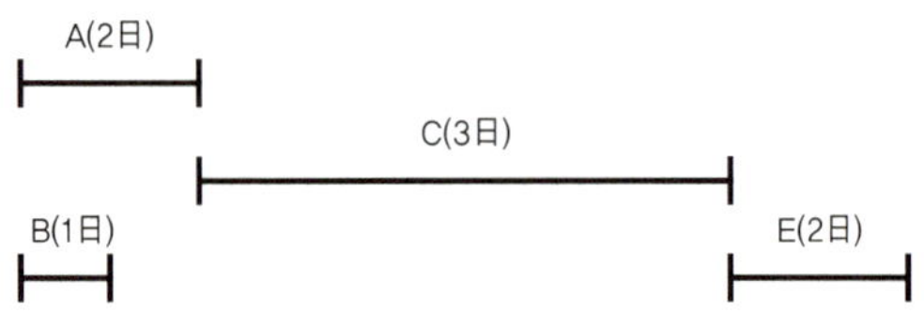

② PERT(Program Evaluation and Review Technique)
　㉠ 작업의 순서나 진행 상황을 한 눈에 파악할 수
　　있도록 작성한 것
　㉡ PERT 공정표

▶ 〈U 공정〉 최소 작업 기간

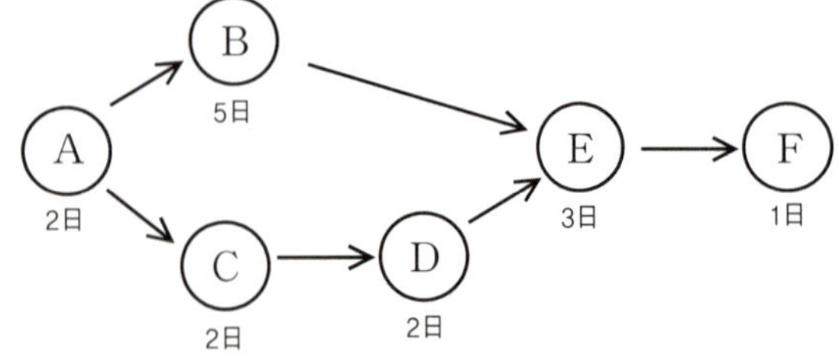

📋 이론 설명

① 〈T 공정〉 최소 작업 기간
　㉠ 2日 + 3日 + 2日 = 7日
　㉡ A작업이 1日 줄었을 때: 1日 + 3日 + 2日 = 6日
　㉢ A작업이 1.5日 줄었을 때: 1日 + 3日 + 2日 = 6日
　㉣ C와 E 작업이 1日씩 줄었을 때: 2日 + 2日 + 1日
　　= 5日

② 〈U 공정〉 최소 작업 기간
　㉠ 2日 + 5日 + 3日 + 1日 = 11日
　㉡ C와 D 작업이 1日씩 줄었을 때: 2日 + 5日 + 3日
　　+ 1日 = 11日
　㉢ E작업이 1日 줄었을 때: 2日 + 5日 + 2日 + 1日
　　= 10日
　㉣ B작업이 2日 줄었을 때: 2日 + 2日 + 2日 + 3日
　　+ 1日 = 10日

▶ 간트차트와 PERT로 표현한 T 공정표

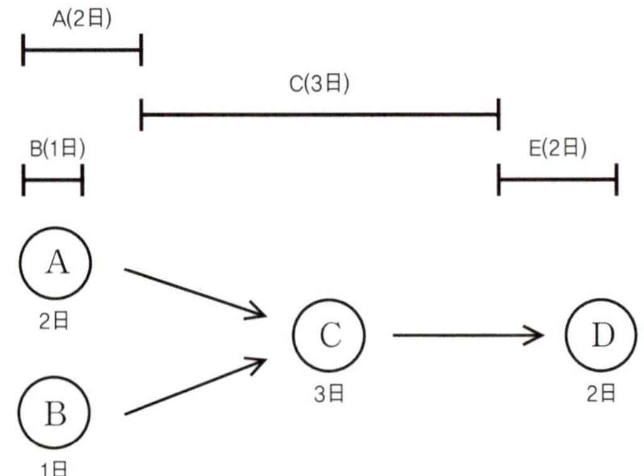

▶ 간트차트와 PERT로 표현한 U 공정표

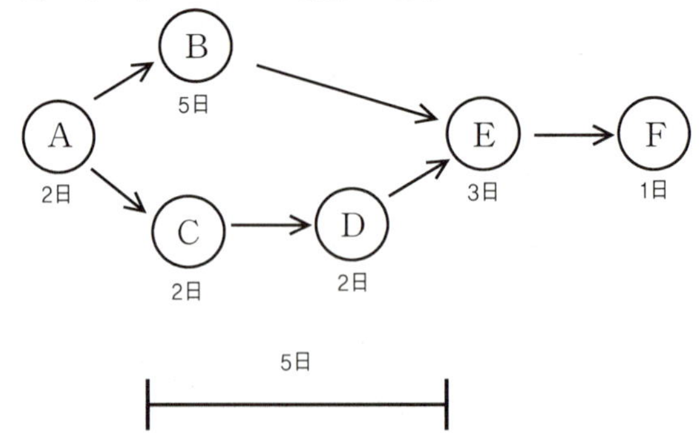

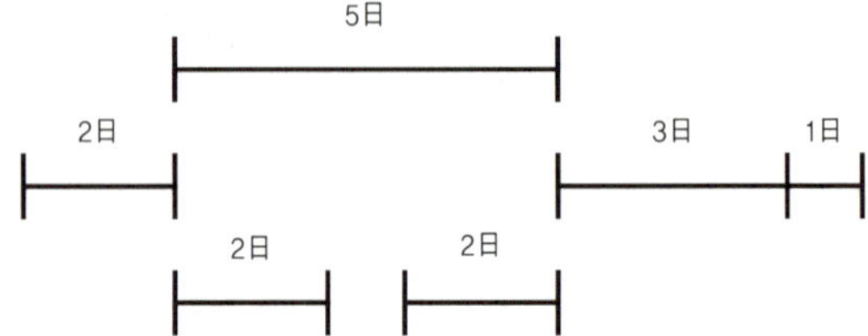

보고서 표 · 그래프

01 다음 〈표〉와 〈보고서〉는 2019년 전국 안전체험관과 생활안전에 관한 자료이다. 제시된 〈표〉 이외에 〈보고서〉를 작성하기 위해 추가로 이용한 자료만을 〈보기〉에서 모두 고르면?

〈표〉 2019년 전국 안전체험관 규모별 현황

(단위 : 개소)

전체	대형		중형		소형
	일반	특성화	일반	특성화	
473	25	7	5	2	434

┤ 보고서 ├

2019년 생활안전 통계에 따르면 전국 473개소의 안전체험관이 운영 중인 것으로 확인되었다. 전국 안전체험관을 규모별로 살펴보면, 대형이 32개소, 중형이 7개소, 소형이 434개소였다. 이 중 대형 안전체험관은 서울이 가장 많고 경북, 충남이 그 뒤를 이었다.

전국 안전사고 사망자 수는 2015년 이후 매년 감소하다가 2018년에는 증가하였다. 교통사고 사망자 수는 2015년 이후 매년 줄어들었고, 특히 2018년에 전년 대비 11.2% 감소하였다.

2019년 분야별 지역안전지수 1등급 지역을 살펴보면 교통사고 분야는 서울, 경기, 화재 분야는 광주, 생활안전 분야는 경기, 부산으로 나타났다.

┤ 보기 ├

ㄱ. 연도별 전국 교통사고 사망자 수

(단위 : 명)

연도	2015	2016	2017	2018
사망자 수	4,380	4,019	3,973	3,529

ㄴ. 분야별 지역안전지수 4년 연속(2015 ~ 2018년) 1등급, 5등급 지역(시 · 도)

분야 등급	교통 사고	화재	범죄	생활 안전	자살
1등급	서울, 경기	－	세종	경기	경기
5등급	전남	세종	제주	제주	부산

ㄷ. 연도별 전국 안전사고 사망자 수

(단위 : 명)

연도	2015	2016	2017	2018
사망자 수	31,582	30,944	29,545	31,111

ㄹ. 2018년 지역별 안전체험관 수

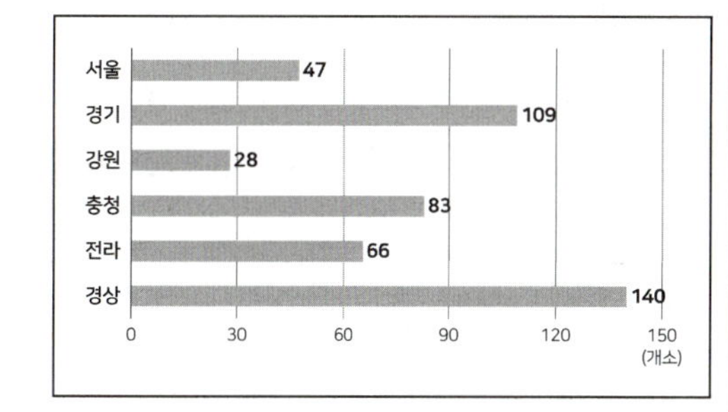

① ㄱ, ㄴ ② ㄱ, ㄷ

③ ㄴ, ㄹ ④ ㄱ, ㄷ, ㄹ

⑤ ㄴ, ㄷ, ㄹ

2021년 7급 PSAT 자료해석 나책형 15번

02 다음은 국내 광고산업에 관한 문화체육관광부의 보도자료이다. 이에 부합하지 않는 자료는?

🏛 문화체육관광부	**보도자료**	사람이 있는 문화
보도일시	배포 즉시 보도해 주시기 바랍니다.	

배포일시	2020. 2. XX.	담당부서	□□□□국
담당과장	○○○ (044-203-○○○○)	담당자	사무관 △△△ (044-203-○○○○)

2018년 국내 광고산업 성장세 지속

- 문화체육관광부는 국내 광고사업체의 현황과 동향을 조사한 '2019년 광고산업조사(2018년 기준)' 결과를 발표했다.

- 이번 조사 결과에 따르면 2018년 기준 광고산업 규모는 17조 2,119억 원(광고사업체 취급액* 기준)으로, 전년 대비 4.5% 이상 증가했고, 광고사업체당 취급액 역시 증가했다.

  * 광고사업체 취급액은 광고주가 매체(방송국, 신문사 등)와 매체 외 서비스에 지불하는 비용 전체(수수료 포함)임

  − 업종별로 살펴보면 광고대행업이 6조 6,239억 원으로 전체 취급액의 38% 이상을 차지했으나, 취급액의 전년 대비 증가율은 온라인광고대행업이 16% 이상으로 가장 높다.

- 2018년 기준 광고사업체의 매체 광고비* 규모는 11조 362억 원(64.1%), 매체 외 서비스 취급액은 6조 1,757억 원(35.9%)으로 조사됐다.

  * 매체 광고비는 방송매체, 인터넷매체, 옥외광고매체, 인쇄매체 취급액의 합임

  − 매체 광고비 중 방송매체 취급액은 4조 266억 원으로 가장 큰 비중을 차지하고 있으며, 그 다음으로 인터넷매체, 옥외광고매체, 인쇄매체 순으로 나타났다.

  − 인터넷매체 취급액은 3조 8,804억 원으로 전년 대비 6% 이상 증가했다. 특히, 모바일 취급액은 전년 대비 20% 이상 증가하여 인터넷 광고시장의 성장세를 이끌었다.

  − 한편, 간접광고(PPL) 취급액은 전년 대비 14% 이상 증가하여 1,270억 원으로 나타났으며, 그 중 지상파TV와 케이블TV 간 비중의 격차는 5%p 이하로 조사됐다.

① 광고사업체 취급액 현황(2018년 기준)

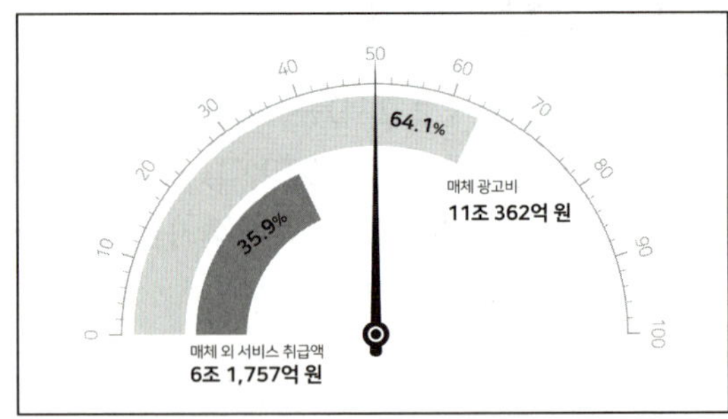

② 인터넷매체(PC, 모바일) 취급액 현황

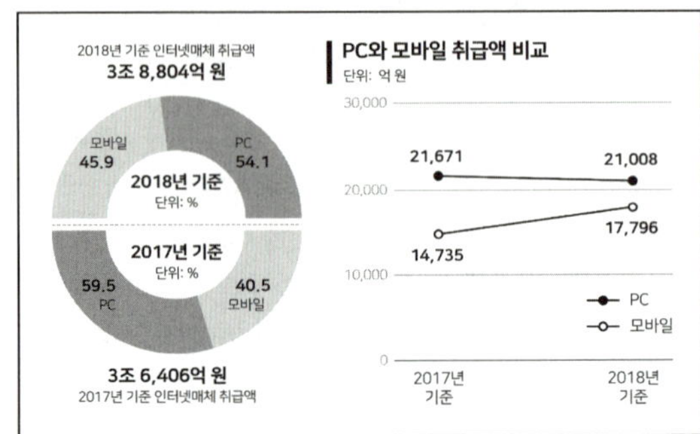

③ 간접광고(PPL) 취급액 현황

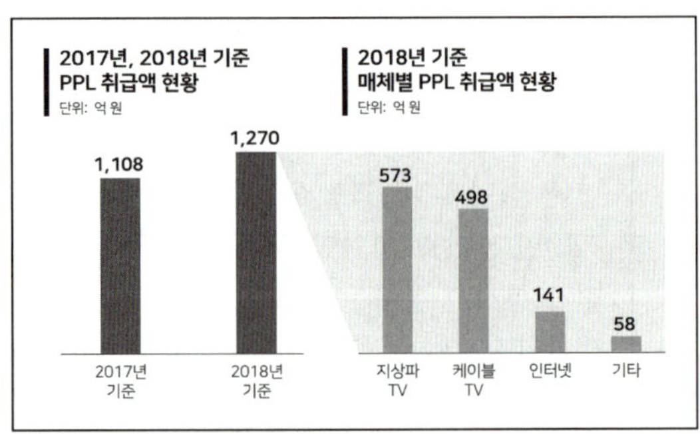

④ 업종별 광고사업체 취급액 현황

(단위 : 개소, 억 원)

구분 업종	2018년 조사(2017년 기준)		2019년 조사(2018년 기준)	
	사업체 수	취급액	사업체 수	취급액
전체	7,234	164,133	7,256	172,119
광고대행업	1,910	64,050	1,887	66,239
광고제작업	1,374	20,102	1,388	20,434
광고전문서비스업	1,558	31,535	1,553	33,267
인쇄업	921	7,374	921	8,057
온라인광고대행업	780	27,335	900	31,953
옥외광고업	691	13,737	607	12,169

⑤ 매체별 광고사업체 취급액 현황(2018년 기준)

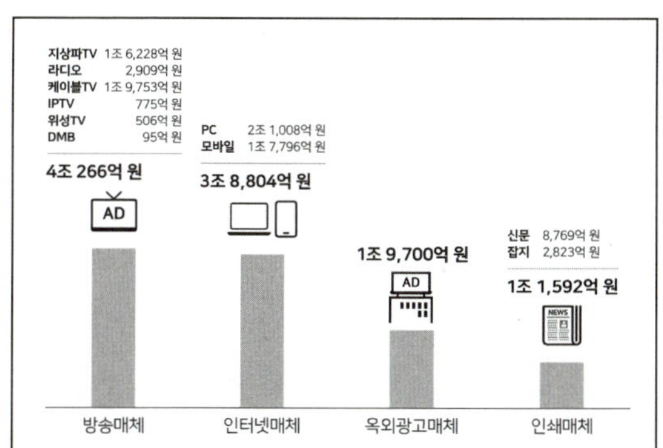

표 · 그래프 변환

03 다음 〈표〉는 2017년과 2018년 '갑'국에 운항하는 항공사의 운송실적 및 피해구제 현황에 관한 자료이다. 〈표〉를 이용하여 작성한 그래프로 옳지 않은 것은?

〈표 1〉 2017년과 2018년 국적항공사의 노선별 운송실적

(단위: 천 명)

국적항공사	노선 연도	국내선 2017	국내선 2018	국제선 2017	국제선 2018
대형 항공사	태양항공	7,989	6,957	18,925	20,052
	무지개항공	5,991	6,129	13,344	13,727
저비용 항공사	알파항공	4,106	4,457	3,004	3,610
	에어세종	0	0	821	1,717
	청렴항공	3,006	3,033	2,515	2,871
	독도항공	4,642	4,676	5,825	7,266
	참에어	3,738	3,475	4,859	5,415
	동해항공	2,935	2,873	3,278	4,128
합계		32,407	31,600	52,571	58,786

〈표 2〉 2017년 피해유형별 항공사의 피해구제 접수 건수 비율

(단위 : %)

항공사	취소 환불 위약금	지연 결항	정보 제공 미흡	수하물 지연 파손	초과 판매	기타	합계
국적항공사	57.14	22.76	5.32	6.81	0.33	7.64	100.00
외국적 항공사	49.06	27.77	6.89	6.68	1.88	7.72	100.00

〈표 3〉 2018년 피해유형별 항공사의 피해구제 접수 건수

(단위 : 건)

항공사	피해유형	취소 환불 위약금	지연 결항	정보 제공 미흡	수하물 지연 파손	초과 판매	기타	합계	전년 대비 증가
대형 항공사	태양항공	31	96	0	7	0	19	153	13
	무지개항공	20	66	0	5	0	15	106	−2
저비용 항공사	알파항공	9	9	0	1	0	4	23	−6
	에어세종	19	10	2	1	0	12	44	7
	청렴항공	12	33	3	4	0	5	57	16
	독도항공	34	25	3	9	0	27	98	−35
	참에어	33	38	0	6	0	8	85	34
	동해항공	19	32	1	10	0	10	72	9
국적항공사		177	309	9	43	0	100	638	36
외국적항공사		161	201	11	35	0	78	486	7

① 2017년 피해유형별 외국적항공사의 피해구제 접수 건수 대비 국적항공사의 피해구제 접수 건수 비

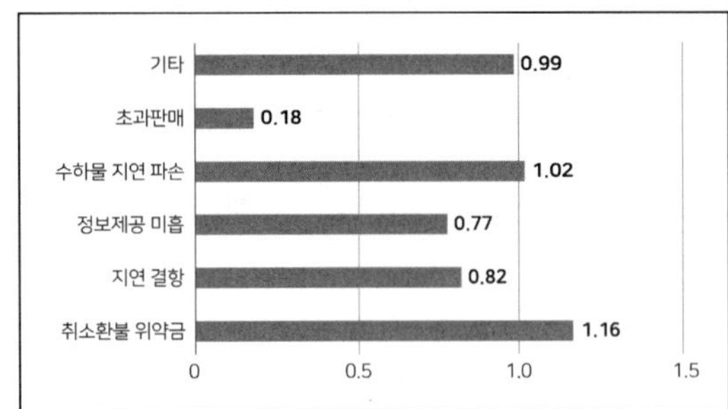

② 2017년 국적항공사별 피해구제 접수 건수 비중

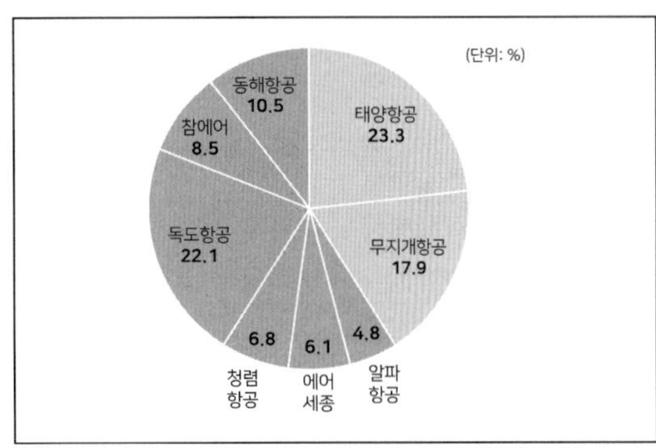

③ 2017년 피해유형별 국적항공사의 피해구제 접수 건수

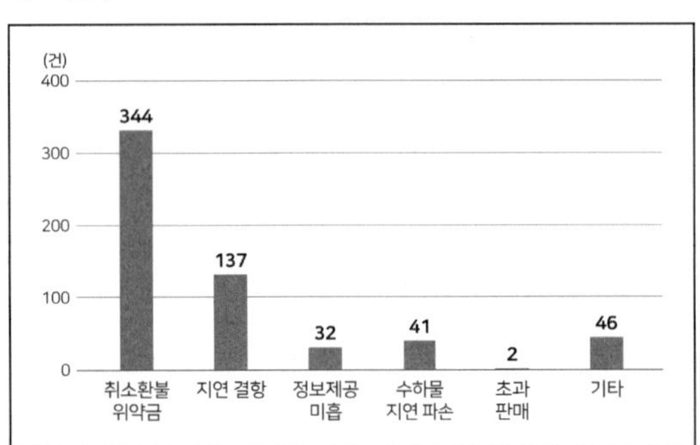

④ 2017년 대비 2018년 저비용 국적항공사의 전체 노선 운송실적 증가율

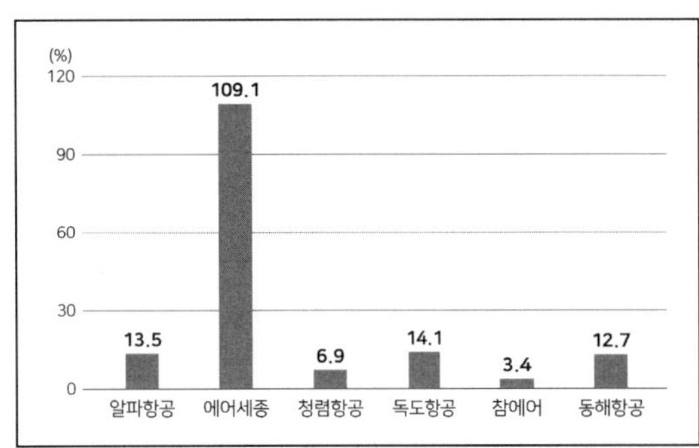

⑤ 대형 국적항공사의 전체 노선 운송실적 대비 피해구제 접수 건수 비

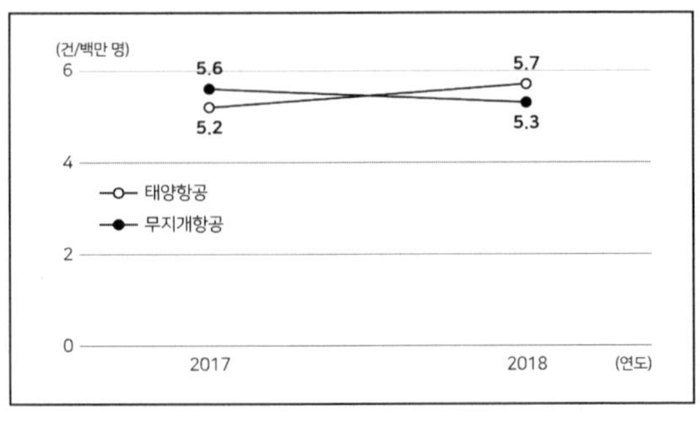

정보확인 표·보고서 변환

04 다음 〈표〉는 '갑'국 대학 기숙사 수용 및 기숙사비 납부 방식에 관한 자료이다. 이에 대한 〈보고서〉의 설명 중 옳은 것만을 모두 고르면?

〈표 1〉 2019년과 2020년 대학 기숙사 수용 현황

(단위 : 명, %)

연도		2020			2019		
대학유형	구분	수용가능 인원	재학생 수	수용률	수용가능 인원	재학생 수	수용률
전체(196개교)		354,749	1,583,677	22.4	354,167	1,595,436	22.2
설립 주체	국공립 (40개교)	102,025	381,309	26.8	102,906	385,245	26.7
	사립 (156개교)	( )	1,202,368	21.0	251,261	1,210,191	20.8
소재지	수도권 (73개교)	122,099	672,055	18.2	119,940	676,479	( )
	비수도권 (123개교)	232,650	911,622	25.5	234,227	918,957	25.5

$$※\ 수용률(\%) = \frac{수용가능\ 인원}{재학생\ 수} \times 100$$

〈표 2〉 2020년 대학 기숙사비 납부 방식 현황

(단위 : 개교)

납부 방식		카드납부 가능				현금분할납부 가능			
대학유형	기숙사 유형	직영	민자	공공	합계	직영	민자	공공	합계
전체(196개교)		27	20	0	47	43	25	9	77
설립 주체	국공립 (40개교)	20	17	0	37	18	16	0	34
	사립 (156개교)	7	3	0	10	25	9	9	43
소재지	수도권 (73개교)	3	2	0	5	16	8	4	28
	비수도권 (123개교)	24	18	0	42	27	17	5	49

※ 각 대학은 한 가지 유형의 기숙사만 운영함

─┤ 보고서 ├─

2020년 대학 기숙사 수용률은 22.4%로, 2019년의 22.2%에 비해 증가하였지만 여전히 20%대 초반에 그쳤다. 대학유형별 기숙사 수용률은 사립대학보다는 국공립대학이 높고, 수도권 대학보다는 비수도권 대학이 높았다. 한편, ㉠2019년 대비 2020년 대학유형별 기숙사 수용률은 국공립대학보다 사립대학이, 비수도권대학보다 수도권대학이 더 큰 폭으로 증가하였다.

2020년 대학 기숙사 수용가능 인원의 변화를 설립주체별로 살펴보면, ㉡국공립대학은 전년 대비 800명 이상 증가하였으나, 사립대학은 전년 대비 1,400명 이상 감소하였다. 소재지별로 살펴보면 수도권 대학의 기숙사 수용가능 인원은 2019년 119,940명에서 2020년 122,099명으로 2,100명 이상 증가하였으나, 비수도권 대학은 2019년 234,227명에서 2020년 232,650명으로 1,500명 이상 감소하였다.

2020년 대학 기숙사비 납부 방식을 살펴보면, ㉢전체 대학 중 기숙사비 카드납부가 가능한 대학은 37.9%에 불과하였다. 이를 기숙사 유형별로 자세히 보면, ㉣카드납부가 가능한 공공기숙사는 없었고, 현금분할납부가 가능한 공공기숙사도 사립대학 9개교뿐이었다.

① ㉠   ② ㉠, ㉡
③ ㉠, ㉣   ④ ㉢, ㉣
⑤ ㉡, ㉢, ㉣

Text · 표 변환   **공정표**

2021년 7급 PSAT 언어논리 나책형 18번

05 다음 글의 〈표〉에 대한 판단으로 적절한 것만을 〈보기〉에서 모두 고르면?

법제처 주무관 갑은 지방자치단체를 대상으로 조례 입안을 지원하고 있다. 갑은 지방자치단체가 조례 입안 지원 신청을 하는 경우, 두 가지 기준에 따라 나누어 신청안들을 정리하고 있다. 해당 조례안의 입법 예고를 완료하였는지 여부를 기준으로 '완료'와 '미완료'로 나누고, 과거에 입안을 지원하였던 조례안 중에 최근에 접수된 조례안과 내용이 유사한 사례가 있는지를 판단하여 유사 사례 '있음'과 '없음'으로 나눈다. 유사 사례가 존재하지 않는 경우에만 갑은 팀장인 을에게 그 접수된 조례안의 주요 내용을 보고해야 한다.

최근 접수된 조례안 (가)는 지난 분기에 지원하였던 조례안과 많은 부분 유사한 내용을 담고 있다. 입법 예고는 현재 진행 중이다. 조례안 (나)의 경우는 입법 예고가 완료된 후에 접수되었고, 그 주요 내용이 지난해에 지원한 조례안의 주요 내용과 유사하다. 조례안 (다)는 주요 내용이 기존에 지원하였던 조례안과 유사성이 전혀 없는 새로운 내용을 규정하고 있으며, 입법 예고가 진행되지 않았다. 이상의 내용을 다음과 같은 형식으로 나타낼 수 있다.

〈표〉 입안 지원 신청 조례안별 분류

조례안 / 기준	(가)	(나)	(다)
A	㉠	㉡	㉢
B	㉣	㉤	㉥

──┤ 보기 ├──

ㄱ. A에 유사 사례의 유무를 따지는 기준이 들어가면, ㉣과 ㉥이 같다.
ㄴ. B에 따라 을에 대한 갑의 보고 여부가 결정된다면, ㉠과 ㉢은 같다.
ㄷ. ㉣과 ㉤이 같으면, ㉠과 ㉡이 같다.

① ㄱ　　　　　　　② ㄷ
③ ㄱ, ㄴ　　　　　④ ㄴ, ㄷ
⑤ ㄱ, ㄴ, ㄷ

06 다음 〈표〉는 제품 생산에 따른 공정관리를 나타낸 것이다. 이에 대한 설명으로 옳은 것은?

〈표〉 부품 재고수량과 완성품 1개당 소요량

공정활동	선행 공정	시간(분)
A. 부품 선정	없음	3분
B. 절삭 가공	A	2분
C. 연삭 가공	A	4분
D. 연마	B	3분
E. 부품 조립	C, D	5분
F. 제품검사	E	2분
G. 불량	F	1분
H. 제품 포장	F	1분

──┤ 조건 ├──

• 공정 간 부품의 운반시간 등은 무시한다.
• A공정부터 시작하며 공정별로 각각의 작업 담당자가 수행한다.
• 불량이 나오면 부품 조립부터 다시 시작한다(해체 5분).

──┤ 보기 ├──

ㄱ. 불량이 없다면 1시간 동안 4개를 만들 수 있다.
ㄴ. C공정이 1분 늦어지면 전체 걸리는 시간은 늘어난다.
ㄷ. 불량 없이 첫 제품이 나오기까지 16분이 걸린다.
ㄹ. 불량이 한 번 나면 총 공정시간은 29분이다.

① ㄱ, ㄴ　　　　　② ㄴ, ㄷ
③ ㄷ, ㄹ　　　　　④ ㄱ, ㄴ, ㄹ
⑤ ㄴ, ㄷ, ㄹ

공정표

07 다음 〈그림〉은 A사 플라스틱 제품의 제조공정도이다. 1,000kg의 재료가 '혼합' 공정에 투입되는 경우, '폐기처리' 공정에 전달되어 투입되는 재료의 총량은 몇 kg인가?

〈그림〉 A사 플라스틱 제품의 제조공정도

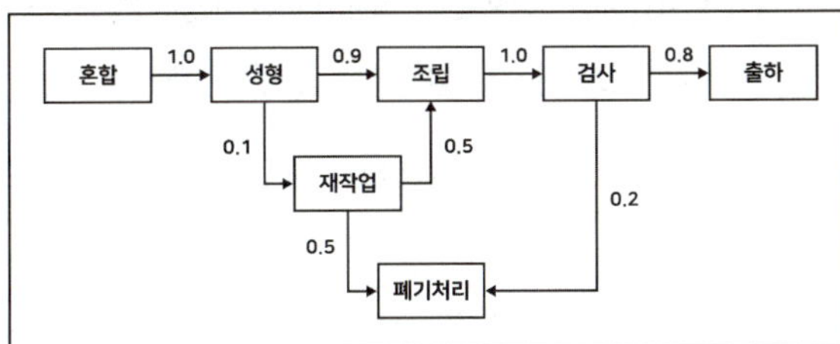

※ 제조공정도 내 수치는 직진율

$$\left(= \frac{\text{다음 공정에 전달되는 재료의 양}}{\text{해당 공정에 투입되는 재료의 양}} \right)$$ 을 의미함.

예를 들어, 가 $\xrightarrow{0.2}$ 나 는 해당 공정 '가'에 100kg의 재료가 투입되면 이 중 20kg (= 100kg × 0.2)의 재료가 다음 공정 '나'에 전달되어 투입됨을 의미함

① 50
② 190
③ 230
④ 240
⑤ 280

상황 · 조건제시형 공정표

08 다음 제시문을 읽고 주어진 〈조건〉을 바탕으로 하여 팔만대장경을 제작하는 경우, 소요되는 최단 기간은?

해인사에 소장되어 있는 팔만대장경은 정확하게 81,258장의 경판으로 구성되어 있으며, 경판의 크기는 가로 약 73 cm, 세로 약 26 cm, 두께는 약 3.5 cm이다. 경판 1장에 새겨져 있는 글자 수는 1면에 300여 자씩, 양면에 600여 자이므로 총 5천만 자가 넘는데 오탈자가 거의 없다.

경판을 만드는 데 사용된 나무는 한반도 전역에 자생하는 산벚나무이며, 채집한 원목을 갯벌에 3년간 묻어 두었다가 꺼내 경판을 제작한 뒤 글을 새겼다.

┤ 조건 ├

- 경판의 수는 8만 장, 총 글자 수는 5천만 자로 가정하며, 각 경판의 글자 수는 동일한 것으로 한다.
- 제작공정은 원목채집, 경판제작(원목을 가공하여 경판을 만드는 일), 필사(종이에 글을 쓰는 일), 판각(경판에 글을 새기는 일) 등 네 가지로 구성된다.
- 원목채집은 1월 1일에 시작하며, 채집된 원목은 그 다음해 1월 1일부터 3년간 갯벌에 묻어둔다.
- 갯벌에서 꺼낸 원목으로 경판을 제작하는데, 원목 1개로 경판 100장을 만든다.
- 판각은 경판 1만 장이 제작된 후에 시작한다.
- 1인이 1년간 작업할 수 있는 양은 원목채집의 경우 원목 10개, 경판제작의 경우 경판 100장, 필사의 경우 25만 자, 판각의 경우 1만 자이다.
- 공정별로 매년 동원할 수 있는 최대 인력은 원목채집 10명, 경판제작 100명, 필사 40명, 판각 500명이다.

① 14년
② 15년
③ 16년
④ 23년
⑤ 25년

📑 정답 및 해설 p.216

기본 개념

👆 TIP

🔖 정보확인 및 추론 문제풀이

① 계산 정오 판정 확인 vs 계산을 통한 결과값 도출

② 확인된 A정보를 이용한 확인되지 않은 B정보 추론

예 세계 상위 5개국 GDP 순위 → 상위 20개국 GDP 합은 □ 이하이다.

1위 미국 (22조 달러)
2위 중국 (15조 달러)
3위 일본 (5조 달러)
4위 독일 (4.2조 달러)
5위 영국 (3조 달러)

∴ □ = 총 49.2조 달러 + 3조 달러 × 15(국) = 94.2조 달러

💬 이론 설명

① 계산 정오 판정 확인 vs 계산을 통한 결과값 도출
   → ~상황에 대해서 30건 이상이다. (○)
   ↑
   173건 × 21.3%를 170건 × 20.0%로 대체해서 계산한다.
   ※ 계산값을 전부 도출하지 않고 확인만 하는 것이 더 좋은 풀이다.

② 확인된 A정보를 이용해 확인되지 않은 B정보 추론

2021년 5급 PSAT 자료해석 가책형 11번

정보추론

01 다음 〈표〉는 2024년 예상 매출액 상위 10개 제약사의 2018년, 2024년 매출액에 관한 자료이다. 이에 대한 〈보기〉의 설명 중 옳은 것만을 고르면?

〈표〉 2024년 매출액 상위 10개 제약사의
2018년, 2024년 매출액

(단위: 억 달러)

2024년 기준 매출액 순위	기업명	2024년	2018년	2018년 대비 2024년 매출액 순위변화
1	Pfizer	512	453	변화없음
2	Novartis	498	435	1단계 상승
3	Roche	467	446	1단계 하락
4	J&J	458	388	변화없음
5	Merck	425	374	변화없음
6	Sanofi	407	351	변화없음
7	GSK	387	306	5단계 상승
8	AbbVie	350	321	2단계 상승
9	Takeda	323	174	7단계 상승
10	AstraZeneca	322	207	4단계 상승
매출액 소계		4,149	3,455	
전체 제약사 총매출액		11,809	8,277	

※ 2024년 매출액은 예상 매출액임

보기

ㄱ. 2018년 매출액 상위 10개 제약사의 2018년 매출액 합은 3,700억 달러 이상이다.

ㄴ. 2024년 매출액 상위 10개 제약사 중, 2018년 대비 2024년 매출액이 가장 많이 증가한 기업은 Takeda이고 가장 적게 증가한 기업은 Roche이다.

ㄷ. 2024년 매출액 상위 10개 제약사의 매출액 합이 전체 제약사 총매출액에서 차지하는 비중은 2024년이 2018년보다 크다.

ㄹ. 2024년 매출액 상위 10개 제약사 중, 2018년 대비 2024년 매출액 증가율이 60% 이상인 기업은 2개이다.

① ㄱ, ㄴ   ② ㄱ, ㄷ

③ ㄱ, ㄹ   ④ ㄴ, ㄷ

⑤ ㄴ, ㄹ

정보확인

02 다음 〈그림〉은 '갑' 택지지구의 개발 적합성 평가 기초 자료이다. 〈조건〉을 이용하여 '갑' 택지지구 내 A ~ E 지역의 개발 적합성 점수를 계산했을 때, 개발 적합성 점수가 가장 낮은 지역과 가장 높은 지역을 바르게 나열한 것은?

〈그림〉 '갑' 택지지구의 개발 적합성 평가 기초 자료

A ~ E 지역 위치

	A			
		B		
C				
	D			
			E	

토지이용 유형
(1-산림, 2-농지, 3-주택지)

1	1	2	2	2
1	2	2	2	3
2	2	2	3	3
2	2	3	3	3
2	3	3	3	3

경사도(%)

15	15	20	20	20
15	15	20	20	20
10	15	15	15	20
10	10	15	15	15
10	10	10	15	15

토지소유 형태
(1-국유지, 2-사유지)

2	2	2	2	2
1	1	1	1	1
1	1	1	1	1
2	2	2	2	2
2	2	2	2	2

※ 음영 지역(■)은 개발제한구역을 의미함

─┤ 조건 ├─

- 평가 점수 = (0.6 × 토지이용 기준 점수) + (0.4 × 경사도 기준 점수)
- 토지이용 기준 점수는 유형에 따라 산림 5점, 농지 8점, 주택지 10점이다.
- 경사도 기준 점수는 경사도 10%이면 10점, 나머지는 5점이다.
- 개발 적합성 점수는 토지소유 형태가 사유지이면 '평가 점수'의 80%를 부여하고, 국유지이면 100%를 부여한다. 단, 토지소유 형태와 상관없이 개발제한구역의 개발 적합성 점수는 0점으로 한다.

	가장 낮은 지역	가장 높은 지역
①	A	B
②	A	C
③	A	E
④	D	C
⑤	D	E

정보추론

03 다음 〈표〉는 2006 ~ 2007년 제조업의 1992년 각 동일 분기 대비 노동시간, 산출, 인건비의 비율에 대한 자료이다. 이에 대한 〈보기〉의 설명 중 옳은 것만을 모두 고르면?

〈표〉 1992년 각 동일 분기 대비 제조업의 노동시간, 산출, 인건비의 비율

(단위 : %)

연도	분기	노동시간 비율	노동시간당 산출 비율	노동시간당 인건비 비율	1인당 인건비 비율
2006	1	85.3	172.4	170.7	99.0
	2	85.4	172.6	169.5	98.2
	3	84.8	174.5	170.3	97.6
	4	84.0	175.4	174.6	98.3
2007	1	83.5	177.0	176.9	100.0
	2	83.7	178.7	176.4	98.7
	3	83.7	180.6	176.4	97.6
	4	82.8	182.5	179.7	98.5

─┤ 보기 ├─

ㄱ. 1992년 노동시간당 산출은 매 분기 증가하였다.

ㄴ. 2007년 2분기의 1인당 인건비는 2007년 1분기에 비해 감소하였다.

ㄷ. 2007년 각 분기별 노동시간당 산출은 2006년 동기에 비해 모두 증가하였다.

ㄹ. 2007년 3분기의 노동시간당 인건비는 2006년 동기에 비해 6.1% 증가하였다.

① ㄱ   ② ㄷ

③ ㄱ, ㄴ   ④ ㄴ, ㄹ

⑤ ㄷ, ㄹ

정보확인

04 다음 〈표 1〉과 〈표 2〉는 '갑'국 A ~ E 5개 도시의 지난 30년 월평균 지상 10m 기온과 월평균 지표면 온도이고, 〈표 3〉과 〈표 4〉는 도시별 설계적설하중과 설계기본풍속이다. 다음 물음에 답하시오.

〈표 1〉 도시별 월평균 지상 10 m 기온

(단위 : ℃)

월 \ 도시	A	B	C	D	E
1	−2.5	1.6	−2.4	−4.5	−2.3
2	−0.3	3.2	−0.5	−1.8	−0.1
3	5.2	7.4	4.5	4.2	5.1
4	12.1	13.1	10.7	11.4	12.2
5	17.4	17.6	15.9	16.8	17.2
6	21.9	21.1	20.4	21.5	21.3
7	25.9	25.0	24.0	24.5	24.4
8	25.4	25.7	24.9	24.3	25.0
9	20.8	21.2	20.7	18.9	19.7
10	14.4	15.9	14.5	12.1	13.0
11	6.9	9.6	7.2	4.8	6.1
12	−0.2	4.0	0.6	−1.7	−0.1

〈표 2〉 도시별 월평균 지표면 온도

(단위 : ℃)

월 \ 도시	A	B	C	D	E
1	−2.4	2.7	−1.2	−2.7	0.3
2	−0.3	4.8	0.8	−0.7	2.8
3	5.6	9.3	6.3	4.8	8.7
4	13.4	15.7	13.4	12.6	16.3
5	19.7	20.8	19.4	19.1	22.0
6	24.8	24.2	24.5	24.4	25.9
7	26.8	27.7	26.8	26.9	28.4
8	27.4	28.5	27.5	27.0	29.0
9	22.5	19.6	22.8	21.4	23.5
10	14.8	17.9	15.8	13.5	16.9
11	6.2	10.8	7.5	5.3	8.6
12	−0.1	4.7	1.1	−0.7	2.1

〈표 3〉 도시별 설계적설하중

(단위 : kN/m²)

도시	A	B	C	D	E
설계적설하중	0.5	0.5	0.7	0.8	2.0

〈표 4〉 도시별 설계기본풍속

(단위 : m/s)

도시	A	B	C	D	E
설계기본풍속	30	45	35	30	40

위 〈표〉를 근거로 〈보기〉의 설명 중 옳은 것만을 모두 고르면?

┤ 보기 ├

ㄱ. '월평균 지상 10 m 기온'이 가장 높은 달과 '월평균 지표면 온도'가 가장 높은 달이 다른 도시는 A뿐이다.

ㄴ. 2월의 '월평균 지상 10 m 기온'은 영하이지만 '월평균 지표면 온도'가 영상인 도시는 C와 E이다.

ㄷ. 1월의 '월평균 지표면 온도'가 A ~ E 도시 중 가장 낮은 도시의 설계적설하중은 5개 도시 평균 설계적설하중보다 작다.

ㄹ. 설계기본풍속이 두 번째로 큰 도시는 8월의 '월평균 지상 10 m 기온'도 A ~ E 도시 중 두 번째로 높다.

① ㄱ, ㄴ   ② ㄴ, ㄷ
③ ㄴ, ㄹ   ④ ㄷ, ㄹ
⑤ ㄱ, ㄷ, ㄹ

수리계산형 ▶ 변화율공식

05 다음 〈표 1〉과 〈표 2〉는 '갑'국 A ~ E 5개 도시의 지난 30년 월평균 지상 10m 기온과 월평균 지표면 온도이고, 〈표 3〉과 〈표 4〉는 도시별 설계적설하중과 설계기본풍속이다. 다음 물음에 답하시오.

〈표 1〉 도시별 월평균 지상 10m 기온

(단위: ℃)

월 \ 도시	A	B	C	D	E
1	−2.5	1.6	−2.4	−4.5	−2.3
2	−0.3	3.2	−0.5	−1.8	−0.1
3	5.2	7.4	4.5	4.2	5.1
4	12.1	13.1	10.7	11.4	12.2
5	17.4	17.6	15.9	16.8	17.2
6	21.9	21.1	20.4	21.5	21.3
7	25.9	25.0	24.0	24.5	24.4
8	25.4	25.7	24.9	24.3	25.0
9	20.8	21.2	20.7	18.9	19.7
10	14.4	15.9	14.5	12.1	13.0
11	6.9	9.6	7.2	4.8	6.1
12	−0.2	4.0	0.6	−1.7	−0.1

〈표 2〉 도시별 월평균 지표면 온도

(단위: ℃)

월 \ 도시	A	B	C	D	E
1	−2.4	2.7	−1.2	−2.7	0.3
2	−0.3	4.8	0.8	−0.7	2.8
3	5.6	9.3	6.3	4.8	8.7
4	13.4	15.7	13.4	12.6	16.3
5	19.7	20.8	19.4	19.1	22.0
6	24.8	24.2	24.5	24.4	25.9
7	26.8	27.7	26.8	26.9	28.4
8	27.4	28.5	27.5	27.0	29.0
9	22.5	19.6	22.8	21.4	23.5
10	14.8	17.9	15.8	13.5	16.9
11	6.2	10.8	7.5	5.3	8.6
12	−0.1	4.7	1.1	−0.7	2.1

〈표 3〉 도시별 설계적설하중

(단위: kN/m²)

도시	A	B	C	D	E
설계적설하중	0.5	0.5	0.7	0.8	2.0

〈표 4〉 도시별 설계기본풍속

(단위: m/s)

도시	A	B	C	D	E
설계기본풍속	30	45	35	30	40

폭설피해 예방대책으로 위 〈표 3〉에 제시된 도시별 설계적설하중을 수정하고자 한다. 〈규칙〉에 따라 수정하였을 때, A ~ E 도시 중 설계적설하중 증가폭이 두 번째로 큰 도시와 가장 작은 도시를 바르게 연결한 것은?

┤ 규칙 ├

단계 1: 각 도시의 설계적설하중을 50% 증가시킨다.

단계 2: '월평균 지상 10m 기온'이 영하인 달이 3개 이상인 도시만 단계 1에 의해 산출된 값을 40% 증가시킨다.

단계 3: 설계기본풍속이 40m/s 이상인 도시만 단계 1 ~ 2를 거쳐 산출된 값을 20% 감소시킨다.

단계 4: 단계 1 ~ 3을 거쳐 산출된 값을 수정된 설계적설하중으로 한다. 단, 1.0kN/m² 미만인 경우 1.0kN/m²으로 한다.

	두 번째로 큰 도시	가장 작은 도시
①	A	B
②	A	C
③	B	D
④	D	B
⑤	D	C

정보확인　매칭형

06 다음 〈표〉와 〈정보〉는 A ~ J 지역의 지역발전 지표에 관한 자료이다. 이를 근거로 '가' ~ '라'에 들어갈 수 있는 값으로만 나열한 것은?

〈표〉 A ~ J 지역의 지역발전 지표

(단위: %, 개)

지표\지역	재정자립도	시가화면적비율	10만 명당 문화시설수	10만 명당 체육시설수	주택노후화율	주택보급률	도로포장률
A	83.8	61.2	4.1	111.1	17.6	105.9	92.0
B	58.5	24.8	3.1	(다)	22.8	93.6	98.3
C	65.7	35.7	3.5	103.4	13.5	91.2	97.4
D	48.3	25.3	4.3	128.0	15.8	96.6	100.0
E	(가)	20.7	3.7	133.8	12.2	100.3	99.0
F	69.5	22.6	4.1	114.0	8.5	91.0	98.1
G	37.1	22.9	7.7	110.2	20.5	103.8	91.7
H	38.7	28.8	7.8	102.5	19.9	(라)	92.5
I	26.1	(나)	6.9	119.2	33.7	102.5	89.6
J	32.6	21.3	7.5	113.0	26.9	106.1	87.9

┤ 정보 ├

- 재정자립도가 E보다 높은 지역은 A, C, F임
- 시가화 면적 비율이 가장 낮은 지역은 주택노후화율이 가장 높은 지역임
- 10만 명당 문화시설수가 가장 적은 지역은 10만 명당 체육시설수가 네 번째로 많은 지역임
- 주택보급률이 도로포장률보다 낮은 지역은 B, C, D, F임

	가	나	다	라
①	58.6	20.9	100.9	92.9
②	60.8	19.8	102.4	92.5
③	63.5	20.1	115.7	92.0
④	65.2	20.3	117.1	92.6
⑤	65.8	20.6	118.7	93.7

정보확인

07 다음 〈그림〉과 〈표〉는 2010년과 2011년 8개 기업 간의 직접거래관계와 직접거래액을 표시한 것이다. 이에 대한 〈보기〉의 설명 중 옳은 것을 모두 고르면?

〈그림 1〉 2010년 직접거래관계

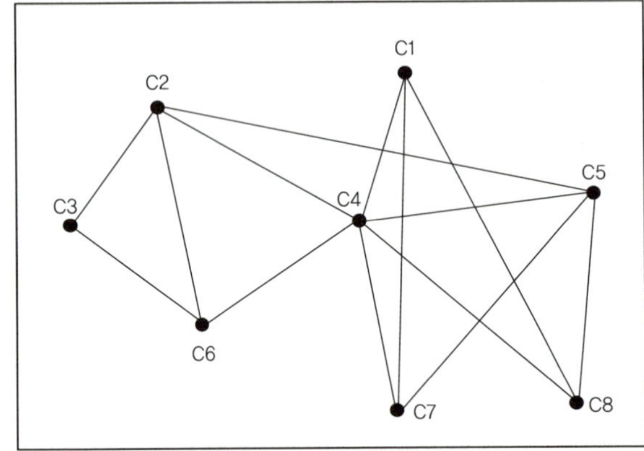

〈그림 2〉 2011년 직접거래관계

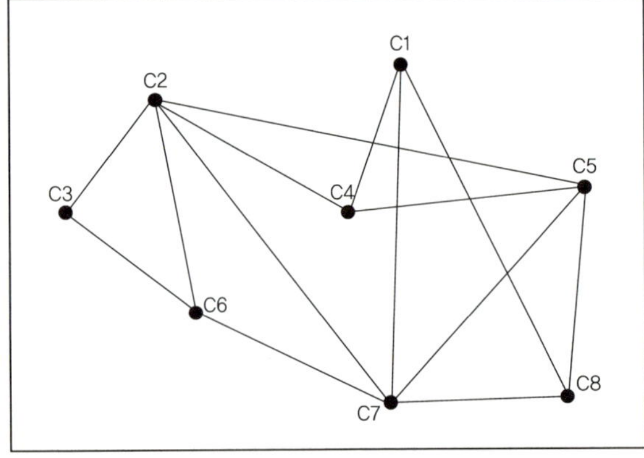

※ 1) 점 C1, C2, …, C8은 8개 기업을 의미함
　 2) 두 점 사이의 직선은 두 기업이 직접거래관계에 있음을 나타냄

〈표 1〉 2010년 직접거래액

(단위: 억 원)

구분	C1	C2	C3	C4	C5	C6	C7	C8	합
C1		0	0	10	0	0	6	4	20
C2	0		6	5	6	5	0	0	22
C3	0	6		0	0	4	0	0	10
C4	10	5	0		3	5	7	2	32
C5	0	6	0	3		0	5	6	20
C6	0	5	4	5	0		0	0	14
C7	6	0	0	7	5	0		0	18
C8	4	0	0	2	6	0	0		12

〈표 2〉 2011년 직접거래액

(단위: 억 원)

구분	C1	C2	C3	C4	C5	C6	C7	C8	합
C1		0	0	10	0	0	7	3	20
C2	0		6	7	7	6	2	0	28
C3	0	6		0	0	4	0	0	10
C4	10	7	0		3	0	0	0	20
C5	0	7	0	3		0	5	10	25
C6	0	6	4	0	0		4	0	14
C7	7	2	0	0	5	4		3	21
C8	3	0	0	0	10	0	3		16

---- 보기 ----

ㄱ. 2010년에 비해 2011년 직접거래관계의 수가 가장 많이 증가한 기업은 C7이고, 가장 많이 감소한 기업은 C4이다.

ㄴ. 2010년에 비해 2011년 직접거래액의 합이 가장 많이 증가한 기업은 C2이고, 가장 많이 감소한 기업은 C4이다.

ㄷ. 2010년과 2011년 직접거래관계의 수가 동일한 기업은 총 4개이다.

ㄹ. 2010년에 비해 2011년 총 직접거래관계의 수와 총 직접거래액은 모두 증가하였다.

① ㄱ, ㄴ   ② ㄱ, ㄷ
③ ㄴ, ㄷ   ④ ㄱ, ㄴ, ㄹ
⑤ ㄴ, ㄷ, ㄹ

조건제시형 ▷ 매칭형

08 다음 글을 근거로 판단할 때, 아기 돼지 삼형제와 각각의 집을 옳게 짝지은 것은?

- 아기 돼지 삼형제는 엄마 돼지로부터 독립하여 벽돌집, 나무집, 지푸라기집 중 각각 다른 한 채씩을 선택하여 짓는다.
- 벽돌집을 지을 때에는 벽돌만 필요하지만, 나무집은 나무와 지지대가, 지푸라기집은 지푸라기와 지지대가 재료로 필요하다. 지지대에 소요되는 비용은 집의 면적과 상관없이 나무집의 경우 20만 원, 지푸라기집의 경우 5만 원이다.
- 재료의 1개당 가격 및 집의 면적 $1m^2$당 필요 개수는 아래와 같다.

구 분	벽돌	나무	지푸라기
1개당 가격(원)	6,000	3,000	1,000
$1m^2$당 필요 개수	15	20	30

- 첫째 돼지 집의 면적은 둘째 돼지 집의 2배이고, 셋째 돼지 집의 3배이다. 삼형제 집의 면적의 총합은 $11m^2$이다.
- 모두 집을 짓고 나니, 둘째 돼지 집을 짓는 재료 비용이 가장 많이 들었다.

	첫째	둘째	셋째
①	벽돌집	나무집	지푸라기집
②	벽돌집	지푸라기집	나무집
③	나무집	벽돌집	지푸라기집
④	지푸라기집	벽돌집	나무집
⑤	지푸라기집	나무집	벽돌집

정보확인 ▶ 매칭형

09 다음 〈그림〉은 12개 국가의 수자원 현황에 관한 자료이며, A ~ H는 각각 특정 국가를 나타낸다. 〈그림〉과 〈조건〉을 근거로 판단할 때, 국가명을 알 수 없는 것은?

〈그림〉 12개 국가의 수자원 현황

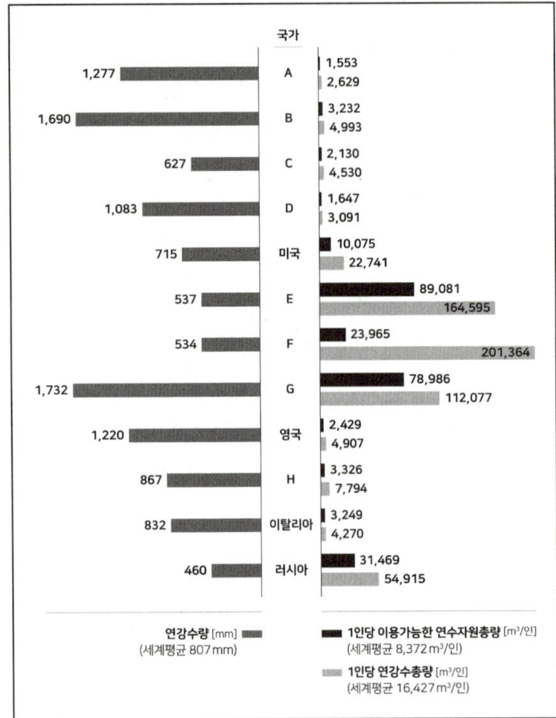

┤ 조건 ├
- ‘연강수량’이 세계평균의 2배 이상인 국가는 일본과 뉴질랜드이다.
- ‘연강수량’이 세계평균보다 많은 국가 중 ‘1인당 이용가능한 연수자원총량’이 가장 적은 국가는 대한민국이다.
- ‘1인당 연강수총량’이 세계평균의 5배 이상인 국가를 ‘연강수량’이 많은 국가부터 나열하면 뉴질랜드, 캐나다, 호주이다.
- ‘1인당 이용가능한 연수자원총량’이 영국보다 적은 국가 중 ‘1인당 연강수총량’이 세계평균의 25% 이상인 국가는 중국이다.
- ‘1인당 이용가능한 연수자원총량’이 6번째로 많은 국가는 프랑스이다.

① B ② C
③ D ④ E
⑤ F

정보추론 ▶

10 다음 〈표〉는 어느 노래의 3월 24~27일 음원차트별 순위에 대한 자료 중 일부가 지워진 것이다. 이에 대한 설명으로 옳은 것은?

〈표〉 음원차트별 순위

날짜	음원차트					평균 순위
	A	B	C	D	E	
3월 24일	□(↑)	6(↑)	□(↑)	4(↑)	2(↑)	4.2
3월 25일	6(↑)	2(↑)	2(−)	2(↑)	1(↑)	2.6
3월 26일	7(↓)	6(↓)	5(↓)	6(↓)	5(↓)	5.8
3월 27일	□(−)	□(↑)	□(□)	7(↓)	□(−)	6.0

※ 1) □는 지워진 자료를 의미하며, ( )안의 ↑는 전일 대비 순위 상승, ↓는 전일 대비 순위 하락, −는 전일과 순위가 동일함을 의미함
  2) 순위의 숫자가 작을수록 순위가 높음을 의미함
  3) 평균 순위 = $\dfrac{\text{5개 음원차트별 순위의 합}}{5}$

① 평균 순위가 가장 높았던 날은 5개 음원차트별 순위가 전일 대비 모두 상승하였다.
② 3월 24일 A 음원차트에서의 순위는 8위였다.
③ 5개 음원차트별 순위가 전일 대비 모두 하락한 날은 평균 순위가 가장 낮았다.
④ 3월 27일 C 음원차트에서는 순위가 전일 대비 하락하였다.
⑤ 평균 순위는 매일 하락하였다.

정보추론

11 다음 〈그림〉은 개발원조위원회 29개 회원국 중 공적개발원조액 상위 15개국과 국민총소득 대비 공적개발원조액 비율 상위 15개국 자료이다. 이에 대한 〈보기〉의 설명 중 옳은 것만을 모두 고르면?

〈그림 1〉 공적개발원조액 상위 15개 회원국

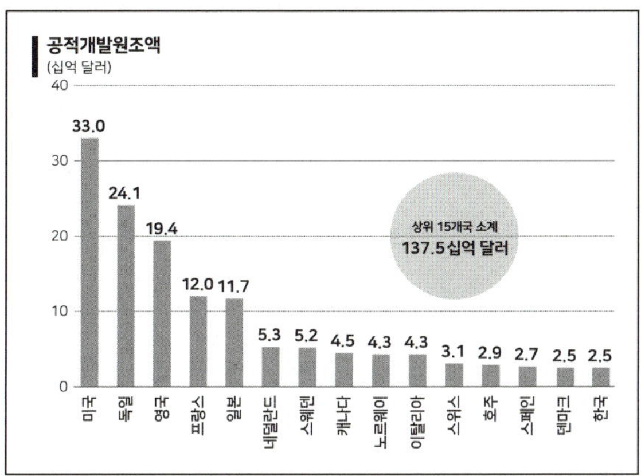

〈그림 2〉 국민총소득 대비 공적개발원조액 비율 상위 15개 회원국

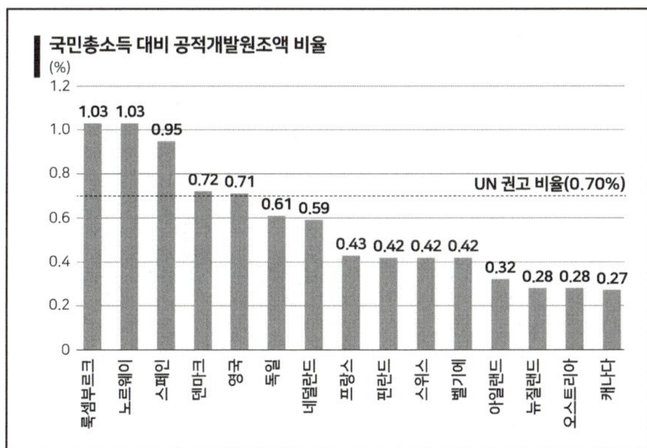

┤ 보기 ├

ㄱ. 국민총소득 대비 공적개발원조액 비율이 UN 권고 비율보다 큰 국가의 공적개발원조액 합은 250억 달러 이상이다.

ㄴ. 공적개발원조액 상위 5개국의 공적개발원조액 합은 개발원조위원회 29개 회원국 공적개발원조액 합의 50% 이상이다.

ㄷ. 독일이 공적개발원조액만 30억 달러 증액하면 독일의 국민총소득 대비 공적개발원조액 비율은 UN 권고 비율 이상이 된다.

① ㄱ
② ㄷ
③ ㄱ, ㄴ
④ ㄴ, ㄷ
⑤ ㄱ, ㄴ, ㄷ

정보추론

12 다음 대화의 ㉠으로 적절한 것만을 〈보기〉에서 모두 고르면?

갑: 우리 지역 장애인의 체육 활동을 지원하기 위한 '장애인 스포츠강좌 지원사업'의 집행 실적이 저조하다고 합니다. 지원 바우처를 제대로 사용하지 못하고 있다는 의미인데요. 비장애인을 대상으로 하는 '일반 스포츠강좌 지원사업'은 인기가 많아 예산이 금방 소진된다고 합니다. 과연 어디에 문제점이 있는 것일까요?

을: 바우처를 수월하게 사용하려면 사용 가능한 가맹 시설이 많이 있어야 합니다. 우리 지역의 '장애인 스포츠강좌 지원사업' 가맹 시설은 10개소이며 '일반 스포츠강좌 지원사업' 가맹 시설은 300개소입니다. 그런데 장애인들은 비장애인들에 비해 바우처를 사용하기 훨씬 어렵습니다. 혹시 장애인의 수에 비해 장애인 대상 가맹 시설의 수가 비장애인의 경우보다 턱없이 적어서 그런 것 아닐까요?

병: 글쎄요, 제 생각은 조금 다릅니다. 바우처 지원액이 너무 적은 것은 아닐까요? 장애인을 대상으로 하는 스포츠강좌는 보조인력 비용 등 추가 비용으로 인해, 비장애인 대상 강좌보다 수강료가 높을 수 있습니다. 바우처를 사용한다 해도 자기 부담금이 여전히 크다면 장애인들은 스포츠강좌를 이용하기 어려울 것입니다.

정: 하지만 제가 보기엔 장애인들의 주요 연령대가 사업에서 제외된 것 같습니다. 현재 본 사업의 대상 연령은 만 12세에서 만 49세까지인데, 장애인 인구의 고령자 인구 비율이 비장애인 인구에 비해 높다는 사실을 고려하면, 대상 연령의 상한을 적어도 만 64세까지 높여야 한다고 생각합니다.

갑: 모두들 좋은 의견 감사합니다. 오늘 회의에서 논의된 내용을 확인하기 위해 ㉠ <u>필요한 자료를 조사해 주세요.</u>

┤ 보기 ├
ㄱ. 장애인 및 비장애인 각각의 인구 대비 '스포츠
   강좌 지원사업' 가맹 시설 수
ㄴ. 장애인과 비장애인 각각 '스포츠강좌 지원사업'
   에 참여하기 위해 본인이 부담해야 하는 금액
ㄷ. 만 50세에서 만 64세까지의 장애인 중 스포츠
   강좌 수강을 희망하는 인구와 만 50세에서 만
   64세까지의 비장애인 중 스포츠강좌 수강을
   희망하는 인구

① ㄴ   ② ㄷ
③ ㄱ, ㄴ   ④ ㄱ, ㄷ
⑤ ㄱ, ㄴ, ㄷ

공식 이용

정답 및 해설 p.227

기본 개념

① $A = \dfrac{C}{B}$

  ㉠ $B = \dfrac{C}{A}$

  ㉡ $C = A \times B$

② $\dfrac{\dfrac{D}{C}}{\dfrac{B}{A}} = \dfrac{A \times D}{B \times C}$

③ $A = B + C$

  ㉠ $B = A - C$

  ㉡ $C = A - B$

2013년 외교관후보자 선발시험 자료해석 인책형 3번

공식 이용

01 다음 〈표〉는 2011년 주요 국가별 의사 수 및 인구 만 명당 의사 수에 대한 자료이다. 이에 대한 〈보기〉의 설명 중 옳은 것을 모두 고르면?

〈표〉 2011년 주요 국가별 의사 수 및 인구 만 명당 의사 수

(단위 : 명, %)

국가	의사 수	전년 대비 증감률	인구 만명당 의사 수	전년 대비 증감률
A	12,813	0.5	29	2.1
B	171,242	1.5	18	3.3
C	27,500	1.0	31	1.5
D	25,216	2.0	35	0.5
E	130,300	1.5	33	0.5
F	110,124	3.0	18	0.4
G	25,332	1.5	31	−0.5
H	345,718	3.3	60	5.5

※ 인구 만 명당 의사 수는 소수점 아래 첫째 자리에서 반올림함

┤ 보기 ├

ㄱ. 2010년 의사 수가 가장 많은 국가는 2011년 인구 만 명당 의사 수도 가장 많다.
ㄴ. 2011년 기준 C, D, E 3개국 중 인구가 가장 적은 국가는 D이다.
ㄷ. 2011년 인구가 2010년보다 많은 국가의 수는 4개이다.
ㄹ. 2010년 기준 의사 수가 많은 국가일수록 같은 해 인구 만 명당 의사 수도 많다.

① ㄱ, ㄴ, ㄷ　　　② ㄱ, ㄴ, ㄹ
③ ㄱ, ㄷ, ㄹ　　　④ ㄴ, ㄷ, ㄹ
⑤ ㄱ, ㄴ, ㄷ, ㄹ

2016년 5급 PSAT 자료해석 4책형 32번

02 다음 〈표〉는 2008 ~ 2012년 한국을 포함한 OECD 주요국의 공공복지예산에 관한 자료이다. 이에 대한 〈보기〉의 설명 중 옳은 것만을 모두 고르면?

〈표 1〉 2008 ~ 2012년 한국의 공공복지예산과
분야별 GDP 대비 공공복지예산 비율

(단위 : 십억 원, %)

구분 연도	공공복지 예산	분야별 GDP 대비 공공복지예산 비율					
		노령	보건	가족	실업	기타	합
2008	84,466	1.79	3.28	0.68	0.26	1.64	7.65
2009	99,856	1.91	3.64	0.74	0.36	2.02	8.67
2010	105,248	1.93	3.74	0.73	0.29	1.63	8.32
2011	111,090	1.95	3.73	0.87	0.27	1.52	8.34
2012	124,824	2.21	3.76	1.08	0.27	1.74	9.06

〈표 2〉 2008 ~ 2012년 OECD 주요국의
GDP 대비 공공복지예산 비율

(단위 : %)

연도 국가	2008	2009	2010	2011	2012
한국	7.65	8.67	8.32	8.34	9.06
호주	17.80	17.80	17.90	18.20	18.80
미국	17.00	19.20	19.80	19.60	19.70
체코	18.10	20.70	20.80	20.80	21.00
영국	21.80	24.10	23.80	23.60	23.90
독일	25.20	27.80	27.10	25.90	25.90
핀란드	25.30	29.40	29.60	29.20	30.00
스웨덴	27.50	29.80	28.30	27.60	28.10
프랑스	29.80	32.10	32.40	32.00	32.50

┤ 보기 ├

ㄱ. 2011년 한국의 실업 분야 공공복지예산은 4조 원 이상이다.

ㄴ. 한국의 공공복지예산 중 보건 분야 예산이 차지하는 비중은 2011년과 2012년에 전년 대비 감소한다.

ㄷ. 매년 한국의 노령 분야 공공복지예산은 가족 분야 공공복지예산의 2배 이상이다.

ㄹ. 2009 ~ 2012년 동안 OECD 주요국 중 GDP 대비 공공복지예산 비율이 가장 높은 국가와 가장 낮은 국가 간의 비율 차이는 전년 대비 매년 증가한다.

① ㄱ, ㄹ　　② ㄴ, ㄷ
③ ㄴ, ㄹ　　④ ㄱ, ㄴ, ㄷ
⑤ ㄱ, ㄷ, ㄹ

공식 이용

03 다음 〈표〉는 2013 ~ 2020년 '갑'국 재정지출에 대한 자료이다. 이에 대한 설명으로 옳지 않은 것은?

〈표 1〉 전체 재정지출

(단위 : 백만 달러, %)

구분 연도	금액	GDP 대비 비율
2013	487,215	34.9
2014	466,487	31.0
2015	504,426	32.4
2016	527,335	32.7
2017	522,381	31.8
2018	545,088	32.0
2019	589,175	32.3
2020	614,130	32.3

〈표 2〉 전체 재정지출 중 5대 분야 재정지출 비중

(단위 : %)

연도 분야	2013	2014	2015	2016	2017	2018	2019	2020
교육	15.5	15.8	15.4	15.9	16.3	16.3	16.2	16.1
보건	10.3	11.9	11.4	11.4	12.2	12.5	12.8	13.2
국방	7.5	7.7	7.6	7.5	7.8	7.8	7.7	7.6
안전	3.6	3.7	3.6	3.8	4.0	4.0	4.1	4.2
환경	3.1	2.5	2.4	2.4	2.4	2.5	2.4	2.4

① 2015 ~ 2020년 환경 분야 재정지출 금액은 매년 증가하였다.

② 2020년 교육 분야 재정지출 금액은 2013년 안전 분야 재정지출 금액의 4배 이상이다.

③ 2020년 GDP는 2013년 대비 30% 이상 증가하였다.

④ 2016년 이후 GDP 대비 보건 분야 재정지출 비율은 매년 증가하였다.

⑤ 5대 분야 재정지출 금액의 합은 매년 전체 재정지출 금액의 35% 이상이다.

조건제시형　　**공식 이용**

04 다음 글과 〈조건〉에 따를 때, ○○부가 채택하기에 적합하지 않은 정책 대안은?

- 올해의 전력수급현황은 다음과 같다.
  - 총공급전력량 : 7,200만 kW
  - 최대전력수요 : 6,000만 kW
    이에 따라 ○○부는 내년도 전력수급기본계획을 마련하고, 정책목표를 다음과 같이 설정하였다.
  - 정책목표 : 내년도 전력예비율을 30% 이상으로 유지한다.
    전력예비율(%)
    $$= \frac{총공급전력량 - 최대전력수요}{최대전력수요} \times 100$$

┤ 조건 ├

조건 1 : 발전소를 하나 더 건설하면 총공급전력량이 100만 kW 증가한다.

조건 2 : 전기요금을 α% 인상하면 최대전력수요는 α% 감소한다.

※ 발전소는 즉시 건설·운영되는 것으로 가정하고 이외의 다른 변수는 고려하지 않는다.

① 발전소를 1개 더 건설하고, 전기요금을 10% 인상한다.

② 발전소를 3개 더 건설하고, 전기요금을 3% 인상한다.

③ 발전소를 6개 더 건설하고, 전기요금을 1% 인상한다.

④ 발전소를 8개 더 건설하고, 전기요금을 동결한다.

⑤ 발전소를 더 이상 건설하지 않고, 전기요금을 12% 인상한다.

점수 계산 및 산정

📑 정답 및 해설 p.231

기본 개념

🖐 TIP

🔖 점수 계산 문제풀이

① 선택지의 차잇값 또는 합을 이용한다.

예

선택지	갑	을
❶	24	36
❷	24	38
❸	24	40
❹	36	44
❺	36	46

② 기준점수 계산 후 차잇값을 이용하여 구하고자 하는 점수를 빠르게 산출한다.

예

선택지	내구성	사용성
A	☆☆	☆☆☆
B	☆☆☆	☆☆☆☆

단, 내구성은 ☆당 1점, 사용성은 ☆당 2점일 때
A는 2×1 + 3×2 = 8(점)
B는 8(A점수) + (1 + 2) = 11(점)

③ 상한값과 하한값에 주의하자.

예 점수의 범위가 30점 미만이면 30점으로 산정하고
95점 이상이면 100점으로 한다면
A = 27점(계산값) → 실제 적용값 30점
B = 98점(계산값) → 실제 적용값 100점

2005년 견습직원 선발시험 자료해석 인책형 17번

점수 계산 　차잇값

01 어느 대학의 신입생 선발기준은 〈보기〉와 같다. 이 대학의 선발기준에 따른 A, B 학생의 총점이 올바르게 짝지어진 것은?

┤ 보기 ├

1. 총점은 1,000점 만점으로 한다.
2. 총점의 구성비율은 내신성적 40%, 수학능력시험 50%, 면접점수 10%로 한다.
3. 내신성적은 9개 등급으로 나누되 최고 등급인 1등급의 경우 만점을 부여하고 등급이 하나씩 내려갈 때마다 내신 만점의 5%를 감점한다.
4. 수능은 10개 등급으로 나누되 최고 등급인 1등급에 만점을 부여하고 등급이 하나씩 내려갈 때마다 수능만점의 10%를 감점한다.
5. 면접점수는 결시자의 경우 0점으로 하고, 전공예약자에게는 취득한 면접점수의 20%를 가산하되 가산점이 포함된 면접점수가 100점을 초과할 경우 100점으로 한다.

A학생 : 내신 2등급, 수능 3등급, 면접 85점, 전공예약자
B학생 : 내신 3등급, 수능 2등급, 면접 60점, 전공예약자 아님

	A학생	B학생
①	832	840
②	865	840
③	880	840
④	880	870
⑤	882	870

점수 계산

02 다음 〈표〉는 A ~ J 아파트 단지의 주택성능에 대한 자료이다. 〈규칙〉을 적용하여 〈표〉를 분석한 결과에 대한 설명으로 옳은 것을 고르면?

〈표〉 A ~ J 아파트 단지의 주택성능

부문 세부항목 단지	소음				외부환경
	경량충격	중량충격	화장실	세대간	
A	☆	☆	☆☆☆	☆☆☆☆	☆☆☆
B	☆	☆	☆☆	☆☆☆	☆☆
C	☆	☆	☆☆☆	☆☆☆☆	☆
D	☆	☆	☆☆☆	☆☆☆☆	☆
E	☆	☆	☆☆☆	☆☆	☆☆
F	☆	☆	☆☆☆	☆☆☆	☆
G	☆☆	☆	☆☆☆	☆☆☆☆	☆☆
H	☆☆	☆☆	☆☆☆	☆☆☆☆	☆☆
I	☆	☆	☆☆☆	☆☆☆☆	☆☆
J	☆	☆	☆☆☆	☆☆☆☆	☆☆

┤ 규칙 ├

- 소음부문에서 "세대간"은 '☆' 하나당 2점을, 나머지 세부항목은 '☆' 하나당 1점을 부여한다.
- 외부환경부문은 '☆' 하나당 3점을 부여한다.
- 소음부문점수는 소음부문 세부항목점수의 합이고, 주택성능점수는 소음부문점수와 외부환경부문점수의 합이다.

① 소음부문에서 가장 높은 점수를 받은 단지는 'G'이다.

② 소음부문에서 가장 낮은 점수를 받은 단지는 'B'이다.

③ 외부환경부문에서 가장 높은 점수를 받은 단지가 주택성능점수도 가장 높다.

④ 주택성능점수가 가장 낮은 단지가 "세대간" 소음을 제외한 소음부문점수도 가장 낮다.

⑤ 주택성능점수가 19점인 단지가 가장 많다.

조건 · 상황제시형 점수 산정

03 다음 글과 〈상황〉을 근거로 판단할 때, 〈보기〉에서 옳은 것만을 모두 고르면?

□□부서는 매년 △△사업에 대해 사업자 자격 요건 재허가 심사를 실시한다.

- 기본심사 점수에서 감점 점수를 뺀 최종심사 점수가 70점 이상이면 '재허가', 60점 이상 70점 미만이면 '허가 정지', 60점 미만이면 '허가 취소'로 판정한다.
  - 기본심사 점수: 100점 만점으로, ㉮ ~ ㉱의 4가지 항목(각 25점 만점) 점수의 합으로 한다. 단, 점수는 자연수이다.
  - 감점 점수: 과태료 부과의 경우 1회당 2점, 제재 조치의 경우 경고 1회당 3점, 주의 1회당 1.5점, 권고 1회당 0.5점으로 한다.

┤ 상황 ├

2020년 사업자 A ~ C의 기본심사 점수 및 감점 사항은 아래와 같다.

사업자	기본심사 항목별 점수			
	㉮	㉯	㉰	㉱
A	20	23	17	?
B	18	21	18	?
C	23	18	21	16

사업자	과태료 부과 횟수	제재 조치 횟수		
		경고	주의	권고
A	3	–	–	6
B	5	–	3	2
C	4	1	2	–

┤ 보기 ├

ㄱ. A의 ㉱ 항목 점수가 15점이라면 A는 재허가를 받을 수 있다.

ㄴ. B의 허가가 취소되지 않으려면 B의 ㉱ 항목 점수가 19점 이상이어야 한다.

ㄷ. C가 2020년에 과태료를 부과받은 적이 없다면 판정 결과가 달라진다.

ㄹ. 기본심사 점수와 최종심사 점수 간의 차이가 가장 큰 사업자는 C이다.

① ㄱ   ② ㄴ

③ ㄱ, ㄴ   ④ ㄴ, ㄷ

⑤ ㄷ, ㄹ

THEME 13 스케줄

정답 및 해설 p.234

기본 개념

TIP

🔑 스케줄 문제풀이
① 문제 구조를 파악 후 규칙성이 있다면 이를 적극 활용하자.
② 제약이 큰 조건부터 고려한다.
　예 시간 제약, 금액 제약 등
③ 정답 도출 시 다른 선택지도 검토하여 오답의 근거를 찾는다.

조건제시형　스케줄

01 甲은 2월 15일(일요일)부터 4일간 A도시의 관광명소를 관람하려고 한다. A도시는 주요 관광명소를 관람할 수 있는 자유이용권인 시티 투어 패스(City Tour Pass)를 판매하고 있다. 다음 〈관광 정보〉와 〈조건〉에 근거할 때, 甲이 아래 7곳의 관광명소(a ~ g)를 모두 관람하는 데 필요한 최소 금액은?

┤ 관광 정보 ├

		관람료(€)	휴관	패스 사용 가능 여부
a박물관		9	화요일	가능
b미술관		8	월요일	가능
c박물관		9	없음	불가능
d미술관		8	없음	가능
e타워		7	일요일	불가능
f타워		8	없음	가능
g궁전	본궁	13	없음	가능 (단, 정원에는 사용불가)
	정원	8		
	별궁	10		

시티 투어 패스 가격

구분	가격(€)/매
2일 패스	32
4일 패스	48
6일 패스	64

┤ 조건 ├

- 하루에 2곳의 관광명소까지만 관람할 수 있다.
- g궁전 관람에는 1일이 소요되며 궁전의 일부만 관람하는 경우에도 소요시간은 동일하다.
- 시티 투어 패스는 개시일로부터 연속적으로 사용해야 한다.
- g궁전의 경우 본궁·정원·별궁 모두 관람해야 하며, 세 곳 모두 관람이 가능한 1일권을 판매하고 있다(월 ~ 금 : 21€, 토 ~ 일 : 25€).

① 64€
② 69€
③ 70€
④ 72€
⑤ 73€

조건·상황제시형 ▶ 스케줄

02 다음 글을 근거로 판단할 때, 18시에서 20시 사이에 보행신호가 점등된 횟수는?

- A시는 차량통행은 많지만 사람의 통행은 적은 횡단보도에 보행자 자동인식시스템을 설치하였다.
- 보행자 자동인식시스템이 횡단보도 앞에 도착한 보행자를 인식하면 1분 30초의 대기 후에 보행신호가 30초간 점등되며, 이후 차량통행을 보장하기 위해 2분간 보행신호는 점등되지 않는다. 점등 대기와 보행신호 점등, 차량통행 보장 시간 동안에는 보행자를 인식하지 않는다.

점등 대기		보행신호 점등		차량통행 보장
1분 30초	→	30초	→	2분

- 보행신호가 점등되기 전까지 횡단보도 앞에 도착한 사람만 모두 건넌다.
- 다음은 17시 50분부터 20시까지 횡단보도 앞에 도착한 사람의 수와 도착 시각을 정리한 것이다.

도착 시각	인원	도착 시각	인원
18:25:00	1	18:44:00	3
18:27:00	3	18:59:00	4
18:30:00	2	19:01:00	2
18:31:00	5	19:48:00	4
18:43:00	1	19:49:00	2

① 6

② 7

③ 8

④ 9

⑤ 10

📄 정답 및 해설 p.236

기본 개념

> **TIP**
>
> 🖐 순서 · 위치 · 배열 문제풀이
> ① 제약이 강한 확정 조건을 기준으로 풀이한다.
> ② 그림을 그릴 일이 있으면 적극적으로 그린다.
> ③ 숨은 뜻을 먼저 찾는 것도 도움이 된다.
> ④ 이웃과 맞은 편의 의미를 확실히 이해한다.

1. 제약이 강한 확정조건 + 그림(①, ②)

문제의 조건에서 아래 두 가지 조건이 있다면 더 확정적인 조건을 기준으로 풀이를 시작한다.

예를 들어,

ⅰ) A와 B는 서로 인접한 층에 위치하지만 A가 B보다 위층에 있을 경우 → 더 확정적인 조건

ⅱ) A는 B보다 위층에 있을 경우

ⅰ)	ⅱ)
A	A
↕	∨
B	B

구분	ⅰ)의 경우	ⅱ)의 경우
4층	A	A
3층	B A	B A
2층	B A	B B A
1층	B	B B B

ⅰ)의 경우의 수가 ⅱ)의 경우의 수보다 적다. = 제약이 강한 조건(더 확정적인 조건)

2. 숨은 뜻(③)

① 갑이 을보다 먼저 먹었다.

② 병은 수요일날 먹지 않았다.

③ 갑은 점심을 먹었다.

구분	수	목	금
아침	×		
점심	갑		

※ 숨은 조건 찾기

①, ②, ③을 고려하면, 갑, 을, 병 모두 수요일 아침에 먹지 않았다.

3. 이웃과 맞은 편(④)

① 마주보는 경우(맞은 편)

A	D	B

맞은 편 ↕   ↕

A	B	C

② A, B가 이웃하는 경우

A	B	C	B	A	C

조건제시형 시간 · 요일 · 날짜

01 다음 글을 근거로 판단할 때, A괘종시계가 11시 정각을 알리기 위한 마지막 종을 치는 시각은?

> A괘종시계는 매시 정각을 알리기 위해 매시 정각부터 일정한 시간 간격으로 해당 시의 수만큼 종을 친다. 예를 들어 7시 정각을 알리기 위해서는 7시 정각에 첫 종을 치기 시작하여 일정한 시간 간격으로 총 7번의 종을 치는 것이다. 이 괘종시계가 정각을 알리기 위해 2번 이상 종을 칠 때, 종을 치는 시간 간격은 몇 시 정각을 알리기 위한 것이든 동일하다. A괘종시계가 6시 정각을 알리기 위한 마지막 6번째 종을 치는 시각은 6시 6초이다.

① 11시 11초
② 11시 12초
③ 11시 13초
④ 11시 14초
⑤ 11시 15초

조건 · 상황제시형 ▶ 순서 · 위치 · 배열

02 다음 글과 〈대화〉를 근거로 판단할 때, ㉠에 들어갈 병(丙)의 대화 내용으로 옳은 것은?

주무관 정(丁)은 다음과 같은 사실을 알고 있다.

- 이번 주 개업한 A식당은 평일 '점심(12시)'과 '저녁(18시)'으로만 구분해 운영되며, 해당 시각 이전에 예약할 수 있다.
- 주무관 甲~丙은 A식당에 이번 주 월요일부터 수요일까지 서로 겹치지 않게 예약하고 각자 한 번씩 다녀왔다.

┤ 대화 ├

甲 : 나는 이번 주 乙의 방문 후기를 보고 예약했어. 음식이 정말 훌륭하더라!

乙 : 그렇지? 나도 나중에 들었는데 丙은 점심 할인도 받았대. 나도 다음에는 점심에 가야겠어.

丙 : 월요일은 개업일이라 사람이 많을 것 같아서 피했어. ┃　　　㉠　　　┃

丁 : 너희 모두의 말을 다 들어보니, 각자 식당에 언제 갔는지를 정확하게 알겠다!

---

① 乙이 다녀온 바로 다음날 점심을 먹었어.
② 甲이 먼저 점심 할인을 받고 나에게 알려준 거야.
③ 甲이 우리 중 가장 늦게 갔었구나.
④ 월요일에 갔던 사람은 아무도 없구나.
⑤ 같이 가려고 했더니 이미 다들 먼저 다녀왔더군.

조건제시형 ▶ 순서 · 위치 · 배열

03 직원들이 선택 순위에 따라 사무실을 선택하려고 한다. 다음 〈조건〉을 근거로 판단할 때 〈보기〉에서 옳은 것을 모두 고르면?

┤ 조건 ├

				북향				
사이드	세미나실	계단	엘리베이터	엘리베이터홀	화장실	화장실	회의실	9사무실 / 사이드
	1사무실	2사무실	3사무실	4사무실	5사무실	6사무실	7사무실	8사무실
				남향				

선택순위	부서	성명	흡연여부	기피하는 방 순서
1	기획	A	흡연	북향, 화장실 앞, 계단 앞, 회의실 앞, 사이드 방
2	법무	B		화장실 앞, 북향, 계단 앞, 사이드 방
3	홍보	C		화장실 앞, 북향, 계단 앞, 회의실 앞, 흡연자 옆 방
4	기획	D	흡연	북향, 화장실 앞, 회의실 앞, 사이드 방
5	법무	E		북향, 화장실 앞, 흡연자 옆, 사이드 방
6	기획	F		북향, 화장실 앞, 계단 앞, 회의실 앞 방
7	경리	G		북향, 화장실 앞, 사이드 방
8	홍보	H		화장실 앞, 북향, 사이드 방
9	경리	I		북향, 화장실 앞, 사이드 방

※ 예를 들어, A의 경우 북향을 가장 기피하고, 사이드 방을 가장 덜 기피한다.
※ 단, 기피하는 방만 남아있는 경우 덜 기피하는 방을 선택한다.

┤ 보기 ├

ㄱ. 흡연자들의 방은 서로 붙어 있다.
ㄴ. 경리부서원들의 방은 서로 붙어 있다.
ㄷ. 기획부서원들의 방은 서로 떨어져 있다.
ㄹ. 홍보부서원들의 방은 서로 마주보고 있다.
ㅁ. 법무부서원 한 명과 기획부서원 한 명의 방은 서로 붙어 있다.

① ㄱ, ㄴ, ㄷ　　　② ㄱ, ㄴ, ㄹ
③ ㄱ, ㄹ, ㅁ　　　④ ㄴ, ㄷ, ㅁ
⑤ ㄷ, ㄹ, ㅁ

수리퍼즐

정답 및 해설 p.238

기본 개념

1. 곱의 규칙

① 짝수 × 짝수 = 짝수

② 홀수 × 홀수 = 홀수

③ 짝수(홀수) × 홀수(짝수) = 짝수

※ 짝수가 하나라도 곱해지면 짝수가 된다.

2. 합·차 규칙

① 짝수 + 짝수 = 짝수

② 홀수 + 홀수 = 짝수

③ 짝수(홀수) + 홀수(짝수) = 홀수

※ 홀수가 홀수 번 더해지면 홀수다.

3. 배수 판정법

① 2의 배수 판정법: 일의 자리가 0, 2, 4, 6, 8

② 3의 배수 판정법: 각 자리 숫자의 합이 3의 배수

③ 4의 배수 판정법: 십의 자리와 일의 자리가 00 또는 4의 배수

④ 5의 배수 판정법: 일의 자리가 0 또는 5

⑤ 6의 배수 판정법: 2의 배수이면서 3의 배수

⑥ 8의 배수 판정법: 백의 자리, 십의 자리, 일의 자리가 000 또는 8의 배수

⑦ 9의 배수 판정법: 각 자리 숫자의 합이 9의 배수

⑧ 11의 배수 판정법: 홀수 자리 숫자의 합과 짝수 자리의 숫자의 합의 차이가 0 또는 11

2020년 5급 PSAT 상황판단 나책형 29번

조건제시형 수리퍼즐

01 다음 글을 근거로 판단할 때, 甲과 乙이 콩을 나누기 위한 최소 측정 횟수는?

> 甲이 乙을 도와 총 1,760g의 콩을 수확한 후, 甲은 400g을 가지고 나머지는 乙이 모두 가지기로 하였다. 콩을 나눌 때 사용할 수 있는 도구는 2개의 평형접시가 달린 양팔저울 1개, 5g짜리 돌멩이 1개, 35g짜리 돌멩이 1개뿐이다. 甲과 乙은 양팔저울 1개와 돌멩이 2개만을 이용하여 콩의 무게를 측정한다. 양팔저울의 평형접시 2개가 평형을 이룰 때 1회의 측정이 이루어진 것으로 본다.

① 2 　　　　② 3

③ 4 　　　　④ 5

⑤ 6

조건 · 상황제시형 　수리퍼즐

02 다음 〈그림〉에서 맨 윗줄에 있는 임의의 한 숫자에서 시작하여 아래쪽으로(대각선 방향 포함) 한 칸씩 이동할 수 있다. 위로 가거나 좌우로 이동할 수는 없다. 숫자 1과 숫자 1의 좌우 옆 칸은 지날 수 없지만, 시작과 도착은 할 수 있다. 이러한 조건에 따라 맨 아랫줄까지 이동할 때, 시작부터 도착까지 숫자의 합이 가장 큰 것은?

좌							우
9	4	5	3	6	1	8	2
8	2	2	1	3	2	5	1
6	9	8	4	2	4	3	5
4	8	1	3	5	2	6	1
1	4	3	7	6	3	1	4
9	2	4	8	6	4	5	3
4	2	4	9	8	6	7	1
2	8	1	6	5	9	3	2
9	6	7	2	1	4	3	5

(상 = 위쪽 행, 하 = 아래쪽 행)

① 52　　　　　② 53

③ 54　　　　　④ 55

⑤ 58

조건제시형 　수리퍼즐

03 다음 글과 〈상황〉을 근거로 판단할 때, 괄호 안의 ㉠과 ㉡에 해당하는 것을 옳게 짝지은 것은?

- 행정구역분류코드는 다섯 자리 숫자로 구성되어 있다.
- 행정구역분류코드의 '처음 두 자리'는 광역자치단체인 시 · 도를 의미하는 고유한 값이다.
- '그 다음 두 자리'는 광역자치단체인 시 · 도에 속하는 기초자치단체인 시 · 군 · 구를 의미하는 고유한 값이다. 단, 광역자치단체인 시에 속하는 기초자치단체는 군 · 구이다.
- '마지막 자리'에는 해당 시 · 군 · 구가 기초자치단체인 경우 0, 자치단체가 아닌 경우 0이 아닌 임의의 숫자를 부여한다.
- 광역자치단체인 시에 속하는 구는 기초자치단체이며, 기초자치단체인 시에 속하는 구는 자치단체가 아니다.

┤ 상황 ├

○○시의 A구와 B구 중 B구의 행정구역분류코드의 첫 네 자리는 1003이며, 다섯 번째 자리는 알 수 없다.

甲은 ○○시가 광역자치단체인지 기초자치단체인지 모르는 상황에서, A구의 행정구역분류코드는 ○○시가 광역자치단체라면 (㉠), 기초자치단체라면 (㉡)이/가 가능하다고 판단하였다.

	㉠	㉡
①	10020	10021
②	10020	10033
③	10033	10034
④	10050	10027
⑤	20030	10035

최적화

정답 및 해설 p.241

기본 개념

TIP

최적화 문제풀이

① 선택지 구조 파악이 중요하다.

  예 A가 B로부터 받는 호감도인지, B가 A로부터 받는 호감도인지를 구분

② 정답 도출 후 다른 선택지를 반드시 검토하자.

  → 다른 선택지가 더 최적화에 가까울 수 있으므로 반드시 검토 요망

③ 부등식의 영역(중·고등 수학)이 필요한 경우가 있으니 이에 대한 숙지가 필요하다.

최적화 〉 기본 예제

01 ○○제약회사는 약품 A, B를 생산하는데 다음 〈표〉는 약품 A, B에 한 개에 함유된 두 성분 P, Q의 함량과 가격을 나타낸 것이다. P성분을 5g 이상, Q성분을 8g 이상 섭취하려고 할 때, 비용을 최소화하려면 약품 A, B를 각각 몇 개씩 섭취해야 하는가?

〈표〉 ○○제약회사 약품 생산 개요

약품 ＼ 구분	P(g)	Q(g)	비용(원)
A	3	2	100
B	1	3	50

① A : 1개, B : 1개
② A : 1개, B : 2개
③ A : 2개, B : 1개
④ A : 2개, B : 2개
⑤ A : 3개, B : 1개

조건제시형 ▶ 최적화

02 다음 자료의 밑줄 친 뉴스를 듣고 발가락양말 생산에 투입되는 시간에 대해 영희가 취할 선택으로 옳은 것은?

> 판매 수입을 극대화하려는 영희는 매일 6시간 동안 발가락 양말과 면장갑을 만들어 팔고 있다. 아래 표는 발가락 양말과 면장갑을 생산하는 데 투입되는 시간에 따른 생산량의 변화를 보여준다.
>
> | 발가락 양말 | | 면장갑 | |
> |---|---|---|---|
> | 투입 시간 | 생산량 | 투입 시간 | 생산량 |
> | 0 | 0 | 0 | 0 |
> | 1 | 15 | 1 | 10 |
> | 2 | 28 | 2 | 18 |
> | 3 | 38 | 3 | 24 |
> | 4 | 46 | 4 | 28 |
> | 5 | 51 | 5 | 30 |
> | 6 | 54 | 6 | 31 |
>
> 오늘은 발가락 양말과 면장갑의 시장가격이 각각 천 원이었다. 영희는 저녁에 TV를 보다가 발가락 양말이 무좀 예방에 매우 효과적이라는 연구결과가 새로 발표되면서 내일부터 발가락 양말 가격이 두 배로 오를 것이라는 뉴스를 접하였다.

① 1시간 늘린다.
② 2시간 늘린다.
③ 3시간 늘린다.
④ 두 배로 늘린다.
⑤ 1시간 줄인다.

조건제시형 ▶ 최적화

03 다음 〈조건〉과 〈연주곡과 악기〉를 근거로 판단할 때, 연주자 6명(A~F)이 연주 가능한 곡을 순서대로 나열한 것은?

> ┤ 조건 ├
>
> • A는 바이올린, B는 바이올린, C는 피아노·첼로, D는 바이올린·비올라, E는 피아노·비올라, F는 피아노·바이올린·첼로를 연주할 수 있다.
> • 각 연주자는 연속하여 연주할 수 없으며, 한 곡에서 2개 이상의 악기를 연주할 수 없다.

연주곡과 악기

곡명	악기
모차르트 K.488	피아노 + 피아노
베토벤의 '봄' Op.24	피아노 + 바이올린
베토벤의 '유령' Op.70-1	피아노 + 바이올린 + 첼로
멘델스존 Op.49	피아노 + 바이올린 + 첼로
브람스 OP.25	피아노 + 바이올린 + 비올라 + 첼로
슈만 OP.47	피아노 + 바이올린 + 비올라 + 첼로
슈베르트의 '숭어' OP.114	피아노 + 바이올린 + 바이올린 + 비올라 + 첼로

① 모차르트 K.488 → 슈베르트의 '숭어' OP.114
② 베토벤의 '봄' Op.24 → 슈베르트의 '숭어' OP.114
③ 베토벤의 '유령' Op.70-1 → 멘델스존 Op.49
④ 베토벤의 '유령' Op.70-1 → 모차르트 K.488 → 슈만 OP.47
⑤ 멘델스존 Op.49 → 베토벤의 '봄' Op.24 → 브람스 OP.25

2015년 5급 PSAT 상황판단 인책형 33번

상황제시형 ▷ 최적화

04 다음 글과 〈상황〉을 근거로 판단할 때 옳은 것은?

- 춘향이와 몽룡이는 첫 만남을 가졌다.
- 첫 만남 이후 헤어질 당시, 춘향이가 몽룡이에 대해 느끼는 호감도는 70, 몽룡이가 춘향이에 대해 느끼는 호감도는 60이다.
- 헤어진 후 시간이 지날수록 만남의 여운이 옅어져, 헤어진 지 10분 이후부터는 1분이 지날 때마다 서로에 대한 호감도가 1씩 하락한다.
- 헤어진 지 10분 안에 문자메시지를 받게 되면, 참을성이 없어 보여 문자메시지를 먼저 보낸 사람에 대한 호감도가 10 하락한다.
- 문자메시지를 받은 사람은 먼저 문자메시지를 보낸 사람에 대한 호감도가 20 상승한다.
- 문자메시지 내용이 다음 만남을 제안하는 내용이거나, 하트 기호(♡)를 포함할 경우 호감도가 두 사람 모두 10 상승한다.
- 최종 호감도는 문자메시지를 받은 시점을 기준으로 한다.

※ 위의 각 조건은 해당 사항이 있을 경우 중복 적용된다.

┤ 상황 ├

A: 헤어지고 15분 뒤, "다음 주말에 우리 함께 영화 볼래요?"라는 몽룡이의 문자메시지를 춘향이가 바음

B: 헤어지고 5분 뒤, "오늘 정말 즐거웠어요♡"라는 춘향이의 문자메시지를 몽룡이가 받음

C: 헤어지고 20분 뒤, "몽룡씨는 저와 참 잘 맞는 사람인 것 같아요."라는 춘향이의 문자메시지를 몽룡이가 받음

① 몽룡이가 춘향이에게 느끼는 최종 호감도는 상황 C가 가장 높다.

② 춘향이가 몽룡이에게 느끼는 최종 호감도는 상황 B가 가장 높다.

③ 몽룡이가 춘향이에게 느끼는 최종 호감도는 상황 B가 상황 C보다 15 높다.

④ 몽룡이가 춘향이에게 느끼는 최종 호감도는 상황 C가 상황 A보다 5 높다.

⑤ 상황 B의 경우 몽룡이가 춘향이에게 느끼는 최종 호감도가 춘향이가 몽룡이에게 느끼는 최종 호감도보다 높다.

교집합

정답 및 해설 p.244

기본 개념

1. 교집합 공식(2분류)

$$n(A \cup B) = n(A) + n(B) - n(A \cap B)$$

2. 교집합 공식(3분류)

$$n(A \cup B \cup C) = n(A) + n(B) + n(C) - n(A \cap B) - n(B \cap C) - n(C \cap A) + n(A \cap B \cap C)$$

3. 최소교집합

① 성립조건

   ㉠ 분류기준 : 대등관계

   ㉡ 하위 구분인 A와 B를 더하면 전체 $U(100\%)$ 를 초과하는 경우

② 최소교집합 공식(2분류) :

$$A + B - N = A - B^c = B - A^c$$

(단, $B^c = N - B$, $A^c = N - A$)

③ 최소교집합 공식(3분류) :

$$A + B + C - 2N = (A + B - N) + C - N$$

(단, $A + B + C > 2N$)

교집합 예제

예제 P대학교 학생들을 대상으로

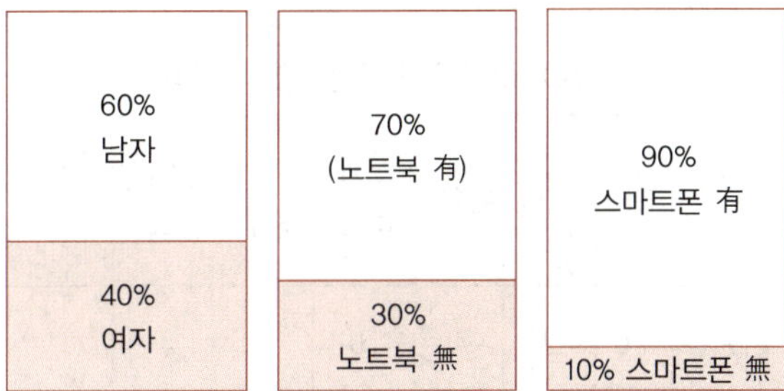

① 남자 중에 노트북이 있는 사람은 최대/최소 몇 %인가?

남자 중에 노트북이 있는 사람은 최대 60%

남자 중에 노트북이 있는 사람은 최소 30%

$A - B^c = 60\% - 30\% = 30\%$

$B - A^c = 70\% - 40\% = 30\%$

② 남자 중에 노트북과 스마트폰을 모두 가지고 있는 사람은 최대/최소 몇 %인가?

남자 중에 노트북과 스마트폰을 모두 가지고 있는 사람은 최대 60%

남자 중에 노트북과 스마트폰을 모두 가지고 있는 사람은 최소

$(A + B - 100\%) + C - 100\%$

$= A + B + C - 200\%$

$= 60\% + 70\% + 90\% - 200\%$

$= 20\%$

2018년 입법고시 자료해석 가책형 12번

교집합

01 甲마을은 총 200가구로 구성된 농촌 마을이다. 이 마을에서는 감자, 고구마, 토마토를 경작하며 각 가구는 감자, 고구마, 토마토 중에서 적어도 한 가지 이상의 작물을 경작한다. 다음 〈표〉와 〈정보〉를 바탕으로 〈보기〉의 A와 B에 들어갈 숫자를 바르게 나열한 것은?

	A	B
①	0	10
②	0	20
③	10	0
④	10	20
⑤	20	10

〈표〉 甲마을의 작물 경작 상황

경작 작물	감자	고구마	토마토	감자, 고구마	감자, 토마토	고구마, 토마토	감자, 고구마, 토마토
가구 수	100	120	70	50	30	20	( )

┤ 정보 ├

1) 甲마을의 가구 분포는 연간 소득을 기준으로 저소득층 가구가 25%, 중소득층 가구가 50%, 고소득층 가구가 25%이다.
2) 저소득층에서는 토마토 농사를 짓지 않으며 한 가구에 한 가지씩의 작물만 경작한다.
3) 저소득층에서 감자와 고구마 농사의 경작 비율은 4 : 6이다.
4) 중소득층에서만 감자, 고구마, 토마토를 모두 함께 경작하는 가구가 존재한다.
5) 중소득층에서 감자와 고구마 두 가지 작물만 함께 경작하는 가구의 비율은 40%이다.
6) 중소득층에서 토마토만을 경작하는 가구는 없다.
7) 고소득층에서 감자 혹은 고구마만 따로 경작하는 가구는 없다.
8) 고소득층에서는 감자나 고구마를 반드시 토마토와 함께 경작하며 그 비율은 동일하다.
9) 고소득층에서 토마토만 경작하는 가구의 비율은 60%이다.

┤ 보기 ├

중소득층에서 고구마와 토마토 두 가지 작물만 함께 경작하는 가구의 수는 A이고, 고소득층에서 감자와 토마토 두 가지 작물만 함께 경작하는 가구의 수는 B이다.

2021년 7급 PSAT 자료해석 나책형 20번

02 다음 〈표〉는 '갑'국 하수처리장의 1일 하수처리용량 및 지역등급별 방류수 기준이고, 〈그림〉은 지역등급 및 36개 하수처리장 분포이다. 이에 근거한 〈보기〉의 설명 중 옳은 것만을 모두 고르면?

〈표〉 하수처리장 1일 하수처리용량 및 지역등급별 방류수 기준

(단위 : mg/L)

1일 하수처리용량 \ 항목 \ 지역등급		생물학적 산소요구량	화학적 산소요구량	총질소	총인
500m³ 이상	I	5 이하	20 이하	20 이하	0.2 이하
	II	5 이하	20 이하	20 이하	0.3 이하
	III	10 이하	40 이하	20 이하	0.5 이하
	IV	10 이하	40 이하	20 이하	2.0 이하
50m³ 이상 500m³ 미만	I ~ IV	10 이하	40 이하	20 이하	2.0 이하
50m³ 미만	I ~ IV	10 이하	40 이하	40 이하	4.0 이하

〈그림〉 지역등급 및 하수처리장 분포

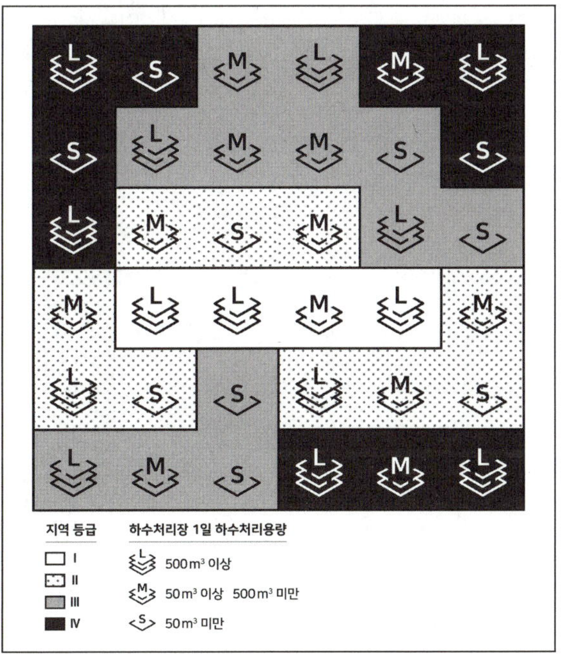

┤ 보기 ├

ㄱ. 방류수의 생물학적 산소요구량 기준이 '5 mg/L 이하'인 하수처리장 수는 5개이다.

ㄴ. 1일 하수처리용량 500 m³ 이상인 하수처리장 수는 1일 하수처리용량 50 m³ 미만인 하수처리장 수의 1.5배 이상이다.

ㄷ. II등급 지역에서 방류수의 총인 기준이 '0.3 mg/L 이하'인 하수처리장의 1일 하수처리용량 합은 최소 1,000 m³이다.

ㄹ. 방류수의 총질소 기준이 '20 mg/L 이하'인 하수처리장 수는 방류수의 화학적 산소요구량 기준이 '20 mg/L 이하'인 하수처리장 수의 5배 이상이다.

① ㄱ, ㄴ 　② ㄱ, ㄷ
③ ㄴ, ㄹ 　④ ㄱ, ㄷ, ㄹ
⑤ ㄴ, ㄷ, ㄹ

2015년 5급 PSAT 자료해석 인책형 18번

03 다음 〈표〉는 2011년과 2012년 친환경인증 농산물의 생산 현황에 관한 자료이다. 이에 대한 설명으로 옳지 않은 것은?

〈표〉 종류별, 지역별 친환경인증 농산물 생산 현황

(단위: 톤)

구분		2012년				2011년
		합	인증형태			
			유기 농산물	무농약 농산물	저농약 농산물	
종류	곡류	343,380	54,025	269,280	20,075	371,055
	과실류	341,054	9,116	26,850	305,088	457,794
	채소류	585,004	74,750	351,340	158,914	753,524
	서류	41,782	9,023	30,157	2,602	59,407
	특용작물	163,762	6,782	155,434	1,546	190,069
	기타	23,253	14,560	8,452	241	20,392
	계	1,498,235	168,256	841,513	488,466	1,852,241
지역	서울	1,746	106	1,544	96	1,938
	부산	4,040	48	1,501	2,491	6,913
	대구	13,835	749	3,285	9,801	13,852
	인천	7,663	1,093	6,488	82	7,282
	광주	5,946	144	3,947	1,855	7,474
	대전	1,521	195	855	471	1,550
	울산	10,859	408	5,142	5,309	13,792
	세종	1,377	198	826	353	0
	경기도	109,294	13,891	71,521	23,882	126,209
	강원도	83,584	17,097	52,810	13,677	68,300
	충청도	159,495	29,506	64,327	65,662	207,753
	전라도	611,468	43,330	443,921	124,217	922,641
	경상도	467,259	52,567	176,491	238,201	457,598
	제주도	20,148	8,924	8,855	2,369	16,939
	계	1,498,235	168,256	841,513	488,466	1,852,241

① 2012년 친환경인증 농산물 종류 중 전년 대비 생산 감소량이 세 번째로 큰 농산물은 곡류이다.

② 2012년 친환경인증 농산물의 종류별 생산량에서 무농약 농산물 생산량이 차지하는 비중은 서류가 곡류보다 크다.

③ 2012년 전라도와 경상도에서 생산된 친환경인증 채소류 생산량의 합은 적어도 16만 톤 이상이다.

④ 2012년 각 지역 내에서 인증형태별 생산량 순위가 서울과 같은 지역은 인천과 강원도뿐이다.

⑤ 2012년 친환경인증 농산물의 생산량이 전년 대비 30% 이상 감소한 지역은 총 2곳이다.

THEME 18 가중평균

정답 및 해설 p.247

기본 개념

① 공식

$$가중평균 = \frac{X_1 \cdot W_1 + X_2 \cdot W_2}{W_1 + W_2}$$

(단, X : 구하고자 하는 값, W : 가중치)

② 기본원리

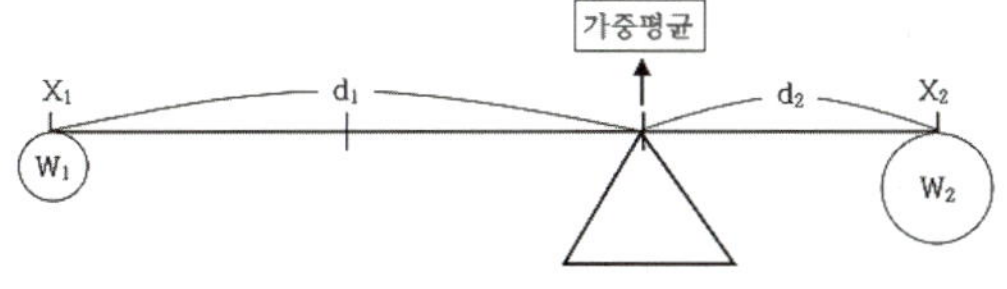

가중평균 　기본 예제

01 농도 12%의 설탕물 32g에 8% 설탕물 몇 g을 넣으면 9%의 설탕물이 되는가?

① 90g
② 92g
③ 94g
④ 96g
⑤ 98g

2016년 5급 PSAT 자료해석 4책형 37번

가중평균

02 다음 〈표〉는 A국의 2008년과 2012년 의원 유형별, 정당별 전체 의원 및 여성 의원에 관한 자료이다. 이에 대한 〈보기〉의 설명 중 옳은 것만을 모두 고르면?

〈표 1〉 2008년 의원 유형별, 정당별 전체 의원 및 여성 의원

(단위 : 명)

유형	구분	가	나	다	라	기타	전체
비례대표 의원	전체 의원 수	44	38	16	20	70	188
	여성 의원 수	21	18	6	10	25	80
지역구 의원	전체 의원 수	230	209	50	51	362	902
	여성 의원 수	16	21	2	7	17	63

〈표 2〉 2012년 의원 유형별, 정당별 전체 의원 및 여성 의원

(단위 : 명, %)

유형	구분	가	나	다	라	기타	전체
비례대표 의원	전체 의원 수	34	42	18	17	74	185
	여성 의원 비율	41.2	54.8	27.8	35.3	40.5	42.2
지역구 의원	전체 의원 수	222	242	60	58	344	926
	여성 의원 비율	7.2	12.4	10.0	13.8	4.1	8.0

※ 1) 의원 유형은 비례대표의원과 지역구의원으로만 구성됨
　 2) 비율은 소수점 둘째 자리에서 반올림한 값임

―― 보기 ――

ㄱ. 2012년 A국 전체 의원 중 여성 의원의 비율은 15% 이하이다.

ㄴ. 2008년 정당별 지역구의원 중 여성 의원 비율은 '기타'를 제외하고 '라' 정당이 가장 높다.

ㄷ. 2008년 대비 2012년의 '가' 정당 여성 의원 비율은 비례대표의원 유형과 지역구의원 유형에서 모두 감소하였다.

ㄹ. 2008년 대비 2012년에 여성 지역구의원 수는 '가' ~ '라' 정당에서 모두 증가하였다.

① ㄱ, ㄴ
② ㄱ, ㄷ
③ ㄴ, ㄷ
④ ㄴ, ㄹ
⑤ ㄱ, ㄴ, ㄹ

일치 · 불일치 · 부합

정답 및 해설 p.248

기본 개념

1. 일치 · 불일치 · 부합
① 문제 유형
　㉠ 다음 글에서 알 수 있는/없는 것은?
　㉡ 다음 글의 내용과 부합하는/하지 않는 것은?
② 독해법 : 그읽그풀 VS 구조 독해
　∴ 둘 다 활용
③ 글의 구조
　㉠ ○ VS △
　㉡ 시간순 전개
　㉢ 개념 설명 후 사례적용
④ 오답 선택지 구성 원리
　㉠ 원인과 결과 / 시간순서 / 주어 · 목적어 바꾸기
　㉡ 범주 확장 및 축소
　㉢ 누락

TIP

🖋 일치 · 불일치 · 부합 유형의 문제풀이 방식
① 선택지를 먼저 본 후 지문(텍스트)을 읽는다.
② 지문(텍스트)을 먼저 읽거나 문단별로 읽으면서 선택지를 읽는다.
③ 그읽그풀 = 그냥 읽고 그냥 푼다.
　㉠ 텍스트(지문)를 처음부터 읽으면서 문단별 또는 전체 지문에서 주요 부분을 강하게 읽고, 선택지와 대응되는 특징적인 부분[따옴표, 고유명사, 문장 간 관계에서 주요 논지(필자가 강조) 등]과 연관시켜 읽는다.
　㉡ 텍스트를 먼저 읽되 문단별로 강조하는 중요한 부분을 선택지와 대응시키면서 정답을 찾는 방식
　㉢ 주요 부분이 아닌 경우(예시 문항 등)에 빠르게 읽으면서 강약조절을 할 수 있다.
　㉣ 기초적인 독해력이 높은 경우에 유리
④ 구조 독해 = 선택지부터 보고 텍스트에서 찾는다.
　→ Searching에 의한 독해
　㉠ 선택지를 먼저 보고 키워드를 찾은 후 역으로 지문(텍스트)에서 찾는다.
　㉡ 정보가 산재되어 있는 경우 모두 종합하기 어려움
　㉢ 정확한 핵심 키워드를 찾았을 경우 가장 빠르게 문제를 해결할 수 있다.

⑤ 그읽그풀과 구조독해를 조합하여 사용한다.
　→ 지문이 난도가 높을 경우 먼저 선택지를 보았을 때 지문(텍스트)과 직접적으로 대응되는 부분을 찾기 어렵다. 지문을 먼저 분석한 다음에 선택지를 찾아가는 서칭 단계에서 지문을 구조독해하는 것이 필요하다.
⑥ 글의 구조
　㉠ ○ VS △ : ○나 △와 관련된 종류별 구분하여 읽는다.
　㉡ 시간순 전개
　　ⓐ 시간 순서대로 정보를 나열하는 경우
　　ⓑ 위치에 대한 정보를 나열하는 경우
　㉢ 개념 설명 후 사례적용
⑦ 오답 선택지 구성 원리
　㉠ 원인과 결과 / 시간순서 / 주어 · 목적어 바꾸기
　　→ 결과와 원인, 역순, 목적어와 주어를 바꾸는 경우
　㉡ 범주 확장 및 축소
　　→ 범주 전체 또는 일부를 확장하거나 축소
　㉢ 누락
　　→ 일부를 누락시키거나 전부를 누락

2. 규정 · 규칙형(구성 — 조 ⊃ 항 ⊃ 호 ⊃ 목)

① 조 : 표기는 '00조' 또는 '00조'(제목)으로 하고 법조문을 구성하는 기본 단위다.

② 항 : 표기는 ①, ②, ③으로 하고 완전한 문장(주어 · 서술어 · 대상 등)으로 표현한다.

③ 호 : 표기는 1, 2, 3으로 하고 열거 시 사용(주로 대상)한다.

④ 목 : 표기는 가, 나, 다로 하고 열거 시 사용(주로 대상)한다. 호의 하위항목이다.

○○법 제00조(과태료 부과기준) ① 신고의무를 게을리한 경우에는 다음 각 호의 기준에 따라 과태료를 부과한다.

 1. 신고기간 만료일의 다음 날부터 기산하여 신고를 하지 않은 기간(이하 '해태기간'이라 한다)이 1개월 이하인 경우

　가. 실제 거래가격이 3억 원 미만인 경우 : 50만 원

　나. 실제 거래가격이 3억 원 이상인 경우 : 100만 원

 2. 해태기간이 1개월을 초과한 경우

　가. 실제 거래가격이 3억 원 미만인 경우 : 100만 원

　나. 실제 거래가격이 3억 원 이상인 경우 : 200만 원

② 거짓으로 신고를 한 경우에는 다음 각 호의 기준에 따라 과태료를 부과한다. 단, 과태료 산정에 있어서의 취득세는 매수인을 기준으로 한다.

※ ○○법

← 상위항목　　　　　　　　　　　　　　　　하위항목 →

조	항	호	목
제1조	제①항	제1호	가.
제2조	제②항	제2호	나.
제3조	재③항	제3호	다.

※ 요건을 충족하면 효과가 발생한다.

A ∪ B → 둘 중에 하나의 요건만 충족해도 효과가 발생한다.

A ∩ B → 두 요건 모두를 충족해야만 효과가 발생한다.

2005년 5급 PSAT 언어논리 2책형 22번

독해 일치 · 불일치 · 부합

01 다음 글의 내용과 일치하지 않는 것은?

19세기 중반에는 심리학에 영향을 미친 두 개의 학문이 존재했는데, 하나는 전통적인 사변 철학이었고, 다른 하나는 생리학이었다. 당시는 생리학자들이 그들의 학문보다 사회적 위상이 낮은 철학을 사변적인 학문으로 몰아붙이고 경멸하던 시기였다. 독일의 생리학자 분트는 생리학 분야에서 오랫동안 쌓아 온 경험과 실험 기법을, 비과학적이라고 경멸되던 철학에 접목시켜 실험심리학이라는 새로운 학문을 탄생시켰다. 이 과정에서 분트는 특히 두 가지에 역점을 두었는데, 첫째는 실험심리학을 과학과 같은 경험적 관찰과 실험에 입각한 학문으로 전환시키는 것이고, 둘째는 이 학문을 철학과는 별개인 새로운 학문으로 선언하는 것이었다.

실험심리학은 이후 유럽 각국에서 대조적인 발전 양상을 보였다. 분트를 계승한 독일에서는 실험심리학이 하나의 분과 학문으로 자리잡아 발전을 거듭한 반면, 프랑스나 영국에서는 세월에 따라 쇠퇴하는 경향을 보였다. 그 원인은 다음과 같다. 첫째, 당시 프랑스에서는 생리학이 독일처럼 포화 상태에 이르지 않았고 아직 팽창하던 시기였기 때문에 생리학 분야의 경쟁이 독일보다 매우 약했다. 둘째, 프랑스에서 학자들은 대학교수가 아니어도 학문적 명성을 얻을 수 있었다. 다시 말하면, 프랑스에서는 대학교수 자리에 대한 경쟁이 독일보다 훨씬 미약했던 것이다. 셋째, 독일에 비해 프랑스에서는 학문의 전문화나 특화가 제대로 이루어지지 않았다. 따라서 한 학자가 곤충학, 실험심리학, 법학, 교육학 등의 여러 분야를 다루는 경우도 있었다.

영국의 경우는 프랑스보다 실험심리학이 독립적인 학문 영역으로 자리잡기가 더 힘들었다. 첫째, 영국도 프랑스와 같이 생리학이 팽창 일로에 있었기 때문에 권위 있고 과학적이라고 생각된 생리학에 더 많은 연구자가 몰려들었고, 상대적으로 실험심리학을 연구하는 사람은 소수였다. 둘째, 프랑스와 마찬가지로 영국에서도 대학 밖에서 얼마든지 학문적 성취를 인정받을 수 있었다. 1832년 이전에는 영국에 2개, 스코틀랜드에 4개의 대학만이 있었고, 1910년에 가서야 약 10개의 대학이 신설되었다. 이것은 학자들의 이동이 어려웠다는 것을 나타내는 것으로 학자들 간의 경쟁이나 새로운 학파 형성에 부정적인 요인이 되었음을 의미했다.

① 새로운 학문이 분과 학문으로 정착되기 위해서는 국가 간에 학문 교류가 필요하다.

② 학문의 전문화나 특화가 제대로 이루어지지 않았던 프랑스에서는 실험심리학의 발전이 어려웠다.

③ 독일과 프랑스에서 생리학이 포화 상태에 이르렀는지의 여부는 실험심리학의 발전에 상이한 영향을 미쳤다.

④ 분트는 생리학을 철학에 접목하여 실험심리학을 탄생시키면서 실험심리학을 철학과 구분할 필요가 있다고 보았다.

⑤ 대학 밖에서도 학문적 성취를 인정받을 수 있었던 영국에서는 새로운 학파 형성이나 학자들 간 경쟁이 어려웠다.

규정 · 규칙형 일치 · 불일치 · 부합

02 다음 글을 근거로 판단할 때 옳은 것은?

제○○조 ① 지방자치단체의 장은 소속공무원이 적극행정으로 인해 징계 의결 요구가 된 경우 적극행정지원위원회(이하 '위원회'라 한다)의 변호인 선임비용 지원결정(이하 '지원결정'이라 한다)에 따라 200만 원 이하의 범위 내에서 변호인 선임비용을 지원할 수 있다.

② 지방자치단체의 장은 소속공무원이 적극행정으로 인해 고소 · 고발을 당한 경우 위원회의 지원결정에 따라 기소 이전 수사과정에 한하여 500만 원 이하의 범위 내에서 변호인 선임비용을 지원할 수 있다.

③ 제1항, 제2항에 따라 지원결정을 받은 공무원은 이미 변호인을 선임한 경우를 제외하고는 선임비용을 지원받은 날부터 1개월 내에 변호인을 선임하여야 한다.

제□□조 ① 위원회는 지원결정을 받은 공무원이 다음 각 호의 어느 하나에 해당하는 경우 그 결정을 취소할 수 있다.

 1. 허위 또는 부정한 방법으로 지원결정을 받은 경우
 2. 제○○조 제2항의 고소 · 고발 사유와 동일한 사실관계로 유죄의 확정판결을 받은 경우
 3. 제○○조 제3항의 사항을 이행하지 않은 경우

② 제1항에 따라 지원결정이 취소된 경우 해당 공무원은 지원받은 변호인 선임비용을 즉시 반환하여야 한다.

③ 위원회는 제2항에 따른 반환의무를 전부 부담시키는 것이 타당하지 않다고 판단하는 경우에는 반환의무의 일부 또는 전부를 면제하는 결정을 할 수 있다.

④ 제1항부터 제3항은 해당 공무원이 변호인 선임비용을 지원받은 후 퇴직한 경우에도 적용한다.

※ 적극행정이란 공무원이 불합리한 규제를 개선하는 등 공공의 이익을 위해 창의성과 전문성을 바탕으로 적극적으로 업무를 처리하는 행위를 말한다.

① 지방자치단체의 장은 소속공무원이 적극행정으로 인해 징계 의결 요구가 된 경우, 위원회의 지원결정에 따라 500만 원의 변호인 선임비용을 지원할 수 있다.

② 지원결정을 받은 공무원이 적극행정으로 인해 고발당한 사건에 대해 이미 변호인을 선임하였더라도 선임비용을 지원받은 날부터 1개월 내에 새로운 변호인을 선임해야 한다.

③ 지원결정을 받은 공무원이 적극행정으로 인해 고소당한 사유와 동일한 사실관계로 무죄의 확정판결을 받은 경우, 위원회는 지원결정을 취소해야 한다.

④ 지원결정이 취소된 경우라도 위원회는 해당 공무원이 지원받은 변호인 선임비용에 대한 반환의무의 일부 또는 전부를 면제하는 결정을 할 수 있다.

⑤ 지원결정에 따라 변호인 선임비용을 지원받고 퇴직한 공무원에 대해 지원결정이 취소되더라도 그가 그 비용을 반환하는 경우는 없다.

규정 · 규칙형 ▶ 일치 · 불일치 · 부합

03 다음 글에서 알 수 있는 것은?

우리나라 국기인 태극기에는 태극 문양과 4괘가 그려져 있는데, 중앙에 있는 태극 문양은 만물이 음양 조화로 생장한다는 것을 상징한다. 또 태극 문양의 좌측 하단에 있는 이괘는 불, 우측 상단에 있는 감괘는 물, 좌측 상단에 있는 건괘는 하늘, 우측 하단에 있는 곤괘는 땅을 각각 상징한다. 4괘가 상징하는 바는 그것이 처음 만들어질 때부터 오늘날까지 변함이 없다.

태극 문양을 그린 기는 개항 이전에도 조선 수군이 사용한 깃발 등 여러 개가 있는데, 태극 문양과 4괘만 사용한 기는 개항 후에 처음 나타났다. 1882년 5월 조미수호조규 체결을 위한 전권대신으로 임명된 이응준은 회담 장소에 내걸 국기가 없어 곤란해 하다가 회담 직전 태극 문양을 활용해 기를 만들고 그것을 회담장에 걸어두었다. 그 기에 어떤 문양이 담겼는지는 오랫동안 알려지지 않았다. 그런데 2004년 1월 미국 어느 고서점에서 미국 해군부가 조미수호조규 체결 한 달 후에 만든 『해상 국가들의 깃발들』이라는 책이 발견되었다. 이 책에는 이응준이 그린 것으로 짐작되는 '조선의 기'라는 이름의 기가 실려 있다. 그 기의 중앙에는 태극 문양이 있으며 네 모서리에 괘가 하나씩 있는데, 좌측 상단에 감괘, 우측 상단에 건괘, 좌측 하단에 곤괘, 우측 하단에 이괘가 있다.

조선이 국기를 공식적으로 처음 정한 것은 1883년의 일이다. 1882년 9월에 고종은 박영효를 수신사로 삼아 일본에 보내면서, 그에게 조선을 상징하는 기를 만들어 사용해본 다음 귀국하는 즉시 제출하게 했다. 이에 박영효는 태극 문양이 가운데 있고 4개의 모서리에 각각 하나씩 괘가 있는 기를 만들어 사용한 후 그것을 고종에게 바쳤다. 고종은 이를 조선 국기로 채택하고 통리교섭사무아문으로 하여금 각국 공사관에 배포하게 했다. 이 기는 일본에 의해 강제 병합되기까지 국기로 사용되었는데, 언뜻 보기에 『해상 국가들의 깃발들』에 실린 '조선의 기'와 비슷하다. 하지만 자세히 보면 두 기는 서로 다르다. 조선 국기 좌측 상단에 있는 괘가 '조선의 기'에는 우측 상단에 있고, '조선의 기'의 좌측 상단에 있는 괘는 조선 국기의 우측 상단에 있다. 또 조선 국기의 좌측 하단에 있는 괘는 '조선의 기'의 우측 하단에 있고, '조선의 기'의 좌측 하단에 있는 괘는 조선 국기의 우측 하단에 있다.

① 미국 해군부는 통리교섭사무아문이 각국 공사관에 배포한 국기를 『해상 국가들의 깃발들』에 수록하였다.

② 조미수호조규 체결을 위한 회담 장소에서 사용하고자 이응준이 만든 기는 태극 문양이 담긴 최초의 기다.

③ 통리교섭사무아문이 배포한 기의 우측 상단에 있는 괘와 '조선의 기'의 좌측 하단에 있는 괘가 상징하는 것은 같다.

④ 오늘날 태극기의 우측 하단에 있는 괘와 고종이 조선 국기로 채택한 기의 우측 하단에 있는 괘는 모두 땅을 상징한다.

⑤ 박영효가 그린 기의 좌측 상단에 있는 괘는 물을 상징하고 이응준이 그린 기의 좌측 상단에 있는 괘는 불을 상징한다.

04　다음 글의 A ~ C에 대한 판단으로 가장 적절한 것은?

정책 네트워크는 다원주의 사회에서 정책 영역에 따라 실질적인 정책 결정권을 공유하고 있는 집합체이다. 정책 네트워크는 구성원 간의 상호 의존성, 외부로부터 다른 사회 구성원들의 참여 가능성, 의사결정의 합의 효율성, 지속성의 특징을 고려할 때 다음 세 가지 모형으로 분류될 수 있다.

특징 모형	상호 의존성	외부 참여 가능성	합의 효율성	지속성
A	높음	낮음	높음	높음
B	보통	보통	보통	보통
C	낮음	높음	낮음	낮음

A는 의회의 상임위원회, 행정 부처, 이익집단이 형성하는 정책 네트워크로서 안정성이 높아 마치 소정부와 같다. 행정부 수반의 영향력이 작은 정책 분야에서 집중적으로 나타나는 형태이다. A에서는 참여자 간의 결속과 폐쇄적 경계를 강조하며, 배타성이 매우 강해 다른 이익집단의 참여를 철저하게 배제하는 것이 특징이다.

B는 특정 정책과 관련해 이해관계를 같이하는 참여자들로 구성된다. B가 특정 이슈에 대해 유기적인 연계 속에서 기능하면, 전통적인 관료제나 A의 방식보다 더 효과적으로 정책 목표를 달성할 수 있다. B의 주요 참여자는 정치인, 관료, 조직화된 이익집단, 전문가 집단이며, 정책 결정은 주요 참여자 간의 합의와 협력에 의해 일어난다.

C는 특정 이슈를 중심으로 이해관계나 전문성을 가진 이익집단, 개인, 조직으로 구성되고, 참여자는 매우 자율적이고 주도적인 행위자이며 수시로 변경된다. 배타성이 강한 A만으로 정책을 모색하면 정책 결정에 영향을 미칠 수 있는 C와 같은 개방적 참여자들의 네트워크를 놓치기 쉽다. C는 관료제의 영향력이 작고 통제가 약한 분야에서 주로 작동하는데, 참여자가 많아 합의가 어려워 결국 정부가 위원회나 청문회를 활용하여 의견을 조정하려는 경우가 종종 발생한다.

① 외부 참여 가능성이 높은 모형은 관료제의 영향력이 작고 통제가 약한 분야에서 나타나기 쉽다.

② 상호 의존성이 보통인 모형에서는 배타성이 강해 다른 이익집단의 참여를 철저하게 배제한다.

③ 합의 효율성이 높은 모형이 가장 효과적으로 정책 목표를 달성할 수 있다.

④ A에 참여하는 이익집단의 정책 결정 영향력이 B에 참여하는 이익집단의 정책 결정 영향력보다 크다.

⑤ C에서는 참여자의 수가 많아질수록 네트워크의 지속성이 높아진다.

독해　▶　일치·불일치·부합

05 다음 글에서 알 수 있는 것은?

> 국제노동기구(ILO)의 노동기준에 관한 협약들은 그 중요성과 특성을 기준으로 하여 핵심협약, 거버넌스협약, 일반협약으로 나뉜다.
>
> 핵심협약은 1998년의 '노동에 있어서 기본적 원칙들과 권리에 관한 선언'에서 열거한 4개 원칙인 결사·자유원칙, 강제노동 금지원칙, 아동노동 금지원칙, 차별 금지원칙과 관련된 협약들을 말한다. ILO는 각국이 비준한 핵심협약 이행 현황에 대한 감시·감독 체계를 갖추고 있으며, 핵심협약을 비준하지 않고 있는 회원국에게는 미비준 이유와 비준 전망에 관한 연례 보고서 제출 의무를 부과하고 있다.
>
> 거버넌스협약은 노동정책 결정과 노동기준 집행 등 거버넌스와 관련된 협약으로 2008년의 '공정한 세계화를 위한 사회적 정의에 관한 선언'에서 열거한 근로감독 협약, 고용정책 협약, 노사정 협의 협약 등이 있다. ILO는 미비준한 거버넌스협약에 대해 회원국에 별도의 보고 의무를 부과하지 않는 대신, 회원국들과 외교적 협의를 통해 거버넌스협약 비준 확대에 노력하고 있다.
>
> 일반협약은 핵심협약과 거버넌스협약을 제외한 ILO의 노동기준에 관한 모든 협약을 가리키는데, 일반협약은 핵심협약과 거버넌스협약의 세부 주제별 기준들을 구체적으로 규정한다. 예를 들어 핵심협약에서 차별 금지원칙을 선언하거나 그 대강을 규정하면 일반협약에서는 각 산업별, 직역별에서의 근로시간 관련 구체적 차별 금지 및 그 예외를 규정하는 방식이다. 다만 일반협약은 ILO 내 다른 협약에 대해 우선 적용되지 않는다는 특성을 지닌다.
>
> 우리나라는 1991년 12월 ILO에 가입한 이후 순차적으로 ILO 노동기준에 관한 협약들을 비준하고 있다. 최근까지 아동노동 금지원칙 및 차별 금지원칙 관련 협약을 비준하였고 2021년 2월에는 결사·자유원칙 관련 협약에 대한 비준 절차가 진행 중이다. 거버넌스협약은 근로감독 협약을 제외하고는 모두 비준되었고, 비준된 핵심협약과 관련된 일반협약은 대부분 비준되었다.

① 우리나라는 고용정책 협약 및 그 세부 주제에 관한 일반협약을 모두 비준하였다.

② 우리나라는 매년 ILO에 강제노동 금지원칙에 관한 협약의 미비준 이유와 비준 전망에 대하여 보고서를 제출하여야 한다.

③ 우리나라에서 2021년 2월에 비준 절차가 진행 중인 협약은 공정한 세계화를 위한 사회적 정의에 관한 선언에 열거되어 있다.

④ ILO의 2008년 선언문에 포함된 근로감독 협약은 ILO의 다른 협약에 대해 우선 적용되지 않는다.

⑤ ILO는 노사정 협의 협약을 비준하지 않은 국가들에 대해 미비준 이유와 비준 전망에 대한 연례 보고서를 제출하도록 요구한다.

규정·규칙형 | 일치·불일치·부합

06 다음 글을 근거로 판단할 때 옳은 것은?

제00조 ① 각 중앙관서의 장은 그 소관 물품관리에 관한 사무를 소속 공무원에게 위임할 수 있고, 필요하면 다른 중앙관서의 소속 공무원에게 위임할 수 있다.
② 제1항에 따라 각 중앙관서의 장으로부터 물품관리에 관한 사무를 위임받은 공무원을 물품관리관이라 한다.

제00조 ① 물품관리관은 물품수급관리계획에 정하여진 물품에 대하여는 그 계획의 범위에서, 그 밖의 물품에 대하여는 필요할 때마다 계약담당공무원에게 물품의 취득에 관한 필요한 조치를 할 것을 청구하여야 한다.
② 계약담당공무원은 제1항에 따른 청구가 있으면 예산의 범위에서 해당 물품을 취득하기 위한 필요한 조치를 하여야 한다.

제00조 물품은 국가의 시설에 보관하여야 한다. 다만 물품관리관이 국가의 시설에 보관하는 것이 물품의 사용이나 처분에 부적당하다고 인정하거나 그 밖에 특별한 사유가 있으면 국가 외의 자의 시설에 보관할 수 있다.

제00조 ① 물품관리관은 물품을 출납하게 하려면 물품출납공무원에게 출납하여야 할 물품의 분류를 명백히 하여 그 출납을 명하여야 한다.
② 물품출납공무원은 제1항에 따른 명령이 없으면 물품을 출납할 수 없다.

제00조 ① 물품출납공무원은 보관 중인 물품 중 사용할 수 없거나 수선 또는 개조가 필요한 물품이 있다고 인정하면 그 사실을 물품관리관에게 보고하여야 한다.
② 물품관리관은 제1항에 따른 보고에 의하여 수선이나 개조가 필요한 물품이 있다고 인정하면 계약담당공무원이나 그 밖의 관계 공무원에게 그 수선이나 개조를 위한 필요한 조치를 할 것을 청구하여야 한다.

① 물품출납공무원은 물품관리관의 명령이 없으면 자신의 재량으로 물품을 출납할 수 없다.

② A중앙관서의 장이 그 소관 물품관리에 관한 사무를 위임하고자 할 경우, B중앙관서의 소속 공무원에게는 위임할 수 없다.

③ 계약담당공무원은 물품을 국가의 시설에 보관하는 것이 그 사용이나 처분에 부적당하다고 인정하는 경우, 그 물품을 국가 외의 자의 시설에 보관할 수 있다.

④ 물품수급관리계획에 정해진 물품 이외의 물품이 필요한 경우, 물품관리관은 필요할 때마다 물품출납공무원에게 물품의 취득에 관한 필요한 조치를 할 것을 청구해야 한다.

⑤ 물품출납공무원은 보관 중인 물품 중 수선이 필요한 물품이 있다고 인정하는 경우, 계약담당공무원에게 수선에 필요한 조치를 할 것을 청구해야 한다.

독해 | 일치·불일치·부합

07 다음 글을 근거로 판단할 때 옳은 것은?

제00조 이 법에서 말하는 폐기물이란 쓰레기, 연소재, 폐유, 폐알칼리 및 동물의 사체 등으로 사람의 생활이나 사업활동에 필요하지 않게 된 물질을 말한다.

제00조 ① 도지사는 관할 구역의 폐기물을 적정하게 처리하기 위하여 환경부장관이 정하는 지침에 따라 10년마다 '폐기물 처리에 관한 기본계획'(이하 '기본계획'이라 한다)을 세워 환경부장관의 승인을 받아야 한다. 승인사항을 변경하려 할 때에도 또한 같다. 이 경우 환경부장관은 기본계획을 승인하거나 변경승인하려면 관계 중앙행정기관의 장과 협의하여야 한다.

② 시장·군수·구청장은 10년마다 관할 구역의 기본계획을 세워 도지사에게 제출하여야 한다.

③ 제1항과 제2항에 따른 기본계획에는 다음 각 호의 사항이 포함되어야 한다.

　1. 관할 구역의 지리적 환경 등에 관한 개황

　2. 폐기물의 종류별 발생량과 장래의 발생 예상량

　3. 폐기물의 처리 현황과 향후 처리 계획

　4. 폐기물의 감량화와 재활용 등 자원화에 관한 사항

　5. 폐기물처리시설의 설치 현황과 향후 설치 계획

　6. 폐기물 처리의 개선에 관한 사항

　7. 재원의 확보계획

제00조 ① 환경부장관은 국가 폐기물을 적정하게 관리하기 위하여 전조 제1항에 따른 기본계획을 기초로 '국가 폐기물 관리 종합계획'(이하 '종합계획'이라 한다)을 10년마다 세워야 한다.

② 환경부장관은 종합계획을 세운 날부터 5년이 지나면 그 타당성을 재검토하여 변경할 수 있다.

① 재원의 확보계획은 기본계획에 포함되지 않아도 된다.

② A도 도지사가 제출한 기본계획을 승인하려면, 환경부장관은 관계 중앙행정기관의 장과 협의를 거쳐야 한다.

③ 환경부장관은 국가 폐기물을 적정하게 관리하기 위하여 10년마다 기본계획을 수립하여야 한다.

④ B군 군수는 5년마다 종합계획을 세워 환경부장관에게 제출하여야 한다.

⑤ 기본계획 수립 이후 5년이 경과하였다면, 환경부장관은 계획의 타당성을 재검토하여 계획을 변경하여야 한다.

규정 · 규칙형 〉 일치 · 불일치 · 부합

08 다음 글과 〈상황〉을 근거로 판단할 때, 수질검사빈도와 수질기준을 둘 다 충족한 검사지점만을 모두 고르면?

□□법 제00조(수질검사빈도와 수질기준) ① 기초자치단체의 장인 시장·군수·구청장은 다음 각 호의 구분에 따라 지방상수도의 수질검사를 실시하여야 한다.

1. 정수장에서의 검사
   가. 냄새, 맛, 색도, 탁도(濁度), 잔류염소에 관한 검사: 매일 1회 이상
   나. 일반세균, 대장균, 암모니아성 질소, 질산성 질소, 과망간산칼륨 소비량 및 증발잔류물에 관한 검사: 매주 1회 이상
   단, 일반세균, 대장균을 제외한 항목 중 지난 1년간 검사를 실시한 결과, 수질기준의 10퍼센트를 초과한 적이 없는 항목에 대하여는 매월 1회 이상

2. 수도꼭지에서의 검사
   가. 일반세균, 대장균, 잔류염소에 관한 검사: 매월 1회 이상
   나. 정수장별 수도관 노후지역에 대한 일반세균, 대장균, 암모니아성 질소, 동, 아연, 철, 망간, 잔류염소에 관한 검사: 매월 1회 이상

3. 수돗물 급수과정별 시설(배수지 등)에서의 검사
   일반세균, 대장균, 암모니아성 질소, 동, 수소이온 농도, 아연, 철, 잔류염소에 관한 검사: 매 분기 1회 이상

② 수질기준은 아래와 같다.

항목	기준	항목	기준
대장균	불검출/100 mL	일반세균	100 CFU/mL 이하
잔류염소	4 mg/L 이하	질산성 질소	10 mg/L 이하

┤ 상황 ├

甲시장은 □□법 제00조에 따라 수질검사를 실시하고 있다. 甲시 관할의 검사지점(A ~ E)은 이전 검사에서 매번 수질기준을 충족하였고, 이번 수질검사에서 아래와 같은 결과를 보였다.

검사지점	검사대상	검사결과	검사빈도
정수장 A	잔류염소	2 mg/L	매일 1회
정수장 B	질산성 질소	11 mg/L	매일 1회
정수장 C	일반세균	70 CFU/mL	매월 1회
수도꼭지 D	대장균	불검출/100 mL	매주 1회
배수지 E	잔류염소	2 mg/L	매주 1회

※ 제시된 검사대상 외의 수질검사빈도와 수질기준은 모두 충족한 것으로 본다.

① A, D
② B, D
③ A, D, E
④ A, B, C, E
⑤ A, C, D, E

조건·상황제시형 | 일치·불일치·부합

09 다음 글과 〈상황〉을 근거로 판단할 때 옳은 것은?

- 민원의 종류
  법정민원(인가·허가 등을 신청하거나 사실·법률관계에 관한 확인 또는 증명을 신청하는 민원), 질의민원(법령·제도 등에 관하여 행정기관의 설명·해석을 요구하는 민원), 건의민원(행정제도의 개선을 요구하는 민원), 기타민원(그 외 상담·설명 요구, 불편 해결을 요구하는 민원)으로 구분함
- 민원의 신청
  문서(전자문서를 포함, 이하 같음)로 해야 하나, 기타민원은 구술 또는 전화로 가능함
- 민원의 접수
  민원실에서 접수하고, 접수증을 교부하여야 함(단, 기타민원, 우편 및 전자문서로 신청한 민원은 접수증 교부를 생략할 수 있음)
- 민원의 이송
  접수한 민원이 다른 행정기관의 소관인 경우, 접수된 민원문서를 지체 없이 소관 기관에 이송하여야 함
- 처리결과의 통지
  접수된 민원에 대한 처리결과를 민원인에게 문서로 통지하여야 함(단, 기타민원의 경우와 통지에 신속을 요하거나 민원인이 요청하는 경우, 구술 또는 전화로 통지할 수 있음)
- 반복 및 중복 민원의 처리
  민원인이 동일한 내용의 민원(법정민원 제외)을 정당한 사유 없이 3회 이상 반복하여 제출한 경우, 2회 이상 그 처리결과를 통지하였다면 그 후 접수되는 민원에 대하여는 바로 종결 처리할 수 있음

┤ 상황 ├

- 甲은 인근 공사장 소음으로 인한 불편 해결을 요구하는 민원을 A시에 제기하려고 한다.
- 乙은 자신의 영업허가를 신청하는 민원을 A시에 제기하려고 한다.

① 甲은 구술 또는 전화로 민원을 신청할 수 없다.
② 乙은 전자문서로 민원을 신청할 수 없다.
③ 甲이 신청한 민원이 다른 행정기관 소관 사항인 경우라도, A시는 해당 민원을 이송 없이 처리할 수 있다.
④ A시는 甲이 신청한 민원에 대한 처리결과를 전화로 통지할 수 있다.
⑤ 乙이 동일한 내용의 민원을 이미 2번 제출하여 처리결과를 통지받았으나 정당한 사유 없이 다시 신청한 경우, A시는 해당 민원을 바로 종결 처리할 수 있다.

상황제시형 ▶ 일치·불일치·부합

10 다음 글과 〈상황〉을 근거로 판단할 때, 〈사업 공모 지침 수정안〉의 밑줄 친 ㉮ ~ ㉺ 중 '관계부처 협의 결과'에 부합한 것만을 모두 고르면?

- '대학 캠퍼스 혁신파크 사업'을 담당하는 A주무관은 신청 조건과 평가지표 및 배점을 포함한 〈사업 공모 지침 수정안〉을 작성하였다. 평가지표는 I ~ IV의 지표와 그 하위 지표로 구성되어 있다.

┤ 사업 공모 지침 수정안 ├

㉮ □ 신청 조건
최소 1만 m^2 이상의 사업부지 확보. 단, 사업부지에는 건축물이 없어야 함
□ 평가지표 및 배점

평가지표	배점	
	현행	수정
㉯ I. 개발 타당성	20	25
− 개발계획의 합리성	10	10
− 관련 정부사업과의 연계 가능성	5	10
− 학습여건 보호 가능성	5	5
㉰ II. 대학의 사업 추진 역량과 의지	10	15
− 혁신파크 입주기업 지원 방안	5	5
− 사업 전담조직 및 지원 체계	5	5
− 대학 내 주체 간 합의 정도	−	5
㉱ III. 기업 유치 가능성	10	10
− 기업의 참여 가능성	7	3
− 참여 기업의 재무건전성	3	7
㉲ IV. 시범사업 조기 활성화 가능성	10	삭제
− 대학 내 주체 간 합의 정도	5	이동
− 부지 조기 확보 가능성	5	삭제
합계	50	50

┤ 상황 ├

A주무관은 〈사업 공모 지침 수정안〉을 작성한 후 뒤늦게 '관계부처 협의 결과'를 전달받았다. 그 내용은 다음과 같다.

- 대학이 부지를 확보하는 것이 쉽지 않으므로 신청 사업부지 안에 건축물이 포함되어 있어도 신청 허용
- 도시재생뉴딜사업, 창업선도대학 등 '관련 정부사업과의 연계가능성' 평가비중 확대
- 시범사업 기간이 종료되었으므로 시범사업 조기 활성화와 관련된 평가지표를 삭제하되 '대학 내 주체 간 합의 정도'는 타 지표로 이동하여 계속 평가
- 논의된 내용 이외의 하위 지표의 항목과 배점은 사업의 안정성을 위해 현행 유지

① ㉮, ㉯
② ㉮, ㉱
③ ㉯, ㉱
④ ㉰, ㉲
⑤ ㉯, ㉰, ㉲

규정·규칙형 ▶ 일치·불일치·부합

11 다음 글을 읽고 물음에 답하시오.

- 국가는 지방자치단체인 시·군·구의 인구, 지리적 여건, 생활권·경제권, 발전가능성 등을 고려하여 통합이 필요한 지역에 대하여는 지방자치단체 간 통합을 지원해야 한다.
- △△위원회(이하 '위원회')는 통합대상 지방자치단체를 발굴하고 통합방안을 마련한다. 지방자치단체의 장, 지방의회 또는 주민은 인근 지방자치단체와의 통합을 위원회에 건의할 수 있다. 단, 주민이 건의하는 경우에는 해당 지방자치단체의 주민투표권자 총수의 50분의 1 이상의 연서(連書)가 있어야 한다. 지방자치단체의 장, 지방의회 또는 주민은 위원회에 통합을 건의할 때 통합대상 지방자치단체를 관할하는 특별시장·광역시장 또는 도지사(이하 '시·도지사')를 경유해야 한다. 이 경우 시·도지사는 접수받은 통합건의서에 의견을 첨부하여 지체 없이 위원회에 제출해야 한다. 위원회는 위의 건의를 참고하여 시·군·구 통합방안을 마련해야 한다.
- □□부 장관은 위원회가 마련한 시·군·구 통합방안에 따라 지방자치단체 간 통합을 해당 지방자치단체의 장에게 권고할 수 있다. □□부 장관은 지방자치단체 간 통합권고안에 관하여 해당 지방의회의 의견을 들어야 한다. 그러나 □□부 장관이 필요하다고 인정하여 해당 지방자치단체의 장에게 주민투표를 요구하여 실시한 경우에는 그렇지 않다. 지방자치단체의 장은 시·군·구 통합과 관련하여 주민투표의 실시 요구를 받은 때에는 지체 없이 이를 공표하고 주민투표를 실시해야 한다.
- 지방의회 의견청취 또는 주민투표를 통하여 지방자치단체의 통합의사가 확인되면 '관계지방자치단체(통합대상 지방자치단체 및 이를 관할하는 특별시·광역시 또는 도)'의 장은 명칭, 청사 소재지, 지방자치단체의 사무 등 통합에 관한 세부사항을 심의하기 위하여 공동으로 '통합추진공동위원회'를 설치해야 한다.
- 통합추진공동위원회의 위원은 관계지방자치단체의 장 및 그 지방의회가 추천하는 자로 한다. 통합추진공동위원회를 구성하는 각각의 관계지방자치단체 위원 수는 다음에 따라 산정한다. 단, 그 결과값이 자연수가 아닌 경우에는 소수점 이하의 수를 올림한 값을 관계지방자치단체 위원 수로 한다.

> 관계지방자치단체 위원 수 = [(통합대상 지방자치단체 수)×6 + (통합대상 지방자치단체를 관할하는 특별시·광역시 또는 도의 수)×2 + 1] ÷ (관계지방자치단체 수)

- 통합추진공동위원회의 전체 위원 수는 위에 따라 산출된 관계지방자치단체 위원 수에 관계지방자치단체 수를 곱한 값이다.

윗글을 근거로 판단할 때 옳은 것은?

① □□부 장관이 요구하여 지방자치단체의 통합과 관련한 주민투표가 실시된 경우에는 통합권고안에 대해 지방의회의 의견을 청취하지 않아도 된다.

② 지방의회가 의결을 통해 다른 지방자치단체와의 통합을 추진하고자 한다면 통합건의서는 시·도지사를 경유하지 않고 △△위원회에 직접 제출해야 한다.

③ 주민투표권자 총수가 10만 명인 지방자치단체의 주민들이 다른 인근 지방자치단체와의 통합을 △△위원회에 건의하고자 할 때, 주민 200명의 연서가 있으면 가능하다.

④ 통합추진공동위원회의 위원은 □□부 장관과 관계지방자치단체의 장이 추천하는 자로 한다.

⑤ 지방자치단체의 장은 해당 지방자치단체의 통합을 △△위원회에 건의할 때, 지방의회의 의결을 거쳐야 한다.

규정 · 규칙형 　수리계산형

12 다음 글을 읽고 물음에 답하시오.

- 국가는 지방자치단체인 시 · 군 · 구의 인구, 지리적 여건, 생활권 · 경제권, 발전가능성 등을 고려하여 통합이 필요한 지역에 대하여는 지방자치단체 간 통합을 지원해야 한다.
- △△위원회(이하 '위원회')는 통합대상 지방자치단체를 발굴하고 통합방안을 마련한다. 지방자치단체의 장, 지방의회 또는 주민은 인근 지방자치단체와의 통합을 위원회에 건의할 수 있다. 단, 주민이 건의하는 경우에는 해당 지방자치단체의 주민투표권자 총수의 50분의 1 이상의 연서(連書)가 있어야 한다. 지방자치단체의 장, 지방의회 또는 주민은 위원회에 통합을 건의할 때 통합대상 지방자치단체를 관할하는 특별시장 · 광역시장 또는 도지사(이하 '시 · 도지사')를 경유해야 한다. 이 경우 시 · 도지사는 접수받은 통합건의서에 의견을 첨부하여 지체 없이 위원회에 제출해야 한다. 위원회는 위의 건의를 참고하여 시 · 군 · 구 통합방안을 마련해야 한다.
- □□부 장관은 위원회가 마련한 시 · 군 · 구 통합방안에 따라 지방자치단체 간 통합을 해당 지방자치단체의 장에게 권고할 수 있다. □□부 장관은 지방자치단체 간 통합권고안에 관하여 해당 지방의회의 의견을 들어야 한다. 그러나 □□부 장관이 필요하다고 인정하여 해당 지방자치단체의 장에게 주민투표를 요구하여 실시한 경우에는 그렇지 않다. 지방자치단체의 장은 시 · 군 · 구 통합과 관련하여 주민투표의 실시 요구를 받은 때에는 지체 없이 이를 공표하고 주민투표를 실시해야 한다.
- 지방의회 의견청취 또는 주민투표를 통하여 지방자치단체의 통합의사가 확인되면 '관계지방자치단체(통합대상 지방자치단체 및 이를 관할하는 특별시 · 광역시 또는 도)'의 장은 명칭, 청사 소재지, 지방자치단체의 사무 등 통합에 관한 세부사항을 심의하기 위하여 공동으로 '통합추진공동위원회'를 설치해야 한다.

- 통합추진공동위원회의 위원은 관계지방자치단체의 장 및 그 지방의회가 추천하는 자로 한다. 통합추진공동위원회를 구성하는 각각의 관계지방자치단체 위원 수는 다음에 따라 산정한다. 단, 그 결과값이 자연수가 아닌 경우에는 소수점 이하의 수를 올림한 값을 관계지방자치단체 위원 수로 한다.

> 관계지방자치단체 위원 수 = [(통합대상 지방자치단체 수)×6 + (통합대상 지방자치단체를 관할하는 특별시 · 광역시 또는 도의 수)×2 + 1] ÷ (관계지방자치단체 수)

- 통합추진공동위원회의 전체 위원 수는 위에 따라 산출된 관계지방자치단체 위원 수에 관계지방자치단체 수를 곱한 값이다.

윗글과 〈상황〉을 근거로 판단할 때, '통합추진공동위원회'의 전체 위원 수는?

─┤ 상황 ├─

甲도가 관할하는 지방자치단체인 A군과 B군, 乙도가 관할하는 지방자치단체인 C군, 그리고 丙도가 관할하는 지방자치단체인 D군은 관련 절차를 거쳐 하나의 지방자치단체로 통합을 추진하고 있다. 현재 관계지방자치단체장은 공동으로 '통합추진공동위원회'를 설치하고자 한다.

① 42명　　　　② 35명
③ 32명　　　　④ 31명
⑤ 28명

2021년 7급 PSAT 언어논리 나책형 16번

독해 〉 퇴고

13 다음 대화의 ㉠에 따라 〈계획안〉을 수정한 것으로 적절하지 않은 것은?

> 갑: 나눠드린 'A시 공공 건축 교육 과정' 계획안을 다 보셨죠? 이제 계획안을 어떻게 수정하면 좋을지 각자의 의견을 자유롭게 말씀해 주십시오.
>
> 을: 코로나19 상황을 고려해 대면 교육보다 온라인 교육이 좋겠습니다. 그리고 방역 활동에 모범을 보이는 차원에서 온라인 강의로 진행한다는 점을 강조하는 것이 좋겠습니다. 온라인 강의는 편안한 시간에 접속하여 수강하게 하고, 수강 가능한 기간을 명시해야 합니다. 게다가 온라인으로 진행하면 교육 대상을 A시 시민만이 아닌 모든 희망자로 확대하는 장점이 있습니다.
>
> 병: 좋은 의견입니다. 여기에 덧붙여 교육 대상을 공공 건축 업무 관련 공무원과 일반 시민으로 구분하는 것이 좋겠습니다. 관련 공무원과 일반 시민은 기반 지식에서 차이가 커 같은 내용으로 교육하기에 적합하지 않습니다. 업무와 관련된 직무 교육 과정과 일반 시민 수준의 교양 교육 과정으로 따로 운영하는 것이 좋겠습니다.
>
> 을: 교육 과정 분리는 좋습니다만, 공무원의 직무 교육은 참고할 자료가 많아 온라인 교육이 비효율적입니다. 직무 교육 과정은 다음에 논의하고, 이번에는 시민 대상 교양 과정으로만 진행하는 것이 좋겠습니다. 그리고 A시의 유명 공공 건축물을 활용해서 A시를 홍보하고 관심을 끌 수 있는 주제의 강의가 있으면 좋겠습니다.
>
> 병: 그게 좋겠네요. 마지막으로 덧붙이면 신청 방법이 너무 예전 방식입니다. 시 홈페이지에서 신청 게시판을 찾아가는 방법을 안내할 필요는 있지만, 요즘 같은 모바일 시대에 이것만으로는 부족합니다. A시 공식 어플리케이션에서 바로 신청서를 작성하고 제출할 수 있도록 하면 좋겠습니다.
>
> 갑: ㉠오늘 회의에서 나온 의견을 반영하여 계획안을 수정하도록 하겠습니다. 감사합니다.

┤ 계획안 ├

A시 공공 건축 교육 과정

- 강의 주제: 공공 건축의 미래 / A시의 조경
- 일시: 7. 12.(월) 19:00 ~ 21:00 / 7. 14.(수) 19:00 ~ 21:00
- 장소: A시 청사 본관 5층 대회의실
- 대상: A시 공공 건축에 관심 있는 A시 시민 누구나
- 신청 방법: A시 홈페이지 → '시민참여' → '교육' → '공공 건축 교육 신청 게시판'에서 신청서 작성

① 강의 주제에 "건축가협회 선정 A시의 유명 공공 건축물 TOP3"를 추가한다.

② 일시 항목을 "• 기간: 7. 12.(월) 06:00 ~ 7. 16.(금) 24:00"으로 바꾼다.

③ 장소 항목을 "• 교육방식: 코로나19 확산 방지를 위해 온라인 교육으로 진행"으로 바꾼다.

④ 대상을 "A시 공공 건축에 관심 있는 사람 누구나"로 바꾼다.

⑤ 신청 방법을 "A시 공식 어플리케이션을 통한 A시 공공 건축 교육 과정 간편 신청"으로 바꾼다.

내용 및 빈칸 추론

📖 정답 및 해설 p.261

기본 개념

▶ 접속어의 활용

상술/정리/정의		즉, 다시 말해서, 요컨대, 곧 등
인과	원인	왜냐하면, 그 이유로 등
	결과	따라서, 그러므로, 그래서, 그러니까 등
역접		그러나, 하지만, 한편, 반면에 등
전환		그런데, 그렇다 하더라도 등
순접		그리고, 덧붙여, 또한 등
보충		게다가, 더욱이, 특히 등
예시		가령, 예컨대 등

2021년 7급 PSAT 상황판단 나책형 3번

규정 · 규칙형 　내용 추론

01 다음 글을 근거로 판단할 때 옳은 것은?

> 제○○조 ① 누구든지 법률에 의하지 아니하고는 우편물의 검열·전기통신의 감청 또는 통신사실확인자료의 제공을 하거나 공개되지 아니한 타인 상호간의 대화를 녹음 또는 청취하지 못한다.
> ② 다음 각 호의 어느 하나에 해당하는 자는 1년 이상 10년 이하의 징역과 5년 이하의 자격정지에 처한다.
> 　1. 제1항에 위반하여 우편물의 검열 또는 전기통신의 감청을 하거나 공개되지 아니한 타인 상호간의 대화를 녹음 또는 청취한 자
> 　2. 제1호에 따라 알게 된 통신 또는 대화의 내용을 공개하거나 누설한 자
> ③ 누구든지 단말기기 고유번호를 제공하거나 제공받아서는 안 된다. 다만 이동전화단말기 제조업체 또는 이동통신사업자가 단말기의 개통처리 및 수리 등 정당한 업무의 이행을 위하여 제공하거나 제공받는 경우에는 그러하지 아니하다.
> ④ 제3항을 위반하여 단말기기 고유번호를 제공하거나 제공받은 자는 3년 이하의 징역 또는 1천만 원 이하의 벌금에 처한다.
>
> 제□□조 제○○조의 규정에 위반하여, 불법검열에 의하여 취득한 우편물이나 그 내용, 불법감청에 의하여 지득(知得) 또는 채록(採錄)된 전기통신의 내용, 공개되지 아니한 타인 상호간의 대화를 녹음 또는 청취한 내용은 재판 또는 징계절차에서 증거로 사용할 수 없다.

① 甲이 불법검열에 의하여 취득한 乙의 우편물은 징계절차에서 증거로 사용할 수 있다.

② 甲이 乙과 정책용역을 수행하면서 乙과의 대화를 녹음한 내용은 재판에서 증거로 사용할 수 없다.

③ 甲이 乙과 丙 사이의 공개되지 않은 대화를 녹음하여 공개한 경우, 1천만 원의 벌금에 처해질 수 있다.

④ 이동통신사업자 甲이 乙의 단말기를 개통하기 위하여 단말기기 고유번호를 제공받은 경우, 1년의 징역에 처해질 수 있다.

⑤ 甲이 乙과 丙 사이의 우편물을 불법으로 검열한 경우, 2년의 징역과 3년의 자격정지에 처해질 수 있다.

규정·규칙형 ▶ 내용 추론

2021년 7급 PSAT 상황판단 나책형 17번

02 다음 글과 〈상황〉을 근거로 판단할 때 옳지 않은 것은?

제00조 ① 건축물을 건축하거나 대수선하려는 자는 특별자치시장·특별자치도지사 또는 시장·군수·구청장의 허가를 받아야 한다. 다만 21층 이상의 건축물이나 연면적 합계 10만 제곱미터 이상인 건축물을 특별시나 광역시에 건축하려면 특별시장이나 광역시장의 허가를 받아야 한다.
② 허가권자는 제1항에 따른 허가를 받은 자가 다음 각 호의 어느 하나에 해당하면 허가를 취소하여야 한다. 다만 제1호에 해당하는 경우로서 정당한 사유가 있다고 인정되면 1년의 범위에서 공사의 착수기간을 연장할 수 있다.
1. 허가를 받은 날부터 2년 이내에 공사에 착수하지 아니한 경우
2. 제1호의 기간 이내에 공사에 착수하였으나 공사의 완료가 불가능하다고 인정되는 경우

제00조 ① ○○부 장관은 국토관리를 위하여 특히 필요하다고 인정하거나 주무부장관이 국방, 문화재보존, 환경보전 또는 국민경제를 위하여 특히 필요하다고 인정하여 요청하면 허가권자의 건축허가나 허가를 받은 건축물의 착공을 제한할 수 있다.
② 특별시장·광역시장·도지사(이하 '시·도지사'라 한다)는 지역계획이나 도시·군계획에 특히 필요하다고 인정하면 시장·군수·구청장의 건축허가나 허가를 받은 건축물의 착공을 제한할 수 있다.
③ ○○부 장관이나 시·도지사는 제1항이나 제2항에 따라 건축허가나 건축허가를 받은 건축물의 착공을 제한하려는 경우에는 주민의견을 청취한 후 건축위원회의 심의를 거쳐야 한다.
④ 제1항이나 제2항에 따라 건축허가나 건축물의 착공을 제한하는 경우 제한기간은 2년 이내로 한다. 다만 1회에 한하여 1년 이내의 범위에서 제한기간을 연장할 수 있다.

─┤ 상황 ├─

甲은 20층의 연면적 합계 5만 제곱미터인 건축물을, 乙은 연면적 합계 15만 제곱미터인 건축물을 각각 A광역시 B구에 신축하려고 한다.

① 甲은 B구청장에게 건축허가를 받아야 한다.
② 甲이 건축허가를 받은 경우에도 A광역시장은 지역계획에 특히 필요하다고 인정하면 일정한 절차를 거쳐 甲의 건축물 착공을 제한할 수 있다.
③ B구청장은 주민의견을 청취한 후 건축위원회의 심의를 거쳐 건축허가를 받은 乙의 건축물 착공을 제한할 수 있다.
④ 乙이 건축허가를 받은 날로부터 2년 이내에 정당한 사유 없이 공사에 착수하지 않은 경우, A광역시장은 건축허가를 취소하여야 한다.
⑤ 주무부장관이 문화재보존을 위하여 특히 필요하다고 인정하여 요청하는 경우, ○○부 장관은 건축허가를 받은 乙의 건축물에 대해 최대 3년간 착공을 제한할 수 있다.

규정 · 규칙형 내용 추론

03 다음 글을 근거로 판단할 때 옳지 않은 것은?

제00조 ① 정보공개심의회(이하 '심의회'라 한다)는 다음 각 호의 구분에 따라 10인 이내의 위원으로 구성한다.
 1. 내부 위원: 위원장 1인(○○실장)과 각 부서의 정보공개담당관 중 지명된 3인
 2. 외부 위원: 관련분야 전문가 중에서 총 위원 수의 3분의 1 이상 위촉
② 위원은 특정 성별이 다른 성별의 2분의 1 이하가 되지 않도록 한다.
③ 위원장을 비롯한 내부 위원의 임기는 그 직위에 재직하는 기간으로 하며, 외부 위원의 임기는 2년으로 하되 2회에 한하여 연임할 수 있다.
④ 심의회는 위원장이 소집하고, 회의는 위원장을 포함한 재적위원 3분의 2 이상의 출석으로 개의하고 출석위원 3분의 2 이상의 찬성으로 의결한다.
⑤ 위원은 부득이한 이유로 참석할 수 없는 경우에는 서면으로 의견을 제출할 수 있다. 이 경우 해당 위원은 심의회에 출석한 것으로 본다.

① 외부 위원의 최대 임기는 6년이다.
② 정보공개심의회는 최소 6명의 위원으로 구성된다.
③ 정보공개심의회 내부 위원이 모두 여성일 경우, 정보공개심의회는 7명의 위원으로 구성될 수 있다.
④ 정보공개심의회가 8명의 위원으로 구성되면, 위원 3명의 찬성으로 의결되는 경우가 있다.
⑤ 위원장을 포함한 위원 5명이 직접 출석하여 이들 모두 안건에 찬성하고, 위원 2명이 부득이한 이유로 서면으로 의견을 제출한 경우, 제출된 서면 의견에 상관없이 해당 안건은 찬성으로 의결된다.

규정 · 규칙형 내용 추론

04 다음 글을 근거로 판단할 때, 〈보기〉에서 옳은 것만을 모두 고르면?

2021년에 적용되는 ○○인재개발원의 분반 허용 기준은 아래와 같다.
• 분반 허용 기준
 – 일반강의: 직전 2년 수강인원의 평균이 100명 이상이거나, 그 2년 중 1년의 수강인원이 120명 이상
 – 토론강의: 직전 2년 수강인원의 평균이 60명 이상이거나, 그 2년 중 1년의 수강인원이 80명 이상
 – 영어강의: 직전 2년 수강인원의 평균이 30명 이상이거나, 그 2년 중 1년의 수강인원이 50명 이상
 – 실습강의: 직전 2년 수강인원의 평균이 20명 이상
• 이상의 기준에도 불구하고 직전년도 강의만족도 평가점수가 90점 이상이었던 강의는 위에서 기준으로 제시한 수강인원의 90 % 이상이면 분반을 허용한다.

┤ 보기 ├

ㄱ. 2019년과 2020년의 수강인원이 각각 100명과 80명이고 2020년 강의만족도 평가점수가 85점인 일반강의 A는 분반이 허용된다.
ㄴ. 2019년과 2020년의 수강인원이 각각 10명과 45명인 영어강의 B의 분반이 허용되지 않는다면, 2020년 강의만족도 평가점수는 90점 미만이었을 것이다.
ㄷ. 2019년 수강인원이 20명이고 2020년 강의만족도 평가점수가 92점인 실습강의 C의 분반이 허용되지 않는다면, 2020년 강의의 수강인원은 15명을 넘지 않았을 것이다.

① ㄴ	② ㄷ
③ ㄱ, ㄴ	④ ㄱ, ㄷ
⑤ ㄴ, ㄷ	

독해 　　　　내용 추론

05 다음 글에서 추론할 수 있는 것은?

> 생쥐가 새로운 소리 자극을 받으면 이 자극 신호는 뇌의 시상에 있는 청각시상으로 전달된다. 청각시상으로 전달된 자극 신호는 뇌의 편도에 있는 측핵으로 전달된다. 측핵에 전달된 신호는 편도의 중핵으로 전달되고, 중핵은 신체의 여러 기관에 전달할 신호를 만들어서 반응이 일어나게 한다. 연구자 K는 '공포' 또는 '안정'을 학습시켰을 때 나타나는 신경생물학적 특징을 탐구하기 위해 두 개의 실험을 수행했다.
>
> 첫 번째 실험에서 공포를 학습시켰다. 이를 위해 K는 생쥐에게 소리 자극을 준 뒤에 언제나 공포를 일으킬 만한 충격을 가하여, 생쥐에게 이 소리가 충격을 예고한다는 것을 학습시켰다. 이렇게 학습된 생쥐는 해당 소리 자극을 받으면 방어적인 행동을 취했다. 이 생쥐의 경우, 청각시상으로 전달된 소리 자극 신호는 학습을 수행하기 전 상태에서 전달되는 것보다 훨씬 센 강도의 신호로 증폭되어 측핵으로 전달된다. 이 증폭된 강도의 신호는 중핵을 거쳐 신체의 여러 기관에 전달되고 이는 학습된 공포 반응을 일으킨다.
>
> 두 번째 실험에서는 안정을 학습시켰다. 이를 위해 K는 다른 생쥐에게 소리 자극을 준 뒤에 항상 어떤 충격도 주지 않아서, 생쥐에게 이 소리가 안정을 예고한다는 것을 학습시켰다. 이렇게 학습된 생쥐는 이 소리를 들어도 방어적인 행동을 전혀 취하지 않았다. 이 경우 소리 자극 신호를 받은 청각시상에서 만들어진 신호가 측핵으로 전달되는 것이 억제되기 때문에 측핵에 전달된 신호는 매우 미약해진다. 대신 청각시상은 뇌의 선조체에서 반응을 일으킬 수 있는 자극 신호를 만들어서 선조체에 전달한다. 선조체는 안정 상태와 같은 긍정적이고 좋은 느낌을 느낄 수 있게 하는 것에 관여하는 뇌 영역인데, 선조체에서 반응이 세게 나타나면 안정감을 느끼게 되어 학습된 안정 반응을 일으킨다.

① 중핵에서 만들어진 신호의 세기가 강한 경우에는 학습된 안정 반응이 나타난다.

② 학습된 공포 반응을 일으키지 않는 소리 자극은 선조체에서 약한 반응이 일어나게 한다.

③ 학습된 공포 반응을 일으키는 소리 자극은 청각시상에서 선조체로 전달되는 자극 신호를 억제한다.

④ 학습된 안정 반응을 일으키는 청각시상에서 받는 소리 자극 신호는 학습된 공포 반응을 일으키는 청각시상에서 받는 소리 자극 신호보다 약하다.

⑤ 학습된 안정 반응을 일으키는 경우와 학습된 공포 반응을 일으키는 경우 모두, 청각시상에서 측핵으로 전달되는 신호의 세기가 학습하기 전과 달라진다.

독해 　내용 추론

06 다음 글의 〈실험 결과〉에서 추론할 수 있는 것은?

연구자 K는 동물의 뇌 구조 변화가 일어나는 방식을 규명하기 위해 다음의 실험을 수행했다. 실험용 쥐를 총 세 개의 실험군으로 나누었다. 실험군 1의 쥐에게는 운동은 최소화하면서 학습을 시키는 '학습 위주 경험'을 하도록 훈련시켰다. 실험군 2의 쥐에게는 특별한 기술을 학습할 필요 없이 수행할 수 있는 쳇바퀴 돌리기를 통해 '운동 위주 경험'을 하도록 훈련시켰다. 실험군 3의 쥐에게는 어떠한 학습이나 운동도 시키지 않았다.

〈실험 결과〉

- 뇌 신경세포 한 개당 시냅스의 수는 실험군 1의 쥐에서 크게 증가했고 실험군 2와 3의 쥐에서는 거의 변하지 않았다.
- 뇌 신경세포 한 개당 모세혈관의 수는 실험군 2의 쥐에서 크게 증가했고 실험군 1과 3의 쥐에서는 거의 변하지 않았다.
- 실험군 1의 쥐에서는 대뇌 피질의 지각 영역에서 구조 변화가 나타났고, 실험군 2의 쥐에서는 대뇌 피질의 운동 영역과 더불어 운동 활동을 조절하는 소뇌에서 구조 변화가 나타났다. 실험군 3의 쥐에서는 뇌 구조 변화가 거의 나타나지 않았다.

① 대뇌 피질의 구조 변화는 학습 위주 경험보다 운동 위주 경험에 더 큰 영향을 받는다.

② 학습 위주 경험은 뇌의 신경세포당 시냅스의 수에, 운동 위주 경험은 뇌의 신경세포당 모세혈관의 수에 영향을 미친다.

③ 학습 위주 경험과 운동 위주 경험은 뇌의 특정 부위에 있는 신경세포의 수를 늘려 그 부위의 뇌 구조를 변하게 한다.

④ 특정 형태의 경험으로 인해 뇌의 특정 영역에 발생한 구조 변화가 뇌의 신경세포당 모세혈관 또는 시냅스의 수를 변화시킨다.

⑤ 뇌가 영역별로 특별한 구조를 갖는 것이 그 영역에서 신경세포당 모세혈관 또는 시냅스의 수를 변화시켜 특정 형태의 경험을 더 잘 수행할 수 있게 한다.

독해 　의미 추론

07 다음 글에서 추론할 수 있는 것만을 〈보기〉에서 모두 고르면?

갑 : 조(粗)출생률은 인구 1천 명당 출생아 수를 의미합니다. 조출생률은 인구 규모가 상이한 지역이나 시점 간의 출산 수준을 간편하게 비교할 때 유용한 지표입니다. 예를 들어, 2016년에 세종시보다 인구 규모가 훨씬 큰 경기도의 출생아 수는 10만 5천 명으로 세종시의 3천 명보다 많지만, 조출생률은 경기도가 8.4명이고 세종시는 14.6명입니다. 출산 수준은 세종시가 더 높다는 의미입니다.

을 : 그렇군요. 그럼 합계 출산율은 무엇인가요?

갑 : 합계 출산율은 여성 한 명이 평생 동안 낳을 것으로 예상되는 출생아 수를 의미합니다. 여성이 실제 평생 동안 낳은 아이 수를 측정하는 것은 가임 기간 35년이 지나야 산출할 수 있다는 문제가 있습니다. 이에 비해 합계 출산율은 여성 1명이 출산 가능한 시기를 15세부터 49세까지로 가정하고 그 사이의 각 연령대 출산율을 모두 합해서 얻습니다. 15 ~ 19세 연령대 출산율은 한 해 동안 15 ~ 19세 여성에게서 태어난 출생아 수를 15 ~ 19세 여성의 수로 나눈 수치인데, 15 ~ 19세부터 45 ~ 49세까지 7개 구간 각각의 연령대 출산율을 모두 합한 것이 합계 출산율입니다. 합계 출산율은 한 여성이 가임 기간 내내 특정 시기의 연령대 출산율 패턴을 그대로 따른다는 가정을 전제로 산출하므로 실제 출산 현실과 차이가 있을 수 있습니다.

을 : 그렇다면 조출생률과 합계 출산율을 구별하는 이유가 뭐죠?

갑 : 조출생률과 달리 합계 출산율은 성비 및 연령 구조에 따른 출산 수준의 차이를 표준화할 수 있는 장점이 있습니다. 예를 들어, 이스라엘의 합계 출산율은 3.0인 반면 남아프리카공화국은 2.5 가량입니다. 하지만 조출생률은 거의 비슷하지요. 이것은 남아프리카공화국의 경우 전체 인구 대비 젊은 여성의 비율이 이스라엘보다 높기 때문입니다.

┤ 보기 ├

ㄱ. 조출생률을 계산할 때는 전체 인구 대비 여성의 비율은 고려하지 않는다.
ㄴ. 두 나라가 인구수와 조출생률에 차이가 없다면 각 나라의 합계 출산율에는 차이가 없다.
ㄷ. 합계 출산율은 한 명의 여성이 일생 동안 출산한 출생아의 수를 집계한 자료를 바탕으로 산출한다.

① ㄱ
② ㄴ
③ ㄱ, ㄷ
④ ㄴ, ㄷ
⑤ ㄱ, ㄴ, ㄷ

2021년 7급 PSAT 언어논리 나책형 21번

독해 | 빈칸 추론

08 다음 글을 읽고 물음에 답하시오.

미국의 일부 주에서 판사는 형량을 결정하거나 가석방을 허가하는 판단의 보조 자료로 양형 보조 프로그램 X를 활용한다. X는 유죄가 선고된 범죄자를 대상으로 그 사람의 재범 확률을 추정하여 그 결과를 최저 위험군을 뜻하는 1에서 최고 위험군을 뜻하는 10까지의 위험 지수로 평가한다.

2016년 A는 X를 활용하는 플로리다 주 법정에서 선고받았던 7천여 명의 초범들을 대상으로 X의 예측 결과와 석방 후 2년간의 실제 재범 여부를 조사했다. 이 조사 결과를 토대로 한 ⊙A의 주장은 X가 흑인과 백인을 차별한다는 것이다. 첫째 근거는 백인의 경우 위험 지수 1로 평가된 사람이 가장 많고 10까지 그 비율이 차츰 감소한 데 비하여 흑인의 위험 지수는 1부터 10까지 고르게 분포되었다는 관찰 결과이다. 즉 고위험군으로 분류된 사람의 비율이 백인보다 흑인이 더 크다는 것이었다. 둘째 근거는 예측의 오류와 관련된 것이다. 2년 이내 재범을 (가) 사람 중에서 (나) 으로 잘못 분류되었던 사람의 비율은 흑인의 경우 45%인 반면 백인은 23%에 불과했고, 2년 이내 재범을 (다) 사람 중에서 (라) 으로 잘못 분류되었던 사람의 비율은 흑인의 경우 28%인 반면 백인은 48%로 훨씬 컸다. 종합하자면, 재범을 저지른 사람이든 그렇지 않은 사람이든, 흑인은 편파적으로 고위험군으로 분류된 반면 백인은 편파적으로 저위험군으로 분류된 것이다.

X를 개발한 B는 A의 주장을 반박하는 논문을 발표하였다. B는 X의 목적이 재범 가능성에 대한 예측의 정확성을 높이는 것이며, 그 정확성에는 인종 간에 차이가 나타나지 않는다고 주장했다. B에 따르면, 예측의 정확성을 판단하는 데 있어 중요한 것은 고위험군으로 분류된 사람 중 2년 이내 재범을 저지른 사람의 비율과 저위험군으로 분류된 사람 중 2년 이내 재범을 저지르지 않은 사람의 비율이다. B는 전자의 비율이 백인 59%, 흑인 63%, 후자의 비율이 백인 71%, 흑인 65%라고 분석하고, 이 비율들은 인종 간에 유의미한 차이를 드러내지 않는다고 주장했다. 또 B는 X에 의해서 고위험군 혹은 저위험군으로 분류되기 이전의 흑인과 백인의 재범률, 즉 흑인의 기저재범률과 백인의 기저재범률 간에는 이미 상당한 차이가 있었으며, 이런

애초의 차이가 A가 언급한 예측의 오류 차이를 만들어 냈다고 설명한다. 결국 ⓛB의 주장은 X가 편파적으로 흑인과 백인의 위험 지수를 평가하지 않는다는 것이다.

하지만 기저재범률의 차이로 인종 간 위험 지수의 차이를 설명하여, X가 인종차별적이라는 주장을 반박하는 것은 잘못이다. 기저재범률에는 미국 사회의 오래된 인종차별적 특징, 즉 흑인이 백인보다 범죄자가 되기 쉬운 사회 환경이 반영되어 있기 때문이다. 처음 범죄를 저질러서 재판을 받아야 하는 흑인을 생각해 보자. 그의 위험 지수를 판정할 때 사용되는 기저재범률은 그와 전혀 상관없는 다른 흑인들이 만들어 낸 것이다. 그런 기저재범률이 전혀 상관없는 사람의 형량이나 가석방 여부에 영향을 주는 것은 잘못이다. 더 나아가 이런 식으로 위험 지수를 평가받아 형량이 정해진 흑인들은 더 오랜 기간 교도소에 있게 될 것이며, 향후 재판받을 흑인들의 위험 지수를 더욱 높이는 결과를 가져오게 될 것이다. 따라서 ⓒX의 지속적인 사용은 미국 사회의 인종차별을 고착화한다.

윗글의 (가) ~ (라)에 들어갈 말을 적절하게 나열한 것은?

	(가)	(나)	(다)	(라)
①	저지르지 않은	고위험군	저지른	저위험군
②	저지르지 않은	고위험군	저지른	고위험군
③	저지르지 않은	저위험군	저지른	저위험군
④	저지른	고위험군	저지르지 않은	저위험군
⑤	저지른	저위험군	저지르지 않은	고위험군

독해 　　 빈칸 추론

09 다음 글의 빈칸에 들어갈 내용으로 가장 적절한 것은?

갑 : 안녕하십니까. 저는 시청 토목정책과에 근무합니다. 부정 청탁을 받은 때는 신고해야 한다고 들었습니다.

을 : 예, 「부정청탁 및 금품등 수수의 금지에 관한 법률」(이하 '청탁금지법')에서는, 공직자가 부정 청탁을 받았을 때는 명확히 거절 의사를 표현해야 하고, 그랬는데도 상대방이 이후에 다시 동일한 부정 청탁을 해 온다면 소속 기관의 장에게 신고해야 한다고 규정합니다.

갑 : '금품등'에는 접대와 같은 향응도 포함되지요?

을 : 물론이지요. 청탁금지법에 따르면, 공직자는 동일인으로부터 명목에 상관없이 1회 100만 원 혹은 매 회계연도에 300만 원을 초과하는 금품이나 접대를 받을 수 없습니다. 직무 관련성이 있는 경우에는 100만 원 이하라도 대가성 여부와 관계없이 처벌을 받습니다.

갑 : '동일인'이라 하셨는데, 여러 사람이 청탁을 하는 경우는 어떻게 되나요?

을 : 받는 사람을 기준으로 하여 따지게 됩니다. 한 공직자에게 여러 사람이 동일한 부정 청탁을 하며 금품을 제공하려 하였을 때에도 이들의 출처가 같다고 볼 수 있다면 '동일인'으로 해석됩니다. 또한 여러 행위가 계속성 또는 시간적·공간적 근접성이 있다고 판단되면, 합쳐서 1회로 간주될 수 있습니다.

갑 : 실은, 연초에 있었던 지역 축제 때 저를 포함한 우리 시청 직원 90명은 행사에 참여한다는 차원으로 장터에 들러 1인당 8천 원씩을 지불하고 식사를 했는데, 이후에 그 식사는 X회사 사장인 A의 축제 후원금이 1인당 1만 2천 원씩 들어간 것이라는 사실을 알게 되었습니다. 이에 대하여는 결국 대가성 있는 접대도 아니고 직무 관련성도 없는 것으로 확정되었으며, 추가된 식사비도 축제 주최 측에 돌려주었습니다. 그리고 이달 초에는 Y회사의 임원인 B가 관급 공사 입찰을 도와달라고 청탁하면서 100만 원을 건네려 하길래 거절한 적이 있습니다. 그런데 어제는 고교 동창인 C가 찾아와 X회사 공장 부지의 용도 변경에 힘써 달라며 200만 원을 주려고 해서 단호히 거절하였습니다.

을 : 그러셨군요. 말씀하신 것을 바탕으로 설명드리겠습니다. 　　　　　　　　

① X회사로부터 받은 접대는 시간적·공간적 근접성으로 보아 청탁금지법을 위반한 향응을 받은 것이 됩니다.

② Y회사로부터 받은 제안의 내용은 청탁금지법상의 금품이라고는 할 수 없지만 향응에는 포함될 수 있습니다.

③ 청탁금지법상 A와 C는 동일인으로서 부정 청탁을 한 것이 됩니다.

④ 직무 관련성이 없다면 B와 C가 제시한 금액은 청탁금지법상의 허용 한도를 벗어나지 않습니다.

⑤ 현재는 청탁금지법상 C의 청탁을 신고할 의무가 생기지 않지만, C가 같은 청탁을 다시 한다면 신고해야 합니다.

독해 ▶ 내용 추론

10 다음 글의 ㉠에 해당하는 내용으로 가장 적절한 것은?

A시에 거주하면서 1세, 2세, 4세의 세 자녀를 기르는 갑은 육아를 위해 집에서 15 km 떨어진 키즈 카페인 B카페에 자주 방문한다. B카페는 지역 유일의 키즈 카페라서 언제나 50여 구획의 주차장이 꽉 찰 정도로 성업 중이다. 최근 자동차를 교체하게 된 갑은 친환경 추세에 부응하여 전기차로 구매하였는데, B카페는 전기차 충전 시설이 없었다. 세 자녀를 돌보느라 거주지에서의 자동차 충전 시기를 놓치는 때가 많은 갑은 이러한 불편함을 호소하며 B카페에 전기차 충전 시설 설치를 요청하였다. 하지만 B카페는, 충전 시설을 설치하고 싶지만 비용이 문제라서 A시의 「환경 친화적 자동차의 보급 및 이용 활성화를 위한 조례」(이하 '조례')에 따른 지원금이라도 받아야 간신히 설치할 수 있는 상황인데, 아래의 조문에서 보듯이 B카페는 그에 해당하지 않는다고 설명하였다.

> 「환경 친화적 자동차의 보급 및 이용 활성화를 위한 조례」
> 제9조(충전시설 설치대상) ① 주차단위구획 100개 이상을 갖춘 다음 각호의 시설은 전기자동차 충전시설을 설치하여야 한다.
>   1. 판매·운수·숙박·운동·위락·관광·휴게·문화시설
>   2. 500세대 이상의 아파트, 근린생활시설, 기숙사
> ② 시장은 제1항의 설치대상에 대하여는 설치비용의 반액을 지원하여야 한다.
> ③ 시장은 제1항의 설치대상에 해당하지 않는 사업장에 대하여도 전기자동차 충전시설의 설치를 권고할 수 있다.

갑은 영유아와 같이 보호가 필요한 이들이 많이 이용하는 키즈 카페 등과 같은 사업장에도 전기차 충전 시설의 설치를 지원해 줄 수 있는 근거를 조례에 마련해 달라는 민원을 제기하였다. 갑의 민원을 검토한 A시 의회는 관련 규정의 보완이 필요하다고 인정하여, ㉠조례 제9조를 개정하였고, B카페는 이에 근거한 지원금을 받아 전기차 충전 시설을 설치하게 되었다.

① 제1항 제3호로 "다중이용시설(극장, 음식점, 카페, 주점 등 불특정다수인이 이용하는 시설을 말한다)"을 신설

② 제1항 제3호로 "교통약자(장애인·고령자·임산부·영유아를 동반한 사람, 어린이 등 일상생활에서 이동에 불편을 느끼는 사람을 말한다)를 위한 시설"을 신설

③ 제4항으로 "시장은 제2항에 따른 지원을 할 때 교통약자(장애인·고령자·임산부·영유아를 동반한 사람, 어린이 등 일상생활에서 이동에 불편을 느끼는 사람을 말한다)를 위한 시설을 우선적으로 지원하여야 한다."를 신설

④ 제4항으로 "시장은 제3항의 권고를 받아들이는 사업장에 대하여는 설치비용의 60퍼센트를 지원하여야 한다."를 신설

⑤ 제4항으로 "시장은 전기자동차 충전시설의 의무 설치대상으로서 조기 설치를 희망하는 사업장에는 설치 비용의 전액을 지원할 수 있다."를 신설

명제 및 논리게임

정답 및 해설 p.271

기본 개념

1. 조건 명제

① **명제**: 참·거짓이 명확한 문장이나 식

> 예 서장훈은 키가 크다.(명제 ×)
> → 명제는 참·거짓이 명확해야 한다. 서장훈은 어떤 경우에는 키가 클 수 있고, 어떤 경우(하승진)에는 키가 상대적으로 작을 수 있기 때문에 명제가 아니다.

② 역·이·대우

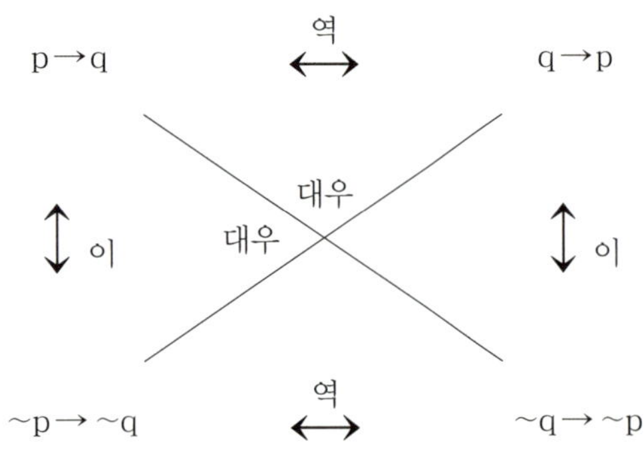

③ A ∧ B (연언 명제)

ⅰ) A와 B가 동시에 참이어야 결론이 참

ⅱ) A 또는 B 중에 하나라도 거짓이 있으면 결론이 거짓

T	T	∴ 결론 : T
T	F	∴ 결론 : F
F	T	∴ 결론 : F
F	F	∴ 결론 : F

④ A ∨ B (선언 명제)

ⅰ) A 또는 B 둘 중에 하나가 참이면 결론이 참

ⅱ) A와 B가 동시에 거짓이어야 결론이 거짓

T	T	∴ 결론 : T
T	F	∴ 결론 : T
F	T	∴ 결론 : T
F	F	∴ 결론 : F

⑤ 조건 명제의 참·거짓

p(전건) → q(후건) : p라면 반드시 q이어야 한다는 약속

조건 명제는 약속과 실제상황이 일치하는지 여부를 생각해야 한다. (하단 예시)

T	T	∴ T (비가 오면 길이 젖는다) 참
T	F	∴ F (비가 오는데 길은 안 젖었다) 거짓
F	T	∴ T (비가 안 왔는데 길은 청소 때문에 젖었다) 참
F	F	∴ T (비가 안 왔고, 길이 젖지 않았다) 참

> 예 취업을 하면 스포츠카를 사준다. → 참
> 취업을 했는데 스포츠카를 사주지 않았다. → 거짓
> 취업을 하지 않으면 스포츠카를 사준다. → 참
> ※ 취업을 한다는 조건 자체가 없기 때문에 약속이 깨졌다고 말할 수 없다. 논리적으로 참(배중률)
> 취업을 하지 않으면 스포츠카를 사주지 않는다.
> ※ 취업을 한다는 조건 자체가 없기 때문에 스포츠카를 사주는 상황 자체가 발생하지 않으므로 참

⑥ 모든 A는 B다.

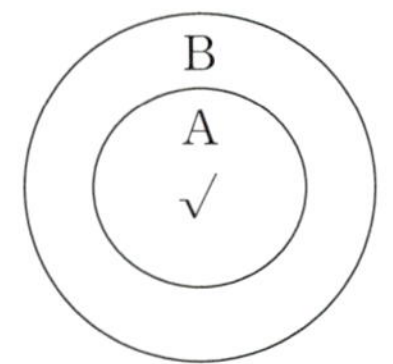

⑦ 어떤 A는 B다.

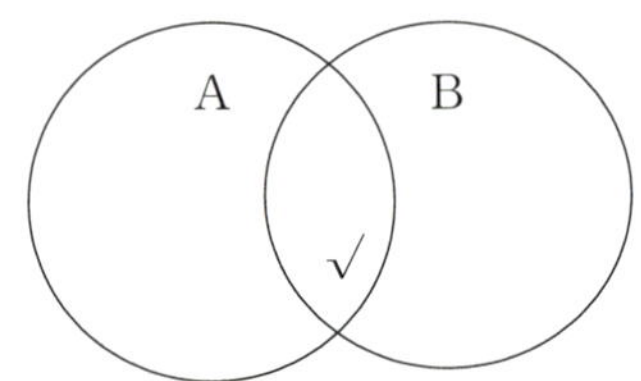

> 예 대학생 중에 노트북을 가진 학생이 있다.
> → 존재한다는 것을 알 수 있다.

⑧ 어떤 A도 B가 아니다. = 모든 A는 B가 아니다.

> 예 어떤 학생도 PC방을 가지 않는다. = 모든 학생이 PC방을 가지 않는다.
> → 어떤 = 모든

⑨ 모든 A가 B는 아니다. = 어떤 A는 B가 아니다.

> 예 모든 뚱뚱한 사람이 많이 먹는 것은 아니다. = 어떤 뚱뚱한 사람은 많이 먹지 않는다.
> → 모든 = 어떤

⑩ A만 B이다. = 모든 B는 A이다.

> 예 엄마가 오셔야만 밥을 먹는다.=밥을 먹으면 엄마가 오신다.
> → 엄마가 오시면 밥을 먹는다. (p → q(T))
> 엄마가 오셔야만 밥을 먹는다. (p → q(T))

2. 참·거짓

① **동일관계**: 참·거짓이 동일한 관계

　예 A : B의 말은 참이야.

② **모순관계**: 둘 다 참이 될 수 없는 관계

　예 A : B의 말은 거짓이야.

참·거짓 예제

예제 갑, 을, 병, 정이 한국, 일본, 중국, 미국에 대해 언어를 조사하려고 한다. 이들 진술 중 하나는 거짓이고 하나는 참일 때, 갑, 을, 병, 정이 조사하는 국가를 나열하면?

> 갑 : 나는 한국에 대해 조사하고, 을은 미국에 대해 조사한다.
>
> 을 : 나는 미국에 대해 조사하고, 정은 중국에 대해 조사한다.
>
> 병 : 나는 일본에 대해 조사하고, 갑은 미국에 대해 조사한다.
>
> 정 : 나는 한국에 대해 조사하고, 병은 중국에 대해 조사한다.

을은 미국에 대해서 조사한다는 언급이 갑과 을의 발언에서 동일함을 알 수 있다. 따라서 두 명의 진술이 연관이 있기 때문에 먼저 을이 미국에 대해 조사한다는 것이 참 또는 거짓이라고 가정하면 아래와 같이 도출된다.

ⅰ) 참일 경우

　갑 : 갑 한국조사(거짓), 을 미국조사(참)

　을 : 을 미국조사(참), 정 중국조사(거짓)

　병 : 병 일본조사(참), 갑 미국조사(거짓)

　정 : 정 한국조사(참), 병 중국조사(거짓)

ⅱ) 거짓일 경우

　갑 : 갑 한국조사(참), 을 미국조사(거짓)

　을 : 을 미국조사(거짓), 정 중국조사(참)

　병 : 병 일본조사(참), 갑 미국조사(거짓)

　정 : 정 한국조사(거짓), 병 중국조사(참)

한편, 다른 풀이로 모순관계로 찾을 수 있다.

ⅰ) 갑과 정의 진술을 살펴보면, 갑과 정의 발언이 모순됨을 알 수 있다. 갑 한국조사, 정 한국조사를 동일하게 언급하고 있으므로, 갑이 한국에 대해서 조사한다는 부분이 참이라는 가정하에 풀이하면

　갑 : 갑 한국(참), 을 미국(거짓)

　을 : 을 미국(참), 정 중국(거짓)

　병 : 병 일본(참), 갑 미국(거짓)

　정 : 정 한국(거짓), 병 중국(참)

ⅱ) 병은 중국조사에 대해서 참, 일본조사에 대해서도 참이기 때문에 모순이 발생한다. 따라서 갑이 한국에 대해서 조사한다는 점은 거짓이 된다. 갑이 한국에 대해서 조사한다는 부분이 거짓이라는 가정하에 풀이하면 다음과 같이 도출된다.

　갑 : 갑 한국(거짓), 을 미국(참)

　을 : 을 미국(참), 정 중국(거짓)

　병 : 병 일본(참), 갑 미국(거짓)

　정 : 정 한국(참), 병 중국(거짓)

따라서 갑은 중국, 을은 미국, 병은 일본, 정은 한국을 조사한다.

---

3. 강화·약화

강화	VS	약화
↓		↓
근거, 주장, 이유		근거, 주장, 이유
동일		반박

※ 무관 : 강화 ×, 약화 ×

조건제시형 　조건 명제

01 다음 글의 내용이 참일 때, 반드시 참인 것만을 〈보기〉에서 모두 고르면?

최근 두 주 동안 직원들은 다음 주에 있을 연례 정책 브리핑을 준비해 왔다. 브리핑의 내용과 진행에 관해 알려진 바는 다음과 같다. 개인건강정보 관리 방식 변경에 관한 가안이 정책제안에 포함된다면, 보건정보의 공적 관리에 관한 가안도 정책제안에 포함될 것이다. 그리고 정책제안을 위해 구성되었던 국민건강 2025 팀이 재편된다면, 앞에서 언급한 두 개의 가안이 모두 정책제안에 포함될 것이다. 개인건강정보 관리 방식 변경에 관한 가안이 정책제안에 포함되고 국민건강 2025 팀 리더인 최팀장이 다음 주 정책 브리핑을 총괄한다면, 프레젠테이션은 국민건강 2025 팀의 팀원인 손공정씨가 맡게 될 것이다. 그런데 보건정보의 공적 관리에 관한 가안이 정책제안에 포함될 경우, 국민건강 2025 팀이 재편되거나 다음 주 정책 브리핑을 위해 준비한 보도자료가 대폭 수정될 것이다. 한편, 직원들 사이에서는, 최팀장이 다음 주 정책 브리핑을 총괄하면 팀원 손공정씨가 프레젠테이션을 담당한다는 말이 돌았는데 그 말은 틀린 것으로 밝혀졌다.

─┤ 보기 ├─

ㄱ. 개인건강정보 관리 방식 변경에 관한 가안과 보건정보의 공적 관리에 관한 가안 중 어느 것도 정책제안에 포함되지 않는다.

ㄴ. 국민건강 2025 팀은 재편되지 않고, 이 팀의 최팀장이 다음 주 정책 브리핑을 총괄한다.

ㄷ. 보건정보의 공적 관리에 관한 가안이 정책제안에 포함된다면, 다음 주 정책 브리핑을 위해 준비한 보도자료가 대폭 수정될 것이다.

① ㄱ　　　　　　　　　② ㄴ
③ ㄱ, ㄷ　　　　　　　④ ㄴ, ㄷ
⑤ ㄱ, ㄴ, ㄷ

조건제시형 　조건 명제

02 다음 글의 갑 ~ 병에 대한 판단으로 적절한 것만을 〈보기〉에서 모두 고르면?

다음 두 삼단논법을 보자.
(1) 모든 춘천시민은 강원도민이다.
　　모든 강원도민은 한국인이다.
　　따라서 모든 춘천시민은 한국인이다.
(2) 모든 수학 고득점자는 우등생이다.
　　모든 과학 고득점자는 우등생이다.
　　따라서 모든 수학 고득점자는 과학 고득점자이다.

(1)은 타당한 삼단논법이지만 (2)는 부당한 삼단논법이다. 하지만 어떤 사람들은 (2)도 타당한 논증이라고 잘못 판단한다. 왜 이런 오류가 발생하는지 설명하기 위해 세 가지 입장이 제시되었다.

갑: 사람들은 '모든 A는 B이다'를 '모든 B는 A이다'로 잘못 바꾸는 경향이 있다. '어떤 A도 B가 아니다'나 '어떤 A는 B이다'라는 형태에서는 A와 B의 자리를 바꾸더라도 아무런 문제가 없다. 하지만 '모든 A는 B이다'라는 형태에서는 A와 B의 자리를 바꾸면 논리적 오류가 생겨난다.

을: 사람들은 '모든 A는 B이다'를 약한 의미로 이해해야 하는데도 강한 의미로 이해하는 잘못을 저지르는 경향이 있다. 여기서 약한 의미란 그것을 'A는 B에 포함된다'로 이해하는 것이고, 강한 의미란 그것을 'A는 B에 포함되고 또한 B는 A에 포함된다'는 뜻에서 'A와 B가 동일하다'로 이해하는 것이다.

병: 사람들은 전제가 모두 '모든 A는 B이다'라는 형태의 명제로 이루어진 것일 경우에는 결론도 그런 형태이기만 하면 타당하다고 생각하고, 전제 가운데 하나가 '어떤 A는 B이다'라는 형태의 명제로 이루어진 것일 경우에는 결론도 그런 형태이기만 하면 타당하다고 생각하는 경향이 있다.

┤ 보기 ├

ㄱ. 대다수의 사람이 "어떤 과학자는 운동선수이다. 어떤 철학자도 과학자가 아니다."라는 전제로부터 "어떤 철학자도 운동선수가 아니다."를 타당하게 도출할 수 있는 결론이라고 응답했다는 심리 실험 결과는 갑에 의해 설명된다.

ㄴ. 대다수의 사람이 "모든 적색 블록은 구멍이 난 블록이다. 모든 적색 블록은 삼각 블록이다."라는 전제로부터 "모든 구멍이 난 블록은 삼각 블록이다."를 타당하게 도출할 수 있는 결론이라고 응답했다는 심리 실험 결과는 을에 의해 설명된다.

ㄷ. 대다수의 사람이 "모든 물리학자는 과학자이다. 어떤 컴퓨터 프로그래머는 과학자이다."라는 전제로부터 "어떤 컴퓨터 프로그래머는 물리학자이다."를 타당하게 도출할 수 있는 결론이라고 응답했다는 심리 실험 결과는 병에 의해 설명된다.

① ㄱ   ② ㄷ
③ ㄱ, ㄴ   ④ ㄴ, ㄷ
⑤ ㄱ, ㄴ, ㄷ

조건제시형 ▶ 논증 구조

03 다음 글에 대한 분석으로 적절한 것만을 〈보기〉에서 모두 고르면?

'자연화'란 자연과학의 방법론에 따라 자연과학이 수용하는 존재론을 토대 삼아 연구를 수행한다는 의미이다. 심리학을 자연과학의 하나라고 생각하는 철학자 A는, 인식론의 자연화를 주장하기 위해 다음의 〈논증〉을 제시하였다.

〈논증〉
(1) 전통적 인식론은 적어도 다음의 두 가지 목표를 가진다. 첫째, 세계에 관한 믿음을 정당화하는 것이고, 둘째, 세계에 관한 믿음을 나타내는 문장을 감각 경험을 나타내는 문장으로 번역하는 것이다.
(2) 전통적 인식론은 첫째 목표도 달성할 수 없고 둘째 목표도 달성할 수 없다.
(3) 만약 전통적 인식론이 이 두 가지 목표 중 어느 하나라도 달성할 수가 없다면, 전통적 인식론은 폐기되어야 한다.
(4) 전통적 인식론은 폐기되어야 한다.
(5) 만약 전통적 인식론이 폐기되어야 한다면, 인식론자는 전통적 인식론 대신 심리학을 연구해야 한다.
(6) 인식론자는 전통적 인식론 대신 심리학을 연구해야 한다.

┤ 보기 ├

ㄱ. 전통적 인식론의 목표에 (1)의 '두 가지 목표' 외에 "세계에 관한 믿음이 형성되는 과정을 규명하는 것"이 추가된다면, 위 논증에서 (6)은 도출되지 않는다.

ㄴ. (2)를 "전통적 인식론은 첫째 목표를 달성할 수 없거나 둘째 목표를 달성할 수 없다."로 바꾸어도 위 논증에서 (6)이 도출된다.

ㄷ. (4)는 논증 안의 어떤 진술들로부터 나오는 결론일 뿐만 아니라 논증 안의 다른 진술의 전제이기도 하다.

① ㄱ   ② ㄷ
③ ㄱ, ㄴ   ④ ㄴ, ㄷ
⑤ ㄱ, ㄴ, ㄷ

조건제시형 | 형식 논리

04 다음 글에 대한 분석으로 적절한 것만을 〈보기〉에서 모두 고르면?

어떤 사람이 당신에게 다음과 같이 제안했다고 하자. 당신은 호화 여행을 즐기게 된다. 다만 먼저 10만 원을 내야 한다. 여기에 하나의 추가 조건이 있다. 그것은 제안자의 말인 아래의 (1)이 참이면 그는 10만 원을 돌려주지 않고 약속대로 호화 여행은 제공하는 반면, (1)이 거짓이면 그는 10만 원을 돌려주고 약속대로 호화 여행도 제공한다는 것이다.

(1) 나는 당신에게 10만 원을 돌려주거나 ⓐ <u>당신은 나에게 10억 원을 지불한다.</u>

당신은 이 제안을 받아들였고 10만 원을 그에게 주었다.

이때 어떤 결과가 따를지 검토해 보자. (1)은 참이거나 거짓일 것이다. (1)이 거짓이라고 가정해 보자. 그러면 추가 조건에 따라 그는 당신에게 10만 원을 돌려준다. 또한 가정상 (1)이 거짓이므로, ㉠ <u>그는 당신에게 10만 원을 돌려주지 않는다.</u> 결국 (1)이 거짓이라고 가정하면 그는 당신에게 10만 원을 돌려준다는 것과 돌려주지 않는다는 것이 모두 성립한다. 이는 가능하지 않다. 따라서 ㉡ <u>(1)은 참일 수밖에 없다.</u> 그런데 (1)이 참이라면 추가 조건에 따라 그는 당신에게 10만 원을 돌려주지 않는다. 따라서 ⓐ가 반드시 참이어야 한다. 즉, ㉢ <u>당신은 그에게 10억 원을 지불한다.</u>

┤ 보기 ├

ㄱ. ㉠을 추론하는 데는 'A이거나 B'의 형식을 가진 문장이 거짓이면 A도 B도 모두 반드시 거짓이라는 원리가 사용되었다.

ㄴ. ㉡을 추론하는 데는 어떤 가정하에서 같은 문장의 긍정과 부정이 모두 성립하는 경우 그 가정의 부정은 반드시 참이라는 원리가 사용되었다.

ㄷ. ㉢을 추론하는 데는 'A이거나 B'라는 형식의 참인 문장에서 A가 거짓인 경우 B는 반드시 참이라는 원리가 사용되었다.

① ㄱ

② ㄷ

③ ㄱ, ㄴ

④ ㄴ, ㄷ

⑤ ㄱ, ㄴ, ㄷ

독해 | 빈칸 추론

05 다음은 글의 빈칸에 들어갈 내용으로 가장 적절한 것은?

민간 문화 교류 증진을 목적으로 열리는 국제 예술 공연의 개최가 확정되었다. 이번 공연이 민간 문화 교류 증진을 목적으로 열린다면, 공연 예술단의 수석대표는 정부 관료가 맡아서는 안 된다. 만일 공연이 민간 문화 교류 증진을 목적으로 열리고 공연 예술단의 수석대표는 정부 관료가 맡아서는 안 된다면, 공연 예술단의 수석대표는 고전음악 지휘자나 대중음악 제작자가 맡아야 한다. 현재 정부 관료 가운데 고전음악 지휘자나 대중음악 제작자는 없다. 예술단에 수석대표는 반드시 있어야 하며 두 사람 이상이 공동으로 맡을 수도 있다. 전체 세대를 아우를 수 있는 사람이 아니라면 수석대표를 맡아서는 안 된다. 전체 세대를 아우를 수 있는 사람이 극히 드물기에, 위에 나열된 조건을 다 갖춘 사람은 모두 수석대표를 맡는다.

누가 공연 예술단의 수석대표를 맡을 것인가와 더불어, 참가하는 예술인이 누구인가도 많은 관심의 대상이다. 그런데 아이돌 그룹 A가 공연 예술단에 참가하는 것은 분명하다. 왜냐하면 만일 갑이나 을이 수석대표를 맡는다면 A가 공연 예술단에 참가하는데, [   ] 때문이다.

① 갑은 고전음악 지휘자이며 전체 세대를 아우를 수 있기

② 갑이나 을은 대중음악 제작자 또는 고전음악 지휘자이기

③ 갑과 을은 둘 다 정부 관료가 아니며 전체 세대를 아우를 수 있기

④ 을이 대중음악 제작자가 아니라면 전체 세대를 아우를 수 없을 것이기

⑤ 대중음악 제작자나 고전음악 지휘자라면 누구나 전체 세대를 아우를 수 있기

조건제시형 ▶ 참·거짓

06 다음 글의 내용이 참일 때, 반드시 참인 것만을 〈보기〉에서 모두 고르면?

A 기술원 해수자원화기술 연구센터는 2014년 세계 최초로 해수전지 원천 기술을 개발한 바 있다. 연구센터는 해수전지 상용화를 위한 학술대회를 열었는데 학술대회로 연구원들이 자리를 비운 사이 누군가 해수전지 상용화를 위한 핵심 기술이 들어 있는 기밀 자료를 훔쳐 갔다. 경찰은 수사 끝에 바다, 다은, 은경, 경아를 용의자로 지목해 학술대회 당일의 상황을 물으며 이들을 심문했는데 이들의 답변은 아래와 같았다.

바다: 학술대회에서 발표된 상용화 아이디어 중 적어도 하나는 학술대회에 참석한 모든 사람들의 관심을 받았어요. 다은은 범인이 아니에요.

다은: 학술대회에 참석한 사람들은 누구나 학술대회에서 발표된 하나 이상의 상용화 아이디어에 관심을 가졌어요. 범인은 은경이거나 경아예요.

은경: 학술대회에 참석한 몇몇 사람은 학술대회에서 발표된 상용화 아이디어 중 적어도 하나에 관심이 있었어요. 경아는 범인이 아니에요.

경아: 학술대회에 참석한 모든 사람들이 어떤 상용화 아이디어에도 관심이 없었어요. 범인은 바다예요.

수사 결과 이들은 각각 참만을 말하거나 거짓만을 말한 것으로 드러났다. 그리고 네 명 중 한 명만 범인이었다는 것이 밝혀졌다.

─┤ 보기 ├─

ㄱ. 바다와 은경의 말이 모두 참일 수 있다.

ㄴ. 다은과 은경의 말이 모두 참인 것은 가능하지 않다.

ㄷ. 용의자 중 거짓말한 사람이 단 한 명이면, 은경이 범인이다.

① ㄱ   ② ㄴ

③ ㄱ, ㄷ   ④ ㄴ, ㄷ

⑤ ㄱ, ㄴ, ㄷ

조건제시형 ▶ 참·거짓

07 다음 글의 내용이 참일 때, 반드시 참인 것은?

A, B, C, D를 포함해 총 8명이 학회에 참석했다. 이들에 관해서 알려진 정보는 다음과 같다.

- 아인슈타인 해석, 많은 세계 해석, 코펜하겐 해석, 보른해석 말고도 다른 해석들이 있고, 학회에 참석한 이들은 각각 하나의 해석만을 받아들인다.
- 상태 오그라듦 가설을 받아들이는 이들은 모두 5명이고, 나머지는 이 가설을 받아들이지 않는다.
- 상태 오그라듦 가설을 받아들이는 이들은 코펜하겐 해석이나 보른 해석을 받아들인다.
- 코펜하겐 해석이나 보른 해석을 받아들이는 이들은 상태 오그라듦 가설을 받아들인다.
- B는 코펜하겐 해석을 받아들이고, C는 보른 해석을 받아들인다.
- A와 D는 상태 오그라듦 가설을 받아들인다.
- 아인슈타인 해석을 받아들이는 이가 있다.

① 적어도 한 명은 많은 세계 해석을 받아들인다.

② 만일 보른 해석을 받아들이는 이가 두 명이면, A와 D가 받아들이는 해석은 다르다.

③ 만일 A와 D가 받아들이는 해석이 다르다면, 적어도 두 명은 코펜하겐 해석을 받아들인다.

④ 만일 오직 한 명만이 많은 세계 해석을 받아들인다면, 아인슈타인 해석을 받아들이는 이는 두 명이다.

⑤ 만일 코펜하겐 해석을 받아들이는 이가 세 명이면, A와 D 가운데 적어도 한 명은 보른 해석을 받아들인다.

독해 ▶ 강화·약화

08 다음 글을 읽고 물음에 답하시오.

미국의 일부 주에서 판사는 형량을 결정하거나 가석방을 허가하는 판단의 보조 자료로 양형 보조 프로그램 X를 활용한다. X는 유죄가 선고된 범죄자를 대상으로 그 사람의 재범 확률을 추정하여 그 결과를 최저 위험군을 뜻하는 1에서 최고 위험군을 뜻하는 10까지의 위험 지수로 평가한다.

2016년 A는 X를 활용하는 플로리다 주 법정에서 선고받았던 7천여 명의 초범들을 대상으로 X의 예측 결과와 석방 후 2년간의 실제 재범 여부를 조사했다. 이 조사 결과를 토대로 한 ㉠A의 주장은 X가 흑인과 백인을 차별한다는 것이다. 첫째 근거는 백인의 경우 위험 지수 1로 평가된 사람이 가장 많고 10까지 그 비율이 차츰 감소한 데 비하여 흑인의 위험 지수는 1부터 10까지 고르게 분포되었다는 관찰 결과이다. 즉 고위험군으로 분류된 사람의 비율이 백인보다 흑인이 더 크다는 것이었다. 둘째 근거는 예측의 오류와 관련된 것이다. 2년 이내 재범을 | (가) | 사람 중에서 | (나) |으로 잘못 분류되었던 사람의 비율은 흑인의 경우 45%인 반면 백인은 23%에 불과했고, 2년 이내 재범을 | (다) | 사람 중에서 | (라) |으로 잘못 분류되었던 사람의 비율은 흑인의 경우 28%인 반면 백인은 48%로 훨씬 컸다. 종합하자면, 재범을 저지른 사람이든 그렇지 않은 사람이든, 흑인은 편파적으로 고위험군으로 분류된 반면 백인은 편파적으로 저위험군으로 분류된 것이다.

X를 개발한 B는 A의 주장을 반박하는 논문을 발표하였다. B는 X의 목적이 재범 가능성에 대한 예측의 정확성을 높이는 것이며, 그 정확성에는 인종 간에 차이가 나타나지 않는다고 주장했다. B에 따르면, 예측의 정확성을 판단하는 데 있어 중요한 것은 고위험군으로 분류된 사람 중 2년 이내 재범을 저지른 사람의 비율과 저위험군으로 분류된 사람 중 2년 이내 재범을 저지르지 않은 사람의 비율이다. B는 전자의 비율이 백인 59%, 흑인 63%, 후자의 비율이 백인 71%, 흑인 65%라고 분석하고, 이 비율들은 인종 간에 유의미한 차이를 드러내지 않는다고 주장했다. 또 B는 X에 의해서 고위험군 혹은 저위험군으로 분류되기 이전의 흑인과 백인의 재범률, 즉 흑인의 기저재범률과 백인의 기저재범률 간에는 이미 상당한 차이가 있었으며, 이런

애초의 차이가 A가 언급한 예측의 오류 차이를 만들어 냈다고 설명한다. 결국 ㉡B의 주장은 X가 편파적으로 흑인과 백인의 위험 지수를 평가하지 않는다는 것이다.

하지만 기저재범률의 차이로 인종 간 위험 지수의 차이를 설명하여, X가 인종차별적이라는 주장을 반박하는 것은 잘못이다. 기저재범률에는 미국 사회의 오래된 인종차별적 특징, 즉 흑인이 백인보다 범죄자가 되기 쉬운 사회 환경이 반영되어 있기 때문이다. 처음 범죄를 저질러서 재판을 받아야 하는 흑인을 생각해 보자. 그의 위험 지수를 판정할 때 사용되는 기저재범률은 그와 전혀 상관없는 다른 흑인들이 만들어 낸 것이다. 그런 기저재범률이 전혀 상관없는 사람의 형량이나 가석방 여부에 영향을 주는 것은 잘못이다. 더 나아가 이런 식으로 위험 지수를 평가받아 형량이 정해진 흑인들은 더 오랜 기간 교도소에 있게 될 것이며, 향후 재판받을 흑인들의 위험 지수를 더욱 높이는 결과를 가져오게 될 것이다. 따라서 ㉢X의 지속적인 사용은 미국 사회의 인종차별을 고착화한다.

윗글의 ㉠ ~ ㉢에 대한 평가로 적절한 것만을 〈보기〉에서 모두 고르면?

| 보기 |

ㄱ. 강력 범죄자 중 위험지수가 10으로 평가된 사람의 비율이 흑인과 백인 사이에 차이가 없다면, ㉠은 강화된다.

ㄴ. 흑인의 기저재범률이 높을수록 흑인에 대한 X의 재범 가능성 예측이 더 정확해진다면, ㉡은 약화된다.

ㄷ. X가 특정 범죄자의 재범률을 평가할 때 사용하는 기저재범률이 동종 범죄를 저지른 사람들로부터 얻은 것이라면, ㉢은 강화되지 않는다.

① ㄱ   ② ㄷ
③ ㄱ, ㄴ   ④ ㄴ, ㄷ
⑤ ㄱ, ㄴ, ㄷ

독해 | 강화·약화

09 다음 글의 〈실험 결과〉에 대한 판단으로 적절한 것만을 〈보기〉에서 모두 고르면?

박쥐 X가 잡아먹을 수컷 개구리의 위치를 찾기 위해 사용하는 방법에는 두 가지가 있다. 하나는 수컷 개구리의 울음소리를 듣고 위치를 찾아내는 '음탐지' 방법이다. 다른 하나는 X가 초음파를 사용하여, 울음소리를 낼 때 커졌다 작아졌다 하는 울음주머니의 움직임을 포착하여 위치를 찾아내는 '초음파탐지' 방법이다. 울음주머니의 움직임이 없으면 이 방법으로 수컷 개구리의 위치를 찾을 수 없다.

〈실험〉

한 과학자가 수컷 개구리를 모방한 두 종류의 로봇개구리를 제작했다. 로봇개구리 A는 수컷 개구리의 울음소리를 내고, 커졌다 작아졌다 하는 울음주머니도 가지고 있다. 로봇개구리 B는 수컷 개구리의 울음소리만 내고, 커졌다 작아졌다 하는 울음주머니는 없다. 같은 수의 A 또는 B를 크기는 같지만 서로 다른 환경의 세 방 안에 같은 위치에 두었다. 세 방의 환경은 다음과 같다.

- 방1: 로봇개구리 소리만 들리는 환경
- 방2: 로봇개구리 소리뿐만 아니라, 로봇개구리가 있는 곳과 다른 위치에서 로봇개구리 소리와 같은 소리가 추가로 들리는 환경
- 방3: 로봇개구리 소리뿐만 아니라, 로봇개구리가 있는 곳과 다른 위치에서 로봇개구리 소리와 전혀 다른 소리가 추가로 들리는 환경

각 방에 같은 수의 X를 넣고 실제로 로봇개구리를 잡아먹기 위해 공격하는 데 걸리는 평균 시간을 측정했다. X가 로봇개구리의 위치를 빨리 알아낼수록 공격하는 데 걸리는 시간은 짧다.

〈실험 결과〉

- 방1: A를 넣은 경우는 3.4초였고 B를 넣은 경우는 3.3초로 둘 사이에 유의미한 차이는 없었다.
- 방2: A를 넣은 경우는 8.2초였고 B를 넣은 경우는 공격하지 않았다.
- 방3: A를 넣은 경우는 3.4초였고 B를 넣은 경우는 3.3초로 둘 사이에 유의미한 차이는 없었다.

| 보기 |

ㄱ. 방1과 2의 〈실험 결과〉는, X가 음탐지 방법이 방해를 받는 환경에서는 초음파탐지 방법을 사용한다는 가설을 강화한다.

ㄴ. 방2와 3의 〈실험 결과〉는, X가 소리의 종류를 구별할 수 있다는 가설을 강화한다.

ㄷ. 방1과 3의 〈실험 결과〉는, 수컷 개구리의 울음소리와 전혀 다른 소리가 들리는 환경에서는 X가 초음파탐지 방법을 사용한다는 가설을 강화한다.

① ㄱ   ② ㄷ
③ ㄱ, ㄴ   ④ ㄴ, ㄷ
⑤ ㄱ, ㄴ, ㄷ

정답 및 해설 p.281

독해 · **견해평가**

2021년 7급 PSAT 언어논리 나책형 14번

10 다음 글의 ㉠과 ㉡에 대한 평가로 적절한 것만을 〈보기〉에서 모두 고르면?

> 연역과 귀납, 이 두 종류의 방법은 지적 작업에서 사용될 수 있는 모든 추론을 포괄한다. 철학과 과학을 비롯한 모든 지적 작업에 연역적 방법이 필수적이라는 것을 부정하는 사람은 아무도 없다. 귀납적 방법의 경우 사정은 크게 다르다. 귀납적 방법이 철학적 작업에 들어설 여지가 없다고 믿는 사람이 있는가 하면, 한 걸음 더 나아가 어떠한 지적 작업에도 귀납적 방법이 불필요하다고 주장하는 사람들도 있다.
>
> ㉠귀납적 방법이 철학이라는 지적 작업에서 불필요하다는 견해는 독단적인 철학관에 근거한다. 이런 견해에 따르면 철학적 주장의 정당성은 선험적인 것으로, 경험적 지식을 확장하기 위해 사용되는 귀납적 방법에 의존할 수 없다. 그러나 이런 견해는 철학적 주장이 경험적 가설에 의존해서는 안 된다는 부당하게 편협한 철학관과 '귀납적 방법'의 모호성을 딛고 서 있다. 실제로 철학사에 나타나는 목적론적 신 존재 증명이나 외부 세계의 존재에 관한 형이상학적 논증 가운데는 귀납적 방법인 유비 논증과 귀추법을 교묘히 적용하고 있는 것도 있다.
>
> ㉡모든 지적 작업에서 귀납적 방법의 필요성을 부정하는 견해는 중요한 철학적 성과를 낳기도 하였다. 포퍼의 철학이 그런 사례 가운데 하나이다. 포퍼는 귀납적 방법의 정당화 가능성에 관한 회의적 결론을 받아들이고, 과학의 탐구가 귀납적 방법으로 진행된다는 견해는 근거가 없음을 보인다. 그에 따르면, 과학의 탐구 과정은 연역 논리 법칙에 따라 전개되는 추측과 반박의 작업으로 이루어진다. 이런 포퍼의 이론은 귀납적 방법의 필요성에 대한 전면적인 부정이 낳을 수 있는 흥미로운 결과 가운데 하나라고 할 수 있다.

─┤ 보기 ├─

ㄱ. 과학의 탐구가 귀납적 방법에 의해 진행된다는 주장은 ㉠을 반박한다.

ㄴ. 철학의 일부 논증에서 귀추법의 사용이 불가피하다는 주장은 ㉡을 반박한다.

ㄷ. 연역 논리와 경험적 가설 모두에 의존하는 지적 작업이 있다는 주장은 ㉠과 ㉡을 모두 반박한다.

① ㄱ   ② ㄴ
③ ㄱ, ㄷ   ④ ㄴ, ㄷ
⑤ ㄱ, ㄴ, ㄷ

독해 ▷ 견해평가

11 다음 글의 〈논쟁〉에 대한 분석으로 적절한 것만을 〈보기〉에서 모두 고르면?

> 갑과 을은 「위원회의 운영에 관한 규정」 제8조에 대한 해석을 놓고 논쟁하고 있다. 그 조문은 다음과 같다.
>
>> 제8조(위원장 및 위원) ① 위원장은 위촉된 위원들 중에서 투표로 선출한다.
>> ② 위원장과 위원은 한 차례만 연임할 수 있다.
>> ③ 위원장의 사임 등으로 보선된 위원장의 임기는 전임 위원장 임기의 남은 기간으로 한다.

〈논쟁〉

쟁점 1 : A는 위원을 한 차례 연임하던 중 그 임기의 마지막 해에 위원장으로 선출되어, 2년에 걸쳐 위원장으로 활동하고 있다. 이에 대해, 갑은 A가 규정을 어기고 있다고 주장하지만, 을은 그렇지 않다고 주장한다.

쟁점 2 : B가 위원장을 한 차례 연임하여 활동하던 중에 연임될 때의 투표 절차가 적법하지 않다는 이유로 위원장의 직위가 해제되었는데, 이후의 보선에 B가 출마하였다. 이에 대해, 갑은 B가 선출되면 규정을 어기게 된다고 주장하지만, 을은 그렇지 않다고 주장한다.

쟁점 3 : C는 위원장을 한 차례 연임하였고, 다음 위원장으로 선출된 D는 임기 만료 직전에 사퇴하였는데, 이후의 보선에 C가 출마하였다. 이에 대해, 갑은 C가 선출되면 규정을 어기게 된다고 주장하지만, 을은 그렇지 않다고 주장한다.

⊣ 보기 ├

ㄱ. 쟁점 1과 관련하여, 갑은 위원으로서의 임기가 종료되면 위원장으로서의 자격도 없는 것으로 생각하지만, 을은 위원장이 되는 경우에는 그 임기나 연임 제한이 새롭게 산정된다고 생각하기 때문이라고 하면, 갑과 을 사이의 주장 불일치를 설명할 수 있다.

ㄴ. 쟁점 2와 관련하여, 갑은 위원장이 부적법한 절차로 당선되었더라도 그것이 연임 횟수에 포함된다고 생각하지만, 을은 그렇지 않다고 생각하기 때문이라고 하면, 갑과 을 사이의 주장 불일치를 설명할 수 있다.

ㄷ. 쟁점 3과 관련하여, 위원장 연임 제한의 의미가 '단절되는 일 없이 세 차례 연속하여 위원장이 되는 것만을 막는다'는 것으로 확정된다면, 갑의 주장은 옳고, 을의 주장은 그르다.

① ㄱ   ② ㄷ
③ ㄱ, ㄴ   ④ ㄴ, ㄷ
⑤ ㄱ, ㄴ, ㄷ

박민제 PSAT

Basic 6.5

02

2025 국가직
7급 PSAT 기출문제
(2025년 7월 시행)

01 **다음 글에서 알 수 있는 것은?**

신라 수도였던 경주에는 기원후 4세기 후반에서 5세기 초 사이에 조성된 고분이 많은데, 이곳에서 당시 서아시아 사산조 페르시아에서 유행하던 양식의 물건이 많이 나왔다. 실제로 황남대총에서는 길쭉한 금판에 터키석으로 장식한 팔찌가 나왔는데, 사산조 페르시아 귀족들이 쓰던 팔찌와 그 모양이 같다. 계림로 14호 고분에서도 손잡이에 석류석이 박혀 있고 칼집 입구에 길쭉한 직사각형의 장식물이 붙은 보검이 나왔다. 이 역시 사산조 페르시아에서 유행한 모양 그대로이다.

이런 유물이 신라 고분에서 나온 이유는 무엇일까? 혹자는 신라에 수많은 서아시아인이 살면서 사산조 페르시아산 물건을 팔았기 때문이라고 말한다. 하지만 4세기 후반과 5세기 초 사이에 서아시아인이 신라에 살았다는 증거는 없다. 당시 서아시아인이 신라에 오는 것은 사실상 불가능에 가까운 일이었다.

4세기 후반 신라의 왕은 내물마립간이었다. 그는 고구려와 가깝게 지내면서 군사·외교적으로 큰 도움을 받았는데, 377년에 고구려 소수림왕의 허락을 받아 사신을 고구려 영토를 거쳐 전진에 보내는 데 성공했다. 이때 신라 사신은 전진의 황제 부견을 알현해 내물마립간의 친서를 전달했다. 부견은 370년에 중국 화북 지역을 장악한 뒤 곧바로 서쪽으로 진출해 서역의 여러 나라를 정복했으며, 실크로드를 통해 사산조 페르시아와 교류했다. 그 영향으로 신라 사신이 방문하기 얼마 전부터 전진에는 무려 만여 명에 달하는 사산조 페르시아 사람이 들어와 살기 시작했다. 내물마립간이 보낸 사신은 이들로부터 사산조 페르시아에서 유행하던 양식을 갖춘 보검과 팔찌를 사들여왔으며, 이 물건들이 황남대총과 계림로 14호 고분에 부장되었다가 오늘날에 이르러 발굴된 것이다.

① 전진의 황제 부견은 신라의 왕 내물마립간이 보낸 사신을 만난 일이 있다.

② 경주에 소재한 계림로 14호 고분에서 터키석으로 장식된 팔찌가 출토되었다.

③ 사산조 페르시아는 전진과 함께 서역의 여러 나라를 정복하고 실크로드를 개척했다.

④ 고구려 소수림왕은 신라의 요청을 받아들여 전진에 사신을 보내 서아시아 지역에서 제작된 보검을 구해 주었다.

⑤ 신라 사신은 부견의 도움으로 서아시아산 물건을 구해달라는 내용의 친서를 사산조 페르시아에 보낼 수 있었다.

02 다음 글의 내용과 부합하는 것은?

우리 역사상 최초의 국가인 고조선이 성장할 무렵 한반도 중·북부와 만주 곳곳에 '예족'이라는 종족이 살았으며, 그 가운데 오늘날의 함경도 일대에 있던 집단들을 통칭해 동예라고 부른다. 이들은 기원전 2세기 무렵 고조선에 복속되었는데, 고조선은 동예가 중국의 한(漢)과 직접 교역하지 못하게 막고 무역 이권을 독점했다. 이에 분노한 한 무제는 기원전 108년 고조선을 멸한 뒤 낙랑군을 비롯한 몇 개의 군현을 설치했다. 이때 한 무제는 동예가 있는 곳에 임둔군을 설치하고 그 아래에 여러 개의 현을 두었다. 그러나 한은 임둔군을 유지하는 데 너무 큰 비용이 든다고 여겨 기원전 82년 임둔군을 없앤 뒤 그에 속한 현들을 낙랑군에 넘겨 관리하게 했다. 하지만 낙랑군도 동예가 너무 험준한 곳에 있어서 관리를 보내기 어렵다고 판단했다. 이에 그곳에서 가장 강한 불내라는 집단의 우두머리에게 '불내후'라는 직위를 주어 동예의 모든 집단을 관리하게 하고, 불내후가 있는 곳에 동부도위라는 기구를 두어 그 동향을 감시하는 데 그쳤다. 그런데 불내후도 동예의 모든 집단을 직접 지배할 정도로 세력이 크지 않았기 때문에 각 집단에 자치권을 주고 집단들 사이에 발생하는 분쟁을 중재하는 역할만 했다.

이후 낙랑군은 동부도위를 유지하는 데 큰 비용이 든다는 이유로 기원후 30년에 이를 없애고, 동예의 모든 집단으로부터 우호 세력으로 남겠다는 다짐을 받아낸 뒤 독립시켜 주었다. 그러나 이들은 그 약속을 지키지 않고 불내후를 중심으로 뭉쳐 낙랑군을 여러 차례 공격했다. 거듭된 공격에 시달리던 낙랑군은 기원후 245년 대대적으로 군사를 일으켜 동예를 공격했으며, 이때 불내를 비롯한 동예의 모든 집단이 낙랑군에 항복했다. 이로써 동예는 낙랑군의 직접 지배 아래에 들어가게 되었는데, 이후 낙랑군이 고구려에 의해 정복되어 사라지게 되면서 동예가 있던 곳도 고구려 땅이 되었다.

① 불내라는 집단이 있던 곳은 고구려에 의해 낙랑군이 멸망한 뒤 고구려 영토가 되었다.

② 불내후는 오늘날의 함경도 일대에 살던 예족을 직접 다스리기 위해 낙랑군을 두었다.

③ 고구려는 낙랑군을 정복한 뒤 그 지역을 다스리기 위해 동부도위라는 기구를 설치했다.

④ 고조선은 주변에 거주하는 예족의 여러 집단이 복속하자 그들을 다스리기 위해 임둔군을 설치했다.

⑤ 한 무제는 동예가 고조선과 한의 교역을 중간에서 막고 무역 이권을 독점하는 것에 분노해 동예를 정복했다.

03 다음 글에서 추론할 수 있는 것은?

우리 사회에는 다양한 연령, 신체 조건, 인지능력, 언어능력 등을 지닌 사람들이 함께 살아가고 있다. '유니버설디자인'은 제품과 서비스 등을 디자인할 때 다양한 특성을 지닌 사람들을 모두 포용해야 한다는 관점에서 디자인하는 것이다. 이 용어를 처음 사용한 사람은 미국의 건축가인데, 휠체어를 이용하는 장애인인 그는 장애인을 위해 디자인된 제품이나 서비스가 오히려 그들을 사회에서 격리하거나 소외하는 것을 자주 목격했다. 이에 장애인을 위한 특별한 디자인보다는 모든 사람이 사용할 수 있는 디자인을 만들어야 한다고 생각하고 유니버설디자인을 주장한 것이다.

이와 동일한 관점이 유럽에서는 '인클루시브디자인' 또는 '모두를위한디자인'이라는 용어로 제시된다. 영국 표준연구소의 정의에 따르면, 인클루시브디자인은 디자인을 특화할 필요 없이 최대한 많은 사람들이 접근하고 사용할 수 있도록 제품과 서비스를 디자인하는 것을 의미한다. 용어만 다를 뿐, 고령자, 어린이, 장애인, 임산부, 외국인 등 모두가 사용할 수 있는 디자인을 추구함으로써 인간의 존엄성을 지키고 평등을 실현하려 한다는 점에서 유니버설디자인과 관점이 동일하다.

이러한 디자인 관점은 사용상 걸림돌이 되는 요소를 제거하는 데 초점을 맞추어 온 기존의 '배리어프리디자인'보다 발전된 문제의식을 보여준다. 배리어프리디자인도 고령자 등이 일상에서 겪는 어려움을 해결하는 데 큰 기여를 했지만, 배리어프리디자인이 적용된 제품을 사용하는 과정에서 신체적 특성이 부각되거나 차별감을 느낄 수 있기 때문이다. 휠체어 사용자를 위해 지하철역 계단에 설치된 리프트가 이에 해당한다. 유니버설디자인의 관점은, 배리어프리디자인처럼 사용자를 다르게 취급하는 디자인은 좋은 해결책이 아니라고 본다. 휠체어 사용자를 포함하여 모두가 이용할 수 있는 엘리베이터가 그렇지 않은 리프트보다 바람직한 디자인이라는 것이다.

그러나 하나의 디자인을 모든 사람들이 사용할 수 있도록 만드는 일은 현실적으로 대단히 어렵다. 따라서 배제되는 사람을 최소화할 수 있는 제품과 서비스를 디자인하는 것이 유니버설디자인의 현실적 목표라고 할 수 있다. 예컨대, 원형 손잡이가 아니라 손에 장애가 있거나 양손에 물건을 든 사람도 위에서 살짝 누르기만 하면 문을 열 수 있는 레버형 손잡이가 유니버설디자인이 추구하는 해결책이다.

① 배리어프리디자인을 적용한 제품은 모두 인클루시브디자인이 적용된 제품이다.
② 배리어프리디자인이 적용된 제품을 쓰는 장애인은 차별받는 기분을 느끼지 않는다.
③ 장애인 화장실 대신 장애인과 비장애인 모두가 사용할 수 있는 화장실을 설치하는 것은 유니버설디자인을 추구한 사례이다.
④ 휠체어 사용자를 위해 주출입구 계단과 떨어진 곳에 별도로 설치된 경사로는 인클루시브디자인이 적용된 사례이다.
⑤ 유니버설디자인의 관점은 모두를위한디자인의 관점보다 다양한 특성의 사람들을 더 많이 포용한다.

04 **다음 글의 핵심 논지로 가장 적절한 것은?**

미술에 관심이 많지 않은 사람이라도 다빈치의 「모나리자」나 미켈란젤로의 「천지창조」와 같은 유명한 그림의 미적 가치가 형편없다는 말에 동의하지 않을 것이다. 우리는 이 그림 정도는 책이나 온라인상에서 이미 수십 번을 보았을 것이고, 그 과정에서 작품 자체가 지닌 미적 가치의 위대함을 이해한다고 생각한다. 그런데 과연 미술작품의 미적 가치를 우리가 스스로 이해한 것일까?

일부 사람을 제외하면 우리 기억에 있는 「모나리자」나 「천지창조」는 원본을 사실에 가깝게 찍은 사진 이미지에 불과하다. 실제 본 적도 없으면서 우리가 「모나리자」나 「천지창조」에 감동하는 이유는 실제 그 그림에 내재된 미적 가치를 스스로 알아차렸기 때문이 아니라, 미술 분야 전문가들이 해석하는 미적 가치에 대한 설명과 해설을 들어서 생긴 일종의 학습효과 때문이다. 이것은 원본을 본 경우에도 다르지 않다. 루브르박물관이나 시스티나성당에 가서 「모나리자」와 「천지창조」를 직접 보고 올 기회가 생겼다고 하자. 그림을 보는 순간 깊이 감동받아 가슴이 떨릴 수도 있지만, 그것 역시 위대하다고 알려진 미술작품을 직접 알현한 것에 대한 흥분이지 그 대상의 미적 가치에 대한 이해와는 무관하다.

이번에는 「빌렌도르프의 비너스」나 이집트 기자에 있는 피라미드를 생각해 보자. 「빌렌도르프의 비너스」는 원시시대 다산의 상징으로 만들어진 거칠고 투박한 여인상이다. 그런데 거기에 '비너스'라는 이름을 붙이고, 투박한 돌덩어리에 불과한 그것에 질박미라는 미적 가치를 부여한 것은 후대 사람들이다. 다산을 기원하는 모습이라는 해석 역시 후대의 것이다. 그럼 기자의 피라미드는 어떨까? 고대 이집트인들에게 피라미드는 미술작품이 아니라, 귀신이 돌아올 육신을 보존하는 거대한 돌무덤이었다. 그런데 피라미드에 고고학적 가치뿐만 아니라 그 조형성을 바탕으로 미적 가치를 부여한 것은 후대 미술가들이다. 우리는 후대 미술가들의 설명과 해설을 기반으로 미적 가치를 이해한 것이지, 미술작품의 미적 가치를 스스로 이해한 것은 아니다.

① 미술작품의 미적 가치가 위대한지 아닌지는 학습할 수 없다.
② 미술작품의 미적 가치는 다양하기 때문에 단일한 기준으로 평가할 수 없다.
③ 미술작품의 원본을 실제로 보아야 그 작품의 미적 가치를 스스로 이해할 수 있다.
④ 미술작품의 고고학적 가치를 이해하지 않고서는 미술작품의 미적 가치를 이해하지 못한다.
⑤ 미술작품의 미적 가치는 우리 스스로 이해한 것이 아니라 타인의 해석을 바탕으로 이해한 것이다.

05 다음 글에서 알 수 있는 것은?

오픈사이언스는 디지털 기술을 활용하여 연구성과와 과정 및 그와 관련한 정보를 공개하는 일련의 활동을 총칭한다. 일찍이 오픈사이언스는 과학자들끼리 연구성과를 공개함으로써 상호 검증·발전시키는 연구문화 및 규범을 일컫는 개념이었으나, 디지털 기술의 발달로 성과 공개의 대상과 방식이 확장되면서 개방적인 연구 활동 전반을 일컫는 용어로 재개념화되었다.

연구성과 또는 과정의 개방은 최종 연구성과인 출판논문을 온라인상에 공개하는 오픈액세스라는 활동에서 시작되었다. 오픈액세스는 논문을 오프라인이 아닌 온라인에서 출판하는 활동으로 확장되었는데, 그 결과 기술적으로는 출판물의 생산과 이용에서 시공간적인 접근 제약을 줄이고, 경제적으로는 출판비용 부담의 감소를 통해 이용자의 접근 장벽을 낮췄다.

연구 과정 중 생산된 중간산출물을 공유하는 활동인 오픈데이터도 꾸준히 활성화되고 있다. 출판논문에는 포함되지 않은 연구데이터가 공개되기도 하고, 학술적 가치가 높은 일부 중간산출물은 출판논문과 별도로 연구자 사이에서 공유되기도 한다. 연구 완료 이후 이루어지는 최종 연구성과의 공개인 오픈액세스와 달리, 오픈데이터는 연구 과정의 개방화를 추동한다. 출판논문과 달리 중간산출물은 연구 과정 및 절차와 관련된 상세한 정보를 포함하기 때문이다.

오픈사이언스에 포함되는 활동의 하나로서 오픈콜라보레이션 또한 활성화되고 있다. 오픈콜라보레이션이란 연구의 최종산출물과 중간산출물을 제외한 그 외의 정보들을 온라인 플랫폼을 통해 공유함으로써 연구자들끼리 협력하는 활동을 말한다. 연구자 프로필 웹서비스 이용이나 소셜미디어 활용 등이 이에 해당한다. 오픈콜라보레이션을 통해 연구자들의 활동 영역은 온라인 네트워크로 연결된 가상 공간으로 확장되고 있다.

① 오픈사이언스는 그 용어의 의미가 개방적인 연구 활동을 일컫던 것에서 연구문화 및 규범을 가리키는 것으로 재개념화되었다.

② 오픈데이터는 연구가 종료되기 전의 연구 과정에 관한 정보 및 그 과정에서 생산된 중간산출물의 공유를 촉진한다.

③ 오픈액세스는 연구자들이 오프라인 공간에서 소통하고 협력하기 위한 플랫폼을 제공하는 활동이다.

④ 오픈사이언스는 연구자 간 상호 검증이 가상 공간 바깥에서 이루어지도록 추동한다.

⑤ 오픈콜라보레이션은 연구 절차에 관한 정보 및 출판논문을 공유하는 연구 활동의 하나이다.

06 다음 글에서 알 수 있는 것은?

1948년 정부 수립 직후에 전기업공업통제협회와 같은 기관이 출범하기도 했지만, 한국에서 전자기술의 산업화에 대한 관심이 싹트기 시작한 것은 한국전쟁이 정전된 1953년 무렵이다. 미군이 전쟁 중 가지고 들어온 라디오와 가전기기 등이 전자기술의 산업화에 대한 관심을 촉발했다. 그런데 전자기술의 하나인 반도체 기술은 1960년대에 외국 반도체 기업들을 통해 국내에 도입되기 시작했다. 따라서 이 시기를 한국 반도체 산업의 태동기라 부를 수 있다.

1960년에 한국은 외자도입의 양적 확대에 초점을 둔 「외자도입촉진법」을 제정했다. 이 법을 통해 한국은 여러 나라와 국제기구로부터의 차관을 확대하여 경제 발전을 이루고자 했다. 1966년에는 「외자도입법」을 제정하였는데, 이 법은 외자도입의 양적 확대를 지양하고 질적 선별을 강화함과 더불어 외국 기업의 투자에 대한 제한을 철폐함으로써, 외국의 선진기술을 받아들이는 것을 장려하였다. 외국 반도체 기업들이 국내 자본과의 합작 또는 직접 투자의 방식으로 한국에 진출하기 시작한 것이 이 법의 제정을 전후한 시기였다. 1965년에 미국의 코미사가 한국 자본과의 합작 투자로 한국 최초의 반도체 조립 업체인 고미전자산업을 설립했다. 당시 반도체 생산을 주도했던 국가는 미국과 일본이었는데, 이들 국가의 기업들은 기술집약적인 공정과 노동집약적인 조립 생산을 분리했다. 그리고 저임금으로 장시간 노동할 수 있는 인력이 풍부해 노동집약적 생산에 적합한 한국에 반도체 제품을 단순 조립할 회사를 연이어 설립했다.

① 외국 반도체 기업 가운데 코미사는 합작 투자가 아닌 방식으로 한국에 진출했다.

② 한국 최초의 반도체 조립 업체가 설립된 것은 「외자도입촉진법」이 제정되기 이전이었다.

③ 전기업공업통제협회가 출범할 당시 한국에 반도체 기술은 아직 도입되지 않은 상태였다.

④ 「외자도입법」이 제정됨으로써 여러 국제기구가 한국의 경제 발전을 위한 차관을 양적으로 확대했다.

⑤ 한국전쟁 발발 이전부터 미군을 통해 유입된 라디오와 가전기기 등은 전자기술에 대한 관심을 촉발했다.

07 다음 글의 ㉠ ~ ㉤을 문맥에 맞게 수정한 것으로 가장 적절한 것은?

'오다'는 ㉠<u>화자의 위치를 기준으로 이동의 방향을 지시하는</u> 것이 일반적이다. "창수가 나에게 오면 상세히 설명할게요."와 같은 표현이 그러하다. 그런데 '오다'가 화자의 위치가 아닌 청자의 위치로 이동할 때에 쓰이는 경우가 적지 않다. "창수가 당신에게 오면 잘 타일러 주세요."는 청자 중심의 표현이라고 할 수 있다.

그런데 '오다'가 ㉡<u>화자 또는 청자의 위치와 무관하게 쓰이기도 한다.</u> "여보, 창수가 회사에 오지 않았나 봐요."의 사례는 창수가 회사에 출근하지 않은 것을 어머니가 알고 나서 아버지에게 하는 발화이다. 여기에서 '오다'의 쓰임에 대해서 살펴보면, 창수의 이동 목적지인 회사는 화자나 청자의 위치와는 아무런 관련이 없다. 그런데도 이런 표현이 가능한 것은 '오다'가 반드시 대화 참여자의 실제 위치에 기초해서 발화되지 않을 수 있음을 보여준다. 여기서 '오다'는 대화 참여자의 실제 위치가 아닌 대화 참여자가 당연하다고 생각하는 규범적 위치, 곧 표준 위치를 기준으로 발화한 것이다. 출근해야 하는 창수에게 회사가 표준 위치라고 생각하는 것은 대화 참여자 누구에게나 충분히 가능한 일이다. 따라서 이때 '오다'는 ㉢<u>이동체가 표준 위치인 회사를 향해서 이동하는</u> 것을 나타낸다.

'오다'의 다른 예를 보자. "창희가 학교에 왔습니까?"는 어머니가 딸의 등교 여부를 알고 싶어서 담임 교사에게 전화로 한 발화이다. 여기에서 '오다'의 쓰임은 두 가지 관점에서 해석할 수 있다. 하나는 '학교'를 청자인 담임 교사가 있는 위치로 간주하고 청자 중심으로 이동했다고 보는 것이다. 다른 하나는 '학교'를 창희가 이동 목표로 삼는 표준 위치로 간주하고 표준 위치로 이동했다고 보는 것이다. 그런데 이 같은 발화는 담임 교사가 학교가 아닌 다른 곳, 예컨대 퇴근 후 집에 있을 때에도 사용할 수 있다. 따라서 여기에서 '오다'는 ㉣<u>뒤의 해석보다는 앞의 해석으로 보는</u> 것이 설득력이 있다.

또 다른 예를 보자. "집에 빨리 오너라."는 어머니가 집에 있으면서 외출 중인 딸에게 한 발화이다. 그런데 모녀가 시내에 함께 나왔다가 딸은 남고 어머니만 먼저 집에 들어가야 하는 상황을 가정해 보자. 이 경우에도 어머니가 딸에게 똑같이 말한다면 이는 ㉤<u>화자의 도착 예정지를 기준으로 '오다'</u>를 사용하고 있는 것이다.

① ㉠을 '화자의 위치에서 청자의 위치로의 이동을 지시하는'으로 수정한다.
② ㉡을 '화자의 위치와 관련이 있어야 하는 반면 청자의 위치와 무관하게'로 수정한다.
③ ㉢을 '이동체가 표준 위치인 회사에서 벗어나 이동하는'으로 수정한다.
④ ㉣을 '앞의 해석보다는 뒤의 해석으로 보는'으로 수정한다.
⑤ ㉤을 '화자가 현재 위치한 장소를 기준으로'로 수정한다.

08 다음 글의 (가)와 (나)에 들어갈 말을 적절하게 나열한 것은?

중국계 미국인 경제학자 첸은 언어가 인간의 사고와 행동에 어떻게 영향을 미치는가에 대해 관심을 가졌다. 그는 영어와 중국어의 친족 호칭의 차이점에 주목했다. 영어에서는 조부모의 바로 아래 세대 사람들 중 아버지를 제외한 남성 친족을 모두 '엉클'이라 부르지만, 중국어에서는 이 남성이 모계인지 부계인지, 혈연관계인지 결혼을 통해 맺어진 관계인지, 나의 부모보다 나이가 많은지 적은지가 구분되어 호칭에 드러난다. 예를 들어, 한국어의 큰 아버지에 해당하는 중국어 '백부'라는 호칭을 사용할 때는 (가) 사실을 항상 무의식적으로 기억하게 된다. 이로부터 첸은 언어가 단순한 의사소통의 수단이 아니고 개인이 세상을 인식하는 방식을 재창조하고 편집하는 것이라고 생각하게 되었다. 이러한 생각에서 첸은 언어가 다르면 경제적 사고나 행동에서도 차이를 보일 것이라는 가설을 세웠다. 이 가설을 검증하기 위해 그가 살펴보고자 한 것은 시간에 관한 언어 표현의 차이였다. 미래 시제가 확실히 존재하는 언어권 사람들은 언어가 지배하는 무의식의 영역에서 미래를 현재와 동떨어진 것으로 인식할 것이고, 미래 시제가 현재 시제와 차이가 없는 언어권 사람들은 미래가 이미 현재와 다름없이 다가와 있다고 인식할 것이라고 생각한 첸은 76개국을 조사하여 흥미로운 사실을 발견하였다. '미래 시제가 엄격하게 구분되는' 언어와 '문법상 현재와 미래에 차이가 없는' 언어를 비교했을 때, 두 언어의 모국어 사용자 집단 사이에 저축률이 현격한 차이가 있었던 것이다. 영어, 그리스어 등과 같은 전자의 언어를 모국어로 쓰는 사람들은 저축률이 낮고, 중국어, 핀란드어 등 후자의 언어를 모국어로 쓰는 사람들은 저축률이 높았다. 사람들이 (나) 는 점을 확인한 것이다. 이를 통해 첸은 언어가 저축과 같은 경제적 의사 결정에도 영향을 미친다고 주장했다.

① (가): 그가 나의 부계 남성 혈족이며 내 아버지
　　　　보다 나이가 많다는
　 (나): 미래를 예측하기 쉬우면 저축을 적게 하
　　　　고, 미래를 예측하기 어려우면 저축을 많
　　　　이 한다

② (가): 그가 나의 부계 남성 혈족이며 내 아버지
　　　　보다 나이가 많다는
　 (나): 미래를 현재와 동떨어진 것으로 여기면
　　　　저축을 적게 하고, 미래를 곧 다가올 현재
　　　　라고 여기면 저축을 많이 한다

③ (가): 그와 내가 혈연으로 묶인 한 가족의 일원
　　　　이라는
　 (나): 미래를 예측하기 쉬우면 저축을 적게 하
　　　　고, 미래를 예측하기 어려우면 저축을 많
　　　　이 한다

④ (가): 그가 나의 조부모의 바로 아래 세대 남성
　　　　혈족이라는
　 (나): 미래를 현재와 동떨어진 것으로 여기면
　　　　저축을 적게 하고, 미래를 곧 다가올 현재
　　　　라고 여기면 저축을 많이 한다

⑤ (가): 그가 나의 조부모의 바로 아래 세대 남성
　　　　혈족이라는
　 (나): 미래를 예측하기 쉬우면 저축을 적게 하
　　　　고, 미래를 예측하기 어려우면 저축을 많
　　　　이 한다

---

09 다음 대화의 ㉠으로 적절한 것만을 〈보기〉에서 모두 고르면?

갑 : 최근 우리 A시 행정복지센터에서 악성 민원을 견디다 못해 휴직한 직원이 3명이나 됩니다. 악성 민원에 대처하는 방법이라든가 악성 민원을 줄이는 방법이 있을까요?

을 : 우리 행정복지센터에는 악성 민원 대응 매뉴얼이 마련되어 있지 않습니다. B시의 모든 공공 기관에서는 악성 민원 대응 매뉴얼대로 악성 민원에 대처하고 있는데, B시는 악성 민원 대응 매뉴얼 도입 이후 담당 직원들의 민원 스트레스가 현저히 감소했다고 합니다. 우리 센터도 악성 민원 대응 매뉴얼을 마련해서, 악성 민원으로 인한 직원들의 민원 스트레스를 줄여야 합니다.

병 : 같은 내용의 민원을 반복적으로 제기하는 악성 민원에 대해 담당 직원에게 종결권을 부여하는 것도 좋은 방법입니다. 이 제도를 도입한 기관 직원들의 업무 만족도가 도입 이전보다 높아졌다고 합니다. C시 행정복지센터에도 악성 민원 종결권 제도를 도입하려고 몇 달 전부터 논의 중입니다. 우리 센터도 악성 민원 종결권 제도를 도입해서 직원들의 민원 업무 만족도를 높여야 합니다.

정 : 같은 내용의 민원이라도 민원인이 욕설과 폭언을 하지 않도록 사전에 차단해야 합니다. 최근 D시의 모든 행정복지센터에서는 민원 응대 시 캠코더로 녹화되고 있음을 고지하는 정책을 시행하고 있습니다. D시에서는 이 정책 도입 이후 욕설과 폭언을 하는 민원인이 확실히 줄었다고 합니다. 우리 센터도 캠코더 사용 고지 정책을 도입해야 합니다.

갑 : 의견 감사합니다. 오늘 제안된 방법의 효과성 검증에 ㉠ <u>필요한 자료</u>를 조사해 주십시오. 이를 바탕으로 일주일 뒤에 심층 논의를 진행하겠습니다.

─┤ 보기 ├─

ㄱ. B시 공공 기관의 악성 민원 대응 매뉴얼 도입 후 담당 직원들의 민원 스트레스 감소 정도

ㄴ. A시와 C시의 행정복지센터 직원들의 민원 업무 만족도 차이

ㄷ. D시의 행정복지센터의 캠코더 사용 고지 정책 도입 후 욕설과 폭언을 하는 민원인의 감소 정도

① ㄱ　　　　　　　② ㄴ
③ ㄱ, ㄷ　　　　　④ ㄴ, ㄷ
⑤ ㄱ, ㄴ, ㄷ

10 다음 글의 ㉠ ~ ㉃에 대한 설명으로 적절한 것은?

○○청은 개인정보가 포함된 온라인 게시물의 삭제를 도와주는 '디지털 지우개' 서비스를 시작하였다. 이 서비스의 취지는 미성년 시절에 개인정보를 노출하였거나 타인이 무단으로 올린 게시물에 개인정보가 노출된 국민을 구제하기 위함이다.

이 서비스를 이용하려면 먼저 신청인이 ○○청 누리집에서 서비스를 신청해야 한다. 신청이 완료되면 ○○청은 신청 내용을 확인하는데, 이 단계에서 삭제 요청 대상 게시물에 신청인의 개인정보가 포함된 것인지를 판단한다. 포함된 것이 인정되면 ○○청은 해당 게시물을 관리하는 기관에 해당 게시물의 삭제를 요청한다.

게시물 삭제를 요청 받은 기관은 해당 게시물을 삭제하고 ○○청에 처리 결과를 알려야 한다. 그 뒤 ○○청은 해당 게시물이 삭제되었는지 검토하는데, 이 단계에서 해당 기관의 조치가 미흡한 경우 ○○청은 해당 기관에 삭제를 재요청한다. 게시물이 완전히 삭제된 것을 최종 확인하면 ○○청은 신청인에게 결과를 통보한다. 디지털 지우개 서비스의 진행 과정은 다음과 같다.

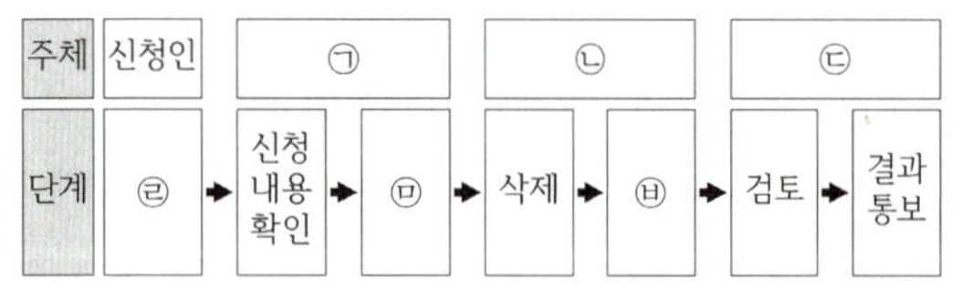

① 신청 내용 확인 단계에서 ㉠은 ㉡에게 신청인의 개인정보가 게시물에 포함되었는지 확인을 요청할 수 있다.

② ㉠과 ㉢은 다른 주체이다.

③ 검토 단계에서 게시물 삭제 조치가 미흡한 것으로 판단되면 ㉣로 돌아간다.

④ 삭제 요청 대상 게시물에 신청인의 개인정보가 포함된 것이 인정되면 ㉤을 수행한다.

⑤ ㉥은 신청인에게 삭제 완료 사실을 통보하는 단계이다.

11 다음 글에서 알 수 없는 것은?

왜 지구에서 만들 인공태양은 태양보다 더 높은 온도를 갖는 상태를 유지해야 할까? 핵융합 반응은 플라스마의 밀도와 온도를 곱한 값이 일정 수준에 도달했을 때 발생한다. 플라스마 덩어리인 태양의 중심부 온도는 약 1,500만 ℃이지만, 태양은 큰 질량과 그에 따른 중력에 의해 내부의 플라스마 밀도가 높아서 핵융합 반응이 일어날 수 있다. 하지만 질량이 훨씬 작은 지구에서 태양과 유사한 밀도의 플라스마를 구현하기란 불가능하다. 따라서 플라스마의 온도를 태양보다 훨씬 더 높게, 즉 1억 ℃가 넘게 만들어야 지구에서도 태양에서와 같은 핵융합 반응이 일어나게 할 수 있다. 이를 위해 과학자들은 다양한 플라스마 가열 방식을 사용한다.

플라스마를 가열하는 방식 중에는 공명 가열과 중성 입자 빔 주입이 있다. 공명 가열은 플라스마 내에 있는 이온과 전자 중 무엇을 가열하는지에 따라 이온 공명 가열과 전자 공명 가열로 나뉜다. 외부에서 가하는 힘의 주파수가 힘이 가해진 이온이나 전자가 가진 고유 주파수와 같으면 공명이 일어난다. 공명이 일어나면 이온이나 전자는 원래보다 더 큰 진폭으로 진동을 하면서 해당 이온이나 전자를 가지고 있는 물질의 온도가 올라가게 된다. 이와 같이 공명을 일으키기 위해, 이온 공명 가열의 경우에는 수십 메가헤르츠 대역의 주파수를, 전자 공명 가열의 경우에는 수만 ~ 수십만 메가헤르츠 대역의 주파수를 사용한다.

중성 입자 빔 주입은 외부에서 가속된 고에너지의 중성 입자를 플라스마 속으로 투입하여 플라스마를 가열하는 방식이다. 투입된 중성 입자는 플라스마 내의 이온과 충돌을 일으켜 에너지를 전달하고 온도를 높인다. 중성 입자 빔 주입 방식과 공명 가열 방식을 사용하는 우리나라의 핵융합 연구 장치 케이스타는 1억 ℃에서 48초간 플라스마를 유지하는 실험에 성공하였다.

① 케이스타는 고온의 플라스마를 얻기 위해 공명 가열 방식을 사용하고 있다.

② 핵융합 장치에서 공명을 일으킬 때 전자의 경우는 이온의 경우보다 더 높은 주파수를 사용한다.

③ 중성 입자 빔 주입 방식을 통해 플라스마 내로 투입되는 중성 입자는 플라스마 속에 들어와서 가속된다.

④ 공명 가열은 외부에서 가해지는 힘의 주파수와 그 힘을 받는 이온이나 전자의 고유 주파수가 같을 때 가능하다.

⑤ 지구에서 플라스마의 밀도를 더 높일 수 있다면 1억 °C보다 더 낮은 온도에서 핵융합 반응을 일으키는 것이 가능하다.

12 다음 글에서 추론할 수 있는 것만을 〈보기〉에서 모두 고르면?

도체인 금속 내부에는 음전하를 띤 다수의 자유 전자들이 존재하는데, 이것들은 금속 내에 고정된 양이온들 사이에서 자유롭게 움직일 수 있다. 도체 내부에서 자유 전자는 양이온들에 의해 당겨지고 다른 자유 전자들에 의해 밀쳐지면서, 각각에 작용하는 전기력의 합력이 0이 되도록 위치하게 된다. 금속에 전자들을 추가하여 금속을 대전시키면 추가된 전자들은 어디에 위치하게 될까? 대전된 상황에서도 금속 내부의 모든 전자에 작용하는 전기력의 합력은 0이어야 한다. 그런데 만약 금속 내부의 어떤 위치에 전자가 추가된다면, 이 전자는 새로운 전기력을 발생시킬 것이기 때문에 이를 상쇄하기 위해 원래 있던 자유 전자들이 이동할 것이고 이러한 이동으로 인해 또 다른 자유 전자들의 위치도 재조정되어야 한다. 그러나 이러한 위치 재조정은 금속 내부 공간에서는 완료될 수 없다. 따라서 금속 내부에는 새로운 전자가 놓일 자리가 없다.

금속이 대전될 때 추가된 전자들이 내부로 들어갈 수 없다면 그 전자들은 모두 표면에 존재할 수밖에 없다. 이 경우 대전된 금속의 내부에 있는 자유 전자에 작용하는 전기력의 합력은 0인 반면, 표면에 있는 전자에 작용하는 전기력의 합력은 0이 아니다. 이때 표면의 전자에는 표면에 수직인 바깥 방향으로 전기력의 합력이 작용한다.

─┤ 보기 ├─

ㄱ. 대전되지 않은 금속 내부에서 자유 전자에 작용하는 전기력의 합력은 0이 된다.

ㄴ. 금속에 전자들이 추가되면 금속 표면에 있는 전자는 외부로 향하는 전기력의 합력을 받는다.

ㄷ. 도체가 대전되면 도체 내부의 자유 전자에 작용하는 전기력의 합력은 0이 아니다.

① ㄱ   ② ㄷ
③ ㄱ, ㄴ   ④ ㄴ, ㄷ
⑤ ㄱ, ㄴ, ㄷ

13 다음 글의 (가) ~ (다)에 들어갈 말을 적절하게 나열한 것은?

조선 후기에 지주들은 소작인으로부터 소작료를 거둘 때, 수확된 결과물의 절반을 수취하는 정률제 방식, 곧 '타작'을 대부분의 논과 밭에 적용했지만, 일부 농토에는 정액제에 해당하는 '도지'를 적용하기도 했다. 도지는 토지를 이용한 대가인 지대량을 이른 봄철에 지주와 소작인이 미리 정하는 농업경영 형태이므로 풍흉에 따른 지대량의 변화가 없는 것이 원칙이었다. 도지가 적용된 논에서는 평년작의 절반 수준에서, 그리고 밭에서는 평년작의 절반보다 훨씬 낮은 수준에서 지대량이 정해지는 것이 일반적이었다.

  (가) 은/는 다음과 같은 점에서 지주에게 여러 장점이 있었다. 첫째, 직접적인 관리가 어려운 원격지 소재 전답을 더 효율적으로 관리할 수 있었다. 소작인들의 수확물 은닉 여부를 일일이 감독할 필요가 없었기 때문이다. 둘째, 밭작물의 경우 수확 시기가 매우 다양한데, 이 방식을 적용하면 수확의 정도를 확인하기 위해 서로 다른 수확 시기마다 먼 곳까지 올 필요가 없었다. 이러한 방식하에서 만약 어느 해에 예상과는 달리 풍년이 들었다면,   (나) 에게 훨씬 더 유리했다.

지주들은 18세기 후반부터 '집조'를 적용하기도 했다. 집조란 수확이 임박한 시점에 지주가 농사 상황을 실지 조사하여 그해의 작황 수준을 살펴본 다음, 현장에서 지대량을 결정하는 농업경영 형태이다. 이 방식은 당해 연도의 작황 수준이 비교적 정확히 반영된다는 측면에서   (다) 와/과 유사하다.

	(가)	(나)	(다)
①	도지	소작인	타작
②	도지	소작인	도지
③	도지	지주	타작
④	타작	소작인	도지
⑤	타작	지주	타작

14 다음 글에서 알 수 있는 것은?

말은 정치·경제 발전의 중요한 수단이었다. 말은 빠르기도 하거니와 지구력이 좋고 힘이 세다. 행정, 농업, 목축업, 광업, 제조업, 운송, 통신, 전투 등 거의 모든 분야에서 말의 이런 능력이 활용되었다. 그렇기에 말의 능력을 활용한 지역은 그렇지 않은 지역보다 더 빠르게 발전하는 양상을 보였다.

말은 인간에게 길들여지기 전에 야생에서 살았는데, 야생말은 시기별로 서식지의 분포가 달랐다. 기원전 1만 년경 후기 홍적세 시기까지 야생말은 유라시아의 전 지역과 아메리카 및 북부 아프리카에 서식했다. 그런데 이 시기부터 기원전 약 6천 년경 중기 충적세 시기에 이르는 동안 야생말의 서식 지역의 분포가 바뀌었다. 이 시기에 유라시아의 중북부 스텝 기후 지역을 제외한 대부분의 유라시아 지역에서 사람들이 식용을 목적으로 야생말을 대규모로 사냥했다. 이로 인해 이 스텝 기후 지역을 제외한 유라시아의 야생말은 거의 멸종하다시피 했다. 이와 달리 유라시아 중북부의 스텝 기후 지역은 인구가 많지 않아 인간으로부터 사냥을 당하는 경우가 적었으며, 이 덕분에 야생말은 생존할 수 있었다.

이후 기원전 3,500년경 당나귀에 이어 야생말이 길들여졌다. 그 당시 메소포타미아 지역의 목축업자들이 북쪽으로 이동하면서 유라시아 중북부의 스텝 기후 지역에 들어갔는데, 그들은 이 지역에 살던 야생말을 길들이기 시작했다. 이때부터 인류는 말을 실생활에 이용했다. 말에 안장을 얹어 장거리 이동 수단으로 사용하기도 했고, 등에 짐을 실어 운송 수단으로 활용하기도 했다. 이뿐 아니라 전쟁과 농업에서도 말이 널리 사용되었다. 이런 과정을 거쳐 말은 인류 발전의 밑바탕이 되었다.

① 중기 충적세 시기에 야생말의 지구력이 좋아지기 시작했다.

② 후기 홍적세 시기 이전부터 북부 아프리카에서는 야생말을 운송 수단으로 썼다.

③ 기원전 3,500년경 유라시아 중북부의 스텝 기후 지역에 살던 야생말이 길들여지기 시작했다.

④ 후기 홍적세 시기부터 초기 충적세 시기 사이에 인류는 농업과 운송 등의 실생활에 말을 이용했다.

⑤ 당나귀를 이동 수단으로 쓰던 지역은 말을 이동 수단으로 이용하던 지역보다 정치·경제적으로 더 발전했다.

15 다음 글의 ㉠을 약화하는 것으로 가장 적절한 것은?

분석은 자연과 사회의 다양한 현상에 대하여 왜 그런 현상이 나타나는지를 설명하기 위한 방법이다. 널리 쓰이는 것은 요소 분석으로, 설명의 대상을 적절한 요소들로 나누어 살피는 분석법이다. 요소 분석의 요체는 분석 대상인 전체와는 다른 속성을 지니면서도 합쳐지면 전체를 구성하는 부분, 즉 '요소'들을 찾아 제시하는 데 있다. 분석자는 그러한 요소들의 속성을 결합하여 대상 전체의 속성을 설명하려 할 것이다.

그런데 어째서 물이 불을 끌 수 있는가 하는, 물의 속성에 관한 물음을 해명하려는 화학자가 있다고 해 보자. 만일 그가 물을 산소와 수소라는 두 요소로 분석했다면, 그는 수소가 타는 속성을 지닌 기체이고 산소도 연소를 돕는 속성을 지녔다는 사실 앞에서 당황하게 될 것이다. 산소와 수소라는 요소들로 물이 불을 끌 수 있는 이유를 설명할 수 없기 때문이다. 이것은 요소 분석이 지닌 한계를 암시한다. 전체의 속성을 이해하려는 이가 그것을 구성하는 요소들에만 주목할 경우, 이와 유사한 당혹감을 느끼게 될 위험이 크다. 해명되어야 할 속성은 분석 과정에서 증발해 버리고 요소들 간의 관계를 피상적으로 서술하는 일에 그치게 될 위험이 있는 것이다. 그런 분석으로는 설명에 도달할 수 없다. 따라서 ㉠우리는 새로운 종류의 분석, 즉 단위 분석을 선택해야 한다. 단위 분석은 복잡하면서도 모종의 통일성을 지닌 전체를 '단위'로 나누는 분석이다. 단위란 앞에서 화학자의 분석이 주목했던 요소와 달리, 전체의 고유한 속성들을 고스란히 갖추고 있으면서 더 이상 나눌 수 없는, 전체의 살아 있는 부분을 가리킨다. 현상을 제대로 설명하려면 먼저 그런 부분들을 찾아내야 한다. 그렇게 할 때, 요소 분석의 한계를 극복하고 분석의 목적을 실현할 수 있다.

① 분석 대상을 시간 요소로 나누어 살피더라도 인과관계는 드러나지 않기 때문에 설명에 도움이 되지 않는다.

② 요소들의 결합으로 대상 전체가 어떻게 구성되는지 보여주는 데 성공하더라도 그것은 대상의 속성을 설명하는 일과 다르다.

③ 요소 분석에서는 전체를 설명하기 위하여 요소들 간의 상호 관계까지 추가로 해명해야 하기 때문에 설명의 경제성이 삭감된다.

④ 단위가 전체의 속성들을 그대로 지닌다면 설명되어야 할 대상 자체와 다를 바 없으므로 단위 분석은 설명에 기여하지 못한다.

⑤ 설명의 적절성은 설명을 요구하는 구체적인 문제의 특성에 따라 달라지기 때문에 설명에는 다양한 단위 분석이 존재할 수 있다.

16 다음 글의 내용이 참일 때 반드시 참인 것은?

> △△부에서는 10월에 신설되는 ○○위원회에 파견할 인원을 선발하는 중이다. 박 주무관, 이 주무관, 선 주무관, 남 주무관, 오 주무관이 파견 대상 후보인데, 이와 관련하여 다음과 같은 사실이 알려졌다.
>
> • 박 주무관이 선발되면, 오 주무관도 선발된다.
> • 이 주무관이 선발되면, 남 주무관도 선발된다.
> • 선 주무관이 선발되면, 박 주무관도 선발된다.
> • 선 주무관이 선발되거나 이 주무관이 선발된다.

① 남 주무관이 선발된다.
② 이 주무관과 선 주무관이 둘 다 선발된다.
③ 박 주무관이 선발되거나 선 주무관이 선발된다.
④ 오 주무관이 선발되지 않으면 박 주무관은 선발된다.
⑤ 남 주무관과 오 주무관 중 적어도 한 사람은 선발된다.

17 다음 글의 빈칸에 들어갈 말로 가장 적절한 것은?

> 심적 대상이 있다면, 심적 대상은 물리적 대상과 같지 않다. 만약 심적 대상이 있고 심적 대상이 물리적 대상과 같지 않다면, 심적 대상의 소유자는 심적 대상에 접근할 수 있는 인식적 특권을 지닌다. 그런데 심적 대상의 소유자가 심적 대상에 접근할 수 있는 인식적 특권을 지닌다면, 심적 대상에 관해 그 소유자만이 알 수 있는 부분이 있다. 심적 대상에 관해 그 소유자만이 알 수 있는 부분이 있다면, 심적 대상에 관해 검증 불가능한 지식이 존재한다. 그러므로 심적 대상은 없다. 왜냐하면 ________________________.

① 심적 대상은 물리적 대상과 같지 않기 때문이다
② 심적 대상이 물리적 대상과 같다면 심적 대상은 없기 때문이다
③ 심적 대상에 관해 그 소유자만이 알 수 있는 부분이 있기 때문이다
④ 심적 대상에 관해 검증 불가능한 지식은 존재하지 않기 때문이다
⑤ 심적 대상의 소유자가 심적 대상에 접근할 수 있는 인식적 특권을 지니기 때문이다

18 다음 글의 내용이 참일 때 반드시 참인 것은?

> △△부에서는 3명의 과학기술 직군 수습 주무관 A, B, C와 3명의 행정 직군 수습 주무관 D, E, F를 4개 부서 갑, 을, 병, 정에 배치할 예정이다. 4개의 부서 중 2개의 부서에는 1명씩 배치되고 남은 2개의 부서에는 2명씩 배치된다. 이 배치와 관련하여 다음과 같은 사실이 알려졌다.
>
> • 갑 부서에는 수습 주무관이 1명만 배치된다.
> • 을 부서에는 과학기술 직군 수습 주무관이 배치되지 않는다.
> • 동일 직군의 수습 주무관은 같은 부서에 배치되지 않는다.
> • A와 D는 다른 수습 주무관 없이 혼자 배치된다.

① A가 갑 부서에 배치되고 C가 정 부서에 배치된다.
② B가 병 부서에 배치되면 E가 정 부서에 배치된다.
③ B가 정 부서에 배치되지 않고 C가 병 부서에 배치된다.
④ D가 을 부서에 배치되지 않고 A도 갑 부서에 배치되지 않는다.
⑤ F가 정 부서에 배치되면 E가 병 부서에 배치된다.

19 다음 글의 (가) ~ (다)에 들어갈 말을 적절하게 나열한 것은?

> 독이 없는 어떤 개구리 종은 독이 있는 개구리 종의 외형을 모방함으로써 새로부터 잡아먹힐 위험을 줄인다. 이것은 의태의 예이다. 모방의 대상이 될 수 있는 종이 여럿일 경우 모방자는 어떤 종을 모방하는 것이 유리할까? 이를 알아보기 위해 다음의 <실험>을 수행하였다.
>
> 〈실험〉
> ○○지역에는 독성이 강한 개구리 종 a와 독성이 약한 개구리 종 b가 있으며 이 두 종은 외형이 조금 다르다. 또한 그 지역에 있는 독 없는 개구리 종 c는 a를 모방하고, 독 없는 개구리 종 d는 b를 모방한다. 새 종 X는 a ~ d를 잡아먹을 수 있으며, 독성이 있는 개구리 종을 잡아먹으면 학습이 되어 이후 같은 외형을 가진 개구리를 잡아먹는 것을 회피한다.
> 실험 1: a도 b도 잡아먹어 본 적이 없는 X에게 a를 잡아먹게 하였다. 이 새를 X−1이라고 하고 a, c, d를 잡아먹는지 관찰하였다. X−1은 a, c, d 어느 것도 잡아먹으려 하지 않았다.
> 실험 2: a도 b도 잡아먹어 본 적이 없는 X에게 b를 잡아먹게 하였다. 이 새를 X−2라고 하고 b, c, d를 잡아먹는지 관찰하였다. X−2는 b와 d를 잡아먹으려 하지 않았지만, c를 잡아먹는 것은 회피하지 않았다.
>
> 〈실험 해석〉
> 독성이 ⎡(가)⎤ 개구리 종을 잡아먹어 학습된 새는 독성이 강한 개구리 종을 모방한 개구리 종과 독성이 약한 개구리 종을 모방한 개구리 종 중 어느 것도 잡아먹으려 하지 않았다. 독성이 ⎡(나)⎤ 개구리 종을 잡아먹어 학습된 새는 독성이 강한 개구리 종을 모방한 개구리 종을 잡아먹는 것을 회피하지 않았으나, 독성이 약한 개구리 종을 모방한 개구리 종은 잡아먹으려 하지 않았다. 따라서 ○○지역에 서식하는 독이 없는 개구리가 X에게 잡아먹히지 않으려면 독성이 ⎡(다)⎤ 개구리 종을 모방하는 것이 더 유리하다는 것을 알 수 있다.

	(가)	(나)	(다)
①	강한	강한	강한
②	강한	약한	약한
③	강한	약한	강한
④	약한	강한	약한
⑤	약한	강한	강한

20 다음 글의 ㉠에 대한 평가로 적절한 것만을 〈보기〉에서 모두 고르면?

> 곤충 X는 유충에서 변태를 거쳐 성충이 된다. X의 변태에 관여하는 호르몬으로는 α와 β가 있다. 과학자 A가 조사한 결과는 다음과 같았다. X의 유충 시기에 α, β 각각의 혈중 농도는 변함없이 일정하였고, 성충 시기에도 α, β 각각의 혈중 농도는 변함없이 일정하였으나, 변태 시기 동안 α의 혈중 농도는 증가한 반면에 β의 혈중 농도는 감소하였다. X의 유충 시기에는 α의 혈중 농도가 β의 혈중 농도보다 낮았다. 이에 A는 ㉠X의 유충 시기보다 성충 시기에 α와 β의 혈중 농도 차이가 더 작다는 가설을 세웠다.

> ┤ 보기 ├
>
> ㄱ. X의 성충 시기에 α의 혈중 농도가 β의 혈중 농도보다 높다는 실험 결과가 나오면, ㉠은 강화된다.
>
> ㄴ. X의 성충 시기에 β의 혈중 농도가 α의 혈중 농도보다 높다는 실험 결과가 나오면, ㉠은 강화된다.
>
> ㄷ. X의 성충 시기에 α와 β의 혈중 농도가 같다는 실험 결과가 나오면, ㉠은 강화된다.

① ㄱ
② ㄴ
③ ㄱ, ㄷ
④ ㄴ, ㄷ
⑤ ㄱ, ㄴ, ㄷ

[21 ~ 22] 다음 글을 읽고 물음에 답하시오.

> 다음은 사람들이 확률을 활용하여 어떻게 추론하는지를 연구하기 위해 고안한 설문지이다.
>
> ┤ 설문지 ├
>
> A시에는 택시가 총 100대 있는데, 이 중 초록색 택시가 90%, 파란색 택시가 10%이다. 그런데 안개가 낀 어느 날 밤에 택시 한 대가 사고를 일으키고 달아났다. 사고의 유일한 목격자인 갑은 달아난 택시가 파란색이었다고 증언했다. 이에 법정에서는 갑의 증언이 신뢰할 만한지 판단하기 위해 사고가 난 밤과 동일한 조건에서 실험하였다. 그 결과, 갑의 증언의 정확도는 80%임이 밝혀졌다. 즉, 갑이 초록색 택시를 초록색으로 알아맞힌 비율도, 파란색 택시를 파란색으로 알아맞힌 비율도 80%였다. 이를 바탕으로 올바르게 추론한 결과는 다음 중 어느 것인가?
>
> (a) 그날 사고를 일으키고 달아난 택시가 파란색이었을 확률이 초록색이었을 확률보다 크다.
>
> (b) 그날 사고를 일으키고 달아난 택시가 초록색이었을 확률이 파란색이었을 확률보다 크다.

정답은 (b)이다. 이것은 다음과 같이 설명할 수 있다. 사고 당시와 동일한 조건에서 A시의 모든 택시를 갑에게 보여 주는 실험을 했다고 가정해 보자. 이 실험에서 갑은 90대의 초록색 택시와 10대의 파란색 택시를 본다. 90대의 초록색 택시 중 그가 파란색이라고 부정확하게 식별한 것은 20%, 즉 18대이다. 그리고 10대의 파란색 택시 중 그가 파란색이라고 정확하게 식별한 것은 80%, 즉 8대이다. 결국 이 실험에서 갑이 파란색 택시라고 식별한 것은 모두 26대이지만, 이 중 단 8대만이 실제로 파란색이다. 따라서 갑이 본 달아난 택시가 실제로 파란색일 확률은 8/26로 약 31%이고, 초록색일 확률은 18/26로 약 69%이다.

그런데 설문 조사 결과, 대다수의 사람들이 (a)를 택했다. 그 이유는 사람들이 기저율을 무시하는 경향이 있기 때문인데, 이렇게 기저율을 무시하여 생기는 오류를 기저율 오류라고 한다. 위 설문지에는 A시의 전체 택시 중에서 파란색 택시의 비율 및 A시의 전체 택시 중에서 초록색 택시의 비율이 기저율로 제시되어 있다. (a)를 택했다면 갑의 증언의 정확도가 80%라는 사실에 초점을 맞춰 추론하면서 A시에 있는 대부분의 택시가 초록색이라는 사실을 무시했기 때문일 것이다.

우리가 합리적 추론을 하기 위해 지켜야 할 원칙 중 하나로 전체 증거의 원칙이 있다. 전체 증거의 원칙이란 확보된 모든 증거를 고려하여 추론해야 한다는 것이다. 위 설문지에서 (a)를 택한 사람들은 기저율을 고려하지 않고 갑의 증언의 정확도에만 초점을 맞춰 추론함으로써 전체 증거의 원칙을 어긴 것이다.

21 윗글에서 추론할 수 있는 것은?

① 설문지에서 (b)가 옳다고 답변한 사람은 합리적 추론을 한 것이 아니다.

② A시의 택시 중 파란색 택시 비율에만 주목하여 (a)가 옳다고 답변한 사람은 합리적 추론을 한 것이다.

③ 설문지의 조건에서 갑의 증언의 정확도만 70%로 바꿨을 때 (a)가 옳다고 답변한 사람은 기저율 오류를 저지른 것이 아니다.

④ 설문지의 조건에서 A시의 택시 대수만 총 1,000대로 바꿨을 때 (a)가 옳다고 답변한 사람은 기저율 오류를 저지른 것이 아니다.

⑤ A시의 택시 중 파란색 택시 비율과 갑의 증언의 정확도 중 하나라도 고려하지 않은 사람이 (b)가 답이라고 추론한다면, 그 사람은 전체 증거의 원칙을 지키지 않은 것이다.

22 윗글에 비추어 볼 때, 〈사례〉에 대한 판단으로 적절한 것만을 〈보기〉에서 모두 고르면?

─────┤ 사례 ├─────

을은 100만 명 중 한 명의 비율로 걸리는, 즉 기저율이 1/1,000,000인 병 X에 대한 검사를 받았다. 이 검사법의 정확도는 99%이다. 즉 이 검사법은 X에 걸렸을 때 99%의 확률로 양성 반응이 나타나고, 걸리지 않았을 때 99%의 확률로 음성 반응이 나타난다. 을은 X가 1/1,000,000의 확률로 걸리는 희귀병이라는 점과 그 검사법의 정확도에 대해 알고 있다.

─────┤ 보기 ├─────

ㄱ. 을은 X에 대한 검사에서 양성 반응이 나올 확률이 그렇지 않을 확률보다 크다고 판단할 것이다.

ㄴ. 을이 기저율을 무시한다면, 을은 X에 대한 검사에서 양성 반응이 나왔을 때, 자신이 X에 실제로 걸렸을 확률이 걸리지 않았을 확률보다 크다고 판단할 것이다.

ㄷ. 을이 기저율을 무시하지 않는다면, 을은 X에 대한 검사에서 양성 반응이 나왔을 때, 자신이 X에 실제로 걸렸을 확률이 걸리지 않았을 확률보다 작다고 판단할 것이다.

① ㄱ   ② ㄷ
③ ㄱ, ㄴ   ④ ㄴ, ㄷ
⑤ ㄱ, ㄴ, ㄷ

23 다음 글에서 추론할 수 있는 것만을 〈보기〉에서 모두 고르면?

△△부는 '적극행정 가산점' 제도를 시행하고 있는데, 각 직원의 가산점은 유형 Ⅰ과 Ⅱ에서 받은 점수의 합으로 계산된다. 각 유형의 활동별 점수는 다음 표와 같다.

유형	활동	점수
Ⅰ	혁신적인 아이디어 제안	0 ~ 1
	예산을 절감하는 성과 창출	0 ~ 2
	국민 중점 민원 해결	0 ~ 3
Ⅱ	타 부서의 적극행정 추진에 협력	1
	적극행정 신규 사례 발굴	2

유형 Ⅰ에 속하는 활동에 대한 점수는 부서장의 요청과 이에 대한 평가단의 검증을 거쳐 확정된다. 이와 달리 유형 Ⅱ에 속하는 활동에 대한 점수는 외부 전문가들로 구성된 적극행정추진위원회가 요청하면 검증 없이 그대로 확정된다. 올해 △△부 직원에 대한 적극행정 가산점이 모두 확정되었는데, △△부에서 취합한 적극행정 가산점 요청 내역은 다음과 같다.

〈적극행정 가산점 요청 내역〉
• 부서장의 요청
 － 직원 갑: 혁신적인 아이디어 제안
 － 직원 을: 국민 중점 민원 해결
 － 직원 병: 예산을 절감하는 성과 창출
• 적극행정추진위원회의 요청
 － 직원 갑: 타 부서의 적극행정 추진에 협력
 － 직원 병: 적극행정 신규 사례 발굴

┤ 보기 ├
ㄱ. 적극행정 가산점은 갑이 을보다 높을 수 없다.
ㄴ. 적극행정 가산점은 을이 병보다 높을 수 없다.
ㄷ. 적극행정 가산점은 갑이 병보다 높을 수 없다.

① ㄱ   ② ㄷ
③ ㄱ, ㄴ   ④ ㄴ, ㄷ
⑤ ㄱ, ㄴ, ㄷ

24 다음 대화의 (가)와 (나)에 들어갈 말을 적절하게 나열한 것은?

갑: 최근 우리 시에 있는 A마트가 의무휴업일에 영업을 했으니 이에 대해 조치해 달라는 민원이 접수되었습니다. 어떻게 처리하여야 할까요?

을: A마트가 「유통산업발전법」에 규정된 의무휴업, 개설등록 등이 적용되는 대규모 점포에 해당하는지부터 확인해야 겠군요.

갑: A마트에서 제출한 사용승인 신청서의 내용을 확인해 보니, 「유통산업발전법」 제2조에 규정된 대규모 점포의 요건을 갖춘 것으로 보입니다. 따라서 영업 개시 전에 개설등록을 해야 하고 의무휴업일도 적용됩니다.

을: 그러면 A마트에 대해 의무휴업 적용 대상이라고 안내하고 기왕의 의무휴업 위반에 대한 제재를 부과해야 겠네요. 법령에 의하면 의무휴업 위반 횟수가 2회 이하이면 과태료 부과 대상이고 3회 이상이면 영업정지 처분 대상이니, 우선 A마트의 의무휴업 위반 횟수부터 파악해 봅시다.

갑: 우리 시의 의무휴업일이 매월 2, 4째 주 일요일인데 A마트는 지난주에 영업을 시작했으니까 위반 횟수는 1회이겠군요. 그런데 A마트가 아직 개설등록을 하지 않았는데 그래도 의무휴업이 적용되는 것인지부터 검토할 필요가 있겠네요.

을: 제가 전에 비슷한 사안을 처리했는데, 그때 산업통상자원부에 질의하여 (가) 의무휴업이 적용된다는 내용의 회신을 받았습니다.

갑: 그렇다면 A마트에 대해서는 의무휴업이 적용되지 않겠군요. 그런데 「유통산업발전법」을 보니까 개설등록을 하지 않고 대규모 점포를 개설하여 영업한 것은 위법하고 벌금형 부과 대상이네요.

을: 네, 그렇습니다. 다만 벌금형 부과는 우리 시에서 할 수는 없으니 수사기관에 고발하는 것까지만 할 수 있겠네요.

갑: 잘 알겠습니다. 그러면 민원인에게 A마트의 법령 위반 영업 행위에 대해 (나) 진행하겠다고 회신하겠습니다.

① (가): 개설등록을 하여 적법한 영업 요건을 충
　　　　족해야

　(나): 수사기관에 고발하는 조치를

② (가): 개설등록을 하여 적법한 영업 요건을 충
　　　　족해야

　(나): 수사기관에 고발하는 조치와 과태료 부과
　　　　처분을

③ (가): 대규모 점포에 해당해야

　(나): 수사기관에 고발하는 조치를

④ (가): 대규모 점포에 해당해야

　(나): 수사기관에 고발하는 조치와 영업정지 처
　　　　분을

⑤ (가): 사용승인 처분을 받아야

　(나): 영업정지 처분을

25 다음 글의 〈논쟁〉에 대한 분석으로 적절한 것만을 〈보기〉에서 모두 고르면?

갑과 을은 △△국 「주택임차인 보호법」 제3조, 제4조의 해석을 놓고 논쟁하고 있다. 그 조문은 다음과 같다.

> 제3조(대항력) ① 임차인이 임차주택에 대한 주민등록을 마친 때에는 임차주택을 매수한 제삼자에게 임대차 계약의 효력을 주장할 수 있다.
> ② 임차주택이 경매된 경우에 임차인이 그 경매 대금으로부터 다른 채권자보다 우선적으로 임대차 보증금을 배당 받으려면 임차주택에 대한 주민등록을 마쳐야 하고 확정일자가 기재된 임대차 계약서를 갖춰야 한다.
> 제4조(계약의 갱신) ① 임대인이 임대차 기간 종료 6개월 전부터 2개월 전까지의 기간에 임차인에게 계약 종료 통지를 하지 않으면 임차인은 임대차 계약이 자동으로 갱신되었다고 주장할 수 있다.

위 법의 적용 대상인 X주택을 그 소유자인 A가 B에게 임대했다. B는 X주택에 대한 주민등록을 마쳤다. 임대차 계약서에는 A의 자필로 계약일자가 기재되어 있었고 확정일자는 없었다.

〈논쟁〉

쟁점 1: 임대차 기간 중 진행된 X주택에 대한 경매 절차를 통해 C가 X주택의 소유자가 되자 B는 C에게 임대차 계약의 효력을 주장한다. 이러한 B의 주장에 대해 갑은 타당하다고 하지만 을은 부당하다고 한다.

쟁점 2: 임대차 기간 중에 경매된 X주택의 경매 대금으로부터 B가 임대차 보증금을 다른 채권자인 D보다 우선적으로 배당 받을 수 있는지에 대해, 갑은 그렇다고 주장하고 을은 그렇지 않다고 주장한다.

쟁점 3: 임대차 기간 종료 6개월 전부터 2개월 전까지의 기간에 A가 B에게 계약 종료 통지를 하지 않았다. 임대차 계약 기간이 만료된 후 B는 임대차 계약 종료 통지를 했으나 A는 임대차 계약 갱신을 주장하는 경우, 갑은 임대차 계약이 갱신된 것으로 보아야 한다고 주장하나 을은 임대차 계약이 종료된 것으로 보아야 한다고 주장한다.

┤ 보기 ├

ㄱ. 쟁점 1과 관련하여, 경매 절차를 통해 임차주택의 소유권을 취득한 자가 위 법 제3조 제1항의 '임차주택을 매수한 제삼자'에 포함된다고 해석하면, 갑의 주장은 옳고 을의 주장은 옳지 않다.

ㄴ. 쟁점 2와 관련하여, 갑은 임대인이 자필로 계약일자를 기재한 것도 위 법 제3조 제2항의 확정일자가 기재된 것에 해당한다고 해석하고 을은 그렇지 않다고 해석하고 있다면, 갑과 을의 주장 불일치를 설명할 수 있다.

ㄷ. 쟁점 3과 관련하여, 위 법 제4조 제1항의 목적이 임차인의 선택을 최대한 존중하는 것이라고 해석하면, 갑의 주장은 옳지 않지만 을의 주장은 옳다.

① ㄱ
② ㄷ
③ ㄱ, ㄴ
④ ㄴ, ㄷ
⑤ ㄱ, ㄴ, ㄷ

📑 정답 및 해설 p.305

01 다음은 '갑' ~ '무' 선수의 A 퍼즐 대회 결과와 종합점수 산정 방법에 관한 자료이다. 이를 근거로 판단할 때, '갑' ~ '무' 중 종합점수가 가장 높은 선수는?

〈표〉 '갑' ~ '무' 선수의 A 퍼즐 대회 결과

※ A 퍼즐 대회 문제는 1 ~ 4번뿐임

종합점수 산정 방법

• 문제별 획득 점수는 다음과 같다.

결과	획득 점수
	0
	배점 × 0.5
	배점 × 1.0

• 문제별 획득 점수를 합하여 종합점수를 산정한다.

① 갑　　　　　② 을
③ 병　　　　　④ 정
⑤ 무

02 다음 〈표〉는 2017 ~ 2023년 '갑'시의 유치원 현황에 관한 자료이다. 이에 대한 〈보기〉의 설명 중 옳은 것만을 모두 고르면?

〈표〉 2017 ~ 2023년 '갑'시의 유치원 현황

(단위 : 개, 명)

연도＼구분	유치원수	원아수	교원수
2017	427	44,009	3,042
2018	430	42,324	3,095
2019	423	39,373	2,853
2020	403	38,319	2,920
2021	399	36,170	2,891
2022	396	35,427	2,909
2023	393	34,777	3,042

보기

ㄱ. 2018년 교원 1인당 원아수는 10명 이상이다.
ㄴ. 전년 대비 증감 방향은 유치원수와 원아수가 매년 동일하다.
ㄷ. 2017년 대비 2023년 원아수는 20% 이상 감소한다.

① ㄱ　　　　　② ㄴ
③ ㄷ　　　　　④ ㄱ, ㄷ
⑤ ㄱ, ㄴ, ㄷ

03 다음은 2022년과 2023년 '갑'시의 민원건수에 관한 자료이다. 제시된 〈표〉 이외에 〈보고서〉를 작성하는 데 사용되지 않은 자료는?

〈표〉 2022년과 2023년 '갑'시의 월별 민원건수

(단위: 건)

연도 월	2022	2023
1	10,639	9,834
2	9,163	9,595
3	9,464	12,025
4	9,939	11,417
5	10,879	12,365
6	10,597	12,422
7	11,064	13,961
8	11,186	14,281
9	11,222	13,393
10	11,516	12,890
11	11,324	11,991
12	9,873	11,771

┤ 보고서 ├

2023년 '갑'시의 전체 민원건수는 145,945건으로 전년 126,866건 대비 15% 이상 증가하였다. 2023년 월별 민원건수는 8월에 가장 많았고, 1월을 제외하고 매월 전년 동월 대비 증가하였다.

2023년 분야별로는 '교통' 분야의 민원건수가 가장 많았고, 다음으로 '도로', '행정' 분야 순으로 많았다. 특히, 민원건수 상위 3개 분야가 전체 민원건수의 75% 이상을 차지하였다.

2023년 지역별로는 A 지역의 민원건수가 60,433건으로 '갑'시 전체 민원건수의 40% 이상을 차지하였으며, B 지역의 민원건수는 35,904건으로 그 뒤를 따랐다. B 지역의 인구 100명당 민원건수는 30건 이상으로 '갑'시에 속한 A ~ E 지역 중 가장 많았다.

2023년 '갑'시 민원의 상위 10대 키워드에는 '불법주정차', '어린이 보호구역' 등 교통법규 관련 키워드와 '철도역 신설', '버스노선 신설' 등 교통환경 관련 키워드, 그리고 '소음', '악취' 등 주거환경 관련 키워드가 포함되었다.

① 2023년 '갑'시의 지역별 인구

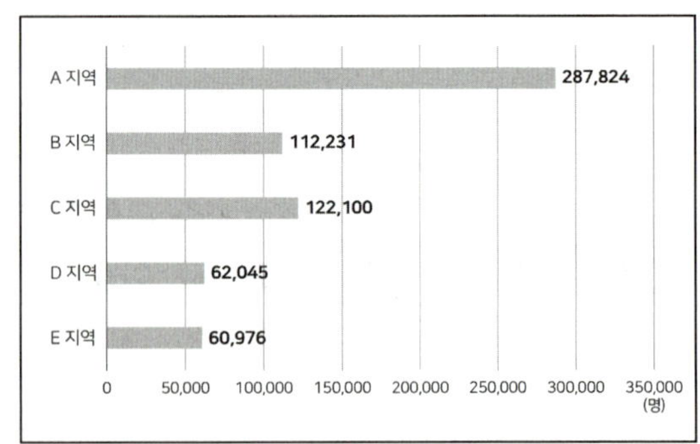

② 2023년 '갑'시의 분야별 민원건수 비중

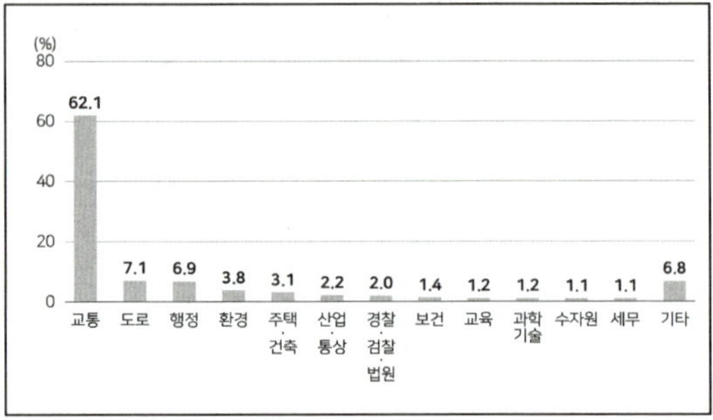

③ 2023년 '갑'시 민원의 상위 10대 키워드

순위	키워드
1	불법주정차
2	어린이 보호구역
3	장애인 전용구역
4	친환경차 충전구역
5	철도역 신설
6	버스노선 신설
7	소음
8	고속도로 개발
9	악취
10	소각장 폐쇄

④ 2023년 '갑'시의 지역별 민원건수

(단위: 건)

지역	A	B	C	D	E
민원건수	60,433	35,904	26,852	12,399	10,357

⑤ 2022년 대비 2023년 '갑'시의 민원건수 증가 및 감소 분야

증가 분야			감소분야		
교통	도로	행정	보건	세무	교육

04 다음은 2024년 '갑'국의 공적개발원조에 대한 국민인식 조사 보고서이다. 〈보고서〉를 작성하는 데 사용되지 않은 자료는?

┤ 보고서 ├

2024년 '갑'국 국민 1,200명을 대상으로 공적개발원조에 대한 인식을 조사했다. 공적개발원조에 대해 알고 있다는 응답자 비율은 83.8%이고 2021년 이후 증가 추세에 있는 것으로 나타났다. 공적개발원조 관련 정보를 접한 경로로는 'TV 또는 라디오'로 응답한 비율이 가장 높았고, '신문'과 '동영상 플랫폼'이 그 뒤를 이었다. 공적개발원조 제공에 대한 찬반조사 결과를 보면 찬성 비율은 77.8%로 반대 비율보다 높았으며, 특히 여성이 남성보다 찬성 비율이 높게 나타났다.

2024년 공적개발원조 규모에 대한 의견으로는 '부족함'이 48.0%, '적정함'이 31.2%, '과다함'이 20.8%로 나타났다. '갑'국의 2024년 공적개발원조 규모가 과다하다고 응답한 이유로는 '현재 경제상황이 나쁘기 때문에'라는 답변이 46.8%로 가장 많았고, '원조가 어떻게 사용되는지 모르기 때문에'라는 답변이 24.0%로 그 뒤를 이었다. 이에 따라, 공적개발원조 관련 교육의 확대 필요성이 대두되고 있다.

① 2020~2024년 공적개발원조에 대해 알고 있다는 응답자 비율

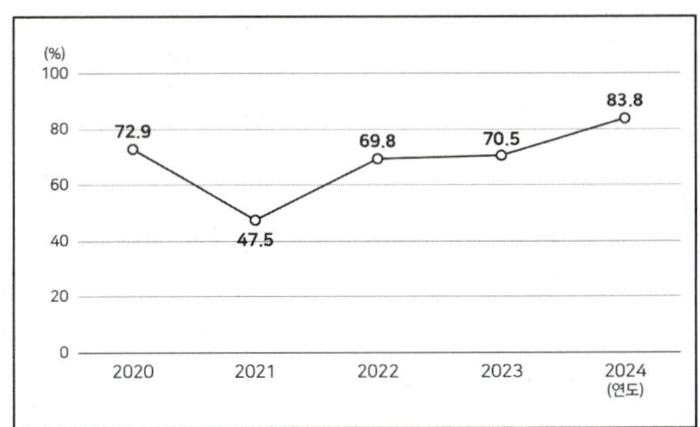

② 2024년 공적개발원조 규모에 대한 의견

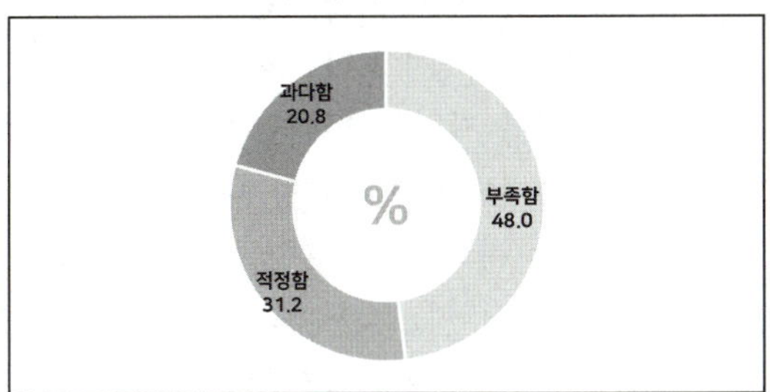

③ 2024년 공적개방원조 제공에 대한 찬반조사 결과

(단위: %)

구분 성별	찬성		반대	
	매우 찬성한다	약간 찬성한다	약간 반대한다	매우 반대한다
전체	15.0	62.8	16.8	5.4
남성	18.3	55.6	19.2	6.9
여성	11.5	70.6	14.1	3.8

④ 2024년 공적개발원조 관련 교육 경로에 대한 선호도(중복 응답)

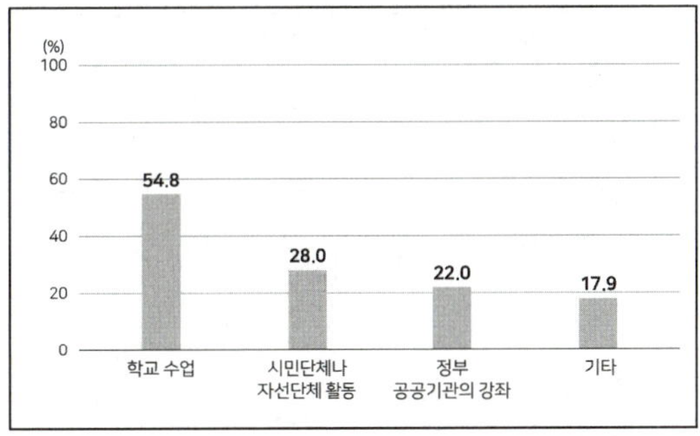

⑤ 2024년 공적개발원조 관련 정보를 접한 경로

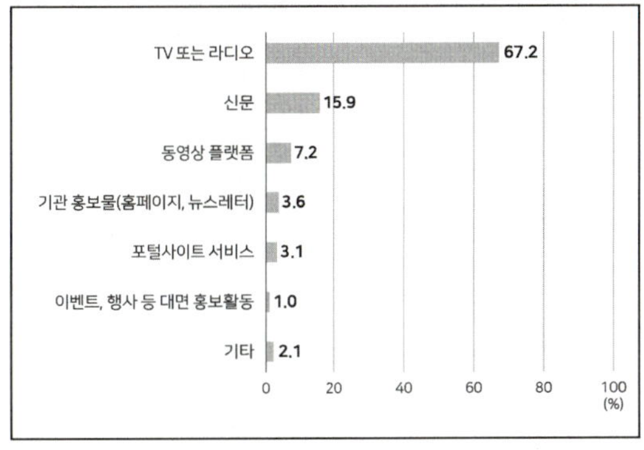

05 다음 〈표〉는 2024년 '갑'국 원자력발전소 A ~ D의 발전량에 관한 자료이다. 이를 근거로 A ~ D를 이용률이 가장 높은 원자력발전소부터 순서대로 바르게 나열한 것은?

〈표〉 2024년 '갑'국 원자력발전소 A ~ D의 발전량 현황

(단위 : GWh)

구분 원자력발전소	실제 발전량	최대 발전량
A	4,000	5,000
B	( )	9,000
C	6,000	( )
D	9,000	12,000
합계	26,000	35,000

※ 이용률(%) = $\dfrac{\text{실제 발전량}}{\text{최대 발전량}} \times 100$

① A, B, C, D ② A, B, D, C
③ A, C, B, D ④ B, A, C, D
⑤ B, A, D, C

06 다음 〈표〉는 '갑' 연구소가 지역별 커피 원두를 항목별로 평가한 결과이다. 이에 대한 설명으로 옳은 것은?

〈표〉 지역별 커피 원두의 항목별 평가결과

지역	원두	향	산미	단맛	쓴맛	바디감
아시아	인도네이시아 자바	●●●●○	●●○○○	●●●○○	●●○○○	●●●●○
	인도네이시아 만델링	●●●●○	●●○○○	●●●●●	●●○○○	●●●●○
	인도네이시아 발리 칸타마니	●●●●○	●●○○○	●●●○○	●●○○○	●●●○○
	인도네이시아 토리자	●●●●○	●●●●○	●●●○○	●●○○○	●●●●○
	인도 몬순드 말리바	●●●●●	●●●●○	●●●●○	●●●○○	●●●●○
아메리카	콜롬비아 슈프리모	●●●●●	●●●●●	●●●○○	●●○○○	●●●○○
	과테말라 SHB	●●●●●	●●●●○	●●●○○	●●●○○	●●●●○
	도미니카 AA	●●○○○	●●●●○	●●●○○	●●○○○	●○○○○
	브라질 산토스	●●●●○	●●●○○	●●●○○	●●○○○	●●○○○
	페루 HB GRADE 1	●●●●●	●●●●○	●●●●●	●●●○○	●●●●●
아프리카	에티오피아 예가체프	●●●●○	●●●●●	●●●○○	●●●○○	●●●●○
	르완다 AB+	●●○○○	●●●○○	●●●○○	●●●○○	●●●●○
	짐바브웨 AA+	●●●●○	●●●●●	●●●●○	●●●●○	●●●●○
	케냐 AA	●●●●○	●●●●○	●●●○○	●●●○○	●●●●○

※ 1) ●(○)는 1(0)점을 나타내며, 항목별로 ● 1개당 1점을 부여하여 5점 척도로 항목별 평가점수를 계산함
　2) 종합 평가점수는 항목별 평가점수의 합임

① '단맛'으로 원두를 비교할 때 가장 높은 점수를 받은 원두는 아프리카 지역의 원두이다.
② 아프리카 지역의 원두는 모두 '향' 평가점수가 '단맛' 평가점수보다 높다.
③ 아메리카 지역은 '바디감'으로 원두를 비교할 때 가장 낮은 점수를 받은 원두가 '향'으로 원두를 비교할 때도 가장 낮은 점수를 받았다.
④ 아시아 지역은 '산미'로 원두를 비교할 때 가장 높은 점수를 받은 원두가 종합 평가점수도 가장 높다.
⑤ 각 지역에서 종합 평가점수가 가장 높은 원두의 종합 평가점수는 모두 같다.

07 다음 〈표〉는 업체 A ~ E가 제출한 국립묘지 관리사업 제안서를 평가한 결과이고, 〈대화〉는 '갑' 업체의 평가결과에 대한 팀장과 주무관 사이의 대화 내용이다. 이를 근거로 판단할 때, A ~ E 중 '갑'에 해당하는 업체는?

〈표〉 업체 A ~ E의 국립묘지 관리사업 제안서 평가결과

(단위: 점)

평가항목	제안개요		제안업체 일반현황		사업수행계획		총점
세부항목 업체	제안요청서 부합성	사업 이해도	조직 관리 능력	지식·기술 능력	세부 계획	사후 관리	
A	4	10	6	14	32	10	76
B	8	6	10	12	24	8	68
C	6	4	8	16	34	2	70
D	8	6	4	20	36	8	82
E	10	6	10	16	28	6	76

※ 평가항목 점수는 해당 평가항목에 속한 세부항목 점수의 합이며, 총점은 각 평가항목 점수의 합임

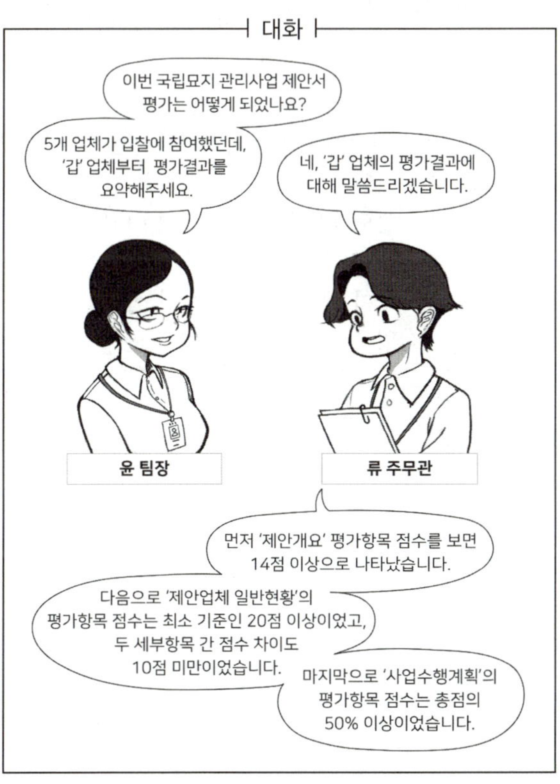

대화

① A   ② B
③ C   ④ D
⑤ E

08 다음 〈표〉는 2024년 '갑'국 기관 A ~ D의 재직자 교육 프로그램에 대한 만족도 조사 결과이다. 〈표〉와 〈조건〉을 근거로 A ~ D에 해당하는 기관을 바르게 연결한 것은?

〈표〉 기관 A ~ D의 재직자 교육 프로그램 만족도

(단위: 명, 점)

기관	참여자	교육환경 만족도	내용 만족도	강사 만족도
A	190	4.2	4.1	4.3
B	120	3.9	4.0	3.8
C	180	4.6	4.8	4.1
D	150	3.8	3.6	3.9

※ A ~ D는 문화청, 발명청, 세무청, 자료청 중 하나임

조건

- '강사 만족도'가 '교육환경 만족도'보다 높은 기관은 발명청과 세무청이다.
- '내용 만족도'는 자료청이 세무청보다 높다.
- '참여자'는 문화청이 자료청보다 많다.

	A	B	C	D
①	문화청	세무청	발명청	자료청
②	발명청	문화청	자료청	세무청
③	발명청	자료청	문화청	세무청
④	세무청	문화청	자료청	발명청
⑤	세무청	자료청	문화청	발명청

09 다음 〈표〉는 2024년 '갑'국의 전력수급 현황에 관한 자료이다. 이에 대한 〈보기〉의 설명 중 옳은 것만을 모두 고르면?

〈표〉 '갑'국의 전력수급 현황

(단위 : TWh)

구분	수도권	비수도권	A지역	B지역	C지역	D지역	전국
발전량	144.4	450.3	33.9	114.1	222.0	80.3	594.7
소비량	214.8	333.1	17.3	92.9	151.2	71.7	547.9

※ 전력자급률(%) = $\dfrac{\text{발전량}}{\text{소비량}} \times 100$

┤ 보기 ├

ㄱ. 수도권 소비량은 전국 소비량의 40% 이상이다.
ㄴ. 전력자급률은 A 지역이 수도권의 2배 이상이다.
ㄷ. C 지역 발전량과 D 지역 발전량의 합은 전국 발전량의 50% 이상이다.
ㄹ. B ~ D 각 지역의 전력자급률은 150% 이상이다.

① ㄱ, ㄴ
② ㄱ, ㄹ
③ ㄴ, ㄷ
④ ㄴ, ㄹ
⑤ ㄷ, ㄹ

10 다음 〈표〉는 2021 ~ 2024년 '갑'국 제조업의 산업군별 재고지수 및 출하지수에 관한 자료이다. 이에 대한 〈보기〉의 설명 중 옳은 것만을 모두 고르면?

〈표〉 2021 ~ 2024년 산업군별 재고지수 및 출하지수

연도	지수	고위기술 산업군	중고위기술 산업군	중저위기술 산업군	저위기술 산업군
2021	재고지수	102.9	80.0	89.9	91.8
	출하지수	96.2	102.8	116.7	108.5
2022	재고지수	106.6	91.4	93.8	90.0
	출하지수	92.2	107.1	111.6	107.3
2023	재고지수	112.2	98.9	96.4	95.9
	출하지수	93.4	106.0	106.4	104.7
2024	재고지수	95.0	97.7	97.5	94.9
	출하지수	93.8	104.6	105.9	103.7

※ 1) 산업군은 '고위기술산업군', '중고위기술산업군', '중저위기술산업군', '저위기술산업군'으로만 구성됨
  2) 재고(출하)지수는 기준연도 2020년의 재고(출하)량을 100으로 할 때, 해당 연도 재고(출하)량의 상대적인 값임
  3) 연도별 재고율(%) = $\dfrac{\text{해당 연도의 재고지수}}{\text{해당 연도의 출하지수}} \times 100$

┤ 보기 ├

ㄱ. 2020년 이후 출하지수의 연도별 증감 방향이 '저위기술산업군'과 동일한 산업군은 '중저위기술산업군'뿐이다.
ㄴ. 기준연도를 2024년으로 변경한다면, 모든 산업군별 재고지수는 매년 각각 100 이상이 된다.
ㄷ. 재고율이 매년 100% 이상인 산업군은 '고위기술산업군'뿐이다.

① ㄱ
② ㄴ
③ ㄱ, ㄷ
④ ㄴ, ㄷ
⑤ ㄱ, ㄴ, ㄷ

11 다음 〈표〉는 통산 승점 기준 상위 9개 국가의 역대 FIFA 월드컵 본선 성적에 관한 자료이다. 이에 대한 〈보기〉의 설명 중 옳은 것만을 모두 고르면?

〈표〉 통산 승점 기준 상위 9개 국가의
역대 FIFA 월드컵 본선 성적

순위	국가	통산 승점	경기수	승리	무승부	패배
1	브라질	247	114	76	19	19
2	독일	225	112	68	21	23
3	아르헨티나	158	88	47	17	24
4	이탈리아	156	83	45	21	17
5	프랑스	131	73	39	14	20
6	잉글랜드	118	74	32	22	20
7	스페인	110	67	31	17	19
8	네덜란드	104	55	30	14	11
9	우루과이	88	59	25	13	21

※ 1) 평균 승점 $= \dfrac{\text{통산 승점}}{\text{경기수}}$

2) 승률 $= \dfrac{\text{승리 경기수}}{\text{경기수}}$

┤ 보기 ├

ㄱ. 순위 8위 이내 국가 중 승률이 0.5 이하인 국가는 2개이다.
ㄴ. 순위가 높은 국가일수록 평균 승점이 높다.
ㄷ. 경기수 중 무승부 경기수의 비중은 독일이 잉글랜드보다 크다.

① ㄱ
② ㄴ
③ ㄷ
④ ㄱ, ㄴ
⑤ ㄱ, ㄷ

12 다음 〈표〉는 '갑'국의 '환경친화적 자동차 구매목표제' 시행에 따른 민간부문과 공공부문의 구매실적에 관한 자료이다. 이를 근거로 작성한 〈보고서〉의 (가) ~ (다)에 해당하는 내용을 바르게 연결한 것은?

〈표 1〉 2024년 민간부문 구매실적

(단위 : 대)

업종구분 \ 차종	하이브리드차	전기차	수소차	합계
공시대상기업집단	6,333	8,771	( )	15,177
자동차대여사업자	9,393	7,537	6	16,936
시내버스운송사업자	0	399	( )	407
일반택시운송사업자	0	64	0	64
화물자동차운수사업자 우수물류	4	68	0	72
화물자동차운수사업자 택배서비스	7	62	0	69
전체	15,737	16,901	87	32,725

〈표 2〉 2019 ~ 2024년 공공부문 구매실적

(단위 : 대)

연도 \ 차종	하이브리드차	전기차	수소차	합계
2019	833	2,104	61	2,998
2020	1,135	1,486	20	2,641
2021	1,916	2,366	109	4,391
2022	3,422	1,307	136	4,865
2023	682	2,813	174	3,669
2024	307	2,939	95	3,341

※ 환경친화적 자동차는 하이브리드차, 전기차, 수소차뿐임

┤ 보고서 ├

'갑'국에서는 에너지 절감을 위한 '환경친화적 자동차 구매목표제'를 2019년부터 시행하고 있다. 2024년 민간부문과 공공부문 구매실적의 합이 가장 큰 차종은 [(가)]였다.

2024년 민간부문의 업종구분별 구매실적을 보면, 자동차대여사업자는 하이브리드차를 가장 많이 구매하였고 그 외의 업종구분에서는 전기차를 가장 많이 구매하였다. 한편, 전기차 구매실적 대비 수소차 구매실적 비율이 가장 높은 업종구분은 [(나)](으)로 나타났다.

2019 ~ 2024년 공공부문 구매실적을 보면, 하이브리드차의 공공부문 구매실적은 정책 시행 시작연도인 2019년부터 매년 증가하여 [(다)]년에 최대가 되었다가 이후 매년 감소하였다.

	(가)	(나)	(다)
①	전기차	공시대상기업집단	2022
②	전기차	시내버스운송사업자	2022
③	전기차	시내버스운송사업자	2023
④	하이브리드차	공시대상기업집단	2023
⑤	하이브리드차	시내버스운송사업자	2023

13 다음 〈그림〉은 배양기 A ~ J의 온도지수 및 습도 지수이고, 〈표〉는 '갑' 세포 생존지수에 따른 배양환경 유형에 관한 자료이다. 이를 근거로 A ~ J 중 배양환경 유형이 '주의'인 배양기만을 모두 고르면?

〈그림〉 배양기 A ~ J의 온도지수 및 습도지수

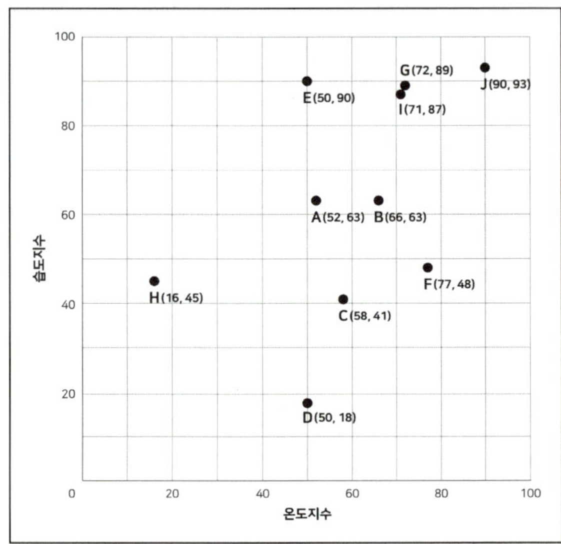

〈표〉 '갑' 세포 생존지수에 따른 배양환경 유형

'갑' 세포 생존지수	150 미만	150 이상 300 미만	300 이상 350 미만	350 이상
유형	양호	주의	경고	위험

※ '갑' 세포 생존지수 = 3 × 온도지수 + 2 × 습도지수

① A, C, D   ② B, E, F
③ C, D, H   ④ E, G, I, J
⑤ A, B, C, D, F

14 다음 〈보고서〉는 2022 ~ 2024년 A 부처의 정부 포상 실적에 관한 자료이다. 〈보고서〉의 내용과 부합하는 자료는?

| 보고서 |

A 부처는 민간기관의 참여 활성화를 위해 매년 정부포상을 실시하고 있다. 정부포상은 「정부 표창 규정」에 따라 '대통령표창', '국무총리표창', 그리고 '장관표창'으로 구분되고, 2022 ~ 2024년 A 부처의 연도별 정부포상 실적은 다음과 같다.
먼저, '대통령표창'과 '국무총리표창'은 포상분야 및 포상인원이 각각 매년 증가하였다. 특히 '국무총리표창'의 포상분야는 2024년이 2022년 대비 20% 이상 증가하였다. 2024년 정부포상을 포상분야 1개당 포상인원이 많은 표창부터 순서대로 나열하면 '장관표창', '국무총리표창', '대통령표창' 순이다.

① (단위: 개, 명)

표창 \ 연도	2022		2023		2024	
구분	포상분야	포상인원	포상분야	포상인원	포상분야	포상인원
대통령표창	8	24	12	26	15	27
국무총리표창	25	112	27	132	28	141
장관표창	41	253	37	281	39	277

② (단위: 개, 명)

표창 \ 연도	2022		2023		2024	
구분	포상분야	포상인원	포상분야	포상인원	포상분야	포상인원
대통령표창	8	21	12	25	9	27
국무총리표창	25	112	31	109	36	117
장관표창	44	253	43	281	45	297

③ (단위: 개, 명)

표창 \ 연도	2022		2023		2024	
구분	포상분야	포상인원	포상분야	포상인원	포상분야	포상인원
대통령표창	4	24	5	26	6	27
국무총리표창	25	112	27	132	30	141
장관표창	41	253	37	281	39	277

④ (단위: 개, 명)

표창 \ 연도	2022		2023		2024	
구분	포상분야	포상인원	포상분야	포상인원	포상분야	포상인원
대통령표창	8	21	9	25	9	27
국무총리표창	25	112	31	115	36	117
장관표창	44	281	43	253	45	257

⑤ (단위: 개, 명)

표창 \ 연도	2022		2023		2024	
구분	포상분야	포상인원	포상분야	포상인원	포상분야	포상인원
대통령표창	4	24	5	26	6	27
국무총리표창	25	129	31	132	36	141
장관표창	41	351	37	281	39	314

15 다음 〈보고서〉는 2024년 '갑'국의 행정기관위원회에 관한 자료이다. 〈보기〉의 자료 중 〈보고서〉의 내용에 부합하는 것만을 모두 고르면?

┤ 보고서 ├

2024년 '갑'국의 행정기관위원회는 총 590개이고, 이 중 행정위원회가 40개, 자문위원회가 550개였다. 행정기관위원회를 소속별로 보면 부처 소속이 514개로 가장 많았고, 다음으로 국무총리, 대통령 소속 순이었다. 그리고 부처 소속 행정기관위원회는 2020년 이후 매년 전체 행정기관위원회의 80% 이상을 차지한 것으로 나타났다.

2024년 행정기관위원회의 회의 개최 횟수를 살펴보면 4회 이상 회의를 개최한 행정기관위원회는 전체 행정기관위원회의 절반에도 미치지 못했다. 특히 회의를 한 번도 개최하지 않은 행정기관위원회는 69개로 나타났다.

2024년 행정기관위원회를 예산규모별로 보면 예산이 5천만 원을 초과한 행정기관위원회는 전체 행정기관위원회의 20%에도 미치지 못했다. 특히 예산이 미편성된 행정기관위원회가 전체 행정기관위원회의 55%를 넘었다.

┤ 보기 ├

ㄱ. 2020~2024년 행정기관위원회 중 행정위원회 비중

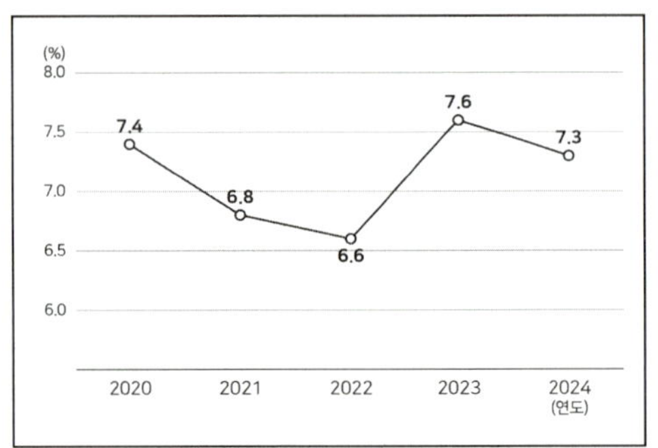

ㄴ. 2020~2024년 소속별 행정기관위원회 수

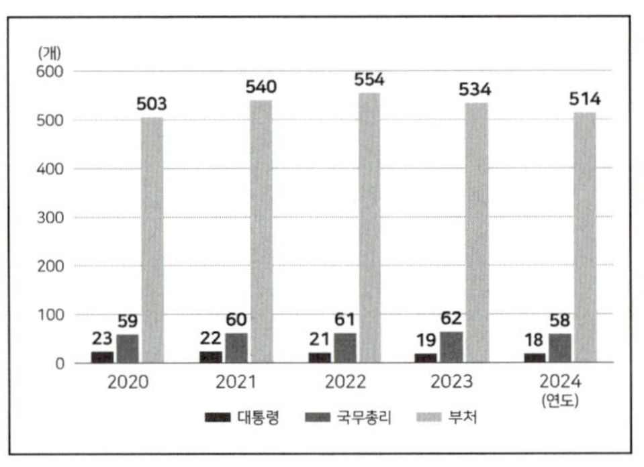

ㄷ. 2024년 회의 개최 횟수별 행정기관위원회 수

(단위: 개)

회의 횟수	0회	1회	2회	3회	4회	5~10회	11~20회	21회 이상	전체
위원회 수	69	88	78	55	62	101	59	78	590

ㄹ. 2024년 예산규모별 행정기관위원회 수

(단위: 백만 원, 개)

예산 규모	미편성	0 초과 10 이하	10 초과 50 이하	50 초과 200 이하	200 초과 1,000 이하	1,000 초과
위원회 수	336	71	90	60	27	6

① ㄱ, ㄴ 　　② ㄱ, ㄷ
③ ㄱ, ㄹ 　　④ ㄴ, ㄷ
⑤ ㄴ, ㄹ

16 다음 〈표〉는 2022년과 2023년 A국의 중고차 수출량에 관한 자료이다. 〈표〉와 〈조건〉을 근거로 판단할 때, 2023년 A국의 중고차 수출량 기준 상위 10개 수출대상국 중 '갑'국에 해당하는 국가는?

〈표〉 2023년 A국의 중고차 수출량 기준 상위 10개 수출대상국으로의 2022년과 2023년 중고차 수출량

(단위 : 대)

순위	수출대상국	2023	2022
1	리비아	150,087	54,826
2	이집트	58,534	37,197
3	튀르키예	48,501	21,689
4	요르단	30,865	40,762
5	키르기스스탄	30,734	13,741
6	아제르바이잔	17,584	7,675
7	아랍에미리트연합	16,777	7,137
8	타지키스탄	15,758	12,000
9	알바니아	13,752	1,811
10	몽골	10,735	5,491
	A국 전체	502,028	303,416

─┤ 조건 ├─

- 2023년 A국 전체 중고차 수출량에서 '갑'국으로의 중고차 수출량이 차지하는 비중은 10% 이하이다.
- A국 전체 중고차 수출량에서 '갑'국으로의 중고차 수출량이 차지하는 비중은 2023년이 2022년보다 크다.
- 2021년 대비 2022년 A국에서 '갑'국으로의 중고차 수출량 증가율이 20%라면, 2021년 A국에서 '갑'국으로의 중고차 수출량은 12,000대 이상이다.

① 리비아 　② 요르단
③ 키르기스스탄 　④ 타지키스탄
⑤ 튀르키예

17 다음 〈표〉는 2024년 '갑'시 A ~ D 지역의 도로 현황에 관한 자료이다. 이에 대한 설명으로 옳지 않은 것은?

〈표〉 2024년 '갑'시 A ~ D 지역의 도로 현황

(단위 : km, km², %)

구분 / 지역	도로 연장	도로 면적	시가화 면적	도로율
A	323	3.43	11.79	29.1
B	330	3.20	13.85	23.1
C	442	5.80	( )	22.2
D	257	2.35	( )	23.9

※ 1) '갑'시는 A ~ D 지역으로만 구성됨

2) 도로율(%) = $\dfrac{\text{도로 면적}}{\text{시가화 면적}} \times 100$

① '도로 연장'당 '도로 면적'은 A지역이 D지역보다 크다.
② B지역의 '도로 연장'은 '갑'시 '도로 연장'의 25% 이상이다.
③ '도로율'이 가장 낮은 지역은 '시가화 면적'이 가장 크다.
④ D지역의 '시가화 면적'은 10km² 이하이다.
⑤ '갑'시의 '시가화 면적'은 50km² 이상이다.

18 다음 〈표〉는 2020 ~ 2024년 A시의 빛공해 민원 건수에 관한 자료이다. 이에 대한 설명으로 옳은 것은?

〈표 1〉 피해유형별 빛공해 민원건수

(단위 : 건)

피해유형 \ 연도	수면방해	생활불편	눈부심	심리불안	전체
2020	2,014	217	177	5	2,413
2021	2,096	294	167	20	2,577
2022	1,490	388	264	26	2,168
2023	1,107	354	333	50	1,844
2024	885	502	390	57	1,834
계	7,592	1,755	1,331	158	10,836

〈표 2〉 조명종류별 빛공해 민원건수

(단위 : 건)

조명종류 \ 연도	공간 조명	광고 조명	전광판 조명	장식 조명	기타	전체
2020	1,792	353	53	75	140	2,413
2021	1,768	464	82	55	208	2,577
2022	1,176	626	41	107	218	2,168
2023	829	560	44	120	291	1,844
2024	827	522	90	101	294	1,834
계	6,392	2,525	310	458	1,151	10,836

① 장식조명 민원건수가 전년 대비 증가한 모든 해에 는 전광판조명 민원건수도 전년 대비 증가한다.
② 2023년 공간조명으로 인한 수면방해 민원건수 는 92건 이상이다.
③ 2021년 전체 민원건수 중 수면방해 민원건수의 비중은 85% 이상이다.
④ 눈부심 민원건수의 전년 대비 증가율은 2024년 이 가장 높다.
⑤ 기타를 제외하고 매년 조명종류의 민원건수 순 위는 동일하다.

19 다음 〈표〉는 2023년 '갑' 항구의 월별 컨테이너 물 동량에 관한 자료이다. 이에 대한 〈보기〉의 설명 중 옳은 것만을 모두 고르면?

〈표〉 2023년 '갑' 항구의 월별 컨테이너 물동량

(단위 : 천 TEU)

월 \ 구분	물동량	누적 물동량
1	273	273
2	229	( )
3	( )	( )
4	( )	( )
5	282	1,370
6	280	1,650
7	287	( )
8	( )	2,222
9	307	2,529
10	300	( )
11	312	3,141
12	( )	3,461

※ 1) 누적 물동량은 1월부터 해당 월까지의 물동량을 합한 값임
 2) 월평균 물동량은 1 ~ 12월 물동량의 합을 12(개월)로 나 눈 값임

―― 보기 ――

ㄱ. 8월 물동량은 7월 물동량보다 많다.
ㄴ. 1월 대비 12월 물동량의 증가율은 15% 이상이다.
ㄷ. 2023년 월평균 물동량보다 물동량이 많은 달 은 5개 이상이다.

① ㄱ ② ㄴ
③ ㄷ ④ ㄱ, ㄴ
⑤ ㄴ, ㄷ

20 다음은 '갑'국 공공기관 A ~ D의 예산액에 관한 자료이다. 이에 대한 〈보기〉의 설명 중 옳은 것만을 모두 고르면?

〈그림〉 2018 ~ 2023년 연도별 공공기관 예산액 중 A ~ D 예산액 비중

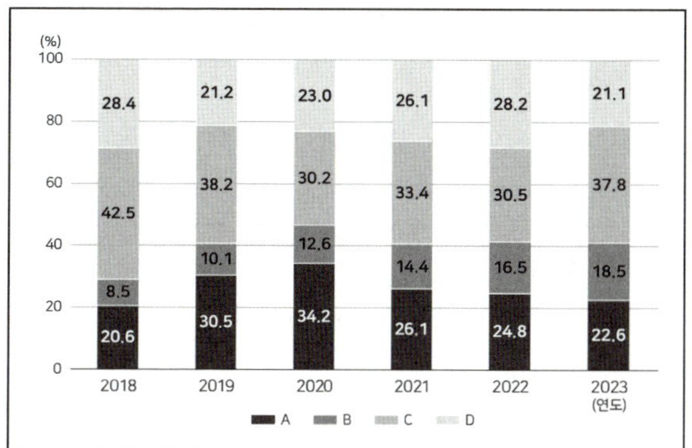

※ '갑'국 공공기관은 A ~ D뿐임

〈표〉 2021 ~ 2023년 연도별 공공기관 A의 예산액

(단위: 억 원)

구분	연도	2021	2022	2023
일반관리비	인건비	139	160	135
	경비	70	88	80
사업비		443	581	( )
출연금		250	250	260
합계		902	1,079	1,129

※ 예산액은 일반관리비(인건비, 경비), 사업비, 출연금으로만 구성됨

〈보기〉
ㄱ. 2018 ~ 2023년 동안 공공기관 예산액 중 B의 예산액 비중은 매년 1%p 이상 증가하였다.
ㄴ. 2023년 A는 사업비가 출연금의 3배 이상이다.
ㄷ. 2021 ~ 2023년 동안 A는 매년 인건비가 일반관리비의 60% 이상이다.
ㄹ. 2022년 C의 예산액은 전년 대비 증가하였다.

① ㄱ, ㄴ
② ㄱ, ㄷ
③ ㄴ, ㄹ
④ ㄱ, ㄷ, ㄹ
⑤ ㄴ, ㄷ, ㄹ

21 다음은 '갑'국의 2024학년도와 2025학년도 대학입학시험 응시 현황에 관한 자료이다. 이를 근거로 A와 D에 해당하는 값을 바르게 연결한 것은?

〈보고서〉
2024학년도 대학입학시험 응시 현황을 살펴보면, 응시원서 접수 인원은 504,588명이었고, 응시 인원은 그중 88.2%에 해당하는 444,870명이었다. 응시원서 접수 인원 중 '재학생'은 326,646명, '졸업생 및 검정고시학력 인정자'는 177,942명이었다. 응시 인원 중 '재학생'은 287,502명, '졸업생 및 검정고시학력 인정자'는 157,368명으로, 각각 응시 인원의 64.6%, 35.4%를 차지하였다.

〈그림〉 2025학년도 대학입학시험 응시 현황

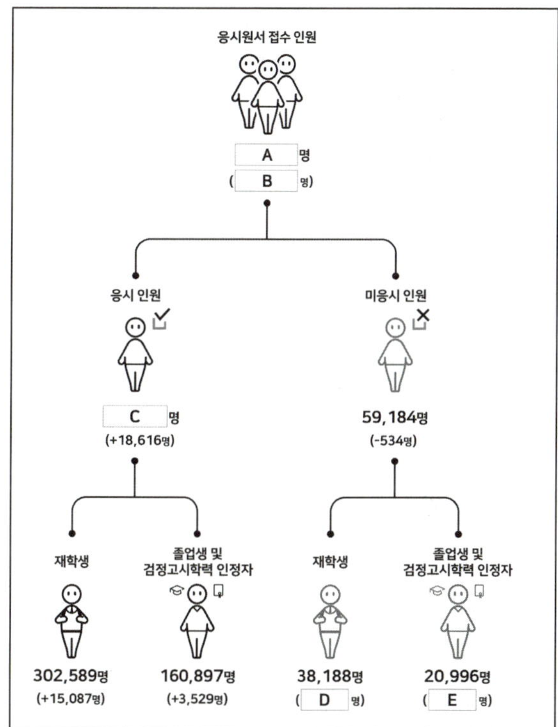

※ 1) ( )안의 수치는 2025학년도 인원에서 2024학년도 인원을 뺀 값임
2) 응시원서 접수 인원은 '재학생', '졸업생 및 검정고시학력 인정자'로만 구분됨

	A	D
①	522,670	−956
②	522,670	−926
③	522,670	422
④	523,738	−956
⑤	523,738	422

[22 ~ 23] 다음 〈표〉는 2025년 1월 A도매점 및 B소매점의 수산물 가격과 '갑' ~ '무' 요리사가 1월 5주 B소매점에서 구매한 수산물에 관한 자료이다. 다음 물음에 답하시오.

〈표 1〉 A도매점의 주별 수산물 가격

(단위: 원/kg)

수산물 어종	상태	1	2	3	4	5	평균
고등어	냉장	7,700	7,300	6,200	6,900	6,700	6,960
고등어	냉동	5,500	5,600	5,300	5,400	5,600	5,480
갈치	냉동	11,600	11,600	12,100	( )	( )	13,000
오징어	냉장	16,500	16,100	13,500	13,800	14,300	14,840
오징어	냉동	12,300	12,900	14,300	13,900	13,600	13,400
명태	냉동	2,400	2,300	2,200	2,100	2,300	2,260
멸치	건조	14,300	14,200	12,800	12,900	12,800	13,400

〈표 2〉 B소매점의 주별 수산물 가격

(단위: 원/kg)

수산물 어종	상태	1	2	3	4	5	평균
고등어	냉장	11,700	11,200	12,300	12,700	14,100	12,400
고등어	냉동	12,200	13,500	11,500	11,400	12,800	12,280
갈치	냉동	15,200	15,700	13,600	( )	( )	14,000
오징어	냉장	26,700	24,800	26,300	25,300	26,400	25,900
오징어	냉동	20,100	19,300	20,000	19,200	22,400	20,200
명태	냉동	5,700	5,400	5,500	5,400	6,100	5,620
멸치	건조	29,600	29,200	27,500	27,900	28,800	28,600

※ 1) A도매점과 B소매점은 제시된 수산물만 판매함
   2) 주별 수산물 가격은 해당 주 동안 일정함
   3) 평균은 1 ~ 5주 가격의 합을 5로 나눈 값임

〈표 3〉 '갑' ~ '무' 요리사의 1월 5주 B소매점 구매 수산물 및 총구매액

(단위: kg, 원)

수산물 어종	상태	갑	을	병	정	무
고등어	냉장	4	3	5	5	5
오징어	냉장	4	5	3	2	1
명태	냉동	2	2	2	3	4
총구매액		174,200	186,500	161,900	141,600	121,300

22 위 〈표〉에 대한 〈보기〉의 설명 중 옳은 것만을 모두 고르면?

┤ 보기 ├

ㄱ. 냉동 고등어 가격의 전주 대비 증감 방향은 A도매점과 B소매점이 동일하다.
ㄴ. 냉장 수산물 중 1주 가격 대비 3주 가격 증감률이 가장 큰 어종은 A도매점과 B소매점이 동일하다.
ㄷ. A도매점이 B소매점보다 주별 냉동 갈치 가격이 높은 주가 있다.

① ㄴ   ② ㄷ
③ ㄱ, ㄴ   ④ ㄱ, ㄷ
⑤ ㄴ, ㄷ

23 '갑' ~ '무' 요리사가 〈표 3〉에서 구매한 수산물을 1월 5주에 A도매점에서 구매한다면, 총구매액이 가장 큰 폭으로 감소하는 요리사는?

① 갑   ② 을
③ 병   ④ 정
⑤ 무

24 다음은 주요 10개국의 인공지능(AI) 반도체 분야에 대한 국가별 기술점수 산정 방법과 결과에 관한 자료이다. 이에 대한 〈보기〉의 설명 중 옳은 것만을 모두 고르면?

┤ 국가별 기술점수 산정 방법 ├

- 해당 국가의 원점수는 '논문', '특허', '전문가 평가' 3가지 부문별로 집계한다.
- 해당 국가의 변환점수는 3가지 부문별로 다음과 같이 산출한다.
  - 해당 부문에서 원점수가 가장 높은 국가 원점수 대비 해당 국가 원점수의 비율을 구한다.
  - 위 비율에 해당 부문 배점을 곱하여 변환점수를 산출한다. (단, 3가지 부문 배점의 합은 100점임)
- 해당 국가의 기술점수는 3가지 부문 변환점수를 합하여 산정한다.

〈표〉 AI 반도체 분야 주요 10개국 기술점수

(단위: 점)

부문 점수 국가	논문		특허		전문가 평가		기술 점수
	원 점수	변환 점수	원 점수	변환 점수	원 점수	변환 점수	
미국	511	6.7	4,104	20.0	1,000	70.0	96.7
중국	767	10.0	431	2.1	850	59.5	71.6
한국	153	2.0	248	1.2	835	58.5	61.7
영국	138	1.8	167	0.8	760	53.2	55.8
대만	45	0.6	22	0.1	770	53.9	54.6
이스라엘	14	0.2	117	0.6	760	53.2	54.0
일본	47	0.6	430	2.1	725	50.8	53.5
프랑스	56	0.7	143	0.7	710	49.7	51.1
독일	62	0.8	105	0.5	700	49.0	50.3
캐나다	73	1.0	85	0.4	680	47.6	49.0

※ 변환점수는 소수 둘째 자리에서 반올림한 값임

┤ 보기 ├

ㄱ. '전문가 평가' 부문 배점은 '논문'과 '특허' 부문 배점 합의 2배 이상이다.
ㄴ. 독일의 '논문' 부문 원점수만 50점 증가한다면, 기술점수는 독일이 프랑스보다 높아진다.
ㄷ. '논문'과 '특허' 부문 배점이 서로 바뀐다면, 기술점수는 이스라엘이 대만보다 높아진다.

① ㄱ
② ㄷ
③ ㄱ, ㄴ
④ ㄱ, ㄷ
⑤ ㄴ, ㄷ

25 다음 〈표〉는 2024년 133개 국가를 대상으로 세계혁신지수(GII)를 조사하고 소득그룹별로 GII 기준 상위 10개 국가씩 나타낸 자료이다. 이에 대한 〈보기〉의 설명 중 옳은 것만을 모두 고르면?

〈표〉 2024년 소득그룹별 GII 기준 상위 10개 국가

소득그룹 (국가 수) 소득 그룹 내 순위 \ 구분	고소득(51)		중상소득(34)		중저소득(38)		저소득(10)	
	국가	GII 순위	국가	GII 순위	국가	GII 순위	국가	GII 순위
1	스위스	1	중국	11	인도	39	르완다	104
2	스웨덴	2	말레이시아	33	베트남	44	마다가스카르	110
3	미국	3	튀르키예	37	필리핀	53	토고	117
4	싱가포르	4	불가리아	38	우크라이나	60	우간다	121
5	영국	5	태국	41	이란	64	부룬디	127
6	대한민국	6	브라질	50	모로코	66	모잠비크	128
7	핀란드	7	세르비아	52	몽골	67	부르키나파소	129
8	네덜란드	8	인도네시아	54	요르단	73	에티오피아	130
9	독일	9	모리셔스	55	튀니지	81	말리	131
10	덴마크	10	멕시코	56	우즈베키스탄	83	니제르	132

※ 1) 조사 대상 133개 국가는 고소득그룹, 중상소득그룹, 중저소득그룹, 저소득그룹 중 하나로만 분류됨
2) GII 순위는 133개 국가를 대상으로 부여되었으며 공동 순위는 없음
3) 소득그룹 내 순위는 소득그룹별로 GII 순위가 높은 국가부터 순서대로 부여됨

┤ 보기 ├

ㄱ. GII 순위가 스위스보다 낮고 중국보다 높은 국가는 모두 고소득그룹 국가이다.
ㄴ. GII 순위 41위부터 50위까지 국가 중 고소득그룹 국가 수는 7개이다.
ㄷ. 마다가스카르보다 GII 순위가 낮으면서 저소득그룹이 아닌 국가 수는 14개이다.
ㄹ. 중상소득그룹과 중저소득그룹을 중소득그룹으로 묶으면, 필리핀의 중소득그룹 내 순위는 10위이다.

① ㄱ, ㄷ
② ㄱ, ㄴ, ㄷ
③ ㄱ, ㄴ, ㄹ
④ ㄱ, ㄷ, ㄹ
⑤ ㄴ, ㄷ, ㄹ

3 상황판단

01 다음 글을 근거로 판단할 때 옳은 것은?

> 제00조(기상산업의 실태조사 등) ① 기상청장은 기상산업을 체계적으로 진흥하고 기본계획과 시행계획 등을 효율적으로 수립·추진하기 위하여 기상산업에 대한 실태조사(이하 '실태조사'라 한다)와 자료수집을 할 수 있다.
> ② 기상청장은 실태조사와 자료수집을 위하여 필요하다고 인정하면 관련 행정기관·연구기관·교육기관 또는 기상사업자 등에게 필요한 자료나 의견을 제출하도록 요청할 수 있다.
> ③ 기상청장은 실태조사를 기상산업에 관한 전문성을 갖춘 기관 또는 단체에 의뢰하여 실시할 수 있다.
> ④ 기상청장은 실태조사를 실시한 경우 그 결과를 기상청의 인터넷 홈페이지에 공표해야 한다.
>
> 제00조(기상정보의 제공) ① 기상청장은 기상사업자가 기상정보의 제공을 신청한 경우 정당한 이유가 없으면 그 정보를 제공하여야 한다.
> ② 제1항에 따라 기상청장이 기상정보를 제공할 때에는 그 기상정보의 제공에 드는 비용에 충당하기 위하여 수수료를 징수할 수 있다.
>
> 제00조(기상정보의 출처 명시 등) ① 기상사업자는 기상정보를 제3자에게 제공하는 경우 그 출처를 밝혀야 한다.
> ② 기상청장은 기상사업자가 제1항에 따른 출처를 밝히지 아니하는 경우에는 시정을 요구할 수 있다.

① 기상청장은 실태조사를 직접 실시하지 않고 기상산업에 관한 전문성을 갖춘 단체에 의뢰하여 실시할 수 있다.

② 기상청장은 실태조사와 자료수집을 위해 필요한 경우, 관련 행정기관에게 필요한 자료의 제출을 요청할 수 있지만 기상사업자에게는 요청할 수 없다.

③ 기상사업자는 기상청장으로부터 제공받은 기상정보를 제3자에게 제공할 수 없다.

④ 기상청장이 기상사업자에게 기상정보를 제공할 때에는 기상정보의 경제적 가치에 해당하는 수수료를 징수하여야 한다.

⑤ 기상청장은 기상산업 진흥을 위한 자료수집을 한 경우, 그 결과를 기상청 인터넷 홈페이지에 공표해야 한다.

02 **다음 글을 근거로 판단할 때 옳은 것은?**

제00조(정의) 이 법에서 '국제기구 분담금'이란 정부가 국제기구에 의무적으로 납부하여야 하는 경비 또는 국제기구와 협력사업 추진을 위하여 재량적으로 납부하는 경비를 말한다. 다만 국제금융기구 및 녹색기후기금에 납입하는 출자금 또는 출연금은 제외한다.

제00조(국제기구 분담금 심의위원회) ① 국제기구 분담금 관리에 관한 주요사항을 심의·조정하기 위하여 외교부장관 소속으로 국제기구 분담금 심의위원회(이하 '위원회'라 한다)를 둔다.
② 위원회는 다음 각 호의 사항을 심의·조정한다.
 1. 중앙행정기관별 전년도 국제기구 분담금 납부실적 및 자체평가 결과
 2. 중앙행정기관별 다음 연도 국제기구 분담금 납부계획

제00조(국제기구 분담금 납부실적에 대한 자체평가 등) ① 중앙행정기관의 장은 소관 국제기구 분담금의 전년도 납부실적 및 납부목적 부합 여부에 대하여 매년 자체평가를 실시하여야 한다.
② 중앙행정기관의 장은 매년 3월 31일까지 소관 국제기구 분담금의 전년도 납부실적, 제1항에 따른 자체평가 결과 및 다음 연도 국제기구 분담금 납부계획을 위원회에 제출하여야 한다.
③ 외교부장관은 제2항에 따라 제출된 납부실적 등에 대한 위원회의 심의·조정 결과를 매년 5월 31일까지 기획재정부장관에게 송부하고, 기획재정부장관은 송부받은 위원회의 심의·조정 결과를 존중하여 다음 연도 예산안을 편성하여야 한다.

① 위원회는 중앙행정기관별 다음 연도 국제기구 분담금 납부계획을 심의·조정한다.
② 위원회는 중앙행정기관이 납부하는 국제기구 분담금의 납부목적 부합 여부에 대한 자체평가를 매년 실시하여야 한다.
③ 환경부가 녹색기후기금에 출연금을 납입하였다면 환경부장관은 해당 납입실적을 위원회에 제출하여야 한다.
④ 외교부장관은 중앙행정기관의 장이 제출한 납부실적을 매년 3월 31일까지 기획재정부장관에게 송부하여야 한다.
⑤ 국제기구와의 협력사업 추진을 위하여 시민단체가 스스로 국제기구에 납부하는 경비는 국제기구 분담금에 해당한다.

03 **다음 글을 근거로 판단할 때 옳은 것은?**

제○○조(특허심판원) ① 특허·실용신안·디자인·상표에 관한 심판(이하 '심판사건'이라 한다)을 관장하게 하기 위하여 특허청장 소속으로 특허심판원을 둔다.
② 특허심판원에 특허심판원장(이하 '원장'이라 한다)과 심판관을 둔다.

제□□조(심판관 등의 지정) ① 원장은 각 심판사건에 대하여 제△△조에 따른 합의체를 구성할 심판관을 지정하여야 한다.
② 원장은 제1항에 따라 지정된 심판관 중에서 1명을 심판장으로 지정하여야 한다.
③ 제2항에도 불구하고 원장은 특히 중요하다고 인정되는 심판사건에 대해서는 원장 스스로 심판장이 될 수 있다.
④ 심판장은 그 심판사건에 관한 사무를 총괄한다.

제△△조(심판의 합의체, 심리 등) ① 심판은 3명 또는 5명의 심판관으로 구성되는 합의체가 한다.
② 제1항의 합의체의 합의는 과반수로 결정한다.
③ 심판은 구술심리 또는 서면심리로 한다. 다만 당사자가 구술심리를 신청하였을 때에는 서면심리만으로 결정할 수 있다고 인정되는 경우 외에는 구술심리를 하여야 한다.
④ 구술심리는 공개하여야 한다. 다만 공공의 질서 또는 선량한 풍속에 어긋날 우려가 있으면 그러하지 아니하다.

① 심판의 합의체는 심판장 1명과 심판관 1명으로 구성될 수 있다.
② 원장이 심판장으로서 심판사건에 관한 사무를 총괄하는 경우가 있다.
③ 합의체의 합의는 심판관 전원의 일치된 의견으로 결정한다.
④ 당사자가 구술심리를 신청한 경우에는 서면심리로 심판할 수 없다.
⑤ 서면심리로 심판하는 경우 그 심리는 공개하여야 한다.

04 다음 글을 근거로 판단할 때 옳은 것은?

제00조(의료 해외진출의 신고) ① 의료 해외진출을 하려는 의료기관의 개설자는 보건복지부장관에게 신고하여야 한다.

② 보건복지부장관은 제1항에 따른 신고를 한 의료기관의 개설자에게 의료 해외진출의 신고확인증을 발급하여야 한다.

제00조(외국인환자 유치에 대한 등록) ① 외국인환자를 유치하려는 의료기관은 다음 각 호의 요건을 갖추어 특별시장·광역시장·특별자치시장·도지사 또는 특별자치도지사(이하 '시·도지사'라 한다)에게 등록하여야 한다.

  1. 외국인환자를 유치하려는 진료과목별로 전문의를 1명 이상 둘 것

  2. 의료배상공제조합 또는 보건복지부령으로 정하는 의료사고배상책임보험에 가입하였을 것

② 외국인환자를 유치하려는 비의료기관은 다음 각 호의 요건을 갖추어 시·도지사에게 등록하여야 한다.

  1. 보건복지부령으로 정하는 보증보험에 가입하였을 것

  2. 국내에 사무소를 설치하였을 것

③ 시·도지사는 제1항에 따라 등록한 의료기관(이하 '외국인환자 유치의료기관'이라 한다) 및 제2항에 따라 등록한 비의료기관(이하 '외국인환자 유치사업자'라 한다)에게 등록증을 발급하여야 한다.

④ 제1항 및 제2항에 따른 등록의 유효기간은 등록일부터 3년으로 한다.

⑤ 제4항에 따른 유효기간이 만료된 후 계속하여 외국인환자를 유치하려는 자는 유효기간이 만료되기 전에 그 등록을 갱신하여야 한다.

① 의료 해외진출을 하려는 의료기관의 개설자는 시·도지사에게 등록하여야 한다.

② 외국인환자 유치를 위해 시·도지사에게 등록하려는 의료기관이 보건복지부령으로 정하는 의료사고배상책임보험에 가입하지 않는다면 의료배상공제조합에는 가입하여야 한다.

③ 외국인환자 유치사업자는 등록일부터 3년이 지난 후에도 그 등록의 갱신 없이 계속하여 외국인환자를 유치할 수 있다.

④ 외국인환자를 유치하려는 비의료기관이 시·도지사에게 등록하기 위해서는 진료과목별로 전문의 1명 이상을 두어야 한다.

⑤ 시·도지사는 국내에 사무소를 설치하지 않은 비의료기관에게 외국인환자 유치사업자 등록증을 발급할 수 있다.

05 다음 글을 근거로 판단할 때 옳은 것은?

조선시대에는 서해안과 남해안을 중심으로 소금 생산이 활발했다. 소금의 최대 생산지는 평안도에서 전라도에 이르는 서해안의 갯벌 지대로, 대표적인 지역은 전라도 부안과 충청도 태안이었다. 이러한 소금 생산지에는 염장이라는 관청을 설치해 소금 생산을 관리하였다.

동해안의 소금 생산 방법은 서해안이나 남해안과 달랐다. 동해안에서는 바닷물을 끓여서 소금을 만들었다. 바닷물을 끓일 때 나무가 필요했기 때문에 소금 생산 지역의 주변 산은 대부분 민둥산이었다. 반면 서해안과 남해안은 조석(潮汐) 간만의 차를 이용했다. 해안가에 작은 둑을 쌓아 염전을 만들어 보름에 한 번씩 바닷물을 가두고, 가둔 물을 둑 안에서 자연 증발시켜 소금을 얻었다. 이처럼 자연 증발을 통해 얻은 소금이 천일염이다.

소금은 나루터를 중심으로 유통되었다. 예를 들어, 조선시대 경기도 일대 소금은 대부분 한강의 마포나루에 집결되었다. 그런 까닭으로 조선시대에는 마포염이라는 말이 있을 정도였다. 염전 하나 없는 마포가 소금으로 유명해진 것은 소금 유통의 중심지였기 때문이다. 경강상인은 마포나루를 비롯한 한강 일대의 나루터에 창고를 지어 놓고, 소금, 젓갈, 생선 등을 거래하였다.

① 동해안에서는 조석 간만의 차를 이용한 소금 생산 방식을 주로 사용하였다.

② 조선시대에 경강상인에 의한 소금 거래는 이루어지지 않았다.

③ 조선시대 소금의 최대 생산지는 남해안의 갯벌 지대였다.

④ 마포염은 마포에서 생산된 소금을 이르는 말이다.

⑤ 조선시대에 천일염은 염전에서 얻을 수 있었다.

06 다음 글을 근거로 판단할 때, 乙이 먹은 어묵의 개수는?

> 甲: 분식집에서 얼마 냈어?
> 乙: 15,000원.
> 甲: 어묵 한 개 1,000원, 떡볶이 한 접시 3,000원, 만두 한 접시 2,000원이었잖아. 둘이 먹었는데 그렇게 많이 나왔어?
> 乙: 떡볶이 한 접시와 만두 한 접시를 먹었지. 그리고 어묵은 여러 개 먹었어. 그런데 사장님이 만둣값은 안 받으셨어.
> 甲: 어묵을 많이 먹긴 했나 보다.
> 乙: 네가 나보다 어묵을 두 개나 더 먹었잖아.

① 5
② 6
③ 7
④ 8
⑤ 9

07 다음 글을 근거로 판단할 때, 16 ~ 20번 문항의 정답으로 가능한 것은?

> 甲은 5지선다형 20개 문항으로 구성된 시험을 출제한다. 각 문항의 선택지는 A, B, C, D, E이며, 정답별 문항 개수 및 정답 배열에 관한 조건은 다음과 같다.
>
> • A가 정답인 문항은 2개 이상 6개 이하여야 한다. B ~ E도 마찬가지이다.
> • 동일한 정답이 연속해서 3회 이상 나와서는 안 된다.
>
> 甲은 현재 15번 문항까지 출제하였다. 14번과 15번 문항의 정답은 모두 A이며, 15번까지 정답별 문항 개수는 다음과 같다.
>
> | 정답 | A | B | C | D | E |
> |------|---|---|---|---|---|
> | 문항 개수 | 2 | 0 | 3 | 5 | 5 |

	16번	17번	18번	19번	20번
①	A	B	B	C	B
②	B	A	B	B	C
③	B	A	D	B	D
④	C	B	B	B	D
⑤	D	B	E	C	A

08 다음 글을 근거로 판단할 때, 세미나 장소 A ~ E 중 甲이 선정할 곳은?

- △△부서 주무관 甲은 다음 조건에 따라 정책 세미나 개최를 위한 장소를 선정하고자 한다.
  - 세미나 시간은 14：00 ~ 16：00이며, 43명이 참석한다.
  - 세미나 시간 동안 해당 장소에 타 부서의 예약이 없어야 하며, 프로젝터 사용이 가능한 장소여야 한다.
  - 위 조건을 모두 만족하는 장소가 여러 곳인 경우, 그중 다과 제공이 가능한 장소가 있다면 그 장소를 선정한다.
- 다음은 세미나 장소 A ~ E에 관한 정보이다.

장소	세미나 당일 타 부서 예약 현황	프로젝터 사용 가능 여부	최대 수용 가능 인원	다과 제공 가능 여부
A	13：00 ~ 15：00	○	65명	○
B	없음	○	40명	○
C	11：00 ~ 12：30	○	50명	×
D	없음	×	80명	×
E	없음	○	45명	○

① A　　　　　　② B
③ C　　　　　　④ D
⑤ E

[09 ~ 10] 다음 글을 읽고 물음에 답하시오.

○○국은 노후의 건강증진 및 생활안정을 도모하고 부양가족의 부담을 덜어줌으로써 국민 삶의 질을 높이기 위해 노인장기요양보험제도를 시행 중이다. 이를 통해 고령이나 노인성 질병 등의 사유로 혼자 일상생활을 하기 어려운 노인에게 신체활동 또는 가사활동 지원 등의 장기요양급여를 제공하고 있다.

노인장기요양보험제도는 소득에 관계없이 심신기능의 상태를 고려한 요양 필요도에 따라 장기요양 인정을 받은 자에게 서비스를 제공하는 것이다. 이는 국민기초생활보장대상자 등 특정 저소득층을 대상으로 제공되는 기존 노인복지서비스와 차이가 있다.

노인장기요양보험제도 수급자(이하 '수급자'라 한다)가 제공받을 수 있는 급여로는 재가(在家)급여, 시설급여, 복지용구급여, 특별현금급여 네 가지가 있다. 재가급여는 노인요양시설에 입소하지 않은 수급자의 가정을 방문하여 제공하는 방문요양, 방문목욕, 방문간호와 재가 노인을 일정 시간 동안 요양기관에서 보호해 주는 주·야간보호로 이루어져 있다. 시설급여는 수급자를 노인요양시설에서 장기간 보호해 주는 것을 말한다. 복지용구급여는 심신기능이 저하되어 일상생활을 영위하는 데 지장이 있는 수급자에게 일상생활·신체활동 지원 및 인지기능의 유지·향상에 필요한 용구를 구입하거나 대여해 주는 것을 말한다. 단, 시설급여 수급자의 경우 복지용구급여는 제공받지 못한다. 특별현금급여는 수급자가 천재지변, 신체 또는 정신 등의 사유로 재가급여나 시설급여를 받을 수 없어 그 가족 등으로부터 방문요양에 상당하는 서비스를 받을 때 지급하는 현금급여를 뜻하며, 수급자에게 매월 15만 원씩 지급한다.

한편 노인장기요양보험제도 수급자에게는 본인부담금이 발생한다. 급여별 본인부담금은 다음과 같다. 재가급여의 경우 해당 장기요양급여비용의 100분의 15, 시설급여는 100분의 20, 복지용구급여는 100분의 15이다. 다만 국민기초생활보장대상자에게는 본인부담금이 발생하지 않는다.

09 윗글을 근거로 판단할 때, 〈보기〉에서 옳은 것만을 모두 고르면?

┤ 보기 ├

ㄱ. 노인장기요양보험제도의 지원 대상은 국민기초생활보장대상자 등 특정 저소득층이다.

ㄴ. 노인요양시설에 입소해 장기간 보호받고 있는 수급자 A는 그 기간 동안 방문목욕급여를 받을 수 없다.

ㄷ. 시설급여 수급자 B는 신체활동 지원에 필요한 용구인 성인용 보행기 대여에 대한 복지용구급여를 받을 수 없다.

ㄹ. 재가급여나 시설급여를 제공받을 수 있음에도 가족으로부터 방문요양에 상당하는 서비스를 받는 C는 특별현금급여를 제공받을 수 있다.

① ㄱ, ㄴ ② ㄱ, ㄹ
③ ㄴ, ㄷ ④ ㄴ, ㄹ
⑤ ㄷ, ㄹ

10 윗글과 〈상황〉을 근거로 판단할 때, 甲 ~ 丙을 이번 달 수급 현황에 따른 본인부담금이 높은 순서대로 나열한 것은?

┤ 상황 ├

• 노인장기요양보험제도 급여별 장기요양급여비용은 다음과 같다.

급여 유형	급여 내용	급여비용
재가급여	방문요양	2만 원/시간
	방문목욕	7만 원/회
	방문간호	4만 원/시간
	주·야간보호	1만 원/시간
시설급여	노인요양시설 보호	7만 원/일
복지용구급여	복지용구 구입	복지용구 구입비
	복지용구 대여	복지용구 대여료

• 노인장기요양보험제도 수급자 甲 ~ 丙의 이번 달 수급 현황은 다음과 같다.

수급자	수급 내역	비고
甲	방문목욕 10회, 복지용구(전동침대) 구입	전동침대 구입비 30만 원
乙	주·야간보호 45시간, 방문요양 28시간	국민기초생활보장대상자
丙	노인요양시설 보호 11일	—

① 甲 > 乙 > 丙 ② 甲 > 丙 > 乙
③ 乙 > 丙 > 甲 ④ 丙 > 甲 > 乙
⑤ 丙 > 乙 > 甲

11 다음 글을 근거로 판단할 때 옳은 것은?

제00조(행위제한) ① 사람이 거주하지 아니하거나 극히 제한된 지역에만 거주하는 섬으로서 자연생태계 보전을 위하여 환경부장관이 지정하여 고시하는 도서(이하 '특정도서'라 한다)에서 다음 각 호의 어느 하나에 해당하는 행위를 하여서는 아니 된다.

  1. 건축물 또는 공작물의 신축·증축
  2. 택지의 조성, 토지의 형질변경, 토지의 분할
  3. 도로의 신설
  4. 폐기물을 매립하거나 버리는 행위

② 제1항에도 불구하고 다음 각 호의 어느 하나에 해당하는 경우에는 제1항을 적용하지 아니한다.

  1. 군사·항해·조난구호 행위
  2. 재해의 발생 방지 및 대응을 위하여 필요한 행위
  3. 국가가 시행하는 해양자원개발 행위

③ 제2항에 따른 행위를 한 자는 그 행위의 내용과 결과를 환경부장관에게 통보하여야 한다.

제00조(허가) 환경부장관은 특정도서의 지정 목적에 지장이 없다고 인정하는 경우에는 다음 각 호의 어느 하나에 해당하는 행위를 허가할 수 있다. 다만 문화유산으로 지정된 특정도서에 대하여는 미리 국가유산청장과 협의하여야 한다.

  1. 국가나 지방자치단체가 등산로, 산책로, 공중화장실, 정자 등을 설치하는 행위
  2. 자연생태계의 연구·조사를 목적으로 하는 행위

① 특정도서에서의 도로 신설이 군사 행위인 경우 그 행위의 내용과 결과를 환경부장관에게 통보할 필요가 없다.

② 특정도서에 거주하는 주민은 재해발생 방지를 위해 필요한 경우에도 특정도서에서의 공작물 신축 행위를 할 수 없다.

③ 환경부장관이 특정도서에서 건축물의 증축을 허가하기 위해서는 미리 국가유산청장과 협의하여야 한다.

④ 민간기업이 영리 목적으로 특정도서에 산책로를 설치하려는 경우 환경부장관은 이를 허가할 수 있다.

⑤ 특정도서에서 자연생태계의 연구·조사를 목적으로 하는 행위에 대해 환경부장관의 허가를 얻으면 그 행위를 할 수 있다.

12 다음 글을 근거로 판단할 때 옳은 것은?

제○○조(특수건강진단 등) ① 사업주는 특수건강진단대상업무에 종사하는 근로자의 건강관리를 위하여 특수건강진단을 실시하여야 한다.

② 사업주는 제△△조 제1항에 따른 특수건강진단기관에서 특수건강진단을 실시하여야 한다.

제□□조(특수건강진단에 관한 사업주의 의무) ① 사업주는 특수건강진단을 실시하는 경우 근로자대표가 요구하면 근로자대표를 참석시켜야 한다.

② 사업주는 산업안전보건위원회 또는 근로자대표가 요구할 때에는 특수건강진단 결과에 대하여 설명하여야 한다. 다만 개별 근로자의 특수건강진단 결과는 본인의 동의 없이 공개해서는 아니 된다.

③ 사업주는 특수건강진단의 결과 근로자의 건강을 유지하기 위하여 필요하다고 인정할 때에는 작업장소 변경, 작업 전환, 근로시간 단축, 야간근로(오후 10시부터 다음 날 오전 6시까지 사이의 근로를 말한다)의 제한, 작업환경측정 또는 시설·설비의 설치·개선 등 적절한 조치를 하여야 한다.

제△△조(특수건강진단기관) ① 의료기관이 특수건강진단을 수행하려는 경우에는 고용노동부장관으로부터 특수건강진단을 할 수 있는 기관(이하 '특수건강진단기관'이라 한다)으로 지정받아야 한다.

② 고용노동부장관은 특수건강진단기관의 진단·분석 결과에 대한 정확성과 정밀도를 확보하기 위하여 특수건강진단기관의 진단·분석능력을 확인하고, 특수건강진단기관을 지도하거나 교육할 수 있다.

③ 고용노동부장관은 특수건강진단기관을 평가하고 그 결과(제2항에 따른 진단·분석능력의 확인 결과를 포함한다)를 공개할 수 있다.

① 사업주는 특수건강진단을 실시하는 경우 고용노동부장관이 요구하면 근로자대표를 참석시켜야 한다.

② 근로자대표는 산업안전보건위원회의 동의 없이는 사업주가 특수건강진단 결과에 대하여 설명하도록 요구할 수 없다.

③ 산업안전보건위원회는 특수건강진단의 결과 근로자의 건강을 유지하기 위하여 필요하다고 인정할 때에는 야간근로를 제한하는 조치를 하여야 한다.

④ 고용노동부장관은 특수건강진단기관의 진단·분석능력 확인 결과를 포함하여 특수건강진단기관에 대한 평가 결과를 공개할 수 있다.

⑤ 사업주는 근로자대표의 요구가 있다면 개별 근로자의 특수건강진단 결과를 본인 동의 없이 공개할 수 있다.

13 다음 글을 근거로 판단할 때 옳은 것은?

제○○조(소방활동 종사명령, 소방활동 비용지급) ① 소방대장은 화재가 발생한 현장에서 소방활동을 위하여 필요할 때에는 그 현장에 있는 사람으로 하여금 사람을 구출하는 일 또는 불을 끄거나 불이 번지지 아니하도록 하는 일을 하게 할 수 있다.

② 제1항에 따른 명령에 따라 소방활동에 종사한 사람은 시·도지사로부터 소방활동의 비용을 지급받을 수 있다. 다만 다음 각 호의 어느 하나에 해당하는 사람의 경우에는 그러하지 아니하다.

1. 건물·차량·선박·산림·인공구조물 또는 물건(이하 '소방대상물'이라고 한다)에 화재가 발생한 경우 그 소방대상물의 소유자·관리자 또는 점유자
2. 고의 또는 과실로 화재를 발생시킨 사람
3. 화재 또는 구조·구급 현장에서 물건을 가져간 사람

제□□조(강제처분 등) ① 소방대장은 사람을 구출하거나 불이 번지는 것을 막기 위하여 필요할 때에는 화재가 발생하거나 불이 번질 우려가 있는 소방대상물 및 토지에 대한 일시적 사용·사용제한 등 소방활동에 필요한 처분을 할 수 있다.

② 소방대장은 소방활동을 위하여 긴급하게 출동할 때에는 소방자동차의 통행과 소방활동에 방해가 되는 주차 또는 정차된 차량 및 물건 등을 제거하거나 이동시킬 수 있다.

③ 소방대장은 제2항에 따른 소방활동에 방해가 되는 주차 또는 정차된 차량의 제거나 이동을 위하여 관할 지방자치단체 등 관련 기관에 견인차량과 인력 등에 대한 지원을 요청할 수 있다.

④ 시·도지사는 제3항에 따라 견인차량과 인력 등을 지원한 자에게 비용을 지급할 수 있다.

제△△조(손실보상) 소방청장 또는 시·도지사는 다음 각 호의 어느 하나에 해당하는 자에게 손실보상을 하여야 한다.

1. 제○○조 제1항에 따른 소방활동 종사로 인하여 사망하거나 부상을 입은 자
2. 제□□조 제2항에 따른 처분으로 인하여 손실을 입은 자. 다만 법령을 위반하여 소방자동차의 통행과 소방활동에 방해가 된 경우는 제외한다.

① 화재가 발생한 건물의 소유자가 소방대장의 소방활동 종사명령에 따라 해당 건물에서 사람을 구출하는 일을 한 경우, 그는 소방활동의 비용을 지급받을 수 있다.

② 과실로 화재를 발생시킨 사람이 소방대장의 소방활동 종사명령에 따라 불을 끄는 일을 하던 중 부상을 입은 경우, 그는 손실보상을 받을 수 없다.

③ 소방대장은 사람을 구출하기 위하여 필요할 때에는 불이 번질 우려가 있는 토지의 사용을 일시적으로 제한할 수 있다.

④ 소방대장이 화재진압을 위한 소방자동차의 긴급 출동에 방해가 되는 불법 주차 차량을 이동시키던 중 그 차량이 파손된 경우, 해당 차량을 주차한 소유자는 손실보상을 받는다.

⑤ 소방청장은 소방대장의 요청에 따라 견인차량을 지원한 자에게 견인비용을 지급하여야 한다.

14 다음 글을 근거로 판단할 때, 〈보기〉에서 옳은 것만을 모두 고르면?

> 甲기업은 A, B 두 개의 공장을 가지고 있으며, 두 공장에서 같은 제품을 생산한다. A에서는 제품 생산을 위해 설비를 가동하는 데 1일 100만 원의 가동비용이 발생하며, 제품 1개를 생산할 때마다 1만 원의 비용이 소요된다. B에서는 가동비용이 발생하지 않으며, 제품 1개를 생산할 때마다 2만 원의 비용이 소요된다. A, B 모두 하루에 각각 최대 150개까지 제품 생산이 가능하다. 甲기업은 최소 비용으로 1일 목표 생산량 Q개를 달성하도록 생산량을 A, B에 배분한다.

> ┤ 보기 ├
> ㄱ. Q가 120이라면 A에서만 생산해야 한다.
> ㄴ. Q가 200이라면 B에서 150개를 생산해야 한다.
> ㄷ. Q가 200일 때, A의 가동비용이 1일 50만 원으로 감소해도 A, B에 대한 배분량은 달라지지 않는다.

① ㄱ
② ㄴ
③ ㄱ, ㄷ
④ ㄴ, ㄷ
⑤ ㄱ, ㄴ, ㄷ

15 다음 글을 근거로 판단할 때 옳은 것은?

> 甲도는 A ~ E 총 5개 지역으로 이루어져 있으며, 각 지역의 인구는 서로 다르다. 甲도는 건강행태에 대한 전수조사를 매년 실시하고 있다. 조사하는 지표 중 하나인 건강생활실천율은 거주자 중 금연, 절주, 걷기를 모두 실천하는 사람의 비율이다. 지역별 건강생활실천율은 다음과 같다.
>
> | 지역 | A | B | C | D | E |
> |---|---|---|---|---|---|
> | 건강생활실천율(%) | 35 | 30 | 25 | 30 | 30 |

① A지역에서 금연, 절주, 걷기를 실천하는 사람의 비율이 각각 2%p씩 높아지면 건강생활실천율도 2%p 높아진다.

② 건강생활실천율이 증가하려면 금연, 절주, 걷기를 실천하는 사람의 비율 중 가장 낮은 값이 증가해야만 한다.

③ 금연과 절주를 동시에 실천하는 사람의 비율은 B지역이 C지역보다 높다.

④ D지역에서 걷기를 실천하는 사람의 비율은 최소 30%이다.

⑤ 甲도의 건강생활실천율은 30%이다.

16 다음 글을 근거로 판단할 때, 甲이 자격증 취득 시 지불해야 하는 최소 수강료는?

> 甲은 자격증을 취득하려고 한다. 자격증 시험은 각각 100점 만점인 A, B, C 3과목으로 이루어져 있다. 3과목의 점수 합이 150점 이상이면 자격증 취득이 가능하지만, 어느 과목이라도 40점 미만을 받은 경우에는 과락으로 자격증을 취득할 수 없다. 甲은 학원에서 A, B, C 3과목을 모두 수강하되, 그 중 2과목은 일반과정, 1과목은 속성과정으로 수강하려고 한다. 甲이 다니는 학원은 수강 과목의 취득점수에 따라 사후적으로 수강료를 부과한다. 다음은 학원에서 수강할 수 있는 과목의 취득점수 1점당 수강료이다.

과목	취득점수 1점당 수강료(원)	
	일반과정	속성과정
A	5,000	10,000
B	3,000	7,000
C	10,000	13,000

① 810,000원
② 930,000원
③ 970,000원
④ 1,010,000원
⑤ 1,030,000원

17 다음 글과 〈대화〉를 근거로 판단할 때, 甲과 丙의 근무처와 직위를 옳게 나열한 것은?

> - 직급이 5급 이상인 공무원 甲, 乙, 丙은 서로 다른 우체국 A, B, C에서 근무하고 있다.
> - 각 우체국의 5급 이상 공무원에게는 국장, 과장, 팀장의 직위가 부여되며 그 현황은 다음과 같다.
>   - A우체국 : 3급 1명(국장), 4급 2명(과장), 5급 1명(팀장)
>   - B우체국 : 4급 1명(국장), 5급 3명(과장)
>   - C우체국 : 5급 1명(국장)

─┤ 대화 ├─

> 甲 : 저는 C우체국에서 근무하지 않아요.
> 乙 : 저는 甲과 직급이 같아요.
> 丙 : 저는 A우체국에서 근무하지 않고, 乙이 근무하는 우체국의 어느 공무원보다도 직급이 높아요.

	甲	丙
①	A우체국 팀장	B우체국 국장
②	A우체국 과장	B우체국 과장
③	A우체국 국장	B우체국 국장
④	B우체국 과장	C우체국 국장
⑤	B우체국 국장	C우체국 국장

18 다음 글과 〈상황〉을 근거로 판단할 때, 아파트 매물 A ～ E 중 甲이 선택할 곳은?

- 甲은 다음 기준에 따라 아파트 매물 중 한 곳을 선택하고자 한다.
  - 10층 이상이고, 2025년 7월 내 입주 가능
  - 담보 대출 없음
  - 전세 보증금 2.3억 원 이하(단, 붙박이장이 있는 경우 2.5억 원 이하)
- 위 기준을 모두 충족하는 매물이 2개 이상인 경우, 그중 대한동 매물이 있다면 그 매물을 선택한다.

┤ 상황 ├

다음은 2025년 7월 1일 현재 아파트 매물의 정보이다.

매물	지역	동·호수	입주 가능 시기	전세 보증금 (억 원)	담보 대출	붙박 이장
A	대한동	1011동 1601호	즉시	2.5	없음	있음
B	대한동	503동 1704호	즉시	2.3	있음	없음
C	민국동	301동 1504호	즉시	2.0	없음	없음
D	대한동	308동 1306호	2025. 8. 1. 이후	2.0	없음	있음
E	민국동	616동 806호	즉시	2.3	없음	없음

※ 호수가 네 자리 수인 경우 앞 두 자리의 수, 호수가 세 자리 수인 경우 앞 한 자리의 수는 층을 의미한다. 예를 들어 1601호는 16층이다.

① A
② B
③ C
④ D
⑤ E

19 다음 글과 〈상황〉을 근거로 판단할 때, A부서의 1개월치 월세 지원액의 합은?

A부서는 거주지와 근무지가 멀리 떨어져 있어 출퇴근에 어려움을 겪는 직원에게 매달 월세를 지원한다.

- 지원 대상은 주택을 소유하지 않은 직원 중, 거주지와 근무지 간 편도 거리가 50km 이상이거나 통근 시간이 1시간 이상인 직원이다.
- 지원액은 아래의 지급기준에 따라 지원 대상자 본인의 월세를 초과하지 않는 범위 내에서 최대로 한다. 단, 복수의 지급기준에 해당하는 경우에는 더 높은 지원 한도액을 적용한다.

지급기준	지원 한도액
장애, 질병 등으로 출퇴근에 어려움이 있는 자	35만 원
신규임용일로부터 3년이 지나지 않은 자	25만 원
그 이외의 자	20만 원

┤ 상황 ├

A부서의 직원은 甲 ～ 戊이며, 이들의 정보는 아래와 같다. 이들 중 甲과 戊는 신규임용일로부터 3년이 지나지 않았으며, 乙은 질병으로 출퇴근에 어려움이 있다.

직원	거주지와 근무지 간 편도 거리	통근 시간	주택 소유 여부	월세
甲	50 km	1시간 10분	○	45만 원
乙	45 km	1시간	×	30만 원
丙	100 km	1시간 30분	×	45만 원
丁	40 km	50분	×	40만 원
戊	70 km	1시간 40분	×	35만 원

① 70만 원
② 75만 원
③ 80만 원
④ 95만 원
⑤ 100만 원

20 다음 글과 〈상황〉을 근거로 판단할 때, A ~ E 중 세무조사 대상으로 지정될 기업만을 모두 고르면?

甲부처는 2025년 7월 1일 현재, 세무조사 대상 기업을 지정하려고 한다. 아래 기준에 따라 기업 A ~ E의 점수를 매기고, 그 합산 점수가 7점을 초과하는 경우 세무조사 대상 기업으로 지정한다. 단, 최근 1년 내 세무조사를 받은 기업은 제외한다.

- 전년도 매출액
  - 500억 원 미만: 1점
  - 500억 원 이상 5,000억 원 미만: 3점
  - 5,000억 원 이상: 5점
- 최근 1년간 탈세 의심 민원 건수
  - 1건당 0.5점
- 전년도 부실 거래 건수
  - 1건당 0.3점
- 최근 5년 내 성실 납세 기업으로 선정된 경우 1점 감해 줌

┤ 상황 ├

2025년 7월 1일 현재, 기업 A ~ E의 정보는 다음과 같다.

기업	전년도 매출액 (억 원)	최근 1년간 탈세 의심 민원(건)	전년도 부실 거래 (건)	성실 납세 기업 선정 연도	최근 1년 내 세무조사 여부
A	1,700	5	7	2021년	×
B	480	10	4	2017년	×
C	6,250	6	2	2022년	○
D	3,000	7	5	2023년	×
E	5,000	3	3	2010년	×

① A, D
② B, D
③ B, E
④ A, C, E
⑤ B, D, E

21 다음 글을 근거로 판단할 때, 甲의 셔츠의 최소 벌 수는?

매일 아침 甲은 세탁소에서 찾아온 셔츠를 한 벌 꺼내 입는다. 그는 입었던 셔츠를 한데 모아 놓았다가 매주 월요일 점심에 세탁소에 모두 맡기고 온다. 매주 월요일 저녁에는 세탁이 다 된 셔츠를 세탁소에서 찾아온다. 셔츠 세탁에는 일주일이 소요되므로 찾아오는 셔츠는 그 전주 월요일 점심에 맡겼던 셔츠이다. 단, 세탁소에 다녀올 때는 그날 아침에 꺼내 입은 셔츠를 입는다.

① 7
② 8
③ 14
④ 15
⑤ 16

22 다음 글을 근거로 판단할 때 옳은 것은?

> 甲 ~ 丁 4명은 동물카드를 이용한 게임을 하려 한
> 다. 동물카드의 종류에는 사자, 불곰, 얼룩말, 하이
> 에나 카드가 있으며, 승부를 정하는 방법은 다음과
> 같다.
> - 사자 카드는 얼룩말 카드를 이긴다.
> - 불곰 카드는 사자 카드를 이긴다.
> - 얼룩말 카드는 하이에나 카드를 이긴다.
> - 하이에나 카드는 사자 카드를 이긴다.
> - 그 외 카드 조합은 무승부로 한다.
>
> 甲 ~ 丁은 서로 다른 동물카드를 한 장씩 나누어
> 가졌으며, 다음과 같은 대화를 나누었다.
>
> 甲: 나는 丁과 겨루면 지게 돼.
> 乙: 내가 丁과 겨루면 이겨.
> 丙: 나와 丁이 겨루면 무승부야.

① 甲의 카드는 얼룩말 카드이다.

② 乙의 카드는 하이에나 카드이다.

③ 丙의 카드는 불곰 카드이다.

④ 丁의 카드는 사자 카드이다.

⑤ 甲 ~ 丁이 가지고 있는 카드는 어느 것도 확정
　할 수 없다.

23 다음 글과 〈상황〉을 근거로 판단할 때, 甲이 받을
새로운 식권의 개수는?

> A부처의 구내식당에서는 점심 가격이 상승하여
> 기존 식권을 4,500원과 5,500원 두 종류의 새로운
> 식권으로 교환해 주고 있다. 교환할 때에는 식권의
> 종류에 상관없이 기존 식권의 총액과 새로운 식권
> 의 총액이 동일하도록 교환한다. 그럴 수 없는 경
> 우, 최소의 추가 금액을 결제하여 교환한다.

> ┤ 상황 ├
> 甲은 기존 4,000원 식권 6장과 5,000원 식권 7장을
> 가지고 있다. 甲은 자신이 가진 모든 식권을 한 번
> 에 교환하려고 한다.

① 10

② 11

③ 12

④ 13

⑤ 14

24 다음 글을 근거로 판단할 때, 씨앗 A ~ D의 싹이 튼 순서로 옳은 것은?

> 찬우는 봄을 맞이하여 네 종류의 씨앗(A ~ D)을 화단에 심었다. 화단에 심은 씨앗의 싹이 트는 조건은 각각 아래와 같다.
>
> 씨앗 A : 이틀 연속 날이 맑으면 다음 날에 싹이 튼다.
> 씨앗 B : 맑은 날 다음 날에 싹이 튼다.
> 씨앗 C : 비가 온 날이 총 사흘이 된 다음 날에 싹이 튼다.
> 씨앗 D : 이틀 연속 비가 오면 다음 날에 싹이 튼다.
>
> 찬우는 4월 1일 0시에 A ~ D를 하나씩 심었고, 이후 7일 동안 날짜별로 싹이 튼 씨앗의 개수는 다음과 같다.
>
> | 4월 1일 | 4월 2일 | 4월 3일 | 4월 4일 | 4월 5일 | 4월 6일 | 4월 7일 |
> |---|---|---|---|---|---|---|
> | 0 | 1 | 0 | 1 | 0 | 1 | 1 |
>
> ※ 이 기간에 맑은 날은 내내 맑았고, 비가 온 날은 내내 비가 왔다.

① A − B − D − C
② B − A − C − D
③ B − A − D − C
④ B − D − A − C
⑤ B − D − C − A

25 다음 글과 〈상황〉을 근거로 판단할 때, 올해 A기업의 1 ~ 3분기 안전평가에서 '보완' 등급이 부여된 횟수는?

> A기업에서는 매 분기 전체 5개 부서 중 3개 이상의 부서를 대상으로 안전평가를 실시하여 '우수' 또는 '보완' 등급을 부여한다. 안전평가 대상은 직전 분기 안전평가에서 보완 등급을 받은 부서이다. 다만 직전 분기에 보완 등급을 받은 부서가 2개 이하인 경우, 안전평가를 받은 지 오래된 순서대로 부서를 추가하여 평가한다.

┤ 상황 ├

> A기업은 올해 1월 초, 4월 초, 7월 초에 각각 1, 2, 3분기 안전평가를 실시하였다. 아래는 A기업의 서로 다른 부서에 속해 있는 5명(甲 ~ 戊)의 7월 말 대화이다.
>
> 甲 : 이번 달 안전평가에서 3개 부서가 우수 등급을 받았대.
> 乙 : 우리 부서는 1월 안전평가에서 우수 등급을 받았어.
> 丙 : 우리 부서는 1월에 안전평가를 받지 않았어.
> 丁 : 올해 우리 부서는 안전평가를 받지 않았어.
> 戊 : 우리 부서는 매 분기마다 안전평가를 받았어.

① 1   ② 2
③ 3   ④ 4
⑤ 5

박민제 PSAT

Basic 6.5

정답 및 해설

빠른정답 찾기

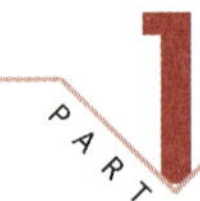 **PART 1 테마별 기본개념**

THEME 01 조건부 확률

01	②	02	③	03	②	04	④	05	③
06	④	07	⑤						

THEME 02 경우의 수

01	④	02	④	03	③	04	①	05	⑤
06	①	07	③						

THEME 03 수리계산형 Ⅰ (방정식 · 부등식)

01	③	02	⑤	03	③	04	③	05	②
06	③								

THEME 04 기본연산

01	④	02	②	03	①	04	⑤	05	①
06	①	07	⑤	08	②	09	④	10	③
11	⑤	12	⑤	13	①	14	②		

THEME 05 수리계산형 Ⅱ (금액 산정)

01	④	02	③	03	③

THEME 06 최대 · 최소

01	④	02	①	03	②	04	②

THEME 07 사례적용

01	①	02	④	03	④

THEME 08 최적안 선정

01	②	02	②

THEME 09 표 · 그래프

01	②	02	③	03	①	04	③	05	③
06	③	07	④	08	②				

THEME 10 정보확인 및 추론

01	①	02	④	03	②	04	②	05	⑤
06	④	07	①	08	⑤	09	③	10	④
11	③	12	③						

THEME 11 공식 이용

01	①	02	②	03	①	04	②

THEME 12 점수 계산 및 산정

01	④	02	③	03	④

THEME 13 스케줄

01	②	02	②

THEME 14 순서 · 위치 · 배열

01	②	02	②	03	②

THEME 15 수리퍼즐

01	②	02	④	03	②

THEME 16 최적화

01	②	02	①	03	⑤	04	④

THEME 17 교집합

01	①	02	④	03	②

THEME 18 가중평균

01	④	02	①

THEME 19	일치 · 불일치 · 부합								
01	①	02	④	03	④	04	①	05	②
06	①	07	②	08	③	09	④	10	⑤
11	①	12	②	13	⑤				

THEME 20	내용 및 빈칸 추론								
01	⑤	02	③	03	④	04	⑤	05	⑤
06	②	07	①	08	①	09	⑤	10	④

THEME 21	명제 및 논리게임								
01	④	02	④	03	④	04	⑤	05	①
06	③	07	③	08	②	09	③	10	②
11	③								

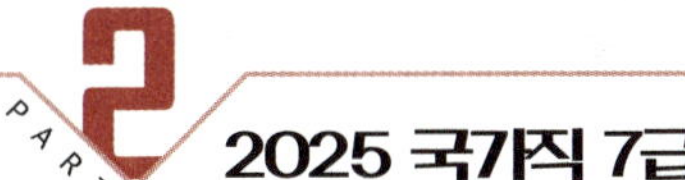

2025 국가직 7급 PSAT 기출문제

1 언어논리

01	①	02	①	03	③	04	⑤	05	②
06	③	07	④	08	②	09	③	10	④
11	③	12	③	13	①	14	③	15	④
16	⑤	17	④	18	⑤	19	②	20	⑤
21	⑤	22	④	23	②	24	①	25	⑤

2 자료해석

01	④	02	④	03	⑤	04	④	05	②
06	③	07	①	08	③	09	③	10	③
11	①	12	②	13	①	14	③	15	⑤
16	⑤	17	②	18	②	19	⑤	20	④
21	①	22	⑤	23	②	24	①	25	③

3 상황판단

01	①	02	①	03	②	04	②	05	⑤
06	①	07	②	08	⑤	09	③	10	④
11	⑤	12	④	13	③	14	③	15	④
16	②	17	①	18	①	19	②	20	③
21	④	22	③	23	③	24	④	25	⑤

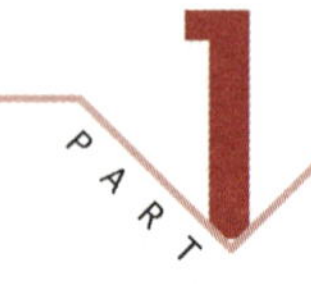

테마별 기본개념

본문 p.11~13

| 조건부 확률 | 기본 예제

01 두 사건 A, B에 대하여 $P(A)=\dfrac{3}{5}$, $P(B)=\dfrac{4}{5}$, $P(A\mid B)=\dfrac{1}{4}$ 일 때, $P(B\mid A)$의 값은?

① $\dfrac{1}{2}$ ② $\dfrac{1}{3}$

③ $\dfrac{1}{4}$ ④ $\dfrac{1}{4}$

⑤ $\dfrac{1}{6}$

정답 ②

해설

$$P(A\cap B)=P(A)\cdot P(B\mid A)=P(B)\cdot P(A\mid B)$$

$$P(B\mid A)=\frac{P(A\cap B)}{P(A)}=\frac{\dfrac{4}{5}\times\dfrac{1}{4}}{\dfrac{3}{5}}=\frac{\dfrac{1}{5}}{\dfrac{3}{5}}=\frac{1}{3}$$

💬 **당부의 말씀**

중·고등학교 수학책에 있을 법한 문제이지만 공식을 이해해야 풀 수 있다.

| 조건부 확률 | 기본 예제

02 어떤 공장에서 생산된 제품에 대하여 불량품 검사를 하였다. 이 검사에서 불량품을 불량품이라고 판정할 확률이 0.9이고, 정상 제품을 불량품으로 잘못 판정할 확률이 0.01이다. 90개의 정상 제품과 10개의 불량품이 섞여 있는 100개의 제품들 중에서 임의로 하나를 택하여 검사하였다. 이 제품을 불량품이라고 판정했을 때, 실제로는 정상 제품일 확률은?

① $\dfrac{1}{9}$ ② $\dfrac{1}{10}$

③ $\dfrac{1}{11}$ ④ $\dfrac{1}{12}$

⑤ $\dfrac{1}{14}$

정답 ③

해설

문제를 표로 정리해 보면

판정 \ 실제	불량	정상	합계
불량	9개	0.9개	9.9개
정상	1개	89.1개	90.1개
합계	10개	90개	100개

ⅰ) 9개 = 10개×90%

ⅱ) 0.9개 = 90개×1%

ⅲ) 불량품이라고 판정했을 때, 실제로는 정상 제품일 확률은 P(실제로 정상인 제품 | 불량품이라고 판정)이다.

ⅳ) 개수로 구하면, $P(실\cdot정\mid불\cdot판)=\dfrac{0.9}{9.9}=\dfrac{1}{11}$

ⅴ) 조건부 확률을 공식으로 구하면,

$$P(실\cdot정\mid불\cdot판)=\frac{P(실\cdot정\mid불\cdot판)}{P(불\cdot판)}=\frac{\dfrac{0.9}{100}}{\dfrac{9.9}{100}}=\frac{1}{11}$$

03 A인터넷 쇼핑몰의 등록 고객 중 여성이 75%, 남성이 25%라고 한다. 여성 등록 고객 중 우수 고객의 비율은 40%, 일반 고객의 비율은 60%이다. 그리고 남성 등록 고객의 경우 우수 고객이 30%, 일반 고객이 70%이다. 등록 고객 중 한 명을 임의로 뽑았더니 우수 고객이었다. 이 고객이 여성일 확률은?

① 75%   ② 80%
③ 85%   ④ 90%
⑤ 95%

정답 ②

해설

문제를 표로 정리해 보면

고객 ＼ 성별	남성	여성	합계
우수	7.5%	30%	37.5%
일반	17.5%	45%	62.5%
합계	25%	75%	100%

ⅰ) $7.5\% = 25\% \times 30\% = 25\% \times 0.3$

ⅱ) $30\% = 75\% \times 40\% = 75\% \times 0.4$

ⅲ) 우수 고객일 때 여성일 확률은 $P(여성\ 고객 \mid 우수\ 고객)$이다.

ⅳ) $P(여성\ 고객 \mid 우수\ 고객) = \dfrac{P(여성\ 고객 \cap 우수\ 고객)}{P(우수\ 고객)}$

$$= \dfrac{30}{37.5} = 80(\%)$$

TIP

① 37.5%의 10% = 3.75%

② 37.5%의 20% = 7.5%

③ 37.5%의 80% = 37.5 − 7.5 = 30%

$\therefore \dfrac{30}{37.5} = 80(\%)$

04 A고등학교 학생과 B고등학교 학생으로 이루어진 연합동아리 전체 학생 30명 중에서 A고등학교 학생과 남학생의 수는 각각 22명, 20명이고 B고등학교 남학생의 수는 연합동아리 전체 학생의 20%를 차지했다. 이 연합동아리 학생 중에서 임의로 선택한 한 학생이 여학생일 때, 그 학생이 A고등학교 학생일 확률은?

① $\dfrac{1}{5}$ ② $\dfrac{2}{5}$

③ $\dfrac{3}{5}$ ④ $\dfrac{4}{5}$

⑤ 1

정답 ④

해설

문제를 표로 정리해 보면

성별 ＼ 학교	A	B	합계
여	8명	2명	10명
남	14명	6명	20명
합계	22명	8명	30명

ⅰ) $6명 = 30명 \times 20\%$

ⅱ) 개수로 구하면, $P(A \mid 여) = \dfrac{8명}{10명} = \dfrac{4}{5}$

ⅲ) 조건부 확률 공식으로 구하면,

$$P(A \mid 여) = \dfrac{P(A \cap 여)}{P(여)} = \dfrac{\dfrac{8}{30}}{\dfrac{10}{30}} = \dfrac{4}{5}$$

05 비가 온 다음날에 비가 올 확률이 $\dfrac{1}{3}$ 이고, 비가 오지 않은 날의 다음날에 비가 올 확률이 $\dfrac{1}{4}$ 이라고 한다. 월요일에 비가 왔을 때, 같은 주 수요일에 비가 올 확률은?

① $\dfrac{1}{2}$ 　　② $\dfrac{2}{5}$

③ $\dfrac{5}{18}$ 　　④ $\dfrac{25}{72}$

⑤ $\dfrac{7}{18}$

정답 ③

해설

ⅰ) 비가 온 다음날에 비가 올 확률: $\dfrac{1}{3}$

ⅱ) 비가 온 다음날에 비가 오지 않을 확률: $\dfrac{2}{3}$ (여집합)

✍ 비가 온 다음날에 비가 오지 않을 확률 = 1 − 비가 온 다음 날에 비가 올 확률

ⅲ) 비가 오지 않은 날의 다음 날에 비가 올 확률: $\dfrac{1}{4}$

ⅳ) 비가 오지 않은 날의 다음날에 비가 오지 않을 확률: $\dfrac{3}{4}$ (여집합)

✍ 비가 오지 않은 날의 다음날에 비가 오지 않을 확률 = 1 − 비가 오지 않은 날의 다음 날에 비가 올 확률

ⅴ) 월　　　화　　　수

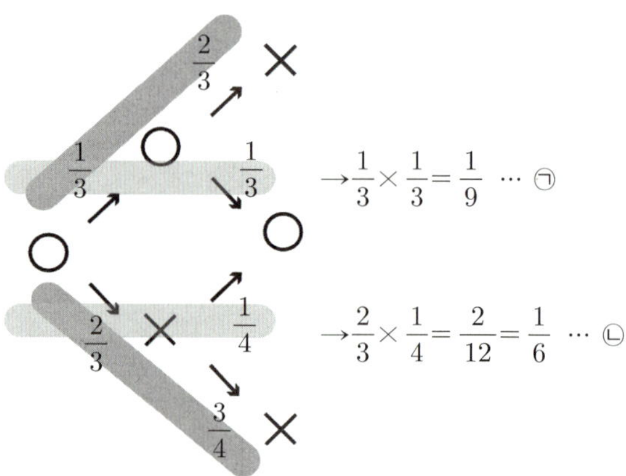

$\rightarrow \dfrac{1}{3} \times \dfrac{1}{3} = \dfrac{1}{9} \ \cdots \ \text{㉠}$

$\rightarrow \dfrac{2}{3} \times \dfrac{1}{4} = \dfrac{2}{12} = \dfrac{1}{6} \ \cdots \ \text{㉡}$

㉠ + ㉡ $= \dfrac{1}{9} + \dfrac{1}{6} = \dfrac{5}{18}$ (단, ○ : 비가 옴, × : 비가 오지 않음)

추가 학습

✍ 월요일에 비가 왔을 때, 같은 주 수요일에 비가 오지 않을 확률은?

① $1 - \dfrac{5}{18} = \dfrac{13}{18}$ (여집합)

② $\dfrac{1}{3} \times \dfrac{2}{3} + \dfrac{2}{3} \times \dfrac{3}{4} = \dfrac{13}{18}$ (※ 위 그림 참조)

---

06 시험 중 부정행위를 한 사람들의 비율을 추정하기 위하여 〈설문조사〉를 실시하였다. 〈정보〉와 같은 조사결과를 얻었을 때, 옳은 것을 〈보기〉에서 모두 고르면? (단, 거짓응답은 없다고 가정한다.)

┤ 설문조사 ├

1) 주사위를 던져 4 이하가 나오면 다음 질문에 답하시오.
[질문] 시험 중 부정행위를 한 적이 있는가?
[답] ① 그렇다　　② 아니다

2) 주사위를 던져 5 이상이 나오면 다음 질문에 답하시오.
[질문] 시험 중 부정행위를 한 적이 없는가?
[답] ① 그렇다　　② 아니다

┤ 정보 ├

• 총 5,000명을 대상으로 설문조사를 한 결과
− 2,000명이 ① 그렇다
− 3,000명이 ② 아니다
라고 응답하였다.

┤ 보기 ├

ㄱ. 부정행위를 한 사람의 비율을 p라 할 때 총 응답자 중 '① 그렇다'라고 답한 사람의 비율은 2p/3+1/3로 추정할 수 있다.
ㄴ. 위 조사결과 전체 조사대상자 중 실제 부정행위를 한 사람의 비율은 20%로 추정할 수 있다.
ㄷ. 위 조사에서 '① 그렇다'고 답한 사람들 중 실제 부정행위를 한 사람의 비율은 2/5로 추정할 수 있다.
ㄹ. 위 조사에서 '② 아니다'라고 답한 사람들 중 실제 부정행위를 한 사람의 비율은 1/9로 추정할 수 있다.

① ㄱ, ㄴ　　　　② ㄱ, ㄷ
③ ㄴ, ㄷ　　　　④ ㄴ, ㄹ
⑤ ㄷ, ㄹ

정답 ④

해설

1) 부정행위를 한 사람들은 다음과 같다.
ⅰ) 부정행위를 한 적이 있는가? → ① '그렇다'라고 답한 사람
ⅱ) 부정행위를 한 적이 없는가? → ② '아니다'라고 답한 사람

2) 문제를 표로 정리하면

대답 주사위	① 그렇다	② 아니다	합계	
4 이하	$\dfrac{2}{3}p$	$\dfrac{2}{3}-\dfrac{2}{3}p$	$\dfrac{2}{3}$	$\to \dfrac{2}{6}=\dfrac{5\ 이상\ 경우의\ 수}{주사위\ 경우의\ 수}$
5 이상	$\dfrac{1}{3}-\dfrac{1}{3}p$	$\dfrac{1}{3}p$	$\dfrac{1}{3}$	$\to \dfrac{4}{6}=\dfrac{4\ 이하\ 경우의\ 수}{주사위\ 경우의\ 수}$
합계	0.4	0.6	1	

ㄱ. $\dfrac{2}{3}p+\left(\dfrac{1}{3}-\dfrac{1}{3}p\right)=\dfrac{1}{3}p+\dfrac{1}{3}$ (×)

ㄴ. ㄱ에서 $\dfrac{1}{3}p+\dfrac{1}{3}=0.4$

양변에 ×3을 하면

$\left(\dfrac{1}{3}p+\dfrac{1}{3}\right)\times 3=0.4\times 3$

$p+1=1.2$ $p=0.2$

따라서 부정행위를 한 사람의 비율은 20%이다. (○)

ㄷ. $P(실제부정\,|\,①)=\dfrac{P(실제부정\cap ①)}{P(①)}$

$=\dfrac{\dfrac{2}{3}\times 0.2}{0.4}=\dfrac{1}{3}$ (×)

ㄹ. $P(실제부정\,|\,②)=\dfrac{P(실\cdot 부\cap ②)}{P(②)}$

$=\dfrac{\dfrac{1}{3}\times 0.2}{0.6}=\dfrac{1}{9}$ (○)

| 조건부 확률 |

07 다음 글과 〈상황〉을 근거로 판단할 때, 날씨 예보 앱을 설치한 잠재 사용자의 총수는?

내일 비가 오는지를 예측하는 날씨 예보시스템을 개발한 A청은 다음과 같은 날씨 예보 앱의 '사전 테스트전략'을 수립하였다.
- 같은 날씨 변화를 경험하는 잠재 사용자의 전화번호를 개인의 동의를 얻어 확보한다.
- 첫째 날에는 잠재 사용자를 같은 수의 두 그룹으로 나누어, 한쪽은 "비가 온다"로 다른 한쪽에는 "비가 오지 않는다"로 메시지를 보낸다.
- 둘째 날에는 직전일에 보낸 메시지와 날씨가 일치한 그룹을 다시 같은 수의 두 그룹으로 나누어, 한쪽은 "비가 온다"로 다른 한쪽에는 "비가 오지 않는다"로 메시지를 보낸다.
- 이후 날에도 같은 작업을 계속 반복한다.
- 보낸 메시지와 날씨가 일치하지 않은 잠재 사용자를 대상으로도 같은 작업을 반복한다. 즉, 직전일에 보낸 메시지와 날씨가 일치하지 않은 잠재 사용자를 같은 수의 두 그룹으로 나누어, 한쪽은 "비가 온다"로 다른 한쪽에는 "비가 오지 않는다"로 메시지를 보낸다.

─── 상황 ───

A청은 사전테스트전략대로 200,000명의 잠재 사용자에게 월요일부터 금요일까지 5일간 메시지를 보냈다. 받은 메시지와 날씨가 3일 연속 일치한 경우, 해당 잠재 사용자는 날씨 예보 앱을 그 날 설치한 후 제거하지 않았다.

① 12,500명　　② 25,000명
③ 37,500명　　④ 43,750명
⑤ 50,000명

정답 ⑤

해설

1) 날씨가 일치하는 경우는 비가 와서 일치할 수도 있고 비가 오지 않아서 일치할 수도 있다.

2)

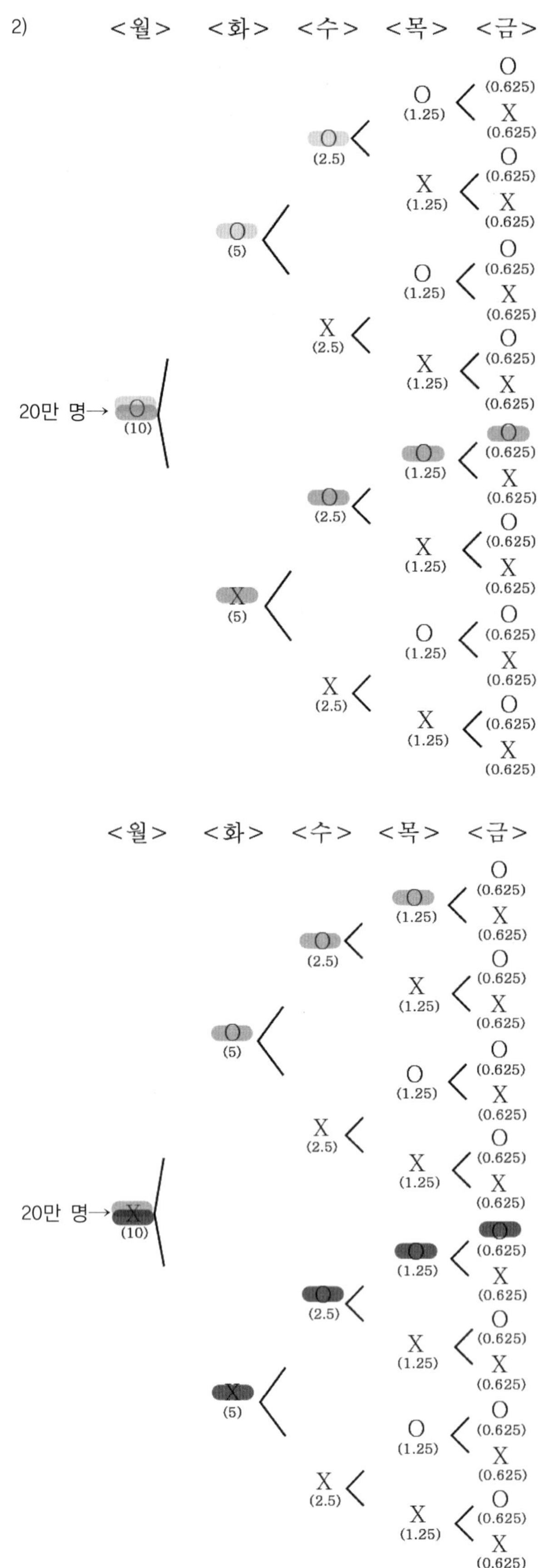

3)

	월	화	수	목	금		
i)	O	O	O	□	□	∴	2.5만 명
ii)	X	O	O	O	□	∴	1.25만 명
iii)	X	X	O	O	O	∴	0.625만 명
iv)	O	X	O	O	O	∴	0.625만 명

(단, O : 메시지와 날씨가 일치, X : 메시지와 날씨가 불일치,
□ : 이미 앱을 설치했으므로 고려할 필요 없음)

④ 2.5 ＋ 1.25 ＋ 0.625 ＋ 0.625 ＝ 5만 명

THEME 02 경우의 수

📄 본문 p.17~19

| 경우의 수 | 기본 예제

01 다음 그림과 같이 A, B, C 지역을 인접하여 흐르는 강 위에 네 개의 다리가 있다. 각 지역에서 출발하여 네 개의 다리를 모두 한 번씩만 지나는 방법의 수는?

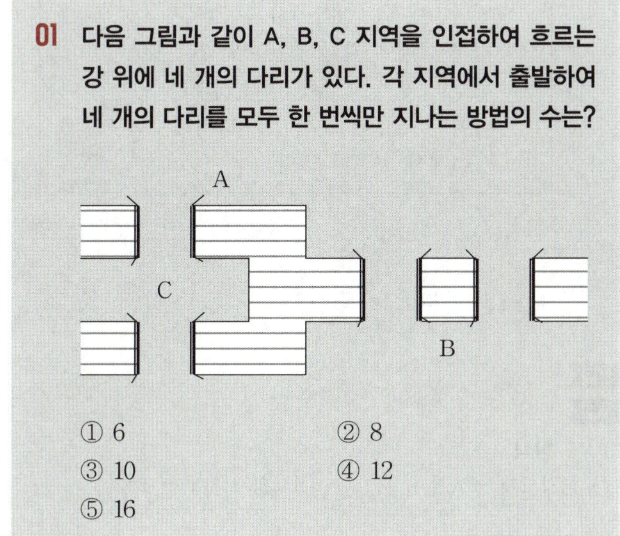

① 6 ② 8
③ 10 ④ 12
⑤ 16

정답 ④

해설

문제를 단순화시키면 다음과 같은 그림으로 나타낼 수 있다.

ⅰ)

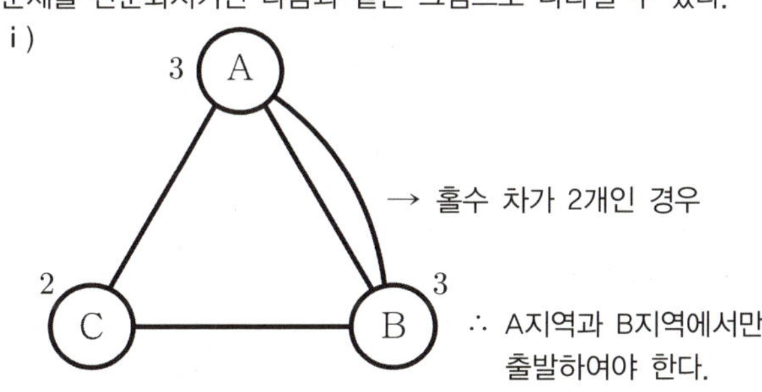

ⅱ)

$$
\begin{array}{l}
A
\left\langle
\begin{array}{l}
\times 2\ B
\left\langle
\begin{array}{l}
\overset{\times 1}{}\ A\ \overset{\times 1}{-}\ C\ \overset{\times 1}{-}\ B \quad \therefore\ 2가지 \\
\overset{\times 1}{}\ C\ \overset{\times 1}{-}\ A\ -\ B \quad \therefore\ 2가지
\end{array}
\right. \\
\times 1\ C\ \overset{\times 1}{-}\ B\ \overset{\times 2}{-}\ A\ \overset{\times 1}{-}\ B \quad \therefore\ 2가지
\end{array}
\right.
\end{array}
$$

$$
\begin{array}{l}
B
\left\langle
\begin{array}{l}
\times 2\ A
\left\langle
\begin{array}{l}
\overset{\times 1}{}\ B\ \overset{\times 1}{-}\ C\ \overset{\times 1}{-}\ A \quad \therefore\ 2가지 \\
\overset{\times 1}{}\ C\ \overset{\times 1}{-}\ B\ -\ A \quad \therefore\ 2가지
\end{array}
\right. \\
\times 1\ C\ \overset{\times 1}{-}\ A\ \overset{\times 2}{-}\ B\ \overset{\times 1}{-}\ A \quad \therefore\ 2가지
\end{array}
\right.
\end{array}
$$

$\therefore\ 2 + 2 + 2 + 2 + 2 + 2 = 12(가지)$

🖐 **TIP**

🔑 **한붓그리기**

① 홀수 차가 2개인 경우

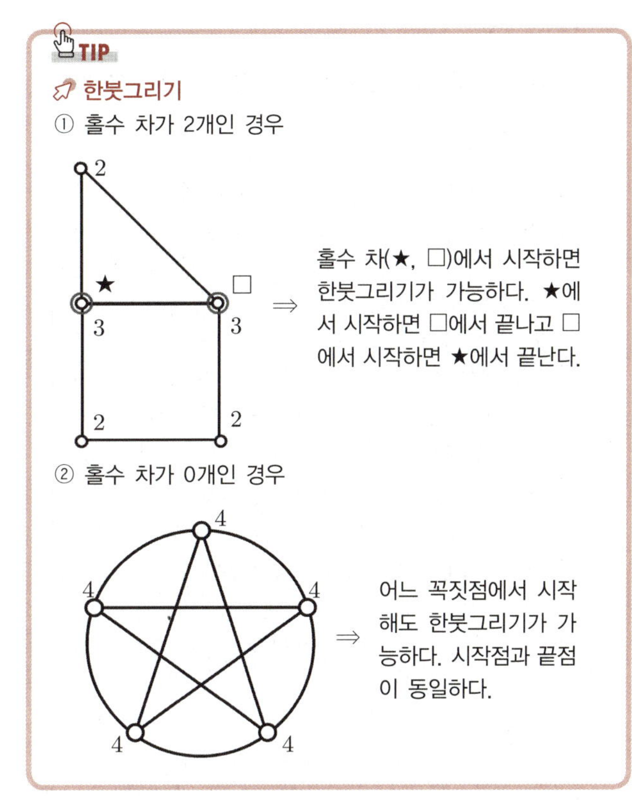

⇒ 홀수 차(★, □)에서 시작하면 한붓그리기가 가능하다. ★에서 시작하면 □에서 끝나고 □에서 시작하면 ★에서 끝난다.

② 홀수 차가 0개인 경우

⇒ 어느 꼭짓점에서 시작해도 한붓그리기가 가능하다. 시작점과 끝점이 동일하다.

02 다음 글에서 추론할 수 있는 것만을 〈보기〉에서 모두 고르면?

두 입자만으로 이루어지고 이들이 세 가지의 양자 상태 1, 2, 3 중 하나에만 있을 수 있는 계(system)가 있다고 하자. 여기서 양자 상태란 입자가 있을 수 있는 구별 가능한 어떤 상태를 지시하며, 입자는 세 가지 양자 상태 중 하나에 반드시 있어야 한다. 이때 그 계에서 입자들이 어떻게 분포할 수 있는지 경우의 수를 세는 문제는, 각 양자 상태에 대응하는 세 개의 상자 │1│2│3│에 두 입자가 있는 경우의 수를 세는 것과 같다. 경우의 수는 입자들끼리 서로 구별 가능한지와 여러 개의 입자가 하나의 양자 상태에 동시에 있을 수 있는지에 따라 달라진다.

두 입자가 구별 가능하고, 하나의 양자 상태에 여러 개의 입자가 있을 수 있다고 가정하자. 이것을 'MB 방식'이라고 부르며, 두 입자는 각각 a, b로 표시할 수 있다. a가 1의 양자 상태에 있는 경우는 │ab│ │ │, │a│b│ │, │a│ │b│의 세 가지이고, a가 2의 양자 상태에 있는 경우와 a가 3의 양자 상태에 있는 경우도 각각 세 가지이다. 그러므로 MB 방식에서 경우의 수는 9이다.

두 입자가 구별되지 않고, 하나의 양자 상태에 여러 개의 입자가 있을 수 있다고 가정하자. 이것을 'BE 방식'이라고 부른다. 이때에는 두 입자 모두 a로 표시하게 되므로 │aa│ │ │, │ │aa│ │, │ │ │aa│, │a│a│ │, │a│ │a│, │ │a│a│가 가능하다. 그러므로 BE 방식에서 경우의 수는 6이다.

두 입자가 구별되지 않고, 하나의 양자 상태에 하나의 입자만 있을 수 있다고 가정하자. 이것을 'FD 방식'이라고 부른다. 여기에서는 BE 방식과 달리 하나의 양자 상태에 두 개의 입자가 동시에 있는 경우는 허용되지 않으므로 │a│a│ │, │a│ │a│, │ │a│a│만 가능하다. 그러므로 FD 방식에서 경우의 수는 3이다.

양자 상태의 가짓수가 다를 때에도 MB, BE, FD 방식 모두 위에서 설명한 대로 입자들이 놓이게 되고, 이때 경우의 수는 달라질 수 있다.

〈보기〉

ㄱ. 두 개의 입자에 대해, 양자 상태가 두 가지이면 BE 방식에서 경우의 수는 2이다.

ㄴ. 두 개의 입자에 대해, 양자 상태의 가짓수가 많아지면 FD 방식에서 두 입자가 서로 다른 양자 상태에 각각 있는 경우의 수는 커진다.

ㄷ. 두 개의 입자에 대해, 양자 상태가 두 가지 이상이면 경우의 수는 BE 방식에서보다 MB 방식에서 언제나 크다.

① ㄱ   ② ㄷ
③ ㄱ, ㄴ   ④ ㄴ, ㄷ
⑤ ㄱ, ㄴ, ㄷ

정답 ④

해설

1) MB 방식

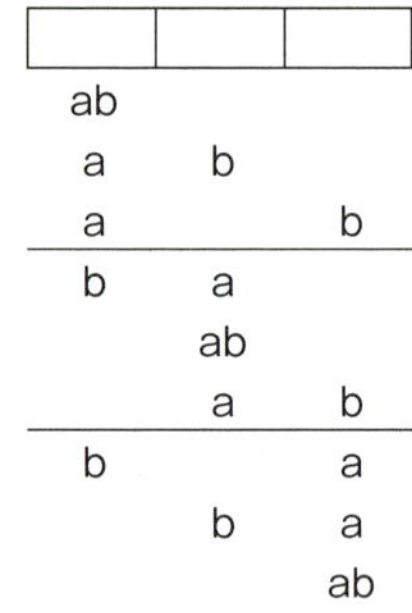

상자가 4개면, 16가지 5개면 25가지…
MB 방식의 상자 개수가 n개 → n^2가지

2) BE 방식

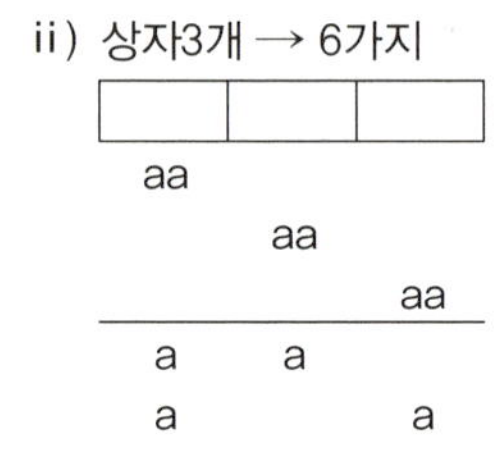

aa가 놓이는 가짓수는 상자 개수와 같다. → n가지
a, a는 n개의 상자 중 2개를 뽑는 것과 같다. → $_nC_2$가지
BE 방식의 상자 개수가 n개 → $n +\, _nC_2$가지

ⅲ) 여기서 규칙을 더 찾아보면
$$n = 1 \rightarrow 1 = 1 + 0$$
$$n = 2 \rightarrow 3 = 1 + 2$$
$$n = 3 \rightarrow 6 = 1 + 2 + 3$$
$$n = 4 \rightarrow 10 = 1 + 2 + 3 + 4$$
$$\therefore\ n +\, _nC_2 = \frac{n(n+1)}{2}$$

3) FD 방식
BE 방식의 a, a를 놓는 경우의 수와 동일하다.
FD 방식의 상자 개수가 n개 → $_nC_2$가지

ㄱ. 두 개의 입자에 대해 양자 상태가 두 가지이면 BE 방식에서 경우의 수는 3이다. (×)

ㄴ. 양자 상태의 가짓수가 많아진다는 것은 상자의 개수가 증가한다는 것이고 FD 방식의 일반항에 적용해 보면 경우의 수가 커지는 것을 알 수 있다. (○)

ㄷ. BE 방식과 MB 방식을 비교해 보면

$n^2 = (n + n \cdots n)$

$1 + 2 + 3 + \cdots + n < n^2$

∴ MB 방식이 BE 방식보다 언제나 크다. (○)

---

03 ○○공기업 직원 5명 중 세 명을 택하여 서울, 대전, 부산으로 한 명씩 파견 보내는 경우의 수는?

① 40가지   ② 50가지

③ 60가지   ④ 70가지

⑤ 80가지

정답 ③

해설

$_5P_3 = 5 \times 4 \times 3 = 60$

$_5C_3 \times 3! = {_5}C_2 \times 3! = \dfrac{5 \times 4}{2 \times 1} \times 6 = 60$

직원들에게 1~5번까지 번호를 매겼을 때 1, 3, 5번을 뽑으면

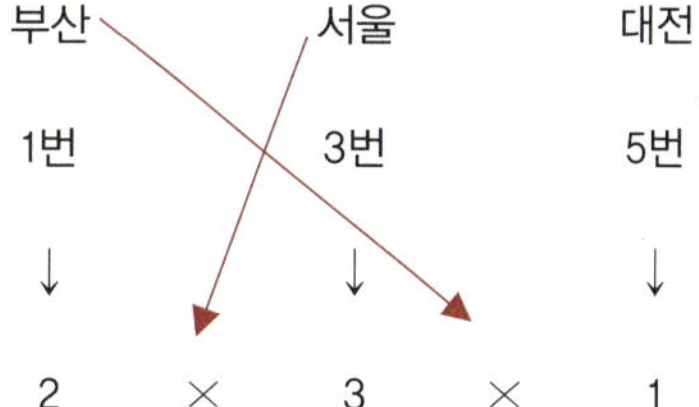

04 다음 글을 근거로 판단할 때, 마지막에 송편을 먹었다면 그 직전에 먹은 떡은?

> 원 쟁반의 둘레를 따라 쑥떡, 인절미, 송편, 무지개떡, 팥떡, 호박떡이 순서대로 한 개씩 시계방향으로 놓여 있다. 이 떡을 먹는 순서는 다음과 같은 규칙에 따른다. 특정한 떡을 시작점(첫 번째)으로 하여 시계방향으로 떡을 세다가 여섯 번째에 해당하는 떡을 먹는다. 떡을 먹고 나면 시계방향으로 이어지는 바로 다음 떡이 새로운 시작점이 된다. 이 과정을 반복하여 떡이 한 개 남게 되면 마지막으로 그 떡을 먹는다.

① 무지개떡 ② 쑥떡
③ 인절미 ④ 팥떡
⑤ 호박떡

정답 ①

해설

ⅰ) 첫 번째 방법

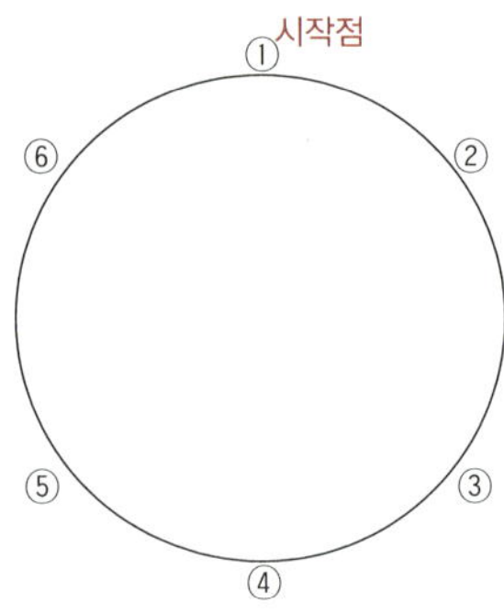

1번을 시작점으로 하여 조건에 따라 떡을 먹게 되면 다음과 같다.
⑥ → ① → ③ → ② → ⑤ → ④
문제에서 마지막에 먹은 떡이 송편(④)
∴ 그 직전에 먹은 떡은 무지개떡(⑤)

ⅱ) 두 번째 방법
쑥떡을 시작으로 하여 떡을 먹게 되면 다음 표와 같다.

쑥떡^{시작}	인절미	송편	무지개떡	팥떡	호박떡
					①
②					
		③			
	④				
				⑤ ← ⑤	
			⑥ ← ⑥		

마지막에 먹은 떡이 송편 즉, ⑥은 무지개떡에서 좌측으로 한 칸 이동 마찬가지로 그 직전에 먹은 ⑤도 좌측으로 한 칸 이동하면 ⑤가 무지개떡인 것을 확인할 수 있다.

쑥떡^{시작}	인절미	송편	무지개떡	팥떡	호박떡
②	④	③	⑥	⑤	①
호박떡	쑥떡	인절미	송편	무지개떡	팥떡

05 다음 〈표〉는 어느 축구대회 1조에 속한 4개국(A ~ D)의 최종 성적을 정리한 자료이다. 이에 대한 설명 중 옳지 않은 것은?

〈표〉 1조의 최종 성적

구분	승	무	패	득점	실점	승점
A국	0	( )	2	1	4	1
B국	( )	1	( )	3	5	( )
C국	1	( )	1	3	( )	( )
D국	( )	1	0	4	0	( )

※ 1) 각 국가는 나머지 세 국가와 한 경기씩 총 세 경기를 하였음
2) 국가별 승점 = 3×승리한 경기 수 + 1×무승부 경기 수 + 0×패배한 경기 수

① B국의 성적은 1승 1무 1패이다.
② 모든 국가는 각각 1무씩 거두었다.
③ D국은 2승을 거두었다.
④ C국의 실점은 2이다.
⑤ B국이 C국보다 승점이 더 높다.

정답 ⑤

해설

한 국가당 경기 수가 3경기이고 총 승수의 합과 총 패 수의 합이 같은 것과 총 득점의 합과 총 실점의 합이 같다는 것을 이용하면 표를 다음과 같이 채울 수 있다.

구분	승	무	패	득점	실점	승점
A국	0	(1)	2	1	4	1
B국	(1)	1	(1)	3	5	(4)
C국	1	(1)	1	3	(2)	(4)
D국	(2)	1	0	4	0	(7)

① B국의 성적은 1승 1무 1패이다. (○)
② 모든 국가는 각각 1무씩 거두었다. (○)
③ D국은 2승을 거두었다. (○)
④ C국의 실점은 2이다. (○)
⑤ B국이 C국보다 승점이 더 높다.
ⅰ) B국의 승점 : $(3×1) + (1×1) + (0×1) = 4$
ⅱ) C국의 승점 : $(3×1) + (1×1) + (0×1) = 4$
따라서 B국의 승점과 C국의 승점은 같다. (×)

06 갑 국가는 8개의 프로야구팀이 리그전과 토너먼트 방식으로 경기를 치르고 최종 우승팀을 결정한다. 예선전인 리그전은 자신의 팀을 제외한 다른 팀(7개 프로야구팀)과 각각 2경기씩 경기를 치르고 결과를 반영하여 상위 4개 팀을 선정한다. 이 상위 4개 팀은 우승팀 결정을 위한 최종 결정전을 토너먼트 방식으로 경기를 치른다. 갑 국가의 예선전과 최종 결정전의 총 경기 수를 구하면? (토너먼트 방식 : 경기를 거듭할 때마다 진 팀은 제외 시키면서 이긴 팀끼리 겨루어 최후에 남은 두 팀으로 우승을 가리는 방식)

① 59경기 ② 60경기
③ 61경기 ④ 62경기
⑤ 63경기

정답 ①

해설

$$_8C_2 \times 2 + (4-1) = \frac{8 \times 7}{2 \times 1} \times 2 + 3 = 56 + 3 = 59$$

✏ 토너먼트 방식

n개 팀이 토너먼트 경기를 할 때 경기 수는 $n-1$경기

i)

ii)

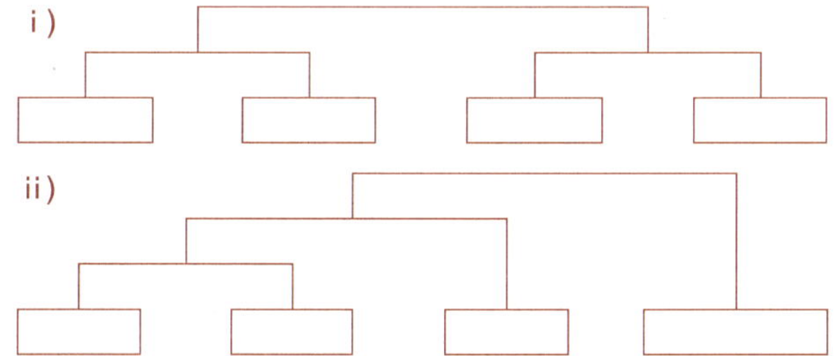

07 다음 〈규칙〉을 근거로 판단할 때, 〈보기〉에서 옳은 것만을 모두 고르면?

┤ 규칙 ├

- △△배 씨름대회는 아래와 같은 대진표에 따라 진행되며, 11명의 참가자는 추첨을 통해 동일한 확률로 A부터 K까지의 자리 중에서 하나를 배정받아 대회에 참가한다.

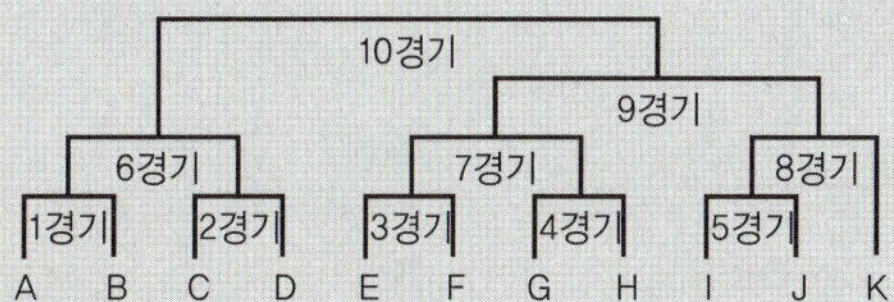

- 대회는 첫째 날에 1경기부터 시작되어 10경기까지 순서대로 매일 하루에 한 경기씩 쉬는 날 없이 진행되며, 매 경기에서는 무승부 없이 승자와 패자가 가려진다.
- 각 경기를 거듭할 때마다 패자는 제외시키면서 승자끼리 겨루어 최후에 남은 두 참가자 간에 우승을 가리는 승자 진출전 방식으로 대회를 진행한다.

┤ 보기 ├

ㄱ. 이틀 연속 경기를 하지 않으면서 최소한의 경기로 우승할 수 있는 자리는 총 5개이다.
ㄴ. 첫 번째 경기에 승리한 경우 두 번째 경기 전까지 3일 이상을 경기 없이 쉴 수 있는 자리에 배정될 확률은 50 % 미만이다.
ㄷ. 총 4번의 경기를 치러야 우승할 수 있는 자리에 배정될 확률이 총 3번의 경기를 치르고 우승할 수 있는 자리에 배정될 확률보다 높다.

① ㄱ ② ㄴ
③ ㄷ ④ ㄱ, ㄷ
⑤ ㄴ, ㄷ

정답 ③

해설

ㄱ. E~K는 9경기, 10경기를 이틀 연속 진행해야만 우승할 수 있기 때문에 이틀 연속 경기를 하지 않으면서 최소한의 경기로 우승할 수 있는 자리는 A, B, C, D 총 4개이다. (×)

ㄴ. 첫 번째 경기에 승리한 경우 두 번째 경기 전까지 3일 이상을 경기 없이 쉴 수 있는 자리는 A, B, C, D, E, F이다.

$$\therefore \frac{6}{11} > 50\% \ (\times)$$

ㄷ. 총 4번의 경기를 치러야 우승할 수 있는 자리는 E, F, G, H, I, J 6자리이다.

총 3번의 경기를 치르고 우승할 수 있는 자리는 A, B, C, D, K 5자리이다.

$$\therefore \frac{6}{11} > \frac{5}{11} \ (\bigcirc)$$

THEME 03 수리계산형 Ⅰ [방정식·부등식]

본문 p.20~22

01 어느 백화점의 지난해 종업원 수는 240명이었다. 올해에 남자는 5% 감소하고, 여자는 10% 증가하여 전체 인원이 3명 늘었다. 올해의 남자 종업원 수를 구하면?

① 100명 ② 113명

③ 133명 ④ 140명

⑤ 154명

정답 ③

해설

ⅰ) 지난해 남자 종업원 수 $= x$

지난해 여자 종업원 수 $= y$

$\therefore\ x + y = 240$

ⅱ) $-\dfrac{5}{100}x + \dfrac{10}{100}y = 3$

$-5x + 10y = 300$

$-15x + 10x + 10y = 300$

$-15x + 10 \times (x+y) = 300$

$15x = 2100$

$\therefore\ x = 140,\ y = 100$

ⅲ) $140 \times \dfrac{5}{100} = 7$

따라서 올해의 남자 종업원 수는 133명이다.

추가 학습

자연수의 성질을 이용한 풀이

지·남$_{자연수} \times \dfrac{95}{100} =$ 올·남$_{자연수}$

$\rightarrow$ 지·남$_{자연수} \times \dfrac{19}{20} =$ 올·남$_{자연수}$

$\therefore$ 지난해 남자 종업원 수는 20의 배수

올해의 남자 종업원 수는 19의 배수

$19 \times 7 = 133$

02 다음 〈정보〉와 〈표〉는 2014년 A ~ E 기업의 기본생산능력과 초과생산량 및 1 ~ 3월 생산이력에 관한 자료이다. 이에 근거하여 기본생산능력이 가장 큰 기업과 세 번째로 큰 기업을 바르게 나열한 것은?

┤ 정보 ├

- 각 기업의 기본생산능력(개/월)은 변하지 않는다.
- A기업의 기본생산능력은 15,000개/월이고 C기업과 E기업의 기본생산능력은 동일하다.
- B, C, D 기업의 경우 2014년 1~3월 동안 초과생산량이 발생하지 않았다.
- E기업의 경우 2014년 3월에 기본생산능력에 해당하는 생산량 이외에 기본생산능력의 20%에 해당하는 초과생산량이 발생하였다.
- 생산 참여기업의 월 생산량 = 기본생산능력에 해당하는 월 생산량 + 월 초과생산량

〈표〉 2014년 1 ~ 3월 생산이력

구분	1월	2월	3월
생산 참여기업	B, C	B, D	C, E
손실비	0.0	0.5	0.0
총생산량(개)	23,000	17,000	22,000

※ 해당월 총생산량 = 해당월 '생산 참여기업의 월 생산량'의 합 × (1 − 손실비)

	가장 큰 기업	세 번째로 큰 기업
①	A	B
②	A	D
③	B	D
④	D	A
⑤	D	B

정답 ⑤

해설

ⅰ) $\begin{cases} B + C = 23,000 \\ B + D = 34,000 \\ C + 1.2E = 22,000 \end{cases}$

ⅱ) $C = E\ \rightarrow\ 2.2E = 22,000$

$\therefore\ E = 10,000$

ⅲ) $B + E = 23,000$

$\therefore\ B = 13,000$

ⅳ) $B + D = 34,000$

$\therefore\ D = 21,000$

ⅴ) $D > A > B > C = E$

| 조건제시형 | 수리계산형

03 다음 글을 근거로 판단할 때, 현재 시점에서 두 번째로 많은 양의 일을 한 사람은?

> A부서 주무관 5명(甲 ~ 戊)은 오늘 해야 하는 일의 양이 같다. 오늘 업무 개시 후 현재까지 한 일을 비교해 보면 다음과 같다.
> 甲은 丙이 아직 하지 못한 일의 절반에 해당하는 양의 일을 했다. 乙은 丁이 남겨 놓고 있는 일의 2배에 해당하는 양의 일을 했다. 丙은 자신이 현재까지 했던 일의 절반에 해당하는 일을 남겨 놓고 있다. 丁은 甲이 남겨 놓고 있는 일과 동일한 양의 일을 했다. 戊는 乙이 남겨 놓은 일의 절반에 해당하는 양의 일을 했다.

① 甲
② 乙
③ 丙
④ 丁
⑤ 戊

정답 ③

해설

갑, 을, 병, 정, 무의 오늘 해야 하는 일의 양: x

병이 현재 시점에서 한 일의 양은 $\dfrac{2}{3}x$

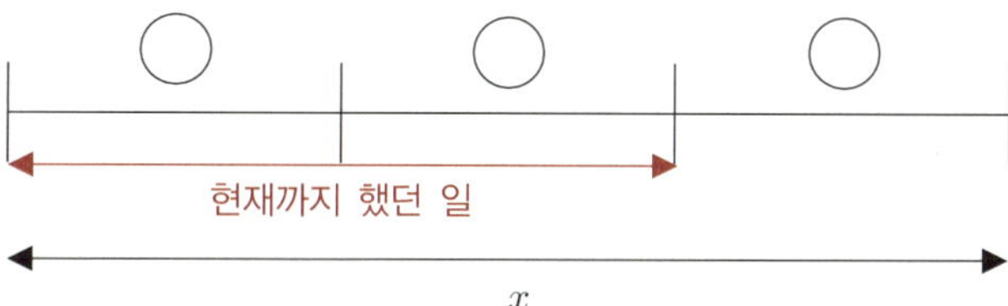

ⅰ) 갑: 병이 아직 하지 못한 일의 절반에 해당하는 양
$$\therefore \ \frac{1}{3} \times \frac{1}{2} = \frac{1}{6}x$$

ⅱ) 을: 정이 남겨 놓고 있는 일의 2배에 해당하는 양
$$\therefore \ \frac{1}{6}x \times 2 = \frac{2}{6}x$$

ⅲ) 병: $\dfrac{2}{3}x = \dfrac{4}{6}x$

ⅳ) 정: 갑이 남겨 놓고 있는 일과 동일한 양
$$\therefore \ \frac{5}{6}x$$

ⅴ) 무: 을이 남겨 놓은 일의 절반에 해당하는 양
$$\therefore \ \frac{4}{6}x \times \frac{1}{2} = \frac{2}{6}x$$

정 > 병 > 을 = 무 > 갑

따라서 두 번째로 많은 양의 일을 한 사람은 '병'이다.

| 조건제시형 | 방정식

04 다음 글을 근거로 판단할 때, 甲이 구매하려는 두 상품의 무게로 옳은 것은?

> ○○마트에서는 쌀 상품 A ~ D를 판매하고 있다. 상품 무게는 A가 가장 무겁고, B, C, D 순서대로 무게가 가볍다. 무게 측정을 위해 서로 다른 두 상품을 저울에 올린 결과, 각각 35kg, 39kg, 44kg, 45kg, 50kg, 54kg으로 측정되었다. 甲은 가장 무거운 상품과 가장 가벼운 상품을 제외하고 두 상품을 구매하기로 하였다.

※ 상품 무게(kg)의 값은 정수이다.

① 19kg, 25kg
② 19kg, 26kg
③ 20kg, 24kg
④ 21kg, 25kg
⑤ 22kg, 26kg

정답 ③

해설

ⅰ) $A > B > C > D$
가장 무거운 상품과 가장 가벼운 상품을 제외하면 B와 C이다.

ⅱ) 무게 측정을 위해 <u>서로 다른 두 상품을 저울에 올린 결과</u>를 표로 정리해 보면

$$_4C_2 = \frac{4 \times 3}{2 \times 1} = 6$$

A+B	A+C	A+D	B+C	B+D	C+D
54kg	50kg	44kg or 45kg	39kg	35kg

$$(A+B) - (A+C) = B - C = 4(kg)$$

∴ 선택지 ①, ②는 두 상품의 무게 차가 4kg이 아니기 때문에 정답에서 제외

ⅲ) $B + C = 44 \text{ or } 45$
선택지 ③의 두 상품의 무게를 더하면 44kg
$$\therefore \ B + C = 44(kg)$$
상품 무게(kg)의 값은 정수이다.
만약
$$\begin{cases} B + C = 45 \\ B - C = 4 \end{cases}$$
$$2B = 49$$
$$B = 24.5 \ (\text{B의 무게가 정수가 아님})$$
$$\therefore \ B + C = 44(kg)$$

05 다음 〈표〉는 과목 등급 산정기준과 과목별 이수단위 및 민수의 과목별 석차에 대한 자료이다. 〈표〉와 〈평균등급 산출 공식〉에 따라 산정한 민수의 4개 과목 평균등급을 M이라 할 때, M의 범위로 옳은 것은?

〈표 1〉 과목 등급 산정기준

등급	과목석차 백분율
1	0% 초과 4% 이하
2	4% 초과 11% 이하
3	11% 초과 23% 이하
4	23% 초과 40% 이하
5	40% 초과 60% 이하
6	60% 초과 77% 이하
7	77% 초과 89% 이하
8	89% 초과 96% 이하
9	96% 초과 100% 이하

$$\text{※ 과목석차 백분율(\%)} = \frac{\text{과목석차}}{\text{과목이수인원}} \times 100$$

〈표 2〉 과목별 이수단위 및 민수의 과목별 석차

구분 과목	이수단위(단위)	석차(등)	이수인원(명)
국어	3	270	300
영어	3	44	300
수학	2	27	300
과학	3	165	300

├──── 평균등급 산출 공식 ────┤

$$\text{평균등급} = \frac{(\text{과목별 등급} \times \text{과목별 이수단위})\text{의 합}}{\text{과목별 이수단위의 합}}$$

① $3 \leq M < 4$
② $4 \leq M < 5$
③ $5 \leq M < 6$
④ $6 \leq M < 7$
⑤ $7 \leq M < 8$

정답 ②

해설

ⅰ) 과목석차 백분율(%)

국어 → $\dfrac{270}{300} \times 100 = 90(\%)$ ∴ 8등급

영어 → $\dfrac{44}{300} \times 100 = \dfrac{44}{3}(\%)$

3등급 과목석차 백분율에 3을 곱하면 33% 초과 69% 이하

$\dfrac{44}{3} \times 3 = 44(\%)$ ∴ 3등급

수학 → $\dfrac{27}{300} \times 100 = 9(\%)$ ∴ 2등급

과학 → $\dfrac{165}{300} \times 100 = 55(\%)$ ∴ 5등급

ⅱ) 평균등급 산출

$$M = \frac{8 \times 3 + 3 \times 3 + 2 \times 2 + 5 \times 3}{11} = \frac{52}{11}$$

$$4 \leq \frac{52}{11} < 5$$

따라서 정답은 ②이다.

| 수리계산형 |

06 다음 〈표〉는 A, B, C, D 사의 연간 매출액에 관한 자료이다. 각 회사의 연간 이익률이 매년 일정하며, B, C, D 사의 연간 이익률은 각각 3%, 3%, 2%이다. A ~ D 사의 연간 순이익 총합이 전년에 비해 감소되지 않게 하는 A사의 최소 연간 이익률은?

〈표〉A ~ D 사의 연간 매출액

(단위 : 백억 원)

연도 회사	2000년	2001년	2002년	2003년	2004년	2005년
A	300	350	400	450	500	550
B	200	250	300	250	200	150
C	300	250	200	150	200	250
D	350	300	250	200	150	100

※ 순이익 = 매출액 × 이익률

① 6%　　　　② 7%
③ 8%　　　　④ 9%
⑤ 10%

정답 ③

해설

A ~ D 사의 연간 순이익 총합이 전년에 비해 감소되지 않게 하는 A사의 최소 연간 이익률을 구하기 위해서는 A사를 제외한 회사들이 전부 매출액이 감소한 구간을 찾아야 한다.

연도 회사	2000년	2001년	2002년	2003년	2004년	2005년
A	300 →	350 →	400 →	450 →	500 →	550
B	200 →	250 →	300 →	250 →	200 →	150
C	300 →	250 →	200 →	150 →	200 →	250
D	350 →	300 →	250 →	200 →	150 →	100

2003년을 보면 A사를 제외한 회사들이 전부 매출액이 감소했음을 알 수 있다.

2002년과 2003년을 비교해 보면
ⅰ) B → $300 \times 3\% - 250 \times 3\% = 50\% \times 3\%$
ⅱ) C → $200 \times 3\% - 150 \times 3\% = 50 \times 3\%$
ⅲ) D → $250 \times 2\% - 200 \times 2\% = 50 \times 2\%$

A ~ D 사의 연간 순이익 총합이 전년에 비해 감소되지 않게 하는 A사의 최소 연간 이익률은
ⅰ) $450 \times x\% - 400 \times x\% = 50 \times x\%$
ⅱ) B ~ D 사의 연간 순이익 총합 $= 50 \times 8\%$
ⅲ) $50 \times x\% - (50 \times 8\%) \geq 0$
∴ $x = 8$

📄 본문 p.27~35

| 평균 |

01 다음 〈표〉는 학생 '갑' ~ '무'의 중간고사 3개 과목 점수에 관한 자료이다. 이에 대한 〈보기〉의 설명 중 옳은 것만을 모두 고르면?

〈표〉 '갑' ~ '무'의 중간고사 3개 과목 점수

(단위 : 점)

과목 \ 학생 (성별)	갑 (남)	을 (여)	병 ( )	정 (여)	무 (남)
국어	90	85	60	95	75
영어	90	85	100	65	100
수학	75	70	85	100	100

| 보기 |

ㄱ. 국어 평균 점수는 80점 이상이다.
ㄴ. 3개 과목 평균 점수가 가장 높은 학생과 가장 낮은 학생의 평균 점수 차이는 10점 이하이다.
ㄷ. 국어, 영어, 수학 점수에 각각 0.4, 0.2, 0.4의 가중치를 곱한 점수의 합이 가장 큰 학생은 '정'이다.
ㄹ. '갑' ~ '무'의 성별 수학 평균 점수는 남학생이 여학생보다 높다.

① ㄱ, ㄷ　　　　② ㄱ, ㄹ
③ ㄴ, ㄷ　　　　④ ㄱ, ㄷ, ㄹ
⑤ ㄴ, ㄷ, ㄹ

정답 ④

해설

ㄱ. 가평균 ≥ 80 → 가편차의 합 > 0
$(90-80)+(85-80)+(60-80)+(95-80)+(75-80)=5$
∴ 가편차의 합 > 0 (○)

ㄴ. 평균 점수가 가장 높은 학생은 무, 낮은 학생은 을이다.
둘을 비교해 표로 만들어 보면

과목 \ 학생	을	무
국어	85점	75점
영어	85점	100점
수학	70점	100점

$(75+100+100)-(85+85+70)=35(점)$ → 총 점수의 차

평균 점수차 $= \dfrac{35}{3}$ 점

∴ $\dfrac{35}{3}$ 점 ≤ 10점 (×)

ㄷ.

TIP

가중치 04. 02, 0.4를 0.2로 약분하면 2, 1, 2로 편하게 계산할 수 있다.

ⅰ) 정과 갑 비교

과목＼학생	정	갑
국어	95점	90점
영어	65점	90점
수학	100점	75점

정 － 갑 : $(95-90)\times2+(65-90)\times1+(100-75)\times2=35$

∴ 정 ＞ 갑

ⅱ) 정과 을 비교

과목＼학생	정	을
국어	95점	85점
영어	65점	85점
수학	100점	70점

정－을 : $(95-85)\times2+(65-85)\times1+(100-70)\times2=60$

∴ 정 ＞ 을

ⅲ) 정과 병 비교

과목＼학생	정	병
국어	95점	60점
영어	65점	100점
수학	100점	85점

정－병 : $(95-60)\times2+(65-100)\times1+(100-85)\times2=65$

∴ 정 ＞ 병

ⅳ) 정과 무 비교

과목＼학생	정	무
국어	95점	75점
영어	65점	100점
수학	100점	100점

정－무 : $(95-75)\times2+(65-100)\times1=5$

∴ 정 ＞ 무

따라서 '정 ＞ 무 ＞ 갑 ＞ 을 ＞ 병'이다. (○)

ㄹ. 남학생 수학 평균 : 87.5점
여학생 수학 평균 : 85점
성별을 모르는 병의 수학 점수 : 85점

∴ $\dfrac{87.5+87.5+85}{3} > \dfrac{85+85+85}{3}$ (○)

| 평균 |

02 다음 〈표〉는 직원 '갑' ~ '무'에 대한 평가자 A ~ E의 직무평가 점수이다. 이에 대한 〈보기〉의 설명 중 옳은 것만을 모두 고르면?

〈표〉 직원 '갑' ~ '무'에 대한 평가자
A ~ E의 직무평가 점수

(단위 : 점)

평가자＼직원	A	B	C	D	E	종합점수
갑	91	87	( )	89	95	89.0
을	89	86	90	88	( )	89.0
병	68	76	( )	74	78	( )
정	71	72	85	74	( )	77.0
무	71	72	79	85	( )	78.0

※ 1) 직원별 종합점수는 해당 직원이 평가자 A ~ E로부터 부여받은 점수 중 최댓값과 최솟값을 제외한 점수의 평균임
   2) 각 직원은 평가자 A ~ E로부터 각각 다른 점수를 부여받았음
   3) 모든 평가자는 1 ~ 100점 중 1점 단위로 점수를 부여하였음

─┤ 보기 ├─

ㄱ. '을'에 대한 직무평가 점수는 평가자 E가 가장 높다.

ㄴ. '병'의 종합점수로 가능한 최댓값과 최솟값의 차이는 5점 이상이다.

ㄷ. 평가자 C의 '갑'에 대한 직무평가 점수는 '갑'의 종합점수보다 높다.

ㄹ. '갑' ~ '무'의 종합점수 산출 시, 부여한 직무평가 점수가 한 번도 제외되지 않은 평가자는 없다.

① ㄱ   ② ㄱ, ㄹ
③ ㄴ, ㄷ   ④ ㄱ, ㄴ, ㄹ
⑤ ㄴ, ㄷ, ㄹ

정답 ②

해설

ㄱ. '을'에 대한 직무평가 점수는 평가자 E가 가장 높다고 가정하고 최솟값을 제외한 A, C, D의 평균이 종합점수와 같은지 확인하면

(단위 : 점)

평가자＼직원	A	B	C	D	E	종합점수
을	89	86	90	88	91~100	89.0

88, 89, 90의 평균
가평균 ＝ 89 → 가편차의 합 ＝ $-1 + 0 + 1 = 0$
A, C, D의 평균은 89점 (○)

ㄴ. C는 1~100점 중 1점 단위로 점수를 부여했다. 따라서 아래 표와 같이 빈칸을 채울 수 있다.

(단위 : 점)

평가자 직원	A	B	C	D	E	종합 점수
병	68	76	1~100	74	78	( )

C가 최솟값일 때 A, B, D, E 중 최댓값인 E가 C와 함께 제외되고
A, B, D의 평균이 종합점수가 된다. → 68, 74, 76
C가 최댓값일 때 A, B, D, E 중 최솟값인 A가 C와 함께 제외되고
B, D, E의 평균이 종합점수가 된다. → 74, 76, 78

$$\frac{78-68}{3} = \frac{10}{3}$$

$$\frac{10}{3} < 5 \ (\times)$$

ㄷ. 갑의 종합점수가 89점인 것을 이용해 편차를 구해보면

(단위 : 점)

평가자 직원	A	B	C	D	E	종합 점수
갑	91	87	( )	89	95	89.0
편차	+2	−2	−6↓	0	+6	

C는 최솟값이고 '갑'의 종합점수보다 낮다는 것을 알 수 있다. (×)

ㄹ. 편차의 합을 이용해 빈칸을 채워 최솟값과 최댓값을 제외하면(C
에 대한 병의 점수는 1~100점이기 때문에 최소, 최대를 알 수 없다.)

평가자 직원	A	B	C	D	E	종합 점수
갑	91	87	87↓	89	95	89.0
을	89	86	90	88	90↑	89.0
병	68	76	(1~100)	74	78	( )
정	71	72	85	74	(85↑)	77.0
무	71	72	79	85	(83)	78.0

A, B, C, D, E 모두 한 번 이상 제외된다. (○)

03 다음 〈그림〉은 2020년 '갑'시의 교통사고에 관한 자료이다. 이에 대한 〈보기〉의 설명 중 옳은 것만을 모두 고르면?

〈그림 1〉 2020년 월별 교통사고 사상자

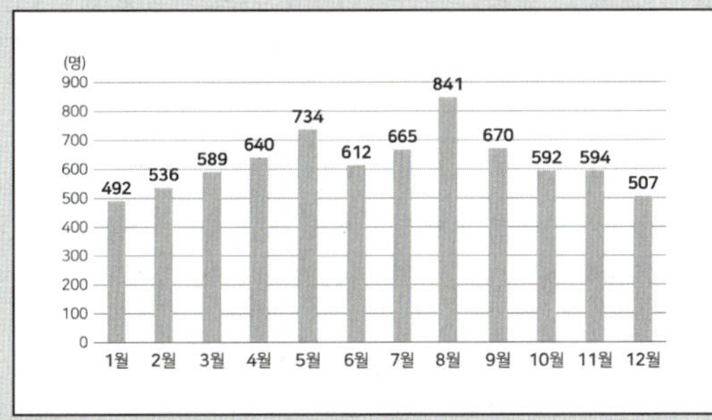

〈그림 2〉 2020년 월별 교통사고 건수

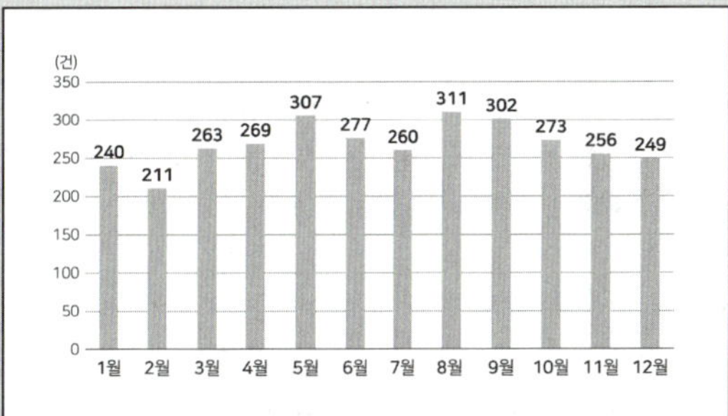

〈그림 3〉 2020년 교통사고 건수의 사고원인별 구성비

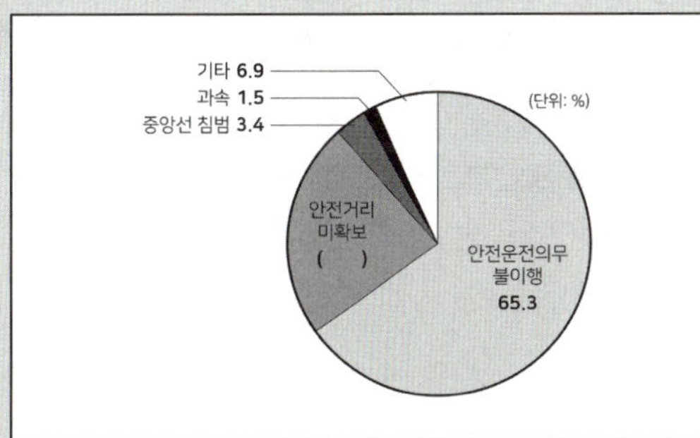

┤ 보기 ├

ㄱ. 월별 교통사고 사상자는 가장 적은 달이 가
장 많은 달의 60% 이하이다.

ㄴ. 2020년 교통사고 건당 사상자는 1.9명 이상
이다.

ㄷ. '안전거리 미확보'가 사고원인인 교통사고 건
수는 '중앙선 침범'이 사고원인인 교통사고
건수의 7배 이상이다.

ㄹ. 사고원인이 '안전운전의무 불이행'인 교통사
고 건수는 2,000건 이하이다.

① ㄱ, ㄴ   ② ㄱ, ㄷ
③ ㄴ, ㄷ   ④ ㄷ, ㄹ
⑤ ㄱ, ㄴ, ㄹ

정답 ①

해설

ㄱ. 월별 교통사고 사상자가 가장 많은 달은 8월 = 841명
월별 교통사고 사상자가 가장 적은 달은 1월 = 492명
$\dfrac{492}{841} \times 100 ≒ 59.5(\%)$로 60% 이하이다. (○)

ㄴ. 2020년 전체 교통사고 건수와 사상자는 자료에 제시되어 있지 않아 일일이 모두 더하기보다는 막대그래프의 시각적 성질을 이용한다.
$\dfrac{B}{A} \geq 1.9$(명)인지 확인만 하면 된다.

〈그림 2〉에서 300선을 가정하여 선을 긋고, 5월, 8월, 9월만 300 이상이고, 나머지 월은 모두 300 이하이다. 따라서 A의 평균값은 300보다 낮다.
〈그림 1〉도 같은 방법으로 600선을 가정하여 선을 그어 보면, 〈그림 2〉보다 높다는 것을 알 수 있다. 따라서 B의 평균값은 600보다 크다.
따라서 $\dfrac{B}{A}$ 는 2.0보다 크다는 것을 알 수 있기 때문에 1.9 이상인 것은 옳다. (○)

ㄷ. 안전거리 미확보를 구하기 위하여 나머지 사고원인의 구성비를 더한 후 100에서 빼면 도출될 수 있다. (100 − 77.1 = 22.9%)
22.9%가 3.4%보다 7배 이상인지를 물어본 것이다.
3.4 × 7 = 23.8%
따라서 옳지 않음을 알 수 있다. (×)

ㄹ. '안전운전의무 불이행' 교통사고 건수가 2,000건 이하라면 2020년 전체 교통사고 건수가 3,000건 이하라는 것을 알 수 있다. 안전운전의무 불이행이 65.3%이므로 전체의 약 2/3이기 때문이다. 즉, 〈그림 2〉에서 월평균 교통사고 건수가 250건 미만이어야 한다. 하지만 〈그림 2〉에서 월평균 교통사고 건수는 250건 이상이며, 2020년 전체 교통사고 건수는 3,000건 이상임을 알 수 있다.(250 × 12개월)
따라서 3,000건 중 2/3인 안전운전의무 불이행 건수는 2,000건 이상이다. (×)

---

04 다음 〈표〉는 아프리카연합이 주도한 임무단의 평화유지활동에 관한 자료이다. 이를 바탕으로 작성한 〈보고서〉의 설명 중 옳지 않은 것은?

〈표〉 임무단의 평화유지활동(2021년 5월 기준)

(단위: 명)

임무단	파견지	활동기간	주요 임무	파견 규모
부룬디 임무단	부룬디	2003. 4.~ 2004. 6.	평화협정 이행 지원	3,128
수단 임무단	수단	2004. 10.~ 2007. 12.	다르푸르 지역 정전 감시	300
코모로 선거감시 지원 임무단	코모로	2006. 3.~ 2006. 6.	코모로 대통령 선거 감시	462
소말리아 임무단	소말리아	2007. 1.~ 현재	구호 활동 지원	6,000
코모로 치안 지원 임무단	코모로	2007. 5.~ 2008. 10.	앙주앙 섬 치안 지원	350
다르푸르 지역 임무단	수단	2007. 7.~ 현재	민간인 보호	6,000
우간다 임무단	우간다	2012. 3.~ 현재	반군 소탕작전	3,350
말리 임무단	말리	2012. 12.~ 2013. 7.	정부 지원	1,450
중앙아프리카 공화국 임무단	중앙 아프리카 공화국	2013. 12.~ 2014. 9.	안정 유지	5,961

| 보고서 |

아프리카연합은 아프리카 지역 분쟁 해결 및 평화 구축을 위하여 2021년 5월 현재까지 9개의 임무단을 구성하고 평화유지활동을 주도하였다. ㉠평화유지활동 중 가장 오랜 기간 동안 활동한 임무단은 '소말리아 임무단'이다. 이 임무는 소말리아 과도 연방정부가 아프리카연합에 평화유지군을 요청한 것을 계기로 시작되어 현재에 이르고 있다. 한편, ㉡'코모로 선거감시 지원 임무단'은 가장 짧은 기간 동안 활동하였다. 2006년 코모로는 대통령 선거를 앞두고 아프리카연합에 지원을 요청하였고 같은 해 3월 시작된 평화유지활동은 선거가 끝난 6월에 임무가 종료되었다. ㉢아프리카연합이 현재까지 평화유지활동을 위해 파견한 임무단의 총규모는 25,000명 이상이며, 현재 활동 중인 임무단의 규모는 소말리아 6,000명, 수단 6,000명, 우간다 3,350명으로 총 15,000여 명이다.

아프리카연합은 아프리카 내의 문제를 자체적으로 해결하기 위해 다양한 임무단 활동을 활발히 수행하였다. 특히 ㉣ 수단과 코모로에서는 각각 2개의 임무단이 활동하였다.
현재 평화유지활동을 수행 중인 임무단은 3개이지만 ㉤ 2007년 10월 기준 평화유지활동을 수행 중이었던 임무단은 5개였다.

① ㉠   ② ㉡
③ ㉢   ④ ㉣
⑤ ㉤

정답 ⑤

해설

㉠ 소말리아 임무단의 평화유지활동 기간은 약 15년으로 가장 오랜 기간 동안 활동했다. (○)
㉡ 코모로 선거감시 지원 임무단의 평화유지활동 기간은 약 4개월로 가장 짧은 기간 동안 활동했다. (○)
㉢ 현재 활동 중인 임무단의 규모는 소말리아 6,000명, 수단 6,000명, 우간다 3,350명으로 총 15,000여 명이므로 나머지 임무단이 10,000명 이상인지만 확인해 보면 된다.
중앙아프리카 공화국, 부룬디, 말리 3개만 확인해도 10,000명 이상임을 알 수 있다. (○)
㉣ 표를 보면 수단에 '수단 임무단', '다르푸르 지역 임무단' 2개의 임무단이 활동했음을 확인할 수 있고, 코모로에 '코모로 선거감시 지원 임무단', '코모로 치안 지원 임무단' 2개의 임무단이 활동했음도 확인할 수 있다. (○)
㉤ 2007년 10월 기준 평화유지활동을 수행 중이었던 임무단은 '수단 임무단', '소말리아 임무단', '코모로 치안 지원 임무단', '다르푸르 지역 임무단' 4개이다. (×)

| 기본연산 | 대칭표

05 다음 〈표〉는 최근 이사한 100가구의 이사 전후 주택규모에 관한 조사 결과이다. 이에 대한 〈보기〉의 설명 중 옳은 것만을 모두 고르면?

〈표〉 이사 전후 주택규모 조사 결과

(단위 : 가구)

이사 후 \ 이사 전	소형	중형	대형	합
소형	15	10	( )	30
중형	( )	30	10	( )
대형	5	10	15	( )
계	( )	( )	( )	100

※ 주택규모는 '소형', '중형', '대형'으로만 구분하며, 동일한 주택규모는 크기도 같음

| 보기 |

ㄱ. 주택규모가 이사 전 '소형'에서 이사 후 '중형'으로 달라진 가구는 없다.
ㄴ. 이사 전후 주택규모가 달라진 가구 수는 전체 가구 수의 50% 이하이다.
ㄷ. 주택규모가 '대형'인 가구 수는 이사 전이 이사 후보다 적다.
ㄹ. 이사 후 주택규모가 커진 가구 수는 이사 후 주택규모가 작아진 가구 수보다 많다.

① ㄱ, ㄴ   ② ㄱ, ㄷ
③ ㄴ, ㄹ   ④ ㄷ, ㄹ
⑤ ㄱ, ㄴ, ㄷ

정답 ①

해설

(단위 : 가구)

이사 후 \ 이사 전	소형	중형	대형	합
소형	15	10	(5)	30
중형	(0)	30	10	(40)
대형	5	10	15	(30)
계	(20)	(50)	(30)	100

ㄱ. 이사 전 '소형'에서 이사 후 '중형'으로 달라진 가구 수에 0을 대입했을 때 모순이 없다는 것을 알 수 있다. (○)
ㄴ. 이사 전후 주택규모가 바뀌지 않은 가구 수는 50을 초과하므로 이사 전후 주택규모가 달라진 가구 수는 전체 가구 수의 50% 이하이다. (○)
ㄷ. 이사 전 '대형'인 가구 수는 30가구, 이사 후 '대형'인 가구 수도 30가구이다. 그러므로 이사 전과 이사 후 가구 수가 같다. (×)
ㄹ. 이사 후 주택규모가 커진 가구 수는 15가구, 이사 후 주택규모가 작아진 가구는 25가구이다. 따라서 이사 후 주택규모가 커진 가구 수는 이사 후 주택규모가 작아진 가구 수보다 적다. (×)

독해 | 내용추론

06 다음 대화의 빈칸에 들어갈 내용으로 가장 적절한 것은?

> 갑 : 국회에서 법률들을 제정하거나 개정할 때, 법률에서 조례를 제정하여 시행하도록 위임하는 경우가 있습니다. 그리고 이런 위임에 따라 지방자치단체에서는 조례를 새로 제정하게 됩니다. 각 지방자치단체가 법률의 위임에 따라 몇 개의 조례를 제정했는지 집계하여 '조례 제정 비율'을 계산하는데, 이 지표는 작년에 이어 올해도 지방자치단체의 업무 평가 기준에 포함되었습니다.
>
> 을 : 그렇군요. 그 평가 방식이 구체적으로 어떻게 되고, A시의 작년 평가 결과는 어땠는지 말씀해 주세요.
>
> 갑 : 먼저 그해 1월 1일부터 12월 31일까지 법률에서 조례를 제정하도록 위임한 사항이 몇 건인지 확인한 뒤, 그중 12월 31일까지 몇 건이나 조례로 제정되었는지로 평가합니다. <u>작년에는 법률에서 조례를 제정하도록 위임한 사항이 15건이었는데, 그중 A시에서 제정한 조례는 9건으로 그 비율은 60%였습니다.</u>
>
> 을 : 그러면 올해는 조례 제정 상황이 어떻습니까?
>
> 갑 : 1월 1일부터 7월 10일 현재까지 법률에서 조례를 제정하도록 위임한 사항은 10건인데, <u>A시는 이 중 7건을 조례로 제정하였으며 조례로 제정하기 위하여 입법 예고 중인 것은 2건입니다.</u> 현재 시의회에서 조례로 제정되기를 기다리며 계류 중인 것은 없습니다.
>
> 을 : 모든 조례는 입법 예고를 거친 뒤 시의회에서 제정되므로, 현재 입법 예고 중인 2건은 입법 예고 기간이 끝나야만 제정될 수 있겠네요. 이 2건의 제정 가능성은 예상할 수 있나요?
>
> 갑 : 어떤 조례는 신속히 제정되기도 합니다. 그러나 때로는 시의회가 계속 파행하기도 하고 의원들의 입장에 차이가 커 공전될 수도 있기 때문에 현재 시점에서 조례 제정 가능성을 단정하기는 어렵습니다.
>
> 을 : 그러면 A시의 조례 제정 비율과 관련하여 알 수 있는 것은 무엇이 있을까요?
>
> 갑 : A시는 [   ]

① 현재 조례로 제정하기 위하여 입법 예고가 필요한 것이 1건입니다.
② 올 한 해의 조례 제정 비율이 작년보다 높아집니다.
③ 올 한 해 총 9건의 조례를 제정하게 됩니다.
④ 현재 시점을 기준으로 평가를 받으면 조례 제정 비율이 90%입니다.
⑤ 올 한 해 법률에서 조례를 제정하도록 위임받은 사항이 작년보다 줄어듭니다.

정답 ①

해설

ⅰ) 조례 제정 비율 $= \dfrac{\text{제정한 조례}}{\text{위임 개수}}$

조례를 제정하도록 위임한 사항이 15건이었는데, 그중 A시에서 제정한 조례는 9건으로 그 비율은 60%였다.

$$\rightarrow \frac{9}{15} \times 100 = 60(\%)$$

ⅱ) A시는 7건을 조례로 제정하였으며 조례로 제정하기 위하여 입법 예고 중인 것은 2건이다.

→ 7건 : 조례 제정
　 2건 : 입법 예고
　 1건 : 어떠한 상태도 아님

① 현재 조례로 제정하기 위하여 입법 예고가 필요한 것은 1건이다. (○)
② 현재 7월 10일이기 때문에 올 한 해의 조례 제정 비율은 알 수 없다. (×)
③ 현재 7월 10일이기 때문에 올 한 해의 조례 건수는 알 수 없다. (×)
④ 현재 시점으로 10건 중 7건이 조례로 제정된 상태로 조례 제정 비율은 70%이다. (×)
⑤ 현재 7월 10일이기 때문에 올 한 해 법률에서 조례를 제정하도록 위임받은 사항이 작년보다 적을지 많을지 알 수 없다. (×)

| 변화율 |

07 다음 〈표〉는 2021 ~ 2027년 시스템반도체 중 인공지능 반도체의 세계 시장규모 전망이다. 이에 대한 〈보기〉의 설명 중 옳은 것만을 모두 고르면?

〈표〉 시스템반도체 중 인공지능반도체의
세계 시장규모 전망

(단위: 억 달러, %)

연도 구분	2021	2022	2023	2024	2025	2026	2027
시스템 반도체	2,500	2,310	2,686	2,832	( )	3,525	( )
인공지능 반도체	70	185	325	439	657	927	1,179
비중	2.8	8.0	( )	15.5	19.9	26.3	31.3

┤ 보기 ├

ㄱ. 인공지능반도체 비중은 매년 증가한다.
ㄴ. 2027년 시스템반도체 시장규모는 2021년보다 1,000억 달러 이상 증가한다.
ㄷ. 2022년 대비 2025년의 시장규모 증가율은 인공지능반도체가 시스템반도체의 5배 이상이다.

① ㄷ
② ㄱ, ㄴ
③ ㄱ, ㄷ
④ ㄴ, ㄷ
⑤ ㄱ, ㄴ, ㄷ

정답 ⑤

해설

ㄱ. 인공지능 반도체 비중이 매년 증가한다면 2023년의 비중은 8% 초과 15.5% 미만이므로

$$2{,}686 \times \frac{10}{100} = 268.6 \rightarrow \frac{325}{2{,}686} \times 100 > 8.0\%$$

$$2{,}686 \times \frac{5}{100} = 134.3 \qquad 2{,}686 \times \frac{15}{100} = 402.9$$

$$\rightarrow \frac{325}{2{,}686} \times 100 < 15.5\%$$

$$8.0\% < \frac{325}{2{,}686} \times 100 < 15.5\% \ (\bigcirc)$$

ㄴ. 2027년 시스템반도체 시장규모를 a라 하면

$$\frac{1{,}179}{a} \times 100 = 31.3(\%)$$

$$a \times \frac{31.3}{100} = 1{,}179 \ \text{양변에 3을 곱하면}$$

$$a \times \frac{93.9}{100} = 3{,}537$$

a의 93.9%가 2021년 시스템반도체 시장규모 2,500억 달러보다 1,000억 달러 이상 크다.

$$\therefore a > 3500 \ (\bigcirc)$$

ㄷ. 2025년 시스템반도체 시장규모는 인공지능 반도체 규모 비중 19.9%를 약 20%라 하여 구할 수 있다.

$$657 \times 5 = 3285$$

(단위: 억 달러)

시스템반도체 증가율×5	≤	인공지능반도체 증가율
2,310 → 3,285	vs	185 → 657

ⅰ) $2{,}310 \times 0.5 = 1155 \qquad 2{,}310 \times 1.5 = 3465$
   → 2025년 시스템반도체 증가율은 50% 미만
ⅱ) $185 \times 3 = 555, \ 185 \times 0.5 = 92.5 \rightarrow 185 \times 3.5 = 647.5$
   → 2025년 인공지능 반도체 증가율은 250% 이상 ($\bigcirc$)

| 변화율 공식 |

08 다음 〈그림〉은 2014 ~ 2020년 연말 기준 '갑'국의 국가채무 및 GDP에 관한 자료이다. 이에 대한 〈보기〉의 설명 중 옳은 것만을 모두 고르면?

〈그림 1〉 GDP 대비 국가채무 및 적자성채무 비율 추이

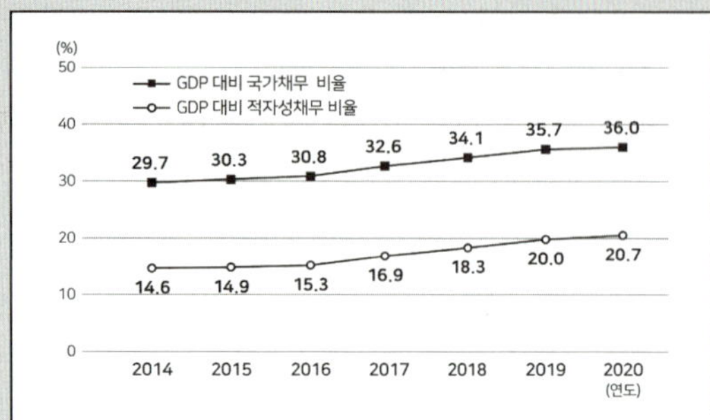

※ 국가채무 = 적자성채무 + 금융성채무

〈그림 2〉 GDP 추이

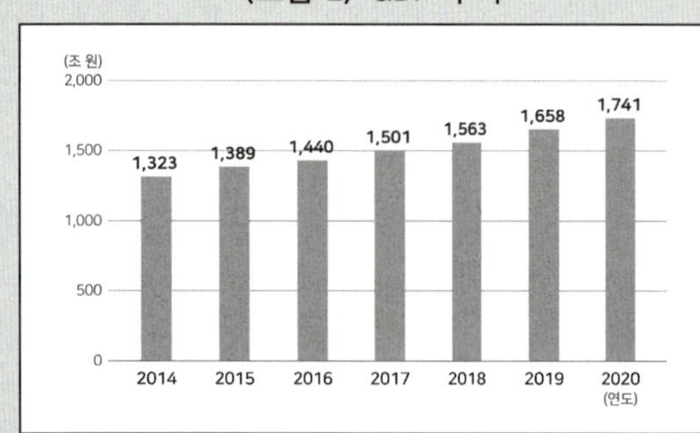

| 보기 |

ㄱ. 2020년 국가채무는 2014년의 1.5배 이상이다.
ㄴ. GDP 대비 금융성채무 비율은 매년 증가한다.
ㄷ. 적자성채무는 2019년부터 300조 원 이상이다.
ㄹ. 금융성채무는 매년 국가채무의 50% 이상이다.

① ㄱ, ㄴ 　② ㄱ, ㄷ
③ ㄴ, ㄹ 　④ ㄱ, ㄷ, ㄹ
⑤ ㄴ, ㄷ, ㄹ

정답 ②
해설

GDP 대비 국가채무 비율 = $\dfrac{국가채무}{GDP} \times 100$

GDP 대비 적자성채무 비율 = $\dfrac{적자성채무}{GDP} \times 100$

$\dfrac{국가채무}{GDP} = \dfrac{적자성채무}{GDP} + \dfrac{금융성채무}{GDP}$

ㄱ. $\dfrac{1,741 \times 0.36}{1,323 \times 0.297} \geq 1.5$

$\dfrac{36}{30} = 1.2 \rightarrow \dfrac{0.36}{0.297}$ 은 $1.2\uparrow$

$1,323 \times \dfrac{30}{100} = 396.9 \rightarrow \dfrac{1,741}{1,323} = 1.3\uparrow$

$\therefore 1.3\uparrow \times 1.2\uparrow \geq 1.5$ (○)

제곱수 암기

$11^2 = 121$　　$16^2 = 256$
$12^2 = 144$　　$17^2 = 289$
$13^2 = 169$　　$18^2 = 324$
$14^2 = 196$　　$19^2 = 361$
$15^2 = 225$

ㄴ.
※ ⅰ)　　　　ⅱ)　　　　ⅲ)

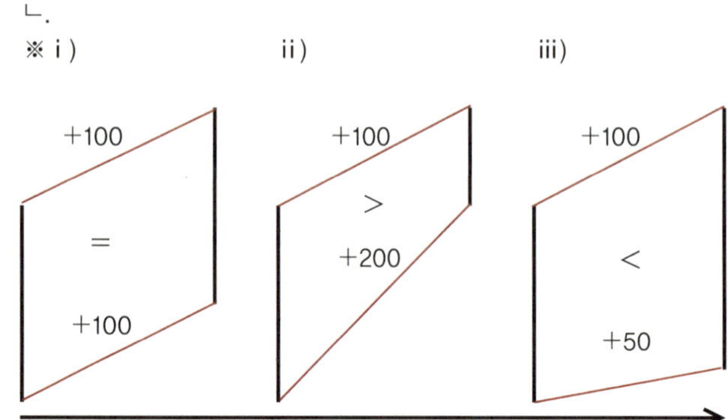

금융성채무 = 국가채무 − 적자성채무

구분	2019년	2020년
국가채무	35.7%	36.0%
적자성채무	20.0%	20.7%

$36.0\% - 35.7\% = 0.3(\%)$
$20.7\% - 20.0\% = 0.7(\%)$
2020년 금융성채무 비율이 2019년 채무 비율보다 낮으므로 매년 증가하는 것은 아니다. (×)

ㄷ. ⅰ) 2019년 적자성채무 : $1,658조 \times 0.2 \geq 300조$

$1,658 \times \dfrac{20}{100} = 300\uparrow$

ⅱ) 2018년 적자성채무 : $1,563조 \times 0.183 < 300조$

$1,563 \times \dfrac{20}{100} = 312.6$

$1,563 \times \dfrac{1}{100} = 15.6$

$1,563 \times \dfrac{19}{100} = 297 \rightarrow 1,563 \times \dfrac{18.3}{100} = 300\downarrow$ (○)

ㄹ. 　국가채무　 = 　적자성채무　 + 　금융성채무
　　 100%　　　　 50%↓　　　　 50%↑

2020년 국가채무 비율 = 36.0%
　　　적자성채무 비율 = 20.7%

국가채무비율 $\times \dfrac{1}{2} <$ 적자성채무비율

따라서 금융성채무는 매년 국가채무의 50% 이하이다. (×)

09 다음 〈표〉는 '갑'국의 2020년 농업 생산액 현황 및 2021 ~ 2023년의 전년 대비 생산액 변화율 전망치에 관한 자료이다. 이에 대한 〈보기〉의 설명 중 옳은 것만을 모두 고르면?

〈표〉 농업 생산액 현황 및 변화율 전망치

(단위: 십억 원, %)

구분		2020년 생산액	전년 대비 생산액 변화율 전망치		
			2021년	2022년	2023년
농업		50,052	0.77	0.02	1.38
재배업		30,270	1.50	−0.42	0.60
축산업		19,782	−0.34	0.70	2.57
	소	5,668	3.11	0.53	3.51
	돼지	7,119	−3.91	0.20	1.79
	닭	2,259	1.20	−2.10	2.82
	달걀	1,278	5.48	3.78	3.93
	우유	2,131	0.52	1.12	0.88
	오리	1,327	−5.58	5.27	3.34

※ 축산업은 소, 돼지, 닭, 달걀, 우유, 오리의 6개 세부항목으로만 구성됨

┤ 보기 ├

ㄱ. 2021년 '오리' 생산액 전망치는 1.2조 원 이상이다.

ㄴ. 2021년 '돼지' 생산액 전망치는 같은 해 '농업' 생산액 전망치의 15% 이상이다.

ㄷ. '축산업' 중 전년 대비 생산액 변화율 전망치가 2022년보다 2023년이 낮은 세부항목은 2개이다.

ㄹ. 2020년 생산액 대비 2022년 생산액 전망치의 증감폭은 '재배업'이 '축산업'보다 크다.

① ㄱ, ㄴ
② ㄱ, ㄷ
③ ㄴ, ㄹ
④ ㄱ, ㄷ, ㄹ
⑤ ㄴ, ㄷ, ㄹ

해설

ㄱ.

10³ 단위 암기

일	천	백만	십억	조	천조
10^0	10^3	10^6	10^9	10^{12}	10^{15}

-5.58%

$1,327 \rightarrow 1,200 \uparrow$

-127

$$1,327 \times \frac{10}{100} = 132.7 \rightarrow 10\%$$

$$1,327 \times \frac{5}{100} = 66.35 \rightarrow 5\%$$

$$1,327 \times \frac{6}{100} = 79.62 \rightarrow 6\%$$

따라서 −127보다 적게 감소했으므로 2021년 '오리' 생산액 전망치는 1.2조 원 이상이다. (○)

ㄴ. ⅰ) 2021년 '돼지' 생산액 전망치
2020년 돼지: 7,119(십억 원)
2021년 변화율: −3. 91%
따라서 2021년 '돼지' 생산액(전망치)은 $7,119 \times (1 - 0.0391) = 7,119 \times 0.9609$(십억 원)이므로 2020년 '돼지' 생산액보다 낮다는 것을 확인하면 된다.

ⅱ) 2021년 '농업' 생산액
2020년 농업 생산액: 50,052(십억 원)
2021년 변화율: +0.77%
따라서 2021년 '농업' 생산액(전망치)은 $50,052 \times (1 + 0.0077)$ $= 50,052 \times 1.0077$(십억 원)이므로 2020년 농업 생산액보다 크다는 것을 확인하면 된다.

ⅲ) 15% 비교
2021년 '농업' 생산액은 50,052(십억 원)보다 크다는 것을 ⅱ)에서 확인했으므로
50,052(십억 원)의 15% 값을 계산해보면, $50,052 \times 15\% ≒ 7,508$(십억 원)
그런데 2021년 '돼지' 생산액 전망치는 7,119(십억 원)보다 낮다.
∴ 2021년 '돼지' 생산액 전망치 < 7,119(십억 원) < 7,508(십억 원)
즉, 2021년 '돼지' 생산액 전망치는 2021년 '농업' 생산액 전망치의 15%보다 작다는 것을 알 수 있다. (×)

ㄷ. 2022년보다 2023년이 낮은 세부항목은 '우유'와 '오리' 2개이다. (○)

ㄹ. $30,270 > 19,782$
$1.08\% > 0.36\%$
$30,270 \times 1.08 > 19,782 \times 0.36\%$
재배업이 축산업보다 2020년 생산액이 더 크고, 생산액 변화율 전망치도 더 높다. 따라서 2020년 생산액 대비 2022년 생산액 전망치의 증감폭도 더 크다. (○)

10 다음 〈그림〉과 〈조건〉은 직장인 '갑' ~ '병'이 마일리지 혜택이 있는 알뜰교통카드를 사용하여 출근하는 방법 및 교통비에 관한 자료이다. 이에 근거하여 월간 출근 교통비를 많이 지출하는 직장인부터 순서대로 나열하면?

〈그림〉 직장인 '갑' ~ '병'의 출근 방법 및 교통비 관련 정보

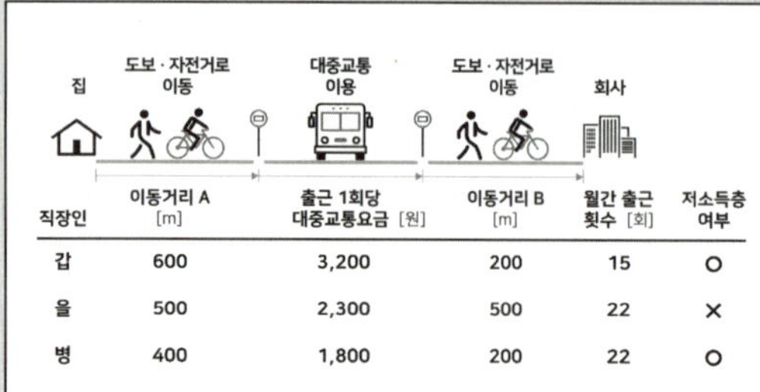

직장인	이동거리 A [m]	출근 1회당 대중교통요금 [원]	이동거리 B [m]	월간 출근 횟수 [회]	저소득층 여부
갑	600	3,200	200	15	O
을	500	2,300	500	22	×
병	400	1,800	200	22	O

┤ 조건 ├

- 월간 출근 교통비 = {출근 1회당 대중교통요금 − (기본 마일리지 + 추가 마일리지) × $\left(\dfrac{\text{마일리지 적용거리}}{800}\right)$} × 월간 출근 횟수

- 기본 마일리지는 출근 1회당 대중교통요금에 따라 다음과 같이 지급함

출근 1회당 대중교통요금	2천 원 이하	2천 원 초과 3천 원 이하	3천 원 초과
기본 마일리지 (원)	250	350	450

- 추가 마일리지는 저소득층에만 다음과 같이 지급함

출근 1회당 대중교통요금	2천 원 이하	2천 원 초과 3천 원 이하	3천 원 초과
추가 마일리지 (원)	100	150	200

- 마일리지 적용·거리(m)는 출근 1회당 도보·자전거로 이동한 거리의 합이며 최대 800 m까지만 인정함

① 갑, 을, 병   ② 갑, 병, 을
③ 을, 갑, 병   ④ 을, 병, 갑
⑤ 병, 을, 갑

정답 ③

해설

갑 : $(3200 - 650 \times 1) \times 15 = 38,250$(원)

을 : $(2300 - 350 \times 1) \times 22 = 42,900$(원)

병 : $\left(1800 - 350 \times \dfrac{3}{4}\right) \times 22 = 33,825$(원)

ⅰ) 을과 병 비교

$(2300 - 350 \times 1) = 1950$

$\left(1800 - 350 \times \dfrac{3}{4}\right) = 1537.5$

∴ 을 > 병

ⅱ) 갑과 을 비교

$(3200 - 650 \times 1) = 2550$

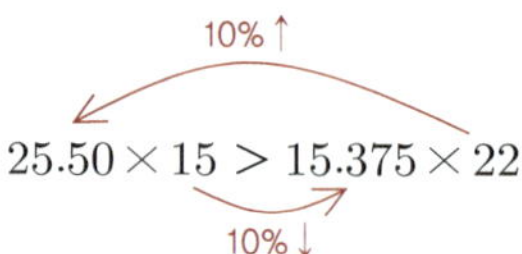

$25.50 \times 15 < 19.50 \times 22$

15의 30% = 4.5

22의 30% = 6.6

∴ 갑 < 을

ⅲ) 갑과 병 비교

10%↑

$25.50 \times 15 > 15.375 \times 22$

10%↓

∴ 을 > 갑 > 병

|분수 비교|

11 다음 〈표〉는 2011 ~ 2020년 산불 건수 및 산불 가해자 검거 현황과 2020년 산불 원인별 가해자 검거 현황에 관한 자료이다. 이에 대한 〈보기〉의 설명 중 옳은 것만을 모두 고르면?

〈표 1〉 2011 ~ 2020년 산불 건수 및
산불 가해자 검거 현황

(단위: 건, %)

구분 연도	산불 건수	가해자 검거 건수	검거율
2011	277	131	47.3
2012	197	73	( )
2013	296	137	46.3
2014	492	167	33.9
2015	623	240	38.5
2016	391	( )	( )
2017	692	305	( )
2018	496	231	46.6
2019	653	239	36.6
2020	620	246	39.7
계	( )	1,973	( )

〈표 2〉 2020년 산불 원인별 산불 건수 및
가해자 검거 현황

(단위: 건, %)

구분 산불 원인	산불 건수	가해자 검거 건수	검거율
입산자 실화	( )	32	( )
논밭두렁 소각	49	45	( )
쓰레기 소각	65	( )	( )
담뱃불 실화	75	17	22.7
성묘객 실화	9	6	( )
어린이 불장난	1	1	100.0
건축물 실화	54	33	61.1
기타	150	52	34.7
전체	( )	246	39.7

※ 1) 산불 1건은 1개의 산불 원인으로만 분류함
  2) 가해자 검거 건수는 해당 산불 발생 연도를 기준으로
     집계함
  3) 검거율(%) = $\dfrac{\text{가해자 검거 건수}}{\text{산불 건수}} \times 100$

─┤ 보기 ├─

ㄱ. 2011 ~ 2020년 연평균 산불 건수는 500건 이하이다.
ㄴ. 산불 건수가 가장 많은 연도의 검거율은 산불 건수가 가장 적은 연도의 검거율보다 높다.
ㄷ. 2020년에는 기타를 제외하고 산불 건수가 적은 산불 원인일수록 검거율이 높다.
ㄹ. 2020년 전체 산불 건수 중 입산자 실화가 원인인 산불 건수의 비율은 35%이다.

① ㄱ, ㄴ   ② ㄴ, ㄹ
③ ㄷ, ㄹ   ④ ㄱ, ㄴ, ㄷ
⑤ ㄱ, ㄴ, ㄹ

정답 ⑤

해설

ㄱ. 가편차의 합을 이용
→ 500건보다 **큰 연도는 4개** 작은 연도는 6개

700	4개	600		500	2개	400	1개	300	3개	200

편차의 합 < 0 (○)

ㄴ. 2012년과 2017년 산불건수와 가해자 검거 건수를 이용해 검거율을 비교해 보면 다음과 같다.

$$\frac{305}{692} > \frac{73}{197}$$

$73 \times 4 = 292\,(305 \downarrow)$
$197 \times 4 = 788\,(692 \uparrow)$

따라서 2017년이 분모가 작고 분자가 더 크기 때문에 2012년보다 검거율이 높다. (○)

ㄷ. 반례는 다음과 같다.

성묘객 실화: $\dfrac{6}{9} \times 100 = 66.7\,(\%)$

논밭두렁 소각: $\dfrac{45}{49} \times 100 = 91.8\,(\%) \uparrow$ (×)

ㄹ. 2020년 입산자 실화 건수를 구한 후 전체 산불 건수 중에서 비율을 구하지 않고, 35%가 맞는지만 판단하면 된다.
2020년 전체 산불 건수의 35% = 620건 × 35% = 310건 × 70%이다.
620건을 2로 나누고, 35%에 2를 곱하면 결과값이 변하지 않는다.
310 = (300 + 10)이므로 300의 70%와 10의 70%를 구하면 각각 210건, 7건이 된다.
따라서 2020년 전체 산불 건수의 35%는 217건이므로 〈표 2〉에서 입산자 실화 건수에 217을 넣고 모두 더해보고 전체 값이 620건인지 확인하면 된다.
49 + 65 + 75 + 9 + 1 + 54 + 150
= 403＋(입산자 실화 건수)
= 403 + 217 = 620(건)
따라서 ㄹ은 옳은 내용이다. (○)

12 다음 〈표〉는 A ~ H 지역의 화물 이동 현황에 관한 자료이다. 이에 대한 〈보기〉의 설명 중 옳은 것만을 모두 고르면?

〈표〉 화물의 지역 내, 지역 간 이동 현황

(단위 : 개)

도착 지역 출발 지역	A	B	C	D	E	F	G	H	합
A	65	121	54	52	172	198	226	89	977
B	56	152	61	55	172	164	214	70	944
C	29	47	30	22	62	61	85	30	366
D	24	61	30	37	82	80	113	45	472
E	61	112	54	47	187	150	202	72	885
F	50	87	38	41	120	188	150	55	729
G	78	151	83	73	227	208	359	115	1,294
H	27	66	31	28	94	81	116	46	489
계	390	797	381	355	1,116	1,130	1,465	522	6,156

※ 출발 지역과 도착 지역이 동일한 경우는 해당 지역 내에서 화물이 이동한 것임

─── 보기 ───

ㄱ. 도착 화물보다 출발 화물이 많은 지역은 3개 이다.

ㄴ. 지역 내 이동 화물이 가장 적은 지역은 도착 화물도 가장 적다.

ㄷ. 지역 내 이동 화물을 제외할 때, 출발 화물과 도착 화물의 합이 가장 작은 지역은 출발 화물과 도착 화물의 차이도 가장 작다.

ㄹ. 도착 화물이 가장 많은 지역은 출발 화물 중 지역 내 이동 화물의 비중도 가장 크다.

① ㄱ, ㄴ 　　② ㄱ, ㄷ
③ ㄴ, ㄷ 　　④ ㄴ, ㄹ
⑤ ㄱ, ㄷ, ㄹ

정답 ⑤

해설

ㄱ. 도착 화물보다 출발 화물이 많은 지역은 A, B, D로 3개이다. (○)

ㄴ. 지역 내 이동 화물이 가장 적은 지역은 C(30개)이고, 도착 화물이 가장 적은 지역은 D(355개)이다. (×)

ㄷ. C지역의 도착 화물과 출발 지역의 차는 $381 - 366 = 15$(개)로 가장 작다.

지역 내 이동 화물을 제외할 때의 합도 $381 + 366 - 2 \times 30 = 687$ 로 가장 작다. (○)

ㄹ. 도착 화물이 가장 많은 지역은 G이다.

G지역의 출발 화물 중 지역 내 이동 화물의 비중은 $\dfrac{359}{1,294} \times 100 = 27.7(\%)$로 가장 크다. (○)

13 다음 〈그림〉은 2020년 기준 A 공제회 현황에 관한 자료이다. 이에 대한 설명으로 옳지 않은 것은?

〈그림〉 2020년 기준 A 공제회 현황

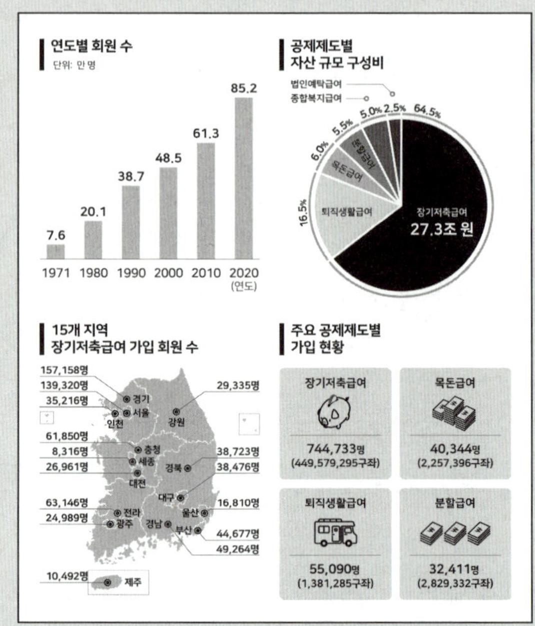

※ 1) 공제제도는 장기저축급여, 퇴직생활급여, 목돈급여, 분할급여, 종합복지급여, 법인예탁급여로만 구성됨

2) 모든 회원은 1개 또는 2개의 공제제도에 가입함

① 장기저축급여 가입 회원 수는 전체 회원의 85% 이하이다.

② 공제제도의 총자산 규모는 40조 원 이상이다.

③ 자산 규모 상위 4개 공제제도 중 2개의 공제제도에 가입한 회원은 2만 명 이상이다.

④ 충청의 장기저축급여 가입 회원 수는 15개 지역 평균 장기저축 급여 가입 회원 수보다 많다.

⑤ 공제제도별 1인당 구좌 수는 장기저축급여가 분할급여의 5배 이상이다.

정답 ①

해설

① $\dfrac{\text{장기저축급여 가입 회원 수}}{\text{2020년 전체 회원 수}} = \dfrac{744,733}{852,000} \times 100 \rightarrow \dfrac{744}{852} \times 100$

852의 $15\% = 127.8$, $\dfrac{744 + 127.8}{852} > 100\%$

∴ $\dfrac{\text{장기저축급여 가입 회원 수}}{\text{2020년 전체 회원 수}} > 85\%$ (×)

② 공제제도별 자산규모 구성비에서 장기저축급여는 64.5%이면서 27.3조 원이므로 100%일 경우 40조 원 이상이다.

$64.5\% : 27.3 = 100 : x$

$2,730 = 64.5x$

∴ $x ≒ 42.3$(조 원) (○)

③ 장기저축급여 + 퇴직생활급여 + 목돈급여 + 분할급여 ≒ 872.4천 명

→ 744 + 40 + 55 + 32 = 871

(천 단위 이상)

연도별 회원 수는 852천 명이고, 공제제도별 가입현황의 총합은 872.4천 명이다.

두 수의 차이가 2만 400명이므로 자산 규모 상위 4개 공제제도 중 2개의 공제제도에 가입한 회원은 2만 명 이상이다. (○)

④ $61,850 > \dfrac{744,733}{15}$

→ $927,750(15 \times 61,850) > 744,733(○)$

⑤ $\dfrac{449,579}{745} \geq \dfrac{2,829}{32} \times 5$

→ $6\left(\dfrac{4,500}{750}\right) \geq 3.6\left(\dfrac{23}{32} \times 5\right)$ (○)

| 매칭형 | $\dfrac{a}{a+b}$ 형

14 다음 〈표〉와 〈대화〉는 4월 4일 기준 지자체별 자가격리자 및 모니터링 요원에 관한 자료이다. 〈표〉와 〈대화〉를 근거로 C와 D에 해당하는 지자체를 바르게 나열한 것은?

〈표〉 지자체별 자가격리자 및 모니터링 요원 현황 (4월 4일 기준)

(단위: 명)

구분	지자체	A	B	C	D
내국인	자가격리자	9,778	1,287	1,147	9,263
	신규 인원	900	70	20	839
	해제 인원	560	195	7	704
외국인	자가격리자	7,796	508	141	7,626
	신규 인원	646	52	15	741
	해제 인원	600	33	5	666
모니터링 요원		10,142	710	196	8,898

※ 해당일 기준 자가격리자= 전일 기준 자가격리자 + 신규 인원 − 해제 인원

| 대화 |

갑: 감염병 확산에 대응하기 위한 회의를 시작합시다. 오늘은 대전, 세종, 충북, 충남의 4월 4일 기준 자가격리자 및 모니터링 요원 현황을 보기로 했는데, 각 지자체의 상황이 어떤가요?

을: 4개 지자체 중 세종을 제외한 3개 지자체에서 4월 4일 기준 자가격리자가 전일 기준 자가격리자보다 늘어났습니다.

갑: 모니터링 요원의 업무 부담과 관련된 통계 자료도 있나요?

을: 4월 4일 기준으로 대전, 세종, 충북은 모니터링 요원 대비 자가격리자의 비율이 1.8 이상입니다.

갑: 지자체에 모니터링 요원을 추가로 배치해야 할 것 같습니다. 자가격리자 중 외국인이 차지하는 비중이 4개 지자체 가운데 대전이 가장 높으니, 외국어 구사가 가능한 모니터링 요원을 대전에 우선 배치하는 방향으로 검토해 봅시다.

	C	D
①	충북	충남
②	충북	대전
③	충남	충북
④	세종	대전
⑤	대전	충북

ⅰ) B의 해제 인원이 신규 인원보다 많기 때문에 B는 세종이다.

ⅱ) 충남의 모니터링 요원 대비 자가격리자의 비율 <1.8

$$\frac{9,778+7,796}{10,142} ≒ 1.7(명)$$이므로 A는 '충남'이다.

ⅲ) C와 D의 모니터링 요원 대비 자가격리자의 비율

$$C = \frac{1,147+141}{196} ≥ 1.8$$

$$D = \frac{9,263+7,626}{8,898} = \frac{8,898+263+102+7,626}{8,898}$$

$$= 1 + \frac{7,991}{8,898} ≥ 1.8$$

ⅳ) 자가격리자 중 외국인이 차지하는 비중

$$C = \frac{141}{1,147+141}, \quad D = \frac{7,626}{9,263+7,626}$$

$$0.12\left(\frac{141}{1,147}\right) < 0.82\left(\frac{7,626}{9,263}\right)$$

$$∴ \ D = 대전$$

따라서, C는 '충북', D는 '대전'이다.

THEME 05 수리계산형 Ⅱ (금액 산정)

본문 p.36~37

| 조건제시형 | 금액 산정

01 다음 글과 〈지원대상 후보 현황〉을 근거로 판단할 때, 기업 F가 받는 지원금은?

□□부는 2021년도 중소기업 광고비 지원사업 예산 6억 원을 기업에 지원하려 하며, 지원대상 선정 및 지원금 산정 방법은 다음과 같다.

- 2020년도 총매출이 500억 원 미만인 기업만 지원하며, 우선 지원대상 사업분야는 백신, 비대면, 인공지능이다.
- 우선 지원대상 사업분야 내 또는 우선 지원대상이 아닌 사업분야 내에서는 '소요 광고비 × 2020년도 총매출'이 작은 기업부터 먼저 선정한다.
- 지원금 상한액은 1억 2,000만 원이나, 해당 기업의 2020년도 총매출이 100억 원 이하인 경우 상한액의 2배까지 지원할 수 있다. 단, 지원금은 소요 광고비의 2분의 1을 초과할 수 없다.
- 위의 지원금 산정 방법에 따라 예산 범위 내에서 지급 가능한 최대 금액을 예산이 소진될 때까지 지원대상 기업에 순차로 배정한다.

〈지원대상 후보 현황〉

기업	2020년도 총매출(억 원)	소요 광고비 (억 원)	사업분야
A	600	1	백신
B	500	2	비대면
C	400	3	농산물
D	300	4	인공지능
E	200	5	비대면
F	100	6	의류
G	30	4	백신

① 없음 ② 8,000만 원
③ 1억 2,000만 원 ④ 1억 6,000만 원
⑤ 2억 4,000만 원

정답 ④

해설

ⅰ) 총 매출액이 500억 원 이상인 A, B 기업은 대상에서 제외된다.

ⅱ) G(120억) → E(1,000억) → D(1,200억) → F(600억) → C(1,200억)

　　　　우선 지원대상　　　　　　　　　　　지원대상

ⅲ) 기업이 받을 수 있는 지원금

G	E	D	F
2억 원	1.2억 원	1.2억 원	1.6억 원

F는 2.4억 원까지 받을 수 있지만 G, E, D 지원 후 남은 예산이 1.6억 원이므로 F가 받을 수 있는 지원금은 1.6억 원이다.

따라서 기업 F가 받는 지원금은 '1억 6,000만 원'이다.

02 다음 〈A기관 특허대리인 보수 지급 기준〉과 〈상황〉을 근거로 판단할 때, 甲과 乙이 지급받는 보수의 차이는?

┤ A기관 특허대리인 보수 지급 기준 ├

- A기관은 특허출원을 특허대리인(이하 '대리인')에게 의뢰하고, 이에 따라 특허출원 건을 수임한 대리인에게 보수를 지급한다.
- 보수는 착수금과 사례금의 합이다.
- 착수금은 대리인이 작성한 출원서의 내용에 따라 〈착수금 산정 기준〉의 세부항목을 합산하여 산정한다. 단, 세부항목을 합산한 금액이 140만 원을 초과할 경우 착수금은 140만 원으로 한다.

착수금 산정 기준

세부항목	금액(원)
기본료	1,200,000
독립항 1개 초과분(1개당)	100,000
종속항(1개당)	35,000
명세서 20면 초과분(1면당)	9,000
도면(1도당)	15,000

　※ 독립항 1개 또는 명세서 20면 이하는 해당 항목에 대한 착수금을 산정하지 않는다.

- 사례금은 출원한 특허가 '등록결정'된 경우 착수금과 동일한 금액으로 지급하고, '거절결정' 된 경우 0원으로 한다.

┤ 상황 ├

- 특허대리인 甲과 乙은 A기관이 의뢰한 특허출원을 각각 1건씩 수임하였다.
- 甲은 독립항 1개, 종속항 2개, 명세서 14면, 도면 3도로 출원서를 작성하여 특허를 출원하였고, '등록결정'되었다.
- 乙은 독립항 5개, 종속항 16개, 명세서 50면, 도면 12도로 출원서를 작성하여 특허를 출원하였고, '거절결정'되었다.

① 2만 원　　　　　　② 8만 5천 원

③ 123만 원　　　　　④ 129만 5천 원

⑤ 259만 원

정답 ③

해설

갑과 을의 보수를 구하면 아래와 같다.

갑 : 기본료(1,200,000원) + 독립항(0원) + 종속항(70,000원) + 명세서(0원) + 도면(45,000원) = 1,315,000원(착수금)

등록결정 : 1,315,000원(사례금)

∴ 보수 : 2,630,000원

을 : 기본료(1,200,000원) + 독립항(400,000원) + 종속항(560,000원) + 명세서(270,000원) + 도면(180,000원) = 2,610,000원(사례금)

거절결정 : 0원

∴ 보수 : 착수금이 140만 원을 초과하여 140만 원으로 착수금 결정

갑과 을이 지급받는 보수의 차이는

2,630,000 − 1,400,000 = 1,230,000(원)

 **TIP**

을의 경우 착수금 계산 시 독립항까지만 합산하여도 140만 원을 초과하기 때문에 세부항목별 값을 일일이 계산할 필요 없이 140만 원으로 도출하여도 된다. 또한 기본료의 경우 동일하기 때문에 계산할 필요 없이 갑과 을의 차잇값만 구하여도 된다.

03 다음 〈조건〉과 〈표〉는 2018 ~ 2020년 '가'부서 전체 직원 성과급에 관한 자료이다. 이를 근거로 판단할 때, '가'부서 전체 직원의 2020년 기본 연봉의 합은?

── 조건 ──

- 매년 각 직원의 기본 연봉은 변동 없음
- 성과급은 전체 직원에게 각 직원의 성과등급에 따라 매년 1회 지급함
- 성과급 = 기본 연봉 × 지급비율
- 성과등급별 지급비율 및 인원수

구분 \ 성과등급	S	A	B
지급비율	20%	10%	5%
인원수	1명	2명	3명

〈표〉 2018 ~ 2020년 '가'부서 전체 직원 성과급

(단위: 백만 원)

직원 \ 연도	2018	2019	2020
갑	12.0	6.0	3.0
을	5.0	20.0	5.0
병	6.0	3.0	6.0
정	6.0	6.0	12.0
무	4.5	4.5	4.5
기	6.0	6.0	12.0

① 430백만 원 ② 460백만 원

③ 490백만 원 ④ 520백만 원

⑤ 550백만 원

정답 ③

해설

S : A : B = 4 : 2 : 1

'가'부서 전체 직원 성과급 지급비율을 표로 나타내면

직원 \ 연도	2018	2019	2020
갑	4(S)	2(A)	1(B)
을	1(B)	4(S)	1(B)
병	2(A)	1(B)	2(A)
정	1(A)	1(A)	2(S)
무	1(B)	1(B)	1(B)
기	1(B)	1(B)	2(A)

'가'부서 전체 직원 기본 연봉은 아래와 같다.

(단위 : 백만 원)

직원	기본 연봉
갑	$3 \div 0.05 = 60$
을	$5 \div 0.05 = 100$
병	$6 \div 0.1 = 60$
정	$12 \div 0.2 = 60$
무	$4.5 \div 0.05 = 90$
기	$12 \div 0.1 = 120$

'가'부서 전체 직원의 2020년 기본 연봉의 합은

$60 + 100 + 60 + 60 + 90 + 120 = 490$(백만 원)

THEME 06 최대 · 최소

📄 본문 p.38~40

| 조건제시형 | 최대 · 최소

01 다음 글의 ㉠과 ㉡에 해당하는 수를 옳게 짝지은 것은?

> 甲담당관: 우리 부서 전 직원 57명으로 구성되는 혁신조직을 출범시켰으면 합니다.
>
> 乙주무관: 조직은 어떻게 구성할까요?
>
> 甲담당관: 5 ~ 7명으로 구성된 10개의 소조직을 만들되, 5명, 6명, 7명 소조직이 각각 하나 이상 있었으면 합니다. 단, 각 직원은 하나의 소조직에만 소속되어야 합니다.
>
> 乙주무관: 그렇게 할 경우 5명으로 구성되는 소조직은 최소 (㉠)개, 최대 (㉡)개가 가능합니다.

	㉠	㉡
①	1	5
②	3	5
③	3	6
④	4	6
⑤	4	7

정답 ④

해설

ⅰ) 한 조에 5명을 기준으로 총 50명에서 7명을 더하는 경우
10개의 소조직

①	②	③	④	⑤	⑥	⑦	⑧	⑨	⑩
5	5	5	5	6	6	6	6	6	7
				+1	+1	+1	+1	+1	+2

= 7명

∴ 5명인 소조직은 최소 4개 있어야 한다.

①	②	③	④	⑤	⑥	⑦	⑧	⑨	⑩
5	5	5	5	5	5	6	7	7	7
						+1	+2	+2	+2

= 7명

∴ 5명인 소조직은 최대 6개 있어야 한다.

ⅱ) 한 조에 6명을 기준으로 총 60명에서 3명을 빼는 경우
10개의 소조직

①	②	③	④	⑤	⑥	⑦	⑧	⑨	⑩
6	6	6	6	6	5	5	5	5	7
					−1	−1	−1	−1	+1

= −3명

∴ 5명인 소조직은 최소 4개 있어야 한다.

①	②	③	④	⑤	⑥	⑦	⑧	⑨	⑩
6	5	5	5	5	5	5	7	7	7
	-1	-1	-1	-1	-1	-1	$+1$	$+1$	$+1$

$$= -3명$$

∴ 5명인 소조직은 최대 6개 있어야 한다.

02 다음 글을 근거로 판단할 때, 甲이 통합력에 투입해야 하는 노력의 최솟값은?

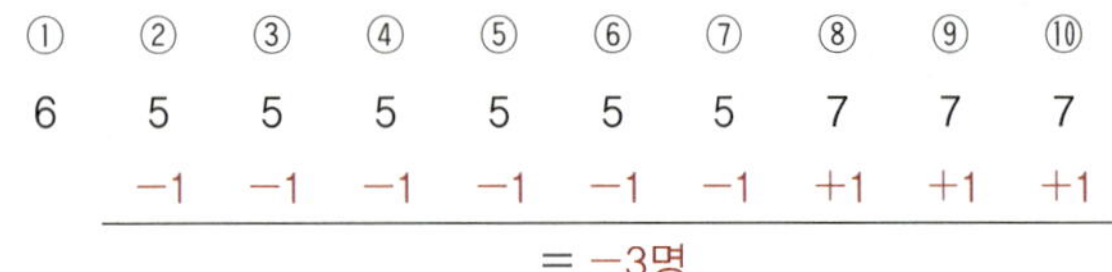

- 업무역량은 기획력, 창의력, 추진력, 통합력의 4가지 부문으로 나뉜다.
- 부문별 업무역량 값을 수식으로 나타내면 다음과 같다.

  > 부문별 업무역량 값 = (해당 업무역량 재능×4) + (해당 업무역량 노력×3)
  > ※ 재능과 노력의 값은 음이 아닌 정수이다.

- 甲의 부문별 업무역량의 재능은 다음과 같다.

기획력	창의력	추진력	통합력
90	100	110	60

- 甲은 통합력의 업무역량 값을 다른 어떤 부문의 값보다 크게 만들고자 한다. 단, 甲이 투입 가능한 노력은 총 100이며 甲은 가능한 노력을 남김없이 투입한다.

① 67
② 68
③ 69
④ 70
⑤ 71

정답 ①

해설

ⅰ)

구분	기획력	창의력	추진력	통합력
재능	90×4	100×4	110×4	60×4
노력	$3 \times (100 - x)$	3×0		$3 \times x$

ⅱ) 추진력: 440, 통합력 240

$440 - 240$

$3 \times x > 200$

$x > 66.7$

따라서 갑이 통합력에 투입해야 하는 노력의 최솟값은 67이다.

03 다음 글과 〈대화〉를 근거로 판단할 때, 丙이 받을 수 있는 최대 성과점수는?

- A과는 과장 1명과 주무관 4명(甲 ~ 丁)으로 구성되어 있으며, 주무관의 직급은 甲이 가장 높고, 乙, 丙, 丁 순으로 낮아진다.
- A과는 프로젝트를 성공적으로 마친 보상으로 성과점수 30점을 부여받았다. 과장은 A과에 부여된 30점을 자신을 제외한 주무관들에게 분배할 계획을 세우고 있다.
- 과장은 주무관들의 요구를 모두 반영하여 성과점수를 분배하려 한다.
- 주무관들이 받는 성과점수는 모두 다른 자연수이다.

| 대화 |

甲 : 과장님이 주시는 대로 받아야죠. 아! 그렇지만 丁보다는 제가 높아야 합니다.

乙 : 이번 프로젝트 성공에는 제가 가장 큰 기여를 했으니, 제가 가장 높은 성과점수를 받아야 합니다.

丙 : 기여도를 고려했을 때, 제 경우에는 상급자보다는 낮게 받고 하급자보다는 높게 받아야 합니다.

丁 : 저는 내년 승진에 필요한 최소 성과점수인 4점만 받겠습니다.

① 6
② 7
③ 8
④ 9
⑤ 10

정답 ②

해설

ⅰ) 병은 갑과 을보다 낮은 점수를 받고 정보다는 높게 받는다.

ⅱ) 을이 가장 높은 점수를 받는다.

→ 을 > 갑 > 병 > 정

ⅲ) 정은 4점을 받는다.

위 조건들로 병이 최대 성과점수를 받기 위해서는 정에게 준 4점을 제외한 26점을 갑, 을, 병에게 고르게 분배하고 을에게 최고 점수를 주면 된다.

→ $26 = 9 + 9 + 8 = \underline{10 + 9 + 7}$

을 갑 병

구성원	점수
갑	9점
을	10점
병	7점
정	4점

따라서 병이 받을 수 있는 최대 성과점수는 7점이다.

04 국회 ○○특별위원회는 의안심사를 위하여 ○○특별위원회소속 위원들로 구성된 2개의 소위원회를 구성하기로 하였다. 다음 〈조건〉을 근거로 판단할 때 2개 소위원회 각각의 정원을 합한 값의 최솟값은?

| 조건 |

〈 ○○특별위원회 위원 구성현황 〉

여/야	당명	위원 수
여당	甲당	9인(위원장 1인, 간사 1인 포함)
야당	乙당	5인(간사 1인 포함)
	丙당	2인(간사 1인 포함)
	丁당	1인(간사 1인 포함)
	무소속	1인
합계		18인

〈 소위원회 구성원칙 〉

ㄱ. 위원장과 각 당 간사는 2개 소위원회에 모두 소속된다.

ㄴ. 각 위원은 적어도 1개 이상의 소위원회에 소속된다.

ㄷ. 각 소위원회는 여야 동수로 구성한다.

① 22
② 24
③ 26
④ 28
⑤ 30

정답 ②

해설

ⅰ) 최댓값 = 36인

ⅱ) 여당과 야당의 위원장과 간사(필수 소속)

여당 : 2인

야당 : 3인

ⅲ) 일반 위원

여당 : 7인 = 4인 + 3인

야당 : 6인 = 3인 + 3인

ⅳ)

	Ⅰ		Ⅱ	
여당	야당	여당	야당
2	3	2	3
4	3	3+1	3
6 =	6	6 =	6

따라서 2개 소위원회 각각의 정원을 합한 값의 최솟값은 24이다.

THEME 07 사례적용

📄 본문 p.41~43

01 다음 글을 근거로 판단할 때, 〈보기〉에서 옳은 것만을 모두 고르면?

소아기 예방접종 프로그램에 포함된 백신(A ~ C)은 지속적인 항체 반응을 위해서 2회 이상 접종이 필요하다.

최소 접종연령(첫 접종의 최소연령) 및 최소 접종간격을 지켰을 때 적절한 예방력이 생기며, 이러한 예방접종을 유효하다고 한다. 다만 최소 접종연령 및 최소 접종간격에서 4일 이내로 앞당겨서 일찍 접종을 한 경우에도 유효한 것으로 본다. 그러나 만약 5일 이상 앞당겨서 일찍 접종했다면 무효로 간주하고 최소 접종연령 및 최소 접종간격에 맞춰 다시 접종하여야 한다.

다음은 각 백신의 최소 접종연령 및 최소 접종간격을 나타낸 표이다.

종류	최소 접종 연령	최소 접종간격			
		1, 2차 사이	2, 3차 사이	3, 4차 사이	4, 5차 사이
백신 A	12개월	12개월	–	–	–
백신 B	6주	4주	4주	6개월	–
백신 C	6주	4주	4주	6개월	6개월

다만 백신 B의 경우 만 4세 이후에 3차 접종을 유효하게 했다면, 4차 접종은 생략한다.

―――――――| 보기 |―――――――

ㄱ. 만 2세가 되기 전에 백신 A의 예방접종을 2회 모두 유효하게 실시할 수 있다.

ㄴ. 생후 45개월에 백신 B를 1차 접종했다면, 4차 접종은 반드시 생략한다.

ㄷ. 생후 40일에 백신 C를 1차 접종했다면, 생후 60일에 한 2차 접종은 유효하다.

① ㄱ   ② ㄴ
③ ㄷ   ④ ㄱ, ㄴ
⑤ ㄱ, ㄷ

정답 ①

해설

ㄱ. 최소 접종연령 및 최소 접종간격에서 4일 이내로 앞당겨서 일찍 접종을 한 경우에도 유효한 것으로 보므로 만 2세가 되기 전에 백신 A의 2회 예방접종이 가능하다. (○)

ㄴ. 45개월에 1차 접종했다면 46개월에 2차, 47개월에 3차를 접종하기 때문에 4차 접종은 생략할 수 없다. (×)

ㄷ. 최소 접종간격에서 4일 이내인 64일로 앞당겨서 일찍 접종하는 것이 가능하나 ㄷ의 경우 60일이므로 유효하지 않다. (×)

02 다음 글과 〈상황〉을 근거로 판단할 때 옳은 것은?

제00조 ① 다음 각 호의 어느 하나에 해당하는 사람은 주민등록지의 시장(특별시장·광역시장은 제외하고 특별자치도지사는 포함한다. 이하 같다)·군수 또는 구청장에게 주민등록번호(이하 '번호'라 한다)의 변경을 신청할 수 있다.

1. 유출된 번호로 인하여 생명·신체에 위해를 입거나 입을 우려가 있다고 인정되는 사람

2. 유출된 번호로 인하여 재산에 피해를 입거나 입을 우려가 있다고 인정되는 사람

3. 성폭력피해자, 성매매피해자, 가정폭력피해자로서 유출된 번호로 인하여 피해를 입거나 입을 우려가 있다고 인정되는 사람

② 제1항의 신청 또는 제5항의 이의신청을 받은 주민등록지의 시장·군수·구청장(이하 '시장 등'이라 한다)은 ○○부의 주민등록번호변경위원회(이하 '변경위원회'라 한다)에 번호변경 여부에 관한 결정을 청구해야 한다.

③ 주민등록지의 시장 등은 변경위원회로부터 번호변경 인용결정을 통보받은 경우에는 신청인의 번호를 다음 각 호의 기준에 따라 지체 없이 변경하고 이를 신청인에게 통지해야 한다.

1. 번호의 앞 6자리(생년월일) 및 뒤 7자리 중 첫째 자리는 변경할 수 없음

2. 제1호 이외의 나머지 6자리는 임의의 숫자로 변경함

④ 제3항의 번호변경 통지를 받은 신청인은 주민등록증, 운전면허증, 여권, 장애인등록증 등에 기재된 번호의 변경을 위해서는 그 번호의 변경을 신청해야 한다.

⑤ 주민등록지의 시장 등은 변경위원회로부터 번호변경 기각결정을 통보받은 경우에는 그 사실을 신청인에게 통지해야 하며, 신청인은 통지를 받은 날부터 30일 이내에 그 시장 등에게 이의신청을 할 수 있다.

―――――――| 상황 |―――――――

甲은 주민등록번호 유출로 인해 재산상 피해를 입게 되자 주민등록번호 변경신청을 하였다. 甲의 주민등록지는 A광역시 B구이고, 주민등록번호는 980101 − 23456□□이다.

① A광역시장이 주민등록번호변경위원회에 甲의 주민등록번호 변경 여부에 관한 결정을 청구해야 한다.
② 주민등록번호변경위원회는 번호변경 인용결정을 하면서 甲의 주민등록번호를 다른 번호로 변경할 수 있다.
③ 주민등록번호변경위원회의 번호변경 인용결정이 있는 경우, 甲의 주민등록번호는 980101−45678□□으로 변경될 수 있다.
④ 甲의 주민등록번호가 변경된 경우, 甲이 운전면허증에 기재된 주민등록번호를 변경하기 위해서는 변경신청을 해야 한다.
⑤ 甲은 번호변경 기각결정을 통지받은 날부터 30일 이내에 주민등록번호변경위원회에 이의신청을 할 수 있다.

정답 ④

해설

① 시장(특별시장·광역시장은 제외하고 특별자치도지사는 포함한다. 이하 같다)·군수 또는 구청장에게 주민등록번호(이하 '번호'라 한다)의 변경을 신청할 수 있다. 광역시장은 제외되므로 옳지 않다. (×)
② 다른 번호로 변경할 수 있는 사람은 주민등록지의 시장 등이다. (×)
③ 주민등록번호의 뒤 7자리 중 첫째 자리는 변경할 수 없다. (×)
⑤ 주민등록변경위원회가 아니고 주민등록지의 시장 등에게 이의신청을 할 수 있다. (×)

---

03 윗글을 근거로 판단할 때, 〈보기〉에서 옳은 것만을 모두 고르면?

○○프로그램에서 하나의 명령문은 cards, input 등의 '중심어'로 시작하고 반드시 세미콜론(;)으로 끝난다. 중심어에는 명령문의 지시 내용이 담겨있는데, cards는 그 다음 줄부터 input 명령문에서 이용할 일종의 자료집합인 레코드(record)가 한 줄씩 나타남을 의미한다. 〈프로그램 1〉에서 레코드는 '701102'와 '720508'이다.

input은 레코드를 이용하여 변수에 수를 저장하는 것을 의미한다. 첫 번째 input은 첫 번째 레코드를 이용하여 명령을 수행하고, 그 다음부터의 input은 차례대로 그 다음 레코드를 이용한다. 예를 들어 〈프로그램 1〉에서 첫 번째 input 명령문의 변수 a에는 첫 번째 레코드 '701102'의 1 ~ 3번째 위치에 있는 수인 '701'을 저장하고, 변수 b에는 같은 레코드의 5 ~ 6번째 위치에 있는 수인 '02'에서 앞의 '0'을 빼고 '2'를 저장한다. 두 번째 input 명령문의 변수 c에는 두 번째 레코드 '720508'의 1 ~ 2번째 위치에 있는 수인 '72'를 저장한다. 〈프로그램 2〉와 같이 만약 input 명령문이 하나이고 여러 개의 레코드가 있을 경우 모든 레코드를 차례대로 이용한다. 한편 input 명령문이 다수인 경우, 어느 한 input 명령문에 @가 있으면 바로 다음 input 명령문은 @가 있는 input 명령문과 같은 레코드를 이용한다. 이후 input 명령문부터는 차례대로 그 다음 레코드를 이용한다.

print는 input 명령문에서 변수에 저장한 수를 결과로 출력하라는 의미이다. 다음은 각 프로그램에서 변수 a, b, c에 저장한 수를 출력한 〈결과〉이다.

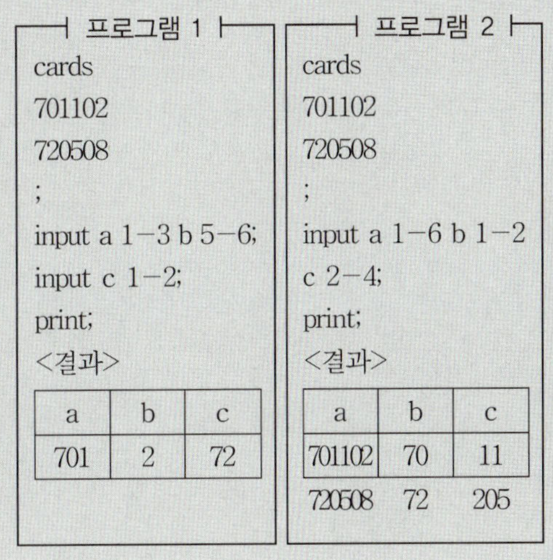

┤ 프로그램 1 ├

```
cards
701102
720508
;
input a 1−3 b 5−6;
input c 1−2;
print;
```

〈결과〉

a	b	c
701	2	72

┤ 프로그램 2 ├

```
cards
701102
720508
;
input a 1−6 b 1−2
c 2−4;
print;
```

〈결과〉

a	b	c
701102	70	11
720508	72	205

┌─────── 보기 ───────┐
ㄱ. input 명령문은 레코드에서 위치를 지정하여 변수에 수를 저장할 수 있다.
ㄴ. 두 개의 input 명령문은 같은 레코드를 이용하여 변수에 수를 저장할 수 없다.
ㄷ. 하나의 input 명령문이 다수의 레코드를 이용하여 변수에 수를 저장할 수 있다.
└────────────────────┘

① ㄴ ② ㄷ
③ ㄱ, ㄴ ④ ㄱ, ㄷ
⑤ ㄱ, ㄴ, ㄷ

정답 ④

해설

ㄱ. input은 레코드를 이용히여 변수에 수를 저장하는 것을 의미한다.
예 701102, 720508 (○)
ㄴ. input 명령문이 다수인 경우, 어느 한 input 명령문에 @가 있으면 바로 다음 input 명령문은 @가 있는 input 명령문과 같은 레코드를 이용할 수 있다. (×)
ㄷ. 〈프로그램 2〉를 보면 알 수 있다. (○)

THEME 08 최적안 선정

본문 p.44~45

|규정·규칙형| 최적안 선정

01 다음 글과 〈상황〉을 근거로 할 때, 각 기업들이 납부해야 할 과징금이 큰 순서대로 나열한 것은?

A국은 기업들이 부당한 공동행위를 하는 경우 매출액의 10%에 해당하는 과징금을 부과한다. 그러나 기업들이 자신의 위법행위에 대해 자진신고를 하는 경우, 아래 법조항에 따라 과징금을 면제 또는 감경해 준다. 한편 기업들 사이의 가격에 관한 담합행위는 법에서 정한 '부당한 공동행위'에 해당한다.

제00조 ① 자진신고한 자에 대한 과징금의 면제 또는 감경에 대한 기준은 다음 각 호와 같다.
 1. 경쟁규제 당국이 조사를 시작하기 전에 자진신고한 자로서 다음 각 목의 모두에 해당하는 경우에는 과징금을 면제한다.
  가. 부당한 공동행위임을 입증하는데 필요한 증거를 단독으로 제공한 최초의 자일 것
  나. 경쟁규제 당국이 부당한 공동행위에 대한 정보를 입수하지 못하였거나 부당한 공동행위임을 입증하는데 필요한 증거를 충분히 확보하지 못한 상태에서 자진신고하였을 것
  다. 그 부당한 공동행위를 중단하였을 것
 2. 경쟁규제 당국이 조사를 시작하기 전에 자진신고한 자로서 다음 각 목의 모두에 해당하는 경우에는 과징금의 100분의 50을 감경한다.
  가. 부당한 공동행위임을 입증하는데 필요한 증거를 단독으로 제공한 두 번째의 자일 것
  나. 제1호 다목에 해당할 것
 3. 제1호 내지 제2호에 해당하는 자라도 다른 사업자에게 그 의사에 반하여 해당 부당한 공동행위에 참여하도록 강요하거나 이를 중단하지 못하도록 강요한 사실이 있는 경우에는 과징금을 면제 또는 감경하지 아니한다.
② 제1항의 "부당한 공동행위를 입증하는데 필요한 증거를 단독으로 제공한 최초의 자(또는 두 번째의 자)"인지 여부를 판단함에 있어 증거제공의 순서는 자진신고한 시점에 의해 판단한다.
③ 자진신고한 자가 2인 이상인 경우 그 중 일부의 자가 제1항의 규정에 의하여 면제 또는 감경이 인정되지 않을 경우 그 다음 신고자가 이전 신고자의 신고 순서를 승계한다.

┤ 상황 ├

A국에서 甲, 乙, 丙, 丁, 戊 5개 기업은 X제품의 가격을 인상하기로 담합하였다. 甲은 경쟁규제 당국이 이에 대한 조사를 실시할 수도 있다는 소식을 듣고 2013년 1월 3일에 경쟁규제 당국에 자진신고를 했다. 乙 역시 경쟁규제 당국의 동태가 심상치 않아서 2013년 1월 4일에 자진신고를 했고, 丙은 2013년 1월 7일에 자진신고하였다. 丁은 뒤늦게 경쟁기업들의 자진신고 사실을 알고 2013년 1월 9일에 자진신고를 하였다. 한편 甲으로부터 담합행위에 참여할 것을 강요당한 戊는 자신이 면책될 것으로 믿고 자진신고를 하지 않았다. 甲 ~ 丁은 경쟁규제 당국이 담합행위 적발에 필요한 증거를 확보하지 못한 상태에서 각각 자진신고 및 담합을 입증하는데 필요한 증거를 제출하였다. 丙과 戊를 제외하고는 담합행위를 중단하였다.

각 기업 매출액 현황

(단위 : 억 원)

기업	甲	乙	丙	丁	戊
매출액	2,000	3,000	700	1,500	900

① 甲 > 戊 > 丙 > 丁 > 乙
② 甲 > 戊 > 丁 > 丙 > 乙
③ 甲 > 丁 > 戊 > 丙 > 乙
④ 丁 > 乙 > 戊 > 丙 > 甲
⑤ 丁 > 戊 > 丙 > 乙 > 甲

정답 ②

해설

(단위 : 억 원)

기업	甲	乙	丙	丁	戊
매출액	2,000	3,000	700	1,500	900
과징금	200	0	70	75	90

甲 : 자진신고를 하였지만 戊에게 담합을 강요하였으므로 과징금을 면제 또는 감경받지 못한다.

乙 : 甲의 면제 또는 감경이 인정되지 않으므로 乙이 첫 번째 신고자가 되어 과징금을 면제받는다.

丙 : 자진신고를 하였지만 담합행위를 중단하지 않았으므로 과징금을 면제 또는 감경받지 못한다.

丁 : 丙의 면제 또는 감경이 인정되지 않으므로 丁이 두 번째 신고자가 되어 과징금의 절반을 감경받는다.

戊 : 자진신고를 하지 않고 담합행위를 중단하지 않았으므로 과징금을 면제 또는 감경받지 못한다.

∴ 甲 > 戊 > 丁 > 丙 > 乙

02 다음 글을 근거로 판단할 때 옳은 것은?

○○국 의회의 의원 정수는 40명이다. 현재는 4개의 선거구(A ~ D)로 이루어져 있고 각 선거구에서 10명씩 의원을 선출한다. 정당은 각 선거구별로 정당별 득표율에 따라 의석을 배분받는다. 각 선거구에서 정당별 의석수는 정당별 득표율에 그 선거구의 총 의석수를 곱한 수에서 소수점 이하를 제외한 정수만큼 의석을 각 정당에 배분하고, 잔여 의석은 소수점 이하가 큰 순서대로 1석씩 차례로 배분한다. 그런데 유권자 1표의 가치 차이를 조정하기 위해 선거 제도를 개편할 필요성이 제기되었고, X안이 논의 중이다.

X안은 현재의 4개 선거구를 2개의 선거구로 통합하되, 이 경우 두 선거구 유권자수가 1 : 1이 되도록 A, C선거구와 B, D선거구를 각각 통합한다. 이때 통합된 A·C선거구와 B·D선거구의 의석수는 각각 20석이다. 선거구별 정당 의석 배분 방식은 현행제도와 동일하다. 다음은 ○○국에서 최근 실시된 의원 선거의 각 선거구별 유권자수와 정당 득표수이다.

선거구별 유권자수

(단위 : 천 명)

선거구	A	B	C	D	합계
유권자수	200	400	300	100	1,000

선거구별 정당 득표수

(단위 : 천 표)

정당 \ 선거구	A	B	C	D
甲	80	120	150	40
乙	60	160	60	40
丙	40	40	90	10
丁	20	80	0	10
합계	200	400	300	100

※ 특정 선거구 '유권자 1표의 가치'는 해당 선거구 의원 의석수를 해당 선거구 유권자수로 나눈 값임

① 최근 실시된 의원 선거에서 유권자 1표의 가치가 가장 큰 곳은 B선거구이다.
② 최근 실시된 의원 선거의 결과에 X안을 적용할 경우, 丁정당의 의석수는 현행제도보다 늘어난다.
③ 최근 실시된 의원 선거의 결과에 X안을 적용할 경우, 甲정당의 의석수는 현행제도와 차이가 없다.
④ 최근 실시된 의원 선거의 결과에 X안을 적용할 경우, A선거구 유권자 1표의 가치가 현행제도보다 커진다.
⑤ 최근 실시된 의원 선거의 결과에 X안을 적용할 경우, 乙정당과 丙정당은 의석수에 있어서 현행제도가 X안보다 유리하다.

정답 ②

해설

득표율에 따른 의석수

정당 \ 선거구	A	B	C	D
甲	4	3	5	4
乙	3	4	2	4
丙	2	1	3	1
丁	1	2	0	1
합계	10	10	10	10

X안 〈득표율에 따른 의석수〉

정당 \ 선거구	A+C	B+D
甲	9 (9.2석)	6 (6.4석)
乙	4+1 (4.8석)	8
丙	5 (5.2석)	2
丁	0+1 (0.8석)	3+1 (3.6석)
합계	20	20

① B선거구 유권자 1표의 가치는 20 ÷ 400＝0.05로 가장 작다. (×)
② 丁정당의 의석수는 현행제도보다 1석 늘어난다. (○)
③ 16석에서 15석으로 의석수가 줄어든다. (×)
④ $\dfrac{10}{200} > \dfrac{20}{500}$ (×)
⑤ 乙정당과 丙정당은 의석수에 있어서 현행제도와 X안이 같다. (×)

| 보고서 | 표·그래프

01 다음 〈표〉와 〈보고서〉는 2019년 전국 안전체험관과 생활안전에 관한 자료이다. 제시된 〈표〉 이외에 〈보고서〉를 작성하기 위해 추가로 이용한 자료만을 〈보기〉에서 모두 고르면?

〈표〉 2019년 전국 안전체험관 규모별 현황

(단위: 개소)

전체	대형		중형		소형
	일반	특성화	일반	특성화	
473	25	7	5	2	434

┤ 보고서 ├

2019년 생활안전 통계에 따르면 전국 473개소의 안전체험관이 운영 중인 것으로 확인되었다. 전국 안전체험관을 규모별로 살펴보면, 대형이 32개소, 중형이 7개소, 소형이 434개소였다. 이 중 대형 안전체험관은 서울이 가장 많고 경북, 충남이 그 뒤를 이었다.

전국 안전사고 사망자 수는 2015년 이후 매년 감소하다가 2018년에는 증가하였다. 교통사고 사망자 수는 2015년 이후 매년 줄어들었고, 특히 2018년에 전년 대비 11.2% 감소하였다.

2019년 분야별 지역안전지수 1등급 지역을 살펴보면 교통사고 분야는 서울, 경기, 화재 분야는 광주, 생활안전 분야는 경기, 부산으로 나타났다.

┤ 보기 ├

ㄱ. 연도별 전국 교통사고 사망자 수

(단위: 명)

연도	2015	2016	2017	2018
사망자 수	4,380	4,019	3,973	3,529

ㄴ. 분야별 지역안전지수 4년 연속(2015 ~ 2018년) 1등급, 5등급 지역(시·도)

등급 \ 분야	교통사고	화재	범죄	생활안전	자살
1등급	서울, 경기	−	세종	경기	경기
5등급	전남	세종	제주	제주	부산

ㄷ. 연도별 전국 안전사고 사망자 수

(단위: 명)

연도	2015	2016	2017	2018
사망자 수	31,582	30,944	29,545	31,111

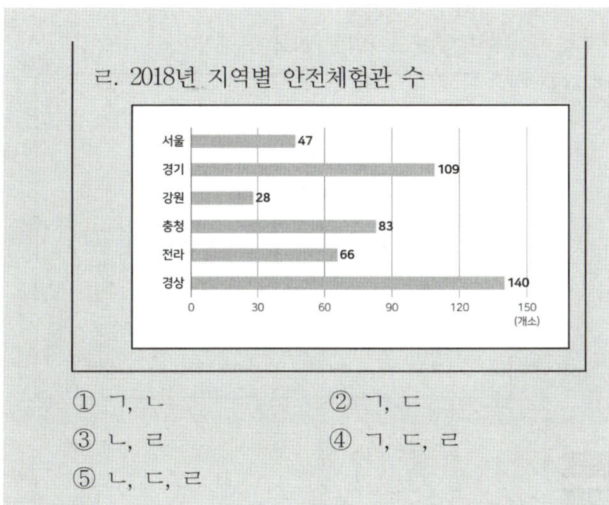

① ㄱ, ㄴ ② ㄱ, ㄷ
③ ㄴ, ㄹ ④ ㄱ, ㄷ, ㄹ
⑤ ㄴ, ㄷ, ㄹ

정답 ②

해설

ㄱ. 3,973 → 3,529로 444명 감소했다. 3,973의 11%는 437.03으로 교통사고 사망자 수는 2018년에 전년 대비 11.2% 감소하였다. (○)
ㄴ. 2019년 분야별 지역안전지수에 대한 내용이 없다. (×)
ㄷ. 전국 안전사고 사망자 수는 2015년 이후 매년 감소하다 2018년에는 증가하였다. (○)
ㄹ. 보고서에는 2019년 생활안전 통계와 전국 안전체험과의 규모에 대한 내용을 서술하고 있다. (×)

---

02 다음은 국내 광고산업에 관한 문화체육관광부의 보도자료이다. 이에 부합하지 않는 자료는?

🏛 문화체육관광부	**보도자료**	사람이 있는 문화
보도일시	배포 즉시 보도해 주시기 바랍니다.	

배포일시	2020. 2. XX.	담당부서	☐☐☐☐국
담당과장	○○○ (044-203-○○○○)	담당자	사무관 △△△ (044-203-○○○○)

2018년 국내 광고산업 성장세 지속

- 문화체육관광부는 국내 광고사업체의 현황과 동향을 조사한 '2019년 광고산업조사(2018년 기준)' 결과를 발표했다.
- 이번 조사 결과에 따르면 2018년 기준 광고산업 규모는 17조 2,119억 원(광고사업체 취급액[*] 기준)으로, 전년 대비 4.5% 이상 증가했고, 광고사업체당 취급액 역시 증가했다.
  - [*] 광고사업체 취급액은 광고주가 매체(방송국, 신문사 등)와 매체 외 서비스에 지불하는 비용 전체(수수료 포함)임
  - 업종별로 살펴보면 광고대행업이 6조 6,239억 원으로 전체 취급액의 38% 이상을 차지했으나, 취급액의 전년 대비 증가율은 온라인광고대행업이 16% 이상으로 가장 높다.
- 2018년 기준 광고사업체의 매체 광고비[*] 규모는 11조 362억 원(64.1%), 매체 외 서비스 취급액은 6조 1,757억 원(35.9%)으로 조사됐다.
  - [*] 매체 광고비는 방송매체, 인터넷매체, 옥외광고매체, 인쇄매체 취급액의 합임
  - 매체 광고비 중 방송매체 취급액은 4조 266억 원으로 가장 큰 비중을 차지하고 있으며, 그 다음으로 인터넷매체, 옥외광고매체, 인쇄매체 순으로 나타났다.
  - 인터넷매체 취급액은 3조 8,804억 원으로 전년 대비 6% 이상 증가했다. 특히, 모바일 취급액은 전년 대비 20% 이상 증가하여 인터넷 광고시장의 성장세를 이끌었다.
  - 한편, 간접광고(PPL) 취급액은 전년 대비 14% 이상 증가하여 1,270억 원으로 나타났으며, 그 중 지상파TV와 케이블TV 간 비중의 격차는 5%p 이하로 조사됐다.

① 광고사업체 취급액 현황(2018년 기준)

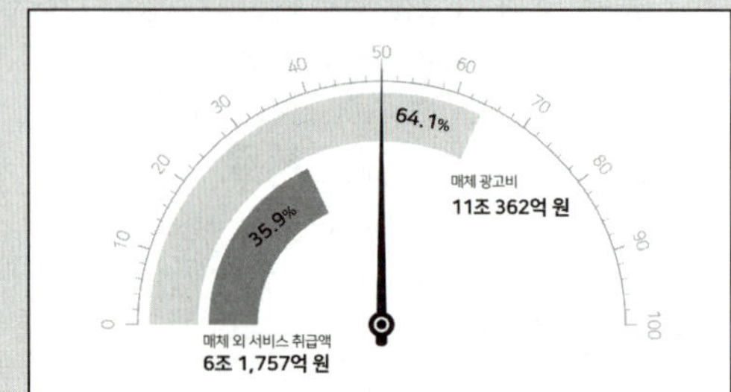

② 인터넷매체(PC, 모바일) 취급액 현황

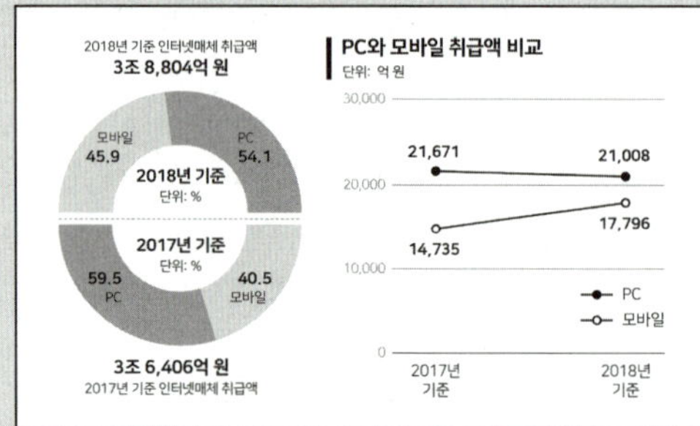

③ 간접광고(PPL) 취급액 현황

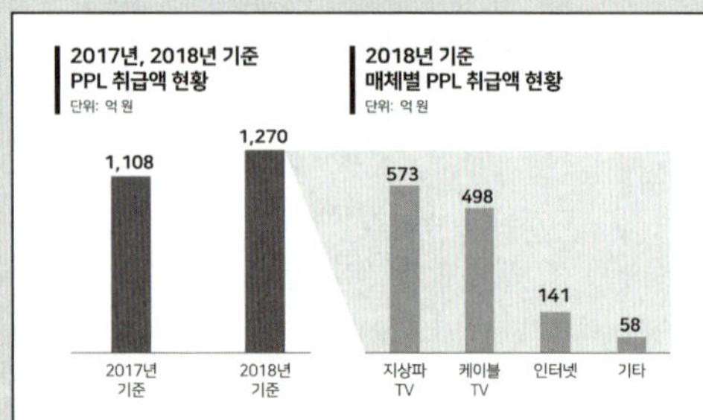

④ 업종별 광고사업체 취급액 현황

(단위 : 개소, 억 원)

구분 업종	2018년 조사(2017년 기준)		2019년 조사(2018년 기준)	
	사업체 수	취급액	사업체 수	취급액
전체	7,234	164,133	7,256	172,119
광고대행업	1,910	64,050	1,887	66,239
광고제작업	1,374	20,102	1,388	20,434
광고전문서비스업	1,558	31,535	1,553	33,267
인쇄업	921	7,374	921	8,057
온라인광고대행업	780	27,335	900	31,953
옥외광고업	691	13,737	607	12,169

⑤ 매체별 광고사업체 취급액 현황(2018년 기준)

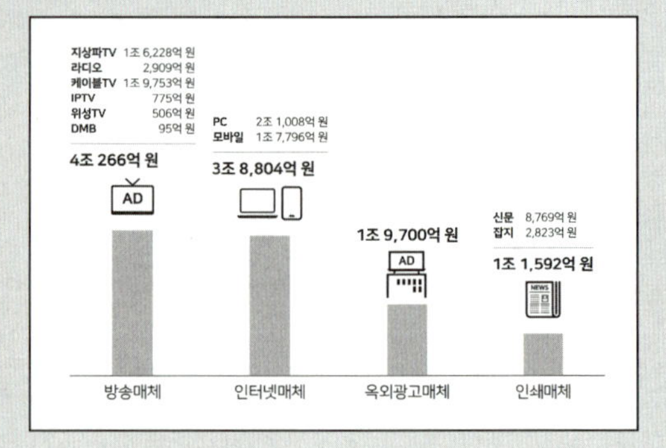

정답 ③

해설

① 2018년 기준 광고사업체의 매체 광고비 규모는 11조 362억 원(64.1%), 매체 외 서비스 취급액은 6조 1,757억 원(35.9%)으로 조사됐다.

→ 단순 확인 선택지 (○)

② 인터넷매체 취급액은 3조 8,804억 원으로 전년 대비 6% 이상 증가했다. 특히, 모바일 취급액은 전년 대비 20% 이상 증가하여 인터넷 광고시장의 성장세를 이끌었다.

ⅰ) 3조 6,406억 원 → 3조 8,804억 원

364 → 388

364의 6% = 21.84

364 + 21.84 = 385.84

385.84 < 388

따라서 인터넷매체 취급액은 3조 8,804억 원으로 전년 대비 6% 이상 증가했다.

ⅱ) 14,735억 원 → 17,796억 원

147 → 177

147의 20% ≒ 30

17,735억 원 < 17,796억 원

따라서 모바일 취급액은 전년 대비 20% 이상 증가했다. (○)

③ 간접광고(PPL) 취급액은 전년 대비 14% 이상 증가하여 1,270억 원으로 나타났으며, 그중 지상파TV와 케이블TV 간 비중의 격차는 5%p 이하로 조사됐다.

ⅰ) 1,108억 → 1,270억 원

1108의 14% = 155.12

1,263.12억 < 1,270억 원

따라서 간접광고(PPL) 취급액은 전년 대비 14% 이상 증가했다.

ⅱ) $\frac{75}{1270} \leq 5\%$

$\frac{75}{1270} \times 100 ≒ 5.9(\%)$

따라서 지상파TV와 케이블TV 간 비중의 격차는 5%p 이상이다. (×)

④ 2018년 기준 광고산업 규모는 17조 2,119억 원(광고사업체 취급액 기준)으로, 전년 대비 4.5% 이상 증가했고, 광고사업체당 취급액 역시 증가했다.

업종별로 살펴보면 광고대행업이 6조 6,239억 원으로 전체 취급액의 38% 이상을 차지했으나, 취급액의 전년 대비 증가율은 온라인광고대행업이 16% 이상으로 가장 높다.

ⅰ) 164,133억 원 → 172,119억 원

164 → 172

164의 4.5% = 7.38

164 + 7.38 = 171.38

171.38 < 172

따라서 2018년 기준 광고산업 규모는 전년 대비 4.5% 이상 증가했다.

ii) $\dfrac{164,133억\ 원}{7,234억\ 원} \rightarrow \dfrac{172,119억\ 원}{7,256억\ 원}$

$\dfrac{164}{72} < \dfrac{172}{72}$

따라서 광고사업체당 취급액은 전년 대비 증가했다.

iii) $\dfrac{66,239억\ 원}{172,119억\ 원} \geq 38\%$

$\dfrac{66}{172} \geq 38\% \qquad \dfrac{66}{172} = \dfrac{38+28}{100+72}$

$\dfrac{28}{72} > 38\%$

따라서 광고대행업이 6조 6,239억 원으로 전체 취급액의 38% 이상을 차지했다.

iv) 27,335억 원 → 31,953억 원

273 → 319

273의 16% = 43.68

273 + 43.68 = 316.68

316.68 < 319

따라서 취급액의 전년 대비 증가율은 온라인광고대행업이 16% 이상으로 가장 높다. (○)

⑤ 매체 광고비 중 방송매체 취급액은 4조 266억 원으로 가장 큰 비중을 차지하고 있으며, 그 다음으로 인터넷매체, 옥외광고매체, 인쇄매체 순으로 나타났다.

→ 단순 확인 선택지 (○)

---

03 다음 〈표〉는 2017년과 2018년 '갑'국에 운항하는 항공사의 운송실적 및 피해구제 현황에 관한 자료이다. 〈표〉를 이용하여 작성한 그래프로 옳지 않은 것은?

〈표 1〉 2017년과 2018년 국적항공사의 노선별 운송실적

(단위: 천 명)

국적항공사	노선 / 연도	국내선 2017	국내선 2018	국제선 2017	국제선 2018
대형 항공사	태양항공	7,989	6,957	18,925	20,052
	무지개항공	5,991	6,129	13,344	13,727
저비용 항공사	알파항공	4,106	4,457	3,004	3,610
	에어세종	0	0	821	1,717
	청렴항공	3,006	3,033	2,515	2,871
	독도항공	4,642	4,676	5,825	7,266
	참에어	3,738	3,475	4,859	5,415
	동해항공	2,935	2,873	3,278	4,128
합계		32,407	31,600	52,571	58,786

〈표 2〉 2017년 피해유형별 항공사의 피해구제 접수 건수 비율

(단위: %)

항공사 \ 피해유형	취소 환불 위약금	지연 결항	정보 제공 미흡	수하물 지연 파손	초과 판매	기타	합계
국적항공사	57.14	22.76	5.32	6.81	0.33	7.64	100.00
외국적 항공사	49.06	27.77	6.89	6.68	1.88	7.72	100.00

〈표 3〉 2018년 피해유형별 항공사의 피해구제 접수 건수

(단위: 건)

항공사 \ 피해유형		취소 환불 위약금	지연 결항	정보 제공 미흡	수하물 지연 파손	초과 판매	기타	합계	전년 대비 증가
대형 항공사	태양항공	31	96	0	7	0	19	153	13
	무지개항공	20	66	0	5	0	15	106	−2
저비용 항공사	알파항공	9	9	0	1	0	4	23	−6
	에어세종	19	10	2	1	0	12	44	7
	청렴항공	12	33	3	4	0	5	57	16
	독도항공	34	25	3	9	0	27	98	−35
	참에어	33	38	0	6	0	8	85	34
	동해항공	19	32	1	10	0	10	72	9
국적항공사		177	309	9	43	0	100	638	36
외국적항공사		161	201	11	35	0	78	486	7

① 2017년 피해유형별 외국적항공사의 피해구제 접수 건수 대비 국적항공사의 피해구제 접수 건수 비

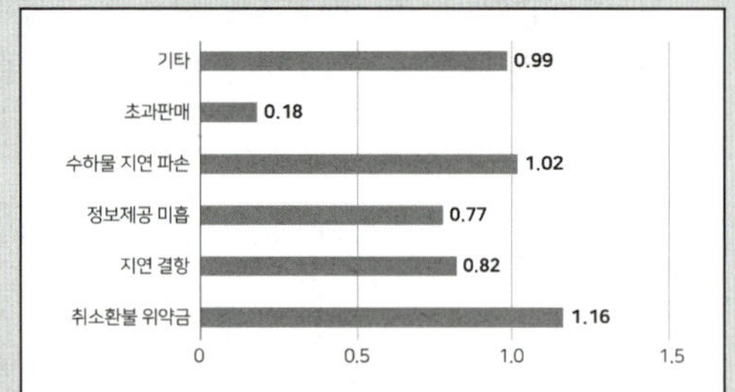

② 2017년 국적항공사별 피해구제 접수 건수 비중

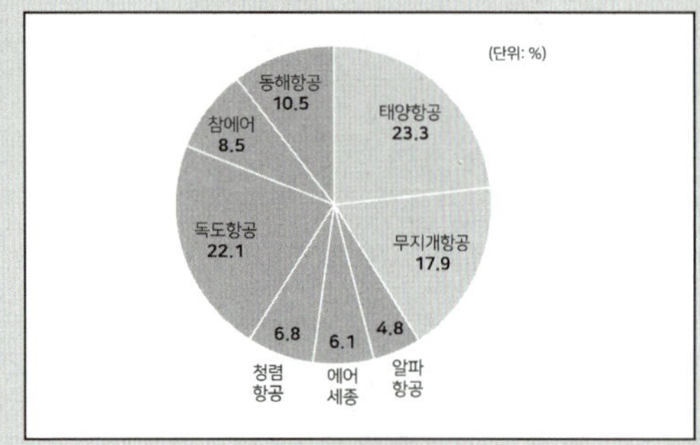

③ 2017년 피해유형별 국적항공사의 피해구제 접수 건수

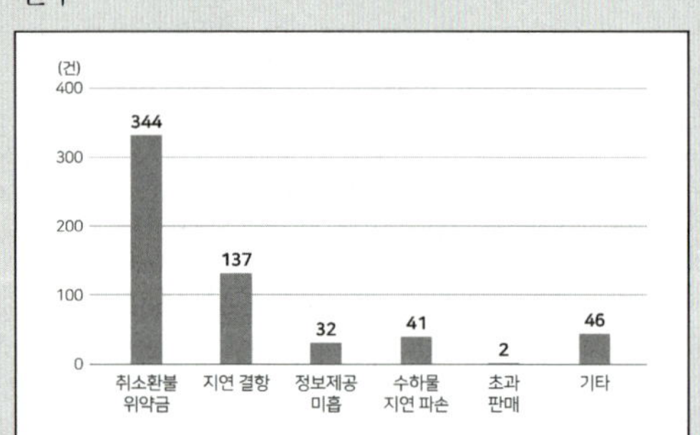

④ 2017년 대비 2018년 저비용 국적항공사의 전체 노선 운송실적 증가율

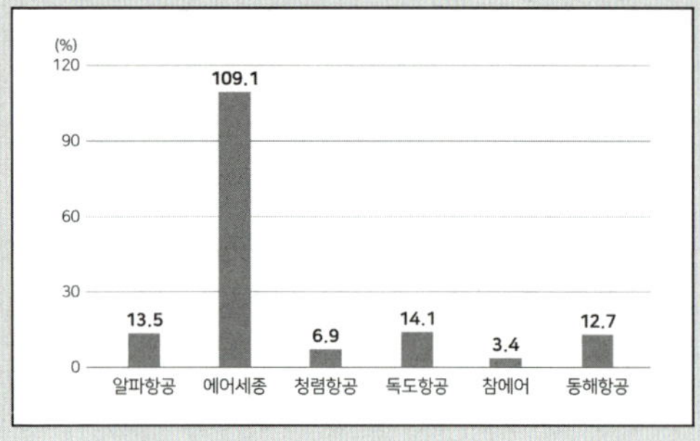

⑤ 대형 국적항공사의 전체 노선 운송실적 대비 피해구제 접수 건수 비

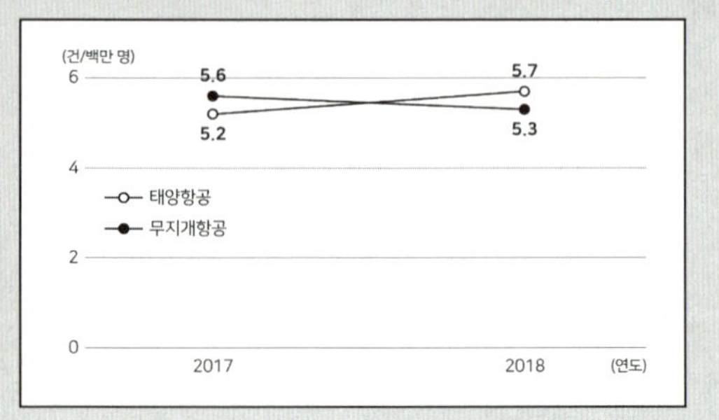

정답 ①

해설

표·그래프 변환 문제는 제시된 〈표〉를 복수로 이용하여 새로운 데이터를 도출한 뒤, 그 데이터가 선택지 〈그림〉과 일치하는지 비교하려면 너무 많은 계산력을 요구하여 실전에서 패스하거나 오래 걸리는 누를 범하게 된다. 이 문제에서 요구하는 "건수 비"와 "%의 비"를 실수하도록 유도한 문제이며, 이와 같은 문제는 모든 각각의 피해유형별 데이터를 구하는 것이 아니라, 피해유형 중 하나를 선택하고 그 값이 동일한지 확인하는 계산만 하면 된다. 실전에서 모든 값을 도출하려는 누를 범하지 말자.

①, ③ 〈표 3〉에서 2018년 피해유형별 항공사의 피해구제 접수 건수를 알 수 있고, 전체 접수 건수에서 전년 대비 증가 건수를 빼서 2017년 국적항공사와 외국적항공사의 전체 피해구제 접수 건수를 알 수 있다.

2017년 국적항공사 전체 피해구제 접수 건수 = 638 − 36 = 602건
2017년 외국적항공사 전체 피해구제 접수 건수 = 486 − 7 = 479건
이를 통해 2017년 피해유형별 국적항공사와 외국적항공사의 피해구제 접수 건수 및 외국적항공사의 피해구제 접수 건수 대비 국적항공사의 피해구제 접수 건수 비를 구하면 아래와 같다.

구분	외국적항공사	국적항공사	국적항공사/외국적항공사
기타	479건 × 0.0772 ≒ 37건	602건 × 0.0764 ≒ 46건	$\frac{46}{37}$ ≒ 1.24
초과판매	479건 × 0.033 ≒ 9건	602건 × 0.0188 ≒ 2건	$\frac{8}{9}$ ≒ 0.89
수하물 지연 파손	479건 × 0.0681 ≒ 32건	602건 × 0.0668 ≒ 41건	$\frac{41}{32}$ ≒ 1.30
정보제공 미흡	479건 × 0.0532 ≒ 33건	602건 × 0.0689 ≒ 32건	$\frac{32}{33}$ ≒ 0.97
지연 결항	479건 × 0.2276 ≒ 133건	602건 × 0.2777 ≒ 137건	$\frac{137}{133}$ ≒ 1.03
취소환불 위약금	479건 × 0.5714 ≒ 235건	602건 × 0.4906 ≒ 344건	$\frac{344}{235}$ ≒ 1.46

① 각 접수 건수 비는 그래프와 다르므로 옳지 않다. (×)
③ 2017년 피해유형별 국적항공사의 피해구제 접수 건수가 동일함을 확인할 수 있다. (○)

TIP

보통 "기타"에서 1보다 큰 것을 확인하고 정답을 ①로 도출한 후 다음 문제로 가지만, ① 그래프에서 "취소환불 위약금" 등 모든 피해유형별 값을 도출해야 한다면 시간이 너무 오래 걸린다.
〈표 2〉에서 외국적항공사의 피해구제 접수 건수 비율 대비 국적항공사 피해구제 접수 건수 비율의 비를 구하면, ① 그래프의 값과 동일함을 알 수 있다. 표에서 요구하는 건수 비를 잘못 나타낸 그래프임을 확인할 수 있다.

② 국적항공사별 2017년 접수 건수는 〈표 3〉에서 각 항공사의 2018년 건수에서 '전년 대비 증가(건)'을 빼면 얻을 수 있다.
예를 들면,
태양항공 : 2018년 153건, 전년 대비 +13건 → 2017년 140건
무지개항공 : 2018년 106건, 전년 대비 −2건 → 2017년 108건
이와 같은 방식으로 모든 항공사의 2017년 건수를 구하면 아래 표와 같다. 이후 2017년 국적항공사 전체 피해구제 접수 건수 = 638 − 36 = 602건임을 알고 있기 때문에 각 항공사의 2017년 피해구제 접수 건수 비중을 도출할 수 있다.

항공사		피해유형	2017년 피해구제 접수 건수	2017년 피해구제 접수 건수 비중
국적 항공사	대형 항공사	태양항공	140건	23.3%
		무지개항공	108건	17.9%
	저비용 항공사	알파항공	29건	4.8%
		에어세종	37건	6.1%
		청렴항공	41건	6.8%
		독도항공	133건	22.1%
		참에어	51건	8.5%
		동해항공	63건	10.5%

따라서 그래프는 옳다. (○)

④ 그래프에서 가장 두드러진 에어세종 항공사의 운송실적 증가율만 비교하면 된다.
ⅰ) 에어세종 2017년 운송실적 = 821천 명
ⅱ) 에어세종 2018년 운송실적 = 1,717천 명
　821 × 2 < 1,717
따라서, 에어세종 2017년 대비 2018년 운송실적 증가율은 100%↑ (○)

⑤ ⅰ) 태양항공 2017년 전체 노선 운송실적 = 7,989천 명 + 18,925천 명
ⅱ) 태양항공 2017년 피해구제 접수 건수 = 140건

$$\frac{140건}{7,989천\ 명 + 18,925천\ 명} = \frac{140건}{7,989백만\ 명 + 18,925백만\ 명}$$

$$= \frac{140건}{26,914백만\ 명}$$

26.914 × 5 < 140
따라서, 태양항공 2017년 전체 노선 운송실적 대비 피해구제 접수 건수 비는 5(건/백만 명)↑ (○)

04 다음 〈표〉는 '갑'국 대학 기숙사 수용 및 기숙사비 납부 방식에 관한 자료이다. 이에 대한 〈보고서〉의 설명 중 옳은 것만을 모두 고르면?

〈표 1〉 2019년과 2020년 대학 기숙사 수용 현황

(단위 : 명, %)

대학유형	연도 구분	2020			2019		
		수용가능 인원	재학생 수	수용률	수용가능 인원	재학생 수	수용률
전체(196개교)		354,749	1,583,677	22.4	354,167	1,595,436	22.2
설립 주체	국공립 (40개교)	102,025	381,309	26.8	102,906	385,245	26.7
	사립 (156개교)	( )	1,202,368	21.0	251,261	1,210,191	20.8
소재 지	수도권 (73개교)	122,099	672,055	18.2	119,940	676,479	( )
	비수도권 (123개교)	232,650	911,622	25.5	234,227	918,957	25.5

$$※\ 수용률(\%) = \frac{수용가능\ 인원}{재학생\ 수} \times 100$$

〈표 2〉 2020년 대학 기숙사비 납부 방식 현황

(단위 : 개교)

대학유형	납부 방식 기숙사 유형	카드납부 가능				현금분할납부 가능			
		직영	민자	공공	합계	직영	민자	공공	합계
전체(196개교)		27	20	0	47	43	25	9	77
설립 주체	국공립 (40개교)	20	17	0	37	18	16	0	34
	사립 (156개교)	7	3	0	10	25	9	9	43
소재지	수도권 (73개교)	3	2	0	5	16	8	4	28
	비수도권 (123개교)	24	18	0	42	27	17	5	49

※ 각 대학은 한 가지 유형의 기숙사만 운영함

┤ 보고서 ├

2020년 대학 기숙사 수용률은 22.4%로, 2019년의 22.2%에 비해 증가하였지만 여전히 20%대 초반에 그쳤다. 대학유형별 기숙사 수용률은 사립대학보다는 국공립대학이 높고, 수도권 대학보다는 비수도권 대학이 높았다. 한편, ㉠ 2019년 대비 2020년 대학유형별 기숙사 수용률은 국공립대학보다 사립대학이, 비수도권대학보다 수도권대학이 더 큰 폭으로 증가하였다.

> 2020년 대학 기숙사 수용가능 인원의 변화를 설립주체별로 살펴보면, ⓒ<u>국공립대학은 전년 대비 800명 이상 증가하였으나, 사립대학은 전년 대비 1,400명 이상 감소하였다.</u> 소재지별로 살펴보면 수도권 대학의 기숙사 수용가능 인원은 2019년 119,940명에서 2020년 122,099명으로 2,100명 이상 증가하였으나, 비수도권 대학은 2019년 234,227명에서 2020년 232,650명으로 1,500명 이상 감소하였다.
> 2020년 대학 기숙사비 납부 방식을 살펴보면, ⓒ<u>전체 대학 중 기숙사비 카드납부가 가능한 대학은 37.9%에 불과하였다.</u> 이를 기숙사 유형별로 자세히 보면, ⓔ<u>카드납부가 가능한 공공기숙사는 없었고, 현금분할납부가 가능한 공공기숙사도 사립대학 9개교뿐이었다.</u>

① ㉠
② ㉠, ㉡
③ ㉠, ㉣
④ ㉢, ㉣
⑤ ㉡, ㉢, ㉣

정답 ③

해설

㉠ ⅰ) 국공립대학: 26.7% → 26.8%, 증가율 = 0.1%p
　 사립대학: 20.8% → 21.0%, 증가율 = 0.2%p
　 ∴ 국공립대학 > 사립대학

ⅱ) 비수도권대학: 25.5% → 25.5%, 증가율 = 0%p
　 수도권 대학: (　)% → 18.2%, 증가율 = 0%p ↑

$$\frac{122,099}{672,055} \times 100 = 18.2(\%)$$

$$\frac{119,940}{676,479} \times 100 = 17.7(\%)$$

$$\frac{119,940}{676,479} < \frac{122,099}{672,055} \quad (\bigcirc)$$

㉡ ⅰ) 국공립대학은 전년 대비 800명 이상 감소하였다.
ⅱ) 사립대학은 전년 대비 1,400명 이상 증가하였다.
　 1,202,368 × 0.21 vs 251,261
　 1,202 × 0.21 vs 251
　 1,202의 21% = 252.42 (✕)

㉢ $\dfrac{47}{196} \times 100 ≒ 24(\%)$ (✕)

㉣ ⅰ) 카드납부가 가능한 공공기숙사는 0개
ⅱ) 현금분할납부가 가능한 공공기숙사는 9개 (○)

05 다음 글의 〈표〉에 대한 판단으로 적절한 것만을 〈보기〉에서 모두 고르면?

> 법제처 주무관 갑은 지방자치단체를 대상으로 조례 입안을 지원하고 있다. 갑은 지방자치단체가 조례 입안 지원 신청을 하는 경우, 두 가지 기준에 따라 나누어 신청안들을 정리하고 있다. 해당 조례안의 입법 예고를 완료하였는지 여부를 기준으로 '완료'와 '미완료'로 나누고, 과거에 입안을 지원하였던 조례안 중에 최근에 접수된 조례안과 내용이 유사한 사례가 있는지를 판단하여 유사 사례 '있음'과 '없음'으로 나눈다. 유사 사례가 존재하지 않는 경우에만 갑은 팀장인 을에게 그 접수된 조례안의 주요 내용을 보고해야 한다.
> 최근 접수된 조례안 (가)는 지난 분기에 지원하였던 조례안과 많은 부분 유사한 내용을 담고 있다. 입법 예고는 현재 진행 중이다. 조례안 (나)의 경우는 입법 예고가 완료된 후에 접수되었고, 그 주요 내용이 지난해에 지원한 조례안의 주요 내용과 유사하다. 조례안 (다)는 주요 내용이 기존에 지원하였던 조례안과 유사성이 전혀 없는 새로운 내용을 규정하고 있으며, 입법 예고가 진행되지 않았다.
> 이상의 내용을 다음과 같은 형식으로 나타낼 수 있다.

〈표〉 입안 지원 신청 조례안별 분류

기준＼조례안	(가)	(나)	(다)
A	㉠	㉡	㉢
B	㉣	㉤	㉥

┤ 보기 ├

ㄱ. A에 유사 사례의 유무를 따지는 기준이 들어가면, ㉣과 ㉥이 같다.
ㄴ. B에 따라 을에 대한 갑의 보고 여부가 결정된다면, ㉠과 ㉢은 같다.
ㄷ. ㉣과 ㉤이 같으면, ㉠과 ㉡이 같다.

① ㄱ
② ㄷ
③ ㄱ, ㄴ
④ ㄴ, ㄷ
⑤ ㄱ, ㄴ, ㄷ

정답 ③
해설

기준 ＼ 조례안	(가)	(나)	(다)
입법 예고 완료	×	○	×
유사 사례	○	○	×

ㄱ. ㉣과 ㉯은 (가)와 (다)의 입법 예고 완료 기준에 해당한다. (○)
ㄴ. 유사 사례 유무에 따라 을에 대한 갑의 보고 여부가 결정되므로
㉠과 ㉢은 (가)와 (다)의 입법 예고 완료 기준에 해당한다. (○)
ㄷ. A를 입법 예고 완료 유무로 본다면 다음과 같다.
㉠ : (가)의 입법예고 완료 여부 ×
㉡ : (나)의 입법예고 완료 여부 ○
이므로 같지 않다. (×)

｜ 공정표 ｜

06 다음 〈표〉는 제품 생산에 따른 공정관리를 나타낸 것이다. 이에 대한 설명으로 옳은 것은?

〈표〉 부품 재고수량과 완성품 1개당 소요량

공정활동	선행 공정	시간(분)
A. 부품 선정	없음	3분
B. 절삭 가공	A	2분
C. 연삭 가공	A	4분
D. 연마	B	3분
E. 부품 조립	C, D	5분
F. 제품검사	E	2분
G. 불량	F	1분
H. 제품 포장	F	1분

─┤ 조건 ├─

- 공정 간 부품의 운반시간 등은 무시한다.
- A공정부터 시작하며 공정별로 각각의 작업 담당자가 수행한다.
- 불량이 나오면 부품 조립부터 다시 시작한다 (해체 5분).

─┤ 보기 ├─

ㄱ. 불량이 없다면 1시간 동안 4개를 만들 수 있다.
ㄴ. C공정이 1분 늦어지면 전체 걸리는 시간은 늘어난다.
ㄷ. 불량 없이 첫 제품이 나오기까지 16분이 걸린다.
ㄹ. 불량이 한 번 나면 총 공정시간은 29분이다.

① ㄱ, ㄴ   ② ㄴ, ㄷ
③ ㄷ, ㄹ   ④ ㄱ, ㄴ, ㄹ
⑤ ㄴ, ㄷ, ㄹ

정답 ③
해설

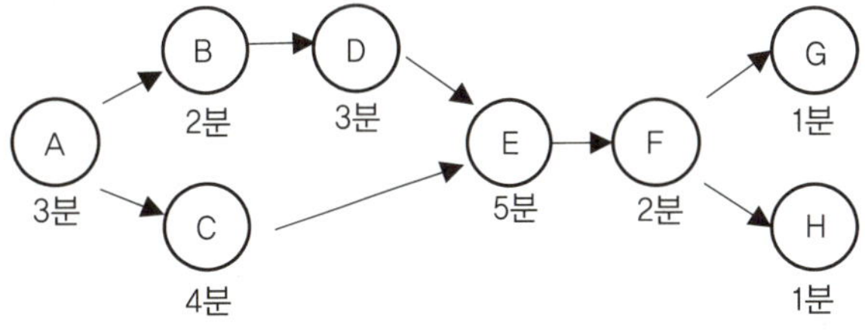

ㄱ. 3분 + (2분 + 3분) + 5분 + 2분+ 1분 = 16분
제품 1개를 생산하는 시간은 16분이 소요된다.
따라서 4개를 생산하는 시간은 1시간 이상이다. (×)
ㄴ. C 공정이 1분 늦어져 5분이 걸려도 B와 D 공정의 합이 5분이기 때문에 전체 시간은 그대로이다. (×)

ㄷ. 불량 없이 첫 제품이 나오기까지 3 ＋ (2 ＋ 3) ＋ 5 ＋ 2 ＋ 1 ＝ 16(분)이 걸린다. (○)

ㄹ. ⅰ) 불량이 나면 부품 조립부터 다시 시작한다. (해체 5분)
ⅱ) 16분 ＋ 5분(해체) ＋ 5분(부품 조립) ＋ 2분(제품 검사) ＋ 1분(제품 포장) ＝ 29분 (○)

07 다음 〈그림〉은 A사 플라스틱 제품의 제조공정도이다. 1,000kg의 재료가 '혼합' 공정에 투입되는 경우, '폐기처리' 공정에 전달되어 투입되는 재료의 총량은 몇 kg인가?

〈그림〉 A사 플라스틱 제품의 제조공정도

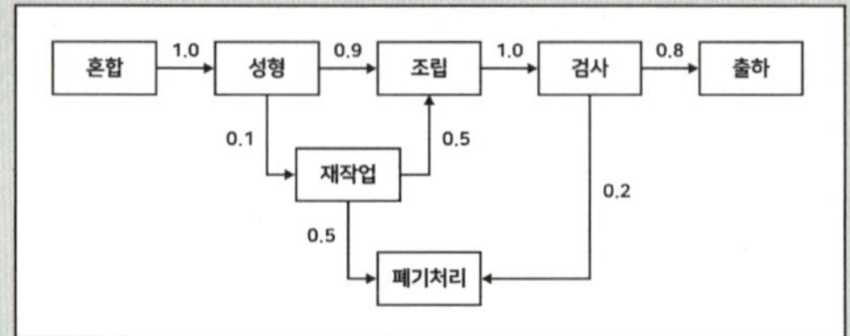

※ 제조공정도 내 수치는 직진율

$$\left(= \frac{\text{다음 공정에 전달되는 재료의 양}}{\text{해당 공정에 투입되는 재료의 양}} \right)$$ 을 의미함. 예를 들어, 가 $\xrightarrow{0.2}$ 나 는 해당 공정 '가'에 100kg의 재료가 투입되면 이 중 20kg(＝100kg × 0.2)의 재료가 다음 공정 '나'에 전달되어 투입됨을 의미함

① 50　　　　　　② 190
③ 230　　　　　　④ 240
⑤ 280

정답 ④

해설

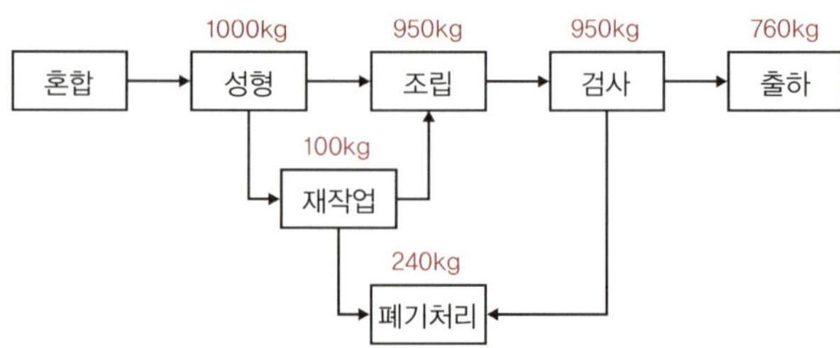

따라서 폐기처리 공정에 투입되는 재료의 총량은 240kg이다.

🔑 **공정표의 특징**

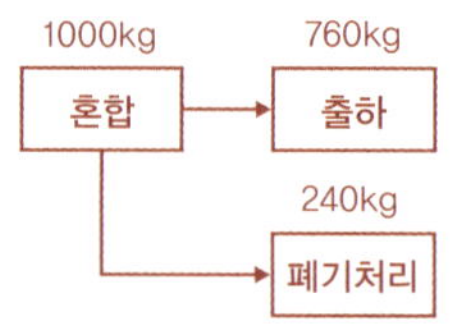

혼합 ＝ 출하 ＋ 폐기처리

혼합은 최종적으로 출하와, 폐기처리로 전달된다. 따라서 출하되는 재료의 무게를 안다면 폐기처리되는 재료의 무게도 알 수 있다.

08 다음 제시문을 읽고 주어진 〈조건〉을 바탕으로 하여 팔만대장경을 제작하는 경우, 소요되는 최단기간은?

> 해인사에 소장되어 있는 팔만대장경은 정확하게 81,258장의 경판으로 구성되어 있으며, 경판의 크기는 가로 약 73 cm, 세로 약 26 cm, 두께는 약 3.5 cm이다. 경판 1장에 새겨져 있는 글자 수는 1면에 300여 자씩, 양면에 600여 자이므로 총 5천만 자가 넘는데 오탈자가 거의 없다.
> 경판을 만드는 데 사용된 나무는 한반도 전역에 자생하는 산벚나무이며, 채집한 원목을 갯벌에 3년간 묻어 두었다가 꺼내 경판을 제작한 뒤 글을 새겼다.

── 조건 ──

- 경판의 수는 8만 장, 총 글자 수는 5천만 자로 가정하며, 각 경판의 글자 수는 동일한 것으로 한다.
- 제작공정은 원목채집, 경판제작(원목을 가공하여 경판을 만드는 일), 필사(종이에 글을 쓰는 일), 판각(경판에 글을 새기는 일) 등 네 가지로 구성된다.
- 원목채집은 1월 1일에 시작하며, 채집된 원목은 그 다음해 1월 1일부터 3년간 갯벌에 묻어둔다.
- 갯벌에서 꺼낸 원목으로 경판을 제작하는데, 원목 1개로 경판 100장을 만든다.
- 판각은 경판 1만 장이 제작된 후에 시작한다.
- 1인이 1년간 작업할 수 있는 양은 원목채집의 경우 원목 10개, 경판제작의 경우 경판 100장, 필사의 경우 25만 자, 판각의 경우 1만 자이다.
- 공정별로 매년 동원할 수 있는 최대 인력은 원목채집 10명, 경판제작 100명, 필사 40명, 판각 500명이다.

① 14년   ② 15년
③ 16년   ④ 23년
⑤ 25년

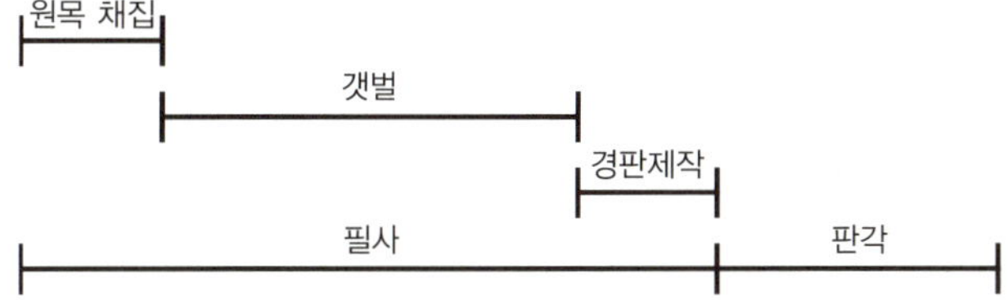

원목채집 + 갯벌 + 경판제작 = 필사 = 5년
판각 소요 시간 = 10년
∴ 5년 + 10년 = 15년

정답 ②

해설

ⅰ) 원목채집 = 100개/10명·yr ∴ 8년 소요
ⅱ) 경판제작 = 1만 장/100명·yr ∴ 8년 소요
ⅲ) 필사 = 1,000만 자/40명·yr ∴ 5년 소요
ⅳ) 판각 = 500만 자/500명·yr ∴ 10년

THEME 10 정보확인 및 추론

📄 본문 p.54~62

| 정보추론 |

01 다음 〈표〉는 2024년 예상 매출액 상위 10개 제약사의 2018년, 2024년 매출액에 관한 자료이다. 이에 대한 〈보기〉의 설명 중 옳은 것만을 고르면?

〈표〉 2024년 매출액 상위 10개 제약사의 2018년, 2024년 매출액

(단위: 억 달러)

2024년 기준 매출액 순위	기업명	2024년	2018년	2018년 대비 2024년 매출액 순위변화
1	Pfizer	512	453	변화없음
2	Novartis	498	435	1단계 상승
3	Roche	467	446	1단계 하락
4	J&J	458	388	변화없음
5	Merck	425	374	변화없음
6	Sanofi	407	351	변화없음
7	GSK	387	306	5단계 상승
8	AbbVie	350	321	2단계 상승
9	Takeda	323	174	7단계 상승
10	AstraZeneca	322	207	4단계 상승
매출액 소계		4,149	3,455	
전체 제약사 총매출액		11,809	8,277	

※ 2024년 매출액은 예상 매출액임

| 보기 |

ㄱ. 2018년 매출액 상위 10개 제약사의 2018년 매출액 합은 3,700억 달러 이상이다.

ㄴ. 2024년 매출액 상위 10개 제약사 중, 2018년 대비 2024년 매출액이 가장 많이 증가한 기업은 Takeda이고 가장 적게 증가한 기업은 Roche이다.

ㄷ. 2024년 매출액 상위 10개 제약사의 매출액 합이 전체 제약사 총매출액에서 차지하는 비중은 2024년이 2018년보다 크다.

ㄹ. 2024년 매출액 상위 10개 제약사 중, 2018년 대비 2024년 매출액 증가율이 60 % 이상인 기업은 2개이다.

① ㄱ, ㄴ ② ㄱ, ㄷ
③ ㄱ, ㄹ ④ ㄴ, ㄷ
⑤ ㄴ, ㄹ

정답 ①

해설

ㄱ.

기업명	2018년 매출액 순위
Pfizer	1
Novartis	3
Roche	2
J&J	4
Merck	5
Sanofi	6
GSK	12
AbbVie	10
Takeda	16
AstraZeneca	14

2018년 7, 8, 9위 기업의 매출액 최솟값은 2018년 10위 기업 AbbVie의 매출액 321억 달러이다. 따라서 상위 10위에서 제외된 3개 기업의 2018년 매출액이 최소 321억 달러가 돼야 한다.

2018년 상위 10개 기업 매출액 소계에 제외된 3개 기업 매출액 최솟값을 적용시켜 더해보면

$3{,}455 + (321-306) + (321-174) + (321-207) = 3{,}731$

$\therefore$ 3,731억 달러 $\geq$ 3,700억 달러 (○)

ㄴ. Takeda : 174억 달러 → 323억 달러

149억 달러 증가

Roche : 446억 달러 → 467억 달러

21억 달러 증가 (○)

ㄷ. i) 2024년 매출액 상위 10개 제약사의 매출액 합이 전체 제약사 총매출액에서 차지하는 비중 $\dfrac{4{,}149}{11{,}809} = \dfrac{41}{118}$

ii) 2024년 매출액 상위 10개 제약사의 매출액 합이 전체 제약사 총매출액에서 차지하는 비중 $\dfrac{3{,}455}{8{,}277} = \dfrac{34}{82}$

iii) $\dfrac{41}{118} < \dfrac{34}{82}$ (×)

ㄹ. i) Takeda : $\dfrac{324-174}{174} \times 100 ≒ 85.6(\%)$

ii) AstraZeneca : $\dfrac{322-207}{207} \times 100 ≒ 55.6(\%)$

따라서 매출액 증가율이 60 % 이상인 기업은 1개이다. (×)

02 다음 〈그림〉은 '갑' 택지지구의 개발 적합성 평가 기초 자료이다. 〈조건〉을 이용하여 '갑' 택지지구 내 A ~ E 지역의 개발 적합성 점수를 계산했을 때, 개발 적합성 점수가 가장 낮은 지역과 가장 높은 지역을 바르게 나열한 것은?

〈그림〉 '갑' 택지지구의 개발 적합성 평가 기초 자료

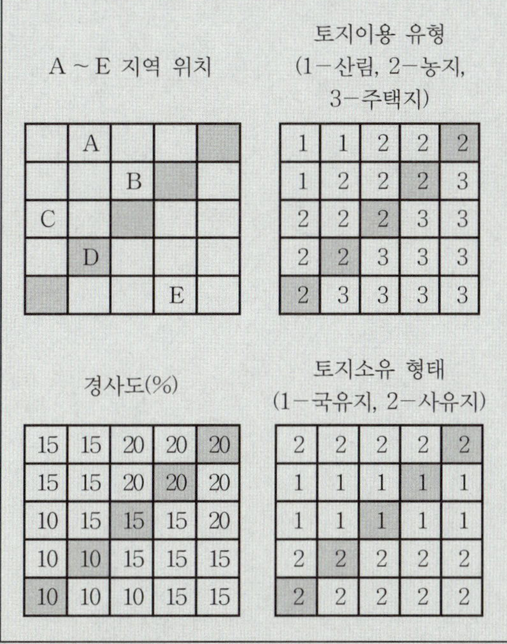

※ 음영 지역(　)은 개발제한구역을 의미함

┤ 조건 ├

- 평가 점수 = (0.6 × 토지이용 기준 점수) + (0.4 × 경사도 기준 점수)
- 토지이용 기준 점수는 유형에 따라 산림 5점, 농지 8점, 주택지 10점이다.
- 경사도 기준 점수는 경사도 10%이면 10점, 나머지는 5점이다.
- 개발 적합성 점수는 토지소유 형태가 사유지이면 '평가 점수'의 80%를 부여하고, 국유지이면 100%를 부여한다. 단, 토지소유 형태와 상관없이 개발제한구역의 개발 적합성 점수는 0점으로 한다.

	가장 낮은 지역	가장 높은 지역
①	A	B
②	A	C
③	A	E
④	D	C
⑤	D	E

ⅰ) 토지소유 형태와 상관없이 개발제한구역의 개발 적합성 점수는 0점으로 하기 때문에 개발 적합성 점수가 가장 낮은 지역은 D이다.

ⅱ) 선택지 ①, ②, ③을 정답에서 제외하고 ④, ⑤를 비교한다.

ⅲ) C = (0.6 × 8 + 0.4 × 10) × 1 = 8.8

E = (0.6 × 10 + 0.4 × 5) × 0.8 = 6.4

개발 적합성 점수가 가장 높은 지역은 C이다.

따라서 개발 적합성 점수가 가장 낮은 지역은 D, 가장 높은 지역은 C이다.

| 정보추론 |

03 다음 〈표〉는 2006 ~ 2007년 제조업의 1992년 각 동일 분기 대비 노동시간, 산출, 인건비의 비율에 대한 자료이다. 이에 대한 〈보기〉의 설명 중 옳은 것만을 모두 고르면?

〈표〉 1992년 각 동일 분기 대비 제조업의 노동시간, 산출, 인건비의 비율

(단위 : %)

연도	분기	노동시간 비율	노동시간당 산출 비율	노동시간당 인건비 비율	1인당 인건비 비율
2006	1	85.3	172.4	170.7	99.0
	2	85.4	172.6	169.5	98.2
	3	84.8	174.5	170.3	97.6
	4	84.0	175.4	174.6	98.3
2007	1	83.5	177.0	176.9	100.0
	2	83.7	178.7	176.4	98.7
	3	83.7	180.6	176.4	97.6
	4	82.8	182.5	179.7	98.5

┤ 보기 ├

ㄱ. 1992년 노동시간당 산출은 매 분기 증가하였다.

ㄴ. 2007년 2분기의 1인당 인건비는 2007년 1분기에 비해 감소하였다.

ㄷ. 2007년 각 분기별 노동시간당 산출은 2006년 동기에 비해 모두 증가하였다.

ㄹ. 2007년 3분기의 노동시간당 인건비는 2006년 동기에 비해 6.1% 증가하였다.

① ㄱ
② ㄷ
③ ㄱ, ㄴ
④ ㄴ, ㄹ
⑤ ㄷ, ㄹ

정답 ②

해설

ㄱ. $172.4\% = \dfrac{\text{06년 1분기 노동시간당 산출}}{\text{92년 1분기 노동시간당 산출}} \times 100$

$172.6\% = \dfrac{\text{06년 2분기 노동시간당 산출}}{\text{92년 2분기 노동시간당 산출}} \times 100$

06년도 1분기와 2분기 노동시간당 산출을 알 수 없기 때문에 1992년 노동시간당 산출도 매 분기 증가하였는지 알 수 없다. (×)

ㄴ. $100.0\% = \dfrac{\text{07년 1분기 1인당 인건비}}{\text{92년 1분기 1인당 인건비}} \times 100$

$98.7\% = \dfrac{\text{07년 2분기 1인당 인건비}}{\text{92년 2분기 1인당 인건비}} \times 100$

92년 1분기와 2분기의 1인당 인건비를 알 수 없기 때문에 2007년 2분기의 1인당 인건비가 2007년 1분기에 비해 감소하였는지 알 수 없다. (×)

ㄷ. $172.4\% = \dfrac{\text{06년 1분기 노동시간당 산출}}{\text{92년 1분기 노동시간당 산출}} \times 100$

$177.0\% = \dfrac{\text{07년 1분기 노동시간당 산출}}{\text{92년 1분기 노동시간당 산출}} \times 100$

분모가 같으므로 노동시간당 산출이 증가했음을 알 수 있다. 2, 3, 4 분기도 모두 증가한 것을 확인할 수 있다. (○)

ㄹ. 6.1%가 아니라 6.1%p 증가한 것이므로 옳지 않은 설명이다. (×)

04 다음 〈표 1〉과 〈표 2〉는 '갑'국 A ~ E 5개 도시의 지난 30년 월평균 지상 10m 기온과 월평균 지표면 온도이고, 〈표 3〉과 〈표 4〉는 도시별 설계적설하중과 설계기본풍속이다. 다음 물음에 답하시오.

〈표 1〉 도시별 월평균 지상 10m 기온

(단위 : ℃)

월 \ 도시	A	B	C	D	E
1	−2.5	1.6	−2.4	−4.5	−2.3
2	−0.3	3.2	−0.5	−1.8	−0.1
3	5.2	7.4	4.5	4.2	5.1
4	12.1	13.1	10.7	11.4	12.2
5	17.4	17.6	15.9	16.8	17.2
6	21.9	21.1	20.4	21.5	21.3
7	25.9	25.0	24.0	24.5	24.4
8	25.4	25.7	24.9	24.3	25.0
9	20.8	21.2	20.7	18.9	19.7
10	14.4	15.9	14.5	12.1	13.0
11	6.9	9.6	7.2	4.8	6.1
12	−0.2	4.0	0.6	−1.7	−0.1

〈표 2〉 도시별 월평균 지표면 온도

(단위 : ℃)

월 \ 도시	A	B	C	D	E
1	−2.4	2.7	−1.2	−2.7	0.3
2	−0.3	4.8	0.8	−0.7	2.8
3	5.6	9.3	6.3	4.8	8.7
4	13.4	15.7	13.4	12.6	16.3
5	19.7	20.8	19.4	19.1	22.0
6	24.8	24.2	24.5	24.4	25.9
7	26.8	27.7	26.8	26.9	28.4
8	27.4	28.5	27.5	27.0	29.0
9	22.5	19.6	22.8	21.4	23.5
10	14.8	17.9	15.8	13.5	16.9
11	6.2	10.8	7.5	5.3	8.6
12	−0.1	4.7	1.1	−0.7	2.1

〈표 3〉 도시별 설계적설하중

(단위 : kN/m²)

도시	A	B	C	D	E
설계적설하중	0.5	0.5	0.7	0.8	2.0

〈표 4〉 도시별 설계기본풍속

(단위 : m/s)

도시	A	B	C	D	E
설계기본풍속	30	45	35	30	40

위 〈표〉를 근거로 〈보기〉의 설명 중 옳은 것만을 모두 고르면?

─── 보기 ───

ㄱ. '월평균 지상 10m 기온'이 가장 높은 달과 '월평균 지표면 온도'가 가장 높은 달이 다른 도시는 A뿐이다.

ㄴ. 2월의 '월평균 지상 10m 기온'은 영하이지만 '월평균 지표면 온도'가 영상인 도시는 C와 E이다.

ㄷ. 1월의 '월평균 지표면 온도'가 A ~ E 도시 중 가장 낮은 도시의 설계적설하중은 5개 도시 평균 설계적설하중보다 작다.

ㄹ. 설계기본풍속이 두 번째로 큰 도시는 8월의 '월평균 지상 10m 기온'도 A ~ E 도시 중 두 번째로 높다.

① ㄱ, ㄴ 　　　 ② ㄴ, ㄷ
③ ㄴ, ㄹ 　　　 ④ ㄷ, ㄹ
⑤ ㄱ, ㄷ, ㄹ

정답 ②

해설

ㄱ. ⅰ) '월평균 지상 10m 기온'이 가장 높은 달

도시	A	B	C	D	E
월	7	8	8	7	8

ⅱ) '월평균 지표면 온도'가 가장 높은 달

도시	A	B	C	D	E
월	8	8	8	8	8

'월평균 지상 10m 기온'이 가장 높은 달과 '월평균 지표면 온도'가 가장 높은 달이 다른 도시는 A와 D이다. (×)

ㄴ. ⅰ) 2월의 '월평균 지상 10m 기온'이 영하인 도시: A, C, D, E

ⅱ) 2월의 '월평균 지표면 온도'가 영상인 도시: B, C, E

2월의 '월평균 지상 10m 기온'은 영하이지만 '월평균 지표면 온도'가 영상인 도시는 C와 E이다. (○)

ㄷ. ⅰ) 1월의 '월평균 지표면 온도'가 A ~ E 도시 중 가장 낮은 도시는 D이다.

ⅱ) 도시별 설계적설하중에 10을 곱하면

도시	A	B	C	D	E
설계적설하중	5	5	7	8	20

ⅲ) 8을 기준으로 가평균을 구해보면

$(5-8) + (5-8) + (7-8) + (8-8) + (20-8) = 5$

$8 + \dfrac{5}{5} = 9$

따라서 도시 D의 설계적설하중은 5개 도시 평균 설계적설하중보다
작다. (○)

ㄹ. 설계기본풍속이 두 번째로 큰 도시는 E이다.
도시 E의 8월의 '월평균 지상 10m 기온'은 A ~ E 도시 중 세 번째로
높다. (×)

05 다음 〈표 1〉과 〈표 2〉는 '갑'국 A ~ E 5개 도시의 지
난 30년 월평균 지상 10m 기온과 월평균 지표면 온
도이고, 〈표 3〉과 〈표 4〉는 도시별 설계적설하중과
설계기본풍속이다. 다음 물음에 답하시오.

〈표 1〉 도시별 월평균 지상 10m 기온

(단위 : °C)

월 \ 도시	A	B	C	D	E
1	−2.5	1.6	−2.4	−4.5	−2.3
2	−0.3	3.2	−0.5	−1.8	−0.1
3	5.2	7.4	4.5	4.2	5.1
4	12.1	13.1	10.7	11.4	12.2
5	17.4	17.6	15.9	16.8	17.2
6	21.9	21.1	20.4	21.5	21.3
7	25.9	25.0	24.0	24.5	24.4
8	25.4	25.7	24.9	24.3	25.0
9	20.8	21.2	20.7	18.9	19.7
10	14.4	15.9	14.5	12.1	13.0
11	6.9	9.6	7.2	4.8	6.1
12	−0.2	4.0	0.6	−1.7	−0.1

〈표 2〉 도시별 월평균 지표면 온도

(단위 : °C)

월 \ 도시	A	B	C	D	E
1	−2.4	2.7	−1.2	−2.7	0.3
2	−0.3	4.8	0.8	−0.7	2.8
3	5.6	9.3	6.3	4.8	8.7
4	13.4	15.7	13.4	12.6	16.3
5	19.7	20.8	19.4	19.1	22.0
6	24.8	24.2	24.5	24.4	25.9
7	26.8	27.7	26.8	26.9	28.4
8	27.4	28.5	27.5	27.0	29.0
9	22.5	19.6	22.8	21.4	23.5
10	14.8	17.9	15.8	13.5	16.9
11	6.2	10.8	7.5	5.3	8.6
12	−0.1	4.7	1.1	−0.7	2.1

〈표 3〉 도시별 설계적설하중

(단위 : kN/m²)

도시	A	B	C	D	E
설계적설하중	0.5	0.5	0.7	0.8	2.0

〈표 4〉 도시별 설계기본풍속

(단위 : m/s)

도시	A	B	C	D	E
설계기본풍속	30	45	35	30	40

폭설피해 예방대책으로 위 〈표 3〉에 제시된 도시별 설계적설하중을 수정하고자 한다. 〈규칙〉에 따라 수정하였을 때, A ~ E 도시 중 설계적설하중 증가폭이 두 번째로 큰 도시와 가장 작은 도시를 바르게 연결한 것은?

┤ 규칙 ├

단계 1 : 각 도시의 설계적설하중을 50% 증가시킨다.

단계 2 : '월평균 지상 10m 기온'이 영하인 달이 3개 이상인 도시만 단계 1에 의해 산출된 값을 40% 증가시킨다.

단계 3 : 설계기본풍속이 40m/s 이상인 도시만 단계 1 ~ 2를 거쳐 산출된 값을 20% 감소시킨다.

단계 4 : 단계 1 ~ 3을 거쳐 산출된 값을 수정된 설계적설하중으로 한다. 단, $1.0\,kN/m^2$ 미만인 경우 $1.0\,kN/m^2$으로 한다.

	두 번째로 큰 도시	가장 작은 도시
①	A	B
②	A	C
③	B	D
④	D	B
⑤	D	C

정답 ⑤

해설

설계적설하중에 100을 곱하고 규칙을 적용해 표로 나타내면

(단위 : kN/m^2)

도시	A	B	C	D	E
적설하중	50	50	70	80	200
단계 1	75	75	105	120	300
단계 2	105			168	420
단계 3		60			336
단계 4		100			
증가폭	55	50	35	88	136

따라서 증가폭이 두 번째로 큰 도시는 D이고, 가장 작은 도시는 C이다.

정보확인 | 매칭형

06 다음 〈표〉와 〈정보〉는 A ~ J 지역의 지역발전 지표에 관한 자료이다. 이를 근거로 '가' ~ '라'에 들어갈 수 있는 값으로만 나열한 것은?

〈표〉 A ~ J 지역의 지역발전 지표

(단위 : %, 개)

지표 / 지역	재정 자립도	시가화 면적 비율	10만 명당 문화시설 수	10만 명당 체육시설 수	주택 노후화율	주택 보급률	도로 포장률
A	83.8	61.2	4.1	111.1	17.6	105.9	92.0
B	58.5	24.8	3.1	(다)	22.8	93.6	98.3
C	65.7	35.7	3.5	103.4	13.5	91.2	97.4
D	48.3	25.3	4.3	128.0	15.8	96.6	100.0
E	(가)	20.7	3.7	133.8	12.2	100.3	99.0
F	69.5	22.6	4.1	114.0	8.5	91.0	98.1
G	37.1	22.9	7.7	110.2	20.5	103.8	91.7
H	38.7	28.8	7.8	102.5	19.9	(라)	92.5
I	26.1	(나)	6.9	119.2	33.7	102.5	89.6
J	32.6	21.3	7.5	113.0	26.9	106.1	87.9

┤ 정보 ├

• 재정자립도가 E보다 높은 지역은 A, C, F임
• 시가화 면적 비율이 가장 낮은 지역은 주택노후화율이 가장 높은 지역임
• 10만 명당 문화시설수가 가장 적은 지역은 10만 명당 체육시설수가 네 번째로 많은 지역임
• 주택보급률이 도로포장률보다 낮은 지역은 B, C, D, F임

	가	나	다	라
①	58.6	20.9	100.9	92.9
②	60.8	19.8	102.4	92.5
③	63.5	20.1	115.7	92.0
④	65.2	20.3	117.1	92.6
⑤	65.8	20.6	118.7	93.7

정답 ④

해설

ⅰ) 58.5 < (가) < 65.7

ⅱ) 주택노후화율이 가장 높은 지역은 I이다.
(나) < 20.7

ⅲ) 10만 명당 문화시설수가 가장 적은 지역은 B이다.
114.0 < (다) < 119.2

ⅳ) 주택보급률이 도로포장률보다 낮은 지역은 B, C, D, F임
(라) ≥ 92.5

따라서 정답은 ④이다.

07 다음 〈그림〉과 〈표〉는 2010년과 2011년 8개 기업 간의 직접거래관계와 직접거래액을 표시한 것이다. 이에 대한 〈보기〉의 설명 중 옳은 것을 모두 고르면?

〈그림 1〉 2010년 직접거래관계

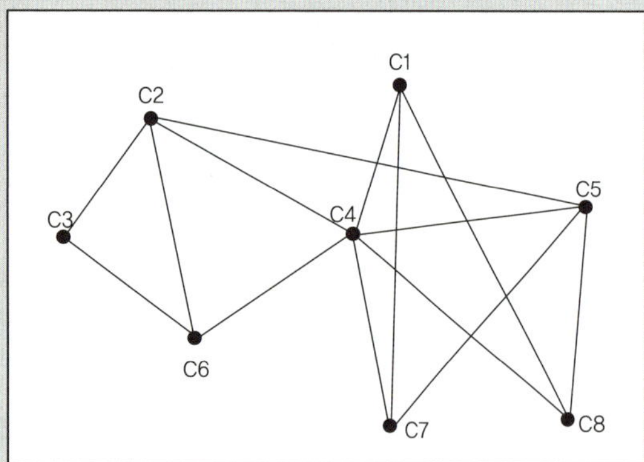

〈그림 2〉 2011년 직접거래관계

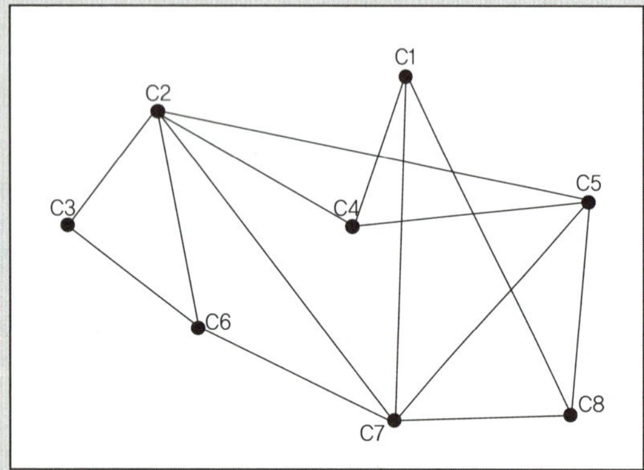

※ 1) 점 C1, C2, …, C8은 8개 기업을 의미함
  2) 두 점 사이의 직선은 두 기업이 직접거래관계에 있음을 나타냄

〈표 1〉 2010년 직접거래액

(단위: 억 원)

구분	C1	C2	C3	C4	C5	C6	C7	C8	합
C1		0	0	10	0	0	6	4	20
C2	0		6	5	6	5	0	0	22
C3	0	6		0	0	4	0	0	10
C4	10	5	0		3	5	7	2	32
C5	0	6	0	3		0	5	6	20
C6	0	5	4	5	0		0	0	14
C7	6	0	0	7	5	0		0	18
C8	4	0	0	2	6	0	0		12

〈표 2〉 2011년 직접거래액

(단위: 억 원)

구분	C1	C2	C3	C4	C5	C6	C7	C8	합
C1		0	0	10	0	0	7	3	20
C2	0		6	7	7	6	2	0	28
C3	0	6		0	0	4	0	0	10
C4	10	7	0		3	0	0	0	20
C5	0	7	0	3		0	5	10	25
C6	0	6	4	0	0		4	0	14
C7	7	2	0	0	5	4		3	21
C8	3	0	0	0	10	0	3		16

보기

ㄱ. 2010년에 비해 2011년 직접거래관계의 수가 가장 많이 증가한 기업은 C7이고, 가장 많이 감소한 기업은 C4이다.
ㄴ. 2010년에 비해 2011년 직접거래액의 합이 가장 많이 증가한 기업은 C2이고, 가장 많이 감소한 기업은 C4이다.
ㄷ. 2010년과 2011년 직접거래관계의 수가 동일한 기업은 총 4개이다.
ㄹ. 2010년에 비해 2011년 총 직접거래관계의 수와 총 직접거래액은 모두 증가하였다.

① ㄱ, ㄴ ② ㄱ, ㄷ
③ ㄴ, ㄷ ④ ㄱ, ㄴ, ㄹ
⑤ ㄴ, ㄷ, ㄹ

정답 ①

해설

ㄱ. 2010년에 비해 2011년 C7은 직접거래관계의 수가 2개 증가하여 가장 많이 증가한 기업이다.
2010년에 비해 2011년 C4는 직접거래관계의 수가 3개 감소하여 가장 많이 감소한 기업이다. (○)
ㄴ. 2010년에 비해 2011년 C2는 직접거래액의 합이 6억 증가하여 가장 많이 증가한 기업이다.
2010년에 비해 2011년 C4는 직접거래액의 합이 12억 감소하여 가장 많이 감소한 기업이다. (○)
ㄷ. 2010년과 2011년 직접거래관계의 수가 동일한 기업은 C1, C3, C5, C6, C8 총 5개이다. (×)
ㄹ. 2010년과 2011년 직접거래관계의 수가 동일한 기업은 C1, C3, C5, C6, C8이므로 C2, C4, C7만 비교해보면 된다. 이때, 2010년과 2011년 C2, C4, C7의 적접거래관계 수의 합은 같다. (×)

| 조건제시형 | 매칭형

08 다음 글을 근거로 판단할 때, 아기 돼지 삼형제와 각각의 집을 옳게 짝지은 것은?

- 아기 돼지 삼형제는 엄마 돼지로부터 독립하여 벽돌집, 나무집, 지푸라기집 중 각각 다른 한 채씩을 선택하여 짓는다.
- 벽돌집을 지을 때에는 벽돌만 필요하지만, 나무집은 나무와 지지대가, 지푸라기집은 지푸라기와 지지대가 재료로 필요하다. 지지대에 소요되는 비용은 집의 면적과 상관없이 나무집의 경우 20만 원, 지푸라기집의 경우 5만 원이다.
- 재료의 1개당 가격 및 집의 면적 1m^2당 필요 개수는 아래와 같다.

구분	벽돌	나무	지푸라기
1개당 가격(원)	6,000	3,000	1,000
1m^2당 필요 개수	15	20	30

- 첫째 돼지 집의 면적은 둘째 돼지 집의 2배이고, 셋째 돼지 집의 3배이다. 삼형제 집의 면적의 총합은 11m^2이다.
- 모두 집을 짓고 나니, 둘째 돼지 집을 짓는 재료 비용이 가장 많이 들었다.

	첫째	둘째	셋째
①	벽돌집	나무집	지푸라기집
②	벽돌집	지푸라기집	나무집
③	나무집	벽돌집	지푸라기집
④	지푸라기집	벽돌집	나무집
⑤	지푸라기집	나무집	벽돌집

따라서 둘째 돼지 집을 짓는 재료 비용이 가장 많이 드는 경우는 첫째가 지푸라기집, 둘째가 나무집, 셋째가 벽돌집일 경우이다.

정답 ⑤

해설

ⅰ) 첫째 돼지 집의 면적은 둘째 돼지 집의 2배이고, 셋째 돼지 집의 3배이다. 삼형제 집의 면적의 총합은 11m^2이다.

둘째 돼지 집의 면적 $= a$

$$2a + a + \frac{2}{3}a = 11$$

$6\text{m}^2(\text{첫째}) + 3\text{m}^2(\text{둘째}) + 2\text{m}^2(\text{셋째}) = 11\text{m}^2$

ⅱ) 집 종류별 재료 비용

구분	재료 비용
벽돌집	9만 원 × 면적
나무집	6만 원 × 면적 + 20만 원
지푸라기집	3만 원 × 면적 + 5만 원

ⅲ) 9가지 경우의 재료비용

구분	첫째(6m^2)	둘째(3m^2)	셋째(2m^2)
벽돌집	54만 원	27만 원	18만 원
나무집	56만 원	38만 원	32만 원
지푸라기	23만 원	14만 원	11만 원

09 다음 〈그림〉은 12개 국가의 수자원 현황에 관한 자료이며, A ~ H는 각각 특정 국가를 나타낸다. 〈그림〉과 〈조건〉을 근거로 판단할 때, 국가명을 알 수 없는 것은?

〈그림〉 12개 국가의 수자원 현황

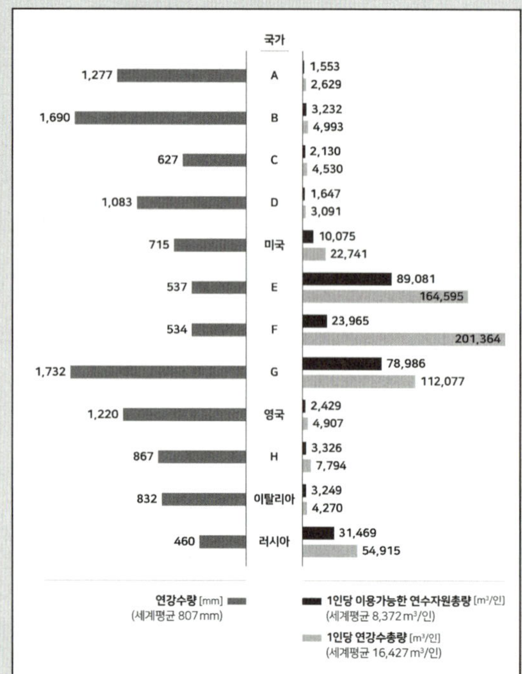

┤ 조건 ├

- '연강수량'이 세계평균의 2배 이상인 국가는 일본과 뉴질랜드이다.
- '연강수량'이 세계평균보다 많은 국가 중 '1인당 이용가능한 연수자원총량'이 가장 적은 국가는 대한민국이다.
- '1인당 연강수총량'이 세계평균의 5배 이상인 국가를 '연강수량'이 많은 국가부터 나열하면 뉴질랜드, 캐나다, 호주이다.
- '1인당 이용가능한 연수자원총량'이 영국보다 적은 국가 중 '1인당 연강수총량'이 세계평균의 25% 이상인 국가는 중국이다.
- '1인당 이용가능한 연수자원총량'이 6번째로 많은 국가는 프랑스이다.

① B　　　　　② C
③ D　　　　　④ E
⑤ F

해설

i) $807 \times 2 = 1,614$(mm)
　B, G → 일본 or 뉴질랜드
ii) '연강수량'이 세계평균보다 많은 국가 → A, B, D, G, H
　이때, '1인당 이용가능한 연수자원총량'이 가장 적은 국가는 A이다. 따라서 A는 '대한민국'이다.
iii) $16,427 \times 5 = 82,135$(m³/인)
　'1인당 연강수총량'이 세계평균의 5배 이상인 국가 → E, F, G
　'연강수량'이 많은 국가부터 나열 → G, E, F
　E = 캐나다, F = 호주, G = 뉴질랜드, B = 일본
iv) '1인당 이용가능한 연수자원총량'이 영국보다 적은 국가 → C, D
　'1인당 연강수총량'이 세계평균의 25% 이상인 국가는 $\dfrac{4,530}{16,427}$
　$\times 100 ≒ 27.6$(%)인 C이다. 따라서 C는 '중국'이다.
v) H = 프랑스
따라서 국가명을 알 수 없는 것은 'D'이다.

| 정보추론 |

10 다음 〈표〉는 어느 노래의 3월 24~27일 음원차트별 순위에 대한 자료 중 일부가 지워진 것이다. 이에 대한 설명으로 옳은 것은?

〈표〉 음원차트별 순위

날짜	음원차트					평균 순위
	A	B	C	D	E	
3월 24일	□(↑)	6(↑)	□(↑)	4(↑)	2(↑)	4.2
3월 25일	6(↑)	2(↑)	2(−)	2(↑)	1(↑)	2.6
3월 26일	7(↓)	6(↓)	5(↓)	6(↓)	5(↓)	5.8
3월 27일	□(−)	□(↑)	□(□)	7(↓)	□(−)	6.0

※ 1) □는 지워진 자료를 의미하며, ( )안의 ↑는 전일 대비 순위 상승, ↓는 전일 대비 순위 하락, −는 전일과 순위가 동일함을 의미함
   2) 순위의 숫자가 작을수록 순위가 높음을 의미함
   3) 평균 순위 = $\dfrac{\text{5개 음원차트별 순위의 합}}{5}$

① 평균 순위가 가장 높았던 날은 5개 음원차트별 순위가 전일 대비 모두 상승하였다.
② 3월 24일 A음원차트에서의 순위는 8위였다.
③ 5개 음원차트별 순위가 전일 대비 모두 하락한 날은 평균 순위가 가장 낮았다.
④ 3월 27일 C음원차트에서는 순위가 전일 대비 하락하였다.
⑤ 평균 순위는 매일 하락하였다.

정답 ④

해설

① 가장 높았던 날은 3월 25일이고 3월 25일 5개 음원차트별 순위는 전일 대비 모두 상승하지 않았다. (×)
② 3월 24일 A음원차트에서의 순위는 $21 - (6 + 2 + 4 + 2) = 7$(위)였다. (×)
③ 평균 순위가 가장 낮은 날은 3월 27일이고 5개 음원차트별 순위가 전일 대비 모두 하락하지 않았다. (×)
④ 3월 27일 A의 순위와 E의 순위는 전일과 동일하므로 각각 7위와 5위이다. 이때, B와 C의 합은 $30 - (7 + 7 + 5) = 11$이고, B의 순위가 상승했으므로 1~5위라는 걸 예상할 수 있다. 따라서 C의 순위는 6~10위이므로 순위가 전일 대비 하락했다는 걸 알 수 있다. (○)
⑤ 3월 25일 평균 순위가 상승하였으므로 평균 순위는 매일 하락하지 않았다. (×)

| 정보추론 |

11 다음 〈그림〉은 개발원조위원회 29개 회원국 중 공적개발원조액 상위 15개국과 국민총소득 대비 공적개발원조액 비율 상위 15개국 자료이다. 이에 대한 〈보기〉의 설명 중 옳은 것만을 모두 고르면?

〈그림 1〉 공적개발원조액 상위 15개 회원국

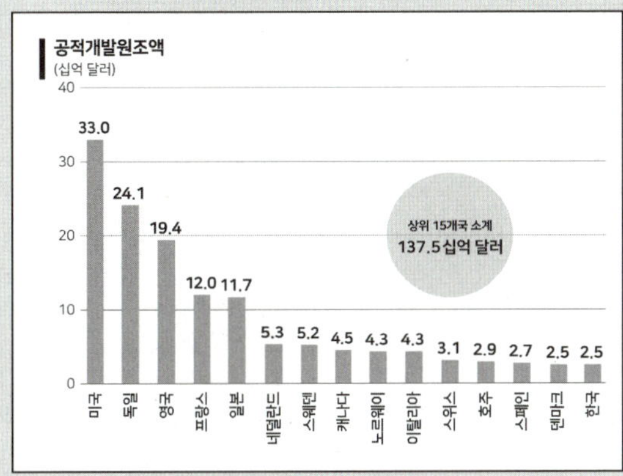

〈그림 2〉 국민총소득 대비 공적개발원조액 비율 상위 15개 회원국

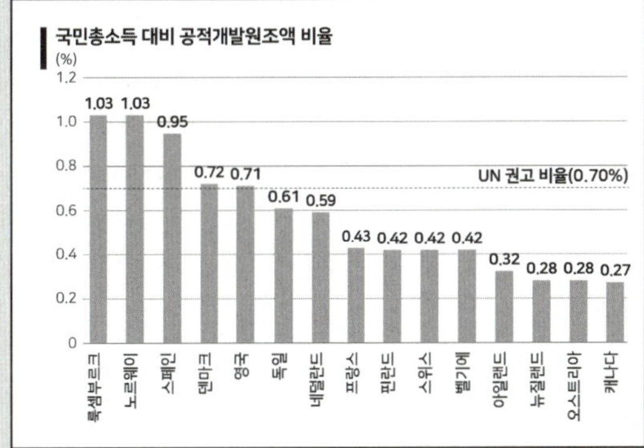

──┤ 보기 ├──

ㄱ. 국민총소득 대비 공적개발원조액 비율이 UN 권고 비율보다 큰 국가의 공적개발원조액 합은 250억 달러 이상이다.
ㄴ. 공적개발원조액 상위 5개국의 공적개발원조액 합은 개발원조위원회 29개 회원국 공적개발원조액 합의 50% 이상이다.
ㄷ. 독일이 공적개발원조액만 30억 달러 증액하면 독일의 국민총소득 대비 공적개발원조액 비율은 UN 권고 비율 이상이 된다.

① ㄱ   ② ㄷ
③ ㄱ, ㄴ   ④ ㄴ, ㄷ
⑤ ㄱ, ㄴ, ㄷ

정답 ③

해설

ㄱ. $2.5 + 4.3 + 2.7 + 2.5 + 19.4 \geq 25$ (○)

ㄴ. 공적개발원조액 상위 5개국의 합은 $33.0 + 24.1 + 19.4 + 12.0 + 11.7 = 100.2$(십억 달러)이다.

상위 15개국은 137.5(십억 달러)이고, 이때, 나머지 14개국 공적개발원조액을 2.5(십억 달러)로 두고 계산한다. 상위 15개국 중 공적개발원조액이 가장 낮은 덴마크와 한국이 2.5(십억 달러)이기 때문이다. 결국은 100.2(십억 달러)가 {137.5 + (2.5 × 14)}의 50%가 넘는지 확인하면 된다.

따라서 다음과 같다.

$$\frac{172.5}{2} \leq 100.2 \ (○)$$

ㄷ. $\dfrac{24.1}{x} \times 100 = 0.61$

$\therefore \ x \fallingdotseq 3{,}950$

$\dfrac{27.1}{3{,}950} \times 100 \fallingdotseq 0.69$

따라서, 독일이 공적개발원조액만 30억 달러 증액하면 독일의 국민총소득 대비 공적개발원조액 비율은 UN 권고 비율 미만이 된다. (×)

12 다음 대화의 ㉠으로 적절한 것만을 〈보기〉에서 모두 고르면?

갑 : 우리 지역 장애인의 체육 활동을 지원하기 위한 '장애인 스포츠강좌 지원사업'의 집행 실적이 저조하다고 합니다. 지원 바우처를 제대로 사용하지 못하고 있다는 의미인데요. 비장애인을 대상으로 하는 '일반 스포츠강좌 지원사업'은 인기가 많아 예산이 금방 소진된다고 합니다. 과연 어디에 문제점이 있는 것일까요?

을 : 바우처를 수월하게 사용하려면 사용 가능한 가맹 시설이 많이 있어야 합니다. 우리 지역의 '장애인 스포츠강좌 지원사업' 가맹 시설은 10개소이며 '일반 스포츠강좌 지원사업' 가맹 시설은 300개소입니다. 그런데 장애인들은 비장애인들에 비해 바우처를 사용하기 훨씬 어렵습니다. 혹시 장애인의 수에 비해 장애인 대상 가맹 시설의 수가 비장애인의 경우보다 턱없이 적어서 그런 것 아닐까요?

병 : 글쎄요, 제 생각은 조금 다릅니다. 바우처 지원액이 너무 적은 것은 아닐까요? 장애인을 대상으로 하는 스포츠강좌는 보조인력 비용 등 추가 비용으로 인해, 비장애인 대상 강좌보다 수강료가 높을 수 있습니다. 바우처를 사용한다 해도 자기 부담금이 여전히 크다면 장애인들은 스포츠강좌를 이용하기 어려울 것입니다.

정 : 하지만 제가 보기엔 장애인들의 주요 연령대가 사업에서 제외된 것 같습니다. 현재 본 사업의 대상 연령은 만 12세에서 만 49세까지인데, 장애인 인구의 고령자 인구 비율이 비장애인 인구에 비해 높다는 사실을 고려하면, 대상 연령의 상한을 적어도 만 64세까지 높여야 한다고 생각합니다.

갑 : 모두들 좋은 의견 감사합니다. 오늘 회의에서 논의된 내용을 확인하기 위해 ㉠<u>필요한 자료를 조사해 주세요.</u>

┤ 보기 ├

ㄱ. 장애인 및 비장애인 각각의 인구 대비 '스포츠강좌 지원사업' 가맹 시설 수
ㄴ. 장애인과 비장애인 각각 '스포츠강좌 지원사업'에 참여하기 위해 본인이 부담해야 하는 금액
ㄷ. 만 50세에서 만 64세까지의 장애인 중 스포츠강좌 수강을 희망하는 인구와 만 50세에서 만 64세까지의 비장애인 중 스포츠강좌 수강을 희망하는 인구

① ㄴ
② ㄷ
③ ㄱ, ㄴ
④ ㄱ, ㄷ
⑤ ㄱ, ㄴ, ㄷ

정답 ③

해설

ㄱ. 장애인 및 비장애인 각각의 인구 대비 '스포츠강좌 지원사업' 가맹 시설 수는 '을'이 한 말과 관련이 있으므로 오늘 회의에서 논의된 내용을 확인하기 위해 필요한 자료이다. (○)

ㄴ. 장애인과 비장애인 각각 '스포츠강좌 지원사업'에 참여하기 위해 본인이 부담해야 하는 금액은 '병'이 한 말과 관련이 있으므로 오늘 회의에서 논의된 내용을 확인하기 위해 필요한 자료이다. (○)

ㄷ. 만 50세에서 만 64세까지의 장애인 중 스포츠강좌 수강을 희망하는 인구와 만 50세에서 만 64세까지의 비장애인 중 스포츠강좌 수강을 희망하는 인구는 '정'이 한 말과 관련이 있으므로 오늘 회의에서 논의된 내용을 확인하기 위해 필요한 자료가 아니다. (×)

THEME 11 공식 이용

본문 p.63~65

|공식 이용|

01 다음 〈표〉는 2011년 주요 국가별 의사 수 및 인구 만 명당 의사 수에 대한 자료이다. 이에 대한 〈보기〉의 설명 중 옳은 것을 모두 고르면?

〈표〉 2011년 주요 국가별 의사 수 및 인구 만 명당 의사 수

(단위 : 명, %)

국가	의사 수	전년 대비 증감률	인구 만명당 의사 수	전년 대비 증감률
A	12,813	0.5	29	2.1
B	171,242	1.5	18	3.3
C	27,500	1.0	31	1.5
D	25,216	2.0	35	0.5
E	130,300	1.5	33	0.5
F	110,124	3.0	18	0.4
G	25,332	1.5	31	−0.5
H	345,718	3.3	60	5.5

※ 인구 만 명당 의사 수는 소수점 아래 첫째 자리에서 반올림함

┤ 보기 ├

ㄱ. 2010년 의사 수가 가장 많은 국가는 2011년 인구 만 명당 의사 수도 가장 많다.
ㄴ. 2011년 기준 C, D, E 3개국 중 인구가 가장 적은 국가는 D이다.
ㄷ. 2011년 인구가 2010년보다 많은 국가의 수는 4개이다.
ㄹ. 2010년 기준 의사 수 많은 국가일수록 같은 해 인구 만 명당 의사 수도 많다.

① ㄱ, ㄴ, ㄷ
② ㄱ, ㄴ, ㄹ
③ ㄱ, ㄷ, ㄹ
④ ㄴ, ㄷ, ㄹ
⑤ ㄱ, ㄴ, ㄷ, ㄹ

정답 ①

해설

ㄱ. 2011년 인구 만 명당 의사 수가 가장 많은 국가는 H국이다.
2010년 H국 의사 수 = 345,718 ÷ 1.033 ≒ 334,674(명)
따라서 H국의 2010년 의사 수는 334,674명으로 가장 많은 의사 수를 가진다. (다른 국가를 모두 계산하지 않아도 H국의 의사 수가 많고, 전년 대비 증감률의 차이가 거의 없기 때문에 알 수 있다.) (○)

ㄴ. 2011년 인구는 (2011년 의사 수 ÷ 2011년 인구 만 명당 의사 수) × 10,000명이므로
C국 : 8,870,968명, D국 : 7,204,571명, E국 : 39,484,848명
따라서 2011년 인구가 가장 적은 국가는 D이다. (○)

ㄷ. 2010년 인구수와 2011년 인구수를 구하면 다음과 같다.

A국 : 2010년 : $\dfrac{\dfrac{12{,}813}{1.005}}{\dfrac{29}{1.021}} \times 10{,}000 \fallingdotseq 4{,}488{,}617$(명),

2011년 : $\dfrac{12{,}813}{29} \times 10{,}000 \fallingdotseq 4{,}418{,}275$(명)

B국 : 2010년 : $\dfrac{\dfrac{171{,}242}{1.015}}{\dfrac{18}{1.033}} \times 10{,}000 \fallingdotseq 96{,}821{,}558$(명),

2011년 : $\dfrac{171{,}242}{18} \times 10{,}000 \fallingdotseq 95{,}134{,}444$(명)

C국 : 2010년 : $\dfrac{\dfrac{27{,}500}{1.01}}{\dfrac{31}{1.015}} \times 10{,}000 \fallingdotseq 8{,}914{,}883$(명),

2011년 : 8,870,968명

D국 : 2010년 : $\dfrac{\dfrac{25{,}216}{1.02}}{\dfrac{35}{1.005}} \times 10{,}000 \fallingdotseq 7{,}098{,}622$(명),

2011년 : 7,204,571명

E국 : 2010년 : $\dfrac{\dfrac{130{,}300}{1.015}}{\dfrac{33}{1.005}} \times 10{,}000 \fallingdotseq 39{,}095{,}835$(명),

2011년 : 39,484,848명

F국 : 2010년 : $\dfrac{\dfrac{110{,}124}{1.03}}{\dfrac{18}{1.004}} \times 10{,}000 \fallingdotseq 59{,}635{,}650$(명),

2011년 : $\dfrac{110{,}124}{18} \times 10{,}000 \fallingdotseq 61{,}180{,}000$(명)

G국 : 2010년 : $\dfrac{\dfrac{25{,}332}{1.015}}{\dfrac{31}{0.995}} \times 10{,}000 \fallingdotseq 8{,}010{,}596$(명),

2011년 : $\dfrac{25{,}332}{31} \times 10{,}000 \fallingdotseq 8{,}171{,}613$(명)

H국 : 2010년 : $\dfrac{\dfrac{345{,}718}{1.033}}{\dfrac{60}{1.055}} \times 10{,}000 \fallingdotseq 58{,}846{,}804$(명),

2011년 : $\dfrac{345{,}718}{60} \times 10{,}000 \fallingdotseq 57{,}619{,}667$(명)

따라서 2011년 인구가 2010년보다 많은 국가는 D, E, F, G 4개이다. (○)

ㄹ. 2011년 국가 D와 E를 비교해 보면 2010년 기준 의사 수가 많은 국가라도 같은 해 인구 만 명당 의사는 많지 않다는 것을 알 수 있다. (×)

02 다음 〈표〉는 2008 ~ 2012년 한국을 포함한 OECD 주요국의 공공복지예산에 관한 자료이다. 이에 대한 〈보기〉의 설명 중 옳은 것만을 모두 고르면?

〈표 1〉 2008 ~ 2012년 한국의 공공복지예산과 분야별 GDP 대비 공공복지예산 비율

(단위 : 십억 원, %)

구분 연도	공공복지 예산	분야별 GDP 대비 공공복지예산 비율					
		노령	보건	가족	실업	기타	합
2008	84,466	1.79	3.28	0.68	0.26	1.64	7.65
2009	99,856	1.91	3.64	0.74	0.36	2.02	8.67
2010	105,248	1.93	3.74	0.73	0.29	1.63	8.32
2011	111,090	1.95	3.73	0.87	0.27	1.52	8.34
2012	124,824	2.21	3.76	1.08	0.27	1.74	9.06

〈표 2〉 2008 ~ 2012년 OECD 주요국의 GDP 대비 공공복지예산 비율

(단위 : %)

국가 \ 연도	2008	2009	2010	2011	2012
한국	7.65	8.67	8.32	8.34	9.06
호주	17.80	17.80	17.90	18.20	18.80
미국	17.00	19.20	19.80	19.60	19.70
체코	18.10	20.70	20.80	20.80	21.00
영국	21.80	24.10	23.80	23.60	23.90
독일	25.20	27.80	27.10	25.90	25.90
핀란드	25.30	29.40	29.60	29.20	30.00
스웨덴	27.50	29.80	28.30	27.60	28.10
프랑스	29.80	32.10	32.40	32.00	32.50

─┤ 보기 ├─

ㄱ. 2011년 한국의 실업 분야 공공복지예산은 4조원 이상이다.

ㄴ. 한국의 공공복지예산 중 보건 분야 예산이 차지하는 비중은 2011년과 2012년에 전년 대비 감소한다.

ㄷ. 매년 한국의 노령 분야 공공복지예산은 가족 분야 공공복지예산의 2배 이상이다.

ㄹ. 2009 ~ 2012년 동안 OECD 주요국 중 GDP 대비 공공복지예산 비율이 가장 높은 국가와 가장 낮은 국가 간의 비율 차이는 전년 대비 매년 증가한다.

① ㄱ, ㄹ   ② ㄴ, ㄷ

③ ㄴ, ㄹ   ④ ㄱ, ㄴ, ㄷ

⑤ ㄱ, ㄷ, ㄹ

정답 ②

해설

✐ 〈표 1〉에서 한국의 공공복지예산은 금액으로 되어 있고, 분야별 공공복지예산은 GDP 대비 비율로 나타나 있음에 유의해야 한다.

ㄱ. $\dfrac{111{,}090}{8.34} \times 100 \times \dfrac{0.27}{100} ≒ 3{,}596$(십억 원)으로 약 3.6조에 해당한다. 따라서 2011년 한국의 실업 분야 공공복지예산은 4조 원 이하로 옳지 않다. (×)

✐ 어림산으로 $111 \times \dfrac{1}{30}$ 을 사용하여 도출될 수 있다.

ㄴ. 2010년 $\dfrac{3.74}{8.32} ≒ 0.45$, 2011년 $\dfrac{3.73}{8.34} ≒ 0.447$,

2012년 $\dfrac{3.76}{9.06} ≒ 0.42$

따라서 한국의 공공복지예산 중 보건 분야 예산이 차지하는 비중은 2011년과 2012년에 전년 대비 감소한다. (○)

✐ $\dfrac{3.74}{8.32} > \dfrac{3.73}{8.34} > \dfrac{3.76}{9.06}$ 으로 계산하지 않고 대소 비교로 확인하자.

ㄷ. 가족 분야 공공복지예산의 2배와 노령 분야 공공복지예산을 보면 아래와 같다.

구분	가족 분야 공공복지예산의 2배	노령 분야 공공복지예산
2008년	$0.68 \times 2 = 1.36$	1.79
2009년	$0.74 \times 2 = 1.48$	1.91
2010년	$0.73 \times 2 = 1.46$	1.93
2011년	$0.87 \times 2 = 1.74$	1.95
2012년	$1.08 \times 2 = 2.16$	2.21

따라서 매년 한국의 노령 분야 공공복지예산은 가족 분야 공공복지예산의 2배 이상이다. (○)

ㄹ. 2009년~2012년 동안 OECD 주요국 중 GDP 대비 공공복지예산 비율이 가장 높은 국가는 프랑스이며, 가장 낮은 국가는 한국이다. 양국 간의 비율 차이는

2008년 : $29.80 - 7.65 = 22.15$
2009년 : $32.10 - 8.67 = 23.43$
2010년 : $32.40 - 8.32 = 24.08$
2011년 : $32.00 - 8.34 = 23.66$

2011년은 전년 대비 비율이 감소하였다. 따라서 비율 차이는 전년 대비 매년 증가하지 않음을 알 수 있다. (×)

---

03 다음 〈표〉는 2013 ~ 2020년 '갑'국 재정지출에 대한 자료이다. 이에 대한 설명으로 옳지 않은 것은?

〈표 1〉 전체 재정지출

(단위 : 백만 달러, %)

연도 \ 구분	금액	GDP 대비 비율
2013	487,215	34.9
2014	466,487	31.0
2015	504,426	32.4
2016	527,335	32.7
2017	522,381	31.8
2018	545,088	32.0
2019	589,175	32.3
2020	614,130	32.3

〈표 2〉 전체 재정지출 중 5대 분야 재정지출 비중

(단위 : %)

분야 \ 연도	2013	2014	2015	2016	2017	2018	2019	2020
교육	15.5	15.8	15.4	15.9	16.3	16.3	16.2	16.1
보건	10.3	11.9	11.4	11.4	12.2	12.5	12.8	13.2
국방	7.5	7.7	7.6	7.5	7.8	7.8	7.7	7.6
안전	3.6	3.7	3.6	3.8	4.0	4.0	4.1	4.2
환경	3.1	2.5	2.4	2.4	2.4	2.5	2.4	2.4

① 2015 ~ 2020년 환경 분야 재정지출 금액은 매년 증가하였다.
② 2020년 교육 분야 재정지출 금액은 2013년 안전 분야 재정지출 금액의 4배 이상이다.
③ 2020년 GDP는 2013년 대비 30% 이상 증가하였다.
④ 2016년 이후 GDP 대비 보건 분야 재정지출 비율은 매년 증가하였다.
⑤ 5대 분야 재정지출 금액의 합은 매년 전체 재정지출 금액의 35% 이상이다.

정답 ①

해설

GDP 대비 비율 $= \dfrac{\text{전체 재정지출}}{GDP} \times 100$

2013년을 기준으로 GDP의 관계를 살펴보면,
$34.9\% : 487{,}215 = 100\% : \text{GDP}$이다.
이 관계를 통해 GDP를 구할 수 있으나 일단 계산하지 않고, 선택지를 살펴보자.

① 2016년 대비 2017년 전체 재정지출이 감소했다. 이 기간 사이에 교육, 보건, 국방, 안전 분야의 비중은 증가했으나 환경 분야 재정지출 비중은 변화가 없다. 따라서 같은 기간 환경 분야 재정지출 금액이 감소했다는 것을 알 수 있다. (×)

② 2020년 교육 분야 재정지출 금액 = 614,130×16.1%
2013년 안전 분야 재정지출 금액 = 487,215 × 3.6%
614,130 × 16.1% ≥ (487,215 × 3.6%) × 4
16.1 > 3.6 × 4이므로 2020년 교육 분야 재정지출 금액이 2013년 안전 분야 재정지출 금액의 4배 이상임을 알 수 있다. (○)

③ $\dfrac{487,215}{34.9} \times 1.3 \leq \dfrac{614,130}{32.3}$

18,148 ≤ 19,013
따라서 2013년 대비 30% 이상 증가하였음을 알 수 있다. (○)

④ GDP 대비 보건 분야 재정지출 비율 = $\dfrac{\text{보건 분야 재정지출 비율}}{GDP}$

  = 보건분야 비중×GDP 대비 비율
2016년 = 32.7 × 11.4 = 372.78
2017년 = 31.8 × 12.2 = 387.96
2018년 = 32.0 × 12.5 = 400
2019년 = 32.3 × 12.8 = 413.44
2020년 = 32.3 × 13.2 = 426.36
따라서 2016년 이후 GDP 대비 보건 분야 재정지출 비율은 매년 증가하였다. (○)

⑤ 교육분야 전체 연도 15% 이상, 보건분야 전체 연도 10% 이상, 국방+안전+환경분야 전체 연도 10% 이상임을 〈표 2〉에서 확인할 수 있다. 따라서 5대 분야 재정지출 금액의 합은 전체 재정지출 금액의 35% 이상이다. (○)

---

04 다음 글과 〈조건〉에 따를 때, ○○부가 채택하기에 적합하지 않은 정책 대안은?

> • 올해의 전력수급현황은 다음과 같다.
>   – 총공급전력량 : 7,200만 kW
>   – 최대전력수요 : 6,000만 kW
>   이에 따라 ○○부는 내년도 전력수급기본계획을 마련하고, 정책목표를 다음과 같이 설정하였다.
>   – 정책목표 : 내년도 전력예비율을 30% 이상으로 유지한다.
>   전력예비율(%)
> $= \dfrac{\text{총공급전력량} - \text{최대전력수요}}{\text{최대전력수요}} \times 100$

────┤ 조건 ├────

조건 1 : 발전소를 하나 더 건설하면 총공급전력량이 100만 kW 증가한다.
조건 2 : 전기요금을 α% 인상하면 최대전력수요는 α% 감소한다.

※ 발전소는 즉시 건설·운영되는 것으로 가정하고 이외의 다른 변수는 고려하지 않는다.

① 발전소를 1개 더 건설하고, 전기요금을 10% 인상한다.
② 발전소를 3개 더 건설하고, 전기요금을 3% 인상한다.
③ 발전소를 6개 더 건설하고, 전기요금을 1% 인상한다.
④ 발전소를 8개 더 건설하고, 전기요금을 동결한다.
⑤ 발전소를 더 이상 건설하지 않고, 전기요금을 12% 인상한다.

정답 ②

해설

① 발전소 1기 + 전기요금 10% 인상 시
총공급전력량 : 7,200만 kW + 100만 kW = 7,300만 kW
최대전력 수요 : 6,000만 kW × 0.9 = 5,400만 kW
전력예비율 = $\dfrac{7,300 - 5,400}{5,400} \times 100 ≒ 35.2(\%)$

② 발전소 3기 + 전기요금 3% 인상 시
총공급전력량 : 7,200만 kW + 300만 kW = 7,500만 kW
최대전력 수요 : 6,000만 kW × 0.97 = 5,820만 kW
전력예비율 = $\dfrac{7,500 - 5,820}{5,820} \times 100 ≒ 28.9(\%)$

③ 발전소 6기 + 전기요금 1% 인상 시
총공급전력량 : 7,200만 kW + 600만 kW = 7,800만 kW
최대전력 수요 : 6,000만 kW × 0.99 = 5,940만 kW
전력예비율 = $\dfrac{7,800 - 5,940}{5,940} \times 100 ≒ 31.3(\%)$

④ 발전소 8기 + 전기요금 동결
총공급전력량 : 7,200만 kW + 800만 kW = 8,000만 kW
최대전력 수요 : 6,000만 kW

$$전력예비율 = \frac{8,000 - 6,000}{6,000} \times 100 ≒ 33.3(\%)$$

⑤ 발전소 X + 전기요금 12% 인상 시
총공급전력량 : 7,200만 kW
최대전력 수요 : 6,000만 kW × 0.88 = 5,280만 kW

$$전력예비율 = \frac{7,200 - 5,280}{5,280} \times 100 ≒ 36.4(\%)$$

따라서 ②의 경우 전력예비율이 30% 미만이 되어 적합하지 않다.

🗩 빠른 풀이

〈조건〉에 의해서 전력예비율이 30% 이상으로 유지되려면 최소 발전소 건설 또는 전기요금 인상이 어느 정도인지 파악한 후 선택지에서 소거한다.

ⅰ) 발전소 6개 건설 → 전력예비율 30%↑
ⅱ) 전기요금 8% 인상 → 전력예비율 30%↑

따라서 발전소 6개 이상 건설 및 전기요금 8% 인상이 있는 선택지는 계산하지 않고 소거한다.

①, ③, ④, ⑤는 계산하지 않아도 전력예비율이 30% 이상으로 유지되는 것을 알 수 있기 때문에 이 문제는 계산 없이 정답이 도출된다.

THEME 12 점수 계산 및 산정

🗒 본문 p.66~67

| 점수 계산 | 차잇값

01 어느 대학의 신입생 선발기준은 〈보기〉와 같다. 이 대학의 선발기준에 따른 A, B 학생의 총점이 올바르게 짝지어진 것은?

┤ 보기 ├

1. 총점은 1,000점 만점으로 한다.
2. 총점의 구성비율은 내신성적 40%, 수학능력시험 50%, 면접점수 10%로 한다.
3. 내신성적은 9개 등급으로 나누되 최고 등급인 1등급의 경우 만점을 부여하고 등급이 하나씩 내려갈 때마다 내신 만점의 5%를 감점한다.
4. 수능은 10개 등급으로 나누되 최고 등급인 1등급에 만점을 부여하고 등급이 하나씩 내려갈 때마다 수능만점의 10%를 감점한다.
5. 면접점수는 결시자의 경우 0점으로 하고, 전공예약자에게는 취득한 면접점수의 20%를 가산하되 가산점이 포함된 면접점수가 100점을 초과할 경우 100점으로 한다.

A학생 : 내신 2등급, 수능 3등급, 면접 85점, 전공예약자
B학생 : 내신 3등급, 수능 2등급, 면접 60점, 전공예약자 아님

	A학생	B학생
①	832	840
②	865	840
③	880	840
④	880	870
⑤	882	870

정답 ④

해설

ⅰ) A학생의 점수
　내신 2등급 : 380점, 수능 3등급 : 400점, 면접 85점 + (85 × 0.2) = 102 = 100(점)
　따라서 총합은 880점이다.
ⅱ) B학생의 점수
　내신 3등급 : 360점, 수능 2등급 : 450점, 면접 60점(가산점 없음)
　따라서 총합은 870점이다.

| 빠른 풀이 |

선택지를 보고 A학생과 B학생의 점수 차이를 고려하고, 1,000점
(내신 400점, 수학능력시험 500점, 면접 100점)에서 서로의 점수
를 계산하지 않고 비교만 한다.
내신은 9등급제이므로(총점 400점) 등급 간 차이는 20점(5%)
수학능력시험은 10등급제이므로(총점 500점) 등급 간 차이는 50
점(10%)
면접점수는 전공예약자만 취득점수의 20% 가산(최대 100점)
① A학생과 B학생 내신 점수 차이 : +20(A학생)
② A학생과 B학생 수능 점수 차이 : +50(B학생)
③ A학생과 B학생 면접 점수 차이 : +40점(A학생)
따라서 둘의 점수 차이는 10점이므로 정답은 ④이다.

| 점수 계산 |

02 다음 〈표〉는 A ~ J 아파트 단지의 주택성능에 대한 자료이다. 〈규칙〉을 적용하여 〈표〉를 분석한 결과에 대한 설명으로 옳은 것을 고르면?

〈표〉 A ~ J 아파트 단지의 주택성능

부문 세부항목 단지	소음				외부환경
	경량충격	중량충격	화장실	세대 간	
A	☆	☆	☆☆☆	☆☆☆☆	☆☆☆
B	☆	☆	☆☆	☆☆☆	☆☆
C	☆	☆	☆☆☆	☆☆☆☆	☆
D	☆	☆	☆☆☆	☆☆☆☆	☆
E	☆	☆	☆☆☆	☆☆	☆☆
F	☆	☆	☆☆☆	☆☆☆	☆
G	☆☆	☆	☆☆☆	☆☆☆☆	☆☆
H	☆☆	☆☆	☆☆☆	☆☆☆☆☆	☆☆
I	☆	☆	☆☆☆	☆☆☆☆	☆☆
J	☆	☆	☆☆☆	☆☆☆☆	☆☆

| 규칙 |

- 소음부문에서 "세대 간"은 '☆' 하나당 2점을, 나머지 세부항목은 '☆' 하나당 1점을 부여한다.
- 외부환경부문은 '☆' 하나당 3점을 부여한다.
- 소음부문점수는 소음부문 세부항목점수의 합이고, 주택성능점수는 소음부문점수와 외부환경부문점수의 합이다.

① 소음부문에서 가장 높은 점수를 받은 단지는 'G'이다.
② 소음부문에서 가장 낮은 점수를 받은 단지는 'B'이다.
③ 외부환경부문에서 가장 높은 점수를 받은 단지가 주택성능점수도 가장 높다.
④ 주택성능점수가 가장 낮은 단지가 "세대 간" 소음을 제외한 소음부문점수도 가장 낮다.
⑤ 주택성능점수가 19점인 단지가 가장 많다.

정답 ③

해설

① 소음부문에서 가장 높은 점수를 받은 단지는 'H'이다. (×)
② 소음부문에서 가장 낮은 점수를 받은 단지는 'E'이다. (×)
③ 외부환경부문에서 가장 높은 점수를 받은 단지는 9점인 A이고, A의 주택성능점수는 18점으로 가장 높다. (○)
④ 주택성능점수가 가장 낮은 단지는 11점인 F이고, F는 "세대 간" 소음을 제외한 소음부문 점수가 가장 낮지 않다. (×)
⑤ 주택성능점수가 16점인 단지가 가장 많다. (×)

03 다음 글과 〈상황〉을 근거로 판단할 때, 〈보기〉에서 옳은 것만을 모두 고르면?

□□부서는 매년 △△사업에 대해 사업자 자격 요건 재허가 심사를 실시한다.

• 기본심사 점수에서 감점 점수를 뺀 최종심사 점수가 70점 이상이면 '재허가', 60점 이상 70점 미만이면 '허가 정지', 60점 미만이면 '허가 취소'로 판정한다.

　– 기본심사 점수: 100점 만점으로, ㉮ ~ ㉱의 4가지 항목(각 25점 만점) 점수의 합으로 한다. 단, 점수는 자연수이다.

　– 감점 점수: 과태료 부과의 경우 1회당 2점, 제재 조치의 경우 경고 1회당 3점, 주의 1회당 1.5점, 권고 1회당 0.5점으로 한다.

┤ 상황 ├

2020년 사업자 A ~ C의 기본심사 점수 및 감점 사항은 아래와 같다.

사업자	기본심사 항목별 점수			
	㉮	㉯	㉰	㉱
A	20	23	17	?
B	18	21	18	?
C	23	18	21	16

사업자	과태료 부과 횟수	제재 조치 횟수		
		경고	주의	권고
A	3	–	–	6
B	5	–	3	2
C	4	1	2	

┤ 보기 ├

ㄱ. A의 ㉱ 항목 점수가 15점이라면 A는 재허가를 받을 수 있다.

ㄴ. B의 허가가 취소되지 않으려면 B의 ㉱ 항목 점수가 19점 이상이어야 한다.

ㄷ. C가 2020년에 과태료를 부과받은 적이 없다면 판정 결과가 달라진다.

ㄹ. 기본심사 점수와 최종심사 점수 간의 차이가 가장 큰 사업자는 C이다.

---

① ㄱ　　　　　② ㄴ
③ ㄱ, ㄴ　　　④ ㄴ, ㄷ
⑤ ㄷ, ㄹ

정답 ④

해설

ㄱ. A의 ㉱ 항목 점수가 15점이라면 A는 재허가를 받을 수 있다. → 66점이므로 '허가 정지'이다. (✕)

ㄴ. B의 허가가 취소되지 않으려면 B의 ㉱ 항목 점수가 19점 이상이어야 한다. → 60.5점이므로 '허가 취소'되지 않는다. (○)

ㄷ. C가 2020년에 과태료를 부과받은 적이 없다면 판정 결과가 달라진다. → 과태료를 부과받았다면 64점, 받지 않았다면 72점이므로 판정 결과가 달라진다. (○)

ㄹ. 기본심사 점수와 최종심사 점수 간의 차이가 가장 큰 사업자는 C이다. → B (✕)

THEME 13 스케줄

📄 본문 p.68~69

| 조건제시형 | 스케줄

01 甲은 2월 15일(일요일)부터 4일간 A도시의 관광명소를 관람하려고 한다. A도시는 주요 관광명소를 관람할 수 있는 자유이용권인 시티 투어 패스(City Tour Pass)를 판매하고 있다. 다음 〈관광 정보〉와 〈조건〉에 근거할 때, 甲이 아래 7곳의 관광명소(a ~ g)를 모두 관람하는 데 필요한 최소 금액은?

┤ 관광 정보 ├

		관람료(€)	휴관	패스 사용 가능 여부
a박물관		9	화요일	가능
b미술관		8	월요일	가능
c박물관		9	없음	불가능
d미술관		8	없음	가능
e타워		7	일요일	불가능
f타워		8	없음	가능
g궁전	본궁	13	없음	가능 (단, 정원에는 사용불가)
	정원	8		
	별궁	10		

시티 투어 패스 가격

구분	가격(€)/매
2일 패스	32
4일 패스	48
6일 패스	64

┤ 조건 ├

- 하루에 2곳의 관광명소까지만 관람할 수 있다.
- g궁전 관람에는 1일이 소요되며 궁전의 일부만 관람하는 경우에도 소요시간은 동일하다.
- 시티 투어 패스는 개시일로부터 연속적으로 사용해야 한다.
- g궁전의 경우 본궁·정원·별궁 모두 관람해야 하며, 세 곳 모두 관람이 가능한 1일권을 판매하고 있다(월 ~ 금: 21€, 토 ~ 일: 25€).

① 64€
② 69€
③ 70€
④ 72€
⑤ 73€

정답 ②

해설

일정표를 만들어야 하는데, 하루에 최대 두 곳이므로 제한 요건에 따라 우선권을 부여해야 한다.

요일	15(일)	16(월)	17(화)	18(수)
1	−	c박물관	b미술관	a박물관
2	g궁전	e타워	d미술관	f타워
가격 합계	1일 패스 25	9 + 7	2일권 패스 32	패스

위 우선권을 고려하여 아래와 같이 최저 가격을 만들기 위한 이동 루트를 세우면

요일	15(일)	16(월)	17(화)	18(수)
1	b미술관	a박물관	c박물관	−
2	d미술관	f타워	e타워	g궁전
가격 합계 69€	2일권 패스 32	패스	9 + 7	1일 패스 21

甲이 7곳의 관광명소(a ~ g)를 모두 관람하는 데 필요한 최소 금액은 32€(2일 패스) + 16€(불가능) + 21€(궁전 1일권 월~금) = 69€ 이다.

02 다음 글을 근거로 판단할 때, 18시에서 20시 사이에 보행신호가 점등된 횟수는?

- A시는 차량통행은 많지만 사람의 통행은 적은 횡단보도에 보행자 자동인식시스템을 설치하였다.
- 보행자 자동인식시스템이 횡단보도 앞에 도착한 보행자를 인식하면 1분 30초의 대기 후에 보행신호가 30초간 점등되며, 이후 차량통행을 보장하기 위해 2분간 보행신호는 점등되지 않는다. 점등 대기와 보행신호 점등, 차량통행 보장 시간 동안에는 보행자를 인식하지 않는다.

점등 대기		보행신호 점등		차량통행 보장
1분 30초	→	30초	→	2분

- 보행신호가 점등되기 전까지 횡단보도 앞에 도착한 사람만 모두 건넌다.
- 다음은 17시 50분부터 20시까지 횡단보도 앞에 도착한 사람의 수와 도착 시각을 정리한 것이다.

도착 시각	인원	도착 시각	인원
18 : 25 : 00	1	18 : 44 : 00	3
18 : 27 : 00	3	18 : 59 : 00	4
18 : 30 : 00	2	19 : 01 : 00	2
18 : 31 : 00	5	19 : 48 : 00	4
18 : 43 : 00	1	19 : 49 : 00	2

① 6   ② 7
③ 8   ④ 9
⑤ 10

정답 ②

해설

(A) ~ (G)는 알파벳 순으로 보행신호 점등의 순서를 의미한다. 글의 조건에 따라 보행자 인식시간, 점등 대기 시간, 보행신호 점등 시간, 차량통행 보장 시간을 나타내면 아래와 같다.

도착 시각	인원	보행자 인식	점등 대기	보행신호 점등	차량통행 보장
18:25:00	1(A)	18:25:00	18:25:00~18:26:30	18:26:30~18:27:00	18:27:00~18:29:00
18:27:00	3(B)	18:29:00	18:29:00~18:30:30	18:30:30~18:31:00	18:31:00~18:33:00
18:30:00	2(B)			(B)같이 건넌다.	
18:31:00	5(C)	18:33:00	18:33:00~18:34:30	18:34:30~18:35:00	18:35:00~18:37:00
18:43:00	1(D)	18:43:00	18:43:00~18:44:30	18:44:30~18:45:00	18:45:00~18:47:00
18:44:00	3(D)			(D)같이 건넌다.	
18:59:00	4(E)	18:59:00	18:59:00~19:00:30	19:00:30~19:01:00	19:01:00~19:03:00
19:01:00	2(F)	19:03:00	19:03:00~19:04:30	19:04:30~19:05:00	19:05:00~19:07:00
19:48:00	4(G)	19:48:00	19:48:00~19:49:30	19:49:30~19:50:00	19:50:00~19:52:00
19:49:00	2(G)			(G)같이 건넌다.	

따라서 18시에서 20시 사이에 보행신호가 점등된 횟수는 7번이다.

THEME 14 순서 · 위치 · 배열

📄 본문 p.70~71

| 조건제시형 | 시간 · 요일 · 날짜

01 다음 글을 근거로 판단할 때, A괘종시계가 11시 정각을 알리기 위한 마지막 종을 치는 시각은?

> A괘종시계는 매시 정각을 알리기 위해 매시 정각부터 일정한 시간 간격으로 해당 시의 수만큼 종을 친다. 예를 들어 7시 정각을 알리기 위해서는 7시 정각에 첫 종을 치기 시작하여 일정한 시간 간격으로 총 7번의 종을 치는 것이다. 이 괘종시계가 정각을 알리기 위해 2번 이상 종을 칠 때, 종을 치는 시간 간격은 몇 시 정각을 알리기 위한 것이든 동일하다. A괘종시계가 6시 정각을 알리기 위한 마지막 6번째 종을 치는 시각은 6시 6초이다.

① 11시 11초 ② 11시 12초
③ 11시 13초 ④ 11시 14초
⑤ 11시 15초

정답 ②

해설

🗨 간격에 대한 개념

① 100m 직선 도로에 50m 간격으로 가로수를 설치할 경우 몇 개의 가로수가 설치되는가?

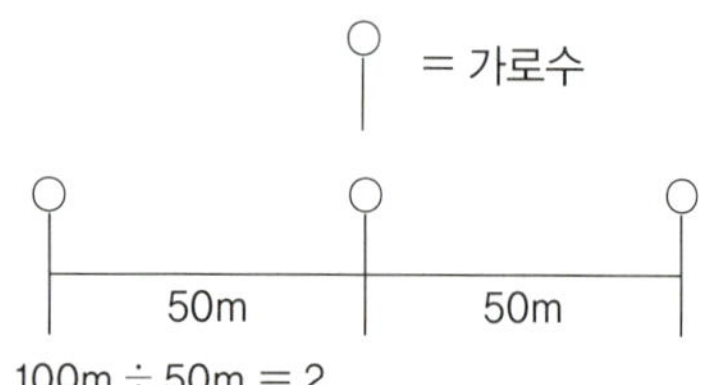

100m ÷ 50m = 2
∴ 2 + 1 = 3개

② 100m인 원형 도로에 50m 간격으로 가로수를 설치할 경우 몇 개의 가로수가 설치되는가?

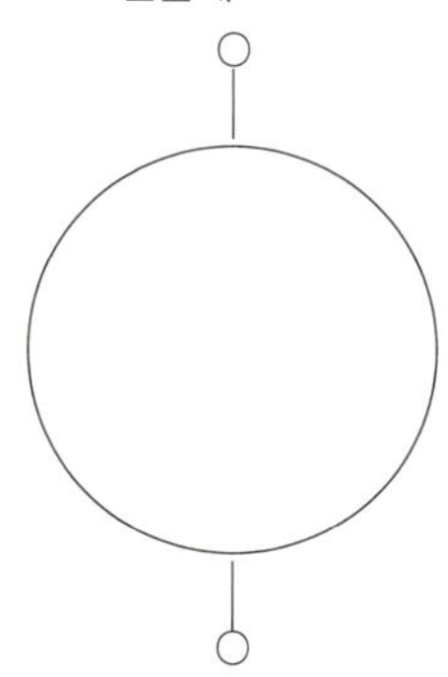

100m ÷ 50m = 2
∴ 2개

6시부터 괘종시계가 울려서 6시 6초에 마지막 6번째 종을 쳤다면, 종을 친 사이의 간격은 5개(1.2초)이며, 이 간격 동안 지난 시간은 6초가 된다. 종을 친 시점을 가로수를 배치하는 것으로 가정하여도 좋다.

11시 정각을 알리기 위한 간격은 아래와 같다.

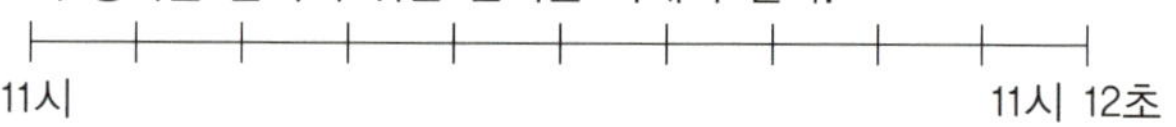

모두 10개의 간격이며, 총 12초(10 × 1.2)의 시간이 소요된다.
∴ 11시 12초

02 다음 글과 〈대화〉를 근거로 판단할 때, ㉠에 들어갈 병(丙)의 대화 내용으로 옳은 것은?

주무관 정(丁)은 다음과 같은 사실을 알고 있다.
- 이번 주 개업한 A식당은 평일 '점심(12시)'과 '저녁(18시)'으로만 구분해 운영되며, 해당 시각 이전에 예약할 수 있다.
- 주무관 甲~丙은 A식당에 이번 주 월요일부터 수요일까지 서로 겹치지 않게 예약하고 각자 한 번씩 다녀왔다.

――――| 대화 |――――

甲: 나는 이번 주 乙의 방문 후기를 보고 예약했어. 음식이 정말 훌륭하더라!
乙: 그렇지? 나도 나중에 들었는데 丙은 점심 할인도 받았대. 나도 다음에는 점심에 가야겠어.
丙: 월요일은 개업일이라 사람이 많을 것 같아서 피했어. ㉠
丁: 너희 모두의 말을 다 들어보니, 각자 식당에 언제 갔는지를 정확하게 알겠다!

① 乙이 다녀온 바로 다음날 점심을 먹었어.
② 甲이 먼저 점심 할인을 받고 나에게 알려준 거야.
③ 甲이 우리 중 가장 늦게 갔었구나.
④ 월요일에 갔던 사람은 아무도 없구나.
⑤ 같이 가려고 했더니 이미 다들 먼저 다녀왔더군.

정답 ②

해설

대화의 내용을 정리하면 아래와 같은 경우가 도출된다.

구분	월	화	수
점 심	✕	병 / 갑	병 / 갑
저 녁	을	을 / 갑	갑

갑은 을이 다녀온 다음에 다녀와야 하며, 병은 월요일은 가지 않았다. 따라서 월요일 점심은 아무도 가지 않았다.

① 을이 다녀온 바로 다음날 점심을 병이 먹었다면, 갑은 화요일이나 수요일 중 다녀올 수 있기 때문에 확정되지 않는다. (✕)
② 갑이 병보다 먼저 먹었고 점심을 먹었다고 언급하였다. 따라서 병은 점심만 먹었기 때문에 갑은 화요일 점심, 병은 수요일 점심으로 확정된다. 따라서 을은 월요일 저녁으로 확정된다. (○)
③ 갑이 가장 늦게 갔을 경우 화요일 저녁, 수요일 점심, 수요일 저녁 중에 가야하기 때문에 확정되지 않는다. (✕)
④ 월요일에 을이 저녁에 방문할 경우가 있기 때문에 확정되지 않는다. (✕)
⑤ 병이 가장 늦게 먹을 경우는 수요일 점심이다. 하지만 갑이 화요일 점심이나 저녁에 갈 수 있기 때문에 확정되지 않는다. (✕)

03 직원들이 선택 순위에 따라 사무실을 선택하려고 한다. 다음 〈조건〉을 근거로 판단할 때 〈보기〉에서 옳은 것을 모두 고르면?

――――| 조건 |――――

북향

사이드	세미나실	계단	엘리베이터	엘리베이터홀	화장실	화장실	회의실	9사무실	사이드
	1사무실	2사무실	3사무실			4사무실	5사무실	6사무실	7사무실	8사무실	

남향

선택 순위	부서	성명	흡연 여부	기피하는 방 순서
1	기획	A	흡연	북향, 화장실 앞, 계단 앞, 회의실 앞, 사이드 방
2	법무	B		화장실 앞, 북향, 계단 앞, 사이드 방
3	홍보	C		화장실 앞, 북향, 계단 앞, 회의실 앞, 흡연자 옆 방
4	기획	D	흡연	북향, 화장실 앞, 회의실 앞, 사이드 방
5	법무	E		북향, 화장실 앞, 흡연자 옆, 사이드 방
6	기획	F		북향, 화장실 앞, 계단 앞, 회의실 앞 방
7	경리	G		북향, 화장실 앞, 사이드 방
8	홍보	H		화장실 앞, 북향, 사이드 방
9	경리	I		북향, 화장실 앞, 사이드 방

※ 예를 들어, A의 경우 북향을 가장 기피하고, 사이드 방을 가장 덜 기피한다.
※ 단, 기피하는 방만 남아있는 경우 덜 기피하는 방을 선택한다.

――――| 보기 |――――

ㄱ. 흡연자들의 방은 서로 붙어 있다.
ㄴ. 경리부서원들의 방은 서로 붙어 있다.
ㄷ. 기획부서원들의 방은 서로 떨어져 있다.
ㄹ. 홍보부서원들의 방은 서로 마주보고 있다.
ㅁ. 법무부서원 한 명과 기획부서원 한 명의 방은 서로 붙어 있다.

① ㄱ, ㄴ, ㄷ   ② ㄱ, ㄴ, ㄹ
③ ㄱ, ㄹ, ㅁ   ④ ㄴ, ㄷ, ㅁ
⑤ ㄷ, ㄹ, ㅁ

정답 ②

해설

〈보기〉와 표, 단서 등을 보고 사무실 배치 경우를 정리하면 아래와 같다.

ⅰ) A가 기피하는 방을 모두 제외하면 2사무실 선택
ⅱ) B가 기피하는 방을 제외하면 6사무실 or 7사무실
ⅲ) C가 기피하는 방을 모두 제외하면 8사무실 선택
ⅳ) D가 기피하는 방을 모두 제외하면 3사무실 선택
ⅴ) E가 기피하는 방을 모두 제외하면 6사무실 or 7사무실
　　 → B와 E는 6사무실 또는 7사무실로 선택
ⅵ) F가 기피하는 방을 모두 제외하면 1사무실 선택
ⅶ) G는 기피하는 방만 남아있기 때문에 덜 기피하는 방을 선택하게 되어 4사무실 or 5사무실 선택
ⅷ) H가 덜 기피하는 방인 9사무실 선택
ⅸ) I는 4, 5 중 G가 선택하지 않는 방을 선택
　　 → G와 I는 4사무실 또는 5사무실로 선택

ㄱ. 2사무실(A)과 3사무실(D)로 붙어 있다. (○)
ㄴ. 4사무실과 5사무실을 G 또는 I가 선택하기 때문에 붙어 있다. (○)
ㄷ. 1~3사무실을 각각 F, A, D가 선택하기 때문에 모두 붙어 있다. (×)
ㄹ. 8사무실(C)과 9사무실(H)는 서로 마주보고 있다. (○)
ㅁ. 기획부서원인 A, D, F는 1~3사무실로 다른 부서원들과 방이 붙어 있는 경우가 없다. (×)

| 조건제시형 | 수리퍼즐

01 다음 글을 근거로 판단할 때, 甲과 乙이 콩을 나누기 위한 최소 측정 횟수는?

> 甲이 乙을 도와 총 1,760g의 콩을 수확한 후, 甲은 400g을 가지고 나머지는 乙이 모두 가지기로 하였다. 콩을 나눌 때 사용할 수 있는 도구는 2개의 평형접시가 달린 양팔저울 1개, 5g짜리 돌멩이 1개, 35g짜리 돌멩이 1개뿐이다. 甲과 乙은 양팔저울 1개와 돌멩이 2개만을 이용하여 콩의 무게를 측정한다. 양팔저울의 평형접시 2개가 평형을 이룰 때 1회의 측정이 이루어진 것으로 본다.

① 2
② 3
③ 4
④ 5
⑤ 6

정답 ②

해설

양팔저울 평형접시 2개가 평형 = 1회 측정
갑 400g, 을 1,360g

1,760g을 $\frac{1}{2}$씩 줄이면서 측정

1,760 ÷ 2 = 880g
880 ÷ 2 = 440g (440g씩 측정할 수 있다.)
돌멩이 하나는 35g, 다른 하나는 5g이므로 모두 합치면 40g이다. 따라서 440g에서 돌멩이 무게를 제외하면 400g을 찾을 수 있다.
따라서 최소 3회 측정으로 甲은 400g을 가져갈 수 있다.

02 다음 〈그림〉에서 맨 윗줄에 있는 임의의 한 숫자에서 시작하여 아래쪽으로(대각선 방향 포함) 한 칸씩 이동할 수 있다. 위로 가거나 좌우로 이동할 수는 없다. 숫자 1과 숫자 1의 좌우 옆 칸은 지날 수 없지만, 시작과 도착은 할 수 있다. 이러한 조건에 따라 맨 아랫줄까지 이동할 때, 시작부터 도착까지 숫자의 합이 가장 큰 것은?

	좌						우
9	4	5	3	6	1	8	2
8	2	2	1	3	2	5	1
6	9	8	4	2	4	3	5
4	8	1	3	5	2	6	1
1	4	3	7	6	3	1	4
9	2	4	8	6	4	5	3
4	2	4	9	8	6	7	1
2	8	1	6	5	9	3	2
9	6	7	2	1	4	3	5

(상 = 맨 위, 하 = 맨 아래)

① 52 ② 53
③ 54 ④ 55
⑤ 58

9	4	5	3	6	1	8	2
8	2	2	1	3	2	5	1
6	9	8	4	2	4	3	5
4	8	1	3	5	2	6	1
1	4	3	7	6	3	1	4
9	2	4	8	6	4	5	3
4	2	4	9	8	6	7	1
2	8	1	6	5	9	3	2
9	6	7	2	1	4	3	5

$8+2+4+5+7+8+8+9+4=55$

정답 ④

해설

숫자 1과 숫자 1의 좌우 옆 칸은 지날 수 없다.

9	4	5	3	6	1	8	2
8	2	2	1	3	2	5	1
6	9	8	4	2	4	3	5
4	8	1	3	5	2	6	1
1	4	3	7	6	3	1	4
9	2	4	8	6	4	5	3
4	2	4	9	8	6	7	1
2	8	1	6	5	9	3	2
9	6	7	2	1	4	3	5

9	4	5	3
8	2	2	1
6	9	8	4

부분에서 8과 2는 지나갈 수 없다.

따라서 반드시 | 3 | 2 | 5 | 에서 2를 지나야 한다.

가장 숫자의 합이 커야 하므로 가장 큰 수로 이동하는 경우를 나타내면 아래와 같다.

03 다음 글과 〈상황〉을 근거로 판단할 때, 괄호 안의 ㉠
과 ㉡에 해당하는 것을 옳게 짝지은 것은?

> - 행정구역분류코드는 다섯 자리 숫자로 구성되어 있다.
> - 행정구역분류코드의 '처음 두 자리'는 광역자치단체인 시·도를 의미하는 고유한 값이다.
> - '그 다음 두 자리'는 광역자치단체인 시·도에 속하는 기초자치단체인 시·군·구를 의미하는 고유한 값이다. 단, 광역자치단체인 시에 속하는 기초자치단체는 군·구이다.
> - '마지막 자리'에는 해당 시·군·구가 기초자치단체인 경우 0, 자치단체가 아닌 경우 0이 아닌 임의의 숫자를 부여한다.
> - 광역자치단체인 시에 속하는 구는 기초자치단체이며, 기초자치단체인 시에 속하는 구는 자치단체가 아니다.

> ┤ 상황 ├
>
> ○○시의 A구와 B구 중 B구의 행정구역분류코드의 첫 네 자리는 1003이며, 다섯 번째 자리는 알 수 없다.
> 甲은 ○○시가 광역자치단체인지 기초자치단체인지 모르는 상황에서, A구의 행정구역분류코드는 ○○시가 광역자치단체라면 (㉠), 기초자치단체라면 (㉡)이/가 가능하다고 판단하였다.

	㉠	㉡
①	10020	10021
②	10020	10033
③	10033	10034
④	10050	10027
⑤	20030	10035

정답 ②

해설

㉠ 광역자치단체일 경우
○○시의 B구 행정구역분류코드는 1003(?)이다. (?) = 0 (기초자치)

1	0	0	3	0
광역자치단체		B구		기초자치

○○시의 A구 끝자리가 기초자치단체이기 때문에 0이다.

1	0	?	?	?
1	0	B구가 03이기 때문에 03이 되면 안된다.		0 (확정)
광역자치단체		A구		기초자치

○○시의 A구의 경우 끝자리가 0이기 때문에 선택지 ③ 소거
○○시의 A구의 경우 앞자리는 1로 시작한다. ⑤ 소거

㉡ 기초자치단체일 경우
○○시의 B구 행정구역분류코드는 1003(?)이다. (?) = ? (기초 ×)

1	0	0	3	임의의 수
기초자치단체		B구		기초 ×

○○시의 A구

1	0	0	3	임의의 수
1	0	03이 B구의 고유값이 아닌 ○○시의 고유값이므로 동일		기초 ×
기초자치단체		A구		기초 ×

따라서 기초자치단체일 경우 ○○시의 A구는 1003(임의의 수)이기 때문에 선택지 ②만 남게 된다.

TIP

지방자치단체 = ① + ②
① 광역지방자치단체(광역지자체) : 특별시(서울), 광역시(6광), 도(8도), 특별자치시(세종), 특별자치도(제주도)
② 기초지방자치단체(기초지자체) : 시·군·구
(예) 서울특별시(광역) 강남구
(예) "광역자치단체인 시에 속하는 구는 기초자치단체이며, 기초자치단체인 시에 속하는 구는 자치단체가 아니다."
→ 서울특별시 강남구는 기초자치단체이다.
→ 경기도 성남시 분당구는 기초자치단체가 아니다. 성남시가 기초자치단체가 된다.

📖 본문 p.74~76

| 최적화 | 기본 예제

01 다음 〈표〉는 ○○제약회사의 약품 A, B에 한 개에 함유된 두 성분 P, Q의 함량과 가격을 나타낸 자료이다. P성분을 5g 이상, Q성분을 8g 이상 섭취하려고 할 때, 비용을 최소화하려면 약품 A, B를 각각 몇 개씩 섭취해야 하는가?

〈표〉 ○○제약회사 약품 생산 개요

구분 약품	P(g)	Q(g)	비용(원)
A	3	2	100
B	1	3	50

① A: 1개, B: 1개
② A: 1개, B: 2개
③ A: 2개, B: 1개
④ A: 2개, B: 2개
⑤ A: 3개, B: 1개

정답 ②

해설

ⅰ) $x \geq 0, \ y \geq 0$
ⅱ) $3x + y \geq 5$
  $2x + 3y \geq 8$
$100x + 50y = k$(최소)
연립하면, $x = 1, \ y = 2$일 때 최소
따라서 A는 1개, B는 2개 섭취하였을 때, 비용을 200원으로 가장 최소화할 수 있다.

| 조건제시형 | 최적화

02 다음 자료의 밑줄 친 뉴스를 듣고 발가락양말 생산에 투입되는 시간에 대해 영희가 취할 선택으로 옳은 것은?

판매 수입을 극대화하려는 영희는 매일 6시간 동안 발가락 양말과 면장갑을 만들어 팔고 있다. 아래 표는 발가락 양말과 면장갑을 생산하는 데 투입되는 시간에 따른 생산량의 변화를 보여준다.

발가락 양말		면장갑	
투입 시간	생산량	투입 시간	생산량
0	0	0	0
1	15	1	10
2	28	2	18
3	38	3	24
4	46	4	28
5	51	5	30
6	54	6	31

오늘은 발가락 양말과 면장갑의 시장가격이 각각 천 원이었다. 영희는 저녁에 TV를 보다가 발가락양말이 무좀 예방에 매우 효과적이라는 연구결과가 새로 발표되면서 내일부터 발가락 양말 가격이 두 배로 오를 것이라는 뉴스를 접하였다.

① 1시간 늘린다.
② 2시간 늘린다.
③ 3시간 늘린다.
④ 두 배로 늘린다.
⑤ 1시간 줄인다.

정답 ①

해설

발가락 양말과 면장갑 생산 투입 시간은 합쳐서 6시간이다.
평상시 판매수익을 극대화하려면 발가락 4시간, 면장갑 2시간이다.
발가락 4시간 = 46개
면장갑 2시간 = 18개
총 64개
발가락 양말의 시장가격이 면장갑 시장가격의 두 배가 되면, 발가락 양말 생산이 평상시보다 1시간 증가하였을 때, 46에서 51개로 증가하게 되므로 +5가 되며, 판매수익은 10,000원이 된다.
면장갑은 평상시보다 1시간 감소하여 8개가 감소하였기 때문에 판매수익은 −8,000원이 된다. 따라서 총판매 수익은 +2,000원이다.
따라서 발가락 양말 5시간, 면장갑 1시간으로 결정한다.
(만약 발가락 양말을 추가로 1시간 더 늘려서 +3개, +6,000원의 판매수익을 올린다면, 면장갑은 투입시간이 −1시간이 되어 0시간으로 생산량이 −10개, −10,000원이 된다. 따라서 총수익은 −4,000원이 되므로 더 이상 발가락 양말 생산을 추가하여서는 안 된다.)

| 조건제시형 | 최적화 |

03 다음 〈조건〉과 〈연주곡과 악기〉를 근거로 판단할 때, 연주자 6명(A~F)이 연주 가능한 곡을 순서대로 나열한 것은?

조건

- A는 바이올린, B는 바이올린, C는 피아노·첼로, D는 바이올린·비올라, E는 피아노·비올라, F는 피아노·바이올린·첼로를 연주할 수 있다.
- 각 연주자는 연속하여 연주할 수 없으며, 한 곡에서 2개 이상의 악기를 연주할 수 없다.

연주곡과 악기

곡명	악기
모차르트 K.488	피아노 + 피아노
베토벤의 '봄' Op.24	피아노 + 바이올린
베토벤의 '유령' Op.70−1	피아노 + 바이올린 + 첼로
멘델스존 Op.49	피아노 + 바이올린 + 첼로
브람스 OP.25	피아노 + 바이올린 + 비올라 + 첼로
슈만 OP.47	피아노 + 바이올린 + 비올라 + 첼로
슈베르트의 '숭어' OP.114	피아노 + 바이올린 + 바이올린 + 비올라 + 첼로

① 모차르트 K.488 → 슈베르트의 '숭어' OP.114
② 베토벤의 '봄' Op.24 → 슈베르트의 '숭어' OP.114
③ 베토벤의 '유령' Op.70−1 → 멘델스존 Op.49
④ 베토벤의 '유령' Op.70−1 → 모차르트 K.488 → 슈만 OP.47
⑤ 멘델스존 Op.49 → 베토벤의 '봄' Op.24 → 브람스 OP.25

정답 ⑤

해설

① 모차르트 K.488 → 슈베르트의 '숭어' OP.114

모차르트 K.488	피아노+피아노

의 경우 2명이 필요하다.

슈베르트의 '숭어' OP.114	피아노+바이올린+바이올린+비올라+첼로

의 경우 5명이 필요하다.
2명이 이미 연주하였기 때문에 2명은 연주를 이어서 할 수 없다. 따라서 남은 4명으로는 연주 불가능하다. (×)

② 베토벤의 '봄' Op.24 → 슈베르트의 '숭어' OP.114

베토벤의 '봄' Op.24	피아노+바이올린

의 경우 2명이 필요하다.

슈베르트의 '숭어' OP.114	피아노+바이올린+바이올린+비올라+첼로

의 경우 5명이 필요하다.
2명이 이미 연주하였기 때문에 2명은 연주를 이어서 할 수 없다. 따라서 남은 4명으로는 연주 불가능하다. (×)

③ 베토벤의 '유령' Op.70−1 → 멘델스존 Op.49

베토벤의 '유령' Op.70−1	피아노+바이올린+첼로
멘델스존 Op.49	피아노+바이올린+첼로

첼로는 C와 F만 가능하므로 피아노를 연주할 수 있는 사람은 E만 남게 된다. 피아노는 유령과 멘델스존에서 각각 1명씩 필요하므로 불가능하다. (×)

④ 베토벤의 '유령' Op.70−1 → 모차르트 K.488 → 슈만 OP.47 (뒤부터 검토)

모차르트 K.488	피아노+피아노
슈만 OP.47	피아노+바이올린+비올라+첼로

A와 B는 바이올린만 연주한다. 따라서 A, B 둘 중에 한 명만 연주가 가능하여, 5명만 연주할 수 있다. 따라서 불가능하다. (×)

⑤ 멘델스존 Op.49 → 베토벤의 '봄' Op.24 → 브람스 OP.25

멘델스존 Op.49	피아노(E)+바이올린(A or B)+첼로(C or F)
베토벤의 '봄' Op.24	피아노(C or F)+바이올린(A or B)
브람스 OP.25	피아노(E)+바이올린(A or B)+비올라(D)+첼로(C or F)

멘델스존과 브람스가 연속하여 연주하지 않기 때문에 같은 사람이 연주 가능하므로 위와 같이 연주 가능하다. (○)

04 다음 글과 〈상황〉을 근거로 판단할 때 옳은 것은?

- 춘향이와 몽룡이는 첫 만남을 가졌다.
- 첫 만남 이후 헤어질 당시, 춘향이가 몽룡이에 대해 느끼는 호감도는 70, 몽룡이가 춘향이에 대해 느끼는 호감도는 60이다.
- 헤어진 후 시간이 지날수록 만남의 여운이 옅어져, 헤어진 지 10분 이후부터는 1분이 지날 때마다 서로에 대한 호감도가 1씩 하락한다.
- 헤어진 지 10분 안에 문자메시지를 받게 되면, 참을성이 없어 보여 문자메시지를 먼저 보낸 사람에 대한 호감도가 10 하락한다.
- 문자메시지를 받은 사람은 먼저 문자메시지를 보낸 사람에 대한 호감도가 20 상승한다.
- 문자메시지 내용이 다음 만남을 제안하는 내용이거나, 하트 기호(♡)를 포함할 경우 호감도가 두 사람 모두 10 상승한다.
- 최종 호감도는 문자메시지를 받은 시점을 기준으로 한다.

※ 위의 각 조건은 해당 사항이 있을 경우 중복 적용된다.

┤ 상황 ├

A : 헤어지고 15분 뒤, "다음 주말에 우리 함께 영화 볼래요?"라는 몽룡이의 문자메시지를 춘향이가 받음

B : 헤어지고 5분 뒤, "오늘 정말 즐거웠어요♡"라는 춘향이의 문자메시지를 몽룡이가 받음

C : 헤어지고 20분 뒤, "몽룡씨는 저와 참 잘 맞는 사람인 것 같아요."라는 춘향이의 문자메시지를 몽룡이가 받음

① 몽룡이가 춘향이에게 느끼는 최종 호감도는 상황 C가 가장 높다.
② 춘향이가 몽룡이에게 느끼는 최종 호감도는 상황 B가 가장 높다.
③ 몽룡이가 춘향이에게 느끼는 최종 호감도는 상황 B가 상황 C보다 15 높다.
④ 몽룡이가 춘향이에게 느끼는 최종 호감도는 상황 C가 상황 A보다 5 높다.
⑤ 상황 B의 경우 몽룡이가 춘향이에게 느끼는 최종 호감도가 춘향이가 몽룡이에게 느끼는 최종 호감도보다 높다.

해설

〈상황〉에 따른 점수를 산정하면 아래와 같다.

상황	춘향→몽룡 (70)	몽룡→춘향 (60)
A	−5+20(문자)+10(제안)	−5+10(제안)
B	+10(♡)	−10+20(문자)+10(♡)
C	−10	−10+20(문자)

최종 점수는

상황	춘향→몽룡 (70)	몽룡→춘향 (60)
A	25	5
B	10	20
C	−10	10

① 상황 B가 가장 높다. (×)
② 상황 A가 가장 높다. (×)
③ 상황 B가 상황 C보다 10 높다. (×)
④ 상황 C가 상황 A보다 5 높다. (○)
⑤ 상황 B의 경우 최종 호감도는 80점으로 춘향과 몽룡 모두 동일하다. (×)

THEME 17　교집합

📄 본문 p.78~80

| 교집합 |

01 甲마을은 총 200가구로 구성된 농촌 마을이다. 이 마을에서는 감자, 고구마, 토마토를 경작하며 각 가구는 감자, 고구마, 토마토 중에서 적어도 한 가지 이상의 작물을 경작한다. 다음 〈표〉와 〈정보〉를 바탕으로 〈보기〉의 A와 B에 들어갈 숫자를 바르게 나열한 것은?

〈표〉 甲마을의 작물 경작 상황

경작 작물	감자	고구마	토마토	감자, 고구마	감자, 토마토	고구마, 토마토	감자, 고구마, 토마토
가구 수	100	120	70	50	30	20	( )

| 정보 |

1) 甲마을의 가구 분포는 연간 소득을 기준으로 저소득층 가구가 25%, 중소득층 가구가 50%, 고소득층 가구가 25%이다.
2) 저소득층에서는 토마토 농사를 짓지 않으며 한 가구에 한 가지씩의 작물만 경작한다.
3) 저소득층에서 감자와 고구마 농사의 경작 비율은 4:6이다.
4) 중소득층에서만 감자, 고구마, 토마토를 모두 함께 경작하는 가구가 존재한다.
5) 중소득층에서 감자와 고구마 두 가지 작물만 함께 경작하는 가구의 비율은 40%이다.
6) 중소득층에서 토마토만을 경작하는 가구는 없다.
7) 고소득층에서 감자 혹은 고구마만 따로 경작하는 가구는 없다.
8) 고소득층에서는 감자나 고구마를 반드시 토마토와 함께 경작하며 그 비율은 동일하다.
9) 고소득층에서 토마토만 경작하는 가구의 비율은 60%이다.

| 보기 |

중소득층에서 고구마와 토마토 두 가지 작물만 함께 경작하는 가구의 수는 A이고, 고소득층에서 감자와 토마토 두 가지 작물만 함께 경작하는 가구의 수는 B이다.

	A	B
①	0	10
②	0	20
③	10	0
④	10	20
⑤	20	10

정답 ①

해설

정보를 정리하면 아래와 같다.

구분	저소득층	중소득층	고소득층	경작 가구 수
감자	20	10	×	30
고구마	30	30	×	60
토마토	×	×	30	30
감자+고구마	×	40	×	40
감자+토마토	×	10	♣(=10)	20
고구마+토마토	×	×	♣(=10)	10
감자+고구마+토마토	×	★(=10)	×	10
총 가구수	50가구	100가구	50가구	200가구

"고소득층에서는 감자나 고구마를 반드시 토마토와 함께 경작하며 그 비율은 동일하다"는 조건과 "중소득층에서만 감자, 고구마, 토마토를 모두 함께 경작하는 가구가 존재한다"는 조건에 의해서 고소득층에서 감자 + 토마토, 고구마 + 토마토는 10가구이다.(나머지 20가구에서 50%로 나누면 각각 10가구씩 된다.)

중소득층에서만 감자, 고구마, 토마토를 모두 함께 경작하는 가구가 존재하기 때문에 감자 + 고구마 + 토마토는 중소득층에서만 10가구가 경작한다.

〈표〉에서 감자, 고구마를 함께 경작하는 경작 가구 수는 50가구이며, 중소득층에서 감자 + 고구마만 40가구 경작하기 때문에 50 − 40 = 10가구이다.

〈표〉에서 감자와 토마토를 함께 재배하는 전체 가구 수는 30가구이다. 이 30에는 "감자, 토마토만" 하는 가구와 "감자, 고구마, 토마토"를 하는 가구가 포함된다.

조금 전에 구한 것처럼, 세 가지 모두 재배하는 가구는 10가구이다. 따라서 감자, 토마토만 재배하는 전체 가구 수는 30에서 10을 뺀 20가구이다.

그러나 이 20가구 중에서 10가구는 고소득층이 감자, 토마토만 재배하는 가구로 이미 배정되어 있다.

따라서 중소득층에서 감자 + 토마토만 경작하는 가구 수는 10가구가 된다.

〈표〉에서 고구마, 토마토를 경작하는 가구 수는 20가구이다. 고소득층 10가구, 중소득층 10가구(감자 + 고구마 + 토마토)이므로 중소득층에서 고구마+토마토 경작하는 가구 수는 0이다.

| 교집합 |

02 다음 〈표〉는 '갑'국 하수처리장의 1일 하수처리용량 및 지역등급별 방류수 기준이고, 〈그림〉은 지역등급 및 36개 하수처리장 분포이다. 이에 근거한 〈보기〉의 설명 중 옳은 것만을 모두 고르면?

〈표〉 하수처리장 1일 하수처리용량 및
지역등급별 방류수 기준

(단위 : mg/L)

1일 하수처리용량 \ 항목 \ 지역등급	생물학적 산소요구량	화학적 산소요구량	총질소	총인
500㎥ 이상 — I	5 이하	20 이하	20 이하	0.2 이하
500㎥ 이상 — II	5 이하	20 이하	20 이하	0.3 이하
500㎥ 이상 — III	10 이하	40 이하	20 이하	0.5 이하
500㎥ 이상 — IV	10 이하	40 이하	20 이하	2.0 이하
50㎥ 이상 500㎥ 미만 — I~IV	10 이하	40 이하	20 이하	2.0 이하
50㎥ 미만 — I~IV	10 이하	40 이하	40 이하	4.0 이하

〈그림〉 지역등급 및 하수처리장 분포

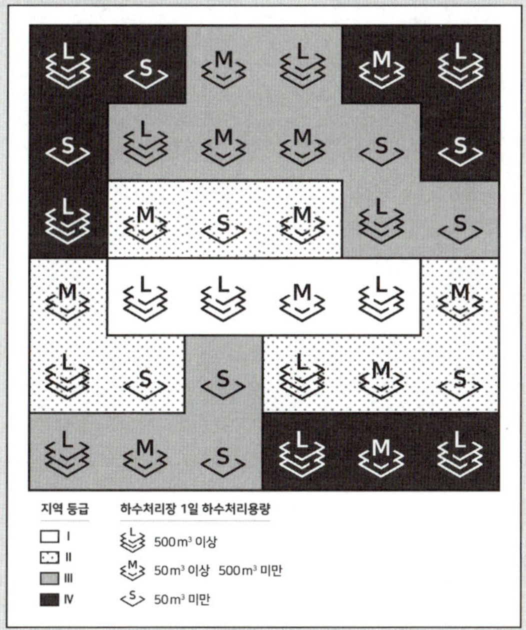

┤ 보기 ├

ㄱ. 방류수의 생물학적 산소요구량 기준이 '5 mg/L 이하'인 하수처리장 수는 5개이다.

ㄴ. 1일 하수처리용량 500㎥ 이상인 하수처리장 수는 1일 하수처리용량 50㎥ 미만인 하수처리장 수의 1.5배 이상이다.

ㄷ. II등급 지역에서 방류수의 총인 기준이 '0.3 mg/L 이하'인 하수처리장의 1일 하수처리용량 합은 최소 1,000㎥이다.

ㄹ. 방류수의 총질소 기준이 '20 mg/L 이하'인 하수처리장 수는 방류수의 화학적 산소요구량 기준이 '20 mg/L 이하'인 하수처리장 수의 5배 이상이다.

① ㄱ, ㄴ 　② ㄱ, ㄷ
③ ㄴ, ㄹ 　④ ㄱ, ㄷ, ㄹ
⑤ ㄴ, ㄷ, ㄹ

정답 ④

해설

ㄱ. 생물학적 산소요구량이 5mg/L 이하인 하수처리장이면서 L인 하수처리장은 5개이다. (○)

ㄴ. 1일 하수처리용량 500㎥ 이상인 하수처리장(L) 수는 14개, 1일 하수처리용량 50㎥ 미만인 하수처리장(S) 수는 10개이다. 1.4배 이다. (×)

ㄷ. II등급에서 방류수 총인 기준이 0.3mg/L 이하인 하수처리장은 1일 하수처리용량 500㎥ 이상에 해당하므로 이는 L인 하수처리장 2개이다. 최소 500㎥ 이상이 2개이므로 2개 하수처리장의 1일 하수처리용량의 합은 최소 1,000㎥이다. (○)

ㄹ. 전체 하수처리장에서 50㎥ 미만 하수처리장(S)은 10개이다. 따라서 방류수의 총 질소 기준이 20mg/L 이하인 하수처리장 수는 36(M, L의 개수) − 10(S의 개수) = 26(개)이다. 화학적 산소요구량 기준이 20mg/L 이하인 하수처리장은 I, II 등급 지역에서 1일 하수처리용량 500㎥ 이상인 L의 개수이고, 이는 5개이다. 따라서 5배 이상이다. (○)

03 다음 〈표〉는 2011년과 2012년 친환경인증 농산물의 생산 현황에 관한 자료이다. 이에 대한 설명으로 옳지 않은 것은?

〈표〉 종류별, 지역별 친환경인증 농산물 생산 현황

(단위 : 톤)

구분		2012년				2011년
		합	인증형태			
			유기 농산물	무농약 농산물	저농약 농산물	
종류	곡류	343,380	54,025	269,280	20,075	371,055
	과실류	341,054	9,116	26,850	305,088	457,794
	채소류	585,004	74,750	351,340	158,914	753,524
	서류	41,782	9,023	30,157	2,602	59,407
	특용작물	163,762	6,782	155,434	1,546	190,069
	기타	23,253	14,560	8,452	241	20,392
	계	1,498,235	168,256	841,513	488,466	1,852,241
지역	서울	1,746	106	1,544	96	1,938
	부산	4,040	48	1,501	2,491	6,913
	대구	13,835	749	3,285	9,801	13,852
	인천	7,663	1,093	6,488	82	7,282
	광주	5,946	144	3,947	1,855	7,474
	대전	1,521	195	855	471	1,550
	울산	10,859	408	5,142	5,309	13,792
	세종	1,377	198	826	353	0
	경기도	109,294	13,891	71,521	23,882	126,209
	강원도	83,584	17,097	52,810	13,677	68,300
	충청도	159,495	29,506	64,327	65,662	207,753
	전라도	611,468	43,330	443,921	124,217	922,641
	경상도	467,259	52,567	176,491	238,201	457,598
	제주도	20,148	8,924	8,855	2,369	16,939
	계	1,498,235	168,256	841,513	488,466	1,852,241

① 2012년 친환경인증 농산물 종류 중 전년대비 생산 감소량이 세 번째로 큰 농산물은 곡류이다.

② 2012년 친환경인증 농산물의 종류별 생산량에서 무농약 농산물 생산량이 차지하는 비중은 서류가 곡류보다 크다.

③ 2012년 전라도와 경상도에서 생산된 친환경인증 채소류 생산량의 합은 적어도 16만 톤 이상이다.

④ 2012년 각 지역 내에서 인증형태별 생산량 순위가 서울과 같은 지역은 인천과 강원도뿐이다.

⑤ 2012년 친환경인증 농산물의 생산량이 전년대비 30% 이상 감소한 지역은 총 2곳이다.

해설

① 2011년 대비 2012년 곡류의 감소량은
371,055－343,380 ＝ 27,675톤이다.
같은 방법으로 계산하면 과실류 116,740톤, 채소류 168,520톤, 서류 17,625톤, 특용작물 26,307톤이다.
따라서 곡류의 생산 감소량은 세 번째로 크다. (○)

② 2012년 무농약 농산물 비중이 서류는 $\dfrac{30,157}{41,782} \times 100 \fallingdotseq 72\%$

곡류의 경우는 $\dfrac{269,280}{343,380} \times 100 \fallingdotseq 78\%$이므로 곡류가 서류보다 비중이 더 크다. (×)

③ 2012년 전체 친환경 농산물 생산량 ＝ 1,498,235톤 … ㉠
전라도와 경상도의 친환경 농산물 생산량 합 ＝ 611,468톤 ＋ 467,259톤 ＝ 1,078,727톤 … ㉡
㉠ － ㉡ ＝ 419,508톤
채소류 총 생산량(585,004톤)에서 전라도와 경상도의 친환경 농산물 생산량 합을 제외하면 165,496톤이다.
다른 지역들에서 모두 채소류만 생산하더라도 최소 165,496톤은 전라도와 경상도에서 생산된 채소류이므로 옳은 설명이다. (○)

④ 2012년 서울의 인증형태별 생산량 순위는 무농약－유기－저농약 순이며, 인천과 강원도만 동일하다. (○)

⑤ 2012년 친환경 농산물 생산량이 전년대비 30% 이상 감소한 지역은 부산(약 41.6% 감소)과 전라도(약 33.7% 감소) 두 곳이다. (생산량이 증가한 지역은 제외 : 인천, 세종, 강원, 경상, 제주) (○)

THEME 18 가중평균

📄 본문 p.81

| 가중평균 | 기본 예제

01 농도 12%의 설탕물 32g에 8% 설탕물 몇 g을 넣으면 9% 설탕물이 되는가?

① 90 ② 92
③ 94 ④ 96
⑤ 98

정답 ④

해설

$$\frac{\text{설탕 양}}{\text{설탕물 양}} \times 100 = \text{설탕물 농도(\%)}$$

12%와 8%를 섞어서 9%가 되었다면, 거리의 비를 이용하면 3:1로 나타낼 수 있다.

```
  12%              9%  8%
  |----|----|----|----|
  32g            32+(?)g (?)g
```

$(?) = 32 \times 3 = 96$

∴ 96g

| 가중평균 |

02 다음 〈표〉는 A국의 2008년과 2012년 의원 유형별, 정당별 전체 의원 및 여성 의원에 관한 자료이다. 이에 대한 〈보기〉의 설명 중 옳은 것만을 모두 고르면?

〈표 1〉 2008년 의원 유형별, 정당별 전체 의원 및 여성 의원

(단위 : 명)

유형	구분	가	나	다	라	기타	전체
비례대표 의원	전체 의원 수	44	38	16	20	70	188
비례대표 의원	여성 의원 수	21	18	6	10	25	80
지역구 의원	전체 의원 수	230	209	50	51	362	902
지역구 의원	여성 의원 수	16	21	2	7	17	63

〈표 2〉 2012년 의원 유형별, 정당별 전체 의원 및 여성 의원

(단위 : 명, %)

유형	구분	가	나	다	라	기타	전체
비례대표 의원	전체 의원 수	34	42	18	17	74	185
비례대표 의원	여성 의원 비율	41.2	54.8	27.8	35.3	40.5	42.2
지역구 의원	전체 의원 수	222	242	60	58	344	926
지역구 의원	여성 의원 비율	7.2	12.4	10.0	13.8	4.1	8.0

※ 1) 의원 유형은 비례대표의원과 지역구의원으로만 구성됨
  2) 비율은 소수점 둘째 자리에서 반올림한 값임

| 보기 |

ㄱ. 2012년 A국 전체 의원 중 여성 의원의 비율은 15% 이하이다.
ㄴ. 2008년 정당별 지역구의원 중 여성 의원 비율은 '기타'를 제외하고 '라' 정당이 가장 높다.
ㄷ. 2008년 대비 2012년의 '가' 정당 여성 의원 비율은 비례대표의원 유형과 지역구의원 유형에서 모두 감소하였다.
ㄹ. 2008년 대비 2012년에 여성 지역구의원 수는 '가' ~ '라' 정당에서 모두 증가하였다.

① ㄱ, ㄴ ② ㄱ, ㄷ
③ ㄴ, ㄷ ④ ㄴ, ㄹ
⑤ ㄱ, ㄴ, ㄹ

정답 ①

해설

ㄱ. 2012년 A국 전체 의원 중 여성 의원의 비율은

$$\frac{185 \times 0.422 + 926 \times 0.08}{185 + 926} \times 100 \fallingdotseq 13.7\%$$

따라서 15% 이하는 옳은 설명이다. (○)

ㄴ. 2008년 정당별 지역구의원 중 여성 의원 비율은

'가' 정당 : $\frac{16}{230} \fallingdotseq 0.07$

'나' 정당 : $\frac{21}{209} \fallingdotseq 0.1$

'다' 정당 : $\frac{2}{50} = 0.04$

'라' 정당 : $\frac{7}{51} \fallingdotseq 0.14$

따라서 '라' 정당이 가장 높다. (○)

ㄷ. '가' 정당의 2008년 지역구의원의 여성 의원 비율 $\frac{16}{230} \times 100 \fallingdotseq$ 6.96%로 2012년 지역구 여성 의원 비율(약 7.2%)보다 낮다.

2008년 '가' 정당의 비례대표의원 여성 의원 비율은 $\frac{21}{44} \times 100 \fallingdotseq$ 47.7%로 2012년 '가' 정당의 비례대표의원 여성 의원 비율 41.2%보다 높다.

따라서 '가' 정당의 2012년 지역구의원 여성 의원 비율은 2008년 대비 증가하였기 때문에 옳지 않은 설명이다. (×)

ㄹ. 2012년 '가' 정당의 여성 지역구의원 수는 222명 × 0.072 ≒ 16(명)이므로 2008년과 동일하다. (×)

| 독해 | 일치 · 불일치 · 부합

01　다음 글의 내용과 일치하지 않는 것은?

19세기 중반에는 심리학에 영향을 미친 두 개의 학문이 존재했는데, 하나는 전통적인 사변 철학이었고, 다른 하나는 생리학이었다. 당시는 생리학자들이 그들의 학문보다 사회적 위상이 낮은 철학을 사변적인 학문으로 몰아붙이고 경멸하던 시기였다. 독일의 생리학자 분트는 생리학 분야에서 오랫동안 쌓아 온 경험과 실험 기법을, 비과학적이라고 경멸되던 철학에 접목시켜 실험심리학이라는 새로운 학문을 탄생시켰다. 이 과정에서 분트는 특히 두 가지에 역점을 두었는데, 첫째는 실험심리학을 과학과 같은 경험적 관찰과 실험에 입각한 학문으로 전환시키는 것이고, 둘째는 이 학문을 철학과는 별개인 새로운 학문으로 선언하는 것이었다.

실험심리학은 이후 유럽 각국에서 대조적인 발전 양상을 보였다. 분트를 계승한 독일에서는 실험심리학이 하나의 분과 학문으로 자리잡아 발전을 거듭한 반면, 프랑스나 영국에서는 세월에 따라 쇠퇴하는 경향을 보였다. 그 원인은 다음과 같다. 첫째, 당시 프랑스에서는 생리학이 독일처럼 포화 상태에 이르지 않았고 아직 팽창하던 시기였기 때문에 생리학 분야의 경쟁이 독일보다 매우 약했다. 둘째, 프랑스에서 학자들은 대학교수가 아니어도 학문적 명성을 얻을 수 있었다. 다시 말하면, 프랑스에서는 대학교수 자리에 대한 경쟁이 독일보다 훨씬 미약했던 것이다. 셋째, 독일에 비해 프랑스에서는 학문의 전문화나 특화가 제대로 이루어지지 않았다. 따라서 한 학자가 곤충학, 실험심리학, 법학, 교육학 등의 여러 분야를 다루는 경우도 있었다.

영국의 경우는 프랑스보다 실험심리학이 독립적인 학문 영역으로 자리잡기가 더 힘들었다. 첫째, 영국도 프랑스와 같이 생리학이 팽창 일로에 있었기 때문에 권위 있고 과학적이라고 생각된 생리학에 더 많은 연구자가 몰려들었고, 상대적으로 실험심리학을 연구하는 사람은 소수였다. 둘째, 프랑스와 마찬가지로 영국에서도 대학 밖에서 얼마든지 학문적 성취를 인정받을 수 있었다. 1832년 이전에는 영국에 2개, 스코틀랜드에 4개의 대학만이 있었고, 1910년에 가서야 약 10개의

대학이 신설되었다. 이것은 학자들의 이동이 어려웠다는 것을 나타내는 것으로 학자들 간의 경쟁이나 새로운 학파 형성에 부정적인 요인이 되었음을 의미했다.

① 새로운 학문이 분과 학문으로 정착되기 위해서는 국가 간에 학문 교류가 필요하다.
② 학문의 전문화나 특화가 제대로 이루어지지 않았던 프랑스에서는 실험심리학의 발전이 어려웠다.
③ 독일과 프랑스에서 생리학이 포화 상태에 이르렀는지의 여부는 실험심리학의 발전에 상이한 영향을 미쳤다.
④ 분트는 생리학을 철학에 접목하여 실험심리학을 탄생시키면서 실험심리학을 철학과 구분할 필요가 있다고 보았다.
⑤ 대학 밖에서도 학문적 성취를 인정받을 수 있었던 영국에서는 새로운 학파 형성이나 학자들 간 경쟁이 어려웠다.

정답 ①

해설

🐟 선택지를 먼저 보고 지문을 찾아갈 때 선택지 내용이 지문에 없을 경우 전체 지문을 살펴봐야 하는 시간적 역효과가 나타나기 때문에 문단별로 핵심 내용을 이해하고, 선택지로 바로 찾아가는 것이 효과적이다.

① 새로운 학문이 분과 학문으로 정착되기 위해서 국가 간 학문 교류가 필요한지에 관련된 내용은 지문에서 알 수 없다. (×)
② 학문의 전문화나 특화가 제대로 이루어지지 않았던 프랑스에서는 실험심리학의 발전이 어려웠다. (○)
③ 독일과 프랑스에서 생리학이 포화 상태에 이르지 않았고 아직 팽창하던 시기였기 때문에 생리학 분야의 경쟁이 독일보다 매우 약했다는 내용으로 보아 생리학 포화 상태 여부에 따라 실험심리학의 발전에 상이한 영향을 미쳤다. (○)
④ 첫째 문단에서 분트는 생리학을 철학에 접목시켜 실험심리학을 탄생시키고 철학과는 별개인 새로운 학문으로 선언하는 것에 역점을 두었다. (○)
⑤ 마지막 문단의 "영국에서도 대학 밖에서 얼마든지 학문적 성취를 인정받을 수 있었다."라는 내용으로 영국은 대학 밖에서 학문적 성취를 인정받을 수 있는 국가라는 것을 알 수 있다. 영국은 프랑스보다 실험심리학이 독립적인 학문 영역으로 자리잡기가 어려웠는데 그 이유로 실험심리학을 연구하는 사람의 수가 소수였고, 대학 밖에서도 얼마든지 학문적 성취를 인정받을 수 있었기 때문에 학자들 간의 경쟁이나 새로운 학파 형성에 부정적인 요인이 되었음을 제시했다. (○)

02 다음 글을 근거로 판단할 때 옳은 것은?

제○○조 ① 지방자치단체의 장은 소속공무원이 적극행정으로 인해 징계 의결 요구가 된 경우 적극행정지원위원회(이하 '위원회'라 한다)의 변호인 선임비용 지원결정(이하 '지원결정'이라 한다)에 따라 200만 원 이하의 범위 내에서 변호인 선임비용을 지원할 수 있다.
② 지방자치단체의 장은 소속공무원이 적극행정으로 인해 고소·고발을 당한 경우 위원회의 지원결정에 따라 기소 이전 수사과정에 한하여 500만 원 이하의 범위 내에서 변호인 선임비용을 지원할 수 있다.
③ 제1항, 제2항에 따라 지원결정을 받은 공무원은 이미 변호인을 선임한 경우를 제외하고는 선임비용을 지원받은 날부터 1개월 내에 변호인을 선임하여야 한다.

제□□조 ① 위원회는 지원결정을 받은 공무원이 다음 각 호의 어느 하나에 해당하는 경우 그 결정을 취소할 수 있다.
  1. 허위 또는 부정한 방법으로 지원결정을 받은 경우
  2. 제○○조 제2항의 고소·고발 사유와 동일한 사실관계로 유죄의 확정판결을 받은 경우
  3. 제○○조 제3항의 사항을 이행하지 않은 경우
② 제1항에 따라 지원결정이 취소된 경우 해당 공무원은 지원받은 변호인 선임비용을 즉시 반환하여야 한다.
③ 위원회는 제2항에 따른 반환의무를 전부 부담시키는 것이 타당하지 않다고 판단하는 경우에는 반환의무의 일부 또는 전부를 면제하는 결정을 할 수 있다.
④ 제1항부터 제3항은 해당 공무원이 변호인 선임비용을 지원받은 후 퇴직한 경우에도 적용한다.

※ 적극행정이란 공무원이 불합리한 규제를 개선하는 등 공공의 이익을 위해 창의성과 전문성을 바탕으로 적극적으로 업무를 처리하는 행위를 말한다.

① 지방자치단체의 장은 소속공무원이 적극행정으로 인해 징계 의결 요구가 된 경우, 위원회의 지원결정에 따라 500만 원의 변호인 선임비용을 지원할 수 있다.

② 지원결정을 받은 공무원이 적극행정으로 인해 고발당한 사건에 대해 이미 변호인을 선임하였더라도 선임비용을 지원받은 날부터 1개월 내에 새로운 변호인을 선임해야 한다.

③ 지원결정을 받은 공무원이 적극행정으로 인해 고소당한 사유와 동일한 사실관계로 무죄의 확정판결을 받은 경우, 위원회는 지원결정을 취소해야 한다.

④ 지원결정이 취소된 경우라도 위원회는 해당 공무원이 지원받은 변호인 선임비용에 대한 반환의무의 일부 또는 전부를 면제하는 결정을 할 수 있다.

⑤ 지원결정에 따라 변호인 선임비용을 지원받고 퇴직한 공무원에 대해 지원결정이 취소되더라도 그가 그 비용을 반환하는 경우는 없다.

해설

🖋 주어, 대상, 서술어 중심으로 검토할지 여부를 정한다.

① 제○○조 제1항, 제2항에 의해서 고소·고발을 당한 경우에 500만 원 이하의 범위 내에서 변호인 선임비용을 지원할 수 있다. 징계 의결 요구가 된 경우에 200만 원의 변호인 선임비용을 지원할 수 있다. (×)

🖋 텍스트(지문)을 먼저 본 경우, 징계 의결 요구를 핵심 키워드로 설정하여 200만 원 범위이기 때문에 틀린 선택지로 찾는 것보다. 선택지에서 500만 원의 키워드를 찾아 가는 것이 더 빠를 수 있다.

② 제○○조 제3항에 따라 이미 변호인을 선임한 경우에는 제외되기 때문에 옳지 않다. 이미 변호인을 선임한 경우에는 변호인을 새로 선임하여야 하는 의무는 없다. (×)

🖋 하여야 한다.　　　　　　　VS　　　할 수 있다.
　↳ 예외　　　　　　　　　　　　　↳ 예외
　∴ 하여야 하는 것은 아니다.　　　∴ 할 수 없다.
　∴ 할 수 있다.　　　　　　　　　∴ 하면 안 된다.

③ 제○○조 제2항의 고소·고발 사유와 동일한 사실관계로 유죄의 확정판결을 받은 경우에 위원회는 지원결정을 취소할 수 있다. 무죄의 확정판결을 받은 경우에는 해당사항이 아니다. (×)

※ 고발 : 수사기관에 범인 또는 피해자 이외의 제3자가 신고
※ 고소 : 수사기관에 피해자, 또는 고소권자가가 직접 신고

④ 제□□조 제1항에 의해서 지원결정이 취소된 경우 지원받은 변호인 선인비용을 즉시 반환하여야 하나, 같은 조 제2항에 따라서 반환의무의 일부 또는 전부를 면제하는 결정을 할 수 있다. (○)

⑤ 제□□조 제4항에 의해서 변호인 선임비용을 지원받은 후 퇴직한 경우에도 적용하기 때문에 그 비용을 일부 또는 전부를 반환하는 경우가 있다. (×)

03 다음 글에서 알 수 있는 것은?

우리나라 국기인 태극기에는 태극 문양과 4괘가 그려져 있는데, 중앙에 있는 태극 문양은 만물이 음양 조화로 생장한다는 것을 상징한다. 또 태극 문양의 좌측 하단에 있는 이괘는 불, 우측 상단에 있는 감괘는 물, 좌측 상단에 있는 건괘는 하늘, 우측 하단에 있는 곤괘는 땅을 각각 상징한다. 4괘가 상징하는 바는 그것이 처음 만들어질 때부터 오늘날까지 변함이 없다.

태극 문양을 그린 기는 개항 이전에도 조선 수군이 사용한 깃발 등 여러 개가 있는데, 태극 문양과 4괘만 사용한 기는 개항 후에 처음 나타났다. 1882년 5월 조미수호조규 체결을 위한 전권대신으로 임명된 이응준은 회담 장소에 내걸 국기가 없어 곤란해 하다가 회담 직전 태극 문양을 활용해 기를 만들고 그것을 회담장에 걸어두었다. 그 기에 어떤 문양이 담겼는지는 오랫동안 알려지지 않았다. 그런데 2004년 1월 미국 어느 고서점에서 미국 해군부가 조미수호조규 체결 한 달 후에 만든 『해상 국가들의 깃발들』이라는 책이 발견되었다. 이 책에는 이응준이 그린 것으로 짐작되는 '조선의 기'라는 이름의 기가 실려 있다. 그 기의 중앙에는 태극 문양이 있으며 네 모서리에 괘가 하나씩 있는데, 좌측 상단에 감괘, 우측 상단에 건괘, 좌측 하단에 곤괘, 우측 하단에 이괘가 있다.

조선이 국기를 공식적으로 처음 정한 것은 1883년의 일이다. 1882년 9월에 고종은 박영효를 수신사로 삼아 일본에 보내면서, 그에게 조선을 상징하는 기를 만들어 사용해본 다음 귀국하는 즉시 제출하게 했다. 이에 박영효는 태극 문양이 가운데 있고 4개의 모서리에 각각 하나씩 괘가 있는 기를 만들어 사용한 후 그것을 고종에게 바쳤다. 고종은 이를 조선 국기로 채택하고 통리교섭사무아문으로 하여금 각국 공사관에 배포하게 했다. 이 기는 일본에 의해 강제 병합되기까지 국기로 사용되었는데, 언뜻 보기에 『해상 국가들의 깃발들』에 실린 '조선의 기'와 비슷하다. 하지만 자세히 보면 두 기는 서로 다르다. 조선 국기 좌측 상단에 있는 괘가 '조선의 기'에는 우측 상단에 있고, '조선의 기'의 좌측 상단에 있는 괘는 조선 국기의 우측 상단에 있다. 또 조선 국기의 좌측 하단에 있는 괘는 '조선의 기'의 우측 하단에 있고, '조선의 기'의 좌측 하단에 있는 괘는 조선 국기의 우측 하단에 있다.

① 미국 해군부는 통리교섭사무아문이 각국 공사관에 배포한 국기를 『해상 국가들의 깃발들』에 수록하였다.
② 조미수호조규 체결을 위한 회담 장소에서 사용하고자 이응준이 만든 기는 태극 문양이 담긴 최초의 기다.
③ 통리교섭사무아문이 배포한 기의 우측 상단에 있는 괘와 '조선의 기'의 좌측 하단에 있는 괘가 상징하는 것은 같다.
④ 오늘날 태극기의 우측 하단에 있는 괘와 고종이 조선 국기로 채택한 기의 우측 하단에 있는 괘는 모두 땅을 상징한다.
⑤ 박영효가 그린 기의 좌측 상단에 있는 괘는 물을 상징하고 이응준이 그린 기의 좌측 상단에 있는 괘는 불을 상징한다.

정답 ④

해설

🗝 **알 수 있는 것은?**
- 정보
- 정보 1 + 정보 2 → 추론 가능한 정보 3

현재		조선의 기		조선 국기	
좌측 하단	이괘	좌측 하단	곤괘	좌측 하단	이괘
우측 상단	감괘	우측 상단	건괘	우측 상단	감괘
좌측 상단	건괘	좌측 상단	감괘	좌측 상단	건괘
우측 하단	곤괘	우측 하단	이괘	우측 하단	곤괘

① 통리교섭사무아문이 각국 공사관에 배포한 국기는 조선 국기이므로 잘못된 설명이다. 『해상 국가들의 깃발들』에 실린 기는 '조선의 기'이다. (✕)
② 태극 문양을 그린 기는 개항 이전에도 존재하였다. (✕)
③ 통리교섭사무아문이 배포한 기(조선 국기)의 우측 상단은 감괘, '조선의 기'의 좌측 하단에 있는 괘는 곤괘이기 때문에 상징하는 것은 다르다. (✕)
④ 오늘날 태극기(현재)의 우측 하단과 조선 국기로 채택한 기(조선 국기)의 우측 하단에 있는 괘는 같다. 우측 하단은 곤괘이며, 곤괘는 땅을 상징한다. (○)
⑤ 박영효가 그린 기(조선 국기 = 태극기)의 좌측 상단에 있는 괘는 건괘이며 하늘을 상징한다. 이응준이 그린 기(조선의 기)의 좌측 상단에 있는 감괘는 물을 상징한다. (✕)

---

04 다음 글의 A ~ C에 대한 판단으로 가장 적절한 것은?

정책 네트워크는 다원주의 사회에서 정책 영역에 따라 실질적인 정책 결정권을 공유하고 있는 집합체이다. 정책 네트워크는 구성원 간의 상호 의존성, 외부로부터 다른 사회 구성원들의 참여 가능성, 의사결정의 합의 효율성, 지속성의 특징을 고려할 때 다음 세 가지 모형으로 분류될 수 있다.

특징 모형	상호 의존성	외부 참여 가능성	합의 효율성	지속성
A	높음	낮음	높음	높음
B	보통	보통	보통	보통
C	낮음	높음	낮음	낮음

A는 의회의 상임위원회, 행정 부처, 이익집단이 형성하는 정책 네트워크로서 안정성이 높아 마치 소정부와 같다. 행정부 수반의 영향력이 작은 정책 분야에서 집중적으로 나타나는 형태이다. A에서는 참여자 간의 결속과 폐쇄적 경계를 강조하며, 배타성이 매우 강해 다른 이익집단의 참여를 철저하게 배제하는 것이 특징이다.
B는 특정 정책과 관련해 이해관계를 같이하는 참여자들로 구성된다. B가 특정 이슈에 대해 유기적인 연계 속에서 기능하면, 전통적인 관료제나 A의 방식보다 더 효과적으로 정책 목표를 달성할 수 있다. B의 주요 참여자는 정치인, 관료, 조직화된 이익집단, 전문가 집단이며, 정책 결정은 주요 참여자 간의 합의와 협력에 의해 일어난다.
C는 특정 이슈를 중심으로 이해관계나 전문성을 가진 이익집단, 개인, 조직으로 구성되고, 참여자는 매우 자율적이고 주도적인 행위자이며 수시로 변경된다. 배타성이 강한 A만으로 정책을 모색하면 정책 결정에 영향을 미칠 수 있는 C와 같은 개방적 참여자들의 네트워크를 놓치기 쉽다. C는 관료제의 영향력이 작고 통제가 약한 분야에서 주로 작동하는데, 참여자가 많아 합의가 어려워 결국 정부가 위원회나 청문회를 활용하여 의견을 조정하려는 경우가 종종 발생한다.

① 외부 참여 가능성이 높은 모형은 관료제의 영향력이 작고 통제가 약한 분야에서 나타나기 쉽다.
② 상호 의존성이 보통인 모형에서는 배타성이 강해 다른 이익집단의 참여를 철저하게 배제한다.
③ 합의 효율성이 높은 모형이 가장 효과적으로 정책 목표를 달성할 수 있다.
④ A에 참여하는 이익집단의 정책 결정 영향력이 B에 참여하는 이익집단의 정책 결정 영향력보다 크다.
⑤ C에서는 참여자의 수가 많아질수록 네트워크의 지속성이 높아진다.

정답 ①

해설

① 외부 참여 가능성이 높은 모형 = C
C모형은 주로 관료제의 영향력이 작고 통제가 약한 분야에서 주로 작동한다고 했으므로 적절한 내용이다. (○)
② 상호 의존성이 보통인 모형 = B
배타성이 매우 강해 다른 이익집단의 참여를 철저하게 배제하는 특징을 가진 유형은 A이다. (×)
③ 합의 효율성이 가장 높은 모형 = A
B모형이 특정 이슈에 대해 유기적인 연계 속에서 기능하면, A의 방식보다 더 효과적으로 정책목표를 달성할 수 있다. (×)
④ A모형은 배타성이 매우 강해 다른 이익집단의 참여를 배제하는 특징을 가졌으며, B모형은 특정 조건의 기능을 하면 A의 방식보다 더 효과적으로 정책 목표를 달성할 수 있다고 하였다. 따라서 이익집단의 정책 결정 영향력은 B모형이 더 크다. (×)
⑤ 참여자의 수가 많을수록 네트워크의 지속성이 낮아진다. (×)

독해 | 일치 · 불일치 · 부합

05 다음 글에서 알 수 있는 것은?

국제노동기구(ILO)의 노동기준에 관한 협약들은 그 중요성과 특성을 기준으로 하여 핵심협약, 거버넌스협약, 일반협약으로 나뉜다.

핵심협약은 1998년의 '노동에 있어서 기본적 원칙들과 권리에 관한 선언'에서 열거한 4개 원칙인 결사 · 자유원칙, 강제노동 금지원칙, 아동노동 금지원칙, 차별 금지원칙과 관련된 협약들을 말한다. ILO는 각국이 비준한 핵심협약 이행 현황에 대한 감시 · 감독 체계를 갖추고 있으며, 핵심협약을 비준하지 않고 있는 회원국에게는 미비준 이유와 비준 전망에 관한 연례 보고서 제출 의무를 부과하고 있다.

거버넌스협약은 노동정책 결정과 노동기준 집행 등 거버넌스와 관련된 협약으로 2008년의 '공정한 세계화를 위한 사회적 정의에 관한 선언'에서 열거한 근로감독 협약, 고용정책 협약, 노사정 협의 협약 등이 있다. ILO는 미비준한 거버넌스협약에 대해 회원국에 별도의 보고 의무를 부과하지 않는 대신, 회원국들과 외교적 협의를 통해 거버넌스협약 비준 확대에 노력하고 있다.

일반협약은 핵심협약과 거버넌스협약을 제외한 ILO의 노동기준에 관한 모든 협약을 가리키는데, 일반협약은 핵심협약과 거버넌스협약의 세부 주제별 기준들을 구체적으로 규정한다. 예를 들어 핵심협약에서 차별 금지원칙을 선언하거나 그 대강을 규정하면 일반협약에서는 각 산업별, 직역별에서의 근로시간 관련 구체적 차별 금지 및 그 예외를 규정하는 방식이다. 다만 일반협약은 ILO 내 다른 협약에 대해 우선 적용되지 않는다는 특성을 지닌다.

우리나라는 1991년 12월 ILO에 가입한 이후 순차적으로 ILO 노동기준에 관한 협약들을 비준하고 있다. 최근까지 아동노동 금지원칙 및 차별 금지원칙 관련 협약을 비준하였고 2021년 2월에는 결사 · 자유원칙 관련 협약에 대한 비준 절차가 진행 중이다. 거버넌스협약은 근로감독 협약을 제외하고는 모두 비준되었고, 비준된 핵심협약과 관련된 일반협약은 대부분 비준되었다.

① 우리나라는 고용정책 협약 및 그 세부 주제에 관한 일반협약을 모두 비준하였다.
② 우리나라는 매년 ILO에 강제노동 금지원칙에 관한 협약의 미비준 이유와 비준 전망에 대하여 보고서를 제출하여야 한다.
③ 우리나라에서 2021년 2월에 비준 절차가 진행 중인 협약은 공정한 세계화를 위한 사회적 정의에 관한 선언에 열거되어 있다.
④ ILO의 2008년 선언문에 포함된 근로감독 협약은 ILO의 다른 협약에 대해 우선 적용되지 않는다.
⑤ ILO는 노사정 협의 협약을 비준하지 않은 국가들에 대해 미비준 이유와 비준 전망에 대한 연례 보고서를 제출하도록 요구한다.

정답 ②

해설

🔑 알 수 있는 것은?

• 정보

• 정보 1 + 정보 2 → 추론 가능한 정보 3

① 우리나라는 1991년 12월 ILO에 가입한 이후 순차적으로 ILO 노동기준에 관한 협약들을 비준하고 있다. 거버넌스 협약은 근로감독 협약을 제외하고는 모두 비준, 비준된 핵심협약과 관련된 일반협약은 대부분 비준되었다고 하였으므로 모두 비준한 것은 아니다. (×)
② 우리나라는 핵심협약 4개 원칙 중 2개(아동노동 금지원칙 및 차별 금지원칙 관련 협약)는 비준하였고, 2021년 2월에 결사ㆍ자유원칙 관련 협약에 대한 비준 절차가 진행 중이라고 하였다. 강제노동 금지원칙에 관한 협약을 비준하지 않았기 때문에 미비준 이유와 비준 전망에 관한 연례 보고서를 제출하여야 한다. (○)
③ 우리나라에서 2021년 2월에 비준 절차가 진행 중인 협약은 결사ㆍ자유원칙 관련 협약이다. (×)
④ ILO의 2008년 선언문에 포함된 근로감독 협약은 거버넌스협약과 관련된 협약이다. 하지만 ILO의 다른 협약에 대해 우선 적용되지 않는다는 특징을 가진 협약은 일반협약으로 잘못된 설명이다. (×)
⑤ 노사정 협의 협약은 거버넌스협약에 해당하며, 거버넌스 협약은 별도의 보고 의무를 부과하지 않는다. (×)

| 규정ㆍ규칙형 | 일치ㆍ불일치ㆍ부합

06 다음 글을 근거로 판단할 때 옳은 것은?

제00조 ① 각 중앙관서의 장은 그 소관 물품관리에 관한 사무를 소속 공무원에게 위임할 수 있고, 필요하면 다른 중앙관서의 소속 공무원에게 위임할 수 있다.
② 제1항에 따라 각 중앙관서의 장으로부터 물품관리에 관한 사무를 위임받은 공무원을 물품관리관이라 한다.

제00조 ① 물품관리관은 물품수급관리계획에 정하여진 물품에 대하여는 그 계획의 범위에서, 그 밖의 물품에 대하여는 필요할 때마다 계약담당공무원에게 물품의 취득에 관한 필요한 조치를 할 것을 청구하여야 한다.
② 계약담당공무원은 제1항에 따른 청구가 있으면 예산의 범위에서 해당 물품을 취득하기 위한 필요한 조치를 하여야 한다.

제00조 물품은 국가의 시설에 보관하여야 한다. 다만 물품관리관이 국가의 시설에 보관하는 것이 물품의 사용이나 처분에 부적당하다고 인정하거나 그 밖에 특별한 사유가 있으면 국가 외의 자의 시설에 보관할 수 있다.

제00조 ① 물품관리관은 물품을 출납하게 하려면 물품출납공무원에게 출납하여야 할 물품의 분류를 명백히 하여 그 출납을 명하여야 한다.
② 물품출납공무원은 제1항에 따른 명령이 없으면 물품을 출납할 수 없다.

제00조 ① 물품출납공무원은 보관 중인 물품 중 사용할 수 없거나 수선 또는 개조가 필요한 물품이 있다고 인정하면 그 사실을 물품관리관에게 보고하여야 한다.
② 물품관리관은 제1항에 따른 보고에 의하여 수선이나 개조가 필요한 물품이 있다고 인정하면 계약담당공무원이나 그 밖의 관계 공무원에게 그 수선이나 개조를 위한 필요한 조치를 할 것을 청구하여야 한다.

① 물품출납공무원은 물품관리관의 명령이 없으면 자신의 재량으로 물품을 출납할 수 없다.
② A중앙관서의 장이 그 소관 물품관리에 관한 사무를 위임하고자 할 경우, B중앙관서의 소속 공무원에게는 위임할 수 없다.
③ 계약담당공무원은 물품을 국가의 시설에 보관하는 것이 그 사용이나 처분에 부적당하다고 인정하는 경우, 그 물품을 국가 외의 자의 시설에 보관할 수 있다.
④ 물품수급관리계획에 정해진 물품 이외의 물품이 필요한 경우, 물품관리관은 필요할 때마다 물품출납공무원에게 물품의 취득에 관한 필요한 조치를 할 것을 청구해야 한다.
⑤ 물품출납공무원은 보관 중인 물품 중 수선이 필요한 물품이 있다고 인정하는 경우, 계약담당공무원에게 수선에 필요한 조치를 할 것을 청구해야 한다.

정답 ①

해설

제00조를 순서대로 제1조~제5조로 가정하여 살펴본다.

① 제4조 제2항에 의하여 물품출납공무원은 물품관리관의 명령이 없으면 자신의 재량으로 물품을 출납할 수 없다. (○)
② 제1조 제1항에 의하여 A중앙관서의 장이 그 소관 물품관리에 관한 사무를 위임하고자 할 경우, B중앙관서의 소속 공무원에게 위임할 수 있다. (×)
③ 제3조에 의하여 계약담당공무원이 보관할 수 있는 것이 아니라 물품관리관이 주체이다. (×)
④ 제2조에 의하여 물품관리관은 물품출납공무원이 아닌 계약담당공무원에게 청구하여야 한다. (×)
⑤ 제5조에 의하여 물품 중 수선이 필요한 물품이 있다고 인정하는 경우 물품출납공무원 주체(물품출납공무원이 인정) → 물품관리관에게 보고 → 그 사실이 인정되면 → 계약담당공무원이나 그 밖의 관계 공무원에게 필요한 조치를 청구하여야 한다(물품관리관이 주체). 따라서 물품출납공무원이 직접 계약담당공무원에게 필요한 조치를 할 것을 청구해야 하는 것은 아니다. (×)

07 다음 글을 근거로 판단할 때 옳은 것은?

> 제00조 이 법에서 말하는 폐기물이란 쓰레기, 연소재, 폐유, 폐알칼리 및 동물의 사체 등으로 사람의 생활이나 사업활동에 필요하지 않게 된 물질을 말한다.
>
> 제00조 ① 도지사는 관할 구역의 폐기물을 적정하게 처리하기 위하여 환경부장관이 정하는 지침에 따라 10년마다 '폐기물 처리에 관한 기본계획'(이하 '기본계획'이라 한다)을 세워 환경부장관의 승인을 받아야 한다. 승인사항을 변경하려 할 때에도 또한 같다. 이 경우 환경부장관은 기본계획을 승인하거나 변경승인하려면 관계 중앙행정기관의 장과 협의하여야 한다.
> ② 시장·군수·구청장은 10년마다 관할 구역의 기본계획을 세워 도지사에게 제출하여야 한다.
> ③ 제1항과 제2항에 따른 기본계획에는 다음 각 호의 사항이 포함되어야 한다.
>   1. 관할 구역의 지리적 환경 등에 관한 개황
>   2. 폐기물의 종류별 발생량과 장래의 발생 예상량
>   3. 폐기물의 처리 현황과 향후 처리 계획
>   4. 폐기물의 감량화와 재활용 등 자원화에 관한 사항
>   5. 폐기물처리시설의 설치 현황과 향후 설치 계획
>   6. 폐기물 처리의 개선에 관한 사항
>   7. 재원의 확보계획
>
> 제00조 ① 환경부장관은 국가 폐기물을 적정하게 관리하기 위하여 전조 제1항에 따른 기본계획을 기초로 '국가 폐기물 관리 종합계획'(이하 '종합계획'이라 한다)을 10년마다 세워야 한다.
> ② 환경부장관은 종합계획을 세운 날부터 5년이 지나면 그 타당성을 재검토하여 변경할 수 있다.

① 재원의 확보계획은 기본계획에 포함되지 않아도 된다.
② A도 도지사가 제출한 기본계획을 승인하려면, 환경부장관은 관계 중앙행정기관의 장과 협의를 거쳐야 한다.
③ 환경부장관은 국가 폐기물을 적정하게 관리하기 위하여 10년마다 기본계획을 수립하여야 한다.
④ B군 군수는 5년마다 종합계획을 세워 환경부장관에게 제출하여야 한다.
⑤ 기본계획 수립 이후 5년이 경과하였다면, 환경부장관은 계획의 타당성을 재검토하여 계획을 변경하여야 한다.

정답 ②

해설

제00조를 순서대로 제1조~제3조로 전세하고 살펴본나.

① 제2조 제3항 제7호에 따라 재원의 확보계획은 기본계획에 포함되어야 한다. (✕)

② 제2조 제1항을 보면, A도 도지사가 제출한 기본계획을 승인할 경우에 환경부장관은 '기본계획'을 승인하거나 변경하는 주체이며, 그 과정에서 관계 중앙행정기관의 장과 협의하여야 한다. (○)

③ 제3조 제1항을 보면, 종합계획을 10년마다 세워야 한다. 기본계획이 아니다. (✕)

④ 제3조 제1항을 보면 종합계획의 주체는 군수가 아님을 알 수 있다. 환경부장관이다. 제2조 제2항에 따라 군수는 관할구역의 기본계획을 세워 도지사에게 제출하여야 한다. (✕)

⑤ 제3조 제2항을 보면 환경부장관은 종합계획을 세운 날부터 5년이 지나면 그 타당성을 재검토하여 변경할 수 있다. 먼저 기본계획 수립이 아니라 종합계획 수립 이후 5년 경과이며, 두 번째로는 계획을 변경하여야 하는 것이 아니라 변경할 수 있다. 기속규정이 아니다. (✕)

---

08 다음 글과 〈상황〉을 근거로 판단할 때, 수질검사빈도와 수질기준을 둘 다 충족한 검사지점만을 모두 고르면?

□□법 제00조(수질검사빈도와 수질기준) ① 기초자치단체의 장인 시장·군수·구청장은 다음 각 호의 구분에 따라 지방상수도의 수질검사를 실시하여야 한다.

1. 정수장에서의 검사
   가. 냄새, 맛, 색도, 탁도(濁度), 잔류염소에 관한 검사: 매일 1회 이상
   나. 일반세균, 대장균, 암모니아성 질소, 질산성 질소, 과망간산칼륨 소비량 및 증발잔류물에 관한 검사: 매주 1회 이상
   단, 일반세균, 대장균을 제외한 항목 중 지난 1년간 검사를 실시한 결과, 수질기준의 10퍼센트를 초과한 적이 없는 항목에 대하여는 매월 1회 이상

2. 수도꼭지에서의 검사
   가. 일반세균, 대장균, 잔류염소에 관한 검사: 매월 1회 이상
   나. 정수장별 수도관 노후지역에 대한 일반세균, 대장균, 암모니아성 질소, 동, 아연, 철, 망간, 잔류염소에 관한 검사: 매월 1회 이상

3. 수돗물 급수과정별 시설(배수지 등)에서의 검사
   일반세균, 대장균, 암모니아성 질소, 동, 수소이온 농도, 아연, 철, 잔류염소에 관한 검사: 매 분기 1회 이상

② 수질기준은 아래와 같다.

항목	기준	항목	기준
대장균	불검출/100 mL	일반세균	100 CFU/mL 이하
잔류염소	4 mg/L 이하	질산성 질소	10 mg/L 이하

─┤ 상황 ├─

甲시장은 □□법 제00조에 따라 수질검사를 실시하고 있다. 甲시 관할의 검사지점(A ~ E)은 이전 검사에서 매번 수질기준을 충족하였고, 이번 수질검사에서 아래와 같은 결과를 보였다.

검사지점	검사대상	검사결과	검사빈도
정수장 A	잔류염소	2 mg/L	매일 1회
정수장 B	질산성 질소	11 mg/L	매일 1회
정수장 C	일반세균	70 CFU/mL	매월 1회
수도꼭지 D	대장균	불검출/100 mL	매주 1회
배수지 E	잔류염소	2 mg/L	매주 1회

※ 제시된 검사대상 외의 수질검사빈도와 수질기준은 모두 충족한 것으로 본다.

① A, D 　　② B, D
③ A, D, E 　④ A, B, C, E
⑤ A, C, D, E

정답 ③

해설

수질검사빈도와 수질기준을 둘 다 충족하는지 검사지점별로 살펴보면 다음과 같다.
ⅰ) 정수장 A : □□법 제00조 제1항 제1호 가목에 따라 잔류염소 매일 1회 이상 검사빈도를 충족하며, 검사결과 4 mg/L 이하이므로 둘 다 모두 충족한다. (○)
ⅱ) 정수장 B : □□법 제00조 제1항 제1호 나목에 따라 질산성 질소는 매주 1회 이상이므로 매일 1회 검사빈도를 보여 충족한다. 검사결과 10 mg/L을 초과하였으므로 수질기준에 부합하지 않는다. (×)
ⅲ) 정수장 C : 제00조 제1항 제1호 나목에 따라 일반세균은 매주 1회 이상 검사하여야 하지만 매월 1회 검사빈도를 보여 수질검사빈도 기준에 부합하지 않는다. (×)
ⅳ) 수도꼭지 D : 대장균은 제00조 제1항 제2호 가목에 따라 매월 1회 이상 검사(매주 1회), 기준(불검출/100 mL)에 부합한다. (○)
ⅴ) 배수지 E : 제00조 제1항 제3호에 따라 잔류염소는 매 분기 1회 이상 기준에 부합하며, 검사결과 4 mg/L 이하(2 mg/L)에 충족하므로 수질검사빈도와 수질기준을 모두 충족한다. (○)

---

09 다음 글과 〈상황〉을 근거로 판단할 때 옳은 것은?

• 민원의 종류
법정민원(인가·허가 등을 신청하거나 사실·법률관계에 관한 확인 또는 증명을 신청하는 민원), 질의민원(법령·제도 등에 관하여 행정기관의 설명·해석을 요구하는 민원), 건의민원(행정제도의 개선을 요구하는 민원), 기타민원(그 외 상담·설명 요구, 불편 해결을 요구하는 민원)으로 구분함
• 민원의 신청
문서(전자문서를 포함, 이하 같음)로 해야 하나, 기타민원은 구술 또는 전화로 가능함
• 민원의 접수
민원실에서 접수하고, 접수증을 교부하여야 함(단, 기타민원, 우편 및 전자문서로 신청한 민원은 접수증 교부를 생략할 수 있음)
• 민원의 이송
접수한 민원이 다른 행정기관의 소관인 경우, 접수된 민원문서를 지체 없이 소관 기관에 이송하여야 함
• 처리결과의 통지
접수된 민원에 대한 처리결과를 민원인에게 문서로 통지하여야 함(단, 기타민원의 경우와 통지에 신속을 요하거나 민원인이 요청하는 경우, 구술 또는 전화로 통지할 수 있음)
• 반복 및 중복 민원의 처리
민원인이 동일한 내용의 민원(법정민원 제외)을 정당한 사유 없이 3회 이상 반복하여 제출한 경우, 2회 이상 그 처리결과를 통지하였다면 그 후 접수되는 민원에 대하여는 바로 종결 처리할 수 있음

─┤ 상황 ├─

• 甲은 인근 공사장 소음으로 인한 불편 해결을 요구하는 민원을 A시에 제기하려고 한다.
• 乙은 자신의 영업허가를 신청하는 민원을 A시에 제기하려고 한다.

① 甲은 구술 또는 전화로 민원을 신청할 수 없다.
② 乙은 전자문서로 민원을 신청할 수 없다.
③ 甲이 신청한 민원이 다른 행정기관 소관 사항인 경우라도, A시는 해당 민원을 이송 없이 처리할 수 있다.
④ A시는 甲이 신청한 민원에 대한 처리결과를 전화로 통지할 수 있다.
⑤ 乙이 동일한 내용의 민원을 이미 2번 제출하여 처리결과를 통지받았으나 정당한 사유 없이 다시 신청한 경우, A시는 해당 민원을 바로 종결 처리할 수 있다.

정답 ④

해설

갑은 불편 해결을 요구하는 민원이므로 기타민원이며, 을은 영업허가를 신청하는 민원이므로 법정민원이다.

① 기타민원은 구술 또는 전화로 신청이 가능하다. (✕)
② 문서(전자문서 포함)로 민원을 신청할 수 있다. (✕)
③ 다른 행정기관의 소관인 경우, 접수된 민원문서를 지체 없이 소관 기관에 이송하여야 한다. (✕)
④ 기타민원의 경우와 통지에 신속을 요하거나 민원이 요청하는 경우 구술 또는 전화로 통지할 수 있다. (○)
⑤ 동일한 내용의 민원 중복 처리에 관하여 법정민원은 제외한다고 하였기 때문에 바로 종결 처리할 수 없다. (✕)

---

10 다음 글과 〈상황〉을 근거로 판단할 때, 〈사업 공모 지침 수정안〉의 밑줄 친 ㉮ ~ ㉲ 중 '관계부처 협의 결과'에 부합한 것만을 모두 고르면?

• '대학 캠퍼스 혁신파크 사업'을 담당하는 A주무관은 신청 조건과 평가지표 및 배점을 포함한 〈사업 공모 지침 수정안〉을 작성하였다. 평가지표는 I ~ IV의 지표와 그 하위 지표로 구성되어 있다.

┤ 사업 공모 지침 수정안 ├

㉮ □ 신청 조건
　최소 1만 m^2 이상의 사업부지 확보. 단, 사업부지에는 건축물이 없어야 함

□ 평가지표 및 배점

평가지표	배점	
	현행	수정
㉯ I. 개발 타당성	20	25
− 개발계획의 합리성	10	10
− 관련 정부사업과의 연계 가능성	5	10
− 학습여건 보호 가능성	5	5
㉰ II. 대학의 사업 추진 역량과 의지	10	15
− 혁신파크 입주기업 지원 방안	5	5
− 사업 전담조직 및 지원체계	5	5
− 대학 내 주체 간 합의 정도	−	5
㉱ III. 기업 유치 가능성	10	10
− 기업의 참여 가능성	7	3
− 참여 기업의 재무건전성	3	7
㉲ IV. 시범사업 조기 활성화 가능성	10	삭제
− 대학 내 주체 간 합의 정도	5	이동
− 부지 조기 확보 가능성	5	삭제
합계	50	50

┌─────────── 상황 ───────────┐

A주무관은 <사업 공모 지침 수정안>을 작성한 후 뒤늦게 '관계부처 협의 결과'를 전달받았다. 그 내용은 다음과 같다.

• 대학이 부지를 확보하는 것이 쉽지 않으므로 신청 사업부지 안에 건축물이 포함되어 있어도 신청 허용

• 도시재생뉴딜사업, 창업선도대학 등 '관련 정부사업과의 연계가능성' 평가비중 확대

• 시범사업 기간이 종료되었으므로 시범사업 조기 활성화와 관련된 평가지표를 삭제하되 '대학 내 주체 간 합의 정도'는 타 지표로 이동하여 계속 평가

• 논의된 내용 이외의 하위 지표의 항목과 배점은 사업의 안정성을 위해 현행 유지

└────────────────────────────┘

① ㉮, ㉯   ② ㉮, ㉲
③ ㉯, ㉰   ④ ㉰, ㉱
⑤ ㉯, ㉰, ㉱

정답 ⑤

해설

㉮의 신청 조건에서 사업부지에는 건축물이 포함되어 있어도 신청이 허용되도록 수정되었으므로 옳지 않다. (×)

㉯에서 '관련 정부사업과의 연계가능성'의 배점이 현행 5점에서 10점으로 수정되어 비중이 확대되었다. (○)

㉰에서 '시범사업 조기 활성화 가능성' 관련된 평가지표를 삭제하되 '대학 내 주체 간 합의 정도'는 타 지표로 이동하여 계속 평가한다. (○)

㉱에서 하위 지표인 '부지 조기 확보 가능성'도 삭제되었는지 확인해야 한다. (○)

㉲에서 '기업 유치 가능성' 하위 지표인 '기업의 참여 가능성', '참여 기업의 재무건전성'은 현행 유지하도록 되어 있는데 수정된 점수의 배점이 현행과 동일하지 않으므로 옳지 않다. (×)

---

11 다음 글을 읽고 물음에 답하시오.

• 국가는 지방자치단체인 시·군·구의 인구, 지리적 여건, 생활권·경제권, 발전가능성 등을 고려하여 통합이 필요한 지역에 대하여는 지방자치단체 간 통합을 지원해야 한다.

• △△위원회(이하 '위원회')는 통합대상 지방자치단체를 발굴하고 통합방안을 마련한다. 지방자치단체의 장, 지방의회 또는 주민은 인근 지방자치단체와의 통합을 위원회에 건의할 수 있다. 단, 주민이 건의하는 경우에는 해당 지방자치단체의 주민투표권자 총수의 <u>50분의 1 이상의 연서(連書)가 있어야 한다.</u> 지방자치단체의 장, 지방의회 또는 주민은 위원회에 통합을 건의할 때 통합대상 지방자치단체를 관할하는 특별시장·광역시장 또는 <u>도지사(이하 '시·도지사')를 경유해야 한다.</u> 이 경우 시·도지사는 접수받은 통합건의서에 의견을 첨부하여 지체 없이 위원회에 제출해야 한다. 위원회는 위의 건의를 참고하여 시·군·구 통합방안을 마련해야 한다.

• □□부 장관은 위원회가 마련한 시·군·구 통합방안에 따라 지방자치단체 간 통합을 해당 지방자치단체의 장에게 권고할 수 있다. □□부 장관은 지방자치단체 간 통합권고안에 관하여 해당 지방의회의 의견을 들어야 한다. 그러나 □□부 장관이 필요하다고 인정하여 해당 지방자치단체의 장에게 주민투표를 요구하여 실시한 경우에는 그렇지 않다. 지방자치단체의 장은 시·군·구 통합과 관련하여 주민투표의 실시 요구를 받은 때에는 지체 없이 이를 공표하고 주민투표를 실시해야 한다.

• 지방의회 의견청취 또는 주민투표를 통하여 지방자치단체의 통합의사가 확인되면 '관계지방자치단체(통합대상 지방자치단체 및 이를 관할하는 특별시·광역시 또는 도)'의 장은 명칭, 청사 소재지, 지방자치단체의 사무 등 통합에 관한 세부사항을 심의하기 위하여 공동으로 '통합추진공동위원회'를 설치해야 한다.

• 통합추진공동위원회의 위원은 관계지방자치단체의 장 및 그 지방의회가 추천하는 자로 한다. 통합추진공동위원회를 구성하는 각각의 관계지방자치단체 위원 수는 다음에 따라 산정한다. 단, 그 결과값이 자연수가 아닌 경우에는 소수점 이하의 수를 올림한 값을 관계지방자치단체 위원 수로 한다.

> 관계지방자치단체 위원 수 = [(통합대상 지방자치단체 수)×6 + (통합대상 지방자치단체를 관할하는 특별시·광역시 또는 도의 수)×2 + 1] ÷ (관계지방자치단체 수)

- 통합추진공동위원회의 전체 위원 수는 위에 따라 산출된 관계지방자치단체 위원 수에 관계지방자치단체 수를 곱한 값이다.

윗글을 근거로 판단할 때 옳은 것은?

① □□부 장관이 요구하여 지방자치단체의 통합과 관련한 주민투표가 실시된 경우에는 통합권고안에 대해 지방의회의 의견을 청취하지 않아도 된다.
② 지방의회가 의결을 통해 다른 지방자치단체와의 통합을 추진하고자 한다면 통합건의서는 시·도지사를 경유하지 않고 △△위원회에 직접 제출해야 한다.
③ 주민투표권자 총수가 10만 명인 지방자치단체의 주민들이 다른 인근 지방자치단체와의 통합을 △△위원회에 건의하고자 할 때, 주민 200명의 연서가 있으면 가능하다.
④ 통합추진공동위원회의 위원은 □□부 장관과 관계지방자치단체의 장이 추천하는 자로 한다.
⑤ 지방자치단체의 장은 해당 지방자치단체의 통합을 △△위원회에 건의할 때, 지방의회의 의결을 거쳐야 한다.

정답 ①

해설

① □□부 장관은 통합권고안에 관하여 해당 지방의회의 의견을 들어야 하지만 주민투표를 요구하여 실시한 경우에는 그렇지 않다. 따라서 지방의회의 의견을 청취하지 않아도 된다. (○)
② 지방의회는 위원에 통합을 건의할 때 지방자치단체를 관할하는 특별시장·광역시장 또는 도지사를 경유하여야 하므로 △△위원회에 직접 제출하지 않는다. (×)
③ 주민이 건의하는 경우 해당 지방자치단체의 주민투표권자 총수의 50분의 1 이상의 연서가 있어야 한다. 따라서 주민투표권자 총수가 10만 명이므로 10만 명의 50분의 1은 2,000명이다. 따라서 2,000명 이상의 연서가 필요하다. (×)
④ 통합추진공동위원회의 위원은 관계지방자치단체의 장 및 그 지방의회가 추천하는 자로 한다. (×)
⑤ 지방자치단체의 장은 통합을 건의할 수 있다고 되어 있는데 지방의회의 의결을 거쳐야 한다는 내용은 없다. (×)

12 다음 글을 읽고 물음에 답하시오.

- 국가는 지방자치단체인 시·군·구의 인구, 지리적 여건, 생활권·경제권, 발전가능성 등을 고려하여 통합이 필요한 지역에 대하여는 지방자치단체 간 통합을 지원해야 한다.
- △△위원회(이하 '위원회')는 통합대상 지방자치단체를 발굴하고 통합방안을 마련한다. 지방자치단체의 장, 지방의회 또는 주민은 인근 지방자치단체와의 통합을 위원회에 건의할 수 있다. 단, 주민이 건의하는 경우에는 해당 지방자치단체의 주민투표권자 총수의 50분의 1 이상의 연서(連書)가 있어야 한다. 지방자치단체의 장, 지방의회 또는 주민은 위원회에 통합을 건의할 때 통합대상 지방자치단체를 관할하는 특별시장·광역시장 또는 도지사(이하 '시·도지사')를 경유해야 한다. 이 경우 시·도지사는 접수받은 통합건의서에 의견을 첨부하여 지체 없이 위원회에 제출해야 한다. 위원회는 위의 건의를 참고하여 시·군·구 통합방안을 마련해야 한다.
- □□부 장관은 위원회가 마련한 시·군·구 통합방안에 따라 지방자치단체 간 통합을 해당 지방자치단체의 장에게 권고할 수 있다. □□부 장관은 지방자치단체 간 통합권고안에 관하여 해당 지방의회의 의견을 들어야 한다. 그러나 □□부 장관이 필요하다고 인정하여 해당 지방자치단체의 장에게 주민투표를 요구하여 실시한 경우에는 그렇지 않다. 지방자치단체의 장은 시·군·구 통합과 관련하여 주민투표의 실시 요구를 받은 때에는 지체 없이 이를 공표하고 주민투표를 실시해야 한다.
- 지방의회 의견청취 또는 주민투표를 통하여 지방자치단체의 통합의사가 확인되면 '관계지방자치단체(통합대상 지방자치단체 및 이를 관할하는 특별시·광역시 또는 도)'의 장은 명칭, 청사 소재지, 지방자치단체의 사무 등 통합에 관한 세부사항을 심의하기 위하여 공동으로 '통합추진공동위원회'를 설치해야 한다.
- 통합추진공동위원회의 위원은 관계지방자치단체의 장 및 그 지방의회가 추천하는 자로 한다. 통합추진공동위원회를 구성하는 각각의 관계지방자치단체 위원 수는 다음에 따라 산정한다. 단, 그 결과값이 자연수가 아닌 경우에는 소수점 이하의 수를 올림한 값을 관계지방자치단체 위원 수로 한다.

관계지방자치단체 위원 수 = [(통합대상 지방자치단체 수)×6 + (통합대상 지방자치단체를 관할하는 특별시·광역시 또는 도의 수)×2 + 1] ÷ (관계지방자치단체 수)

- 통합추진공동위원회의 전체 위원 수는 위에 따라 산출된 관계지방자치단체 위원 수에 관계지방자치단체 수를 곱한 값이다.

윗글과 〈상황〉을 근거로 판단할 때, '통합추진공동위원회'의 전체 위원 수는?

┤ 상황 ├

甲도가 관할하는 지방자치단체인 A군과 B군, 乙도가 관할하는 지방자치단체인 C군, 그리고 丙도가 관할하는 지방자치단체인 D군은 관련 절차를 거쳐 하나의 지방자치단체로 통합을 추진하고 있다. 현재 관계지방자치단체장은 공동으로 '통합추진공동위원회'를 설치하고자 한다.

① 42명 ② 35명
③ 32명 ④ 31명
⑤ 28명

정답 ②

해설

통합대상 지방자치단체 수 = A군 ~ D군 = 4개
통합대상 지방자치단체를 관할하는 특별시·광역시 또는 도의 수는
ⅰ) 甲도, 乙도, 丙도 = 3개
ⅱ) A~D군 = 4개
관계지방자치단체 수는 ⅰ) + ⅱ) = 7
$(4 \times 6) + (3 \times 2) + 1 = 31$

$$\frac{31}{7} = 4.42 \cdots$$

이므로 관계지방자치단체 위원 수는 5명이다.
따라서 통합추진공동위원회 전체 위원 수는 $5 \times 7 = 35$명이다.

---

13 다음 대화의 ㉠에 따라 〈계획안〉을 수정한 것으로 적절하지 않은 것은?

갑: 나눠드린 'A시 공공 건축 교육 과정' 계획안을 다 보셨죠? 이제 계획안을 어떻게 수정하면 좋을지 각자의 의견을 자유롭게 말씀해 주십시오.

을: 코로나19 상황을 고려해 대면 교육보다 온라인 교육이 좋겠습니다. 그리고 방역 활동에 모범을 보이는 차원에서 온라인 강의로 진행한다는 점을 강조하는 것이 좋겠습니다. 온라인 강의는 편안한 시간에 접속하여 수강하게 하고, 수강 가능한 기간을 명시해야 합니다. 게다가 온라인으로 진행하면 교육 대상을 A시 시민만이 아닌 모든 희망자로 확대하는 장점이 있습니다.

병: 좋은 의견입니다. 여기에 덧붙여 교육 대상을 공공 건축 업무 관련 공무원과 일반 시민으로 구분하는 것이 좋겠습니다. 관련 공무원과 일반 시민은 기반 지식에서 차이가 커 같은 내용으로 교육하기에 적합하지 않습니다. 업무와 관련된 직무 교육 과정과 일반 시민 수준의 교양 교육 과정으로 따로 운영하는 것이 좋겠습니다.

을: 교육 과정 분리는 좋습니다만, 공무원의 직무 교육은 참고할 자료가 많아 온라인 교육이 비효율적입니다. 직무 교육 과정은 다음에 논의하고, 이번에는 시민 대상 교양 과정으로만 진행하는 것이 좋겠습니다. 그리고 A시의 유명 공공 건축물을 활용해서 A시를 홍보하고 관심을 끌 수 있는 주제의 강의가 있으면 좋겠습니다.

병: 그게 좋겠네요. 마지막으로 덧붙이면 신청 방법이 너무 예전 방식입니다. 시 홈페이지에서 신청 게시판을 찾아가는 방법을 안내할 필요는 있지만, 요즘 같은 모바일 시대에 이것만으로는 부족합니다. A시 공식 어플리케이션에서 바로 신청서를 작성하고 제출할 수 있도록 하면 좋겠습니다.

갑: ㉠오늘 회의에서 나온 의견을 반영하여 계획안을 수정하도록 하겠습니다. 감사합니다.

┌─── 계획안 ───┐

A시 공공 건축 교육 과정
- 강의 주제: 공공 건축의 미래 / A시의 조경
- 일시: 7. 12.(월) 19:00 ∼ 21:00 / 7. 14.(수)
  19:00 ∼ 21:00
- 장소: A시 청사 본관 5층 대회의실
- 대상: A시 공공 건축에 관심 있는 A시 시민
  누구나
- 신청 방법: A시 홈페이지 → '시민참여' → '교
  육' → '공공 건축 교육 신청 게시
  판'에서 신청서 작성

① 강의 주제에 "건축가협회 선정 A시의 유명 공공
   건축물 TOP3"를 추가한다.
② 일시 항목을 "• 기간: 7. 12.(월) 06:00 ∼ 7. 16.
   (금) 24:00"으로 바꾼다.
③ 장소 항목을 "• 교육방식: 코로나19 확산 방지를
   위해 온라인 교육으로 진행"으로 바꾼다.
④ 대상을 "A시 공공 건축에 관심 있는 사람 누구나"
   로 바꾼다.
⑤ 신청 방법을 "A시 공식 어플리케이션을 통한 A시
   공공 건축 교육 과정 간편 신청"으로 바꾼다.

정답 ⑤

해설

① 건축가협회 선정 A시의 유명 공공 건축물 TOP3는 A시의 유명 공
공 건축물을 활용하여 관심을 끌 수 있는 방법이다. (○)
② 온라인 강의로 수강하게 하기로 하였으므로 강의 시간대를 "7.
12.(월) 06:00 ∼ 7. 16.(금) 24:00"로 수정한 것은 적절하다. (○)
③ 코로나19 상황을 고려해 온라인 교육이 좋겠다고 주장하였으므로
"교육방식: 코로나19 확산 방지를 위해 온라인 교육으로 진행"으로
수정한 것은 적절하다. (○)
④ 을이 이번에는 시민 대상 교양 과정으로만 진행하는 것이 좋겠다
고 의견을 말했고, 병도 그게 좋겠다고 답변하였으므로 "A시 공공 건
축에 관심 있는 사람 누구나"로 수정하는 것이 적절하다. (○)
🖋 **공무원의 직무 교육은 온라인 교육이 비효율적이라고 언급하였
다. 따라서 이번에는 시민 대상 교양 과정으로만 진행하는 것으로
의견이 종합되고 있다.**
⑤ 시 홈페이지의 신청 게시판을 "A시 공식 어플리케이션을 통한 A
시 공공 건축 교육 과정 간편 신청"으로 바꾸는 것이 아니라 기존 게
시판 신청에 어플리케이션 신청을 추가하는 것이 적절하다. 신청 방
법이 너무 예전 방식이긴 하지만 신청 게시판을 찾아가는 방법을 안
내할 필요성을 언급하고 있을 뿐, 신청 게시판을 교체하거나 삭제하
는 것은 적절하지 않다. (×)

THEME 20   내용 및 빈칸 추론

📄 본문 p.97∼105

| 규정·규칙형 | 내용 추론 |

01 다음 글을 근거로 판단할 때 옳은 것은?

제○○조 ① 누구든지 법률에 의하지 아니하고
는 우편물의 검열·전기통신의 감청 또는 통신사
실확인자료의 제공을 하거나 공개되지 아니한 타
인 상호간의 대화를 녹음 또는 청취하지 못한다.
② 다음 각 호의 어느 하나에 해당하는 자는 1년
이상 10년 이하의 징역과 5년 이하의 자격정지에
처한다.
　1. 제1항에 위반하여 우편물의 검열 또는 전기
　　통신의 감청을 하거나 공개되지 아니한 타인
　　상호간의 대화를 녹음 또는 청취한 자
　2. 제1호에 따라 알게 된 통신 또는 대화의 내용
　　을 공개하거나 누설한 자
③ 누구든지 단말기기 고유번호를 제공하거나
제공받아서는 안 된다. 다만 이동전화단말기 제
조업체 또는 이동통신사업자가 단말기의 개통처
리 및 수리 등 정당한 업무의 이행을 위하여 제공
하거나 제공받는 경우에는 그러하지 아니한다.
④ 제3항을 위반하여 단말기기 고유번호를 제공
하거나 제공받은 자는 3년 이하의 징역 또는 1천
만 원 이하의 벌금에 처한다.

제□□조 제○○조의 규정에 위반하여, 불법검열
에 의하여 취득한 우편물이나 그 내용, 불법감청
에 의하여 지득(知得) 또는 채록(採錄)된 전기통
신의 내용, 공개되지 아니한 타인 상호간의 대화
를 녹음 또는 청취한 내용은 재판 또는 징계절차
에서 증거로 사용할 수 없다.

① 甲이 불법검열에 의하여 취득한 乙의 우편물은 징
   계절차에서 증거로 사용할 수 있다.
② 甲이 乙과 정책용역을 수행하면서 乙과의 대화를
   녹음한 내용은 재판에서 증거로 사용할 수 없다.
③ 甲이 乙과 丙 사이의 공개되지 않은 대화를 녹음
   하여 공개한 경우, 1천만 원의 벌금에 처해질 수
   있다.
④ 이동통신사업자 甲이 乙의 단말기를 개통하기 위
   하여 단말기기 고유번호를 제공받은 경우, 1년의
   징역에 처해질 수 있다.
⑤ 甲이 乙과 丙 사이의 우편물을 불법으로 검열한
   경우, 2년의 징역과 3년의 자격정지에 처해질 수
   있다.

정답 ⑤

해설

① 제□□조에 따르면, 불법검열에 의하여 취득한 우편물은 징계절차에서 증거로 사용할 수 없다. (×)

② 공개되지 아니한 타인 상호 간의 대화를 녹음 또는 청취한 내용은 재판 또는 징계절차에서 증거로 사용할 수 없다. 하지만, 제시된 경우는 본인이 녹음한 상황이므로 옳지 않다고 판단할 수 없다. (×)

③ 甲이 乙과 丙 사이의 공개되지 않은 대화를 녹음하여 공개한 경우는 제○○조 제2항을 위반한 사항이므로 1년 이상 10년 이하의 징역과 5년 이하의 자격정지에 처해진다. (×)

④ 예외사항인 이동전화단말기 제조업체 또는 이동통신사업자가 단말기의 개통처리 및 수리 등 정당한 업무의 이행을 위하여 제공하거나 제공받는 경우는 처벌조항에 해당하지 않는다. (×)

⑤ 우편물을 불법으로 검열한 경우는 제○○조 제1항과 제2항에 해당하므로 1년 이상 10년 이하의 징역과 5년 이하의 자격정지에 처하게 된다. 2년의 징역과 3년의 자격정지는 이 범위 내에 해당한다. (○)

02 다음 글과 〈상황〉을 근거로 판단할 때 옳지 않은 것은?

제00조 ① 건축물을 건축하거나 대수선하려는 자는 특별자치시장·특별자치도지사 또는 시장·군수·구청장의 허가를 받아야 한다. 다만 21층 이상의 건축물이나 연면적 합계 10만 제곱미터 이상인 건축물을 특별시나 광역시에 건축하려면 특별시장이나 광역시장의 허가를 받아야 한다.

② 허가권자는 제1항에 따른 허가를 받은 자가 다음 각 호의 어느 하나에 해당하면 허가를 취소하여야 한다. 다만 제1호에 해당하는 경우로서 정당한 사유가 있다고 인정되면 1년의 범위에서 공사의 착수기간을 연장할 수 있다.

  1. 허가를 받은 날부터 2년 이내에 공사에 착수하지 아니한 경우
  2. 제1호의 기간 이내에 공사에 착수하였으나 공사의 완료가 불가능하다고 인정되는 경우

제00조 ① ○○부 장관은 국토관리를 위하여 특히 필요하다고 인정하거나 주무부장관이 국방, 문화재보존, 환경보전 또는 국민경제를 위하여 특히 필요하다고 인정하여 요청하면 허가권자의 건축허가나 허가를 받은 건축물의 착공을 제한할 수 있다.

② 특별시장·광역시장·도지사(이하 '시·도지사'라 한다)는 지역계획이나 도시·군계획에 특히 필요하다고 인정하면 시장·군수·구청장의 건축허가나 허가를 받은 건축물의 착공을 제한할 수 있다.

③ ○○부 장관이나 시·도지사는 제1항이나 제2항에 따라 건축허가나 건축허가를 받은 건축물의 착공을 제한하려는 경우에는 주민의견을 청취한 후 건축위원회의 심의를 거쳐야 한다.

④ 제1항이나 제2항에 따라 건축허가나 건축물의 착공을 제한하는 경우 제한기간은 2년 이내로 한다. 다만 1회에 한하여 1년 이내의 범위에서 제한기간을 연장할 수 있다.

┤ 상황 ├

甲은 20층의 연면적 합계 5만 제곱미터인 건축물을, 乙은 연면적 합계 15만 제곱미터인 건축물을 각각 A광역시 B구에 신축하려고 한다.

① 甲은 B구청장에게 건축허가를 받아야 한다.
② 甲이 건축허가를 받은 경우에도 A광역시장은 지역계획에 특히 필요하다고 인정하면 일정한 절차를 거쳐 甲의 건축물 착공을 제한할 수 있다.
③ B구청장은 주민의견을 청취한 후 건축위원회의 심의를 거쳐 건축허가를 받은 乙의 건축물 착공을 제한할 수 있다.
④ 乙이 건축허가를 받은 날로부터 2년 이내에 정당한 사유 없이 공사에 착수하지 않은 경우, A광역시장은 건축허가를 취소하여야 한다.
⑤ 주무부장관이 문화재보존을 위하여 특히 필요하다고 인정하여 요청하는 경우, ○○부 장관은 건축허가를 받은 乙의 건축물에 대해 최대 3년간 착공을 제한할 수 있다.

정답 ③

해설

〈상황〉을 먼저 보고 제시된 조문을 적용해 보자.
제00조를 순서대로 제1조, 제2조로 전제한다.
→ 甲은 제1조 제1항에 의하여 통상의 건축물을 신축하려는 자
→ 乙은 단서 조항에 따른 건축물을 신축하려는 자

① 제1조 제1항에 따라 특별한 제한이 없으므로 B구청장에게 허가를 받아야 한다. (○)
② 제2조 제2항에 따라 지역계획이나 도시·군계획에 특히 필요하다고 인정하면 시장·군수·구청장의 건축허가나 허가를 받은 건축물의 착공을 제한할 수 있다. 일정한 절차로는 주민의견을 청취한 후 건축위원회의 심의를 거친다. (○)
③ 착공을 제한하는 권한에 대한 내용은 제2조 제1항과 2항에서 규정하고 있는데 장관, 특별시장·광역시장·도지사이 주체이다. 따라서 이미 건축허가를 받은 건축물의 착공을 구청장이 제한할 수 없다. (×)
④ 제1조 제2항에 따르면, 허가를 받은 날부터 2년 이내에 공사에 착수하지 아니한 경우 허가를 취소하여야 한다.(단서 제외) 乙은 2년 이내에 정당한 사유 없이 공사에 착수하지 않았기 때문에 A광역시장(＝허가권자)은 건축허가를 취소하여야 한다. (○)
⑤ 제2조 제4항에서 제한기간은 2년 이내로 하지만 1년 이내의 범위에서 제한기간을 연장할 수 있으므로 최대 3년간 착공을 제한할 수 있다. (○)

| 규정·규칙형 | 내용 추론

03 다음 글을 근거로 판단할 때 옳지 않은 것은?

제00조 ① 정보공개심의회(이하 '심의회'라 한다)는 다음 각 호의 구분에 따라 10인 이내의 위원으로 구성한다.
 1. 내부 위원: 위원장 1인(○○실장)과 각 부서의 정보공개담당관 중 지명된 3인
 2. 외부 위원: 관련분야 전문가 중에서 총 위원수의 3분의 1 이상 위촉
② 위원은 특정 성별이 다른 성별의 2분의 1 이하가 되지 않도록 한다.
③ 위원장을 비롯한 내부 위원의 임기는 그 직위에 재직하는 기간으로 하며, 외부 위원의 임기는 2년으로 하되 2회에 한하여 연임할 수 있다.
④ 심의회는 위원장이 소집하고, 회의는 위원장을 포함한 재적위원 3분의 2 이상의 출석으로 개의하고 출석위원 3분의 2 이상의 찬성으로 의결한다.
⑤ 위원은 부득이한 이유로 참석할 수 없는 경우에는 서면으로 의견을 제출할 수 있다. 이 경우 해당 위원은 심의회에 출석한 것으로 본다.

① 외부 위원의 최대 임기는 6년이다.
② 정보공개심의회는 최소 6명의 위원으로 구성된다.
③ 정보공개심의회 내부 위원이 모두 여성일 경우, 정보공개심의회는 7명의 위원으로 구성될 수 있다.
④ 정보공개심의회가 8명의 위원으로 구성되면, 위원 3명의 찬성으로 의결되는 경우가 있다.
⑤ 위원장을 포함한 위원 5명이 직접 출석하여 이들 모두 안건에 찬성하고, 위원 2명이 부득이한 이유로 서면으로 의견을 제출한 경우, 제출된 서면 의견에 상관없이 해당 안건은 찬성으로 의결된다.

정답 ④

해설

정보공개심의회는 10인 이내의 위원으로 구성(10명이 고정 ×)

① 외부 위원의 임기는 2년으로 하되 2회에 한하여 연임할 수 있다고 하였기 때문에 2+2+2 = 6년이다. (○)
② 내부 위원은 위원장 1인과 정보공개담당관 중 지명된 3인으로 총 4명이다. 외부 인원은 총 인원수의 3분의 1 이상 위촉하도록 되어 있으므로, 내부 위원이 $\frac{2}{3}$ 일 때, 외부 위원은 최소 $\frac{1}{3}$ 로 구성된다. 내부 위원이 총 4명일 때 $\frac{2}{3}$ 라면, 외부 위원은 $\frac{1}{3}$ 로 구성되고 따라서 외부 위원은 4명 $\times \frac{1}{2}$ = 2명으로 최소 2명임을 알 수 있다.

∴ 4명(내부 위원)+2명(**최소** 외부 위원) = 6명(정보공개심의회 최소 인원)
※ 4명(내부 위원)+6명(**최대** 외부 위원) = 10명(정보공개심의회 최대 인원) (○)

③ 정보공개심의회에서 내부 위원은 4명(고정)

내부 위원 4명이 모두 여성일 경우, 제00조 제2항에 의하여 총 7명 중 나머지 3명이 모두 남성일 경우 4명의 $\frac{1}{2}$ 이하가 아니기 때문에 7명으로 구성이 가능하다. (○)

④ 정보공개심의회가 8명으로 위원으로 구성되어 있을 때, 재적 위원(8명)의 $\frac{2}{3}$ 이상 출석으로 개의하고, $\frac{2}{3}$ 이상 찬성해야 의결된다.

$\frac{2}{3} \times 8 = \frac{16}{3} = 5.\times\times = 6$명(최소 6명 출석해야 한다.) …… ㉠

6명 $\times \frac{2}{3} = 4$명(최소 4명의 위원이 찬성해야 한다.) …… ㉡

∴ ㉠, ㉡에 의하여 정보공개심의회의 위원 수가 8명일 때에는 위원 3명으로 의결되는 경우가 없다. (×)

⑤ 5인(직접 출석) + 2명(서면 출석) = 7명(출석)

정보공개심의회 최대 10명일 경우 $\frac{2}{3}$ 이상 출석요건 성립 = 7명

최소 찬성 인원은 7명 $\times \frac{2}{3} = 4.\cdots = 5$명

따라서 2명의 서면 의견에 상관없이 출석한 위원 5명이 찬성한다면 의결된다. (○)

---

04 다음 글을 근거로 판단할 때, 〈보기〉에서 옳은 것만을 모두 고르면?

2021년에 적용되는 ○○인재개발원의 분반 허용 기준은 아래와 같다.

- 분반 허용 기준
  - 일반강의: 직전 2년 수강인원의 평균이 100명 이상이거나, 그 2년 중 1년의 수강인원이 120명 이상
  - 토론강의: 직전 2년 수강인원의 평균이 60명 이상이거나, 그 2년 중 1년의 수강인원이 80명 이상
  - 영어강의: 직전 2년 수강인원의 평균이 30명 이상이거나, 그 2년 중 1년의 수강인원이 50명 이상
  - 실습강의: 직전 2년 수강인원의 평균이 20명 이상
- 이상의 기준에도 불구하고 직전년도 강의만족도 평가점수가 90점 이상이었던 강의는 위에서 기준으로 제시한 수강인원의 90 % 이상이면 분반을 허용한다.

─── 보기 ───

ㄱ. 2019년과 2020년의 수강인원이 각각 100명과 80명이고 2020년 강의만족도 평가점수가 85점인 일반강의 A는 분반이 허용된다.

ㄴ. 2019년과 2020년의 수강인원이 각각 10명과 45명인 영어강의 B의 분반이 허용되지 않는다면, 2020년 강의만족도 평가점수는 90점 미만이었을 것이다.

ㄷ. 2019년 수강인원이 20명이고 2020년 강의만족도 평가점수가 92점인 실습강의 C의 분반이 허용되지 않는다면, 2020년 강의의 수강인원은 15명을 넘지 않았을 것이다.

① ㄴ
② ㄷ
③ ㄱ, ㄴ
④ ㄱ, ㄷ
⑤ ㄴ, ㄷ

정답 ⑤

해설

ㄱ. 일반강의의 경우 직전 2년 수강인원의 평균이 100명 이상 또는 그 2년 중 1년의 수강인원이 120명 이상일 경우 분반을 허용하지만 2019년과 2020년 각각 100명과 80명이므로 평균 100명에 미치지도 못하며, 한 해만이라도 120명 이상이 되지 않으므로 분반이 허용되지 않는다. (평균 90명) (×)

🗲 단서에 의하여 직전년도 강의만족도 평가점수가 90점 이상이라면 분반을 허용하나, 직전연도(2020년)의 강의만족도 평가점수는 85점으로 해당사항이 아니다.

ㄴ. 2019년과 2020년의 평균 수강인원은 (10 + 45) ÷ 2 = 27.5명이다.

만약 2020년 강의만족도 평가점수가 90점이라면,

→ 기준으로 제시한 수강인원의 90% 이상이면 분반을 허용한다.

→ 기준으로 제시한 수강인원의 90% = 평균이 27명 이상이거나 그 2년 중 1년의 수강인원이 45명 이상

따라서 영어강의 B의 분반이 허용되지 않았기 때문에, 2020년 강의 만족도 평가점수가 90점이 되지 않을 것이다. (○)

ㄷ. 2020년 강의만족도 평가점수가 92점이므로, 직전 2년 수강인원의 평균이 20명 이상×90% = 18명 이상이어야 분반이 허용된다.

2019년 20명, 2020년 x명이라 하면,

$(20+x) ÷ 2 \geq 18$

$x \geq 16$

따라서 2020년 수강인원이 16명 이상이라면 분반이 허용된다. 그런데 실습강의 C가 분반이 허용되지 않았으므로 2020년 강의 수강인원은 15명을 넘지 않았을 것이다. (○)

| 독해 | 내용 추론

05 다음 글에서 추론할 수 있는 것은?

생쥐가 새로운 소리 자극을 받으면 이 자극 신호는 뇌의 시상에 있는 청각시상으로 전달된다. 청각시상으로 전달된 자극 신호는 뇌의 편도에 있는 측핵으로 전달된다. 측핵에 전달된 신호는 편도의 중핵으로 전달되고, 중핵은 신체의 여러 기관에 전달할 신호를 만들어서 반응이 일어나게 한다.

연구자 K는 '공포' 또는 '안정'을 학습시켰을 때 나타나는 신경생물학적 특징을 탐구하기 위해 두 개의 실험을 수행했다.

첫 번째 실험에서 공포를 학습시켰다. 이를 위해 K는 생쥐에게 소리 자극을 준 뒤에 언제나 공포를 일으킬 만한 충격을 가하여, 생쥐에게 이 소리가 충격을 예고한다는 것을 학습시켰다. 이렇게 학습된 생쥐는 해당 소리 자극을 받으면 방어적인 행동을 취했다. 이 생쥐의 경우, 청각시상으로 전달된 소리 자극 신호는 학습을 수행하기 전 상태에서 전달되는 것보다 훨씬 센 강도의 신호로 증폭되어 측핵으로 전달된다. 이 증폭된 강도의 신호는 중핵을 거쳐 신체의 여러 기관에 전달되고 이는 학습된 공포 반응을 일으킨다.

두 번째 실험에서는 안정을 학습시켰다. 이를 위해 K는 다른 생쥐에게 소리 자극을 준 뒤에 항상 어떤 충격도 주지 않아서, 생쥐에게 이 소리가 안정을 예고한다는 것을 학습시켰다. 이렇게 학습된 생쥐는 이 소리를 들어도 방어적인 행동을 전혀 취하지 않았다. 이 경우 소리 자극 신호를 받은 청각시상에서 만들어진 신호가 측핵으로 전달되는 것이 억제되기 때문에 측핵에 전달된 신호는 매우 미약해진다. 대신 청각시상은 뇌의 선조체에서 반응을 일으킬 수 있는 자극 신호를 만들어서 선조체에 전달한다. 선조체는 안정 상태와 같은 긍정적이고 좋은 느낌을 느낄 수 있게 하는 것에 관여하는 뇌 영역인데, 선조체에서 반응이 세게 나타나면 안정감을 느끼게 되어 학습된 안정 반응을 일으킨다.

① 중핵에서 만들어진 신호의 세기가 강한 경우에는 학습된 안정 반응이 나타난다.
② 학습된 공포 반응을 일으키지 않는 소리 자극은 선조체에서 약한 반응이 일어나게 한다.
③ 학습된 공포 반응을 일으키는 소리 자극은 청각시상에서 선조체로 전달되는 자극 신호를 억제한다.
④ 학습된 안정 반응을 일으키는 청각시상에서 받는 소리 자극 신호는 학습된 공포 반응을 일으키는 청각시상에서 받는 소리 자극 신호보다 약하다.
⑤ 학습된 안정 반응을 일으키는 경우와 학습된 공포 반응을 일으키는 경우 모두, 청각시상에서 측핵으로 전달되는 신호의 세기가 학습하기 전과 달라진다.

정답 ⑤

해설

새로운 소리 자극 → 청각시상 → 편도(측핵→중핵) → 반응
새로운 소리 자극 → 청각시상 → 선조체 → 안정 반응

① 선조체가 안정 반응과 연관된다. 중핵에서 만들어진 신호의 세기가 강한 경우에는 공포 반응을 일으킨다. (×)
② 지문을 통해 선조체가 안정 반응과 관련된 것을 알 수 있으나, 공포 반응을 일으키지 않는 소리 자극이 선조체에서 반응이 일어나게 한다는 것은 알 수 없다. (×)
③ 학습된 공포 반응을 일으키는 소리자극이 청각시상에서 선조체로 전달된다는 내용은 지문에서 찾아볼 수 없다. (×)
④ 학습된 안정 반응을 일으키는 청각시상에서 받는 소리 자극 신호의 강도는 지문에 알 수 없다. (×)
⑤ 학습된 안정 반응 → 소리 자극 신호를 받은 청각시상에서 만들어진 신호가 측핵으로 전달되는 것이 억제되기 때문에 측핵에 전달된 신호는 매우 미약해진다.
학습된 공포 반응 → 청각시상으로 전달된 소리 자극 신호는 학습을 수행하기 전 상태에서 전달되는 것보다 훨씬 센 강도의 신호로 증폭되어 측핵으로 전달된다.
∴ 따라서 신호의 세기가 학습기 전과 후가 다르다. (○)

06 다음 글의 〈실험 결과〉에서 추론할 수 있는 것은?

연구자 K는 동물의 뇌 구조 변화가 일어나는 방식을 규명하기 위해 다음의 실험을 수행했다. 실험용 쥐를 총 세 개의 실험군으로 나누었다. 실험군 1의 쥐에게는 운동은 최소화하면서 학습을 시키는 '학습 위주 경험'을 하도록 훈련시켰다. 실험군 2의 쥐에게는 특별한 기술을 학습할 필요 없이 수행할 수 있는 쳇바퀴 돌리기를 통해 '운동 위주 경험'을 하도록 훈련시켰다. 실험군 3의 쥐에게는 어떠한 학습이나 운동도 시키지 않았다.

〈실험 결과〉
• 뇌 신경세포 한 개당 시냅스의 수는 실험군 1의 쥐에서 크게 증가했고 실험군 2와 3의 쥐에서는 거의 변하지 않았다.
• 뇌 신경세포 한 개당 모세혈관의 수는 실험군 2의 쥐에서 크게 증가했고 실험군 1과 3의 쥐에서는 거의 변하지 않았다.
• 실험군 1의 쥐에서는 대뇌 피질의 지각 영역에서 구조 변화가 나타났고, 실험군 2의 쥐에서는 대뇌 피질의 운동 영역과 더불어 운동 활동을 조절하는 소뇌에서 구조 변화가 나타났다. 실험군 3의 쥐에서는 뇌 구조 변화가 거의 나타나지 않았다.

① 대뇌 피질의 구조 변화는 학습 위주 경험보다 운동 위주 경험에 더 큰 영향을 받는다.
② 학습 위주 경험은 뇌의 신경세포당 시냅스의 수에, 운동 위주 경험은 뇌의 신경세포당 모세혈관의 수에 영향을 미친다.
③ 학습 위주 경험과 운동 위주 경험은 뇌의 특정 부위에 있는 신경세포의 수를 늘려 그 부위의 뇌 구조를 변하게 한다.
④ 특정 형태의 경험으로 인해 뇌의 특정 영역에 발생한 구조 변화가 뇌의 신경세포당 모세혈관 또는 시냅스의 수를 변화시킨다.
⑤ 뇌가 영역별로 특별한 구조를 갖는 것이 그 영역에서 신경세포당 모세혈관 또는 시냅스의 수를 변화시켜 특정 형태의 경험을 더 잘 수행할 수 있게 한다.

정답 ②

해설

〈실험 결과〉를 〈표〉로 정리하면 다음과 같다.

구분	시냅스/신경	모세혈관/신경	특징
실험군 1 (학습)	↑	−	A(지각)
실험군 2 (운동)	−	↑	B(운동), C(소뇌)
실험군 3 (X)	−	−	−

① 실험군 1(학습)에서는 대뇌 피질의 지각, 실험군 2(운동)에서는 운동과 소뇌 부분에서 구조 변화가 나타난 결과를 언급하고 있다. 구조 변화의 우위 여부는 글에서 추론할 수 없다. (×)

② 실험군 1(학습)에서는 뇌의 신경세포당 시냅스 수가 증가, 실험군 2(운동)에서는 뇌의 신경세포당 모세혈관 수가 증가한 것을 실험 결과로 알 수 있어 각 경험이 시냅스 수와 모세혈관 수에 영향을 미친다는 것을 추론할 수 있다. (○)

③ 뇌 신경세포 한 개당 시냅스 수나, 모세혈관의 수가 증가한 것이지 신경세포 자체의 수를 늘렸다는 것은 아니다. (×)

④ 뇌의 특정 영역에 발생한 구조 변화가 뇌의 신경세포당 모세혈관 또는 시냅스의 수를 변화시키지는 않는다. 학습과 운동 결과 뇌의 특정 영역이 구조 변화를 일으킨 것이다. (×)

⑤ 뇌 구조 변화가 경험에 영향을 미친다는 내용은 제시된 〈실험 결과〉로는 알 수 없는 내용이다. (×)

| 독해 | 의미 추론

07 다음 글에서 추론할 수 있는 것만을 〈보기〉에서 모두 고르면?

갑: 조(粗)출생률은 인구 1천 명당 출생아 수를 의미합니다. 조출생률은 인구 규모가 상이한 지역이나 시점 간의 출산 수준을 간편하게 비교할 때 유용한 지표입니다. 예를 들어, 2016년에 세종시보다 인구 규모가 훨씬 큰 경기도의 출생아 수는 10만 5천 명으로 세종시의 3천 명보다 많지만, 조출생률은 경기도가 8.4명이고 세종시는 14.6명입니다. 출산 수준은 세종시가 더 높다는 의미입니다.

을: 그렇군요. 그럼 합계 출산율은 무엇인가요?

갑: **합계 출산율은 여성 한 명이 평생 동안 낳을 것으로 예상되는 출생아 수를 의미**합니다. 여성이 실제 평생 동안 낳은 아이 수를 측정하는 것은 가임 기간 35년이 지나야 산출할 수 있다는 문제가 있습니다. 이에 비해 합계 출산율은 여성 1명이 출산 가능한 시기를 15세부터 49세까지로 가정하고 그 사이의 각 연령대 출산율을 모두 합해서 얻습니다. 15～19세 연령대 출산율은 한 해 동안 15～19세 여성에게서 태어난 출생아 수를 15～19세 여성의 수로 나눈 수치인데, 15～19세부터 45～49세까지 7개 구간 각각의 연령대 출산율을 모두 합한 것이 합계 출산율입니다. 합계 출산율은 한 여성이 가임 기간 내내 특정 시기의 연령대 출산율 패턴을 그대로 따른다는 가정을 전제로 산출하므로 실제 출산 현실과 차이가 있을 수 있습니다.

을: 그렇다면 조출생률과 합계 출산율을 구별하는 이유가 뭐죠?

갑: 조출생률과 달리 합계 출산율은 성비 및 연령 구조에 따른 출산 수준의 차이를 표준화할 수 있는 장점이 있습니다. 예를 들어, 이스라엘의 합계 출산율은 3.0인 반면 남아프리카공화국은 2.5 가량입니다. 하지만 조출생률은 거의 비슷하지요. 이것은 남아프리카공화국의 경우 전체 인구 대비 젊은 여성의 비율이 이스라엘보다 높기 때문입니다.

┌─── 보기 ───┐

ㄱ. 조출생률을 계산할 때는 전체 인구 대비 여성의 비율은 고려하지 않는다.
ㄴ. 두 나라가 인구수와 조출생률에 차이가 없다면 각 나라의 합계 출산율에는 차이가 없다.
ㄷ. 합계 출산율은 한 명의 여성이 일생 동안 출산한 출생아의 수를 집계한 자료를 바탕으로 산출한다.

① ㄱ
② ㄴ
③ ㄱ, ㄷ
④ ㄴ, ㄷ
⑤ ㄱ, ㄴ, ㄷ

정답 ①

해설

$$조출생률 = \frac{출생아\ 수}{인구수} \times 1{,}000$$

세종	VS	경기도
14.6명		8.4명
→0.3만 명		10.5만 명

ㄱ. 조출생률은 인구 1천 명당 출생아 수를 의미하기 때문에 전체 인구 대비 여성의 비율은 고려하지 않는다. (○)
ㄴ. 인구수와 조출생률의 차이가 없더라도 성비나 연령구조의 차이에 따라 합계 출산율에 차이가 발생할 수 있다. 남아프리카공화국과 이스라엘의 예를 보면 합계 출산율은 다르지만 조출생률은 비슷하다. 인구수가 동일한 경우라 하더라도 같은 결과가 나올 수 있으므로 잘못된 추론이다. (×)
ㄷ. 합계 출산율은 여성 한 명이 평생 동안 낳을 것으로 예상되는 출생아 수를 의미한다. 일생 동안 출산한 출생아의 수를 집계한 자료로 산출하지 않는다. (×)

08 다음 글을 읽고 물음에 답하시오.

미국의 일부 주에서 판사는 형량을 결정하거나 가석방을 허가하는 판단의 보조 자료로 양형 보조 프로그램 X를 활용한다. X는 유죄가 선고된 범죄자를 대상으로 그 사람의 재범 확률을 추정하여 그 결과를 최저 위험군을 뜻하는 1에서 최고 위험군을 뜻하는 10까지의 위험 지수로 평가한다.

2016년 A는 X를 활용하는 플로리다 주 법정에서 선고받았던 7천여 명의 초범들을 대상으로 X의 예측 결과와 석방 후 2년간의 실제 재범 여부를 조사했다. 이 조사 결과를 토대로 한 ㉠A의 주장은 X가 흑인과 백인을 차별한다는 것이다. 첫째 근거는 백인의 경우 위험 지수 1로 평가된 사람이 가장 많고 10까지 그 비율이 차츰 감소한 데 비하여 흑인의 위험 지수는 1부터 10까지 고르게 분포되었다는 관찰 결과이다. 즉 고위험군으로 분류된 사람의 비율이 백인보다 흑인이 더 크다는 것이었다. 둘째 근거는 예측의 오류와 관련된 것이다. 2년 이내 재범을 (가) 사람 중에서 (나) 으로 잘못 분류되었던 사람의 비율은 흑인의 경우 45%인 반면 백인은 23%에 불과했고, 2년 이내 재범을 (다) 사람 중에서 (라) 으로 잘못 분류되었던 사람의 비율은 흑인의 경우 28%인 반면 백인은 48%로 훨씬 컸다. 종합하자면, 재범을 저지른 사람이든 그렇지 않은 사람이든, 흑인은 편파적으로 고위험군으로 분류된 반면 백인은 편파적으로 저위험군으로 분류된 것이다.

X를 개발한 B는 A의 주장을 반박하는 논문을 발표하였다. B는 X의 목적이 재범 가능성에 대한 예측의 정확성을 높이는 것이며, 그 정확성에는 인종 간에 차이가 나타나지 않는다고 주장했다. B에 따르면, 예측의 정확성을 판단하는 데 있어 중요한 것은 고위험군으로 분류된 사람 중 2년 이내 재범을 저지른 사람의 비율과 저위험군으로 분류된 사람 중 2년 이내 재범을 저지르지 않은 사람의 비율이다. B는 전자의 비율이 백인 59%, 흑인 63%, 후자의 비율이 백인 71%, 흑인 65%라고 분석하고, 이 비율들은 인종 간에 유의미한 차이를 드러내지 않는다고 주장했다. 또 B는 X에 의해서 고위험군 혹은 저위험군으로 분류되기 이전의 흑인과 백인의 재범률, 즉 흑인의 기저재범률과 백인의 기저재범률 간에는 이미 상당한 차

이가 있었으며, 이런 애초의 차이가 A가 언급한 예측의 오류 차이를 만들어 냈다고 설명한다. 결국 ㉡<u>B의 주장은 X가 편파적으로 흑인과 백인의 위험 지수를 평가하지 않는다는 것이다.</u>

하지만 기저재범률의 차이로 인종 간 위험 지수의 차이를 설명하여, X가 인종차별적이라는 주장을 반박하는 것은 잘못이다. 기저재범률에는 미국 사회의 오래된 인종차별적 특징, 즉 흑인이 백인보다 범죄자가 되기 쉬운 사회 환경이 반영되어 있기 때문이다. 처음 범죄를 저질러서 재판을 받아야 하는 흑인을 생각해 보자. 그의 위험 지수를 판정할 때 사용되는 기저재범률은 그와 전혀 상관없는 다른 흑인들이 만들어 낸 것이다. 그런 기저재범률이 전혀 상관없는 사람의 형량이나 가석방 여부에 영향을 주는 것은 잘못이다. 더 나아가 이런 식으로 위험 지수를 평가받아 형량이 정해진 흑인들은 더 오랜 기간 교도소에 있게 될 것이며, 향후 재판받을 흑인들의 위험 지수를 더욱 높이는 결과를 가져오게 될 것이다. 따라서 ㉢<u>X의 지속적인 사용은 미국 사회의 인종차별을 고착화한다.</u>

윗글의 (가) ~ (라)에 들어갈 말을 적절하게 나열한 것은?

	(가)	(나)	(다)	(라)
①	저지르지 않은	고위험군	저지른	저위험군
②	저지르지 않은	고위험군	저지른	고위험군
③	저지르지 않은	저위험군	저지른	저위험군
④	저지른	고위험군	저지르지 않은	저위험군
⑤	저지른	저위험군	저지르지 않은	고위험군

정답 ①

해설

A는 X가 흑인과 백인을 차별한다는 것을 주장한다. 이러한 맥락으로 볼 때, (가)와 (나)가 포함된 문장은 잘못 분류되었던 사람의 비율이 흑인이 높고, 흑인을 편파적으로 고위험으로 분류하고 있다고 본다. (가)와 (나)가 포함된 문장은 같은 맥락으로써 (가)에는 '저지르지 않은'이 들어가고, (나)에는 '고위험군'이 들어가야 한다.

(다)와 (라)의 문장은 잘못 분류된 사람의 비율이 백인에서 더 높은 비율을 차지한다는 내용이다. 백인을 편파적으로 저위험군으로 분류한 것으로 보면, (다)에는 '저지른', (라)에는 '저위험군'이 들어가야 한다.

---

09 다음 글의 빈칸에 들어갈 내용으로 가장 적절한 것은?

갑: 안녕하십니까. 저는 시청 토목정책과에 근무합니다. 부정 청탁을 받은 때는 신고해야 한다고 들었습니다.

을: 예, 「부정청탁 및 금품등 수수의 금지에 관한 법률」(이하 '청탁금지법')에서는, 공직자가 부정 청탁을 받았을 때는 명확히 거절 의사를 표현해야 하고, 그랬는데도 상대방이 이후에 다시 동일한 부정 청탁을 해 온다면 소속 기관의 장에게 신고해야 한다고 규정합니다.

갑: '금품등'에는 접대와 같은 향응도 포함되지요?

을: 물론이지요. 청탁금지법에 따르면, 공직자는 동일인으로부터 명목에 상관없이 1회 100만 원 혹은 매 회계연도에 300만 원을 초과하는 금품이나 접대를 받을 수 없습니다. 직무 관련성이 있는 경우에는 100만 원 이하라도 대가성 여부와 관계없이 처벌을 받습니다.

갑: '동일인'이라 하셨는데, 여러 사람이 청탁을 하는 경우는 어떻게 되나요?

을: 받는 사람을 기준으로 하여 따지게 됩니다. 한 공직자에게 여러 사람이 동일한 부정 청탁을 하며 금품을 제공하려 하였을 때에도 이들의 출처가 같다고 볼 수 있다면 '동일인'으로 해석됩니다. 또한 여러 행위가 계속성 또는 시간적·공간적 근접성이 있다고 판단되면, 합쳐서 1회로 간주될 수 있습니다.

갑: 실은, 연초에 있었던 지역 축제 때 저를 포함한 우리 시청 직원 90명은 행사에 참여한다는 차원으로 장터에 들러 1인당 8천 원씩을 지불하고 식사를 했는데, 이후에 그 식사는 X회사 사장인 A의 축제 후원금이 1인당 1만 2천 원씩 들어간 것이라는 사실을 알게 되었습니다. 이에 대하여는 결국 대가성 있는 접대도 아니고 직무 관련성도 없는 것으로 확정되었으며, 추가된 식사비도 축제 주최 측에 돌려주었습니다. 그리고 이달 초에는 Y회사의 임원인 B가 관급 공사 입찰을 도와달라고 청탁하면서 100만 원을 건네려 하길래 거절한 적이 있습니다. 그런데 어제는 고교 동창인 C가 찾아와 X회사 공장 부지의 용도 변경에 힘써 달라며 200만 원을 주려고 해서 단호히 거절하였습니다.

을: 그러셨군요. 말씀하신 것을 바탕으로 설명드리겠습니다. ______

① X회사로부터 받은 접대는 시간적·공간적 근접성으로 보아 청탁금지법을 위반한 향응을 받은 것이 됩니다.
② Y회사로부터 받은 제안의 내용은 청탁금지법상의 금품이라고는 할 수 없지만 향응에는 포함될 수 있습니다.
③ 청탁금지법상 A와 C는 동일인으로서 부정 청탁을 한 것이 됩니다.
④ 직무 관련성이 없다면 B와 C가 제시한 금액은 청탁금지법상의 허용 한도를 벗어나지 않습니다.
⑤ 현재는 청탁금지법상 C의 청탁을 신고할 의무가 생기지 않지만, C가 같은 청탁을 다시 한다면 신고해야 합니다.

정답 ⑤

해설

① X회사 사장인 A의 축제 후원금은 대가성 있는 접대도 아니며, 직무 관련성이 없다. (×)
② Y회사의 임원인 B가 관급 공사 입찰을 도와달라고 시청 토목정책과의 갑에게 청탁하면서 건네려던 100만 원은 직무관련성이 인정될 경우 청탁금지법상 금품에 해당한다. 다만, 금품 100만 원을 '향응'으로 볼 수 없으므로 빈칸에 들어갈 내용으로 적절하지 않다. (×)
③ X회사 사장인 A의 축제후원금은 대가성과 직무 관련성이 없다고 이미 확정되었으므로 부정 청탁으로 볼 수 없다. C의 X회사 공장 부지의 용도 변경 청탁과는 '동일한 부정 청탁'으로 볼 수 없으므로 A와 C는 '동일인'으로서 부정 청탁을 한 것이 아니다. (×)
④ B는 100만 원을 초과하지 않으므로 청탁금지법상의 허용 한도를 벗어나지 않지만 C는 200만 원으로 명목에 상관없이 청탁금지법상의 허용 한도를 벗어난다. (×)
⑤ 공직자는 부정 청탁을 받았을 때는 명확히 거절 의사를 표현해야 하고, 그 이후에 다시 동일한 부정 청탁을 해 온다면 소속 기관의 장에게 신고해야 한다고 규정되어 있다. 따라서 C의 청탁을 지금 신고할 의무는 없지만 C가 다시 같은 청탁을 한다면 소속 기관의 장에게 신고해야 한다. (○)

｜독해｜ 내용 추론

10 다음 글의 ㉠에 해당하는 내용으로 가장 적절한 것은?

A시에 거주하면서 1세, 2세, 4세의 세 자녀를 기르는 갑은 육아를 위해 집에서 15 km 떨어진 키즈 카페인 B카페에 자주 방문한다. B카페는 지역 유일의 키즈 카페라서 언제나 50여 구획의 주차장이 꽉 찰 정도로 성업 중이다. 최근 자동차를 교체하게 된 갑은 친환경 추세에 부응하여 전기차로 구매하였는데, B카페는 전기차 충전 시설이 없었다. 세 자녀를 돌보느라 거주지에서의 자동차 충전 시기를 놓치는 때가 많은 갑은 이러한 불편함을 호소하며 B카페에 전기차 충전 시설 설치를 요청하였다. 하지만 B카페는, 충전 시설을 설치하고 싶지만 비용이 문제라서 A시의 「환경 친화적 자동차의 보급 및 이용 활성화를 위한 조례」(이하 '조례')에 따른 지원금이라도 받아야 간신히 설치할 수 있는 상황인데, 아래의 조문에서 보듯이 B카페는 그에 해당하지 않는다고 설명하였다.

「환경 친화적 자동차의 보급 및 이용 활성화를 위한 조례」
제9조(충전시설 설치대상) ① 주차단위구획 100개 이상을 갖춘 다음 각호의 시설은 전기자동차 충전시설을 설치하여야 한다.
  1. 판매·운수·숙박·운동·위락·관광·휴게·문화시설
  2. 500세대 이상의 아파트, 근린생활시설, 기숙사
② 시장은 제1항의 설치대상에 대하여는 설치비용의 반액을 지원하여야 한다.
③ 시장은 제1항의 설치대상에 해당하지 않는 사업장에 대하여도 전기자동차 충전시설의 설치를 권고할 수 있다.

갑은 영유아와 같이 보호가 필요한 이들이 많이 이용하는 키즈 카페 등과 같은 사업장에도 전기차 충전 시설의 설치를 지원해 줄 수 있는 근거를 조례에 마련해 달라는 민원을 제기하였다. 갑의 민원을 검토한 A시 의회는 관련 규정의 보완이 필요하다고 인정하여, ㉠조례 제9조를 개정하였고, B카페는 이에 근거한 지원금을 받아 전기차 충전 시설을 설치하게 되었다.

① 제1항 제3호로 "다중이용시설(극장, 음식점, 카페, 주점 등 불특정다수인이 이용하는 시설을 말한다)"을 신설
② 제1항 제3호로 "교통약자(장애인·고령자·임산부·영유아를 동반한 사람, 어린이 등 일상생활에서 이동에 불편을 느끼는 사람을 말한다)를 위한 시설"을 신설
③ 제4항으로 "시장은 제2항에 따른 지원을 할 때 교통약자(장애인·고령자·임산부·영유아를 동반한 사람, 어린이 등 일상생활에서 이동에 불편을 느끼는 사람을 말한다)를 위한 시설을 우선적으로 지원하여야 한다."를 신설
④ 제4항으로 "시장은 제3항의 권고를 받아들이는 사업장에 대하여는 설치비용의 60퍼센트를 지원하여야 한다."를 신설
⑤ 제4항으로 "시장은 전기자동차 충전시설의 의무 설치대상으로서 조기 설치를 희망하는 사업장에는 설치 비용의 전액을 지원할 수 있다."를 신설

정답 ④

해설

① 제9조 제1항을 보면 주차단위구획 100개 이상을 갖춘 시설들로 한정된다. (×)
② 제1항 제3호로 불특정다수인이 이용하는 시설로 신설한다 하더라도 전기자동차 충전시설 설치대상자도 아니며, 지원대상도 아니다. (×)
③ 주차단위구획 100개 이상의 조건을 충족하지 못하므로 교통약자를 위한 시설에 대한 우선적인 지원 조항을 신설하더라도 충전시설 설치대상도 아니며, 지원도 받을 수 없다. (×)
④ 제3항의 권고를 받아들이는 사업장에 해당하기 때문에 설치비용의 50%를 지원 받을 수 있다. (○)
⑤ 주차단위구획 100개 이상의 조건을 충족하지 못하므로 의무 설치대상이 아니다. 따라서 설치 비용을 지원받을 수도 없다. (×)

THEME 21 명제 및 논리게임

본문 p.108~115

| 조건제시형 | 조건 명제

01 다음 글의 내용이 참일 때, 반드시 참인 것만을 〈보기〉에서 모두 고르면?

> 최근 두 주 동안 직원들은 다음 주에 있을 연례 정책 브리핑을 준비해 왔다. 브리핑의 내용과 진행에 관해 알려진 바는 다음과 같다. 개인건강정보 관리 방식 변경에 관한 가안이 정책제안에 포함된다면, 보건정보의 공적 관리에 관한 가안도 정책제안에 포함될 것이다. 그리고 정책제안을 위해 구성되었던 국민건강 2025팀이 재편된다면, 앞에서 언급한 두 개의 가안이 모두 정책제안에 포함될 것이다. 개인건강정보 관리 방식 변경에 관한 가안이 정책제안에 포함되고 국민건강 2025팀 리더인 최팀장이 다음 주 정책 브리핑을 총괄한다면, 프레젠테이션은 국민건강 2025팀의 팀원인 손공정씨가 맡게 될 것이다. 그런데 보건정보의 공적 관리에 관한 가안이 정책제안에 포함될 경우, 국민건강 2025팀이 재편되거나 다음 주 정책 브리핑을 위해 준비한 보도자료가 대폭 수정될 것이다. 한편, 직원들 사이에서는, 최팀장이 다음 주 정책 브리핑을 총괄하면 팀원 손공정씨가 프레젠테이션을 담당한다는 말이 돌았는데 그 말은 틀린 것으로 밝혀졌다.

|———— 보기 ————|

> ㄱ. 개인건강정보 관리 방식 변경에 관한 가안과 보건정보의 공적 관리에 관한 가안 중 어느 것도 정책제안에 포함되지 않는다.
> ㄴ. 국민건강 2025팀은 재편되지 않고, 이 팀의 최팀장이 다음 주 정책 브리핑을 총괄한다.
> ㄷ. 보건정보의 공적 관리에 관한 가안이 정책제안에 포함된다면, 다음 주 정책 브리핑을 위해 준비한 보도자료가 대폭 수정될 것이다.

① ㄱ ② ㄴ
③ ㄱ, ㄷ ④ ㄴ, ㄷ
⑤ ㄱ, ㄴ, ㄷ

정답 ④

해설

내용을 정리하면 다음과 같다.
ⅰ) 개인건강정보 → 보건정보
ⅱ) 2025 → 개인건강정보 ∩ 보건정보
ⅲ) 개인건강정보 ∩ 최팀장 → 손공정
ⅳ) 보건정보 → 2025 ∪ 수정

ⅴ) 글에서 "최팀장이 총괄하면 손공정이 발표한다"는 직원들의 말은 틀린 것으로 확인된다.
즉, 최팀장 → 손공정이 거짓이 되려면,
최팀장은 참이고, 손공정은 거짓이 되어야 한다. (조건명제 기본개념 참고)
함의가 거짓이려면 전제가 참이고, 결론이 거짓이 되어야 한다.
따라서,
최팀장 → 손공정 (F)
　　T　　　　F
→ 최팀장이 다음 주 정책 브리핑을 총괄하지만, 프레젠테이션은 손공정씨가 맡게 되는 것은 아니다. (참)

ㄱ. "ⅳ) 보건정보 → 2025 ∪ 수정"의 대우
→ ~2025 ∩ ~수정 → ~보건정보 (참)
'~수정'의 참/거짓을 알 수 없기 때문에 '~보건정보'의 참/거짓을 알 수 없다. (×)
ㄴ. 최팀장 → ~손공정, ~개인건강정보, ~2025
ⅱ) '2025 → 개인건강정보 ∩ 보건정보'의 대우
→ ~보건정보 ∪ ~개인건강정보 → ~2025 (참)
국민건강 2025팀은 재편되지 않는다.
따라서 국민건강 2025팀은 재편되지 않고, ⅴ)에 의해서 최팀장이 다음 주 정책 브리핑을 총괄하는 것은 반드시 참이다. (○)
ㄷ. ㄱ에서 '보건정보'의 참 또는 거짓을 알 수 없으므로 '보건정보 → 2025 ∪ 수정'인데 '~2025'가 참이므로 '보건정보 → 수정'이라는 것을 알 수 있다. '보건정보의 공적 관리에 대한 가안이 정책제안에 포함된다면, 보도자료가 대폭 수정될 것이다.'는 반드시 참이다. (○)

02 다음 글의 갑 ~ 병에 대한 판단으로 적절한 것만을 〈보기〉에서 모두 고르면?

다음 두 삼단논법을 보자.
(1) 모든 춘천시민은 강원도민이다.
　　모든 강원도민은 한국인이다.
　　따라서 모든 춘천시민은 한국인이다.
(2) 모든 수학 고득점자는 우등생이다.
　　모든 과학 고득점자는 우등생이다.
　　따라서 모든 수학 고득점자는 과학 고득점자이다.

(1)은 타당한 삼단논법이지만 (2)는 부당한 삼단논법이다. 하지만 어떤 사람들은 (2)도 타당한 논증이라고 잘못 판단한다. 왜 이런 오류가 발생하는지 설명하기 위해 세 가지 입장이 제시되었다.

갑: 사람들은 '모든 A는 B이다'를 '모든 B는 A이다'로 잘못 바꾸는 경향이 있다. '어떤 A도 B가 아니다'나 '어떤 A는 B이다'라는 형태에서는 A와 B의 자리를 바꾸더라도 아무런 문제가 없다. 하지만 '모든 A는 B이다'라는 형태에서는 A와 B의 자리를 바꾸면 논리적 오류가 생겨난다.

을: 사람들은 '모든 A는 B이다'를 약한 의미로 이해해야 하는데도 강한 의미로 이해하는 잘못을 저지르는 경향이 있다. 여기서 약한 의미란 그것을 'A는 B에 포함된다'로 이해하는 것이고, 강한 의미란 그것을 'A는 B에 포함되고 또한 B는 A에 포함된다'는 뜻에서 'A와 B가 동일하다'로 이해하는 것이다.

병: 사람들은 전제가 모두 '모든 A는 B이다'라는 형태의 명제로 이루어진 것일 경우에는 결론도 그런 형태이기만 하면 타당하다고 생각하고, 전제 가운데 하나가 '어떤 A는 B이다'라는 형태의 명제로 이루어진 것일 경우에는 결론도 그런 형태이기만 하면 타당하다고 생각하는 경향이 있다.

━━━━━┤ 보기 ├━━━━━

ㄱ. 대다수의 사람이 "어떤 과학자는 운동선수이다. 어떤 철학자도 과학자가 아니다."라는 전제로부터 "어떤 철학자도 운동선수가 아니다."를 타당하게 도출할 수 있는 결론이라고 응답했다는 심리 실험 결과는 갑에 의해 설명된다.

ㄴ. 대다수의 사람이 "모든 적색 블록은 구멍이 난 블록이다. 모든 적색 블록은 삼각 블록이다."라는 전제로부터 "모든 구멍이 난 블록은 삼각 블록이다."를 타당하게 도출할 수 있는 결론이라고 응답했다는 심리 실험 결과는 을에 의해 설명된다.

ㄷ. 대다수의 사람이 "모든 물리학자는 과학자이다. 어떤 컴퓨터 프로그래머는 과학자이다."라는 전제로부터 "어떤 컴퓨터 프로그래머는 물리학자이다."를 타당하게 도출할 수 있는 결론이라고 응답했다는 심리 실험 결과는 병에 의해 설명된다.

① ㄱ　　　　　　② ㄷ
③ ㄱ, ㄴ　　　　④ ㄴ, ㄷ
⑤ ㄱ, ㄴ, ㄷ

정답 ④

해설

ㄱ. 갑은 '모든 A는 B이다'를 '모든 B는 A이다'로 잘못 바꾸는 경향에서 논리적 오류가 생겨난다고 보고 있다.
그런데 "어떤 과학자(A)는 운동선수(B)이다. 어떤 철학자(C)도 과학자(A)가 아니다."라는 전제와 "어떤 철학자(C)도 운동선수(B)가 아니다."라는 결론은 아래와 같이 나타낼 수 있다.
어떤 A → B
어떤 C → ~A(~B)
따라서 '어떤 C → ~B'가 타당하다고 생각하는 경향이 있다.
이는 갑에 의해 설명될 수 없다. (×)

ㄴ. 을의 진술에서 약한 의미는 A는 B에 포함된다는 것이고, 강한 의미는 A와 B가 같다는 것을 의미한다.
강한 의미에서 모든 적색 블록 = 구멍 난 블록 = 삼각 블록이라고 받아들였기 때문에 사람들은 "모든 구멍난 블록은 삼각 블록이다."을 타당하다고 생각할 것이다. (○)

ㄷ. 병은 전제가 모두 '어떤 A는 B이다'라는 형태의 명제로 이루어진 것, '모든 A는 B이다'라는 형태의 명제로 이루어진 것 모두 결론도 그런 형태이기만 하면 타당하다고 생각한다.
그런데 "모든 물리학자(A)는 과학자(B)이다. 어떤 컴퓨터 프로그래머(C)는 과학자(B)이다."라는 전제와 "어떤 컴퓨터 프로그래머(C)는 물리학자(A)이다."라는 결론은 아래와 같이 나타낼 수 있다.
모든 A → B
어떤 C → B(A)
따라서 '어떤 C → A'가 타당하다고 생각할 것이다. (○)

---

03 **다음 글에 대한 분석으로 적절한 것만을 〈보기〉에서 모두 고르면?**

'자연화'란 자연과학의 방법론에 따라 자연과학이 수용하는 존재론을 토대 삼아 연구를 수행한다는 의미이다. 심리학을 자연과학의 하나라고 생각하는 철학자 A는, 인식론의 자연화를 주장하기 위해 다음의 〈논증〉을 제시하였다.

〈논증〉

(1) 전통적 인식론은 적어도 다음의 두 가지 목표를 가진다. 첫째, 세계에 관한 믿음을 정당화하는 것이고, 둘째, 세계에 관한 믿음을 나타내는 문장을 감각 경험을 나타내는 문장으로 번역하는 것이다.

(2) 전통적 인식론은 첫째 목표도 달성할 수 없고 둘째 목표도 달성할 수 없다.

(3) 만약 전통적 인식론이 이 두 가지 목표 중 어느 하나라도 달성할 수가 없다면, 전통적 인식론은 폐기되어야 한다.

(4) 전통적 인식론은 폐기되어야 한다.

(5) 만약 전통적 인식론이 폐기되어야 한다면, 인식론자는 전통적 인식론 대신 심리학을 연구해야 한다.

(6) 인식론자는 전통적 인식론 대신 심리학을 연구해야 한다.

━━━━━┤ 보기 ├━━━━━

ㄱ. 전통적 인식론의 목표에 (1)의 '두 가지 목표' 외에 "세계에 관한 믿음이 형성되는 과정을 규명하는 것"이 추가된다면, 위 논증에서 (6)은 도출되지 않는다.

ㄴ. (2)를 "전통적 인식론은 첫째 목표를 달성할 수 없거나 둘째 목표를 달성할 수 없다."로 바꾸어도 위 논증에서 (6)이 도출된다.

ㄷ. (4)는 논증 안의 어떤 진술들로부터 나오는 결론일 뿐만 아니라 논증 안의 다른 진술의 전제이기도 하다.

① ㄱ　　　　　　② ㄷ
③ ㄱ, ㄴ　　　　④ ㄴ, ㄷ
⑤ ㄱ, ㄴ, ㄷ

정답 ④

해설

(1) 정당화, 믿음

(2) 정당화× ∩ 믿음×

(3) (정당화× ∪ 믿음×) → 달성할 수 없다.

(4) (3)의 결론, 전통적 인식론은 폐기

(5) 전통적 인식론 폐기 → 심리학 연구

(6) 심리학을 연구해야 한다. (결론)

ㄱ. (1)의 '두 가지 목표' 외에 다른 목표가 추가된다고 하더라도, (2)와 (3)의 '두 가지 목표'에 관한 논증으로 (6)이 도출되는데 영향이 없다. (×)

ㄴ. (2)는 전통적 인식론은 첫째 목표(A)도 달성할 수 없고 둘째 목표(B)도 달성할 수 없다. = ~A ∩ ~B

(3)의 전건은 ~A ∪ ~B이므로 (2)를 ~A ∪ ~B로 바꾸어도 (3)의 전건이 바뀌거나 문제가 되지 않으므로 (6)이 도출되는 데 문제가 없다. (○)

ㄷ. (4)는 (3)의 결론이기도 하며, (6)을 도출하는 전제가 된다. 따라서 논증 안의 어떤 진술로부터 나오는 결론일 뿐만 아니라 다른 진술의 전제이기도 하다. (○)

---

04 다음 글에 대한 분석으로 적절한 것만을 〈보기〉에서 모두 고르면?

어떤 사람이 당신에게 다음과 같이 제안했다고 하자. 당신은 호화 여행을 즐기게 된다. 다만 먼저 10만 원을 내야 한다. 여기에 하나의 추가 조건이 있다. 그것은 제안자의 말인 아래의 (1)이 참이면 그는 10만 원을 돌려주지 않고 약속대로 호화 여행은 제공하는 반면, (1)이 거짓이면 그는 10만 원을 돌려주고 약속대로 호화 여행도 제공한다는 것이다.

(1) 나는 당신에게 10만 원을 돌려주거나 ⓐ당신은 나에게 10억 원을 지불한다.

당신은 이 제안을 받아들였고 10만 원을 그에게 주었다.

이때 어떤 결과가 따를지 검토해 보자. (1)은 참이거나 거짓일 것이다. (1)이 거짓이라고 가정해 보자. 그러면 추가 조건에 따라 그는 당신에게 10만 원을 돌려준다. 또한 가정상 (1)이 거짓이므로, ㉠그는 당신에게 10만 원을 돌려주지 않는다. 결국 (1)이 거짓이라고 가정하면 그는 당신에게 10만 원을 돌려준다는 것과 돌려주지 않는다는 것이 모두 성립한다. 이는 가능하지 않다. 따라서 ㉡(1)은 참일 수밖에 없다. 그런데 (1)이 참이라면 추가 조건에 따라 그는 당신에게 10만 원을 돌려주지 않는다. 따라서 ⓐ가 반드시 참이어야 한다. 즉, ㉢당신은 그에게 10억 원을 지불한다.

───┤ 보기 ├───

ㄱ. ㉠을 추론하는 데는 'A이거나 B'의 형식을 가진 문장이 거짓이면 A도 B도 모두 반드시 거짓이라는 원리가 사용되었다.

ㄴ. ㉡을 추론하는 데는 어떤 가정 하에서 같은 문장의 긍정과 부정이 모두 성립하는 경우 그 가정의 부정은 반드시 참이라는 원리가 사용되었다.

ㄷ. ㉢을 추론하는 데는 'A이거나 B'라는 형식의 참인 문장에서 A가 거짓인 경우 B는 반드시 참이라는 원리가 사용되었다.

① ㄱ
② ㄷ
③ ㄱ, ㄴ
④ ㄴ, ㄷ
⑤ ㄱ, ㄴ, ㄷ

정답 ⑤

해설

ㄱ. (10만 원 반환 ∪ 10억 원 지불) (T)

≡ ~10억 원 지불 ∩ ~ 10만 원 반환

10만 원을 반환하지 않고 ∩ 10억 원을 지불하지 않는다. 따라서 ㉠을 추론하는 데는 'A이거나 B'의 형식을 가진 문장이 거짓이면 'A도 B도 모두 반드시 거짓'이라는 원리가 사용되었다. (○)

ㄴ. (1)은 참이거나 거짓이다.

(1)이 거짓이라고 가정하면 A와 ~A가 모두 성립한다. → 가능하지 않다.

따라서 (1)은 참일 수 밖에 없다. 따라서 어떤 가정하에서 같은 문장의 긍정과 부정이 모두 성립하는 경우 그 가정의 부정은 반드시 참이라는 원리가 사용되었다는 것을 알 수 있다. (○)

ㄷ. 'A이거나 B'라는 형식이 참인 문장

A가 거짓인 경우 = 나는 당신에게 10만 원을 돌려주지 않는다.

A가 거짓일 때, 'A이거나 B'라는 전체가 참이 되려면 B는 반드시 참이어야 한다. 따라서 B는 반드시 참이라는 원리가 사용되었다. (○)

---

05 다음은 글의 빈칸에 들어갈 내용으로 가장 적절한 것은?

> 민간 문화 교류 증진을 목적으로 열리는 국제 예술 공연의 개최가 확정되었다. 이번 공연이 민간 문화 교류 증진을 목적으로 열린다면, 공연 예술단의 수석대표는 정부 관료가 맡아서는 안 된다. 만일 공연이 민간 문화 교류 증진을 목적으로 열리고 공연 예술단의 수석대표는 정부 관료가 맡아서는 안 된다면, 공연 예술단의 수석대표는 고전음악 지휘자나 대중음악 제작자가 맡아야 한다. 현재 정부 관료 가운데 고전음악 지휘자나 대중음악 제작자는 없다. 예술단에 수석대표는 반드시 있어야 하며 두 사람 이상이 공동으로 맡을 수도 있다. 전체 세대를 아우를 수 있는 사람이 아니라면 수석대표를 맡아서는 안 된다. 전체 세대를 아우를 수 있는 사람이 극히 드물기에, 위에 나열된 조건을 다 갖춘 사람은 모두 수석대표를 맡는다.
>
> 누가 공연 예술단의 수석대표를 맡을 것인가와 더불어, 참가하는 예술인이 누구인가도 많은 관심의 대상이다. 그런데 아이돌 그룹 A가 공연 예술단에 참가하는 것은 분명하다. 왜냐하면 만일 갑이나 을이 수석대표를 맡는다면 A가 공연 예술단에 참가하는데, [   ]
> 때문이다.

① 갑은 고전음악 지휘자이며 전체 세대를 아우를 수 있기

② 갑이나 을은 대중음악 제작자 또는 고전음악 지휘자이기

③ 갑과 을은 둘 다 정부 관료가 아니며 전체 세대를 아우를 수 있기

④ 을이 대중음악 제작자가 아니라면 전체 세대를 아우를 수 없을 것이기

⑤ 대중음악 제작자나 고전음악 지휘자라면 누구나 전체 세대를 아우를 수 있기

정답 ①

해설

글의 조건을 정리하면,

ⅰ) 현재 정부 관료 가운데 고전음악 지휘자나 대중음악 제작자는 없다.

ⅱ) 공연 예술단의 수석대표는 고전음악 지휘자나 대중음악 제작자가 맡아야 한다.

ⅲ) 전체 세대를 아우를 수 있는 사람이 아니라면 수석대표를 맡아서는 안된다.

ⅳ) 조건을 모두 갖춘 사람은 모두 수석대표를 맡는다.

∴ ⬚⬚⬚⬚⬚⬚(빈칸)에는 갑이나 을이 수석대표가 되는 조건
이 제시되어야 한다. 고전음악 지휘자나 대중음악 제작자이면서
전체 세대를 아우를 수 있는 사람이 제시되어야 한다.

→ 충족하는 선택지는 "① 갑은 고전음악 지휘자이며 전체 세대를 아
우를 수 있기"뿐이다.

06 다음 글의 내용이 참일 때, 반드시 참인 것만을 〈보기〉에서 모두 고르면?

A 기술원 해수자원화기술 연구센터는 2014년 세
계 최초로 해수전지 원천 기술을 개발한 바 있다.
연구센터는 해수전지 상용화를 위한 학술대회를
열었는데 학술대회로 연구원들이 자리를 비운 사
이 누군가 해수전지 상용화를 위한 핵심 기술이
들어 있는 기밀 자료를 훔쳐 갔다. 경찰은 수사
끝에 바다, 다은, 은경, 경아를 용의자로 지목해
학술대회 당일의 상황을 물으며 이들을 심문했는
데 이들의 답변은 아래와 같았다.

바다: 학술대회에서 발표된 상용화 아이디어 중
　　　적어도 하나는 학술대회에 참석한 모든
　　　사람들의 관심을 받았어요. 다은은 범인
　　　이 아니에요.

다은: 학술대회에 참석한 사람들은 누구나 학술
　　　대회에서 발표된 하나 이상의 상용화 아
　　　이디어에 관심을 가졌어요. 범인은 은경
　　　이거나 경아예요.

은경: 학술대회에 참석한 몇몇 사람은 학술대회
　　　에서 발표된 상용화 아이디어 중 적어도
　　　하나에 관심이 있었어요. 경아는 범인이
　　　아니에요.

경아: 학술대회에 참석한 모든 사람들이 어떤 상
　　　용화 아이디어에도 관심이 없었어요. 범
　　　인은 바다예요.

수사 결과 이들은 각각 참만을 말하거나 거짓만
을 말한 것으로 드러났다. 그리고 네 명 중 한 명
만 범인이었다는 것이 밝혀졌다.

─┤ 보기 ├─

ㄱ. 바다와 은경의 말이 모두 참일 수 있다.
ㄴ. 다은과 은경의 말이 모두 참인 것은 가능하
　　지 않다.
ㄷ. 용의자 중 거짓말한 사람이 단 한 명이면, 은
　　경이 범인이다.

① ㄱ　　　　　　　　　② ㄴ
③ ㄱ, ㄷ　　　　　　　④ ㄴ, ㄷ
⑤ ㄱ, ㄴ, ㄷ

정답 ③

해설

거짓말 한 사람과 범인은 상관관계가 없다.
참이 몇 명이고, 거짓말이 몇 명인지 모르는 상태에서 특별한 관계를 찾아야 한다.
우선, 바다와 경아의 첫 번째 진술이 모순되므로(상용화 아이디어 관심 유/무) 이 둘의 진술을 살펴보자.
바다와 경아의 진술은 다음과 같다.

ⅰ) 바다 참 / 경아 거짓	ⅱ) 바다 거짓 / 경아 참
바다 : 참 → 참 (다은, 은경으로 이어진다.)	바다 : 거짓 → 거짓
다은 : 참 → 참	다은 : 거짓 → 거짓
은경 : 참 → 참	은경 : 거짓 → 거짓
경아 : 거짓 → 거짓	경아 : 참 → 참

위 진술 결과 범인인 경우는

ⅰ) 바다 참 / 경아 거짓 (은경 범인)	ⅱ) 바다 거짓 / 경아 참 (모순)
다은 범인 ×	~~다은 범인 ○~~
은경 or 경아 범인 → 은경 범인○, 경아 범인 ×	
경아 범인 ×	~~경아 범인 ○~~
바다 범인 ×	~~바다 범인 ○~~

ㄱ. 바다와 은경의 말은 모두 참일 수 있다. (○)
ㄴ. 다은과 은경의 말은 모두 참일 수 있다. (×)
ㄷ. 거짓말한 사람이 단 한명이면(경아), 은경이 범인이다. (○)

바다와 경아의 진술로 범인 찾기

 진술　　＼　　범인	바다	다은	은경	경아
바다 : 다은 ×	T	F	T	T
다은 : 은경 ○ or 경아 ○	F	F	T	T
은경 : 경아 ×	T	T	T	F
경아 : 바다 ○	T	F	F	F

경아의 진술이 거짓인 경우(T→F, F→T로 변환)

 진술　　＼　　범인	바다	다은	은경	경아
바다 : 다은 ×	T	F	T	T
다은 : 은경 ○ or 경아 ○	F	F	T	T
은경 : 경아 ×	T	T	T	F
경아 : 바다 ○	F	T	T	T

은경이 범인이 된다.

---

07 다음 글의 내용이 참일 때, 반드시 참인 것은?

> A, B, C, D를 포함해 총 8명이 학회에 참석했다. 이들에 관해서 알려진 정보는 다음과 같다.
> - 아인슈타인 해석, 많은 세계 해석, 코펜하겐 해석, 보른해석 말고도 다른 해석들이 있고, 학회에 참석한 이들은 각각 하나의 해석만을 받아들인다.
> - 상태 오그라듦 가설을 받아들이는 이들은 모두 5명이고, 나머지는 이 가설을 받아들이지 않는다.
> - 상태 오그라듦 가설을 받아들이는 이들은 코펜하겐 해석이나 보른 해석을 받아들인다.
> - 코펜하겐 해석이나 보른 해석을 받아들이는 이들은 상태 오그라듦 가설을 받아들인다.
> - B는 코펜하겐 해석을 받아들이고, C는 보른 해석을 받아들인다.
> - A와 D는 상태 오그라듦 가설을 받아들인다.
> - 아인슈타인 해석을 받아들이는 이가 있다.

① 적어도 한 명은 많은 세계 해석을 받아들인다.
② 만일 보른 해석을 받아들이는 이가 두 명이면, A와 D가 받아들이는 해석은 다르다.
③ 만일 A와 D가 받아들이는 해석이 다르다면, 적어도 두 명은 코펜하겐 해석을 받아들인다.
④ 만일 오직 한 명만이 많은 세계 해석을 받아들인다면, 아인슈타인 해석을 받아들이는 이는 두 명이다.
⑤ 만일 코펜하겐 해석을 받아들이는 이가 세 명이면, A와 D 가운데 적어도 한 명은 보른 해석을 받아들인다.

정답 ③

해설

글의 내용을 표로 정리하면 다음과 같다. (단, A ～ D가 아닌 참석자 4명은 임의로 E, F, G, H로 나타냄)

구분	아인슈타인	많은 세계	코펜하겐	보른	기타	상태 오그라듦
A	×	×	○ or	○		○
B	×	×	○	×	×	○
C	×	×	×	○	×	○
D	×	×	○ or	○	×	○
E	○	×	×	×	×	×
F	×	×	○ or	○	×	○
G						×
H						×

① 상태 오그라듦 5명, 아인슈타인 1명 외의 정보는 알 수 있으나 그 이외 남은 2명이 각각 '많은 세계 해석'을 받아들이지 않을 수도 있으며, 받아들인다는 결론도 찾을 수 없다. (×)

② 반례에 의하여 A와 D가 받아들이는 해석이 다르다는 것은 반드시 참이 아니다.

→ F가 보른 해석이라고 가정한다면, A와 D는 코펜하겐으로 받아들이는 해석이 같다. (×)

③ A와 D가 받아들이는 해석이 다르다면 둘 중 한 명은 반드시 코펜하겐 해석을 받아들이며, B가 코펜하겐 해석을 받아들이기 때문에 적어도 두 명은 코펜하겐 해석을 받아들이게 된다. (○)

④ 오직 한 명만이 많은 세계 해석을 받아들인다면 아래와 같다.

구분	아인슈타인	많은 세계	코펜하겐	보른	기타	상태 오그라듦
A	×	×	○ or	○		○
B	×	×	○	×	×	○
C	×	×	×	○	×	○
D	×	×	○ or	○	×	○
E	○	×	×	×	×	×
F	×	×	○ or	○	×	○
G	×	○	×	×	×	×
H	모름	모름			모름	×

아인슈타인 해석을 받아들이는 이는 한 명일 수도 있기 때문에 반드시 참이 아니다. (×)

⑤ 코펜하겐 해석을 받아들이는 이가 세 명일 경우, A와 D 둘 다 코펜하겐 해석을 받아들이는 반례가 존재한다. (×)

구분	아인슈타인	많은 세계	코펜하겐	보른	기타	상태 오그라듦
A	×	×	○	×		○
B	×	×	○	×	×	○
C	×	×	×	○	×	○
D	×	×	○	×	×	○
E	○	×	×	×	×	×
F	×	×	×	○	×	○

---

08 다음 글을 읽고 물음에 답하시오.

미국의 일부 주에서 판사는 형량을 결정하거나 가석방을 허가하는 판단의 보조 자료로 양형 보조 프로그램 X를 활용한다. X는 유죄가 선고된 범죄자를 대상으로 그 사람의 재범 확률을 추정하여 그 결과를 최저 위험군을 뜻하는 1에서 최고 위험군을 뜻하는 10까지의 위험 지수로 평가한다.

2016년 A는 X를 활용하는 플로리다 주 법정에서 선고받았던 7천여 명의 초범들을 대상으로 X의 예측 결과와 석방 후 2년간의 실제 재범 여부를 조사했다. 이 조사 결과를 토대로 한 ㉠A의 주장은 X가 흑인과 백인을 차별한다는 것이다. 첫째 근거는 백인의 경우 위험 지수 1로 평가된 사람이 가장 많고 10까지 그 비율이 차츰 감소한 데 비하여 흑인의 위험 지수는 1부터 10까지 고르게 분포되었다는 관찰 결과이다. 즉 고위험군으로 분류된 사람의 비율이 백인보다 흑인이 더 크다는 것이었다. 둘째 근거는 예측의 오류와 관련된 것이다. 2년 이내 재범을 　(가)　 사람 중에서 　(나)　 으로 잘못 분류되었던 사람의 비율은 흑인의 경우 45 %인 반면 백인은 23 %에 불과했고, 2년 이내 재범을 　(다)　 사람 중에서 　(라)　 으로 잘못 분류되었던 사람의 비율은 흑인의 경우 28 %인 반면 백인은 48 %로 훨씬 컸다. 종합하자면, 재범을 저지른 사람이든 그렇지 않은 사람이든, 흑인은 편파적으로 고위험군으로 분류된 반면 백인은 편파적으로 저위험군으로 분류된 것이다.

X를 개발한 B는 A의 주장을 반박하는 논문을 발표하였다. B는 X의 목적이 재범 가능성에 대한 예측의 정확성을 높이는 것이며, 그 정확성에는 인종 간에 차이가 나타나지 않는다고 주장했다. B에 따르면, 예측의 정확성을 판단하는 데 있어 중요한 것은 고위험군으로 분류된 사람 중 2년 이내 재범을 저지른 사람의 비율과 저위험군으로 분류된 사람 중 2년 이내 재범을 저지르지 않은 사람의 비율이다. B는 전자의 비율이 백인 59 %, 흑인 63 %, 후자의 비율이 백인 71 %, 흑인 65 %라고 분석하고, 이 비율들은 인종 간에 유의미한 차이를 드러내지 않는다고 주장했다. 또 B는 X에 의해서 고위험군 혹은 저위험군으로 분류되기 이전의 흑인과 백인의 재범률, 즉 흑인의 기저재범률과 백인의 기저재범률 간에는 이미 상당한 차

이가 있었으며, 이런 애초의 차이가 A가 언급한 예측의 오류 차이를 만들어 냈다고 설명한다. 결국 ⓛB의 주장은 X가 편파적으로 흑인과 백인의 위험 지수를 평가하지 않는다는 것이다.

하지만 기저재범률의 차이로 인종 간 위험 지수의 차이를 설명하여, X가 인종차별적이라는 주장을 반박하는 것은 잘못이다. 기저재범률에는 미국 사회의 오래된 인종차별적 특징, 즉 흑인이 백인보다 범죄자가 되기 쉬운 사회 환경이 반영되어 있기 때문이다. 처음 범죄를 저질러서 재판을 받아야 하는 흑인을 생각해 보자. 그의 위험 지수를 판정할 때 사용되는 기저재범률은 **그와 전혀 상관없는 다른 흑인들이 만들어 낸 것**이다. 그런 기저재범률이 전혀 상관없는 사람의 형량이나 가석방 여부에 영향을 주는 것은 잘못이다. 더 나아가 이런 식으로 위험 지수를 평가받아 형량이 정해진 흑인들은 더 오랜 기간 교도소에 있게 될 것이며, 향후 재판받을 흑인들의 위험 지수를 더욱 높이는 결과를 가져오게 될 것이다. 따라서 ⓒ<u>X의 지속적인 사용은 미국 사회의 인종차별을 고착화한다.</u>

위 글의 ㉠ ~ ㉢에 대한 평가로 적절한 것만을 〈보기〉에서 모두 고르면?

| 보기 |

ㄱ. 강력 범죄자 중 위험지수가 10으로 평가된 사람의 비율이 흑인과 백인 사이에 차이가 없다면, ㉠은 강화된다.

ㄴ. 흑인의 기저재범률이 높을수록 흑인에 대한 X의 재범 가능성 예측이 더 정확해진다면, ㉡은 약화된다.

ㄷ. X가 특정 범죄자의 재범률을 평가할 때 사용하는 기저재범률이 동종 범죄를 저지른 사람들로부터 얻은 것이라면, ㉢은 강화되지 않는다.

① ㄱ
② ㄷ
③ ㄱ, ㄴ
④ ㄴ, ㄷ
⑤ ㄱ, ㄴ, ㄷ

정답 ②

해설

ㄱ. A는 흑인이 편파적으로 고위험군으로 분류된 반면 백인은 편파적으로 저위험군으로 분류된 것임을 주장한다. 따라서 위험지수가 10으로 평가된 사람의 비율이 흑인과 백인 사이에 차이가 없다고 해서 ㉠을 강화하지는 않는다. (×)

ㄴ. "B는 X의 목적이 재범 가능성에 대한 예측의 정확성을 높이는 것이며, 그 정확성에는 인종 간에 차이가 나타나지 않는다고 주장했다."를 통해 흑인의 기저재범률이 높을수록 흑인에 대한 X의 재범 가능성 예측이 더 정확해진다면 ㉡은 강화된다. (×)

ㄷ. 기저재범률은 미국 사회의 오래된 인종차별적 특징 → 흑인이 백인보다 범죄자가 되기 쉬운 사회 환경

따라서 처음 범죄를 저질러서 재판을 받아야 하는 흑인과 그의 위험 지수를 판정할 때 사용되는 기저재범률은 그와 전혀 상관없는 다른 흑인들이 만들어 낸 것이다. 따라서 X가 재범률을 평가할 때 사용하는 기저재범률이 인종 집단이 아니라 동종 범죄를 저지른 사람들 집단으로부터 얻은 것이라면, 이는 더 이상 "그 사람과 무관한 인종 집단"의 특성을 일방적으로 전가하는 것이라고 보기 어렵다. 따라서 '인종별 기저재범률을 사용하기 때문에 X의 지속적 사용이 미국 사회의 인종차별을 고착화한다'는 ㉢의 논지는 이 경우에 강화되지 않는다. (○)

독해 | 강화 · 약화

09 다음 글의 〈실험 결과〉에 대한 판단으로 적절한 것만을 〈보기〉에서 모두 고르면?

박쥐 X가 잡아먹을 수컷 개구리의 위치를 찾기 위해 사용하는 방법에는 두 가지가 있다. 하나는 수컷 개구리의 울음소리를 듣고 위치를 찾아내는 '음탐지' 방법이다. 다른 하나는 X가 초음파를 사용하여, 울음소리를 낼 때 커졌다 작아졌다 하는 울음주머니의 움직임을 포착하여 위치를 찾아내는 '초음파탐지' 방법이다. 울음주머니의 움직임이 없으면 이 방법으로 수컷 개구리의 위치를 찾을 수 없다.

〈실험〉

한 과학자가 수컷 개구리를 모방한 두 종류의 로봇개구리를 제작했다. 로봇개구리 A는 수컷 개구리의 울음소리를 내고, 커졌다 작아졌다 하는 울음주머니도 가지고 있다. 로봇개구리 B는 수컷 개구리의 울음소리만 내고, 커졌다 작아졌다 하는 울음주머니는 없다. 같은 수의 A 또는 B를 크기는 같지만 서로 다른 환경의 세 방 안에 같은 위치에 두었다. 세 방의 환경은 다음과 같다.

- 방1: 로봇개구리 소리만 들리는 환경
- 방2: 로봇개구리 소리뿐만 아니라, 로봇개구리가 있는 곳과 다른 위치에서 로봇개구리 소리와 같은 소리가 추가로 들리는 환경
- 방3: 로봇개구리 소리뿐만 아니라, 로봇개구리가 있는 곳과 다른 위치에서 로봇개구리 소리와 전혀 다른 소리가 추가로 들리는 환경

각 방에 같은 수의 X를 넣고 실제로 로봇개구리를 잡아먹기 위해 공격하는 데 걸리는 평균 시간을 측정했다. X가 로봇개구리의 위치를 빨리 알아낼수록 공격하는 데 걸리는 시간은 짧다.

〈실험 결과〉

- 방1: A를 넣은 경우는 3.4초였고 B를 넣은 경우는 3.3초로 둘 사이에 유의미한 차이는 없었다.
- 방2: A를 넣은 경우는 8.2초였고 B를 넣은 경우는 공격하지 않았다.
- 방3: A를 넣은 경우는 3.4초였고 B를 넣은 경우는 3.3초로 둘 사이에 유의미한 차이는 없었다.

── 보기 ──

ㄱ. 방1과 2의 〈실험 결과〉는, X가 음탐지 방법이 방해를 받는 환경에서는 초음파탐지 방법을 사용한다는 가설을 강화한다.

ㄴ. 방2와 3의 〈실험 결과〉는, X가 소리의 종류를 구별할 수 있다는 가설을 강화한다.

ㄷ. 방1과 3의 〈실험 결과〉는, 수컷 개구리의 울음소리와 전혀 다른 소리가 들리는 환경에서는 X가 초음파탐지 방법을 사용한다는 가설을 강화한다.

① ㄱ   ② ㄷ
③ ㄱ, ㄴ   ④ ㄴ, ㄷ
⑤ ㄱ, ㄴ, ㄷ

정답 ③

해설

ㄱ. 방 1에서 로봇개구리 소리만 들리는 환경에서는 실험 A와 B 모두 유의미한 차이 없이 로봇개구리를 모두 발견하였다. 하지만 방 1의 환경 + 다른 위치에서 로봇개구리 소리를 추가로 들리게 한 경우에는 로봇개구리 A의 위치를 알아냈는데, 이것은 울음주머니가 없는 B와 달리 A는 울음주머니를 가지고 있었기 때문에 '초음파탐지' 방법을 사용하였다는 추론이 가능하다. 따라서 음탐지 방법이 방해를 받는 환경에서는 초음파탐지 방법을 사용한다는 가설을 강화한다. (○)

ㄴ. 로봇개구리 소리와 같은 소리가 추가로 들리는 환경(방 2)에서 X가 B의 위치를 찾지 못했는데 방 3에서는 X가 B를 공격했다. 이는 '음탐지'를 통해 A와 B를 찾아낸 것으로, 소리의 종류를 구별할 수 있다는 가설을 강화한다. (○)

ㄷ. X가 초음파탐지 방법을 사용한다면, 방 1과 방 3에서 동일 평균 시간에 A와 B 모두를 공격한 실험 결과를 설명하지 못한다. (움직임을 포착 = 초음파탐지) (×)

10 다음 글의 ㉠과 ㉡에 대한 평가로 적절한 것만을 〈보기〉에서 모두 고르면?

연역과 귀납, 이 두 종류의 방법은 지적 작업에서 사용될 수 있는 모든 추론을 포괄한다. 철학과 과학을 비롯한 모든 지적 작업에 연역적 방법이 필수적이라는 것을 부정하는 사람은 아무도 없다. 귀납적 방법의 경우 사정은 크게 다르다. 귀납적 방법이 철학적 작업에 들어설 여지가 없다고 믿는 사람이 있는가 하면, 한 걸음 더 나아가 어떠한 지적 작업에도 귀납적 방법이 불필요하다고 주장하는 사람들도 있다.

㉠ 귀납적 방법이 철학이라는 지적 작업에서 불필요하다는 견해는 독단적인 철학관에 근거한다. 이런 견해에 따르면 철학적 주장의 정당성은 선험적인 것으로, 경험적 지식을 확장하기 위해 사용되는 귀납적 방법에 의존할 수 없다. 그러나 이런 견해는 철학적 주장이 경험적 가설에 의존해서는 안 된다는 부당하게 편협한 철학관과 '귀납적 방법'의 모호성을 딛고 서 있다. 실제로 철학사에 나타나는 목적론적 신 존재 증명이나 외부 세계의 존재에 관한 형이상학적 논증 가운데는 귀납적 방법인 유비 논증과 귀추법을 교묘히 적용하고 있는 것도 있다.

㉡ 모든 지적 작업에서 귀납적 방법의 필요성을 부정하는 견해는 중요한 철학적 성과를 낳기도 하였다. 포퍼의 철학이 그런 사례 가운데 하나이다. 포퍼는 귀납적 방법의 정당화 가능성에 관한 회의적 결론을 받아들이고, 과학의 탐구가 귀납적 방법으로 진행된다는 견해는 근거가 없음을 보인다. 그에 따르면, 과학의 탐구 과정은 연역 논리 법칙에 따라 전개되는 추측과 반박의 작업으로 이루어진다. 이런 포퍼의 이론은 귀납적 방법의 필요성에 대한 전면적인 부정이 낳을 수 있는 흥미로운 결과 가운데 하나라고 할 수 있다.

───┤ 보기 ├───

ㄱ. 과학의 탐구가 귀납적 방법에 의해 진행된다는 주장은 ㉠을 반박한다.

ㄴ. 철학의 일부 논증에서 귀추법의 사용이 불가피하다는 주장은 ㉡을 반박한다.

ㄷ. 연역 논리와 경험적 가설 모두에 의존하는 지적 작업이 있다는 주장은 ㉠과 ㉡을 모두 반박한다.

① ㄱ
② ㄴ
③ ㄱ, ㄷ
④ ㄴ, ㄷ
⑤ ㄱ, ㄴ, ㄷ

해설

ㄱ. 과학의 탐구가 귀납적으로 진행된다는 주장은 ㉡을 반박하는 주장에 해당한다. 따라서 ㉠을 반박한다는 평가는 적절하지 않다. (✕)

ㄴ. 두 번째 문단에서 "귀납적 방법인 유비 논증과 귀추법을 교묘히 적용하고 있는 것도 있다"라고 하여 귀추법은 귀납적 방법에 해당한다는 것을 알 수 있다. 철학의 일부 논증에서 귀추법의 사용은 불가피하다는 주장은 ㉠과 견해가 같고, ㉡을 반박하는 평가로 적절하다. (○)

ㄷ. 연역 논리와 경험적 가설 모두에 의존하는 지적 작업이 있다는 주장은 그러한 지적 작업에 경찰이 포함될 경우 ㉠을 반박할 수 없다. 이 주장은 ㉡만을 반박한다고 볼 수 있다. (✕)

11 다음 글의 〈논쟁〉에 대한 분석으로 적절한 것만을 〈보기〉에서 모두 고르면?

갑과 을은 「위원회의 운영에 관한 규정」 제8조에 대한 해석을 놓고 논쟁하고 있다. 그 조문은 다음과 같다.

> 제8조(위원장 및 위원) ① 위원장은 위촉된 위원들 중에서 투표로 선출한다.
> ② 위원장과 위원은 한 차례만 연임할 수 있다.
> ③ 위원장의 사임 등으로 보선된 위원장의 임기는 전임 위원장 임기의 남은 기간으로 한다.

〈논쟁〉

쟁점 1 : A는 위원을 한 차례 연임하던 중 그 임기의 마지막 해에 위원장으로 선출되어, 2년에 걸쳐 위원장으로 활동하고 있다. 이에 대해, 갑은 A가 규정을 어기고 있다고 주장하지만, 을은 그렇지 않다고 주장한다.

쟁점 2 : B가 위원장을 한 차례 연임하여 활동하던 중에 연임될 때의 투표 절차가 적법하지 않다는 이유로 위원장의 직위가 해제되었는데, 이후의 보선에 B가 출마하였다. 이에 대해, 갑은 B가 선출되면 규정을 어기게 된다고 주장하지만, 을은 그렇지 않다고 주장한다.

쟁점 3 : C는 위원장을 한 차례 연임하였고, 다음 위원장으로 선출된 D는 임기 만료 직전에 사퇴하였는데, 이후의 보선에 C가 출마하였다. 이에 대해, 갑은 C가 선출되면 규정을 어기게 된다고 주장하지만, 을은 그렇지 않다고 주장한다.

─┤ 보기 ├─

ㄱ. 쟁점 1과 관련하여, 갑은 위원으로서의 임기가 종료되면 위원장으로서의 자격도 없는 것으로 생각하지만, 을은 위원장이 되는 경우에는 그 임기나 연임 제한이 새롭게 산정된다고 생각하기 때문이라고 하면, 갑과 을 사이의 주장 불일치를 설명할 수 있다.

ㄴ. 쟁점 2와 관련하여, 갑은 위원장이 부적법한 절차로 당선되었더라도 그것이 연임 횟수에 포함된다고 생각하지만, 을은 그렇지 않다고 생각하기 때문이라고 하면, 갑과 을 사이의 주장 불일치를 설명할 수 있다.

ㄷ. 쟁점 3과 관련하여, 위원장 연임 제한의 의미가 '단절되는 일 없이 세 차례 연속하여 위원장이 되는 것만을 막는다'는 것으로 확정된다면, 갑의 주장은 옳고, 을의 주장은 그르다.

① ㄱ   ② ㄷ
③ ㄱ, ㄴ   ④ ㄴ, ㄷ
⑤ ㄱ, ㄴ, ㄷ

정답 ③

해설

ㄱ. 갑은 연임 여부를 판단할 때 위원장과 위원의 연임 횟수를 종합적으로 판단한 것이며, 을은 개별적으로 판단해야 한다고 주장하고 있다. 따라서 갑과 을의 근거는 타당하다. (○)

ㄴ. 쟁점 2에서, 갑은 직위가 해제된 경우 연임 횟수에 포함되어 B가 다시 선출될 경우 규정을 어기게 된다고 주장한다.
을은 직위가 해제된 경우 연임 횟수에 포함되지 않기 때문에 B가 다시 선출될 경우 규정을 어긴 것은 아니라고 주장한다. 따라서 연임 횟수 포함 여부에 따라 갑과 을 사이의 주장 불일치를 설명할 수 있다. (○)

ㄷ. 위원장의 연임 제한 의미가 '단절되는 일 없이 세 차례 연속하여 위원장이 되는 것만을 막는다'는 것으로 확정된다면, C는 연임 후 D가 위원장으로 선출되었으므로 세 차례 연속하여 위원장이 되는 것은 아니다. 따라서 규정에 어긋나는 것이 아니므로 갑의 주장은 그르고 을의 주장이 옳게 된다. (×)

2025 국가직 7급 PSAT 기출문제

PART 2

1 언어논리

📄 본문 p.118~136

01 다음 글에서 알 수 있는 것은?

신라 수도였던 경주에는 기원후 4세기 후반에서 5세기 초 사이에 조성된 고분이 많은데, 이곳에서 당시 서아시아 사산조 페르시아에서 유행하던 양식의 물건이 많이 나왔다. 실제로 황남대총에서는 길쭉한 금판에 터키석으로 장식한 팔찌가 나왔는데, 사산조 페르시아 귀족들이 쓰던 팔찌와 그 모양이 같다. 계림로 14호 고분에서도 손잡이에 석류석이 박혀 있고 칼집 입구에 길쭉한 직사각형의 장식물이 붙은 보검이 나왔다. 이 역시 사산조 페르시아에서 유행한 모양 그대로이다.

이런 유물이 신라 고분에서 나온 이유는 무엇일까? 혹자는 신라에 수많은 서아시아인이 살면서 사산조 페르시아산 물건을 팔았기 때문이라고 말한다. 하지만 4세기 후반과 5세기 초 사이에 서아시아인이 신라에 살았다는 증거는 없다. 당시 서아시아인이 신라에 오는 것은 사실상 불가능에 가까운 일이었다.

4세기 후반 신라의 왕은 내물마립간이었다. 그(＝내물마립간)는 고구려와 가깝게 지내면서 군사·외교적으로 큰 도움을 받았는데, 377년에 고구려 소수림왕의 허락을 받아 사신을 고구려 영토를 거쳐 전진에 보내는 데 성공했다. 이때 신라 사신은 전진의 황제 부견을 알현해 내물마립간의 친서를 전달했다. 부견은 370년에 중국 화북 지역을 장악한 뒤 곧바로 서쪽으로 진출해 서역의 여러 나라를 정복했으며, 실크로드를 통해 사산조 페르시아와 교류했다. 그 영향으로 신라 사신이 방문하기 얼마 전부터 전진에는 무려 만여 명에 달하는 사산조 페르시아 사람이 들어와 살기 시작했다. 내물마립간이 보낸 사신은 이들로부터 사산조 페르시아에서 유행하던 양식을 갖춘 보검과 팔찌를 사들여왔으며, 이 물건들이 황남대총과 계림로 14호 고분에 부장되었다가 오늘날에 이르러 발굴된 것이다.

① 전진의 황제 부견은 신라의 왕 내물마립간이 보낸 사신을 만난 일이 있다.
② 경주에 소재한 계림로 14호 고분에서 터키석으로 장식된 팔찌가 출토되었다.
③ 사산조 페르시아는 전진과 함께 서역의 여러 나라를 정복하고 실크로드를 개척했다.
④ 고구려 소수림왕은 신라의 요청을 받아들여 전진에 사신을 보내 서아시아 지역에서 제작된 보검을 구해 주었다.
⑤ 신라 사신은 부견의 도움으로 서아시아산 물건을 구해달라는 내용의 친서를 사산조 페르시아에 보낼 수 있었다.

정답 ①

해설

① 신라의 왕인 내물마립간이 보낸 사신이 전진의 황제 부견을 알현해 내물마립간의 친서를 전달했다는 것으로, 전진의 황제 부견과 신라 사신이 만난 일이 있음을 알 수 있다. (○)
② 터키석으로 장식된 팔찌는 황남대총에서 출토되었다. 계림로 14호 고분에서 출토된 것은 보검이다. (×)
③ 전진의 황제 부견이 서쪽으로 진출해 서역의 여러 나라를 정복했으며, 실크로드를 통해 사산조 페르시아와 교류했다. 사산조 페르시아가 전진과 함께 서역의 여러 나라를 정복하고 실크로드를 개척했는지는 알 수 없다. (×)
④ 전진에 사신을 보낸 나라는 신라의 왕 내물마립간이며, 고구려 소수림왕은 신라 사신이 고구려 영토를 거치도록 허락했다는 내용만 확인할 수 있다. (×)
⑤ 서아시아산 물건을 구해달라는 내용의 친서를 사산조 페르시아에 보냈는지는 알 수 없다. 신라 사신이 방문하기 전부터 전진에 사산조 페르시아 사람들이 들어와 살기 시작했고, 이때 사산조 페르시아에서 유행하던 양식을 갖춘 보검과 팔찌를 사들여 온 것이다. (×)

02 다음 글의 내용과 부합하는 것은?

우리 역사상 최초의 국가인 고조선이 성장할 무렵 한반도 중·북부와 만주 곳곳에 '예족'이라는 종족이 살았으며, 그 가운데 오늘날의 함경도 일대에 있던 집단들을 통칭해 동예라고 부른다. 이들은 기원전 2세기 무렵 고조선에 복속되었는데, 고조선은 동예가 중국의 한(漢)과 직접 교역하지 못하게 막고 무역 이권을 독점했다. 이에 분노한 한 무제는 기원전 108년 고조선을 멸한 뒤 낙랑군을 비롯한 몇 개의 군현을 설치했다. 이때 한 무제는 동예가 있는 곳에 임둔군을 설치하고 그 아래에 여러 개의 현을 두었다. 그러나 한은 임둔군을 유지하는 데 너무 큰 비용이 든다고 여겨 기원전 82년 임둔군을 없앤 뒤 그에 속한 현들을 낙랑군에 넘겨 관리하게 했다. 하지만 낙랑군도 동예가 너무 험준한 곳에 있어서 관리를 보내기 어렵다고 판단했다. 이에 그곳에서 가장 강한 불내라는 집단의 우두머리에게 '불내후'라는 직위를 주어 동예의 모든 집단을 관리하게 하고, 불내후가 있는 곳에 동부도위라는 기구를 두어 그 동향을 감시하는 데 그쳤다. 그런데 불내후도 동예의 모든 집단을 직접 지배할 정도로 세력이 크지 않았기 때문에 각 집단에 자치권을 주고 집단들 사이에 발생하는 분쟁을 중재하는 역할만 했다. 이후 낙랑군은 동부도위를 유지하는 데 큰 비용이 든다는 이유로 기원후 30년에 이를 없애고, 동예의 모든 집단으로부터 우호 세력으로 남겠다는 다짐을 받아낸 뒤 독립시켜 주었다. 그러나 이들은 그 약속을 지키지 않고 불내후를 중심으로 뭉쳐 낙랑군을 여러 차례 공격했다. 거듭된 공격에 시달리던 낙랑군은 기원후 245년 대대적으로 군사를 일으켜 동예를 공격했으며, 이때 불내를 비롯한 동예의 모든 집단이 낙랑군에 항복했다. 이로써 동예는 낙랑군의 직접 지배 아래에 들어가게 되었는데, 이후 낙랑군이 고구려에 의해 정복되어 사라지게 되면서 동예가 있던 곳도 고구려 땅이 되었다.

① 불내라는 집단이 있던 곳은 고구려에 의해 낙랑군이 멸망한 뒤 고구려 영토가 되었다.
② 불내후는 오늘날의 함경도 일대에 살던 예족을 직접 다스리기 위해 낙랑군을 두었다.
③ 고구려는 낙랑군을 정복한 뒤 그 지역을 다스리기 위해 동부도위라는 기구를 설치했다.
④ 고조선은 주변에 거주하는 예족의 여러 집단이 복속하자 그들을 다스리기 위해 임둔군을 설치했다.
⑤ 한 무제는 동예가 고조선과 한의 교역을 중간에서 막고 무역 이권을 독점하는 것에 분노해 동예를 정복했다.

정답 ①

해설

① 불내를 비롯한 동예의 모든 집단이 낙랑군에 항복 ⇨ 낙랑군에 지배 ⇨ 고구려에 의해 낙랑군이 정복됨 ⇨ 고구려 땅이 되었다. (○)
② 함경도 일대에 살던 예족은 동예를 의미한다. '불내후'는 동예의 모든 집단을 관리하는 우두머리이다. 불내후가 낙랑군을 둔 것이 아니라 낙랑군이 불내후를 둔 것이다. 또한 낙랑군도 동예가 너무 험준한 곳에 있어서 관리를 보내기 어렵다고 판단했다는 내용으로 확인할 수 있다. (×)
③ 고구려가 아닌 낙랑군이 동부도위라는 기구를 설치했다. (×)
④ 고조선이 임둔군을 설치한 것이 아니라 한 무제가 설치하였다. 한 무제가 고조선을 멸한 뒤에 일어난 일이기도 하다. (×)
⑤ 한 무제는 동예를 정복한 것이 아니라 고조선을 정복했다. 또한, 고조선이 동예와 한의 직접교역을 막은 것이다. (×)

03 다음 글에서 추론할 수 있는 것은?

우리 사회에는 다양한 연령, 신체 조건, 인지능력, 언어능력 등을 지닌 사람들이 함께 살아가고 있다. '유니버설디자인'은 제품과 서비스 등을 디자인할 때 다양한 특성을 지닌 사람들을 모두 포용해야 한다는 관점에서 디자인하는 것이다. 이 용어를 처음 사용한 사람은 미국의 건축가인데, 휠체어를 이용하는 장애인인 그는 장애인을 위해 디자인된 제품이나 서비스가 오히려 그들을 사회에서 격리하거나 소외하는 것을 자주 목격했다. 이에 장애인을 위한 특별한 디자인보다는 모든 사람이 사용할 수 있는 디자인을 만들어야 한다고 생각하고 유니버설디자인을 주장한 것이다. 이와 동일한 관점이 유럽에서는 '인클루시브디자인' 또는 '모두를위한디자인'이라는 용어로 제시된다. 영국 표준연구소의 정의에 따르면, 인클루시브디자인은 디자인을 특화할 필요 없이 최대한 많은 사람들이 접근하고 사용할 수 있도록 제품과 서비스를 디자인하는 것을 의미한다. 용어만 다를 뿐, 고령자, 어린이, 장애인, 임산부, 외국인 등 모두가 사용할 수 있는 디자인을 추구함으로써 인간의 존엄성을 지키고 평등을 실현하려 한다는 점에서 유니버설디자인과 관점이 동일하다. 이러한 디자인 관점은 사용상 걸림돌이 되는 요소를 제거하는 데 초점을 맞추어 온 기존의 '배리어프리디자인'보다 발전된 문제의식을 보여준다. 배리어프리디자인도 고령자 등이 일상에서 겪는 어려움을 해결하는 데 큰 기여를 했지만, 배리어프리디자인이 적용된 제품을 사용하는 과정에서 신체적 특성이 부각되거나 차별감을 느낄 수 있기 때문이다. 휠체어 사용자를 위해 지하철역 계단에 설치된 리프트가 이에 해당한다. 유니버설디자인의 관점은, 배리어프리디자인처럼 사용자를 다르게 취급하는 디자인은 좋은 해결책이 아니라고 본다. 휠체어 사용자를 포함하여 모두가 이용할 수 있는 엘리베이터가 그렇지 않은 리프트보다 바람직한 디자인이라는 것이다.

그러나 하나의 디자인을 모든 사람들이 사용할 수 있도록 만드는 일은 현실적으로 대단히 어렵다. 따라서 배제되는 사람을 최소화할 수 있는 제품과 서비스를 디자인하는 것이 유니버설디자인의 현실적 목표라고 할 수 있다. 예컨대, 원형 손잡이가 아니라 손에 장애가 있거나 양손에 물건을 든 사람도 위에서 살짝 누르기만 하면 문을 열 수 있는 레버형 손잡이가 유니버설디자인이 추구하는 해결책이다.

① 배리어프리디자인을 적용한 제품은 모두 인클루시브디자인이 적용된 제품이다.

② 배리어프리디자인이 적용된 제품을 쓰는 장애인은 차별받는 기분을 느끼지 않는다.

③ 장애인 화장실 대신 장애인과 비장애인 모두가 사용할 수 있는 화장실을 설치하는 것은 유니버설디자인을 추구한 사례이다.

④ 휠체어 사용자를 위해 주출입구 계단과 떨어진 곳에 별도로 설치된 경사로는 인클루시브디자인이 적용된 사례이다.

⑤ 유니버설디자인의 관점은 모두를위한디자인의 관점보다 다양한 특성의 사람들을 더 많이 포용한다.

정답 ③

해설

① 배리어프리디자인은 기존에 사용상 걸림돌이 되는 요소를 제거하는 데 초점을 맞춘다. 최대한 많은 사람들이 접근하고 사용할 수 있도록 제품과 서비스를 디자인하는 인클루시브디자인이 더 큰 범주에 속한다. (✕)

② 배리어프리디자인이 적용된 제품을 사용하는 과정에서 신체적 특징이 부각되거나 차별감을 느낄 수 있다. (✕)

③ 다양한 특성을 지닌 사람들을 모두 포용하고, 배제되는 사람을 최소화함과 동시에 모두(장애인과 비장애인)가 사용할 수 있도록 한다는 관점에서 추론할 수 있는 사례이다. (○)

④ 휠체어 사용자와 비사용자와 구분하여 제품을 설치한 사례이므로, 디자인을 특화할 필요 없이 최대한 많은 사람들이 접근하고 사용할 수 있도록 디자인하는 인클루시브디자인으로 볼 수 없다. (✕)

⑤ 유니버설디자인은 다양한 특성을 지닌 사람들을 모두 포용해야 한다는 관점을 가지고 있고, 이와 동일한 관점이 유럽에서 '인클루시브디자인' 또는 '모두를위한디자인'의 용어로 제시되고 있다. 따라서 유니버설디자인의 관점이 더 많은 사람들을 포용한다고 볼 수 없다. (✕)

04 다음 글의 핵심 논지로 가장 적절한 것은?

미술에 관심이 많지 않은 사람이라도 다빈치의 「모나리자」나 미켈란젤로의 「천지창조」와 같은 유명한 그림의 미적 가치가 형편없다는 말에 동의하지 않을 것이다. 우리는 이 그림 정도는 책이나 온라인상에서 이미 수십 번을 보았을 것이고, 그 과정에서 작품 자체가 지닌 미적 가치의 위대함을 이해한다고 생각한다. 그런데 과연 미술작품의 미적 가치를 우리가 스스로 이해한 것일까? 일부 사람을 제외하면 우리 기억에 있는 「모나리자」나 「천지창조」는 원본을 사실에 가깝게 찍은 사진 이미지에 불과하다. 실제 본 적도 없으면서 우리가 「모나리자」나 「천지창조」에 감동하는 이유는 실제 그 그림에 내재된 미적 가치를 스스로 알아차렸기 때문이 아니라, 미술 분야 전문가들이 해석하는 미적 가치에 대한 설명과 해설을 들어서 생긴 일종의 학습효과 때문이다. 이것은 원본을 본 경우에도 다르지 않다. 루브르박물관이나 시스티나성당에 가서 「모나리자」와 「천지창조」를 직접 보고 올 기회가 생겼다고 하자. 그림을 보는 순간 깊이 감동받아 가슴이 떨릴 수도 있지만, 그것 역시 위대하다고 알려진 미술작품을 직접 알현한 것에 대한 흥분이지 그 대상의 미적 가치에 대한 이해와는 무관하다.

이번에는 「빌렌도르프의 비너스」나 이집트 기자에 있는 피라미드를 생각해 보자. 「빌렌도르프의 비너스」는 원시시대 다산의 상징으로 만들어진 거칠고 투박한 여인상이다. 그런데 거기에 '비너스'라는 이름을 붙이고, 투박한 돌덩어리에 불과한 그것에 질박미라는 미적 가치를 부여한 것은 후대 사람들이다. 다산을 기원하는 모습이라는 해석 역시 후대의 것이다. 그럼 기자의 피라미드는 어떨까? 고대 이집트인들에게 피라미드는 미술작품이 아니라, 귀신이 돌아올 육신을 보존하는 거대한 돌무덤이었다. 그런데 피라미드에 고고학적 가치뿐만 아니라 그 조형성을 바탕으로 미적 가치를 부여한 것은 후대 미술가들이다. 우리는 후대 미술가들의 설명과 해설을 기반으로 미적 가치를 이해한 것이지, 미술작품의 미적 가치를 스스로 이해한 것은 아니다.

① 미술작품의 미적 가치가 위대한지 아닌지는 학습할 수 없다.
② 미술작품의 미적 가치는 다양하기 때문에 단일한 기준으로 평가할 수 없다.
③ 미술작품의 원본을 실제로 보아야 그 작품의 미적 가치를 스스로 이해할 수 있다.
④ 미술작품의 고고학적 가치를 이해하지 않고서는 미술작품의 미적 가치를 이해하지 못한다.
⑤ 미술작품의 미적 가치는 우리 스스로 이해한 것이 아니라 타인의 해석을 바탕으로 이해한 것이다.

정답 ⑤

해설

이 글은 우리가 후대 미술가(타인)들의 설명과 해설을 기반으로 미술작품의 미적 가치를 이해한 것이지 우리 스스로 이해한 것은 아니라는 점을 이야기하고 있다. 따라서, 답은 ⑤이다. (○)
① 미술 분야 전문가들이 해석하는 미적 가치에 대한 설명과 해설로 학습할 수 있다. (✕)
② 미적 가치의 다양한 평가 기준은 본 글에서 알 수 없다. (✕)
③ 미적 가치는 우리 스스로 이해할 수 없고, 원본을 본 경우에도 다르지 않다고 기술하고 있다. (✕)
④ 미술작품의 고고학적 가치와는 무관하게 미술작품의 미적 가치는 미술 분야 전문가들의 해석을 통해 이해할 수 있다. (✕)

05 다음 글에서 알 수 있는 것은?

오픈사이언스는 디지털 기술을 활용하여 연구성과와 과정 및 그와 관련한 정보를 공개하는 일련의 활동을 총칭한다. 일찍이 오픈사이언스는 과학자들끼리 연구성과를 공개함으로써 상호 검증·발전시키는 연구문화 및 규범을 일컫는 개념이었으나, 디지털 기술의 발달로 성과 공개의 대상과 방식이 확장되면서 개방적인 연구 활동 전반을 일컫는 용어로 재개념화되었다.

연구성과 또는 과정의 개방은 최종 연구성과인 출판논문을 온라인상에 공개하는 오픈액세스라는 활동에서 시작되었다. 오픈액세스는 논문을 오프라인이 아닌 온라인에서 출판하는 활동으로 확장되었는데, 그 결과 기술적으로는 출판물의 생산과 이용에서 시공간적인 접근 제약을 줄이고, 경제적으로는 출판비용 부담의 감소를 통해 이용자의 접근 장벽을 낮췄다.

연구 과정 중 생산된 중간산출물을 공유하는 활동인 오픈데이터도 꾸준히 활성화되고 있다. 출판논문에는 포함되지 않은 연구데이터가 공개되기도 하고, 학술적 가치가 높은 일부 중간산출물은 출판논문과 별도로 연구자 사이에서 공유되기도 한다. 연구 완료 이후 이루어지는 최종 연구성과의 공개인 오픈액세스와 달리, 오픈데이터는 연구 과정의 개방화를 추동한다. 출판논문과 달리 중간산출물은 연구 과정 및 절차와 관련된 상세한 정보를 포함하기 때문이다.

오픈사이언스에 포함되는 활동의 하나로서 오픈콜라보레이션 또한 활성화되고 있다. 오픈콜라보레이션이란 연구의 최종산출물과 중간산출물을 제외한 그 외의 정보들을 온라인 플랫폼을 통해 공유함으로써 연구자들끼리 협력하는 활동을 말한다. 연구자 프로필 웹서비스 이용이나 소셜미디어 활용 등이 이에 해당한다. 오픈콜라보레이션을 통해 연구자들의 활동 영역은 온라인 네트워크로 연결된 가상 공간으로 확장되고 있다.

① 오픈사이언스는 그 용어의 의미가 개방적인 연구 활동을 일컫던 것에서 연구문화 및 규범을 가리키는 것으로 재개념화되었다.
② 오픈데이터는 연구가 종료되기 전의 연구 과정에 관한 정보 및 그 과정에서 생산된 중간산출물의 공유를 촉진한다.
③ 오픈액세스는 연구자들이 오프라인 공간에서 소통하고 협력하기 위한 플랫폼을 제공하는 활동이다.
④ 오픈사이언스는 연구자 간 상호 검증이 가상 공간 바깥에서 이루어지도록 추동한다.
⑤ 오픈콜라보레이션은 연구 절차에 관한 정보 및 출판논문을 공유하는 연구 활동의 하나이다.

정답 ②

해설

① 오픈사이언스는 연구문화 및 규범을 일컫는 개념이었으나 개방적인 연구 활동 전반을 일컫는 용어로 재개념화되었다. (×)
② 중간산출물을 공유하는 오픈데이터는 연구 과정에 관한 정보 및 그 과정에서 생기는 중간산출물의 개방화를 추동한다. (○)
③ 오픈엑세스는 온라인상에서 활동함을 말한다. (×)
④ 오픈사이언스는 가상 공간 바깥이 아닌 온라인 네트워크(온라인 플랫폼)로 연결된 가상 공간 내에서 이루어지고 있다. (×)
⑤ 오픈콜라보레이션은 연구의 최종산출물과 중간산출물을 제외한 그 외의 정보들을 공유하는 활동을 말한다. 연구 절차에 관한 정보는 중간산출물에 해당하며, 출판논문은 최종산출물에 해당한다. (×)

06 다음 글에서 알 수 있는 것은?

1948년 정부 수립 직후에 전기업공업통제협회와 같은 기관이 출범하기도 했지만, 한국에서 전자기술의 산업화에 대한 관심이 싹트기 시작한 것은 한국전쟁이 정전된 1953년 무렵이다. 미군이 전쟁 중 가지고 들어온 라디오와 가전기기 등이 전자기술의 산업화에 대한 관심을 촉발했다. 그런데 전자기술의 하나인 반도체 기술은 1960년대에 외국 반도체 기업들을 통해 국내에 도입되기 시작했다. 따라서 이 시기를 한국 반도체 산업의 태동기라 부를 수 있다.

1960년에 한국은 외자도입의 양적 확대에 초점을 둔 「외자도입촉진법」을 제정했다. 이 법을 통해 한국은 여러 나라와 국제기구로부터의 차관을 확대하여 경제 발전을 이루고자 했다. 1966년에는 「외자도입법」을 제정하였는데, 이 법은 외자도입의 양적 확대를 지양하고 질적 선별을 강화함과 더불어 외국 기업의 투자에 대한 제한을 철폐함으로써, 외국의 선진기술을 받아들이는 것을 장려하였다. 외국 반도체 기업들이 국내 자본과의 합작 또는 직접 투자의 방식으로 한국에 진출하기 시작한 것이 이 법의 제정을 전후한 시기였다. 1965년에 미국의 코미사가 한국 자본과의 합작 투자로 한국 최초의 반도체 조립 업체인 고미전자산업을 설립했다. 당시 반도체 생산을 주도했던 국가는 미국과 일본이었는데, 이들 국가의 기업들은 기술집약적인 공정과 노동집약적인 조립 생산을 분리했다. 그리고 저임금으로 장시간 노동할 수 있는 인력이 풍부해 노동집약적 생산에 적합한 한국에 반도체 제품을 단순 조립할 회사를 연이어 설립했다.

① 외국 반도체 기업 가운데 코미사는 합작 투자가 아닌 방식으로 한국에 진출했다.

② 한국 최초의 반도체 조립 업체가 설립된 것은 「외자도입촉진법」이 제정되기 이전이었다.

③ 전기업공업통제협회가 출범할 당시 한국에 반도체 기술은 아직 도입되지 않은 상태였다.

④ 「외자도입법」이 제정됨으로써 여러 국제기구가 한국의 경제 발전을 위한 차관을 양적으로 확대했다.

⑤ 한국전쟁 발발 이전부터 미군을 통해 유입된 라디오와 가전기기 등은 전자기술에 대한 관심을 촉발했다.

정답 ③

해설

① 미국 코미사는 한국 자본과 합작 투자로 한국 최초의 반도체 조립 업체를 설립함으로써 한국에 진출하였다. (×)

② 1965년 한국 최초의 반도체 조립 업체가 설립됐고, 1960년 「외자도입촉진법」이 제정됐다. 따라서 「외자도입촉진법」 제정 이후 한국 최초의 반도체 조립 업체가 설립되었다. 1966년 제정된 「외자도입법」과 혼동할 수 있는 함정 문제이다. (×)

③ 전기업공업통제협회는 1948년에 출범했으며, 한국 반도체 기술은 1960년대 국내에 도입되기 시작하였다. 따라서 전기업공업통제협회 출범 당시 한국은 반도체 기술이 도입되지 않은 상태였다. (○)

④ 1966년에 제정된 「외자도입법」은 외자 도입의 양적 확대를 지양하는 성격이었다. 따라서 이 법 제정으로 차관을 양적으로 확대하였다는 것은 옳지 않다. 이 또한 차관을 확대하는 「외자도입촉진법」과 혼동할 수 있는 함정 문제이다. (×)

⑤ 미군이 전쟁 중 가지고 들어온 라디오와 가전기기 등이 전자기술의 산업화에 대한 관심을 촉발했다. 한국전쟁 이전이 아니므로 옳지 않다. (×)

07 다음 글의 ㉠ ~ ㉤을 문맥에 맞게 수정한 것으로 가장 적절한 것은?

> '오다'는 ㉠화자의 위치를 기준으로 이동의 방향을 지시하는 것이 일반적이다. "창수가 나에게 오면 상세히 설명할게요."와 같은 표현이 그러하다. 그런데 '오다'가 화자의 위치가 아닌 청자의 위치로 이동할 때에 쓰이는 경우가 적지 않다. "창수가 당신에게 오면 잘 타일러 주세요."는 청자 중심의 표현이라고 할 수 있다.
>
> 그런데 '오다'가 ㉡화자 또는 청자의 위치와 무관하게 쓰이기도 한다. "여보, 창수가 회사에 오지 않았나 봐요."의 사례는 창수가 회사에 출근하지 않은 것을 어머니가 알고 나서 아버지에게 하는 발화이다. 여기에서 '오다'의 쓰임에 대해서 살펴보면, 창수의 이동 목적지인 회사는 화자나 청자의 위치와는 아무런 관련이 없다. 그런데도 이런 표현이 가능한 것은 '오다'가 반드시 대화 참여자의 실제 위치에 기초해서 발화되지 않을 수 있음을 보여준다. 여기서 '오다'는 대화 참여자의 실제 위치가 아닌 대화 참여자가 당연하다고 생각하는 규범적 위치, 곧 표준 위치를 기준으로 발화한 것이다. 출근해야 하는 창수에게 회사가 표준 위치라고 생각하는 것은 대화 참여자 누구에게나 충분히 가능한 일이다. 따라서 이때 '오다'는 ㉢이동체가 표준 위치인 회사를 향해서 이동하는 것을 나타낸다.
>
> '오다'의 다른 예를 보자. "창희가 학교에 왔습니까?"는 어머니가 딸의 등교 여부를 알고 싶어서 담임 교사에게 전화로 한 발화이다. 여기에서 '오다'의 쓰임은 두 가지 관점에서 해석할 수 있다. 하나는 '학교'를 청자인 담임 교사가 있는 위치로 간주하고 청자 중심으로 이동했다고 보는 것이다. 다른 하나는 '학교'를 창희가 이동 목표로 삼는 표준 위치로 간주하고 표준 위치로 이동했다고 보는 것이다. 그런데 이 같은 발화는 담임 교사가 학교가 아닌 다른 곳, 예컨대 퇴근 후 집에 있을 때에도 사용할 수 있다. 따라서 여기에서 '오다'는 ㉣뒤의 해석보다는 앞의 해석으로 보는 것이 설득력이 있다.
>
> 또 다른 예를 보자. "집에 빨리 오너라."는 어머니가 집에 있으면서 외출 중인 딸에게 한 발화이다. 그런데 모녀가 시내에 함께 나왔다가 딸은 남고 어머니만 먼저 집에 들어가야 하는 상황을 가정해 보자. 이 경우에도 어머니가 딸에게 똑같이 말한다면 이는 ㉤화자의 도착 예정지를 기준으로 '오다'를 사용하고 있는 것이다.

① ㉠을 '화자의 위치에서 청자의 위치로의 이동을 지시하는'으로 수정한다.
② ㉡을 '화자의 위치와 관련이 있어야 하는 반면 청자의 위치와 무관하게'로 수정한다.
③ ㉢을 '이동체가 표준 위치인 회사에서 벗어나 이동하는'으로 수정한다.
④ ㉣을 '앞의 해석보다는 뒤의 해석으로 보는'으로 수정한다.
⑤ ㉤을 '화자가 현재 위치한 장소를 기준으로'로 수정한다.

정답 ④

해설

① "창수가 나에게 오면 …"이므로 화자의 위치를 기준으로 지시한다는 말이 옳다. (×)
② 화자(어머니), 청자(아버지)의 위치는 모두 회사와 무관한 장소에 있으므로, 화자의 위치와 관련이 없다. (×)
③ 표준 위치인 회사를 향해 이동하는 것이 자연스럽다. (×)
④ 담임 교사가 학교가 아닌 다른 곳에 있어도 사용할 수 있어야 하기 때문에 "앞의 해석보다는 뒤의 해석으로 보는"으로 수정하는 것이 옳다.
"앞의 해석"인 전자는 '학교'를 담임 교사가 있는 곳으로 간주하고, "뒤의 해석"인 후자는 '학교'를 창희가 이동 목표로 삼는 표준 위치로 간주하였기 때문에 담임 교사가 어디에 있더라도 뒤의 해석으로 보아야 설득력이 있다. (○)
⑤ 현재 위치한 장소를 기준으로 한 것이 아니라 도착 예정지를 기준으로 본다는 내용이 적절하다. 어머니는 현재 집이 아닌 곳이며, 먼저 집에 들어가야 하는 상황에서 "집에 빨리 오너라"라의 '오다'는 도착 예정지인 "집"을 기준으로 한다. (×)

08 다음 글의 (가)와 (나)에 들어갈 말을 적절하게 나열한 것은?

중국계 미국인 경제학자 첸은 언어가 인간의 사고와 행동에 어떻게 영향을 미치는가에 대해 관심을 가졌다. 그는 영어와 중국어의 친족 호칭의 차이점에 주목했다. 영어에서는 조부모의 바로 아래 세대 사람들 중 아버지를 제외한 남성 친족을 모두 '엉클'이라 부르지만, 중국어에서는 이 남성이 모계인지 부계인지, 혈연관계인지 결혼을 통해 맺어진 관계인지, 나의 부모보다 나이가 많은지 적은지가 구분되어 호칭에 드러난다. 예를 들어, 한국어의 큰아버지에 해당하는 중국어 '백부'라는 호칭을 사용할 때는 _____(가)_____ 사실을 항상 무의식적으로 기억하게 된다. 이로부터 첸은 언어가 단순한 의사소통의 수단이 아니고 개인이 세상을 인식하는 방식을 재창조하고 편집하는 것이라고 생각하게 되었다.

이러한 생각에서 첸은 언어가 다르면 경제적 사고나 행동에서도 차이를 보일 것이라는 가설을 세웠다. 이 가설을 검증하기 위해 그가 살펴보고자 한 것은 시간에 관한 언어 표현의 차이였다. 미래 시제가 확실히 존재하는 언어권 사람들은 언어가 지배하는 무의식의 영역에서 미래를 현재와 동떨어진 것으로 인식할 것이고, 미래 시제가 현재 시제와 차이가 없는 언어권 사람들은 미래가 이미 현재와 다름없이 다가와 있다고 인식할 것이라고 생각한 첸은 76개국을 조사하여 흥미로운 사실을 발견하였다. '미래 시제가 엄격하게 구분되는' 언어와 '문법상 현재와 미래에 차이가 없는' 언어를 비교했을 때, 두 언어의 모국어 사용자 집단 사이에 저축률이 현격한 차이가 있었던 것이다. 영어, 그리스어 등과 같은 전자의 언어를 모국어로 쓰는 사람들은 저축률이 낮고, 중국어, 핀란드어 등 후자의 언어를 모국어로 쓰는 사람들은 저축률이 높았다. 사람들이 _____(나)_____ 는 점을 확인한 것이다. 이를 통해 첸은 언어가 저축과 같은 경제적 의사결정에도 영향을 미친다고 주장했다.

① (가): 그가 나의 부계 남성 혈족이며 내 아버지보다 나이가 많다는
   (나): 미래를 예측하기 쉬우면 저축을 적게 하고, 미래를 예측하기 어려우면 저축을 많이 한다

② (가): 그가 나의 부계 남성 혈족이며 내 아버지보다 나이가 많다는
   (나): 미래를 현재와 동떨어진 것으로 여기면 저축을 적게 하고, 미래를 곧 다가올 현재라고 여기면 저축을 많이 한다

③ (가): 그와 내가 혈연으로 묶인 한 가족의 일원이라는
   (나): 미래를 예측하기 쉬우면 저축을 적게 하고, 미래를 예측하기 어려우면 저축을 많이 한다

④ (가): 그가 나의 조부모의 바로 아래 세대 남성 혈족이라는
   (나): 미래를 현재와 동떨어진 것으로 여기면 저축을 적게 하고, 미래를 곧 다가올 현재라고 여기면 저축을 많이 한다

⑤ (가): 그가 나의 조부모의 바로 아래 세대 남성 혈족이라는
   (나): 미래를 예측하기 쉬우면 저축을 적게 하고, 미래를 예측하기 어려우면 저축을 많이 한다

정답 ②

해설

(가) 첫 번째 문단에서는 중국어에서 나타난 특징을 나타내어 이 남성이 모계인지 부계인지, 혈연관계인지 결혼을 통해 맺어진 관계인지, 나의 부모보다 나이가 많은지 적은지가 구분되어 호칭한다는 예를 들어야 한다. 또한 영어에서는 아버지를 제외한 남성 친족을 모두 '엉클'이라고 부르는 것 또한 비교대상이므로 종합적으로 반영해야 한다.
부계이자 혈연관계(남성 혈족)이며, 나의 부모보다 많은 것을 나타낸 "그가 나의 부계 남성 혈족이며 내 아버지보다 나이가 많다는"이 적절하다.
(나) 두 번째 문단에서는 미래 시제가 엄격하게 구분되는 언어(영어, 그리스어) 사용자는 저축률이 낮고, 현재와 미래에 차이가 없는 언어(중국어, 핀란드어) 사용자는 저축률이 높다는 점을 알 수 있다. 따라서 "미래를 현재와 동떨어진 것으로 여기면 저축을 적게 하고, 미래를 곧 다가올 현재라고 여기면 저축을 많이 한다"가 적절하다.

09 다음 대화의 ㉠으로 적절한 것만을 〈보기〉에서 모두 고르면?

> 갑 : 최근 우리 A시 행정복지센터에서 악성 민원을 견디다 못해 휴직한 직원이 3명이나 됩니다. 악성 민원에 대처하는 방법이라든가 악성 민원을 줄이는 방법이 있을까요?
>
> 을 : 우리 행정복지센터에는 악성 민원 대응 매뉴얼이 마련되어 있지 않습니다. B시의 모든 공공 기관에서는 악성 민원 대응 매뉴얼대로 악성 민원에 대처하고 있는데, B시는 악성 민원 대응 매뉴얼 도입 이후 담당 직원들의 민원 스트레스가 현저히 감소했다고 합니다. 우리 센터도 악성 민원 대응 매뉴얼을 마련해서, 악성 민원으로 인한 직원들의 민원 스트레스를 줄여야 합니다.
>
> 병 : 같은 내용의 민원을 반복적으로 제기하는 악성 민원에 대해 담당 직원에게 종결권을 부여하는 것도 좋은 방법입니다. 이 제도를 도입한 기관 직원들의 업무 만족도가 도입 이전보다 높아졌다고 합니다. C시 행정복지센터에도 악성 민원 종결권 제도를 도입하려고 몇 달 전부터 논의 중입니다. 우리 센터도 악성 민원 종결권 제도를 도입해서 직원들의 민원 업무 만족도를 높여야 합니다.
>
> 정 : 같은 내용의 민원이라도 민원인이 욕설과 폭언을 하지 않도록 사전에 차단해야 합니다. 최근 D시의 모든 행정복지센터에서는 민원 응대 시 캠코더로 녹화되고 있음을 고지하는 정책을 시행하고 있습니다. D시에서는 이 정책 도입 이후 욕설과 폭언을 하는 민원인이 확실히 줄었다고 합니다. 우리 센터도 캠코더 사용 고지 정책을 도입해야 합니다.
>
> 갑 : 의견 감사합니다. 오늘 제안된 방법의 효과성 검증에 ㉠필요한 자료를 조사해 주십시오. 이를 바탕으로 일주일 뒤에 심층 논의를 진행하겠습니다.

┤ 보기 ├

ㄱ. B시 공공 기관의 악성 민원 대응 매뉴얼 도입 후 담당 직원들의 민원 스트레스 감소 정도
ㄴ. A시와 C시의 행정복지센터 직원들의 민원 업무 만족도 차이
ㄷ. D시의 행정복지센터의 캠코더 사용 고지 정책 도입 후 욕설과 폭언을 하는 민원인의 감소 정도

① ㄱ
② ㄴ
③ ㄱ, ㄷ
④ ㄴ, ㄷ
⑤ ㄱ, ㄴ, ㄷ

정답 ③

해설

을, 병, 정의 악성 민원 대처 방안에 대하여 정리하면 다음과 같다.
을 : 악성 민원 대응 매뉴얼 도입
병 : 악성 민원 종결권 부여
정 : 캠코더 녹화 고지 정책
이와 관련된 을, 병, 정의 대처방안에 대한 효과성 검증에 필요한 자료로 적절한 것을 선택하는 문제이다.

ㄱ. 매뉴얼 도입 후 직원들의 민원 스트레스 감소 정도를 파악함으로써 해당 내용을 증명할 수 있다. (○)

ㄴ. 악성 민원 대처와 관련된 만족도 조사가 아닌 A시와 C시의 민원 업무 만족도 차이를 조사로는 도입 효과를 알 수 없다. 또한 C시 행정복지센터는 악성 민원 종결권 제도 도입 전이기 때문에 조사의 실효성 또한 없다. (×)

ㄷ. D시 행정복지센터의 캠코더 사용 고지 정책 도입 후 욕설과 폭언을 사용하는 민원인 수의 변화는 정이 주장하는 캠코더 사용 필요성과 연결되므로 해당 내용은 필요한 자료라고 할 수 있다. (○)

10 다음 글의 ㉠ ~ ㉲에 대한 설명으로 적절한 것은?

○○청은 개인정보가 포함된 온라인 게시물의 삭제를 도와주는 '디지털 지우개' 서비스를 시작하였다. 이 서비스의 취지는 미성년 시절에 개인정보를 노출하였거나 타인이 무단으로 올린 게시물에 개인정보가 노출된 국민을 구제하기 위함이다. 이 서비스를 이용하려면 먼저 신청인이 ○○청 누리집에서 서비스를 신청해야 한다. 신청이 완료되면 ○○청은 신청 내용을 확인하는데, 이 단계에서 삭제 요청 대상 게시물에 신청인의 개인정보가 포함된 것인지를 판단한다. 포함된 것이 인정되면 ○○청은 해당 게시물을 관리하는 기관에 해당 게시물의 삭제를 요청한다.

게시물 삭제를 요청 받은 기관은 해당 게시물을 삭제하고 ○○청에 처리 결과를 알려야 한다. 그 뒤 ○○청은 해당 게시물이 삭제되었는지 검토하는데, 이 단계에서 해당 기관의 조치가 미흡한 경우 ○○청은 해당 기관에 삭제를 재요청한다. 게시물이 완전히 삭제된 것을 최종 확인하면 ○○청은 신청인에게 결과를 통보한다. 디지털 지우개 서비스의 진행 과정은 다음과 같다.

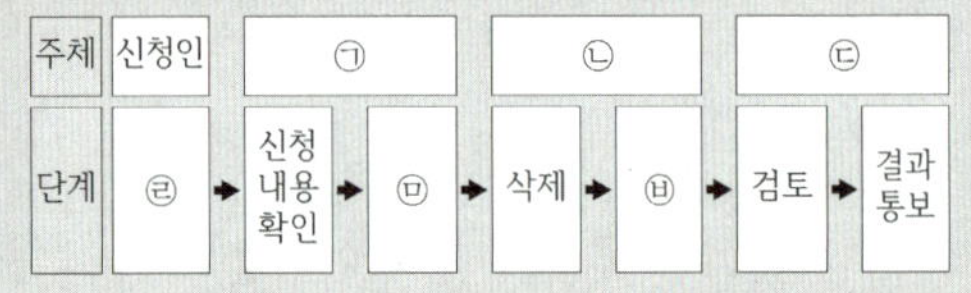

① 신청 내용 확인 단계에서 ㉠은 ㉡에게 신청인의 개인정보가 게시물에 포함되었는지 확인을 요청할 수 있다.
② ㉠과 ㉢은 다른 주체이다.
③ 검토 단계에서 게시물 삭제 조치가 미흡한 것으로 판단되면 ㉣로 돌아간다.
④ 삭제 요청 대상 게시물에 신청인의 개인정보가 포함된 것이 인정되면 ㉤을 수행한다.
⑤ ㉥은 신청인에게 삭제 완료 사실을 통보하는 단계이다.

① ㉡은 신청인의 개인정보가 게시물에 포함되었는지 알 수 없다. 이를 확인하는 주체는 ㉠이다. (×)
② ㉠과 ㉢은 같은 ○○청이다. (×)
③ 검토단계에서 게시물 삭제 조치가 미흡한 것으로 판단되면 삭제를 재요청하므로 ㉣단계까지 되돌아가지 않는다. (×)
④ 신청 내용을 확인하는 ○○청은 신청인이 '디지털 지우개' 서비스 신청을 하게 되면 신청내용을 확인하는데, 삭제 요청 대상 게시물에 신청인의 개인정보가 포함되었다면 게시물 관리 기관에 해당 게시물의 삭제를 요청한다. ㉤이 게시물 삭제기관에 '삭제' 요청 단계이므로 옳은 설명이다. (○)
⑤ ㉥은 삭제 후 처리결과를 ○○청에게 알리는 단계이다. 신청인에게 완료 사실을 통보하는 단계가 아니다. (×)

정답 ④

해설

글의 내용을 종합하여 각 ㉠ ~ ㉥에 들어갈 내용으로는 다음과 같다.
㉠: 신청 내용을 확인하는 ○○청
㉡: 게시물 삭제 기관
㉢: 결과 통보할 수 있는 ○○청
㉣: '디지털 지우개' 서비스 신청 단계
㉤: 게시물 삭제기관에 '삭제' 요청 단계
㉥: 삭제 후 처리 결과를 알리는 단계

11 **다음 글에서 알 수 없는 것은?**

왜 지구에서 만들 인공태양은 태양보다 더 높은 온도를 갖는 상태를 유지해야 할까? 핵융합 반응은 플라스마의 밀도와 온도를 곱한 값이 일정 수준에 도달했을 때 발생한다. 플라스마 덩어리인 태양의 중심부 온도는 약 1,500만 ℃이지만, 태양은 큰 질량과 그에 따른 중력에 의해 내부의 플라스마 밀도가 높아서 핵융합 반응이 일어날 수 있다. 하지만 질량이 훨씬 작은 지구에서 태양과 유사한 밀도의 플라스마를 구현하기란 불가능하다. 따라서 플라스마의 온도를 태양보다 훨씬 더 높게, 즉 1억 ℃가 넘게 만들어야 지구에서도 태양에서와 같은 핵융합 반응이 일어나게 할 수 있다. 이를 위해 과학자들은 다양한 플라스마 가열 방식을 사용한다.

플라스마를 가열하는 방식 중에는 공명 가열과 중성 입자 빔 주입이 있다. 공명 가열은 플라스마 내에 있는 이온과 전자 중 무엇을 가열하는지에 따라 이온 공명 가열과 전자 공명 가열로 나뉜다. 외부에서 가하는 힘의 주파수가 힘이 가해진 이온이나 전자가 가진 고유 주파수와 같으면 공명이 일어난다. 공명이 일어나면 이온이나 전자는 원래보다 더 큰 진폭으로 진동을 하면서 해당 이온이나 전자를 가지고 있는 물질의 온도가 올라가게 된다. 이와 같이 공명을 일으키기 위해, 이온 공명 가열의 경우에는 수십 메가헤르츠 대역의 주파수를, 전자 공명 가열의 경우에는 수만 ~ 수십만 메가헤르츠 대역의 주파수를 사용한다. 중성 입자 빔 주입은 외부에서 가속된 고에너지의 중성 입자를 플라스마 속으로 투입하여 플라스마를 가열하는 방식이다. 투입된 중성 입자는 플라스마 내의 이온과 충돌을 일으켜 에너지를 전달하고 온도를 높인다. 중성 입자 빔 주입 방식과 공명 가열 방식을 사용하는 우리나라의 핵융합 연구 장치 케이스타는 1억 ℃에서 48초간 플라스마를 유지하는 실험에 성공하였다.

① 케이스타는 고온의 플라스마를 얻기 위해 공명 가열 방식을 사용하고 있다.
② 핵융합 장치에서 공명을 일으킬 때 전자의 경우는 이온의 경우보다 더 높은 주파수를 사용한다.
③ 중성 입자 빔 주입 방식을 통해 플라스마 내로 투입되는 중성 입자는 플라스마 속에 들어와서 가속된다.
④ 공명 가열은 외부에서 가해지는 힘의 주파수와 그 힘을 받는 이온이나 전자의 고유 주파수가 같을 때 가능하다.
⑤ 지구에서 플라스마의 밀도를 더 높일 수 있다면 1억 ℃보다 더 낮은 온도에서 핵융합 반응을 일으키는 것이 가능하다.

정답 ③

해설

① 케이스타는 중성 입자 빔 주입 방식과 공명 가열 방식을 사용한다. (○)
② 이온 공명 가열의 경우 수십 메가헤르츠, 전자 공명 가열의 경우 수만~수십만 메가헤르츠 대역의 주파수를 사용한다. (○)
③ 중성 입자 빔 주입은 "외부에서" 가속된 고에너지의 중성 입자를 플라스마 속으로 투입한다. 플라스마 속에 들어와서 가속되는 것이 아니라 외부에서 가속된 중성 입자가 플라스마 속으로 투입된다. (×)
④ 공명은 외부에서 가하는 힘의 주파수와 힘이 가해진 이온이나 전자의 고유 주파수가 같으면 발생한다. (○)
⑤ 핵융합 반응은 플라스마의 밀도와 온도를 곱한 값 → 지구에서 플라스마의 밀도를 더 높일 수 있다면 온도가 낮아도 가능하다. 현재 지구에서 1억 ℃가 넘어야 만들 수 있는데, 밀도를 더 높일 수 있다면 1억 ℃보다 더 낮은 온도에서 핵융합 반응을 일으키는 것이 가능하다. (○)

12 다음 글에서 추론할 수 있는 것만을 〈보기〉에서 모두 고르면?

> 도체인 금속 내부에는 음전하를 띤 다수의 자유 전자들이 존재하는데, 이것들은 금속 내에 고정된 양이온들 사이에서 자유롭게 움직일 수 있다. 도체 내부에서 자유 전자는 양이온들에 의해 당겨지고 다른 자유 전자들에 의해 밀쳐지면서, 각각에 작용하는 전기력의 합력이 0이 되도록 위치하게 된다.
>
> 금속에 전자들을 추가하여 금속을 대전시키면 추가된 전자들은 어디에 위치하게 될까? 대전된 상황에서도 금속 내부의 모든 전자에 작용하는 전기력의 합력은 0이어야 한다. 그런데 만약 금속 내부의 어떤 위치에 전자가 추가된다면, 이 전자는 새로운 전기력을 발생시킬 것이기 때문에 이를 상쇄하기 위해 원래 있던 자유 전자들이 이동할 것이고 이러한 이동으로 인해 또 다른 자유 전자들의 위치도 재조정되어야 한다. 그러나 이러한 위치 재조정은 금속 내부 공간에서는 완료될 수 없다. 따라서 금속 내부에는 새로운 전자가 놓일 자리가 없다.
>
> 금속이 대전될 때 추가된 전자들이 내부로 들어갈 수 없다면 그 전자들은 모두 표면에 존재할 수밖에 없다. 이 경우 대전된 금속의 내부에 있는 자유 전자에 작용하는 전기력의 합력은 0인 반면, 표면에 있는 전자에 작용하는 전기력의 합력은 0이 아니다. 이때 표면의 전자에는 표면에 수직인 바깥 방향으로 전기력의 합력이 작용한다.

┤ 보기 ├

ㄱ. 대전되지 않은 금속 내부에서 자유 전자에 작용하는 전기력의 합력은 0이 된다.

ㄴ. 금속에 전자들이 추가되면 금속 표면에 있는 전자는 외부로 향하는 전기력의 합력을 받는다.

ㄷ. 도체가 대전되면 도체 내부의 자유 전자에 작용하는 전기력의 합력은 0이 아니다.

---

① ㄱ　　　　　　　② ㄷ
③ ㄱ, ㄴ　　　　　④ ㄴ, ㄷ
⑤ ㄱ, ㄴ, ㄷ

정답 ③

해설

ㄱ. 대전되지 않은 금속 내부에서 자유 전자는 양이온들에 의해 당겨지고, 다른 자유 전자들에 의해 밀쳐지면서 각각 작용하는 전기력의 합력은 0이 된다. (○)

ㄴ. 금속에 전자들을 추가하여 대전시키면 금속 표면에 있는 전자는 표면에 수직인 바깥 방향으로 전기력의 합력이 작용한다. (○)

ㄷ. 도체가 대전된 상황에서도 금속 내부의 모든 전자에 작용하는 전기력의 합력은 0이다. 대전된 상황에서 추가된 전자들은 표면에 존재하게 된다. (×)

13 다음 글의 (가) ~ (다)에 들어갈 말을 적절하게 나열한 것은?

조선 후기에 지주들은 소작인으로부터 소작료를 거둘 때, 수확된 결과물의 절반을 수취하는 정률제 방식, 곧 '타작'을 대부분의 논과 밭에 적용했지만, 일부 농토에는 정액제에 해당하는 '도지'를 적용하기도 했다. 도지는 토지를 이용한 대가인 지대량을 이른 봄철에 지주와 소작인이 미리 정하는 농업경영 형태이므로 풍흉에 따른 지대량의 변화가 없는 것이 원칙이었다. 도지가 적용된 논에서는 평년작의 절반 수준에서, 그리고 밭에서는 평년작의 절반보다 훨씬 낮은 수준에서 지대량이 정해지는 것이 일반적이었다.

　(가)　은/는 다음과 같은 점에서 지주에게 여러 장점이 있었다. 첫째, 직접적인 관리가 어려운 원격지 소재 전답을 더 효율적으로 관리할 수 있었다. 소작인들의 수확물 은닉 여부를 일일이 감독할 필요가 없었기 때문이다. 둘째, 밭작물의 경우 수확 시기가 매우 다양한데, 이 방식을 적용하면 수확의 정도를 확인하기 위해 서로 다른 수확 시기마다 먼 곳까지 올 필요가 없었다. 이러한 방식하에서 만약 어느 해에 예상과는 달리 풍년이 들었다면, 　(나)　에게 훨씬 더 유리했다.

지주들은 18세기 후반부터 '집조'를 적용하기도 했다. 집조란 수확이 임박한 시점에 지주가 농사 상황을 실지 조사하여 그해의 작황 수준을 살펴본 다음, 현장에서 지대량을 결정하는 농업경영 형태이다. 이 방식은 당해 연도의 작황 수준이 비교적 정확히 반영된다는 측면에서 　(다)　와/과 유사하다.

	(가)	(나)	(다)
①	도지	소작인	타작
②	도지	소작인	도지
③	도지	지주	타작
④	타작	소작인	도지
⑤	타작	지주	타작

정답 ①

해설

(가) 지주가 소직인들의 수확물 은닉 여부를 감독할 필요가 없는 점, 수확의 정도를 확인하기 위해 서로 다른 수확 시기에 직접 올 필요가 없다는 장점을 보면, 풍년이든 흉년이든 지대량의 변화가 없는 '도지'에 해당한다.

(나) 풍년이 들 경우 일정한 지대량을 지불한 이후 남은 농작물은 모두 소작인이 가지게 되어, 지주보다는 소작인에게 유리하기 때문에 '소작인'에 해당한다.

(다) 당해 연도의 작황 수준에 따라 현장에서 지대량을 결정하기 때문에 정액제가 아닌 정률제 방식인 '타작'과 유사하다.

14 다음 글에서 알 수 있는 것은?

말은 정치·경제 발전의 중요한 수단이었다. 말은 빠르기도 하거니와 지구력이 좋고 힘이 세다. 행정, 농업, 목축업, 광업, 제조업, 운송, 통신, 전투 등 거의 모든 분야에서 말의 이런 능력이 활용되었다. 그렇기에 말의 능력을 활용한 지역은 그렇지 않은 지역보다 더 빠르게 발전하는 양상을 보였다.

말은 인간에게 길들여지기 전에 야생에서 살았는데, 야생말은 시기별로 서식지의 분포가 달랐다. 기원전 1만 년경 후기 홍적세 시기까지 야생말은 유라시아의 전 지역과 아메리카 및 북부 아프리카에 서식했다. 그런데 이 시기부터 기원전 약 6천 년경 중기 충적세 시기에 이르는 동안 야생말의 서식 지역의 분포가 바뀌었다. 이 시기에 유라시아의 중북부 스텝 기후 지역을 제외한 대부분의 유라시아 지역에서 사람들이 식용을 목적으로 야생말을 대규모로 사냥했다. 이로 인해 이 스텝 기후 지역을 제외한 유라시아의 야생말은 거의 멸종하다시피 했다. 이와 달리 유라시아 중북부의 스텝 기후 지역은 인구가 많지 않아 인간으로부터 사냥을 당하는 경우가 적었으며, 이 덕분에 야생말은 생존할 수 있었다.

이후 기원전 3,500년경 당나귀에 이어 야생말이 길들여졌다. 그 당시 메소포타미아 지역의 목축업자들이 북쪽으로 이동하면서 유라시아 중북부의 스텝 기후 지역에 들어갔는데, 그들은 이 지역에 살던 야생말을 길들이기 시작했다. 이때부터 인류는 말을 실생활에 이용했다. 말에 안장을 얹어 장거리 이동 수단으로 사용하기도 했고, 등에 짐을 실어 운송 수단으로 활용하기도 했다. 이뿐 아니라 전쟁과 농업에서도 말이 널리 사용되었다. 이런 과정을 거쳐 말은 인류 발전의 밑바탕이 되었다.

① 중기 충적세 시기에 야생말의 지구력이 좋아지기 시작했다.

② 후기 홍적세 시기 이전부터 북부 아프리카에서는 야생말을 운송 수단으로 썼다.

③ 기원전 3,500년경 유라시아 중북부의 스텝 기후 지역에 살던 야생말이 길들여지기 시작했다.

④ 후기 홍적세 시기부터 초기 충적세 시기 사이에 인류는 농업과 운송 등의 실생활에 말을 이용했다.

⑤ 당나귀를 이동 수단으로 쓰던 지역은 말을 이동 수단으로 이용하던 지역보다 정치·경제적으로 더 발전했다.

정답 ③

해설

① 야생말의 지구력이 좋아진 시점에 대한 내용은 알 수 없다. (×)

② 기원전 1만 년경 후기 홍적세 시기까지 야생말의 서식 지역에 대한 언급은 있으나 북부 아프리카에서 야생말을 운송 수단으로 이용했다는 내용은 알 수 없다. (×)

③ 기원전 3,500년경 야생말이 길들여졌는데, 이는 유라시아 중북부의 스텝 기후 지역에 들어간 목축업자들이 이 지역에 살던 야생말을 길들이면서 시작됐다. (○)

④ 기원전 3,500년경부터 말을 길들이기 시작했기에, 그 이전인 후기 홍적세 시기부터 초기 충적세 시기 사이에는 말을 실생활에 이용했다고 보기 어렵다. 또한 중기 충적세 시기에 이르는 동안 야생말의 서식 지역의 분포 언급은 있으나 초기 충적세에 대한 내용은 없다. (×)

⑤ 당나귀를 야생말보다 먼저 길들였다는 것은 알 수 있으나, 당나귀를 이동 수단으로 쓰던 지역과 말을 이동 수단으로 이용하던 지역의 정치·경제적 차이는 알 수 없다. (×)

---

15 다음 글의 ㉠을 약화하는 것으로 가장 적절한 것은?

분석은 자연과 사회의 다양한 현상에 대하여 왜 그런 현상이 나타나는지를 설명하기 위한 방법이다. 널리 쓰이는 것은 요소 분석으로, 설명의 대상을 적절한 요소들로 나누어 살피는 분석법이다. 요소 분석의 요체는 분석 대상인 전체와는 다른 속성을 지니면서도 합쳐지면 전체를 구성하는 부분, 즉 '요소'들을 찾아 제시하는 데 있다. 분석자는 그러한 요소들의 속성을 결합하여 대상 전체의 속성을 설명하려 할 것이다.

그런데 어째서 물이 불을 끌 수 있는가 하는, 물의 속성에 관한 물음을 해명하려는 화학자가 있다고 해 보자. 만일 그가 물을 산소와 수소라는 두 요소로 분석했다면, 그는 수소가 타는 속성을 지닌 기체이고 산소도 연소를 돕는 속성을 지녔다는 사실 앞에서 당황하게 될 것이다. 산소와 수소라는 요소들로 물이 불을 끌 수 있는 이유를 설명할 수 없기 때문이다. 이것은 요소 분석이 지닌 한계를 암시한다. 전체의 속성을 이해하려는 이가 그것을 구성하는 요소들에만 주목할 경우, 이와 유사한 당혹감을 느끼게 될 위험이 크다. 해명되어야 할 속성은 분석 과정에서 증발해 버리고 요소들 간의 관계를 피상적으로 서술하는 일에 그치게 될 위험이 있는 것이다. 그런 분석으로는 설명에 도달할 수 없다.

따라서 ㉠우리는 새로운 종류의 분석, 즉 단위 분석을 선택해야 한다. 단위 분석은 복잡하면서도 모종의 통일성을 지닌 전체를 '단위'로 나누는 분석이다. 단위란 앞에서 화학자의 분석이 주목했던 요소와 달리, 전체의 고유한 속성들을 고스란히 갖추고 있으면서 더 이상 나눌 수 없는, 전체의 살아 있는 부분을 가리킨다. 현상을 제대로 설명하려면 먼저 그런 부분들을 찾아내야 한다. 그렇게 할 때, 요소 분석의 한계를 극복하고 분석의 목적을 실현할 수 있다.

① 분석 대상을 시간 요소로 나누어 살피더라도 인과 관계는 드러나지 않기 때문에 설명에 도움이 되지 않는다.
② 요소들의 결합으로 대상 전체가 어떻게 구성되는지 보여주는 데 성공하더라도 그것은 대상의 속성을 설명하는 일과 다르다.
③ 요소 분석에서는 전체를 설명하기 위하여 요소들 간의 상호 관계까지 추가로 해명해야 하기 때문에 설명의 경제성이 삭감된다.
④ 단위가 전체의 속성들을 그대로 지닌다면 설명되어야 할 대상 자체와 다를 바 없으므로 단위 분석은 설명에 기여하지 못한다.
⑤ 설명의 적절성은 설명을 요구하는 구체적인 문제의 특성에 따라 달라지기 때문에 설명에는 다양한 단위 분석이 존재할 수 있다.

정답 ④

해설

① 요소 분석에 대한 한계성을 나타낸다. ㉠을 약화하지 않는다. (×)
② 요소들의 결합으로 대상 전체를 보여주는 것은 요소분석에 관한 내용이다. 대상의 속성을 설명하는 일과 다르다는 것은 요소 분석의 한계를 나타낸다. ㉠을 약화하지 않는다. (×)
③ 요소들 간의 상호 관계까지 추가로 해명한다는 것은 요소 분석의 한계를 지적하는 내용이다. ㉠을 약화하지 않는다. (×)
④ ㉠은 현상을 제대로 설명하려면 전체의 고유한 속성들을 갖추고 있으면서 더 이상 나눌 수 없는 부분인 '단위'로 나누는 분석을 주장한다. 하지만 단위가 전체의 속성들을 그대로 지닌다면 정작 설명되어야 할 대상을 설명하지 못하게 된다. 따라서 ㉠의 주장을 약화한다. (○)
⑤ 설명에 다양한 단위 분석이 존재할 수 있다는 점은 설명을 위해 단위 분석이 필요하다는 내용을 뒷받침한다. ㉠을 약화하지 않는다. (×)

16 다음 글의 내용이 참일 때 반드시 참인 것은?

> △△부에서는 10월에 신설되는 ○○위원회에 파견할 인원을 선발하는 중이다. 박 주무관, 이 주무관, 선 주무관, 남 주무관, 오 주무관이 파견 대상 후보인데, 이와 관련하여 다음과 같은 사실이 알려졌다.
>
> • 박 주무관이 선발되면, 오 주무관도 선발된다.
> • 이 주무관이 선발되면, 남 주무관도 선발된다.
> • 선 주무관이 선발되면, 박 주무관도 선발된다.
> • 선 주무관이 선발되거나 이 주무관이 선발된다.

① 남 주무관이 선발된다.
② 이 주무관과 선 주무관이 둘 다 선발된다.
③ 박 주무관이 선발되거나 선 주무관이 선발된다.
④ 오 주무관이 선발되지 않으면 박 주무관은 선발된다.
⑤ 남 주무관과 오 주무관 중 적어도 한 사람은 선발된다.

정답 ⑤

해설

순서대로 위에서부터 아래까지 첫 번째 조건~네 번째 조건이라 임의 설정한다. 네 번째 조건에 의해 선 주무관 선발 또는 이 주무관 선발로 경우의 수가 나뉘게 된다.
ⅰ) 선 주무관이 선발될 경우
　박 주무관과 오 주무관이 선발된다(첫 번째, 세 번째 조건).
　이 주무관과 남 주무관의 선발 여부는 알 수 없다.
ⅱ) 이 주무관이 선발될 경우
　남 주무관이 선발된다(두 번째 조건).
　박, 오, 선 주무관의 선발 여부는 알 수 없다.

① 남 주무관의 선발 여부는 알 수 없다. (×)
② 경우 ⅰ)과 ⅱ)에서 이 주무관과 선 주무관이 각각 선발되지 않는 경우가 있기 때문에 반드시 참이 아니다. (×)
③ 경우 ⅱ)에서 박 주무관과 선 주무관 모두 선발되지 않을 수 있다. (×)
④ 오 주무관이 선발되지 않는 경우 박 주무관의 선발 여부는 알 수 없다. (×)
⑤ 경우 ⅰ)이나 ⅱ)에 의해서 남 주무관과 오 주무관 중 적어도 한 사람은 선발된다. 경우 ⅰ)에서 선 주무관이 선발될 경우 박 주무관과 오 주무관이 선발되고, 경우 ⅱ)에서 이 주무관이 선발될 경우 남 주무관이 선발되기 때문이다. 물론 오 주무관과 남 주무관 모두 선발될 수도 있다. (○)

17 다음 글의 빈칸에 들어갈 말로 가장 적절한 것은?

> 심적 대상이 있다면, 심적 대상은 물리적 대상과 같지 않다. 만약 심적 대상이 있고 심적 대상이 물리적 대상과 같지 않다면, 심적 대상의 소유자는 심적 대상에 접근할 수 있는 인식적 특권을 지닌다. 그런데 심적 대상의 소유자가 심적 대상에 접근할 수 있는 인식적 특권을 지닌다면, 심적 대상에 관해 그 소유자만이 알 수 있는 부분이 있다. 심적 대상에 관해 그 소유자만이 알 수 있는 부분이 있다면, 심적 대상에 관해 검증 불가능한 지식이 존재한다. 그러므로 심적 대상은 없다. 왜냐하면 ________________.

① 심적 대상은 물리적 대상과 같지 않기 때문이다
② 심적 대상이 물리적 대상과 같다면 심적 대상은 없기 때문이다
③ 심적 대상에 관해 그 소유자만이 알 수 있는 부분이 있기 때문이다
④ 심적 대상에 관해 검증 불가능한 지식은 존재하지 않기 때문이다
⑤ 심적 대상의 소유자가 심적 대상에 접근할 수 있는 인식적 특권을 지니기 때문이다

정답 ④

해설

심적 대상 → ~ 물리적 대상
(심적 대상 ∩ ~ 물리적 대상) → 인식적 특권
인식적 특권 → 알 수 있는 부분
알 수 있는 부분 → 검증 불가능한 지식 존재
그러므로 심적 대상은 없다.

결론적으로 심적 대상의 부존재를 나타내었기 때문에, 가장 처음의 명제와 반대되는 내용임을 확인한다. 즉, 대우명제가 성립되어야 심적 대상의 존재를 부정할 수 있으므로 빈칸에 들어가야 하는 내용은 후건 부정의 내용으로 들어가야 한다.

심적 대상 → ~ 물리적 대상 〈전건 긍정〉
이후 단계별로 전건 긍정이 이루어지고, 마지막에 후건 부정으로 이루어져야 최종 부정의 구조를 만들어 낼 수 있다. (최종 부정 = 심적 대상은 없다)
따라서 가정은 심적 대상으로부터 나왔으므로 "심적 대상 → ~ 검증 불가능한 지식 존재"가 되어야 하고, 이에 따라 빈칸에 들어갈 말로 ④가 가장 적절하다.

18 다음 글의 내용이 참일 때 반드시 참인 것은?

> △△부에서는 3명의 과학기술 직군 수습 주무관 A, B, C와 3명의 행정 직군 수습 주무관 D, E, F를 4개 부서 갑, 을, 병, 정에 배치할 예정이다. 4개의 부서 중 2개의 부서에는 1명씩 배치되고 남은 2개의 부서에는 2명씩 배치된다. 이 배치와 관련하여 다음과 같은 사실이 알려졌다.
>
> - 갑 부서에는 수습 주무관이 1명만 배치된다.
> - 을 부서에는 과학기술 직군 수습 주무관이 배치되지 않는다.
> - 동일 직군의 수습 주무관은 같은 부서에 배치되지 않는다.
> - A와 D는 다른 수습 주무관 없이 혼자 배치된다.

① A가 갑 부서에 배치되고 C가 정 부서에 배치된다.
② B가 병 부서에 배치되면 E가 정 부서에 배치된다.
③ B가 정 부서에 배치되지 않고 C가 병 부서에 배치된다.
④ D가 을 부서에 배치되지 않고 A도 갑 부서에 배치되지 않는다.
⑤ F가 정 부서에 배치되면 E가 병 부서에 배치된다.

정답 ⑤

해설

네 조건으로 종합하면 아래와 같은 상황으로 배치된다.

부서	갑	을	병 / 정		정 / 병	
배치	과학 A	행정 D	과/행	행/과	과/행	행/과

병 또는 정 부서는 (B, E / C, F) 또는 (B, F / C, E)의 조합으로 배치된다.

① A가 갑 부서에 배치되는 것은 참이나 C는 병이나 정 부서에 배치되므로 정 부서에 배치된다는 것은 반드시 참이 아니다. (×)
② B가 병 부서에 배치될 경우, E는 병이나 정 부서에 배치되므로 반드시 참이 아니다. (×)
③ B는 병이나 정 부서에 배치되므로 정 부서에 배치되지 않는다는 것은 반드시 참이 아니다. (×)
④ D는 을 부서에 배치된다. 따라서 참이 아니다. (×)
⑤ F가 정 부서에 배치되면 같은 직군인 E는 반드시 병 부서에 배치된다. (○)

19 다음 글의 (가) ~ (다)에 들어갈 말을 적절하게 나열한 것은?

독이 없는 어떤 개구리 종은 독이 있는 개구리 종의 외형을 모방함으로써 새로부터 잡아먹힐 위험을 줄인다. 이것은 의태의 예이다. 모방의 대상이 될 수 있는 종이 여럿일 경우 모방자는 어떤 종을 모방하는 것이 유리할까? 이를 알아보기 위해 다음의 〈실험〉을 수행하였다.

〈실험〉

○○지역에는 독성이 강한 개구리 종 a와 독성이 약한 개구리 종 b가 있으며 이 두 종은 외형이 조금 다르다. 또한 그 지역에 있는 독 없는 개구리 종 c는 a를 모방하고, 독 없는 개구리 종 d는 b를 모방한다. 새 종 X는 a ~ d를 잡아먹을 수 있으며, 독성이 있는 개구리 종을 잡아먹으면 학습이 되어 이후 같은 외형을 가진 개구리를 잡아먹는 것을 회피한다.

실험 1: a도 b도 잡아먹어 본 적이 없는 X에게 a를 잡아먹게 하였다. 이 새를 X−1이라고 하고 a, c, d를 잡아먹는지 관찰하였다. X−1은 a, c, d 어느 것도 잡아먹으려 하지 않았다.

실험 2: a도 b도 잡아먹어 본 적이 없는 X에게 b를 잡아먹게 하였다. 이 새를 X−2라고 하고 b, c, d를 잡아먹는지 관찰하였다. X−2는 b와 d를 잡아먹으려 하지 않았지만, c를 잡아먹는 것은 회피하지 않았다.

〈실험 해석〉

독성이 [(가)] 개구리 종을 잡아먹어 학습된 새는 독성이 강한 개구리 종을 모방한 개구리 종과 독성이 약한 개구리 종을 모방한 개구리 종 중 어느 것도 잡아먹으려 하지 않았다. 독성이 [(나)] 개구리 종을 잡아먹어 학습된 새는 독성이 강한 개구리 종을 모방한 개구리 종을 잡아먹는 것을 회피하지 않았으나, 독성이 약한 개구리 종을 모방한 개구리 종은 잡아먹으려 하지 않았다. 따라서 ○○지역에 서식하는 독이 없는 개구리가 X에게 잡아먹히지 않으려면 독성이 [(다)] 개구리 종을 모방하는 것이 더 유리하다는 것을 알 수 있다.

	(가)	(나)	(다)
①	강한	강한	강한
②	강한	약한	약한
③	강한	약한	강한
④	약한	강한	약한
⑤	약한	강한	강한

정답 ②

해설

실험 1과 실험 2의 내용을 정리하면, 아래와 같다.

실험 1: 독성이 강한 개구리를 잡아먹은 새는 모든 종류의 개구리를 잡아먹지 않았다.

실험 2: 독성이 약한 개구리를 잡아먹은 새는 독성이 강한 개구리를 모방한 개구리를 잡아먹었다.

(가) 독성이 '강한' 개구리 종을 잡아먹어 학습된 새는 어떤 개구리도 잡아먹으려 하지 않았다.

(나) 독성이 '약한' 개구리 종을 잡아먹은 새는 독성이 강한 개구리 종을 모방한 개구리 종을 잡아먹는 것을 회피하지 않았다.

(다) 따라서 독이 없는 개구리가 새에게 잡아먹히지 않으려면 독성이 '약한' 개구리 종을 모방하는 것이 더 유리하다.

20 다음 글의 ㉠에 대한 평가로 적절한 것만을 〈보기〉에서 모두 고르면?

> 곤충 X는 유충에서 변태를 거쳐 성충이 된다. X의 변태에 관여하는 호르몬으로는 α와 β가 있다. 과학자 A가 조사한 결과는 다음과 같았다. X의 유충 시기에 α, β 각각의 혈중 농도는 변함없이 일정하였고, 성충 시기에도 α, β 각각의 혈중 농도는 변함없이 일정하였으나, 변태 시기 동안 α의 혈중 농도는 증가한 반면에 β의 혈중 농도는 감소하였다. X의 유충 시기에는 α의 혈중 농도가 β의 혈중 농도보다 낮았다. 이에 A는 ㉠X의 유충 시기보다 성충 시기에 α와 β의 혈중 농도 차이가 더 작다는 가설을 세웠다.

> ┤ 보기 ├
>
> ㄱ. X의 성충 시기에 α의 혈중 농도가 β의 혈중 농도보다 높다는 실험 결과가 나오면, ㉠은 강화된다.
> ㄴ. X의 성충 시기에 β의 혈중 농도가 α의 혈중 농도보다 높다는 실험 결과가 나오면, ㉠은 강화된다.
> ㄷ. X의 성충 시기에 α와 β의 혈중 농도가 같다는 실험 결과가 나오면, ㉠은 강화된다.

① ㄱ
② ㄴ
③ ㄱ, ㄷ
④ ㄴ, ㄷ
⑤ ㄱ, ㄴ, ㄷ

정답 ④

해설

곤충 X의 유충, 변태, 성충 시기를 구분하여 보면,

ⅰ) 유충 시기: α, β 각각의 혈중 농도는 변함없다. 하지만 α의 혈중 농도가 β의 혈중 농도보다 낮다.

ⅱ) 변태 시기: α의 혈중 농도는 증가한 반면에 β의 혈중 농도는 감소

ⅲ) 성충 시기: α, β 각각의 혈중 농도는 변함없다.

가설: X의 유충 시기보다 성충 시기의 α와 β의 혈중 농도 차이가 더 작다.

ㄱ. α가 β보다 혈중 농도가 높아진 것과 관계없이, α와 β의 혈중 농도 차이가 더 작은지 큰지를 모르기 때문에 ㉠의 가설을 약화할 수 있다. 차이가 커졌는지 작아졌는지 알 수 없고, 서로 순서가 뒤바뀐 것만으로는 판단을 할 수 없다. 유충 시기의 α와 β의 혈중 농도 차이보다 더 크게 나오면 약화, 더 작게 나오면 강화된다. 따라서 강화라고 볼 수 없기 때문에 부적절하다. (×)

ㄴ. 여전히 β의 혈중 농도가 높다면 α의 혈중 농도는 증가했고, β의 혈중 농도는 낮아졌기 때문에 ㉠은 강화된다. (○)

ㄷ. α와 β의 혈중 농도가 같다면, 둘의 차이는 성충 시기에 0이 되므로, ㉠은 강화된다. (○)

[21 ~ 22] 다음 글을 읽고 물음에 답하시오.

> 다음은 사람들이 확률을 활용하여 어떻게 추론하는지를 연구하기 위해 고안한 설문지이다.
>
> ┤ 설문지 ├
>
> A시에는 택시가 총 100대 있는데, 이 중 초록색 택시가 90%, 파란색 택시가 10%이다. 그런데 안개가 낀 어느 날 밤에 택시 한 대가 사고를 일으키고 달아났다. 사고의 유일한 목격자인 갑은 달아난 택시가 파란색이었다고 증언했다. 이에 법정에서는 갑의 증언이 신뢰할 만한지 판단하기 위해 사고가 난 밤과 동일한 조건에서 실험하였다. 그 결과, 갑의 증언의 정확도는 80%임이 밝혀졌다. 즉, 갑이 초록색 택시를 초록색으로 알아맞힌 비율도, 파란색 택시를 파란색으로 알아맞힌 비율도 80%였다. 이를 바탕으로 올바르게 추론한 결과는 다음 중 어느 것인가?
>
> (a) 그날 사고를 일으키고 달아난 택시가 파란색이었을 확률이 초록색이었을 확률보다 크다.
>
> (b) 그날 사고를 일으키고 달아난 택시가 초록색이었을 확률이 파란색이었을 확률보다 크다.

정답은 (b)이다. 이것은 다음과 같이 설명할 수 있다. 사고 당시와 동일한 조건에서 A시의 모든 택시를 갑에게 보여 주는 실험을 했다고 가정해 보자. 이 실험에서 갑은 90대의 초록색 택시와 10대의 파란색 택시를 본다. 90대의 초록색 택시 중 그가 파란색이라고 부정확하게 식별한 것은 20%, 즉 18대이다. 그리고 10대의 파란색 택시 중 그가 파란색이라고 정확하게 식별한 것은 80%, 즉 8대이다. 결국 이 실험에서 갑이 파란색 택시라고 식별한 것은 모두 26대이지만, 이 중 단 8대만이 실제로 파란색이다. 따라서 갑이 본 달아난 택시가 실제로 파란색일 확률은 8/26로 약 31%이고, 초록색일 확률은 18/26로 약 69%이다.

그런데 설문 조사 결과, 대다수의 사람들이 (a)를 택했다. 그 이유는 사람들이 기저율을 무시하는 경향이 있기 때문인데, 이렇게 기저율을 무시하여 생기는 오류를 기저율 오류라고 한다. 위 설문지에는 A시의 전체 택시 중에서 파란색 택시의 비율 및 A시의 전체 택시 중에서 초록색 택시의 비율이 기저율로 제시되어 있다. (a)를 택했다면 갑의 증언의 정확도가 80%라는 사실에 초점을 맞춰 추론하면서 A시에 있는 대부분의 택시가 초록색이라는 사실을 무시했기 때문일 것이다. 우리가 합리적 추론을 하기 위해 지켜야 할 원칙 중 하나로 전체 증거의 원칙이 있다. 전체 증거의 원칙이란 확보된 모든 증거를 고려하여 추론해야 한다는 것이다. 위 설문지에서 (a)를 택한 사람들은 기저율을 고려하지 않고 갑의 증언의 정확도에만 초점을 맞춰 추론함으로써 전체 증거의 원칙을 어긴 것이다.

21 윗글에서 추론할 수 있는 것은?

① 설문지에서 (b)가 옳다고 답변한 사람은 합리적 추론을 한 것이 아니다.

② A시의 택시 중 파란색 택시 비율에만 주목하여 (a)가 옳다고 답변한 사람은 합리적 추론을 한 것이다.

③ 설문지의 조건에서 갑의 증언의 정확도만 70%로 바꿨을 때 (a)가 옳다고 답변한 사람은 기저율 오류를 저지른 것이 아니다.

④ 설문지의 조건에서 A시의 택시 대수만 총 1,000대로 바꿨을 때 (a)가 옳다고 답변한 사람은 기저율 오류를 저지른 것이 아니다.

⑤ A시의 택시 중 파란색 택시 비율과 갑의 증언의 정확도 중 하나라도 고려하지 않은 사람이 (b)가 답이라고 추론한다면, 그 사람은 전체 증거의 원칙을 지키지 않은 것이다.

정답 ⑤

해설

① (b)가 옳다고 답한 사람은 합리적 추론을 한 것이다. 기저율과 갑의 정확도를 모두 고려하였다. (×)

② 파란색 택시 비율에만 주목한다면 갑의 정확도를 고려하지 않은 것이므로 합리적 추론을 한 것이 아니다. (×)

③ 갑 증언의 정확도가 70%로 감소되면 사고 택시가 초록색일 확률이 오히려 높아진다. 이와 같은 상황에서도 (a)가 옳다고 본다면 기저율 오류를 저지른 것이다. (×)

④ 택시 대수의 변화는 기저율과 갑의 정확도 모두에 영향을 주지 않으므로 합리적 추론은 (b)가 된다. (a)를 선택했다면 기저율 오류를 저지른 것이다. (×)

⑤ 파란색 택시 비율과 갑의 증언 정확도가 모두 고려되어야 전체 증거의 원칙을 지킨 것이다. 따라서 둘 중 하나라도 고려하지 않았다면 전체 증거의 원칙을 지키지 않은 것이다. (○)

22 윗글에 비추어 볼 때, 〈사례〉에 대한 판단으로 적절한 것만을 〈보기〉에서 모두 고르면?

┤ 사례 ├

을은 100만 명 중 한 명의 비율로 걸리는, 즉 기저율이 1/1,000,000인 병 X에 대한 검사를 받았다. 이 검사법의 정확도는 99%이다. 즉 이 검사법은 X에 걸렸을 때 99%의 확률로 양성 반응이 나타나고, 걸리지 않았을 때 99%의 확률로 음성 반응이 나타난다. 을은 X가 1/1,000,000의 확률로 걸리는 희귀병이라는 점과 그 검사법의 정확도에 대해 알고 있다.

┤ 보기 ├

ㄱ. 을은 X에 대한 검사에서 양성 반응이 나올 확률이 그렇지 않을 확률보다 크다고 판단할 것이다.

ㄴ. 을이 기저율을 무시한다면, 을은 X에 대한 검사에서 양성 반응이 나왔을 때, 자신이 X에 실제로 걸렸을 확률이 걸리지 않았을 확률보다 크다고 판단할 것이다.

ㄷ. 을이 기저율을 무시하지 않는다면, 을은 X에 대한 검사에서 양성 반응이 나왔을 때, 자신이 X에 실제로 걸렸을 확률이 걸리지 않았을 확률보다 작다고 판단할 것이다.

① ㄱ   ② ㄷ
③ ㄱ, ㄴ   ④ ㄴ, ㄷ
⑤ ㄱ, ㄴ, ㄷ

정답 ④

해설

ㄱ. 을은 희귀병에 걸리는 확률과 검사법의 정확도에 대해 알고 있기 때문에 음성 반응이 나올 확률이 더 크다고 판단할 것이다. (×)

ㄴ. 을이 기저율을 무시한다면, X에 대한 검사에서 양성 반응이 나왔을 때, 이 검사법은 X에 걸렸을 때 99%의 확률로 양성 반응이 나타나므로 실제로 X에 걸렸다고 판단할 것이다. (○)

ㄷ. 을이 기저율을 무시하지 않는다면, 검사 결과가 양성이 나오더라도 병에 걸릴 확률이 검사가 부정확할 확률보다 낮으므로 검사를 신뢰하지 않을 것이다. 따라서 그는 X에 실제로 걸렸을 확률이 걸리지 않았을 확률보다 작다고 판단할 것이다. (○)

23 다음 글에서 추론할 수 있는 것만을 〈보기〉에서 모두 고르면?

△△부는 '적극행정 가산점' 제도를 시행하고 있는데, 각 직원의 가산점은 유형 Ⅰ과 Ⅱ에서 받은 점수의 합으로 계산된다. 각 유형의 활동별 점수는 다음 표와 같다.

유형	활동	점수
Ⅰ	혁신적인 아이디어 제안	0 ~ 1
	예산을 절감하는 성과 창출	0 ~ 2
	국민 중점 민원 해결	0 ~ 3
Ⅱ	타 부서의 적극행정 추진에 협력	1
	적극행정 신규 사례 발굴	2

유형 Ⅰ에 속하는 활동에 대한 점수는 부서장의 요청과 이에 대한 평가단의 검증을 거쳐 확정된다. 이와 달리 유형 Ⅱ에 속하는 활동에 대한 점수는 외부 전문가들로 구성된 적극행정추진위원회가 요청하면 검증 없이 그대로 확정된다. 올해 △△부 직원에 대한 적극행정 가산점이 모두 확정되었는데, △△부에서 취합한 적극행정 가산점 요청 내역은 다음과 같다.

〈적극행정 가산점 요청 내역〉
• 부서장의 요청
　－ 직원 갑: 혁신적인 아이디어 제안
　－ 직원 을: 국민 중점 민원 해결
　－ 직원 병: 예산을 절감하는 성과 창출
• 적극행정추진위원회의 요청
　－ 직원 갑: 타 부서의 적극행정 추진에 협력
　－ 직원 병: 적극행정 신규 사례 발굴

| 보기 |
ㄱ. 적극행정 가산점은 갑이 을보다 높을 수 없다.
ㄴ. 적극행정 가산점은 을이 병보다 높을 수 없다.
ㄷ. 적극행정 가산점은 갑이 병보다 높을 수 없다.

① ㄱ　　　　　　② ㄷ
③ ㄱ, ㄴ　　　　④ ㄴ, ㄷ
⑤ ㄱ, ㄴ, ㄷ

정답 ②

해설

적극행정 가산점 요청 내역을 반영하여 직원들이 가산점을 받을 범위를 나타내면 아래와 같다.
직원 갑: 1 + (0~1) = (1~2)점
직원 을: 0 + (0~3) = (0~3)점
직원 병: 2 + (0~2) = (2~4)점

ㄱ. 적극행정 가산점은 갑이 1점 또는 2점, 을이 0점일 경우 갑이 높을 수 있다. (×)
ㄴ. 적극행정 가산점은 을 3점, 병 2점일 경우 을이 병보다 높을 수 있다. (×)
ㄷ. 갑은 최대 2점, 병은 최소 2점을 받기 때문에 갑은 병보다 가산점을 높게 받을 수 없다. (○)

24 다음 대화의 (가)와 (나)에 들어갈 말을 적절하게 나열한 것은?

> 갑 : 최근 우리 시에 있는 A마트가 의무휴업일에 영업을 했으니 이에 대해 조치해 달라는 민원이 접수되었습니다. 어떻게 처리하여야 할까요?
>
> 을 : A마트가 「유통산업발전법」에 규정된 의무휴업, 개설등록 등이 적용되는 대규모 점포에 해당하는지부터 확인해야 겠군요.
>
> 갑 : A마트에서 제출한 사용승인 신청서의 내용을 확인해 보니, 「유통산업발전법」 제2조에 규정된 대규모 점포의 요건을 갖춘 것으로 보입니다. 따라서 영업 개시 전에 개설등록을 해야 하고 의무휴업일도 적용됩니다.
>
> 을 : 그러면 A마트에 대해 의무휴업 적용 대상이라고 안내하고 기왕의 의무휴업 위반에 대한 제재를 부과해야 겠네요. 법령에 의하면 의무휴업 위반 횟수가 2회 이하이면 과태료 부과 대상이고 3회 이상이면 영업정지 처분 대상이니, 우선 A마트의 의무휴업 위반 횟수부터 파악해 봅시다.
>
> 갑 : 우리 시의 의무휴업일이 매월 2, 4째 주 일요일인데 A마트는 지난주에 영업을 시작했으니까 위반 횟수는 1회이겠군요. 그런데 A마트가 아직 개설등록을 하지 않았는데 그래도 의무휴업이 적용되는 것인지부터 검토할 필요가 있겠네요.
>
> 을 : 제가 전에 비슷한 사안을 처리했는데, 그때 산업통상자원부에 질의하여 ⎡ (가) ⎤ 의무휴업이 적용된다는 내용의 회신을 받았습니다.
>
> 갑 : 그렇다면 A마트에 대해서는 의무휴업이 적용되지 않겠군요. 그런데 「유통산업발전법」을 보니까 개설등록을 하지 않고 대규모 점포를 개설하여 영업한 것은 위법하고 벌금형 부과 대상이네요.
>
> 을 : 네, 그렇습니다. 다만 벌금형 부과는 우리 시에서 할 수는 없으니 수사기관에 고발하는 것까지만 할 수 있겠네요.
>
> 갑 : 잘 알겠습니다. 그러면 민원인에게 A마트의 법령 위반 영업 행위에 대해 ⎡ (나) ⎤ 진행하겠다고 회신하겠습니다.

① (가) : 개설등록을 하여 적법한 영업 요건을 충족해야
　 (나) : 수사기관에 고발하는 조치를

② (가) : 개설등록을 하여 적법한 영업 요건을 충족해야
　 (나) : 수사기관에 고발하는 조치와 과태료 부과 처분을

③ (가) : 대규모 점포에 해당해야
　 (나) : 수사기관에 고발하는 조치를

④ (가) : 대규모 점포에 해당해야
　 (나) : 수사기관에 고발하는 조치와 영업정지 처분을

⑤ (가) : 사용승인 처분을 받아야
　 (나) : 영업정지 처분을

정답 ①

해설

(가)의 뒤 대화에서 '갑'이 A마트에 대해서는 의무휴업이 적용되지 않는다고 결론을 지었다. 이 의무휴업이 적용되지 않으려면 (가)의 앞 대화에서 A마트가 아직 개설등록을 하지 않아 의무휴업 대상이 아니라는 것을 추론할 수 있다.

따라서 (가)에는 '개설등록을 하여 적법한 영업 요건을 충족해야' 한다는 말이 들어가야 적절하다.

(나)는 민원인에게 A마트의 법령 위반 영업 행위에 대한 조치 내용이 들어가야 한다. 우리 시에서는 수사기관에 고발하는 것까지만 할 수 있겠다는 내용이 바로 위 '을'의 말에 나와 있다. (과태료 부과나 영업정지 처분 ×)

따라서 (나)에는 '수사기관에 고발하는 조치를'이라는 말이 들어가야 적절하다.

25 다음 글의 〈논쟁〉에 대한 분석으로 적절한 것만을 〈보기〉에서 모두 고르면?

갑과 을은 △△국 「주택임차인 보호법」 제3조, 제4조의 해석을 놓고 논쟁하고 있다. 그 조문은 다음과 같다.

> 제3조(대항력) ① 임차인이 임차주택에 대한 주민등록을 마친 때에는 임차주택을 매수한 제삼자에게 임대차 계약의 효력을 주장할 수 있다.
> ② 임차주택이 경매된 경우에 임차인이 그 경매 대금으로부터 다른 채권자보다 우선적으로 임대차 보증금을 배당 받으려면 임차주택에 대한 주민등록을 마쳐야 하고 확정일자가 기재된 임대차 계약서를 갖춰야 한다.
> 제4조(계약의 갱신) ① 임대인이 임대차 기간 종료 6개월 전부터 2개월 전까지의 기간에 임차인에게 계약 종료 통지를 하지 않으면 임차인은 임대차 계약이 자동으로 갱신되었다고 주장할 수 있다.

위 법의 적용 대상인 X주택을 그 소유자인 A가 B에게 임대했다. B는 X주택에 대한 주민등록을 마쳤다. 임대차 계약서에는 A의 자필로 계약일자가 기재되어 있었고 확정일자는 없었다.

〈논쟁〉

쟁점 1: 임대차 기간 중 진행된 X주택에 대한 경매 절차를 통해 C가 X주택의 소유자가 되자 B는 C에게 임대차 계약의 효력을 주장한다. 이러한 B의 주장에 대해 갑은 타당하다고 하지만 을은 부당하다고 한다.

쟁점 2: 임대차 기간 중에 경매된 X주택의 경매 대금으로부터 B가 임대차 보증금을 다른 채권자인 D보다 우선적으로 배당 받을 수 있는지에 대해, 갑은 그렇다고 주장하고 을은 그렇지 않다고 주장한다.

쟁점 3: 임대차 기간 종료 6개월 전부터 2개월 전까지의 기간에 A가 B에게 계약 종료 통지를 하지 않았다. 임대차 계약 기간이 만료된 후 B는 임대차 계약 종료 통지를 했으나 A는 임대차 계약 갱신을 주장하는 경우, 갑은 임대차 계약이 갱신된 것으로 보아야 한다고 주장하나 을은 임대차 계약이 종료된 것으로 보아야 한다고 주장한다.

──── 보기 ────

ㄱ. 쟁점 1과 관련하여, 경매 절차를 통해 임차주택의 소유권을 취득한 자가 위 법 제3조 제1항의 '임차주택을 매수한 제삼자'에 포함된다고 해석하면, 갑의 주장은 옳고 을의 주장은 옳지 않다.

ㄴ. 쟁점 2와 관련하여, 갑은 임대인이 자필로 계약일자를 기재한 것도 위 법 제3조 제2항의 확정일자가 기재된 것에 해당한다고 해석하고 을은 그렇지 않다고 해석하고 있다면, 갑과 을의 주장 불일치를 설명할 수 있다.

ㄷ. 쟁점 3과 관련하여, 위 법 제4조 제1항의 목적이 임차인의 선택을 최대한 존중하는 것이라고 해석하면, 갑의 주장은 옳지 않지만 을의 주장은 옳다.

① ㄱ
② ㄷ
③ ㄱ, ㄴ
④ ㄴ, ㄷ
⑤ ㄱ, ㄴ, ㄷ

정답 ⑤

해설

ㄱ. 쟁점 1에서 법 제3조 제1항의 '임차주택을 매수한 제삼자'에 경매 절차를 통해 임차주택의 소유권을 취득한 자를 포함한다고 해석하면, 임차인(B)는 제삼자(C)에게 임대차 계약의 효력을 주장할 수 있다. 따라서 갑의 주장은 옳고 을의 주장은 옳지 않다. (○)

ㄴ. 쟁점 2에서 임차인(B)가 임대차 기간 중에 경매된 X주택의 경매 대금으로부터 임대차 보증금을 우선적으로 배당 받으려면 임차주택에 대한 주민등록을 마쳐야 하고 확정일자가 기재된 임대차 계약서를 갖춰야 한다.

주민등록은 마쳤으나 확정일자가 없으므로 대항력이 없다고 판단될 수 있으나, 갑은 임대차 계약서에 A의 자필로 계약일자가 기재된 것을 확정일자로 기재된 것으로 해석하고 있다. 을은 그렇지 않다고 해석하고 있어 갑과 을의 주장 불일치는 이 해석의 차이에서 온다고 설명할 수 있다. (○)

ㄷ. 법 제4조 제1항의 목적이 임차인의 선택을 최대한 존중하는 것이라고 해석한다면, 임차인은 임대인이 먼저 일정한 기간 내에 계약종료 통지를 하지 않는 한 임대차 계약이 자동으로 갱신된 것으로 주장할 수도 있고, 임대차 계약을 종료할 수도 있는 선택권을 부여한 것으로 볼 수 있다.

따라서 임대차 계약 기간이 만료된 후 B(임차인)가 계약 종료를 선택한다면 계약 종료는 성립된다. 반대로 임대차 계약 기간이 만료된 후 A(임대인)가 임대차 계약 갱신을 주장하는 경우에는 대항력이 없다. 따라서 갑의 주장은 옳지 않고, 을의 주장은 옳다. (○)

2 자료해석

📄 본문 p.137~151

01 다음은 '갑' ~ '무' 선수의 A 퍼즐 대회 결과와 종합점수 산정 방법에 관한 자료이다. 이를 근거로 판단할 때, '갑' ~ '무' 중 종합점수가 가장 높은 선수는?

〈표〉 '갑' ~ '무' 선수의 A 퍼즐 대회 결과

문제	배점	선수				
		갑	을	병	정	무
1번	20점					
2번	30점					
3번	30점					
4번	40점					

※ A 퍼즐 대회 문제는 1 ~ 4번뿐임

종합점수 산정 방법

• 문제별 획득 점수는 다음과 같다.

결과	획득 점수
	0
	배점 × 0.5
	배점 × 1.0

• 문제별 획득 점수를 합하여 종합점수를 산정한다.

① 갑
② 을
③ 병
④ 정
⑤ 무

정답 ④

해설

갑~무의 종합점수를 계산하면 다음과 같다.
갑: $(20 \times 0.5) + (30 \times 1.0) + (30 \times 1.0) + (40 \times 0) = 70$
을: $(20 \times 0) + (30 \times 1.0) + (30 \times 0) + (40 \times 1.0) = 70$
병: $(20 \times 1.0) + (30 \times 0) + (30 \times 0.5) + (40 \times 1.0) = 75$
정: $(20 \times 1.0) + (30 \times 1.0) + (30 \times 0.5) + (40 \times 0.5) = 85$
무: $(20 \times 0.5) + (30 \times 0.5) + (30 \times 0.5) + (40 \times 1.0) = 80$
종합점수가 가장 높은 선수는 정이다.

02 다음 〈표〉는 2017 ~ 2023년 '갑'시의 유치원 현황에 관한 자료이다. 이에 대한 〈보기〉의 설명 중 옳은 것만을 모두 고르면?

〈표〉 2017 ~ 2023년 '갑'시의 유치원 현황

(단위: 개, 명)

연도 \ 구분	유치원수	원아수	교원수
2017	427	44,009	3,042
2018	430	42,324	3,095
2019	423	39,373	2,853
2020	403	38,319	2,920
2021	399	36,170	2,891
2022	396	35,427	2,909
2023	393	34,777	3,042

보기

ㄱ. 2018년 교원 1인당 원아수는 10명 이상이다.
ㄴ. 전년 대비 증감 방향은 유치원수와 원아수가 매년 동일하다.
ㄷ. 2017년 대비 2023년 원아수는 20% 이상 감소한다.

① ㄱ
② ㄴ
③ ㄷ
④ ㄱ, ㄷ
⑤ ㄱ, ㄴ, ㄷ

정답 ④

해설

ㄱ. 2018년 교원 원아수는 $\dfrac{42,324}{3,095} ≒ 13.67$(명)으로, 10명 이상이다. (○)

ㄴ. 2017년 대비 2018년 유치원수는 증가하였으나 원아수는 감소하였다. 전년 대비 유치원수와 원아수 증감방향은 매년 동일하지 않다. (×)

ㄷ. $\dfrac{44,009 - 34,777}{44,009} \times 100 ≒ 20.98\%$로 20% 이상 감소했음을 알 수 있다. (○)

03 다음은 2022년과 2023년 '갑'시의 민원건수에 관한 자료이다. 제시된 〈표〉 이외에 〈보고서〉를 작성하는 데 사용되지 않은 자료는?

〈표〉 2022년과 2023년 '갑'시의 월별 민원건수

(단위: 건)

연도 월	2022	2023
1	10,639	9,834
2	9,163	9,595
3	9,464	12,025
4	9,939	11,417
5	10,879	12,365
6	10,597	12,422
7	11,064	13,961
8	11,186	14,281
9	11,222	13,393
10	11,516	12,890
11	11,324	11,991
12	9,873	11,771

┤ 보고서 ├

2023년 '갑'시의 전체 민원건수는 145,945건으로 전년 126,866건 대비 15% 이상 증가하였다. 2023년 월별 민원건수는 8월에 가장 많았고, 1월을 제외하고 매월 전년 동월 대비 증가하였다.

② 2023년 분야별로는 '교통' 분야의 민원건수가 가장 많았고, 다음으로 '도로', '행정' 분야 순으로 많았다. 특히, 민원건수 상위 3개 분야가 전체 민원건수의 75% 이상을 차지하였다.

2023년 지역별로는 ④ A 지역의 민원건수가 60,433건으로 '갑'시 전체 민원건수의 40% 이상을 차지하였으며, B 지역의 민원건수는 35,904건으로 그 뒤를 따랐다. ① B 지역의 인구 100명당 민원건수는 30건 이상으로 '갑'시에 속한 A ~ E 지역 중 가장 많았다.

2023년 '갑'시 민원의 ③ 상위 10대 키워드에는 '불법주정차', '어린이 보호구역' 등 교통법규 관련 키워드와 '철도역 신설', '버스노선 신설' 등 교통환경 관련 키워드, 그리고 '소음', '악취' 등 주거환경 관련 키워드가 포함되었다.

① 2023년 '갑'시의 지역별 인구

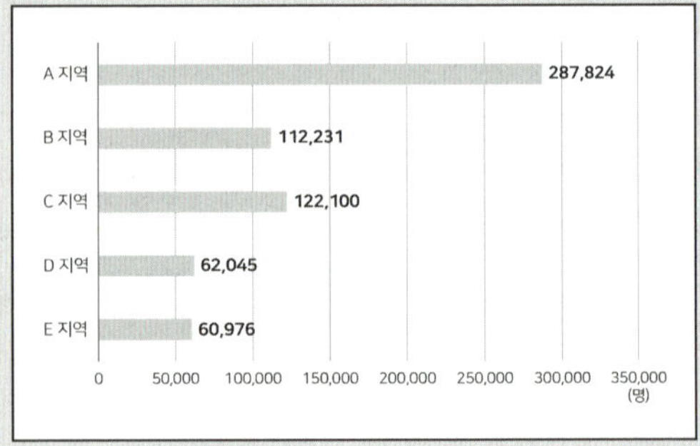

② 2023년 '갑'시의 분야별 민원건수 비중

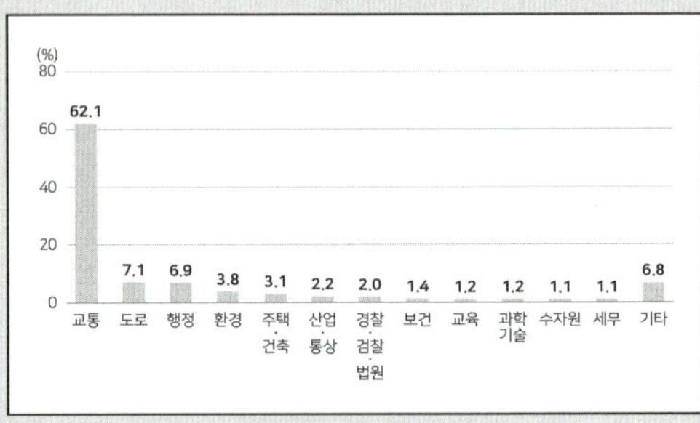

③ 2023년 '갑'시 민원의 상위 10대 키워드

순위	키워드
1	불법주정차
2	어린이 보호구역
3	장애인 전용구역
4	친환경차 충전구역
5	철도역 신설
6	버스노선 신설
7	소음
8	고속도로 개발
9	악취
10	소각장 폐쇄

④ 2023년 '갑'시의 지역별 민원건수

(단위: 건)

지역	A	B	C	D	E
민원건수	60,433	35,904	26,852	12,399	10,357

⑤ 2022년 대비 2023년 '갑'시의 민원건수 증가 및 감소 분야

증가 분야			감소분야		
교통	도로	행정	보건	세무	교육

정답 ⑤

해설

〈보고서〉를 기반으로 자료에 없거나 잘못된 내용의 선택지를 찾아야 한다.

특히 〈보고서〉에 언급된 B지역의 인구 100명당 민원건수를 알기 위해서는 '갑'시 지역별 인구에 대한 자료(선택지 ①)가 필요함에 유의하여야 한다.

⑤ '갑'시의 민원건수 증가 및 감소 분야는 〈보고서〉를 작성하기 위하여 사용되지 않은 자료이다.

---

04 다음은 2024년 '갑'국의 공적개발원조에 대한 국민 인식 조사 보고서이다. 〈보고서〉를 작성하는 데 사용되지 않은 자료는?

보고서

2024년 '갑'국 국민 1,200명을 대상으로 공적개발원조에 대한 인식을 조사했다. ① 공적개발원조에 대해 알고 있다는 응답자 비율은 83.8%이고 2021년 이후 증가 추세에 있는 것으로 나타났다. ⑤ 공적개발원조 관련 정보를 접한 경로로는 'TV 또는 라디오'로 응답한 비율이 가장 높았고, '신문'과 '동영상 플랫폼'이 그 뒤를 이었다. ③ 공적개발원조 제공에 대한 찬반조사 결과를 보면 찬성 비율은 77.8%로 반대 비율보다 높았으며, 특히 여성이 남성보다 찬성 비율이 높게 나타났다. ② 2024년 공적개발원조 규모에 대한 의견으로는 '부족함'이 48.0%, '적정함'이 31.2%, '과다함'이 20.8%로 나타났다. '갑'국의 2024년 공적개발원조 규모가 과다하다고 응답한 이유로는 '현재 경제 상황이 나쁘기 때문에'라는 답변이 46.8%로 가장 많았고, '원조가 어떻게 사용되는지 모르기 때문에'라는 답변이 24.0%로 그 뒤를 이었다. 이에 따라, 공적개발원조 관련 교육의 확대 필요성이 대두되고 있다.

---

① 2020~2024년 공적개발원조에 대해 알고 있다는 응답자 비율

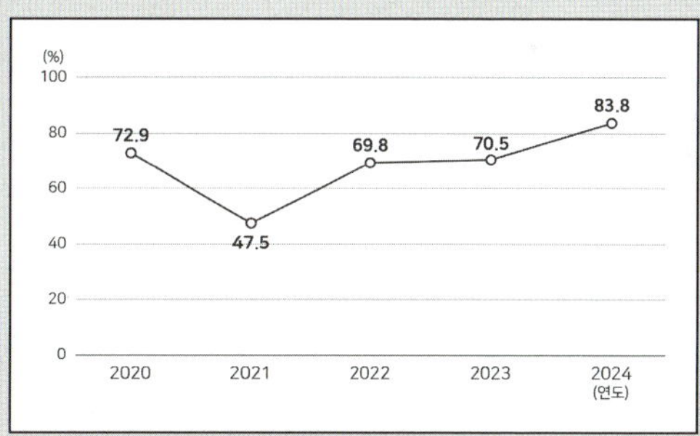

② 2024년 공적개발원조 규모에 대한 의견

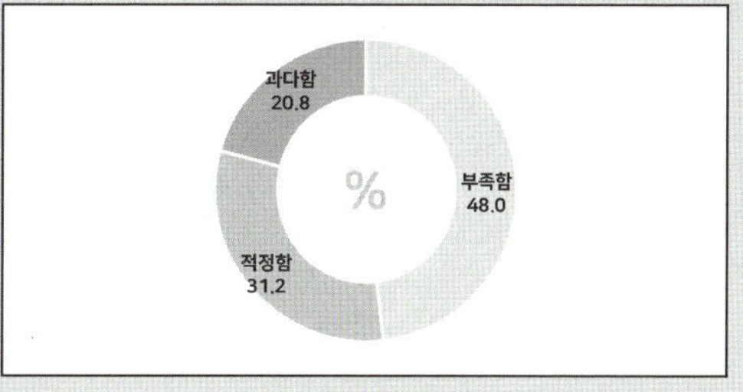

③ 2024년 공적개방원조 제공에 대한 찬반조사 결과

(단위: %)

구분 성별	찬성		반대	
	매우 찬성한다	약간 찬성한다	약간 반대한다	매우 반대한다
전체	15.0	62.8	16.8	5.4
남성	18.3	55.6	19.2	6.9
여성	11.5	70.6	14.1	3.8

④ 2024년 공적개발원조 관련 교육 경로에 대한 선호도(중복 응답)

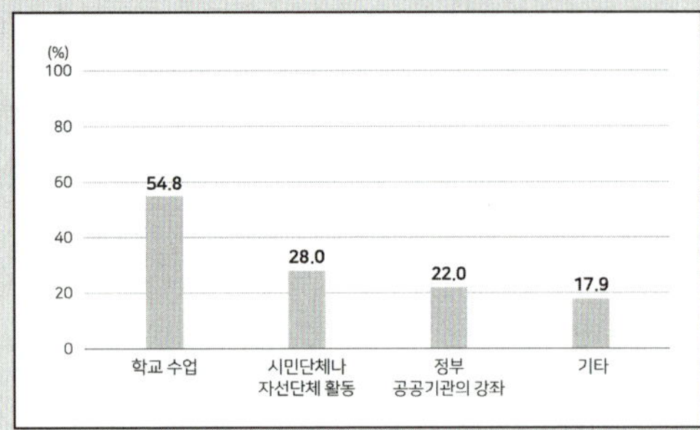

⑤ 2024년 공적개발원조 관련 정보를 접한 경로

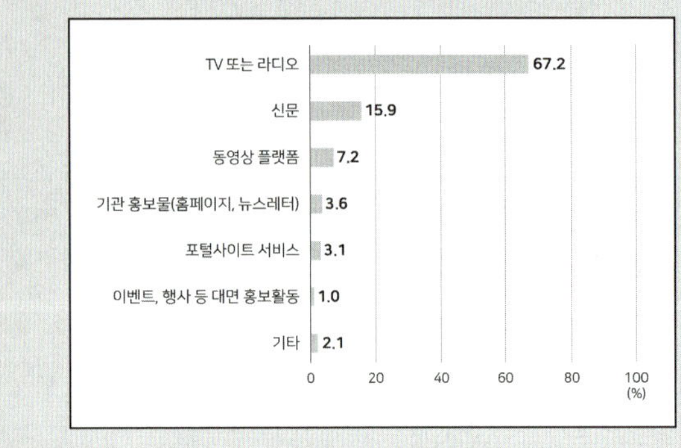

정답 ④

해설

선택지의 제목과 제목에서의 연도 등을 먼저 파악하고, 이와 연결되는 주제를 〈보고서〉에서 빠르게 표시하면 보다 정확하고 빠른 풀이가 가능하다.

④ 2024년 공적개발원조 관련 교육 경로에 대한 선호도는 〈보고서〉를 작성하는 데 사용되지 않은 자료이다.

05 다음 〈표〉는 2024년 '갑'국 원자력발전소 A ~ D의 발전량에 관한 자료이다. 이를 근거로 A ~ D를 이용률이 가장 높은 원자력발전소부터 순서대로 바르게 나열한 것은?

〈표〉 2024년 '갑'국 원자력발전소 A ~ D의 발전량 현황

(단위: GWh)

구분 원자력발전소	실제 발전량	최대 발전량
A	4,000	5,000
B	(b)	9,000
C	6,000	(c)
D	9,000	12,000
합계	26,000	35,000

※ 이용률(%) = $\dfrac{\text{실제 발전량}}{\text{최대 발전량}} \times 100$

① A, B, C, D   ② A, B, D, C
③ A, C, B, D   ④ B, A, C, D
⑤ B, A, D, C

정답 ②

해설

( )의 발전량 수치를 먼저 구한 후, 이용률을 도출한다.
(b) = 26,000 − (4,000 + 6,000 + 9,000) = 7,000(GWh)
(c) = 35,000 − (5,000 + 9,000 + 12,000) = 9,000(GWh)
각 원자력발전소의 이용률을 구하면,

A = $\dfrac{4000}{5000} \times 100 = 80(\%)$

B = $\dfrac{7000}{9000} \times 100 \fallingdotseq 77.8(\%)$

C = $\dfrac{6000}{9000} \times 100 \fallingdotseq 66.7(\%)$

D = $\dfrac{9000}{12000} \times 100 = 75(\%)$

따라서 이용률이 가장 높은 순으로 나열하면, A, B, D, C이다.

06 다음 〈표〉는 '갑' 연구소가 지역별 커피 원두를 항목별로 평가한 결과이다. 이에 대한 설명으로 옳은 것은?

〈표〉 지역별 커피 원두의 항목별 평가결과

지역	원두	항목				
		향	산미	단맛	쓴맛	바디감
아시아	인도네이시아 자바	●●●●○	●●○○○	●●●○○	●●○○○	●●●●○
	인도네시아 만델링	●●●●○	●●○○○	●●●●●	●●○○○	●●●●○
	인도네시아 발리 칸타마니	●●●●○	●●○○○	●●●○○	●●○○○	●●●○○
	인도네시아 토리자	●●●●○	●●●●●	●●●○○	●●○○○	●●●●○
	인도 몬순드 말리바	●●●●●	●●●●○	●●●●○	●●●○○	●●●●○
아메리카	콜롬비아 슈프리모	●●●●●	●●●●●	●●●○○	●●○○○	●●●○○
	과테말라 SHB	●●●●●	●●●●○	●●●○○	●●●○○	●●●●○
	도미니카 AA	●●○○○	●●●●○	●●●○○	●●○○○	●○○○○
	브라질 산토스	●●●●○	●●●○○	●●●○○	●●○○○	●●○○○
	페루 HB GRADE 1	●●●●●	●●●●○	●●●●○	●●●○○	●●●●○
아프리카	에티오피아 예가체프	●●●●○	●●●●●	●●●○○	●●●○○	●●●●○
	르완다 AB+	●●○○○	●●●○○	●●●○○	●●●○○	●●●●○
	짐바브웨 AA+	●●●●○	●●●●●	●●●●○	●●●●○	●●●●○
	케냐 AA	●●●●○	●●●●●	●●●○○	●●●○○	●●●●○

※ 1) ●(○)는 1(0)점을 나타내며, 항목별로 ● 1개당 1점을 부여하여 5점 척도로 항목별 평가점수를 계산함
2) 종합 평가점수는 항목별 평가점수의 합임

① '단맛'으로 원두를 비교할 때 가장 높은 점수를 받은 원두는 아프리카 지역의 원두이다.
② 아프리카 지역의 원두는 모두 '향' 평가점수가 '단맛' 평가점수보다 높다.
③ 아메리카 지역은 '바디감'으로 원두를 비교할 때 가장 낮은 점수를 받은 원두가 '향'으로 원두를 비교할 때도 가장 낮은 점수를 받았다.
④ 아시아 지역은 '산미'로 원두를 비교할 때 가장 높은 점수를 받은 원두가 종합 평가점수도 가장 높다.
⑤ 각 지역에서 종합 평가점수가 가장 높은 원두의 종합 평가점수는 모두 같다.

정답 ③

해설

① '단맛'으로 원두를 비교할 때 가장 높은 점수를 받은 원두는 아시아의 '인도네시아 만델링' 원두이다(5점). (×)
② 아프리카 지역의 원두 중 '르완다 AB+'원두는 향(2점), 단맛(3점)으로 '향' 평가점수가 '단맛' 평가점수보다 낮다. (×)
③ 아메리카 지역의 '바디감'으로 가장 낮은 점수를 받은 원두는 '도미니카AA'이다(1점). 이 '도미니카AA' 원두는 '향'으로 비교할 때도 아메리카 지역에서 가장 낮은 점수를 받았다(2점). 따라서 옳은 내용이다. (○)
④ 아시아 지역에서 '산미'로 가장 높은 점수를 받은 원두는 '인도네시아 토리자' 원두이다. 하지만 아시아에서 가장 높은 점수를 받은 원두는 '인도 몬순드 말리바' 원두로 종합점수 20점이다. '인도네시아 토리자' 원두는 18점이다. (×)
⑤ 아시아 지역의 종합 평가점수가 가장 높은 원두는 '인도 몬순드 말리바' 원두 20점, 아메리카 지역에서 종합 평가점수가 가장 높은 원두는 '페루 HB GRADE1'로 20점, 아프리카 지역은 '짐바브웨 AA+'가 21점으로 종합 평가점수가 모두 같지 않다. (×)

07 다음 〈표〉는 업체 A ~ E가 제출한 국립묘지 관리사업 제안서를 평가한 결과이고, 〈대화〉는 '갑' 업체의 평가결과에 대한 팀장과 주무관 사이의 대화 내용이다. 이를 근거로 판단할 때, A ~ E 중 '갑'에 해당하는 업체는?

〈표〉 업체 A ~ E의 국립묘지 관리사업 제안서 평가결과

(단위: 점)

평가항목	제안개요		제안업체 일반현황		사업수행계획		총점
세부항목 / 업체	제안요청서 부합성	사업 이해도	조직 관리 능력	지식·기술 능력	세부 계획	사후 관리	
A	4	10	6	14	32	10	76
B	8	6	10	12	24	8	68
C	6	4	8	16	34	2	70
D	8	6	4	20	36	8	82
E	10	6	10	16	28	6	76

※ 평가항목 점수는 해당 평가항목에 속한 세부항목 점수의 합이며, 총점은 각 평가항목 점수의 합임

┤ 대화 ├

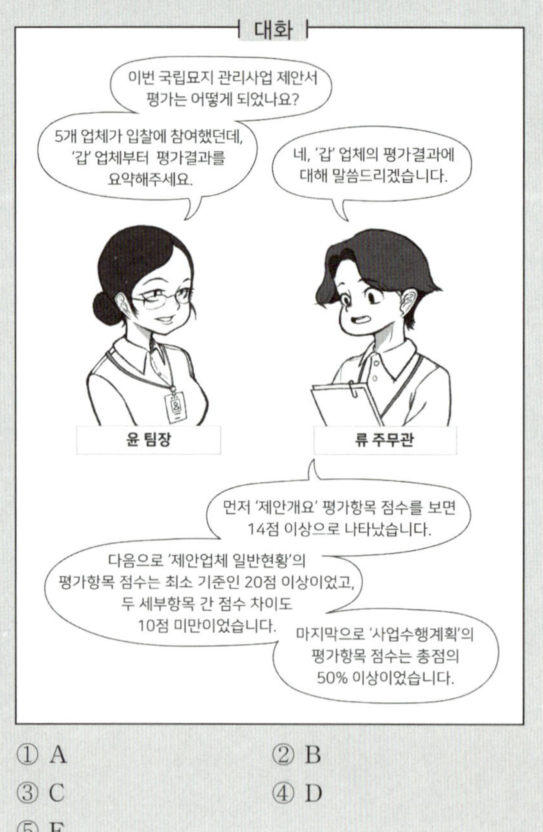

① A
② B
③ C
④ D
⑤ E

정답 ①

해설

류 주무관의 답변을 통해 단계별로 업체를 추려내는 것이 더 빠르다.

ⅰ) '제안개요'의 평가점수에서 14점 미만으로 C업체 삭제
ⅱ) '제안업체 일반현황'의 평가항목 점수의 두 세부항목 간 점수차이가 10점 이상인 D업체 삭제(최소 20점 이상인 것은 5개 업체 모두 해당)

평가항목	제안개요		제안업체 일반현황	
세부항목 / 업체	제안요청서 부합성	사업 이해도	조직 관리능력	지식·기술능력
A	4	10	6	14
B	8	6	10	12
C	6	4	8	16
D	8	6	4	20
E	10	6	10	16

ⅲ) '사업수행계획'의 평가항목점수가 총점의 50% 이상이라는 평가결과에 부합하는 업체는 A이다.

평가항목	사업수행계획		총점	사업수행계획 ÷ 총점 × 100
세부항목 / 업체	세부 계획	사후 관리		
A	32	10	76	$42 \div 76 \times 100 \fallingdotseq 55.3$
B	24	8	68	$32 \div 68 \times 100 \fallingdotseq 47.1$
C	34	2	70	
D	36	8	82	
E	28	6	76	$34 \div 76 \times 100 \fallingdotseq 44.7$

🖋 일일이 나누지 않고, 총점의 반을 구한 뒤 사업수행계획의 세부계획과 사후관리 항목의 합이 그와 비교하여 큰지 작은지 확인하는 것이 더 빠르다.

08 다음 〈표〉는 2024년 '갑'국 기관 A ~ D의 재직자 교육 프로그램에 대한 만족도 조사 결과이다. 〈표〉와 〈조건〉을 근거로 A ~ D에 해당하는 기관을 바르게 연결한 것은?

〈표〉 기관 A ~ D의 재직자 교육 프로그램 만족도

(단위 : 명, 점)

기관	참여자	교육환경 만족도	내용 만족도	강사 만족도
A	190	4.2	4.1	4.3
B	120	3.9	4.0	3.8
C	180	4.6	4.8	4.1
D	150	3.8	3.6	3.9

※ A ~ D는 문화청, 발명청, 세무청, 자료청 중 하나임

┤ 조건 ├
- '강사 만족도'가 '교육환경 만족도'보다 높은 기관은 발명청과 세무청이다.
- '내용 만족도'는 자료청이 세무청보다 높다.
- '참여자'는 문화청이 자료청보다 많다.

	A	B	C	D
①	문화청	세무청	발명청	자료청
②	발명청	문화청	자료청	세무청
③	발명청	자료청	문화청	세무청
④	세무청	문화청	자료청	발명청
⑤	세무청	자료청	문화청	발명청

정답 ③
해설

〈조건〉을 위에서부터 순서대로 첫 번째~세 번째 조건으로 하자, 첫 번째 조건에 의해서 A, D가 발명청 또는 세무청인 것을 알 수 있다. (이에 따라 B, C는 문화청 또는 자료청임을 알 수 있다.)
세 번째 조건에 의해서 B가 자료청, C가 문화청임을 알 수 있다.
두 번째 조건에 의해서 D가 세무청, A는 발명청임을 알 수 있다.
따라서 A 발명청, B 자료청, C 문화청, D 세무청이다.

09 다음 〈표〉는 2024년 '갑'국의 전력수급 현황에 관한 자료이다. 이에 대한 〈보기〉의 설명 중 옳은 것만을 모두 고르면?

〈표〉 '갑'국의 전력수급 현황

(단위 : TWh)

구분	수도권	비수도권	A지역	B지역	C지역	D지역	전국
발전량	144.4	450.3	33.9	114.1	222.0	80.3	594.7
소비량	214.8	333.1	17.3	92.9	151.2	71.7	547.9

※ 전력자급률(%) = $\dfrac{발전량}{소비량} \times 100$

┤ 보기 ├
ㄱ. 수도권 소비량은 전국 소비량의 40% 이상이다.
ㄴ. 전력자급률은 A 지역이 수도권의 2배 이상이다.
ㄷ. C 지역 발전량과 D 지역 발전량의 합은 전국 발전량의 50% 이상이다.
ㄹ. B ~ D 각 지역의 전력자급률은 150% 이상이다.

① ㄱ, ㄴ		② ㄱ, ㄹ	
③ ㄴ, ㄷ		④ ㄴ, ㄹ	
⑤ ㄷ, ㄹ			

정답 ③
해설

ㄱ. $\dfrac{214.8}{547.9} \times 100 ≒ 39.2$(%)이므로 40% 이상이 아니다.
또는 547.9 × 0.4 = 219.16TWh이므로 수도권 소비량 214.8TWh 보다 크다. 따라서 전국 소비량의 40% 이상이 아님을 알 수 있다. (×)
🏹 어떤 방법으로 하든 자신이 생각하기에 더 빠른 방법으로 풀이하되, 풀이 시야에 따라 선택의 폭이 넓어지니 최대한 많은 풀이 방법을 숙지하는 것이 좋다.

ㄴ. A지역의 전력자급률 : $\dfrac{33.9}{17.3} \times 100 ≒ 195.95\%$

수도권 전력자급률 : $\dfrac{144.4}{214.8} \times 100 ≒ 67.23\%$

따라서 전력자급률은 A지역이 수도권의 2배 이상이다. (○)
ㄷ. C지역 발전량과 D지역 발전량의 합은
222.0+80.3 = 302.3TWh이다.
전국 발전량의 50%인 297.35TWh보다 크다는 것을 알 수 있다. (○)
ㄹ. B~D 각 지역의 전력자급률을 구할 필요 없이, A지역의 전력자급률은 150%보다 높다는 것을 이미 선택지 ㄴ을 통해 알 수 있다. 여기서 비수도권의 전력자급률은 150%보다 낮다는 것을 확인할 수 있다.(약 135%) 또는 333.1TWh에서 1.5를 곱하면 499.65TWh가 나오는데 발전량이 450.3TWh이므로 150%보다 낮다는 것이 확인된다. 따라서 B ~ D 지역 중 적어도 한 지역은 150% 이하의 전력자급률을 갖게 된다는 것을 알 수 있다.
다른 방법으로 각 지역의 전력자급률을 구해보면,
B지역의 전력자급률 = 약 122.8%
C지역의 전력자급률 = 약 146.8%
D지역의 전력자급률 = 약 112%이다. (×)

10 다음 〈표〉는 2021 ～ 2024년 '갑'국 제조업의 산업군별 재고지수 및 출하지수에 관한 자료이다. 이에 대한 〈보기〉의 설명 중 옳은 것만을 모두 고르면?

〈표〉 2021 ～ 2024년 산업군별 재고지수 및 출하지수

연도	산업군 지수	고위기술 산업군	중고위기술 산업군	중저위기술 산업군	저위기술 산업군
2021	재고지수	102.9	80.0	89.9	91.8
2021	출하지수	96.2	102.8	116.7	108.5
2022	재고지수	106.6	91.4	93.8	90.0
2022	출하지수	92.2	107.1	111.6	107.3
2023	재고지수	112.2	98.9	96.4	95.9
2023	출하지수	93.4	106.0	106.4	104.7
2024	재고지수	95.0	97.7	97.5	94.9
2024	출하지수	93.8	104.6	105.9	103.7

※ 1) 산업군은 '고위기술산업군', '중고위기술산업군', '중저위기술산업군', '저위기술산업군'으로만 구성됨

2) 재고(출하)지수는 기준연도 2020년의 재고(출하)량을 100으로 할 때, 해당 연도 재고(출하)량의 상대적인 값임

3) 연도별 재고율(%) = $\dfrac{\text{해당 연도의 재고지수}}{\text{해당 연도의 출하지수}} \times 100$

―┤ 보기 ├―

ㄱ. 2020년 이후 출하지수의 연도별 증감 방향이 '저위기술산업군'과 동일한 산업군은 '중저위기술산업군'뿐이다.

ㄴ. 기준연도를 2024년으로 변경한다면, 모든 산업군별 재고지수는 매년 각각 100 이상이 된다.

ㄷ. 재고율이 매년 100% 이상인 산업군은 '고위기술산업군'뿐이다.

① ㄱ   ② ㄴ

③ ㄱ, ㄷ   ④ ㄴ, ㄷ

⑤ ㄱ, ㄴ, ㄷ

정답 ③

해설

ㄱ. 2020년 이후 '저위기술산업군'의 출하지수 연도별 증감 방향은 +, −, −, − 이다.
'중저위기술산업군'의 출하지수 연도별 증감방향 : +, −, −, −
'중고위기술산업군'의 출하지수 연도별 증감방향 : +, +, −, −
'고위기술산업군'의 출하지수 연도별 증감방향 : −, −, +, +
따라서, 증감 방향이 동일한 산업군은 '중저위기술산업군'뿐이다. (○)

ㄴ. 기준연도를 2024년으로 변경하고, 모든 산업군별 매년 재고지수를 비교해보면, '고위기술산업군'의 경우 2021～2023년 각 재고지수가 2024년보다 크지만, 나머지 세 산업군의 경우 2024년 재고지수보다 작은 연도가 있다. 2021, 2022년 '중고위기술산업군'과 2021～2023년 '중저위기술산업군', 2021, 2022년 '저위기술산업군'에 재고지수가 100 이하가 되므로 옳지 않은 설명이다. (×)

ㄷ. 매년 재고율이 100% 이상이려면 매년 출하지수보다 재고지수가 더 높은 산업군을 찾으면 된다. 연도별 재고율을 각각 계산할 필요 없이 대소비교로 2021년부터 2024년까지 재고지수가 매년 더 높은 산업군은 '고위기술산업군'이라는 것을 한 눈에 알 수 있다. (○)

11 다음 〈표〉는 통산 승점 기준 상위 9개 국가의 역대 FIFA 월드컵 본선 성적에 관한 자료이다. 이에 대한 〈보기〉의 설명 중 옳은 것만을 모두 고르면?

〈표〉 통산 승점 기준 상위 9개 국가의
역대 FIFA 월드컵 본선 성적

순위	국가	통산 승점	경기수	승리	무승부	패배
1	브라질	247	114	76	19	19
2	독일	225	112	68	21	23
3	아르헨티나	158	88	47	17	24
4	이탈리아	156	83	45	21	17
5	프랑스	131	73	39	14	20
6	잉글랜드	118	74	32	22	20
7	스페인	110	67	31	17	19
8	네덜란드	104	55	30	14	11
9	우루과이	88	59	25	13	21

※ 1) 평균 승점 $= \dfrac{\text{통산 승점}}{\text{경기수}}$

 2) 승률 $= \dfrac{\text{승리 경기수}}{\text{경기수}}$

┤ 보기 ├

ㄱ. 순위 8위 이내 국가 중 승률이 0.5 이하인 국가는 2개이다.
ㄴ. 순위가 높은 국가일수록 평균 승점이 높다.
ㄷ. 경기수 중 무승부 경기수의 비중은 독일이 잉글랜드보다 크다.

① ㄱ   ② ㄴ   ③ ㄷ
④ ㄱ, ㄴ   ⑤ ㄱ, ㄷ

정답 ①

해설

ㄱ. 경기 수에서 0.5 를 곱한 후 승리 경기수와 비교하여 승리 경기 수가 더 작거나 같으면, 승률이 0.5 이하가 된다. 잉글랜드의 경기 수×0.5 = 74경기이므로 37개 경기, 승리 수는 32개로 승률이 0.5 이하이며, 스페인의 경기 수 67경기×0.5 = 33.5개 경기, 승리 수는 31개로 승률이 0.5 이하이다. 따라서 승률이 0.5 이하인 국가는 2개이다. (○)

ㄴ. 통산 승점은 순위가 높은 국가일수록 높다. 통산 승점이 가장 낮은 우루과이부터 프랑스까지 평균 승점을 구해보면 아래와 같다.
9위 우루과이 : 88÷59 ≒ 1.49, 8위 네덜란드 : 104÷55 ≒ 1.89
7위 스페인 : 110÷67 ≒ 1.64, 6위 잉글랜드 : 118÷74 ≒ 1.59
5위 프랑스 : 131÷73 ≒ 1.79
통산 승점이 높을수록 평균 승점이 높지는 않다. (×)

ㄷ. 독일 경기 수 중 무승부 경기 수의 비중 : $\dfrac{21}{112} \times 100 = 18.75(\%)$

잉글랜드 경기 수 중 무승부 경기 수의 비중 : $\dfrac{22}{74} \times 100 ≒ 29.7(\%)$

따라서 경기 수 중 무승부 경기 수의 비중은 잉글랜드가 더 크다. (×)

12 다음 〈표〉는 '갑'국의 '환경친화적 자동차 구매목표제' 시행에 따른 민간부문과 공공부문의 구매실적에 관한 자료이다. 이를 근거로 작성한 〈보고서〉의 (가)~(다)에 해당하는 내용을 바르게 연결한 것은?

〈표 1〉 2024년 민간부문 구매실적

(단위 : 대)

업종구분 \ 차종	하이브리드차	전기차	수소차	합계
공시대상기업집단	6,333	8,771	( )	15,177
자동차대여사업자	9,393	7,537	6	16,936
시내버스운송사업자	0	399	( )	407
일반택시운송사업자	0	64	0	64
화물자동차운수사업자 우수물류	4	68	0	72
화물자동차운수사업자 택배서비스	7	62	0	69
전체	15,737	16,901	87	32,725

〈표 2〉 2019 ~ 2024년 공공부문 구매실적

(단위 : 대)

연도 \ 차종	하이브리드차	전기차	수소차	합계
2019	833	2,104	61	2,998
2020	1,135	1,486	20	2,641
2021	1,916	2,366	109	4,391
2022	3,422	1,307	136	4,865
2023	682	2,813	174	3,669
2024	307	2,939	95	3,341

※ 환경친화적 자동차는 하이브리드차, 전기차, 수소차뿐임

┤ 보고서 ├

'갑'국에서는 에너지 절감을 위한 '환경친화적 자동차 구매목표제'를 2019년부터 시행하고 있다. 2024년 민간부문과 공공부문 구매실적의 합이 가장 큰 차종은 (가) 였다.

2024년 민간부문의 업종구분별 구매실적을 보면, 자동차대여사업자는 하이브리드차를 가장 많이 구매하였고 그 외의 업종구분에서는 전기차를 가장 많이 구매하였다. 한편, 전기차 구매실적 대비 수소차 구매실적 비율이 가장 높은 업종구분은 (나) (으)로 나타났다.

2019 ~ 2024년 공공부문 구매실적을 보면, 하이브리드차의 공공부문 구매실적은 정책 시행 시작 연도인 2019년부터 매년 증가하여 (다) 년에 최대가 되었다가 이후 매년 감소하였다.

	(가)	(나)	(다)
①	전기차	공시대상기업집단	2022
②	전기차	시내버스운송사업자	2022
③	전기차	시내버스운송사업자	2023
④	하이브리드차	공시대상기업집단	2023
⑤	하이브리드차	시내버스운송사업자	2023

정답 ②

해설

(가) 2024년 민간부문과 공공부문 구매실적의 합이 가장 큰 차종은 전기차종이다.

2024년 민간부문 구매실적에서 전기차가 가장 높고, 2024년 공공부문에서도 가장 높다. 각각 합을 구할 필요 없이 '전기차'가 가장 높다.

(나) 2024년 공시대상기업집단 수소차의 구매실적을 구하기 전 계산이 쉬운 시내버스운송사업자의 수소차 구매실적을 먼저 구하면, 407 − 399 = 8(대)이다.

2024년 공시대상기업집단 수소차의 구매실적은 87−6−8=73(대)이다.

전기차 구매실적 대비 수소차 구매실적 비율이 가장 높은 업종은 '공시대상기업집단', '자동차대여사업자', '시내버스운송사업자'를 비교할 수 있다.

'공시대상기업집단' $= \dfrac{73}{8771}$, '자동차대여사업자' $= \dfrac{6}{7537}$

'시내버스운송사업자' $= \dfrac{8}{399}$ 로 '시내버스운송사업자'의 비율이 가장 높음을 알 수 있다.

(다) 2019 ~ 2024년 공공부문 구매실적에서 하이브리드차는 2022년 3,422대로 가장 높았고, 그 이후로 감소하였다. 따라서 2022년이 최대였다.

13 다음 〈그림〉은 배양기 A ~ J의 온도지수 및 습도지수이고, 〈표〉는 '갑' 세포 생존지수에 따른 배양환경 유형에 관한 자료이다. 이를 근거로 A ~ J 중 배양환경 유형이 '주의'인 배양기만을 모두 고르면?

〈그림〉 배양기 A ~ J의 온도지수 및 습도지수

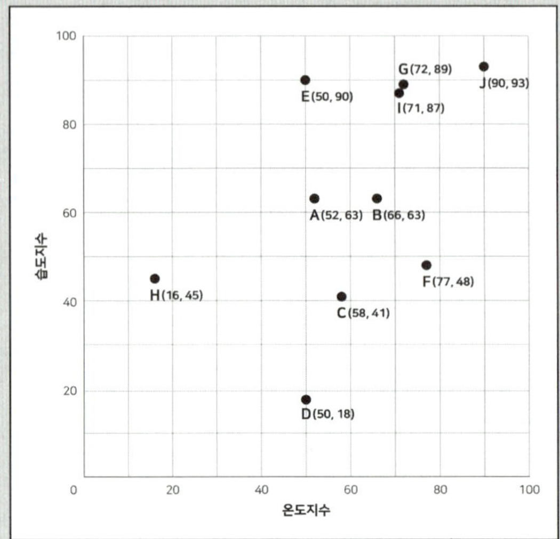

〈표〉 '갑' 세포 생존지수에 따른 배양환경 유형

'갑' 세포 생존지수	150 미만	150 이상 300 미만	300 이상 350 미만	350 이상
유형	양호	주의	경고	위험

※ '갑' 세포 생존지수 = 3 × 온도지수 + 2 × 습도지수

① A, C, D
② B, E, F
③ C, D, H
④ E, G, I, J
⑤ A, B, C, D, F

정답 ①

해설

〈그림〉과 생존지수를 참고로 각 세포의 생존지수를 구하면 아래와 같다.

구분	'갑'세포 생존지수	유형
A배양기	$(3 \times 52) + (2 \times 63) = 282$	주의
B배양기	$(3 \times 66) + (2 \times 63) = 324$	경고
C배양기	$(3 \times 58) + (2 \times 41) = 256$	주의
D배양기	$(3 \times 50) + (2 \times 18) = 186$	주의
E배양기	$(3 \times 50) + (2 \times 90) = 330$	경고
F배양기	$(3 \times 77) + (2 \times 48) = 327$	경고
G배양기	$(3 \times 72) + (2 \times 89) = 394$	위험
H배양기	$(3 \times 16) + (2 \times 45) = 138$	양호
I배양기	$(3 \times 71) + (2 \times 87) = 387$	위험
J배양기	$(3 \times 90) + (2 \times 93) = 456$	위험

따라서 '주의'인 배양기는 A, C, D이다.

14 다음 〈보고서〉는 2022 ~ 2024년 A 부처의 정부포상 실적에 관한 자료이다. 〈보고서〉의 내용과 부합하는 자료는?

┤ 보고서 ├

A 부처는 민간기관의 참여 활성화를 위해 매년 정부포상을 실시하고 있다. 정부포상은 「정부 표창 규정」에 따라 '대통령표창', '국무총리표창', 그리고 '장관표창'으로 구분되고, 2022 ~ 2024년 A 부처의 연도별 정부포상 실적은 다음과 같다. 먼저, '대통령표창'과 '국무총리표창'은 포상분야 및 포상인원이 각각 매년 증가하였다. 특히 '국무총리표창'의 포상분야는 2024년이 2022년 대비 20 % 이상 증가하였다. 2024년 정부포상을 포상분야 1개당 포상인원이 많은 표창부터 순서대로 나열하면 '장관표창', '국무총리표창', '대통령표창' 순이다.

---

① (단위: 개, 명)

표창 \ 연도	2022 포상분야	2022 포상인원	2023 포상분야	2023 포상인원	2024 포상분야	2024 포상인원
대통령표창	8	24	12	26	15	27
국무총리표창	25	112	27	132	28	141
장관표창	41	253	37	281	39	277

② (단위: 개, 명)

표창 \ 연도	2022 포상분야	2022 포상인원	2023 포상분야	2023 포상인원	2024 포상분야	2024 포상인원
대통령표창	8	21	12	25	9	27
국무총리표창	25	112	31	109	36	117
장관표창	44	253	43	281	45	297

③ (단위: 개, 명)

표창 \ 연도	2022 포상분야	2022 포상인원	2023 포상분야	2023 포상인원	2024 포상분야	2024 포상인원
대통령표창	4	24	5	26	6	27
국무총리표창	25	112	27	132	30	141
장관표창	41	253	37	281	39	277

④ (단위: 개, 명)

표창 \ 연도	2022 포상분야	2022 포상인원	2023 포상분야	2023 포상인원	2024 포상분야	2024 포상인원
대통령표창	8	21	9	25	9	27
국무총리표창	25	112	31	115	36	117
장관표창	44	281	43	253	45	257

⑤ (단위: 개, 명)

표창 \ 연도	2022 포상분야	2022 포상인원	2023 포상분야	2023 포상인원	2024 포상분야	2024 포상인원
대통령표창	4	24	5	26	6	27
국무총리표창	25	129	31	132	36	141
장관표창	41	351	37	281	39	314

정답 ③

해설

〈보고서〉의 정부포상 실적 설명 조건을 보면 아래와 같다.
ⅰ) '대통령표창'과 '국무총리표창'은 포상분야 및 포상인원이 각각 매년 증가
ⅱ) '국무총리표창'의 포상분야는 2024년이 2022년 대비 20% 이상 증가
ⅲ) 2024년 정부포상을 포상분야 1개당 포상인원이 많은 표창부터 순서대로 나열하면 '장관표창', '국무총리표창', '대통령표창' 순이다.

① ⅱ) 내용과 부합하지 않는다.
2024년 '국무총리표창' 포상분야가 2022년 대비 20%보다 적게 증가하였다. (적어도 20% 이상 증가하려면 2024년 포상분야는 30개 이상 되어야 한다.) (×)
② ⅰ) 내용과 부합하지 않는다.
2024년 '대통령표창' 포상분야가 전년 대비 감소하였다. (×)
③ 〈보고서〉의 내용과 모두 부합한다. (○)
④ ⅰ) 내용과 부합하지 않는다.
2024년 '대통령표창' 포상분야가 증가하지 않고 2023년과 동일하다. (×)
⑤ ⅲ) 내용과 부합하지 않는다.
2024년 정부포상을 포상분야 1개당 포상인원이 많은 표창부터 순서대로 나열하면
대통령표창 : 27÷6 = 4.5
국무총리표창 : 141÷36≒3.9
장관표창 : 314÷39≒8.1
'장관표창', '대통령표창', '국무총리표창' 순서가 된다. (×)

15 다음 〈보고서〉는 2024년 '갑'국의 행정기관위원회에 관한 자료이다. 〈보기〉의 자료 중 〈보고서〉의 내용에 부합하는 것만을 모두 고르면?

┤ 보고서 ├

ㄱ. 2024년 '갑'국의 행정기관위원회는 총 590개이고, 이 중 행정위원회가 40개, 자문위원회가 550개였다. ㄴ. 행정기관위원회를 소속별로 보면 부처 소속이 514개로 가장 많았고, 다음으로 국무총리, 대통령 소속 순이었다. 그리고 부처 소속 행정기관위원회는 2020년 이후 매년 전체 행정기관위원회의 80% 이상을 차지한 것으로 나타났다. 2024년 행정기관위원회의 회의 개최 횟수를 살펴보면 ㄷ. 4회 이상 회의를 개최한 행정기관위원회는 전체 행정기관위원회의 절반에도 미치지 못했다. 특히 회의를 한 번도 개최하지 않은 행정기관위원회는 69개로 나타났다.

2024년 행정기관위원회를 예산규모별로 보면 ㄹ. 예산이 5천만 원을 초과한 행정기관위원회는 전체 행정기관위원회의 20%에도 미치지 못했다. 특히 예산이 미편성된 행정기관위원회가 전체 행정기관위원회의 55%를 넘었다.

┤ 보기 ├

ㄱ. 2020~2024년 행정기관위원회 중 행정위원회 비중

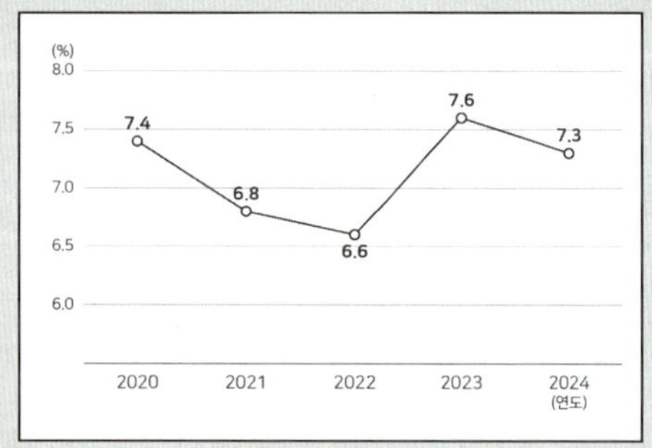

ㄴ. 2020~2024년 소속별 행정기관위원회 수

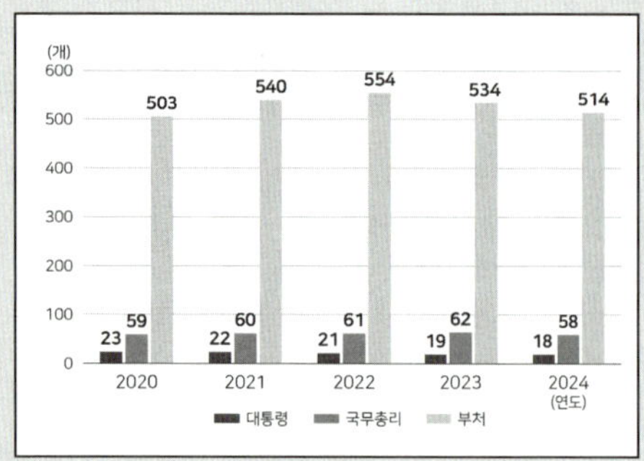

ㄷ. 2024년 회의 개최 횟수별 행정기관위원회 수

(단위: 개)

회의 횟수	0회	1회	2회	3회	4회	5~10회	11~20회	21회 이상	전체
위원회수	69	88	78	55	62	101	59	78	590

ㄹ. 2024년 예산규모별 행정기관위원회 수

(단위: 백만 원, 개)

예산규모	미편성	0 초과 10 이하	10 초과 50 이하	50 초과 200 이하	200 초과 1,000 이하	1,000 초과
위원회수	336	71	90	60	27	6

① ㄱ, ㄴ 　　② ㄱ, ㄷ
③ ㄱ, ㄹ 　　④ ㄴ, ㄷ
⑤ ㄴ, ㄹ

정답 ⑤

해설

〈보고서〉의 내용과 부합하는지 여부가 관건이기 때문에 수치가 맞는지 확인해야 한다.

ㄱ. 2024년 행정기관위원회 중 행정위원회의 비중은 $\frac{40}{590} \times 100 ≒$ 6.78%이다. 따라서 ㄱ에서 2024년 7.3%와 다르다. (×)

ㄴ. 2024년 부처 소속 514개와 국무총리, 대통령 소속 순서까지 일치한다. 그리고 부처 소속 행정기관위원회가 2020년 이후 매년 전체 행정기관위원회의 80% 이상을 차지하는지 확인해야 한다.

2020년~2024년 전체 행정기관위원회의 수를 구하면, 2020년 585개, 2021년 622개, 2022년 636개, 2023년 615개, 2024년 590개이다.

2020년 503 ÷ 585 × 100 ≒ 86%
2021년 540 ÷ 622 × 100 ≒ 86.8%
2022년 554 ÷ 636 × 100 ≒ 87.1%
2023년 534 ÷ 615 × 100 ≒ 86.8%
2024년 514 ÷ 590 × 100 ≒ 87.1%

으로 매년 80%가 넘으므로 옳다. (○)

ㄷ. 2024년 4회 이상 회의를 개최한 행정기관위원회 수는 62+101+59+78=300(개)이다.

전체 위원회의 절반(295)을 넘기 때문에 〈보고서〉의 내용과 부합하지 않는다. (×)

ㄹ. 2024년 예산이 5,000만 원을 초과한 행정기관위원회 수는 60+27+6=93(개)이다. 전체 행정기관위원회의 20%는 590×0.2=118이다. 118개보다 적기 때문에 20%에 미치지 못한다.

예산이 미편성된 행정기관위원회 수는 총 336개로 전체 행정기관위원회의 55%인 590×0.55=324.5(개)를 넘었다. 따라서 〈보고서〉의 내용과 부합한다. (○)

16 다음 〈표〉는 2022년과 2023년 A국의 중고차 수출량에 관한 자료이다. 〈표〉와 〈조건〉을 근거로 판단할 때, 2023년 A국의 중고차 수출량 기준 상위 10개 수출대상국 중 '갑'국에 해당하는 국가는?

〈표〉 2023년 A국의 중고차 수출량 기준 상위 10개 수출대상국으로의 2022년과 2023년 중고차 수출량

(단위 : 대)

순위	수출대상국	2023	2022
1	리비아	150,087	54,826
2	이집트	58,534	37,197
3	튀르키예	48,501	21,689
4	요르단	30,865	40,762
5	키르기스스탄	30,734	13,741
6	아제르바이잔	17,584	7,675
7	아랍에미리트연합	16,777	7,137
8	타지키스탄	15,758	12,000
9	알바니아	13,752	1,811
10	몽골	10,735	5,491
	A국 전체	502,028	303,416

― 조건 ―

- 2023년 A국 전체 중고차 수출량에서 '갑'국으로의 중고차 수출량이 차지하는 비중은 10% 이하이다.
- A국 전체 중고차 수출량에서 '갑'국으로의 중고차 수출량이 차지하는 비중은 2023년이 2022년보다 크다.
- 2021년 대비 2022년 A국에서 '갑'국으로의 중고차 수출량 증가율이 20%라면, 2021년 A국에서 '갑'국으로의 중고차 수출량은 12,000대 이상이다.

① 리비아
② 요르단
③ 키르기스스탄
④ 타지키스탄
⑤ 튀르키예

정답 ⑤

해설

〈조건〉과 선택지를 보고 해당하는 국가인지 아닌지 판별하는 것이 수월하다. 또한 〈표〉에서 2023년이 왼쪽에 표기된 것도 실수하기 쉬운 부분으로 꼭 확인하자.

첫 번째 조건에 의해서, '갑'국의 2023년 수출량은 50,202대 이하인 국가만 해당한다. 따라서 리비아와 이집트는 제외된다.

두 번째 조건에 의해서 2023년 비중이 2022년 비중보다 큰 나라를 비교해야 한다. 선택지에 없는 아제르바이잔, 아랍에미리트연합, 알바니아, 몽골은 제외하고 그 외 국가만 계산하면 아래와 같다.

구분	2023	2022
요르단	30,865 ÷ 502,028 ≒ 0.06	40,762 ÷ 303,416 ≒ 0.13
키르기스스탄	30,734 ÷ 502,028 ≒ 0.06	13,741 ÷ 303,416 ≒ 0.04
튀르키예	48,501 ÷ 502,028 ≒ 0.09	21,689 ÷ 303,416 ≒ 0.07
타지키스탄	15,758 ÷ 502,028 ≒ 0.03	12,000 ÷ 303,416 ≒ 0.04
A국 전체	502,028	303,416

중고차 수출량 비중이 2023년이 2022년보다 큰 국가는 키르기스스탄과 튀르키예 두 국가이다. '갑'국에 해당하는 국가는 키르기스스탄 또는 튀르키예 두 국가로 좁혀진다.

세 번째 조건에 따라 2022년 수출량을 1.2로 나누어 2021년 중고차 수출량을 도출할 수 있다.

$$2021년\ 수출량 = \frac{2022년\ 수출량}{1.2} \geq 12,000$$

2021년 키르기스스탄 수출량 : 13,741 ÷ 1.2 ≒ 11,451
2021년 튀르키예 수출량 : 21,689 ÷ 1.2 ≒ 18,074
따라서 '갑'국은 튀르키예이다.

17 다음 〈표〉는 2024년 '갑'시 A ~ D 지역의 도로 현황에 관한 자료이다. 이에 대한 설명으로 옳지 않은 것은?

〈표〉 2024년 '갑'시 A ~ D 지역의 도로 현황

(단위: km, km², %)

구분 / 지역	도로 연장	도로 면적	시가화 면적	도로율
A	323	3.43	11.79	29.1
B	330	3.20	13.85	23.1
C	442	5.80	( )	22.2
D	257	2.35	( )	23.9

※ 1) '갑'시는 A ~ D 지역으로만 구성됨

$$2)\ \text{도로율}(\%) = \frac{\text{도로 면적}}{\text{시가화 면적}} \times 100$$

① '도로 연장'당 '도로 면적'은 A지역이 D지역보다 크다.
② B지역의 '도로 연장'은 '갑'시 '도로 연장'의 25% 이상이다.
③ '도로율'이 가장 낮은 지역은 '시가화 면적'이 가장 크다.
④ D지역의 '시가화 면적'은 10km² 이하이다.
⑤ '갑'시의 '시가화 면적'은 50km² 이상이다.

정답 ②

해설

① '도로 연장'당 '도로 면적'은
A = 3.43 ÷ 323 ≒ 0.01
D = 2.35 ÷ 257 ≒ 0.009이다.
따라서 A지역이 D지역보다 크다. (○)
② '갑'시의 '도로 연장' 길이는 323＋330＋442＋257 ＝ 1,352km
1,352 × 0.25 ＝ 338km, B지역의 도로 연장은 330km이므로 '갑'시 '도로 연장'의 25% 이상이 아니다. (×)
③ '도로율'이 가장 낮은 지역은 C지역이다.

C지역 시가화 면적 $= \dfrac{5.80}{22.2} \times 100$ ≒ 26.13km²이다. A, B 시가화 면적보다 큼을 확인하였고, D지역의 시가화 면적을 구한 후 비교하면 된다.

D지역 시가화 면적 $= \dfrac{2.35}{23.9} \times 100$ ≒ 9.83km²이므로 C지역의 '시가화 면적'이 가장 큰 것을 알 수 있다. (○)
④ D지역의 '시가화 면적'은 약 9.83km²이므로 10km² 이하이다. (○)
⑤ '갑'시의 '시가화 면적'의 총합은 11.79＋13.85＋26.13＋9.83 ≒ 61.6km²이므로 50km² 이상임을 알 수 있다. (○)

18 다음 〈표〉는 2020 ~ 2024년 A시의 빛공해 민원건수에 관한 자료이다. 이에 대한 설명으로 옳은 것은?

〈표 1〉 피해유형별 빛공해 민원건수

(단위: 건)

피해유형 / 연도	수면방해	생활불편	눈부심	심리불안	전체
2020	2,014	217	177	5	2,413
2021	2,096	294	167	20	2,577
2022	1,490	388	264	26	2,168
2023	1,107	354	333	50	1,844
2024	885	502	390	57	1,834
계	7,592	1,755	1,331	158	10,836

〈표 2〉 조명종류별 빛공해 민원건수

(단위: 건)

조명종류 / 연도	공간 조명	광고 조명	전광판 조명	장식 조명	기타	전체
2020	1,792	353	53	75	140	2,413
2021	1,768	464	82	55	208	2,577
2022	1,176	626	41	107	218	2,168
2023	829	560	44	120	291	1,844
2024	827	522	90	101	294	1,834
계	6,392	2,525	310	458	1,151	10,836

① 장식조명 민원건수가 전년 대비 증가한 모든 해에는 전광판조명 민원건수도 전년 대비 증가한다.
② 2023년 공간조명으로 인한 수면방해 민원건수는 92건 이상이다.
③ 2021년 전체 민원건수 중 수면방해 민원건수의 비중은 85% 이상이다.
④ 눈부심 민원건수의 전년 대비 증가율은 2024년이 가장 높다.
⑤ 기타를 제외하고 매년 조명종류의 민원건수 순위는 동일하다.

정답 ②

해설

① 2022년 전광판조명 민원건수는 전년 대비 감소하였다. (82건 → 41건으로 감소) (×)
② 2023년 기준 빛공해 전체 민원건수는 1,844건이다. 이때 수면방해 외의 민원건수는 1,844－1,107 ＝ 737(건)이다.
2023년 공간조명으로 인한 민원은 829건을 수면방해가 아닌 모든 건이라 가정하면 829건 중 737건을 제외하여 총 92건이 남게 된다.
따라서 공간조명으로 인한 수면방해 민원건수는 최소 92건 이상이 된다. (○)
🎯 집합을 활용하여 풀이할 수도 있다.
(A∪B)＝(A)＋(B)－(A∩B)에서 합집합과 교집합의 위치를 바꾼다.
(A∩B)＝(A)＋(B)－(A∪B)

(A∪B)은 전체 민원건수를 넘지 않는다.

(A∩B) ≥ (A)+(B) − 전체 민원건수(1,844)

= (A∩B) ≥ 1,107 + 829 − 1,844

= (A∩B) ≥ 92

③ 2021년 전체 민원건수 중 수면방해 민원건수의 비중은 $\frac{2,096}{2,577} \times 100 ≒ 81.3\%$로 85% 미만이다. (×)

④ 2022년 전년 대비 눈부심 민원건수 증가율: $\frac{264-167}{167} \times 100 ≒ 58.1(\%)$

2023년 전년 대비 눈부심 민원건수 증가율: $\frac{333-264}{264} \times 100 ≒ 26.1(\%)$

2024년 전년 대비 눈부심 민원건수 증가율: $\frac{390-333}{333} \times 100 ≒ 17.1(\%)$

2022년이 가장 높다. (×)

⑤ 2021년 조명종류의 민원건수 순위는 다른 연도와 순위가 동일하지 않다. (×)

---

19 다음 〈표〉는 2023년 '갑' 항구의 월별 컨테이너 물동량에 관한 자료이다. 이에 대한 〈보기〉의 설명 중 옳은 것만을 모두 고르면?

〈표〉 2023년 '갑' 항구의 월별 컨테이너 물동량

(단위: 천 TEU)

월 \ 구분	물동량	누적 물동량
1	273	273
2	229	( )
3	( )	( )
4	( )	( )
5	282	1,370
6	280	1,650
7	287	( )
8	( )	2,222
9	307	2,529
10	300	( )
11	312	3,141
12	( )	3,461

※ 1) 누적 물동량은 1월부터 해당 월까지의 물동량을 합한 값임
　 2) 월평균 물동량은 1 ~ 12월 물동량의 합을 12(개월)로 나눈 값임

┌─── 보 기 ───┐

ㄱ. 8월 물동량은 7월 물동량보다 많다.

ㄴ. 1월 대비 12월 물동량의 증가율은 15% 이상이다.

ㄷ. 2023년 월평균 물동량보다 물동량이 많은 달은 5개 이상이다.

① ㄱ 　　　　② ㄴ

③ ㄷ 　　　　④ ㄱ, ㄴ

⑤ ㄴ, ㄷ

정답 ⑤

해설

ㄱ. 7월까지의 물동량이 1,650 + 287 = 1,937(천 TEU)

8월 물동량은 2,222−1,937 = 285(천 TEU)

따라서 8월 물동량은 7월 물동량보다 적다. (×)

ㄴ. 12월 물동량은 3,461 − 3,141 = 320(천 TEU)이다.

1월 물동량은 273이므로 직접 증가율을 구하여도 되며, 273의 15%를 구하여도 된다. 273의 15%는 10%+5%와 같으므로 27.3+13.65 =40.95(천 TEU)이다. 273+40.95=313.95(천 TEU)이므로 320(천 TEU)보다 적다.

따라서 1월 대비 12월 물동량의 증가율은 15% 이상이다. (○)

ㄷ. 2023년 총 물동량은 3,461이며, 월평균 물동량은 3,461÷12 ≒ 288.42(천 TEU)이다. 288.42보다 물동량이 많은 달은 각 월별 물동량과 비교하여 알 수 있다.

물동량과 누적 물동량을 구하면 아래와 같다.

월 \ 구분	물동량	누적 물동량
1	273	273
2	229	(502)
3	( )	( )
4	( )	(1,088)
5	282	1,370
6	280	1,650
7	287	(1,937)
8	(285)	2,222
9	307	2,529
10	300	(2,829)
11	312	3,141
12	(320)	3,461

3월과 4월의 물동량의 합은 1,088 − 502 = 586(천 TEU)이고, 두 달의 월 평균 물동량은 293천 TEU이다. 따라서 3, 4월 중 적어도 하나 이상의 달은 월 평균 물동량(288.41) 이상이 된다.

따라서 9, 10, 11, 12월과 3월 또는 4월 중 하나 이상이 월 평균 물동량보다 높기 때문에 적어도 5개 이상의 달이 월 평균 물동량보다 높다. (○)

20 다음은 '갑'국 공공기관 A ~ D의 예산액에 관한 자료이다. 이에 대한 〈보기〉의 설명 중 옳은 것만을 모두 고르면?

〈그림〉 2018 ~ 2023년 연도별 공공기관 예산액 중 A ~ D 예산액 비중

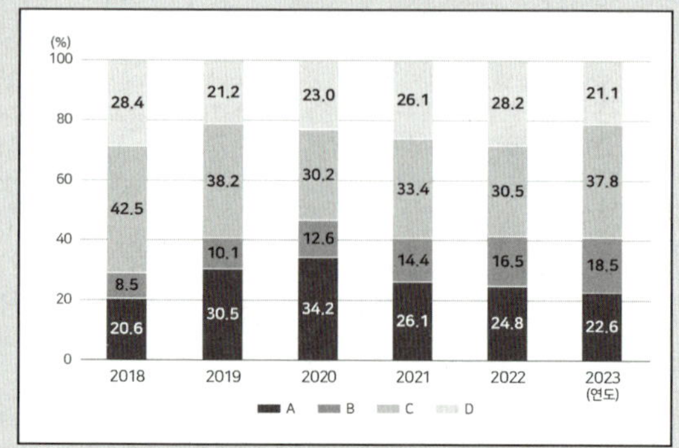

※ '갑'국 공공기관은 A ~ D뿐임

〈표〉 2021 ~ 2023년 연도별 공공기관 A의 예산액

(단위: 억 원)

구분 \ 연도		2021	2022	2023
일반관리비	인건비	139	160	135
	경비	70	88	80
사업비		443	581	( )
출연금		250	250	260
합계		902	1,079	1,129

※ 예산액은 일반관리비(인건비, 경비), 사업비, 출연금으로만 구성됨

─┤ 보기 ├─

ㄱ. 2018 ~ 2023년 동안 공공기관 예산액 중 B의 예산액 비중은 매년 1%p 이상 증가하였다.
ㄴ. 2023년 A는 사업비가 출연금의 3배 이상이다.
ㄷ. 2021 ~ 2023년 동안 A는 매년 인건비가 일반관리비의 60% 이상이다.
ㄹ. 2022년 C의 예산액은 전년 대비 증가하였다.

① ㄱ, ㄴ   ② ㄱ, ㄷ
③ ㄴ, ㄹ   ④ ㄱ, ㄷ, ㄹ
⑤ ㄴ, ㄷ, ㄹ

정답 ④

해설

ㄱ. 2018~2023년 동안 B의 예산액 비중의 추이를 살펴보면, 2018년부터 8.5%, 10.1%, 12.6%, 14.4%, 16.5%, 18.5%로 해마다 1%p 이상 증가하였음을 확인할 수 있다. (○)
ㄴ. 2023년 A의 사업비를 구하면,
1,129 − 135 − 80 − 260 = 654(억 원)

여기서 출연금의 3배는 780억 원이므로 3배 이하라는 것을 알 수 있다. (×)

ㄷ. 연도별 일반관리비 대비 인건비의 비율은

2021년 : $\dfrac{139}{209} \times 100 \fallingdotseq 67(\%)$

2022년 : $\dfrac{160}{248} \times 100 \fallingdotseq 65(\%)$

2023년 : $\dfrac{135}{215} \times 100 \fallingdotseq 63(\%)$

따라서 매년 60% 이상임을 알 수 있다. (○)

ㄹ. 2021년과 2022년 C의 예산액은 〈표〉에서 주어진 A의 예산액을 토대로 도출할 수 있다.

2021년 A의 전체 예산액은 902억이며, 2021년 총 예산액의 26.1%를 차지하기 때문에 2021년 전체 예산은 902 ÷ 0.261 ≒ 3,456(억 원)억이다. 이때 3,456(억 원)억의 33.4%는 약 1,154억 원이다.

같은 방법으로 2022년 C의 예산액은 약 1,327억 원이 도출된다.

따라서 2021년 대비 2022년 C의 예산액은 증가하였음을 알 수 있다. (○)

---

21 다음은 '갑'국의 2024학년도와 2025학년도 대학입학시험 응시 현황에 관한 자료이다. 이를 근거로 A와 D에 해당하는 값을 바르게 연결한 것은?

┤ 보고서 ├

2024학년도 대학입학시험 응시 현황을 살펴보면, 응시원서 접수 인원은 504,588명이었고, 응시 인원은 그중 88.2%에 해당하는 444,870명이었다. 응시원서 접수 인원 중 '재학생'은 326,646명, '졸업생 및 검정고시학력 인정자'는 177,942명이었다. 응시 인원 중 '재학생'은 287,502명, '졸업생 및 검정고시학력 인정자'는 157,368명으로, 각각 응시 인원의 64.6%, 35.4%를 차지하였다.

〈그림〉 2025학년도 대학입학시험 응시 현황

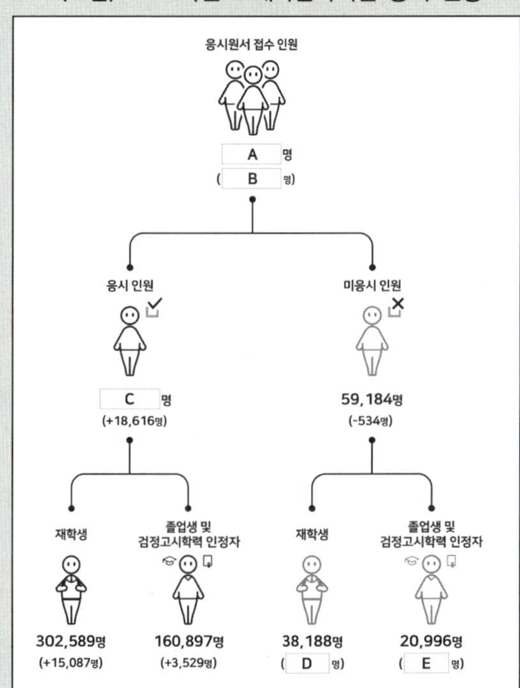

※ 1) ( )안의 수치는 2025학년도 인원에서 2024학년도 인원을 뺀 값임
2) 응시원서 접수 인원은 '재학생', '졸업생 및 검정고시학력 인정자'로만 구분됨

	A	D
①	522,670	−956
②	522,670	−926
③	522,670	422
④	523,738	−956
⑤	523,738	422

정답 ①

해설

〈보고서〉에서 2024학년도 응시원서 접수 인원은 504,588명이다.
〈그림〉에서 2025학년도와 2024학년도 응시인원의 차이(+18,616명)와 미응시 인원의 차이(−534명)를 모두 합하면 A의 값(2025학년도 접수 인원)이 도출된다.

∴ 504,588 + 18,616 − 534 = 522,670(명)

D는 2025학년도 미응시 인원 중 재학생 − 2024학년도 미응시 인원 중 재학생의 값이다.

2025학년도 미응시 인원 중 재학생의 수는 38,188명이다.

2024학년도 미응시 인원 중 재학생의 수 = 2024학년도 응시원서 접수 인원 중 재학생의 수(326,646명) − 2024학년도 응시 인원 중 재학생 수(287,502명) = 39,144(명)

따라서 D = 38,188 − 39,144 = −956(명)

[22 ~ 23] 다음 〈표〉는 2025년 1월 A도매점 및 B소매점의 수산물 가격과 '갑' ~ '무' 요리사가 1월 5주 B소매점에서 구매한 수산물에 관한 자료이다. 다음 물음에 답하시오.

〈표 1〉 A도매점의 주별 수산물 가격

(단위 : 원/kg)

수산물 주		1	2	3	4	5	평균
어종	상태						
고등어	냉장	7,700	7,300	6,200	6,900	6,700	6,960
	냉동	5,500	5,600	5,300	5,400	5,600	5,480
갈치	냉동	11,600	11,600	12,100	( )	( )	13,000
오징어	냉장	16,500	16,100	13,500	13,800	14,300	14,840
	냉동	12,300	12,900	14,300	13,900	13,600	13,400
명태	냉동	2,400	2,300	2,200	2,100	2,300	2,260
멸치	건조	14,300	14,200	12,800	12,900	12,800	13,400

〈표 2〉 B소매점의 주별 수산물 가격

(단위 : 원/kg)

수산물 주		1	2	3	4	5	평균
어종	상태						
고등어	냉장	11,700	11,200	12,300	12,700	14,100	12,400
	냉동	12,200	13,500	11,500	11,400	12,800	12,280
갈치	냉동	15,200	15,700	13,600	( )	( )	14,000
오징어	냉장	26,700	24,800	26,300	25,300	26,400	25,900
	냉동	20,100	19,300	20,000	19,200	22,400	20,200
명태	냉동	5,700	5,400	5,500	5,400	6,100	5,620
멸치	건조	29,600	29,200	27,500	27,900	28,800	28,600

※ 1) A도매점과 B소매점은 제시된 수산물만 판매함
2) 주별 수산물 가격은 해당 주 동안 일정함
3) 평균은 1 ~ 5주 가격의 합을 5로 나눈 값임

〈표 3〉 '갑' ~ '무' 요리사의 1월 5주 B소매점 구매 수산물 및 총구매액

(단위 : kg, 원)

수산물 주		갑	을	병	정	무
어종	상태					
고등어	냉장	4	3	5	5	5
오징어	냉장	4	5	3	2	1
명태	냉동	2	2	2	3	4
총구매액		174,200	186,500	161,900	141,600	121,300

22 위 〈표〉에 대한 〈보기〉의 설명 중 옳은 것만을 모두 고르면?

━━━━━┤ 보기 ├━━━━━

ㄱ. 냉동 고등어 가격의 전주 대비 증감 방향은 A도매점과 B소매점이 동일하다.

ㄴ. 냉장 수산물 중 1주 가격 대비 3주 가격 증감률이 가장 큰 어종은 A도매점과 B소매점이 동일하다.

ㄷ. A도매점이 B소매점보다 주별 냉동 갈치 가격이 높은 주가 있다.

① ㄴ ② ㄷ
③ ㄱ, ㄴ ④ ㄱ, ㄷ
⑤ ㄴ, ㄷ

정답 ⑤

해설

ㄱ. A도매점 증감 방향: +, −, +, +
B도매점 증감 방향: +, −, −, +
따라서 증감 방향은 상이하다. (×)

ㄴ. 냉장 수산물이 있는 고등어, 오징어의 1주 가격 대비 3주 가격 증감률을 구하면 아래와 같다.

A도매점 냉장 고등어: $\dfrac{6,200-7,700}{7,700} \times 100 \fallingdotseq -19.5(\%)$

A도매점 냉장 오징어: $\dfrac{13,500-16,500}{16,500} \times 100 \fallingdotseq -18.2(\%)$

B소매점 냉장 고등어: $\dfrac{12,300-11,700}{11,700} \times 100 \fallingdotseq 5.1(\%)$

B소매점 냉장 오징어: $\dfrac{26,400-26,700}{26,700} \times 100 \fallingdotseq -1.5(\%)$

증감률의 크기이므로 절댓값으로 차이의 값만 보면, 19.5%로 A도매점 냉장 고등어가 가장 크며, B소매점 또한 냉장 고등어가 가장 크다. 따라서 A도매점과 B소매점 모두 가격 증감률이 가장 큰 어종이 동일하다. (○)

ㄷ. 냉동 갈치 가격은 1~3주 차 모두 A도매점의 가격이 낮고, B소매점의 가격이 높다. 4주 차와 5주 차 합을 구하면,
A도매점의 4주 차 + 5주 차 냉동 갈치 가격
= 65,000원(평균값×5)−11,600−11,600−12,100=29,700(원)
B소매점의 4주 차 + 5주 차 냉동 갈치 가격
= 70,000원(평균값×5)−15,200−15,700−13,600=25,500(원)
A도매점의 4~5주 차 냉동 갈치 가격 합이 B소매점의 4~5주 차 냉동 갈치 가격의 합보다 크기 때문에 4주 차 또는 5주 차 중 적어도 한 번은 B소매점보다 냉동 갈치 가격이 높은 주가 있다. (○)

23 '갑'~'무' 요리사가 〈표 3〉에서 구매한 수산물을 1월 5주에 A도매점에서 구매한다면, 총구매액이 가장 큰 폭으로 감소하는 요리사는?

① 갑 ② 을
③ 병 ④ 정
⑤ 무

정답 ②

해설

1월 5주에 A도매점에서 각 요리사가 수산물을 A도매점에서 구매할 때, 총구매액을 다음과 같다.

구분	총구매액
갑	$(6,700 \times 4) + (14,300 \times 4) + (2,300 \times 2) = 88,600$(원)
을	$(6,700 \times 3) + (14,300 \times 5) + (2,300 \times 2) = 96,200$(원)
병	$(6,700 \times 5) + (14,300 \times 3) + (2,300 \times 2) = 81,000$(원)
정	$(6,700 \times 5) + (14,300 \times 2) + (2,300 \times 3) = 69,000$(원)
무	$(6,700 \times 5) + (14,300 \times 1) + (2,300 \times 4) = 57,000$(원)

B소매점 총구매액에서 A도매점에서 구매한 총금액을 빼면,

구분	B소매점 총구매액 − A도매점 총구매액
갑	$174,200 - 88,600 = 85,600$(원)
을	$186,500 - 96,200 = 90,300$(원)
병	$161,900 - 81,000 = 80,900$(원)
정	$141,600 - 69,000 = 72,600$(원)
무	$121,300 - 57,000 = 64,300$(원)

따라서 총구매액이 가장 큰 폭으로 감소하는 요리사는 '을'이다.

24 다음은 주요 10개국의 인공지능(AI) 반도체 분야에 대한 국가별 기술점수 산정 방법과 결과에 관한 자료이다. 이에 대한 〈보기〉의 설명 중 옳은 것만을 모두 고르면?

┤ 국가별 기술점수 산정 방법 ├

- 해당 국가의 원점수는 '논문', '특허', '전문가 평가' 3가지 부문별로 집계한다.
- 해당 국가의 변환점수는 3가지 부문별로 다음과 같이 산출한다.
  - 해당 부문에서 원점수가 가장 높은 국가 원점수 대비 해당 국가 원점수의 비율을 구한다.
  - 위 비율에 해당 부문 배점을 곱하여 변환점수를 산출한다. (단, 3가지 부문 배점의 합은 100점임)
- 해당 국가의 기술점수는 3가지 부문 변환점수를 합하여 산정한다.

〈표〉 AI 반도체 분야 주요 10개국 기술점수

(단위: 점)

부문 점수 국가	논문 원점수	논문 변환점수	특허 원점수	특허 변환점수	전문가 평가 원점수	전문가 평가 변환점수	기술점수
미국	511	6.7	4,104	20.0	1,000	70.0	96.7
중국	767	10.0	431	2.1	850	59.5	71.6
한국	153	2.0	248	1.2	835	58.5	61.7
영국	138	1.8	167	0.8	760	53.2	55.8
대만	45	0.6	22	0.1	770	53.9	54.6
이스라엘	14	0.2	117	0.6	760	53.2	54.0
일본	47	0.6	430	2.1	725	50.8	53.5
프랑스	56	0.7	143	0.7	710	49.7	51.1
독일	62	0.8	105	0.5	700	49.0	50.3
캐나다	73	1.0	85	0.4	680	47.6	49.0

※ 변환점수는 소수 둘째 자리에서 반올림한 값임

┤ 보기 ├

ㄱ. '전문가 평가' 부문 배점은 '논문'과 '특허' 부문 배점 합의 2배 이상이다.

ㄴ. 독일의 '논문' 부문 원점수만 50점 증가한다면, 기술점수는 독일이 프랑스보다 높아진다.

ㄷ. '논문'과 '특허' 부문 배점이 서로 바뀐다면, 기술점수는 이스라엘이 대만보다 높아진다.

① ㄱ
② ㄷ
③ ㄱ, ㄴ
④ ㄱ, ㄷ
⑤ ㄴ, ㄷ

정답 ①

해설

ㄱ. 논문 부문의 원점수가 가장 높은 중국의 변환점수가 10.0점
특허 부문의 원점수가 가장 높은 미국의 변환점수가 20.0점
전문가평가 부문에서 원점수가 가장 높은 미국의 변환점수가 70.0점
따라서 배점은 논문 10점, 특허 20점, 전문가 평가 70점으로, 논문과 특허 부문 배점 합인 30점의 2배 이상이 전문가 평가 배점(70점)이 되므로 옳은 내용이다. (○)

ㄴ. 독일 논문의 원점수는 62점 + 50점 = 112점
이때에도 논문 최고점은 중국의 767점이므로 독일의 변환점수는
$\frac{112}{767} \times 10 ≒ 1.5$ (소수점 둘째 자리에서 반올림)
독일 논문 변환점수는 기존에 0.8점이었으므로 0.7점 상승
독일 기술점수는 50.3 + 0.7 = 51점이 된다.
프랑스의 기술점수는 51.1점이므로 여전히 프랑스가 더 높다. (×)

ㄷ. 논문 배점 20점, 특허 배점 10점으로 수정한 후 이스라엘의 기술점수를 구하면,

ⅰ) 이스라엘의 논문 변환점수 = $\frac{14}{767} \times 20 ≒ 0.4$

특허 변환점수 = $\frac{117}{4104} \times 10 ≒ 0.3$

전문가 평가 변환점수 = 53.2 (변함없음)
0.4+0.3+53.2=53.9(점)

ⅱ) 대만의 논문 변환점수 = $\frac{45}{767} \times 20 ≒ 1.2$

특허 변환점수 = $\frac{22}{4104} \times 10 ≒ 0.1$

전문가 평가 변환점수 = 53.9 (변함없음)
1.2+0.1+53.9=55.2(점)

따라서 교체 후에도 대만의 기술점수가 이스라엘보다 높다. (×)

25 다음 〈표〉는 2024년 133개 국가를 대상으로 세계혁신지수(GII)를 조사하고 소득그룹별로 GII 기준 상위 10개 국가씩 나타낸 자료이다. 이에 대한 〈보기〉의 설명 중 옳은 것만을 모두 고르면?

〈표〉 2024년 소득그룹별 GII 기준 상위 10개 국가

소득그룹(국가 수) / 소득그룹 내 순위 \ 구분	고소득(51)		중상소득(34)		중저소득(38)		저소득(10)	
	국가	GII 순위	국가	GII 순위	국가	GII 순위	국가	GII 순위
1	스위스	1	중국	11	인도	39	르완다	104
2	스웨덴	2	말레이시아	33	베트남	44	마다가스카르	110
3	미국	3	튀르키예	37	필리핀	53	토고	117
4	싱가포르	4	불가리아	38	우크라이나	60	우간다	121
5	영국	5	태국	41	이란	64	부룬디	127
6	대한민국	6	브라질	50	모로코	66	모잠비크	128
7	핀란드	7	세르비아	52	몽골	67	부르키나파소	129
8	네덜란드	8	인도네시아	54	요르단	73	에티오피아	130
9	독일	9	모리셔스	55	튀니지	81	말리	131
10	덴마크	10	멕시코	56	우즈베키스탄	83	니제르	132

※ 1) 조사 대상 133개 국가는 고소득그룹, 중상소득그룹, 중저소득그룹, 저소득그룹 중 하나로만 분류됨
   2) GII 순위는 133개 국가를 대상으로 부여되었으며 공동 순위는 없음
   3) 소득그룹 내 순위는 소득그룹별로 GII 순위가 높은 국가부터 순서대로 부여됨

──────── 보기 ────────

ㄱ. GII 순위가 스위스보다 낮고 중국보다 높은 국가는 모두 고소득그룹 국가이다.
ㄴ. GII 순위 41위부터 50위까지 국가 중 고소득그룹 국가 수는 7개이다.
ㄷ. 마다가스카르보다 GII 순위가 낮으면서 저소득그룹이 아닌 국가 수는 14개이다.
ㄹ. 중상소득그룹과 중저소득그룹을 중소득그룹으로 묶으면, 필리핀의 중소득그룹 내 순위는 10위이다.

① ㄱ, ㄷ
② ㄱ, ㄴ, ㄷ
③ ㄱ, ㄴ, ㄹ
④ ㄱ, ㄷ, ㄹ
⑤ ㄴ, ㄷ, ㄹ

정답 ③

해설

ㄱ. GII 순위는 스위스가 1위, 중국이 11위이다. 따라서 2위에서 10위까지의 국가는 모두 고소득그룹에 해당하므로 옳다. (○)

ㄴ. 중상소득 그룹에서 태국(41위), 브라질(50위), 중저소득 그룹에서 베트남(44위) 외에는 41위와 50위 사이의 국가는 존재하지 않는다. 따라서 10개 국가 중 태국 브라질, 베트남을 제외한 7개 국가는 고소득그룹임을 알 수 있다. 같은 그룹 내에서 GII 순위가 높은 국가부터 순서대로 그룹 내 순위가 부여되었기 때문이다. (○)

ㄷ. 저소득그룹 내 국가는 총 10개국이다. (이 표에서 마다가스카르보다 순위가 낮은 국가는 8개국이다.)
마다가스카르의 GII 순위는 110위이며, 전체 133개 국가 중에서 마다가스카르보다 순위가 낮은 국가의 개수(111위 ~ 133위 국가)는 총 23개이다.
23개의 국가 중 저소득그룹에 속하는 국가는 8개뿐이므로, 23 − 8 ＝ 15개이다.
15개 국가가 마다가스카르보다 GII 순위가 낮으면서 저소득그룹이 아니다. (×)

🗡 111위~133위 국가를 33−11로 하여 22개국으로 계산하면 14개가 도출되어 ㄷ을 옳은 것이 되게 하는 실수를 조심하여야 한다.

ㄹ. 중상소득과 중저소득그룹을 묶으면 GII 순위에 따라 그룹 내 순위가 재배치된다. 따라서 GII 순위를 기준으로 재배치한다면,
중국(11위) ⇨ 말레이시아(33위) ⇨ 튀르키예(37위) ⇨ 불가리아(38위) ⇨ 인도(39위) ⇨ 태국(41위) ⇨ 베트남(44위) ⇨ 브라질(50위) ⇨ 세르비아(52위) ⇨ 필리핀(53위)
… 순으로 재배치된다.
필리핀은 10위이다. (○)

3 상황판단

📖 본문 p.152~165

01 다음 글을 근거로 판단할 때 옳은 것은?

제00조(기상산업의 실태조사 등) ① 기상청장은 기상산업을 체계적으로 진흥하고 기본계획과 시행계획 등을 효율적으로 수립·추진하기 위하여 기상산업에 대한 실태조사(이하 '실태조사'라 한다)와 자료수집을 할 수 있다.
② 기상청장은 실태조사와 자료수집을 위하여 필요하다고 인정하면 관련 행정기관·연구기관·교육기관 또는 기상사업자 등에게 필요한 자료나 의견을 제출하도록 요청할 수 있다.
③ 기상청장은 실태조사를 기상산업에 관한 전문성을 갖춘 기관 또는 단체에 의뢰하여 실시할 수 있다.
④ 기상청장은 실태조사를 실시한 경우 그 결과를 기상청의 인터넷 홈페이지에 공표해야 한다.

제00조(기상정보의 제공) ① 기상청장은 기상사업자가 기상정보의 제공을 신청한 경우 정당한 이유가 없으면 그 정보를 제공하여야 한다.
② 제1항에 따라 기상청장이 기상정보를 제공할 때에는 그 기상정보의 제공에 드는 비용에 충당하기 위하여 수수료를 징수할 수 있다.

제00조(기상정보의 출처 명시 등) ① 기상사업자는 기상정보를 제3자에게 제공하는 경우 그 출처를 밝혀야 한다.
② 기상청장은 기상사업자가 제1항에 따른 출처를 밝히지 아니하는 경우에는 시정을 요구할 수 있다.

① 기상청장은 실태조사를 직접 실시하지 않고 기상산업에 관한 전문성을 갖춘 단체에 의뢰하여 실시할 수 있다.
② 기상청장은 실태조사와 자료수집을 위해 필요한 경우, 관련 행정기관에게 필요한 자료의 제출을 요청할 수 있지만 기상사업자에게는 요청할 수 없다.
③ 기상사업자는 기상청장으로부터 제공받은 기상정보를 제3자에게 제공할 수 없다.
④ 기상청장이 기상사업자에게 기상정보를 제공할 때에는 기상정보의 경제적 가치에 해당하는 수수료를 징수하여야 한다.
⑤ 기상청장은 기상산업 진흥을 위한 자료수집을 한 경우, 그 결과를 기상청 인터넷 홈페이지에 공표해야 한다.

정답 ①
해설

① 제00조(기상산업의 실태조사 등) 제3항에 따라 기상청장은 실태조사를 기상산업에 관한 전문성을 갖춘 기관 또는 단체에 의뢰하여 실시할 수 있다. (○)
② 제00조(기상산업의 실태조사 등) 제2항에 따라 기상사업자에게도 필요한 자료나 의견을 제출하도록 요청할 수 있다. (×)
③ 제00조(기상정보의 출처 명시 등) 제1항의 기상정보를 제3자에게 제공하는 경우 그 출처를 밝혀야 한다는 내용에서 제3자에게 제공할 수 있다는 것을 알 수 있다. (×)
④ 제00조(기상정보의 제공) 제2항에 따라 수수료를 징수할 수 있다. 이는 재량사항이지, 반드시 징수하여야 한다는 의무사항인 것은 아니다. (×)
⑤ 제00조(기상산업의 실태조사 등) 제4항에 따라 기상청장은 실태조사를 실시한 경우 그 결과를 기상청의 인터넷 홈페이지에 공표해야 한다. 실태조사를 실시한 경우에 해당하는 것이지 기상산업 진흥을 위한 자료수집을 한 경우에 공표해야 하는 것은 아니다. (×)

02 다음 글을 근거로 판단할 때 옳은 것은?

> 제00조(정의) 이 법에서 '국제기구 분담금'이란 정부가 국제기구에 의무적으로 납부하여야 하는 경비 또는 국제기구와 협력사업 추진을 위하여 재량적으로 납부하는 경비를 말한다. 다만 국제금융기구 및 녹색기후기금에 납입하는 출자금 또는 출연금은 제외한다.
>
> 제00조(국제기구 분담금 심의위원회) ① 국제기구 분담금 관리에 관한 주요사항을 심의·조정하기 위하여 외교부장관 소속으로 국제기구 분담금 심의위원회(이하 '위원회'라 한다)를 둔다.
> ② 위원회는 다음 각 호의 사항을 심의·조정한다.
>   1. 중앙행정기관별 전년도 국제기구 분담금 납부실적 및 자체평가 결과
>   2. 중앙행정기관별 다음 연도 국제기구 분담금 납부계획
>
> 제00조(국제기구 분담금 납부실적에 대한 자체평가 등) ① 중앙행정기관의 장은 소관 국제기구 분담금의 전년도 납부실적 및 납부목적 부합 여부에 대하여 매년 자체평가를 실시하여야 한다.
> ② 중앙행정기관의 장은 매년 3월 31일까지 소관 국제기구 분담금의 전년도 납부실적, 제1항에 따른 자체평가 결과 및 다음 연도 국제기구 분담금 납부계획을 위원회에 제출하여야 한다.
> ③ 외교부장관은 제2항에 따라 제출된 납부실적 등에 대한 위원회의 심의·조정 결과를 매년 5월 31일까지 기획재정부장관에게 송부하고, 기획재정부장관은 송부받은 위원회의 심의·조정 결과를 존중하여 다음 연도 예산안을 편성하여야 한다.

① 위원회는 중앙행정기관별 다음 연도 국제기구 분담금 납부계획을 심의·조정한다.

② 위원회는 중앙행정기관이 납부하는 국제기구 분담금의 납부목적 부합 여부에 대한 자체평가를 매년 실시하여야 한다.

③ 환경부가 녹색기후기금에 출연금을 납입하였다면 환경부장관은 해당 납입실적을 위원회에 제출하여야 한다.

④ 외교부장관은 중앙행정기관의 장이 제출한 납부실적을 매년 3월 31일까지 기획재정부장관에게 송부하여야 한다.

⑤ 국제기구와의 협력사업 추진을 위하여 시민단체가 스스로 국제기구에 납부하는 경비는 국제기구 분담금에 해당한다.

정답 ①

해설

① 제00조(국제기구 분담금 심의위원회) 제2항 제2호에 따르면, 위원회는 중앙행정기관별 다음 연도 국제지구 분담금 납부계획을 심의·조정한다. (○)

② 제00조(국제기구 분담금 납부실적에 대한 자체평가 등) 제1항에에 따르면, 국제기구 분담금의 납부목적 부합 여부에 대한 자체평가를 실시하는 주체는 중앙행정기관의 장이다. (×)

③ 제00조(정의)에서 국제금융기구 및 녹색기후기금에 납입하는 출자금 또는 출연금은 제외하기 때문에 위원회에 제출해야 하는 국제기구 분담금에 해당하지 않는다. (×)

④ 제00조(국제기구 분담금 납부실적에 대한 자체평가 등) 제3항에 따라 5월 31일까지 기획재정부 장관에게 송부하여야 한다. (×)

⑤ 제00조(정의)에 따르면 정부가 주체이므로, 시민단체가 스스로 국제기구에 납부하는 경비는 국제기구 분담금에 해당하지 않는다. (×)

03 다음 글을 근거로 판단할 때 옳은 것은?

> 제○○조(**특허심판원**) ① 특허·실용신안·디자인·상표에 관한 심판(이하 '심판사건'이라 한다)을 관장하게 하기 위하여 특허청장 소속으로 특허심판원을 둔다.
> ② 특허심판원에 특허심판원장(이하 '원장'이라 한다)과 심판관을 둔다.
>
> 제□□조(**심판관 등의 지정**) ① 원장은 각 심판사건에 대하여 제△△조에 따른 합의체를 구성할 심판관을 지정하여야 한다.
> ② 원장은 제1항에 따라 지정된 심판관 중에서 1명을 심판장으로 지정하여야 한다.
> ③ 제2항에도 불구하고 원장은 특히 중요하다고 인정되는 심판사건에 대해서는 원장 스스로 심판장이 될 수 있다.
> ④ 심판장은 그 심판사건에 관한 사무를 총괄한다.
>
> 제△△조(**심판의 합의체, 심리 등**) ① 심판은 3명 또는 5명의 심판관으로 구성되는 합의체가 한다.
> ② 제1항의 합의체의 합의는 과반수로 결정한다.
> ③ 심판은 구술심리 또는 서면심리로 한다. 다만 당사자가 구술심리를 신청하였을 때에는 서면심리만으로 결정할 수 있다고 인정되는 경우 외에는 구술심리를 하여야 한다.
> ④ 구술심리는 공개하여야 한다. 다만 공공의 질서 또는 선량한 풍속에 어긋날 우려가 있으면 그러하지 아니하다.

① 심판의 합의체는 심판장 1명과 심판관 1명으로 구성될 수 있다.
② 원장이 심판장으로서 심판사건에 관한 사무를 총괄하는 경우가 있다.
③ 합의체의 합의는 심판관 전원의 일치된 의견으로 결정한다.
④ 당사자가 구술심리를 신청한 경우에는 서면심리로 심판할 수 없다.
⑤ 서면심리로 심판하는 경우 그 심리는 공개하여야 한다.

정답 ②

해설

① 제△△조 제1항에 따라 심판은 3명 또는 5명의 심판관으로 구성되는 합의체가 한다. 심판장 1명과 심판관 1명으로는 구성될 수 없다. (✕)
② 제□□조 제3항에 따라 원장은 특히 중요하다고 인정되는 심판사건에 대해서는 원장 스스로 심판장이 될 수 있고, 제4항에 따라 심판장은 그 심판사건에 관한 사무를 총괄한다고 하였다. 따라서 원장이 심판장으로서 심판사건에 관한 사무를 총괄하는 경우가 가능하다. (○)
③ 제△△조 제2항에 따라 합의체의 합의는 과반수로 결정한다. (✕)
④ 제△△조 제3항에 따라 당사자가 구술심리를 신청하였을 때, 서면심리만으로 결정할 수 있다고 인정되는 경우 외에는 구술심리를 하여야 한다. 즉, 서면심리만으로 결정할 수 있다고 인정되는 경우에는 당사자가 구술심리를 신청하였더라도 서면심리로 결정할 수 있다. (✕)
⑤ 제△△조 제4항에 따라 구술심리는 공개하여야 한다. 서면심리는 명시되지 않아 알 수 없다. (✕)

04 다음 글을 근거로 판단할 때 옳은 것은?

제00조(의료 해외진출의 신고) ① 의료 해외진출을 하려는 의료기관의 개설자는 보건복지부장관에게 신고하여야 한다.
② 보건복지부장관은 제1항에 따른 신고를 한 의료기관의 개설자에게 의료 해외진출의 신고확인증을 발급하여야 한다.

제00조(외국인환자 유치에 대한 등록) ① 외국인환자를 유치하려는 의료기관은 다음 각 호의 요건을 갖추어 특별시장·광역시장·특별자치시장·도지사 또는 특별자치도지사(이하 '시·도지사'라 한다)에게 등록하여야 한다.
 1. 외국인환자를 유치하려는 진료과목별로 전문의를 1명 이상 둘 것
 2. 의료배상공제조합 또는 보건복지부령으로 정하는 의료사고배상책임보험에 가입하였을 것
② 외국인환자를 유치하려는 비의료기관은 다음 각 호의 요건을 갖추어 시·도지사에게 등록하여야 한다.
 1. 보건복지부령으로 정하는 보증보험에 가입하였을 것
 2. 국내에 사무소를 설치하였을 것
③ 시·도지사는 제1항에 따라 등록한 의료기관(이하 '외국인환자 유치의료기관'이라 한다) 및 제2항에 따라 등록한 비의료기관(이하 '외국인환자 유치사업자'라 한다)에게 등록증을 발급하여야 한다.
④ 제1항 및 제2항에 따른 등록의 유효기간은 등록일부터 3년으로 한다.
⑤ 제4항에 따른 유효기간이 만료된 후 계속하여 외국인환자를 유치하려는 자는 유효기간이 만료되기 전에 그 등록을 갱신하여야 한다.

① 의료 해외진출을 하려는 의료기관의 개설자는 시·도지사에게 등록하여야 한다.
② 외국인환자 유치를 위해 시·도지사에게 등록하려는 의료기관이 보건복지부령으로 정하는 의료사고배상책임보험에 가입하지 않는다면 의료배상공제조합에는 가입하여야 한다.
③ 외국인환자 유치사업자는 등록일부터 3년이 지난 후에도 그 등록의 갱신 없이 계속하여 외국인환자를 유치할 수 있다.
④ 외국인환자를 유치하려는 비의료기관이 시·도지사에게 등록하기 위해서는 진료과목별로 전문의 1명 이상을 두어야 한다.
⑤ 시·도지사는 국내에 사무소를 설치하지 않은 비의료기관에게 외국인환자 유치사업자 등록증을 발급할 수 있다.

정답 ②

해설

① 제00조(의료 해외진출의 사고) 제1항에 따라 시·도지사가 아니라 보건복지부장관에게 신고하여야 한다. (×)
② 제00조(외국인환자 유치에 대한 등록) 제1항에 의거하여 의료기관의 등록의무를 부여하였다. 이때 같은 항 제2호에 따라 의료배상공제조합 또는 의료사고배상책임보험 중 하나는 반드시 가입하여야 한다. 따라서 의료사고배상책임보험에 가입하지 않는다면 의료배상공제조합에는 가입하여야 한다. (○)
③ 제00조(외국인환자 유치에 대한 등록) 제5항에 따라 등록 후 유효기간(3년)이 지난 후에는 유효기간이 만료되기 전에 그 등록을 갱신하여야 한다. (×)
④ 제00조(외국인환자 유치에 대한 등록) 제1항 제1호에 따라 의료기관이 외국인 환자를 유치하려는 진료과목별로 전문의 1명 이상 둘 것을 명시하고 있다. 하지만 비의료기관은 해당 주체가 아니다. (×)
⑤ 제00조(외국인환자 유치에 대한 등록) 제2항 제2호에 따라 비의료기관은 국내에 사무소를 설치하여야 한다. 국내에 사무소를 두지 않았거나 보건복지부령으로 정하는 보증보험에 가입하지 않으면 유치사업자에게 등록증을 발급할 수 없다. (×)

05 다음 글을 근거로 판단할 때 옳은 것은?

> 조선시대에는 서해안과 남해안을 중심으로 소금 생산이 활발했다. 소금의 최대 생산지는 평안도에서 전라도에 이르는 서해안의 갯벌 지대로, 대표적인 지역은 전라도 부안과 충청도 태안이었다. 이러한 소금 생산지에는 염장이라는 관청을 설치해 소금 생산을 관리하였다.
>
> 동해안의 소금 생산 방법은 서해안이나 남해안과 달랐다. 동해안에서는 바닷물을 끓여서 소금을 만들었다. 바닷물을 끓일 때 나무가 필요했기 때문에 소금 생산 지역의 주변 산은 대부분 민둥산이었다. 반면 서해안과 남해안은 조석(潮汐) 간만의 차를 이용했다. 해안가에 작은 둑을 쌓아 염전을 만들어 보름에 한 번씩 바닷물을 가두고, 가둔 물을 둑 안에서 자연 증발시켜 소금을 얻었다. 이처럼 자연 증발을 통해 얻은 소금이 천일염이다.
>
> 소금은 나루터를 중심으로 유통되었다. 예를 들어, 조선시대 경기도 일대 소금은 대부분 한강의 마포나루에 집결되었다. 그런 까닭으로 조선시대에는 마포염이라는 말이 있을 정도였다. 염전 하나 없는 마포가 소금으로 유명해진 것은 소금 유통의 중심지였기 때문이다. 경강상인은 마포나루를 비롯한 한강 일대의 나루터에 창고를 지어 놓고, 소금, 젓갈, 생선 등을 거래하였다.

① 동해안에서는 조석 간만의 차를 이용한 소금 생산 방식을 주로 사용하였다.

② 조선시대에 경강상인에 의한 소금 거래는 이루어지지 않았다.

③ 조선시대 소금의 최대 생산지는 남해안의 갯벌 지대였다.

④ 마포염은 마포에서 생산된 소금을 이르는 말이다.

⑤ 조선시대에 천일염은 염전에서 얻을 수 있었다.

정답 ⑤

해설

① 조석 간만의 차를 이용한 소금 생산 방식은 서해안과 남해안에서 사용하였다. 동해안에서는 바닷물을 끓여서 소금을 만들었다. (×)

② 경강상인이 한강 일대의 나루터에서 소금, 젓갈, 생선 등을 거래하였던 것으로 보아 소금 거래가 이루어지고 있었음을 알 수 있다. (×)

③ 소금의 최대 생산지는 평안도에서 전라도에 이르는 서해안 갯벌 지대였다. (×)

④ 마포염은 마포에서 생산한 소금이 아니라는 사실은 '염전 하나 없는 마포가~'에서 알 수 있다. 또한 이렇게 유명해진 이유는 소금 유통의 중심지였기 때문이지 생산지였기 때문이 아니다. (×)

⑤ 해안가에 작은 둑을 쌓아 염전을 만들어 자연 증발시켜 소금을 얻었고, 이러한 자연 증발을 통해 얻은 소금을 천일염이라고 하였다. (○)

06 다음 글을 근거로 판단할 때, 乙이 먹은 어묵의 개수는?

> 甲: 분식집에서 얼마 냈어?
>
> 乙: 15,000원.
>
> 甲: 어묵 한 개 1,000원, 떡볶이 한 접시 3,000원, 만두 한 접시 2,000원이었잖아. 둘이 먹었는데 그렇게 많이 나왔어?
>
> 乙: 떡볶이 한 접시와 만두 한 접시를 먹었지. 그리고 어묵은 여러 개 먹었어. 그런데 사장님이 만둣값은 안 받으셨어.
>
> 甲: 어묵을 많이 먹긴 했나 보다.
>
> 乙: 네가 나보다 어묵을 두 개나 더 먹었잖아.

① 5 　　　　　　　② 6

③ 7 　　　　　　　④ 8

⑤ 9

정답 ①

해설

총 15,000원의 분식값에서 만두 한 접시(2,000원)와 떡볶이 한 접시(3,000원)을 제외하여야 하는데 만둣값은 받지 않았기 때문에 떡볶이 한 접시(3,000원)만 제외한다.

12,000원에서 甲과 乙이 먹은 어묵의 개수를 파악하면 된다.

어묵은 한 개에 1,000원이므로 총 12개의 어묵을 먹었으며, 甲이 乙보다 두 개 더 먹었기 때문에 甲은 5개, 乙은 7개 먹은 경우만 있다. 따라서 乙이 먹은 어묵의 개수는 5개이다.

乙이 먹은 어묵의 개수를 x라 하고, 甲이 먹은 어묵의 개수를 $x+2$로 두고 계산하여도 된다.

$x+(x+2)=12$

$2x=10$

$\therefore \ x=5$

07 다음 글을 근거로 판단할 때, 16 ~ 20번 문항의 정답으로 가능한 것은?

> 甲은 5지선다형 20개 문항으로 구성된 시험을 출제한다. 각 문항의 선택지는 A, B, C, D, E이며, 정답별 문항 개수 및 정답 배열에 관한 조건은 다음과 같다.
>
> - A가 정답인 문항은 2개 이상 6개 이하여야 한다. B ~ E도 마찬가지이다.
> - 동일한 정답이 연속해서 3회 이상 나와서는 안 된다.
>
> 甲은 현재 15번 문항까지 출제하였다. 14번과 15번 문항의 정답은 모두 A이며, 15번까지 정답별 문항 개수는 다음과 같다.

정답	A	B	C	D	E
문항 개수	2	0	3	5	5

	16번	17번	18번	19번	20번
①	A	B	B	C	B
②	B	A	B	B	C
③	B	A	D	B	D
④	C	B	B	B	D
⑤	D	B	E	C	A

정답 ②

해설

조건을 보고 선택지를 소거하면,

ⅰ) 동일한 정답이 연속해서 3회 이상 나와서는 안 되기 때문에 16번은 A가 들어가면 안 된다. (① 선택지 소거)
　같은 조건으로 인하여 17~19번 같은 정답(B)인 ④ 선택지 소거

ⅱ) 정답인 문항이 선택지당 2개 이상 6개 이하여야 한다. 이미 15번까지 D 정답이 5개이므로 2개 이상 배치되어 있는 ③ 선택지 소거
　같은 조건으로 정답 문항이 0개 있는 B 정답은 16~20번 사이에 2개 이상 배치되어야 한다. 1개밖에 없는 ⑤ 선택지 소거

따라서 정답은 모든 조건을 만족하는 ②이다.

08 다음 글을 근거로 판단할 때, 세미나 장소 A ~ E 중 甲이 선정할 곳은?

> - △△부서 주무관 甲은 다음 조건에 따라 정책 세미나 개최를 위한 장소를 선정하고자 한다.
>   - 세미나 시간은 14：00 ~ 16：00이며, 43명이 참석한다.
>   - 세미나 시간 동안 해당 장소에 타 부서의 예약이 없어야 하며, 프로젝터 사용이 가능한 장소여야 한다.
>   - 위 조건을 모두 만족하는 장소가 여러 곳인 경우, 그중 다과 제공이 가능한 장소가 있다면 그 장소를 선정한다.
> - 다음은 세미나 장소 A ~ E에 관한 정보이다.

장소	세미나 당일 타 부서 예약 현황	프로젝터 사용 가능 여부	최대 수용 가능 인원	다과 제공 가능 여부
A	13：00 ~ 15：00	○	65명	○
B	없음	○	40명	○
C	11：00 ~ 12：30	○	50명	×
D	없음	×	80명	×
E	없음	○	45명	○

① A　　② B
③ C　　④ D
⑤ E

정답 ⑤

해설

조건에 따라 세미나 장소를 삭제한다.
조건은 14:00~16:00, 43명, 프로젝터 사용 가능, 다과 제공 가능이다.
해당 조건에 맞지 않는 장소를 삭제하면 아래와 같다.

장소	세미나 당일 타 부서 예약 현황	프로젝터 사용 가능 여부	최대 수용 가능 인원	다과 제공 가능 여부
A	13：00 ~ 15：00	○	65명	○
B	없음	○	40명	○
C	11：00 ~ 12：30	○	50명	×
D	없음	×	80명	×
E	없음	○	45명	○

따라서 가능한 장소는 E이다.

[09 ~ 10] 다음 글을 읽고 물음에 답하시오.

○○국은 노후의 건강증진 및 생활안정을 도모하고 부양가족의 부담을 덜어줌으로써 국민 삶의 질을 높이기 위해 노인장기요양보험제도를 시행 중이다. 이를 통해 고령이나 노인성 질병 등의 사유로 혼자 일상생활을 하기 어려운 노인에게 신체활동 또는 가사활동 지원 등의 장기요양급여를 제공하고 있다.

노인장기요양보험제도는 소득에 관계없이 심신기능의 상태를 고려한 요양 필요도에 따라 장기요양 인정을 받은 자에게 서비스를 제공하는 것이다. 이는 국민기초생활보장대상자 등 특정 저소득층을 대상으로 제공되는 기존 노인복지서비스와 차이가 있다.

노인장기요양보험제도 수급자(이하 '수급자'라 한다)가 제공받을 수 있는 급여로는 재가(在家)급여, 시설급여, 복지용구급여, 특별현금급여 네 가지가 있다. 재가급여는 노인요양시설에 입소하지 않은 수급자의 가정을 방문하여 제공하는 방문요양, 방문목욕, 방문간호와 재가 노인을 일정 시간 동안 요양기관에서 보호해 주는 주·야간보호로 이루어져 있다. 시설급여는 수급자를 노인요양시설에서 장기간 보호해 주는 것을 말한다. 복지용구급여는 심신기능이 저하되어 일상생활을 영위하는 데 지장이 있는 수급자에게 일상생활·신체활동 지원 및 인지기능의 유지·향상에 필요한 용구를 구입하거나 대여해 주는 것을 말한다. 단, 시설급여 수급자의 경우 복지용구급여는 제공받지 못한다. 특별현금급여는 수급자가 천재지변, 신체 또는 정신 등의 사유로 재가급여나 시설급여를 받을 수 없어 그 가족 등으로부터 방문요양에 상당하는 서비스를 받을 때 지급하는 현금급여를 뜻하며, 수급자에게 매월 15만 원씩 지급한다.

한편 노인장기요양보험제도 수급자에게는 본인부담금이 발생한다. 급여별 본인부담금은 다음과 같다. 재가급여의 경우 해당 장기요양급여비용의 100분의 15, 시설급여는 100분의 20, 복지용구급여는 100분의 15이다. 다만 국민기초생활보장대상자에게는 본인부담금이 발생하지 않는다.

---

09 윗글을 근거로 판단할 때, 〈보기〉에서 옳은 것만을 모두 고르면?

┌─────────── 보기 ───────────┐

ㄱ. 노인장기요양보험제도의 지원 대상은 국민기초생활보장대상자 등 특정 저소득층이다.

ㄴ. 노인요양시설에 입소해 장기간 보호받고 있는 수급자 A는 그 기간 동안 방문목욕급여를 받을 수 없다.

ㄷ. 시설급여 수급자 B는 신체활동 지원에 필요한 용구인 성인용 보행기 대여에 대한 복지용구급여를 받을 수 없다.

ㄹ. 재가급여나 시설급여를 제공받을 수 있음에도 가족으로부터 방문요양에 상당하는 서비스를 받는 C는 특별현금급여를 제공받을 수 있다.

└───────────────────────────┘

① ㄱ, ㄴ　　　　　　② ㄱ, ㄹ
③ ㄴ, ㄷ　　　　　　④ ㄴ, ㄹ
⑤ ㄷ, ㄹ

정답 ③

해설

ㄱ. 특정 저소득층을 지원하는 것이 아니라 소득에 관계없이 심신기능의 상태를 고려한 요양 필요도에 따라 지원한다. (×)

ㄴ. 방문목욕급여는 노양요양시설에 입소하지 않은 수급자의 가정을 방문하여 제공한다. 따라서 노인요양시설에 입소해 장기간 보호받고 있는 수급자 A는 방문목욕급여를 받을 수 없다. (○)

ㄷ. 시설급여 수급자의 경우 복지용구급여 제공이 불가능하다. (○)

ㄹ. 특별현금급여는 수급자가 천재지변, 신체 또는 정신 등의 사유로 재가급여나 시설급여를 받을 수 없을 때 제공 받을 수 있다. 따라서 재가급여나 시설급여를 제공받을 수 있는 C의 경우 특별현금급여를 제공받을 수 없다. (×)

10 윗글과 〈상황〉을 근거로 판단할 때, 甲 ~ 丙을 이번 달 수급 현황에 따른 본인부담금이 높은 순서대로 나열한 것은?

┤ 상황 ├

• 노인장기요양보험제도 급여별 장기요양급여비용은 다음과 같다.

급여 유형	급여 내용	급여비용
재가급여	방문요양	2만 원/시간
	방문목욕	7만 원/회
	방문간호	4만 원/시간
	주·야간보호	1만 원/시간
시설급여	노인요양시설 보호	7만 원/일
복지용구 급여	복지용구 구입	복지용구 구입비
	복지용구 대여	복지용구 대여료

• 노인장기요양보험제도 수급자 甲 ~ 丙의 이번 달 수급 현황은 다음과 같다.

수급자	수급 내역	비고
甲	방문목욕 10회, 복지용구(전동침대) 구입	전동침대 구입비 30만 원
乙	주·야간보호 45시간, 방문요양 28시간	국민기초생활보장대상자
丙	노인요양시설 보호 11일	—

① 甲 > 乙 > 丙　　② 甲 > 丙 > 乙
③ 乙 > 丙 > 甲　　④ 丙 > 甲 > 乙
⑤ 丙 > 乙 > 甲

정답 ④

해설

ⅰ) 국민기초생활보장대상자는 본인부담금이 발생하지 않기에 乙의 경우 본인부담금이 없다.

ⅱ) 丙의 본인부담금은 노인요양시설 (보호 11일 × 7만 원) × 0.2% 이므로 15만 4천 원이 발생한다.

ⅲ) 甲의 본인부담금은 방문목욕 (10회 × 7만 원) + 복지용구 (30만 원)의 15%이다.(재가급여와 복지용급급여 모두 15%)

따라서 70만 원 × 0.15 + 30만 원 × 0.15이므로

10만 5천 원 + 4만 5천 = 15만 원의 본인부담금이 발생한다.

본인부담금이 높은 순서대로 丙 > 甲 > 乙이 된다.

11 다음 글을 근거로 판단할 때 옳은 것은?

제00조(행위제한) ① 사람이 거주하지 아니하거나 극히 제한된 지역에만 거주하는 섬으로서 자연생태계 보전을 위하여 환경부장관이 지정하여 고시하는 도서(이하 '특정도서'라 한다)에서 다음 각 호의 어느 하나에 해당하는 행위를 하여서는 아니 된다.

1. 건축물 또는 공작물의 신축·증축
2. 택지의 조성, 토지의 형질변경, 토지의 분할
3. 도로의 신설
4. 폐기물을 매립하거나 버리는 행위

② 제1항에도 불구하고 다음 각 호의 어느 하나에 해당하는 경우에는 제1항을 적용하지 아니한다.

1. 군사·항해·조난구호 행위
2. 재해의 발생 방지 및 대응을 위하여 필요한 행위
3. 국가가 시행하는 해양자원개발 행위

③ 제2항에 따른 행위를 한 자는 그 행위의 내용과 결과를 환경부장관에게 통보하여야 한다.

제00조(허가) 환경부장관은 특정도서의 지정 목적에 지장이 없다고 인정하는 경우에는 다음 각 호의 어느 하나에 해당하는 행위를 허가할 수 있다. 다만 문화유산으로 지정된 특정도서에 대하여는 미리 국가유산청장과 협의하여야 한다.

1. 국가나 지방자치단체가 등산로, 산책로, 공중화장실, 정자 등을 설치하는 행위
2. 자연생태계의 연구·조사를 목적으로 하는 행위

① 특정도서에서의 도로 신설이 군사 행위인 경우 그 행위의 내용과 결과를 환경부장관에게 통보할 필요가 없다.

② 특정도서에 거주하는 주민은 재해발생 방지를 위해 필요한 경우에도 특정도서에서의 공작물 신축 행위를 할 수 없다.

③ 환경부장관이 특정도서에서 건축물의 증축을 허가하기 위해서는 미리 국가유산청장과 협의하여야 한다.

④ 민간기업이 영리 목적으로 특정도서에 산책로를 설치하려는 경우 환경부장관은 이를 허가할 수 있다.

⑤ 특정도서에서 자연생태계의 연구·조사를 목적으로 하는 행위에 대해 환경부장관의 허가를 얻으면 그 행위를 할 수 있다.

정답 ⑤

해설

① 제00조(행위제한) 제2항 제1호, 제3항에 따라 군사 행위인 경우 그 행위의 내용과 결과를 환경부장관에게 통보하여야 한다. (×)

② 제00조(행위제한) 제2항 제2호에 따라 재해의 발생 방지 및 대응을 위하여 필요한 행위를 할 수 있다. (×)

③ 제00조(허가)에 따라 문화유산으로 지정된 특정도서에 대하여는 미리 국가유산청장과 협의하여야 한다. 따라서 문화유산으로 지정되지 않은 특정도서에서는 미리 국가유산청장과 협의하여야 한다고 볼 수 없다. (×)

④ 제00조(허가)에 따라 민간기업이 영리 목적으로 특정도서에 산책로를 설치하려는 경우 환경부 장관은 허가할 수 없다. 국가나 지방자치단체가 설치하는 경우는 허가할 수 있다. (×)

⑤ 제00조(허가) 제2호에 따라 자연생태계의 연구·조사를 목적으로 하는 행위에 대해서는 환경부장관의 허가를 받으면 그 행위를 할 수 있다. (○)

---

12 **다음 글을 근거로 판단할 때 옳은 것은?**

> 제○○조(특수건강진단 등) ① 사업주는 특수건강진단대상업무에 종사하는 근로자의 건강관리를 위하여 특수건강진단을 실시하여야 한다.
> ② 사업주는 제△△조 제1항에 따른 특수건강진단기관에서 특수건강진단을 실시하여야 한다.
>
> 제□□조(특수건강진단에 관한 사업주의 의무) ① 사업주는 특수건강진단을 실시하는 경우 근로자대표가 요구하면 근로자대표를 참석시켜야 한다.
> ② 사업주는 산업안전보건위원회 또는 근로자대표가 요구할 때에는 특수건강진단 결과에 대하여 설명하여야 한다. 다만 개별 근로자의 특수건강진단 결과는 본인의 동의 없이 공개해서는 아니 된다.
> ③ 사업주는 특수건강진단의 결과 근로자의 건강을 유지하기 위하여 필요하다고 인정할 때에는 작업장소 변경, 작업 전환, 근로시간 단축, 야간근로(오후 10시부터 다음 날 오전 6시까지 사이의 근로를 말한다)의 제한, 작업환경측정 또는 시설·설비의 설치·개선 등 적절한 조치를 하여야 한다.
>
> 제△△조(특수건강진단기관) ① 의료기관이 특수건강진단을 수행하려는 경우에는 고용노동부장관으로부터 특수건강진단을 할 수 있는 기관(이하 '특수건강진단기관'이라 한다)으로 지정받아야 한다.
> ② 고용노동부장관은 특수건강진단기관의 진단·분석 결과에 대한 정확성과 정밀도를 확보하기 위하여 특수건강진단기관의 진단·분석능력을 확인하고, 특수건강진단기관을 지도하거나 교육할 수 있다.
> ③ 고용노동부장관은 특수건강진단기관을 평가하고 그 결과(제2항에 따른 진단·분석능력의 확인 결과를 포함한다)를 공개할 수 있다.

① 사업주는 특수건강진단을 실시하는 경우 고용노동부장관이 요구하면 근로자대표를 참석시켜야 한다.

② 근로자대표는 산업안전보건위원회의 동의 없이는 사업주가 특수건강진단 결과에 대하여 설명하도록 요구할 수 없다.

③ 산업안전보건위원회는 특수건강진단의 결과 근로자의 건강을 유지하기 위하여 필요하다고 인정할 때에는 야간근로를 제한하는 조치를 하여야 한다.

④ 고용노동부장관은 특수건강진단기관의 진단·분석능력 확인 결과를 포함하여 특수건강진단기관에 대한 평가 결과를 공개할 수 있다.

⑤ 사업주는 근로자대표의 요구가 있다면 개별 근로자의 특수건강진단 결과를 본인 동의 없이 공개할 수 있다.

정답 ④

해설

① 제□□조 제1항에 따라 근로자대표가 요구하면 근로자대표를 참석시켜야 하는 것이지, 고용부장관이 요구하는 것이 아니다. (✕)

② 제□□조 제2항에 따라 산업안전보건위원회의 동의와 무관하게 특수건강진단 결과에 대하여 설명하여야 한다. (✕)

③ 제□□조 제3항에 따라 산업안전보건위원회가 조치를 하는 것이 아니라 사업주가 적절한 조치를 해야 한다. (✕)

④ 제△△조(특수건강진단기관) 제3항에 의해 고용노동부장관은 특수건강진단기관에 대한 평가 결과를 공개할 수 있다.(진단·분석능력의 확인 결과 포함) (○)

⑤ 제□□조 제2항 단서에 따라 개별 근로자의 특수건강진단 결과는 본인의 동의 없이 공개해서는 안 된다. (✕)

13 **다음 글을 근거로 판단할 때 옳은 것은?**

제○○조(소방활동 종사명령, 소방활동 비용지급) ① 소방대장은 화재가 발생한 현장에서 소방활동을 위하여 필요할 때에는 그 현장에 있는 사람으로 하여금 사람을 구출하는 일 또는 불을 끄거나 불이 번지지 아니하도록 하는 일을 하게 할 수 있다.

② 제1항에 따른 명령에 따라 소방활동에 종사한 사람은 시·도지사로부터 소방활동의 비용을 지급받을 수 있다. 다만 다음 각 호의 어느 하나에 해당하는 사람의 경우에는 그러하지 아니하다.

　1. 건물·차량·선박·산림·인공구조물 또는 물건(이하 '소방대상물'이라고 한다)에 화재가 발생한 경우 그 소방대상물의 소유자·관리자 또는 점유자

　2. 고의 또는 과실로 화재를 발생시킨 사람

　3. 화재 또는 구조·구급 현장에서 물건을 가져간 사람

제□□조(강제처분 등) ① 소방대장은 사람을 구출하거나 불이 번지는 것을 막기 위하여 필요할 때에는 화재가 발생하거나 불이 번질 우려가 있는 소방대상물 및 토지에 대한 일시적 사용·사용제한 등 소방활동에 필요한 처분을 할 수 있다.

② 소방대장은 소방활동을 위하여 긴급하게 출동할 때에는 소방자동차의 통행과 소방활동에 방해가 되는 주차 또는 정차된 차량 및 물건 등을 제거하거나 이동시킬 수 있다.

③ 소방대장은 제2항에 따른 소방활동에 방해가 되는 주차 또는 정차된 차량의 제거나 이동을 위하여 관할 지방자치단체 등 관련 기관에 견인차량과 인력 등에 대한 지원을 요청할 수 있다.

④ 시·도지사는 제3항에 따라 견인차량과 인력 등을 지원한 자에게 비용을 지급할 수 있다.

제△△조(손실보상) 소방청장 또는 시·도지사는 다음 각 호의 어느 하나에 해당하는 자에게 손실보상을 하여야 한다.

　1. 제○○조 제1항에 따른 소방활동 종사로 인하여 사망하거나 부상을 입은 자

　2. 제□□조 제2항에 따른 처분으로 인하여 손실을 입은 자. 다만 법령을 위반하여 소방자동차의 통행과 소방활동에 방해가 된 경우는 제외한다.

① 화재가 발생한 건물의 소유자가 소방대장의 소방활동 종사명령에 따라 해당 건물에서 사람을 구출하는 일을 한 경우, 그는 소방활동의 비용을 지급받을 수 있다.

② 과실로 화재를 발생시킨 사람이 소방대장의 소방활동 종사명령에 따라 불을 끄는 일을 하던 중 부상을 입은 경우, 그는 손실보상을 받을 수 없다.

③ 소방대장은 사람을 구출하기 위하여 필요할 때에는 불이 번질 우려가 있는 토지의 사용을 일시적으로 제한할 수 있다.

④ 소방대장이 화재진압을 위한 소방자동차의 긴급출동에 방해가 되는 불법 주차 차량을 이동시키던 중 그 차량이 파손된 경우, 해당 차량을 주차한 소유자는 손실보상을 받는다.

⑤ 소방청장은 소방대장의 요청에 따라 견인차량을 지원한 자에게 견인비용을 지급하여야 한다.

정답 ③

해설

① 화재가 발생한 건물의 소유자는 제○○조 제2항 제1호에 의해서 소방활동의 비용을 지급받을 수 없다. (×)

② 고의 또는 과실로 화재를 발생시킨 사람은 소방활동의 비용을 지급받을 수 없다. 하지만 제△△조(손실보상) 제1호에서 소방활동 종사로 인하여 사망하거나 부상을 입었다면 손실보상을 하여야 한다. (×)

③ 제□□조(강제처분 등) 제1항에 따라 소방대장은 사람을 구출하거나 불이 번지는 것을 막기 위하여 불이 번질 우려가 있는 소방대상물 및 토지에 대한 일시적 사용·사용제한 등 처분을 할 수 있다. (○)

④ 제△△조(손실보상) 제2호의 단서조항으로 법령을 위반하여 소방자동차의 통행과 소방활동에 방해가 된 경우에는 손실보상에서 제외한다. 따라서 차량을 주차한 소유자는 손실보상을 받을 수 없다. (×)

⑤ 제□□조(강제처분 등) 제4항에 따라 견인차량과 인력 등을 지원한 자에게 비용을 지급할 수 있다. 재량사항이지 의무사항이 아니다. (×)

14 다음 글을 근거로 판단할 때, 〈보기〉에서 옳은 것만을 모두 고르면?

甲기업은 A, B 두 개의 공장을 가지고 있으며, 두 공장에서 같은 제품을 생산한다. A에서는 제품 생산을 위해 설비를 가동하는 데 1일 100만 원의 가동비용이 발생하며, 제품 1개를 생산할 때마다 1만 원의 비용이 소요된다. B에서는 가동비용이 발생하지 않으며, 제품 1개를 생산할 때마다 2만 원의 비용이 소요된다. A, B 모두 하루에 각각 최대 150개까지 제품 생산이 가능하다. 甲기업은 최소 비용으로 1일 목표 생산량 Q개를 달성하도록 생산량을 A, B에 배분한다.

— 보기 —

ㄱ. Q가 120이라면 A에서만 생산해야 한다.

ㄴ. Q가 200이라면 B에서 150개를 생산해야 한다.

ㄷ. Q가 200일 때, A의 가동비용이 1일 50만 원으로 감소해도 A, B에 대한 배분량은 달라지지 않는다.

① ㄱ
② ㄴ
③ ㄱ, ㄷ
④ ㄴ, ㄷ
⑤ ㄱ, ㄴ, ㄷ

정답 ③

해설

공장 A : 100만 원 + (1만 원 × 생산개수)
공장 B : (2만 원 × 생산개수)
단, 생산개수는 하루에 150개를 초과하지 않는다.
생산개수가 100개일 경우 공장 A와 B 모두 200만 원의 비용이 소모된다. 이후 101개부터 공장 A는 201만 원, 공장 B는 202만 원으로 공장 A를 가동시키는 것이 더 적은 비용이 든다.
반면, 99개일 경우 공장 A는 199만 원, 공장 B는 198만 원으로 공장 B를 가동시키는 것이 유리하다.
따라서 1~99개까지는 공장 B 생산이 유리, 100개는 A와 B 동일, 101개 이상부터는 공장 A 생산이 유리하다.

ㄱ. 목표 생산량 Q가 120이라면 A공장에서만 생산하는 것이 유리하다. (100개 이상이므로 A공장이 유리하다.) (○)

ㄴ. 목표 생산량 Q가 200이라면 하루 최대 150 한계에 부딪힌다. 따라서 150개는 공장 A에서, 나머지 50개는 B공장에서 생산하는 것이 유리하다. (×)

ㄷ. 공장 A의 가동비용이 1일 50만 원으로 감소하였고, Q가 200이라면 변함없이 공장 A가 150개를 생산, 나머지 50개는 B공장에서 생산하는 것이 유리하다. 따라서 공장 A, B에 대한 배분량은 달라지지 않는다. A가 100개 생산 시까지 유리한 상황에서 오히려 가동비용이 저렴해졌다면 더욱 A가 유리해지는 상황이며, 하루 150개를 초과하지 않는 상황에서 더 생산할 수 없기 때문에 배분량이 달라지지 않는다. (○)

15 다음 글을 근거로 판단할 때 옳은 것은?

> 甲도는 A ~ E 총 5개 지역으로 이루어져 있으며, 각 지역의 인구는 서로 다르다. 甲도는 건강행태에 대한 전수조사를 매년 실시하고 있다. 조사하는 지표 중 하나인 건강생활실천율은 거주자 중 금연, 절주, 걷기를 모두 실천하는 사람의 비율이다. 지역별 건강생활실천율은 다음과 같다.
>
> | 지역 | A | B | C | D | E |
> |---|---|---|---|---|---|
> | 건강생활실천율(%) | 35 | 30 | 25 | 30 | 30 |

① A지역에서 금연, 절주, 걷기를 실천하는 사람의 비율이 각각 2%p씩 높아지면 건강생활실천율도 2%p 높아진다.

② 건강생활실천율이 증가하려면 금연, 절주, 걷기를 실천하는 사람의 비율 중 가장 낮은 값이 증가해야만 한다.

③ 금연과 절주를 동시에 실천하는 사람의 비율은 B지역이 C지역보다 높다.

④ D지역에서 걷기를 실천하는 사람의 비율은 최소 30%이다.

⑤ 甲도의 건강생활실천율은 30%이다.

정답 ④

해설

① A지역에서 금연, 절주, 걷기를 실천하는 사람의 비율이 각각 2%p씩 높아진다고 하여도 건강생활실천율이 반드시 2%p 높아지지 않는다. 금연자 2%p가 절주, 걷기 실천자와 얼마나 겹치는지, 절주자와 걷기자도 다른 실천자와 얼마나 겹치는지에 따른 상관관계에 따라 교집합 증가분은 달라질 수 있기 때문에 건강생활실천율도 2%p 높아진다는 것은 옳지 않다. (×)

② 금연, 절주, 걷기를 실천하는 사람의 비율 중 가장 낮은 값이 증가한다고 하여도 세 가지를 동시에 실천하는 사람의 수가 변하지 않을 수 있다. 따라서 가장 낮은 값이 증가한다고 건강생활실천율이 증가하는 것은 아니다. (×)

③ 금연과 절주를 동시에 실천하는 사람의 비율은 알 수 없다. (×)

④ D지역에서 걷기를 실천하는 사람의 비율은 최소 30%가 맞다. 건강생활실천율은 금연, 절주, 걷기를 모두 실천하는 사람의 비율이므로 각각 모두 30% 또는 그 이상이라 할 수 있기 때문이다. (○)

⑤ 5개 지역의 건강생활실천율의 평균은 30%이지만, 각 지역의 인구는 서로 다르므로 甲도의 건강생활실천율은 알 수 없다. (×)

16 다음 글을 근거로 판단할 때, 甲이 자격증 취득 시 지불해야 하는 최소 수강료는?

> 甲은 자격증을 취득하려고 한다. 자격증 시험은 각각 100점 만점인 A, B, C 3과목으로 이루어져 있다. 3과목의 점수 합이 150점 이상이면 자격증 취득이 가능하지만, 어느 과목이라도 40점 미만을 받은 경우에는 과락으로 자격증을 취득할 수 없다. 甲은 학원에서 A, B, C 3과목을 모두 수강하되, 그중 2과목은 일반과정, 1과목은 속성과정으로 수강하려고 한다. 甲이 다니는 학원은 수강과목의 취득점수에 따라 사후적으로 수강료를 부과한다. 다음은 학원에서 수강할 수 있는 과목의 취득점수 1점당 수강료이다.
>
> | 과목 | 취득점수 1점당 수강료(원) | |
> |---|---|---|
> | | 일반과정 | 속성과정 |
> | A | 5,000 | 10,000 |
> | B | 3,000 | 7,000 |
> | C | 10,000 | 13,000 |

① 810,000원 ② 930,000원
③ 970,000원 ④ 1,010,000원
⑤ 1,030,000원

정답 ②

해설

최소 수강료를 구하는 것이므로 가장 저렴한 수강료로 조건을 설정하여야 한다. 속성과정이 일반과정보다 수강료가 비싸기 때문에 속성과정은 최소점수로 취득해야 한다. 따라서 40점 미만이면 과락이기 때문에 40점은 속성과정으로 취득해야 한다.

일반과정 2과목이고, 남은 점수는 110점이기 때문에 그 다음으로 비싼 한 과목을 40점 수강하고, 가장 저렴한 과목을 70점 수강하면 수강료를 최소화할 수 있다.

속성과정으로 가장 비싼 C과목

그 다음 일반과정 중 가장 비싼 A과목

마지막으로 B과목으로 70점을 수강하면 된다.

C과목 : $13,000 \times 40 = 520,000$원

A과목 : $5,000 \times 40 = 200,000$원

B과목 : $3,000 \times 70 = 210,000$원

총 최소 수강료는 930,000원이 된다.

17 다음 글과 〈대화〉를 근거로 판단할 때, 甲과 丙의 근무처와 직위를 옳게 나열한 것은?

- 직급이 5급 이상인 공무원 甲, 乙, 丙은 서로 다른 우체국 A, B, C에서 근무하고 있다.
- 각 우체국의 5급 이상 공무원에게는 국장, 과장, 팀장의 직위가 부여되며 그 현황은 다음과 같다.
  - A우체국: 3급 1명(국장), 4급 2명(과장), 5급 1명(팀장)
  - B우체국: 4급 1명(국장), 5급 3명(과장)
  - C우체국: 5급 1명(국장)

─┤ 대화 ├─

甲: 저는 C우체국에서 근무하지 않아요.

乙: 저는 甲과 직급이 같아요.

丙: 저는 A우체국에서 근무하지 않고, 乙이 근무하는 우체국의 어느 공무원보다도 직급이 높아요.

	甲	丙
①	A우체국 팀장	B우체국 국장
②	A우체국 과장	B우체국 과장
③	A우체국 국장	B우체국 국장
④	B우체국 과장	C우체국 국장
⑤	B우체국 국장	C우체국 국장

정답 ①

해설

먼저 직급은 3, 4, 5급, 직위는 팀장, 과장, 국장이라는 것을 염두하고 접근한다.

丙은 乙이 근무하는 우체국의 어느 공무원보다도 직급이 높다고 하였고, A우체국은 근무하지 않기 때문에 B우체국에서 근무하는 것을 알 수 있다. (C우체국은 5급 1명만 있기 때문)

丙은 B우체국 4급, 국장이라는 것을 알 수 있다. 이에 따라서 乙은 C우체국의 5급, 국장이라는 것을 알 수 있다.

甲은 乙과 같은 직급으로 A우체국에서 근무하므로 5급 팀장으로 근무하고 있다.

18 다음 글과 〈상황〉을 근거로 판단할 때, 아파트 매물 A ~ E 중 甲이 선택할 곳은?

- 甲은 다음 기준에 따라 아파트 매물 중 한 곳을 선택하고자 한다.
  - 10층 이상이고, 2025년 7월 내 입주 가능
  - 담보 대출 없음
  - 전세 보증금 2.3억 원 이하(단, 붙박이장이 있는 경우 2.5억 원 이하)
- 위 기준을 모두 충족하는 매물이 2개 이상인 경우, 그중 대한동 매물이 있다면 그 매물을 선택한다.

─┤ 상황 ├─

다음은 2025년 7월 1일 현재 아파트 매물의 정보이다.

매물	지역	동·호수	입주 가능 시기	전세 보증금 (억 원)	담보 대출	붙박이장
A	대한동	1011동 1601호	즉시	2.5	없음	있음
B	대한동	503동 1704호	즉시	2.3	있음	없음
C	민국동	301동 1504호	즉시	2.0	없음	없음
D	대한동	308동 1306호	2025. 8. 1. 이후	2.0	없음	있음
E	민국동	616동 806호	즉시	2.3	없음	없음

※ 호수가 네 자리 수인 경우 앞 두 자리의 수, 호수가 세 자리 수인 경우 앞 한 자리의 수는 층을 의미한다. 예를 들어 1601호는 16층이다.

① A   ② B   ③ C
④ D   ⑤ E

정답 ①

해설

甲의 기준에 따라 아파트 매물을 삭제한다.

A	대한동	1011동 1601호	즉시	2.5	없음	있음
~~B~~	대한동	503동 1704호	즉시	2.3	~~있음~~	없음
C	민국동	301동 1504호	즉시	2.0	없음	없음
~~D~~	대한동	308동 1306호	2025. 8. 1. 이후	2.0	없음	있음
~~E~~	민국동	616동 806호	즉시	2.3	없음	없음

매물 A, C가 모두 기준을 모두 충족한다. 둘 중 대한동에 위치한 A가 선택된다.

19 다음 글과 〈상황〉을 근거로 판단할 때, A부서의 1개 월치 월세 지원액의 합은?

> A부서는 거주지와 근무지가 멀리 떨어져 있어 출퇴근에 어려움을 겪는 직원에게 매달 월세를 지원한다.
>
> - 지원 대상은 주택을 소유하지 않은 직원 중, 거주지와 근무지 간 편도 거리가 50km 이상이거나 통근 시간이 1시간 이상인 직원이다.
> - 지원액은 아래의 지급기준에 따라 지원 대상자 본인의 월세를 초과하지 않는 범위 내에서 최대로 한다. 단, 복수의 지급기준에 해당하는 경우에는 더 높은 지원 한도액을 적용한다.
>
> | 지급기준 | 지원 한도액 |
> | --- | --- |
> | 장애, 질병 등으로 출퇴근에 어려움이 있는 자 | 35만 원 |
> | 신규임용일로부터 3년이 지나지 않은 자 | 25만 원 |
> | 그 이외의 자 | 20만 원 |

─── 상황 ───

A부서의 직원은 甲 ~ 戊이며, 이들의 정보는 아래와 같다. 이들 중 甲과 戊는 신규임용일로부터 3년이 지나지 않았으며, 乙은 질병으로 출퇴근에 어려움이 있다.

직원	거주지와 근무지 간 편도 거리	통근 시간	주택 소유 여부	월세
甲	50 km	1시간 10분	○	45만 원
乙	45 km	1시간	×	30만 원
丙	100 km	1시간 30분	×	45만 원
丁	40 km	50분	×	40만 원
戊	70 km	1시간 40분	×	35만 원

① 70만 원
② 75만 원
③ 80만 원
④ 95만 원
⑤ 100만 원

해설

먼저 지원 대상이 아닌 직원을 선별하면, 甲과 丁이다.

직원	거주지와 근무지 간 편도 거리	통근 시간	주택 소유 여부	월세
~~甲~~	50 km	1시간 10분	○	45만 원
乙	45 km	1시간	×	30만 원
丙	100 km	1시간 30분	×	45만 원
~~丁~~	40 km	50분	×	40만 원
戊	70 km	1시간 40분	×	35만 원

乙의 경우 먼저 거주지와 근무지 간 편도 거리가 45km이지만 통근 시간이 1시간이기 때문에 월세 지원 대상자에 해당한다는 점을 참고하여야 한다.

乙 : 질병으로 출퇴근에 어려움이 있는 자는 지원한도액이 35만 원이지만 월세가 30만 원이므로 30만 원을 지급받는다.(월세 초과 불가)

丙 : 그 이외의 자에 속하므로 지원 한도액은 20만 원이다.

戊 : 신규임용일로부터 3년이 지나지 않았기 때문에 25만 원을 지급받을 수 있다.(월세 35만 원이지만 25만 원 지급)

따라서 A부서는 총합 30 + 20 + 25 = 75(만 원)을 지원 받는다.

20 다음 글과 〈상황〉을 근거로 판단할 때, A ~ E 중 세무조사 대상으로 지정될 기업만을 모두 고르면?

甲부처는 2025년 7월 1일 현재, 세무조사 대상 기업을 지정하려고 한다. 아래 기준에 따라 기업 A ~ E의 점수를 매기고, 그 합산 점수가 7점을 초과하는 경우 세무조사 대상 기업으로 지정한다. 단, 최근 1년 내 세무조사를 받은 기업은 제외한다.

- 전년도 매출액
  - 500억 원 미만: 1점
  - 500억 원 이상 5,000억 원 미만: 3점
  - 5,000억 원 이상: 5점
- 최근 1년간 탈세 의심 민원 건수
  - 1건당 0.5점
- 전년도 부실 거래 건수
  - 1건당 0.3점
- 최근 5년 내 성실 납세 기업으로 선정된 경우 1점 감해 줌

─────── 상황 ───────

2025년 7월 1일 현재, 기업 A ~ E의 정보는 다음과 같다.

기업	전년도 매출액 (억 원)	최근 1년간 탈세 의심 민원(건)	전년도 부실 거래 (건)	성실 납세 기업 선정 연도	최근 1년 내 세무조사 여부
A	1,700	5	7	2021년	×
B	480	10	4	2017년	×
C	6,250	6	2	2022년	○
D	3,000	7	5	2023년	×
E	5,000	3	3	2010년	×

① A, D
② B, D
③ B, E
④ A, C, E
⑤ B, D, E

정답 ③

해설

주어진 조건에 의해서 합산조사를 도출한 후에 세무조사 대상 여부를 판단한다.(C기업은 최근 1년 내 세무조사를 받았으므로 제외한다.)

기업	전년도 매출액 (억 원)	최근 1년간 탈세 의심 민원(건)	전년도 부실 거래 (건)	성실 납세 기업 선정 연도	최근 1년 내 세무조사 여부
A	3점	2.5점	2.1점	−1점	×
B	1점	5점	1.2점	해당없음	×
~~C~~	5점	3점	0.6점	−1점	○
D	3점	3.5점	1.5점	−1점	×
E	5점	1.5점	0.9점	해당없음	×

합산하면 A: 6.6점, B: 7.2점, D: 7점, E: 7.4점이다.
따라서 세무조사 대상 기업은 B와 E기업이다.

21 다음 글을 근거로 판단할 때, 甲의 셔츠의 최소 벌수는?

매일 아침 甲은 세탁소에서 찾아온 셔츠를 한 벌 꺼내 입는다. 그는 입었던 셔츠를 한데 모아 놓았다가 매주 월요일 점심에 세탁소에 모두 맡기고 온다. 매주 월요일 저녁에는 세탁이 다 된 셔츠를 세탁소에서 찾아온다. 셔츠 세탁에는 일주일이 소요되므로 찾아오는 셔츠는 그 전주 월요일 점심에 맡겼던 셔츠이다. 단, 세탁소에 다녀올 때는 그날 아침에 꺼내 입은 셔츠를 입는다.

① 7　　　　　　② 8
③ 14　　　　　　④ 15
⑤ 16

정답 ④

해설

甲은 매주 월요일 점심에 세탁소에 모두 7벌의 셔츠를 맡기게 된다.

〈셔츠 개수 현황〉

월	화	수	목	금	토	일
1	1	1	1	1	1	1
아침 1 맡긴 것 7	1	1	1	1	1	1
아침 1 맡긴 것 7 찾은 것 7	이후 반복					

따라서 아침에 입어야 하는 셔츠 1개
점심 때 맡긴 7벌
저녁 때 찾은 7벌
최소 총 15벌의 셔츠가 필요하다.

22 다음 글을 근거로 판단할 때 옳은 것은?

甲 ~ 丁 4명은 동물카드를 이용한 게임을 하려 한다. 동물카드의 종류에는 사자, 불곰, 얼룩말, 하이에나 카드가 있으며, 승부를 정하는 방법은 다음과 같다.
- 사자 카드는 얼룩말 카드를 이긴다.
- 불곰 카드는 사자 카드를 이긴다.
- 얼룩말 카드는 하이에나 카드를 이긴다.
- 하이에나 카드는 사자 카드를 이긴다.
- 그 외 카드 조합은 무승부로 한다.

甲 ~ 丁은 서로 다른 동물카드를 한 장씩 나누어 가졌으며, 다음과 같은 대화를 나누었다.

甲: 나는 丁과 겨루면 지게 돼.
乙: 내가 丁과 겨루면 이겨.
丙: 나와 丁이 겨루면 무승부야.

① 甲의 카드는 얼룩말 카드이다.
② 乙의 카드는 하이에나 카드이다.
③ 丙의 카드는 불곰 카드이다.
④ 丁의 카드는 사자 카드이다.
⑤ 甲 ~ 丁이 가지고 있는 카드는 어느 것도 확정할 수 없다.

정답 ③

해설

카드의 관계를 파악하면,
사자 > 얼룩말 > 하이에나 > 사자
불곰 > 사자
甲~丁의 대화에서 도출되는 경우의 수를 파악한다.
ⅰ) 丁의 카드가 甲의 카드를 이기는 경우
ⅱ) 乙의 카드가 丁의 카드를 이기는 경우
ⅲ) 丙과 丁의 카드 조합은 무승부 관계
丁의 카드의 경우
1) 丁이 사자일 경우 丙과 무승부가 불가능하다.
　丙: 내가 사자와 겨루면 무승부야. → 어느 카드와 붙어도 무승부가 될 수 없다. 따라서 丁이 사자일 경우는 없다.
2) 丁이 불곰일 경우 乙의 대화와 상충된다.
　乙이 이겨야 하는데 불곰을 이길 카드가 없다.
3) 丁이 얼룩말일 경우 丙과 무승부 관계인 카드는 불곰 가능
　따라서 甲 하이에나, 乙 사자, 丙 불곰, 丁 얼룩말이 가능하다.
4) 丁이 하이에나일 경우 丙과 무승부 관계인 카드는 불곰 가능
　甲 사자, 乙 얼룩말, 丙 불곰, 丁 하이에나가 가능하다.

③ 따라서 丙의 카드는 불곰이다. (○)
① 甲의 카드는 하이에나 또는 사자이다. (×)
② 乙의 카드는 사자 또는 얼룩말이다. (×)
④ 丁의 카드는 얼룩말 또는 하이에나이다. (×)
⑤ 丙의 카드는 불곰으로 확정할 수 있다. (×)

23 다음 글과 〈상황〉을 근거로 판단할 때, 甲이 받을 새로운 식권의 개수는?

> A부처의 구내식당에서는 점심 가격이 상승하여 기존 식권을 4,500원과 5,500원 두 종류의 새로운 식권으로 교환해 주고 있다. 교환할 때에는 식권의 종류에 상관없이 기존 식권의 총액과 새로운 식권의 총액이 동일하도록 교환한다. 그럴 수 없는 경우, 최소의 추가 금액을 결제하여 교환한다.

> **│ 상황 │**
>
> 甲은 기존 4,000원 식권 6장과 5,000원 식권 7장을 가지고 있다. 甲은 자신이 가진 모든 식권을 한 번에 교환하려고 한다.

① 10 ② 11
③ 12 ④ 13
⑤ 14

정답 ③

해설

식권의 종류에 상관없이 기존 식권의 총액과 새로운 식권의 총액이 동일하도록 교환한다는 점에서 총액을 계산한다.
甲이 보유한 기존 식권 총액은 24,000원 + 35,000원 = 59,000원
59,000원으로 새로운 식권의 총액이 동일하도록 4,500원 식권과 5,500원 식권의 개수를 a, b로 가정하자.
4,500원(a개) + 5,500원(b개) = 59,000원
b가 5일 때 a는 7로 정확히 딱 떨어지게 59,000원이 도출된다.
한 번에 교환할 수 있으므로 추가 금액을 결제하여 교환할 필요도 없다.

다른 방법으로 a+b = 10,000원인 점을 활용하여
50,000원까지 총 각 5개의 식권으로 바꾼 후, 9,000원으로 4,500원짜리 식권 2개를 추가로 바꿔도 무방하다.
따라서 4,500원 식권 7장, 5,500원 식권 5장으로 총 12장의 식권을 받을 수 있다.

24 다음 글을 근거로 판단할 때, 씨앗 A ~ D의 싹이 튼 순서로 옳은 것은?

> 찬우는 봄을 맞이하여 네 종류의 씨앗(A ~ D)을 화단에 심었다. 화단에 심은 씨앗의 싹이 트는 조건은 각각 아래와 같다.
>
> 씨앗 A: 이틀 연속 날이 맑으면 다음 날에 싹이 튼다.
> 씨앗 B: 맑은 날 다음 날에 싹이 튼다.
> 씨앗 C: 비가 온 날이 총 사흘이 된 다음 날에 싹이 튼다.
> 씨앗 D: 이틀 연속 비가 오면 다음 날에 싹이 튼다.
>
> 찬우는 4월 1일 0시에 A ~ D를 하나씩 심었고, 이후 7일 동안 날짜별로 싹이 튼 씨앗의 개수는 다음과 같다.

4월 1일	4월 2일	4월 3일	4월 4일	4월 5일	4월 6일	4월 7일
0	1	0	1	0	1	1

> ※ 이 기간에 맑은 날은 내내 맑았고, 비가 온 날은 내내 비가 왔다.

① A − B − D − C ② B − A − C − D
③ B − A − D − C ④ B − D − A − C
⑤ B − D − C − A

정답 ④

해설

단계별로 씨앗이 싹틀 수 있는 순서를 파악한다. 4월 2일에 싹이 하나 텄기 때문에, 연속적으로 날이 맑거나 비가 왔어야 한다는 조건이 없는 B씨앗이 싹텄다. 따라서 4월 1일은 맑은 날이다.

4월 1일	4월 2일	4월 3일	4월 4일	4월 5일	4월 6일	4월 7일
맑음	1					

이후 4월 4일 씨앗이 하나 싹텄기 때문에

4월 1일	4월 2일	4월 3일	4월 4일	4월 5일	4월 6일	4월 7일
맑음	비	비	1			

4월 2일 날이 맑았다면 4월 3일에 씨앗 A가 싹이 트기 때문에 4월 2일은 비가 내렸음을 알 수 있다. 이후 4월 4일 싹이 텄기 때문에 4월 3일까지 이틀 연속 비가 온 다음날에 싹이 튼 D임을 알 수 있다. 따라서 4월 3일도 비가 내렸다.
이후 4월 6일과 4월 7일에 연속으로 싹이 텄는데, 4월 4일에 비가 왔다면 4월 5일에 씨앗 C가 싹트게 된다. 하지만 4월 5일에는 싹이 트지 않았기 때문에 4월 4일은 맑았음을 알 수 있다. 또한 4월 6일 씨앗이 싹트기 위해서는 이틀 연속 날이 맑아야 씨앗 A가 싹이 트게 된다. 따라서 4월 5일 또한 맑다.
여기서 4월 4일과 5일을 씨앗 A에 집중하는 이유는 4월 7일에 싹이 튼 조건으로는 연속되지 않아도 되는 조건인 총 사흘 비가 내리면 싹이 트는 씨앗 C의 조건 때문이다.

4월 1일	4월 2일	4월 3일	4월 4일	4월 5일	4월 6일	4월 7일
맑음	비	비	맑음	맑음	비	모름

따라서 B − D − A − C 순서로 싹이 텄다.

25 다음 글과 〈상황〉을 근거로 판단할 때, 올해 A기업의 1 ~ 3분기 안전평가에서 '보완' 등급이 부여된 횟수는?

> A기업에서는 매 분기 전체 5개 부서 중 3개 이상의 부서를 대상으로 안전평가를 실시하여 '우수' 또는 '보완' 등급을 부여한다. 안전평가 대상은 직전 분기 안전평가에서 보완 등급을 받은 부서이다. 다만 직전 분기에 보완 등급을 받은 부서가 2개 이하인 경우, 안전평가를 받은 지 오래된 순서대로 부서를 추가하여 평가한다.

> ┤ 상황 ├
>
> A기업은 올해 1월 초, 4월 초, 7월 초에 각각 1, 2, 3분기 안전평가를 실시하였다. 아래는 A기업의 서로 다른 부서에 속해 있는 5명(甲 ~ 戊)의 7월 말 대화이다.
>
> 甲: 이번 달 안전평가에서 3개 부서가 우수 등급을 받았대.
>
> 乙: 우리 부서는 1월 안전평가에서 우수 등급을 받았어.
>
> 丙: 우리 부서는 1월에 안전평가를 받지 않았어.
>
> 丁: 올해 우리 부서는 안전평가를 받지 않았어.
>
> 戊: 우리 부서는 매 분기마다 안전평가를 받았어.

① 1
② 2
③ 3
④ 4
⑤ 5

정답 ⑤

해설

대화를 보고 안전평가를 받은 상황을 표로 정리하면 다음과 같다.

구분	1분기(1월 초)	2분기(4월 초)	3분기(7월 초)
甲	모름	모름	모름
乙	우수	모름	모름
丙	×	모름	모름
丁	×	×	×
戊	○	○	○

위 상황에서 글의 내용으로 추론하면, 戊부서가 매 분기마다 안전평가를 받았다는 것은 1분기와 2분기 때 모두 '보완' 등급을 받았다는 것을 의미한다.

또한, 乙부서는 1분기 '우수' 등급을 받았기 때문에 2분기에는 안전평가 대상에서 제외된다. 이때 甲이 1분기 안전평가에서 '보완' 등급을 받고 2분기 때 안전평가를 받게 되면 3개 이상의 부서가 안전평가의 대상이 되므로, 안전평가를 받은 지 오래된 순서로 부서를 추가했을 때 丙이 추가된다.

구분	1분기(1월 초)	2분기(4월 초)	3분기(7월 초)
甲	보완	○	모름
乙	우수	×	모름
丙	×	○	모름
丁	×	×	×
戊	보완	보완	○

따라서 2분기 때 甲 또는 丙 중 하나라도 '우수' 등급을 받게 된다면 안전평가를 받은 지 제일 오래된 丁의 부서가 3분기 때 안전평가를 받아야만 한다. 하지만 3분기에도 안전평가를 받지 않았기 때문에 두 부서 모두 보완등급을 받았음을 알 수 있다.

구분	1분기(1월 초)	2분기(4월 초)	3분기(7월 초)
甲	보완	보완	○ → 우수
乙	우수	×	×
丙	×	보완	○ → 우수
丁	×	×	×
戊	보완	보완	○ → 우수

甲이 이번 달(7월, 3분기) 안전평가에서 3개 부서가 '우수' 등급을 받았다고 언급하였으므로 3분기 甲, 丙, 戊부서는 모두 '우수' 등급을 받았음을 알 수 있다.

따라서 A기업의 1~3분기 안전평가에서 '보완' 등급이 부여된 횟수는 총 5회이다.

| 제1판 |

초 판 인 쇄 2026년 1월 15일
초 판 발 행 2026년 1월 20일
편 저 자 박민제
발 행 인 박 용
등   록 2015. 4. 29. 제2019-000137호
발 행 처 (주)박문각출판
주   소 06654 서울시 서초구 효령로 283 서경 B/D
전   화 (02) 6466-7202 (교재주문·학습문의)
팩   스 (02) 584-2927

저자와의
협의하에
인지생략

이 책의 무단 전재 또는 복제 행위는 저작권법 제136조에 의거, 5년 이하의 징역 또는 5,000만 원 이하의 벌금에 처하거나 이를 병과할 수 있습니다.

정가 28,000원

ISBN 979-11-7519-667-4
979-11-7519-666-7(세트)